# 世纪伟人 邓小平

刘金田 著

江苏人民出版社

图书在版编目(CIP)数据

世纪伟人邓小平 / 刘金田著. — 南京：江苏人民出版社, 2022.8(2023.12重印)
ISBN 978-7-214-26193-9

Ⅰ.①世… Ⅱ.①刘… Ⅲ.①邓小平(1904—1997)—传记 Ⅳ.①A761

中国版本图书馆 CIP 数据核字(2021)第 118271 号

| 书　　名 | 世纪伟人邓小平 |
| --- | --- |
| 著　　者 | 刘金田 |
| 责任编辑 | 石　路 |
| 责任监制 | 王　娟 |
| 出版发行 | 江苏人民出版社 |
| 地　　址 | 南京市湖南路1号A楼,邮编:210009 |
| 照　　排 | 江苏凤凰制版有限公司 |
| 印　　刷 | 南京新洲印刷有限公司 |
| 开　　本 | 718毫米×1000毫米　1/16 |
| 印　　张 | 33.75　插页4 |
| 字　　数 | 520千字 |
| 版　　次 | 2022年8月第1版 |
| 印　　次 | 2023年12月第2次印刷 |
| 标准书号 | ISBN 978-7-214-26193-9 |
| 定　　价 | 98.00元 |

(江苏人民出版社图书凡印装错误可向承印厂调换)

# 目　录

法兰西的五年求索　1

莫斯科中山大学的理论熏陶　14

投身国内革命　20

25 岁的红七军政委　30

"毛派"的头子　37

"跟着走"　44

立马太行　54

呕心沥血建边区　63

为争取和平而战　73

千里跃进大别山　83

决战淮海　91

"交给你指挥了"　97

主政大西南　102

和平解放西藏　115

初到中央　122

同高岗、饶漱石的斗争　130

当选党的总书记　136

走出中南海　141

在七千人大会上　176

主持制定《工业七十条》　181

关注三线建设　188

在江西的日子里 209

出席联大特别会议 231

与"四人帮"的斗争 235

领导全面整顿 244

第三次复出 255

决策恢复高考制度 261

支持真理标准的讨论 266

北方谈话 272

出访日本 300

第二代中央领导集体的核心 311

推动农村改革 319

平反冤假错案要加快 331

致力于中美关系正常化 355

启动城市经济体制改革 365

倡办经济特区 371

提出"四个坚持" 376

主持起草历史决议 382

制定小康目标 409

"邓六条" 426

第一次特区之行 435

天才构想 456

百万大裁军 472

改善中苏关系 478

确立党的第三代领导集体 490

关注上海的发展 496

南方谈话 514

伟绩长存 529

# 法兰西的五年求索

1904年8月22日（清光绪三十年七月十二日），邓小平出生于四川省广安县协兴场姚坪里（今广安市广安区协兴镇牌坊村）的邓家老院子。

邓小平5岁进设在本村的私塾发蒙。私塾先生认为"先圣"这个名字对孔圣人有失恭敬，于是把他的名字改为"邓希贤"。这个名字，一直用到1927年。

1915年下半年，11岁的邓小平考入广安县立高等小学堂，开始接受新式教育。

1918年，邓小平高小毕业后考入广安县立中学。

当时，由于连年的军阀混战，整个中国被搞得四分五裂，落后不堪，广安人民同全中国人民一样生活在水深火热之中。社会的黑暗给邓小平的心灵以极大的撞击，也给热血青年们以极大的触动。1918年，第一次世界大战结束，德国战败。1919年1月，战胜国在巴黎召开"和平会议"。中国以战胜国身份参加和会，提出归还大战期间日本从德国手中夺去的山东各项权利等要求。但帝国列强不仅拒绝了中国的要求，还在"对德合约"上明文规定把德国在山东的特权全部转让给日本。北洋政府竟准备在"对德和约"上签字，这激起了中国人民的强烈反对。在这种背景下，1919年5月4日，北京爆发了反对帝国主义和封建主义的爱国运动。五四运动的革命风暴很快席卷四川成都、重庆一带。

这期间，广安县成立了商业爱国会，并发表宣言。广安县中学的学生，也积极响应重庆爱国学生组织"川东学生救国团"的倡导，于5月底成立了广安学生爱国分会，并发布公启："国家兴亡，匹夫有责。近因吾国外交失败，亡国之祸迫在眉睫，苟不急图挽救，将步印度、朝鲜之后尘。吾侪既占国民一分子，当应尽国民之责。"

随后,广安学生爱国分会组织了游行、罢课,散发传单,声援北京的学生,邓小平也自觉地投入到这一活动中。这时他已经意识到,由于政治腐败、社会黑暗,西方列强的蚕食鲸吞给中华民族带来了亡国灭种的严重威胁。在五四反帝爱国运动中,"德先生""赛先生"两面旗帜在他心中牢牢地扎下了根,他逐渐萌发了使国家、民族复兴的强烈责任感。

这时,他的父亲邓绍昌在重庆听到那里将要举办留法勤工俭学预备学校的消息,捎话到家里,让邓小平去重庆,进预备学校读书,准备到法国勤工俭学。他的母亲舍不得,不赞成他到外国去。为此,邓小平和母亲还发生了一场争论。最后,邓小平说服了母亲。

1919年9月,邓小平结束了在广安中学一年的学习生活,和当时同在广安中学学习的远房叔父邓绍圣、同乡胡明德(胡伦)一起从广安的东门口码头乘船,赴重庆求学。

留法勤工俭学始于19世纪末20世纪初,由蔡元培、吴玉章、李石曾、吴稚晖等共同倡导。1919年爆发的五四运动,对正在兴起的留法勤工俭学热潮从思想上起到了很大的推动作用。周恩来在《留法勤工俭学之大波澜》一文中指出:"迨欧战既停,国内青年受新思潮之鼓荡,求知识之心大盛,复耳濡目染于'工读'之名词,耸动于'劳工神圣'之思想,奋起作海外勤工俭学之行者因以大增。"

1912年4月,"留法俭学会"在北京成立。同年夏天,同盟会会员、革命家吴玉章回到家乡四川,组织成立四川"留法俭学会"。1915年夏天,李石曾在巴黎,以"勤于做工,俭以求学,以进劳动者之知识"为宗旨,组织"勤工俭学会"。1916年6月,成立了华法教育会,并在巴黎和北京分设办事机构,蔡元培和欧乐(法国巴黎大学教授)分任中法两方会长。华法教育会的宗旨是:"发展中法两国之友谊,尤重以法国科学与精神之教育,图中国道德、知识、经济之发展。"

在华法教育会下,设有留法俭学会、勤工俭学会及华工教育等部门,其中最主要的一项就是组织留法勤工俭学。蔡元培等人在国内一方面积极促成各省华法教育分会的成立,另一方面设立筹办留法勤工俭学预备学校,使学生赴法前受到法语和劳动技能方面的基本训练。当初,这类学校主要有长辛店留法预备班、留法勤工俭学会高等预备学校、留法勤工俭学会初级预备学校3所。此后,全国相继成立留法预备学校二十几所。

1918年春,成都开办了留法勤工俭学预备学校,并于1919年6月派出了第一批留法学生。与此同时,重庆商会会长汪云松、教育局局长温少鹤等人也在重庆筹建留法勤工俭学预备学校。1919年9月,重庆留法勤工俭学预备学校正式开学。由汪云松任董事长,下设校长、教务及事务等负责人,校址设在重庆市夫子祠内。

1919年9月下旬,邓小平同邓绍圣、胡明德一起考入重庆留法勤工俭学预备学校。

学校的招生,分为公费生(或称贷费生)和自费生两种。邓小平的叔父邓绍圣取得贷费生资格,邓小平和胡伦则为自费生。自费生赴法的旅费,除由学校董事会补助100多元外,另须自行筹集一部分,凑足300元即可成行。

学校的招生对象是中学毕业生和具有同等学力的青年,共招收100余人,分两班上课。凡中学毕业的读高级班,其余的读低级班。课程有法文、代数、几何、物理、中文及工业常识等,以法文为主。学习的目的是要粗通法语并掌握一定的工业技术知识,为去法国勤工俭学做些准备。邓小平后来说,这个预备学校当时在重庆已算是最高的学校,所以考进去是很不容易的。

邓小平进入这所学校时,刚满15岁。据他当时的同学江泽民回忆:"邓小平是稍晚才进入这所预备学校的。他那时就显得非常精神,总是精力十分充沛,他的话不多,学习总是非常刻苦认真。"

邓小平在这里学习了将近一年。在这段时间里,他除了学习文化知识外,受五四运动的影响,还参加了川东师范、重庆联中、重庆留法预备学校学生抵制日货,反对重庆警察厅厅长郑贤书挪用公款套购并拍卖日货行径的斗争。这场斗争最终以郑贤书被迫交出日货,四川当局撤销郑贤书职务而告结束。这场斗争使邓小平开阔了眼界,爱国救国的思想觉悟有所提高。同大多数同学一样,这时的邓小平萌生了"工业救国"思想,他满怀希望能到法国去,一面勤工,一面俭学,学点本事回国。

在重庆读书的日子里,最使邓小平难以忘怀的是他们的校长汪云松。这个曾做过清朝四品道台的重庆商会会长,是个热心教育的人,他从筹建学校,到为学生募集资金,办理出国签证,都是亲力亲为。所以,中华人民共和国成立后,邓小平曾说汪云松为共和国培养了两个副总理,这便是邓小平和聂荣臻。

1920年7月19日,经过考试,邓小平在重庆留法预备学校毕业,并参加了学校在重庆商会举行的毕业典礼。

毕业之后,经过法国驻重庆领事馆的口试及体格检查,邓小平取得了赴法勤工俭学资格。取得资格的有83人,邓小平是其中年龄最小的一个。

随后,他回家与家人告别。

8月27日,刚满16岁的邓小平和重庆留法勤工俭学预备学校的82名学生,从重庆乘法商吉利洋行的"吉庆"轮船沿江东下,途经宜昌、汉口、九江,经过8天的航行,抵达上海。在上海为办理赴法的各项事宜逗留了一周,9月11日乘法国邮轮"盎特莱蓬"号赴法,走上了上下求索的人生道路。

1920年10月19日,邓小平乘坐的"盎特莱蓬"号邮船历经39天的海上航行,行程3万余里,抵达法国南部重要的港口和工业城市——马赛。

两天后,在华法教育会的安排下,邓小平和他的叔父邓绍圣以及20名中国学生一起到法国西部诺曼底的巴耶中学学习。在这所中学里,中国学生单独开班,主要是为了提高法语水平,过的是正规的中学学生生活。邓小平后来曾对他的孩子说,那是一家私人开的学校,学校待他们像小孩子一样,每天很早就要上床睡觉。才上了几个月,没学什么东西,吃得却很坏。

法国国家档案馆保留的一份巴耶中学中国学生的开支细账上写明,邓希贤1921年3月共用了244法郎65生丁的食宿费。尽管邓小平尽量节俭用度,但学校的食宿费等学杂费、生活费用对于自费生来说仍是一笔不小的开支。因无力支付学校的各项费用,邓小平与其他十几名同学一起被迫离开了巴耶中学,前往克鲁梭市。

邓小平当时一定不会想到,这是他在法国唯一的一段学习生活。

俭学不成,只好走勤工的路。

当时,正值第一次世界大战后的两年,法国的经济十分萧条,找工作则格外困难。

1921年4月2日,邓小平和邓绍圣等几名四川学生,经华法教育会的介绍到克鲁梭市施奈德钢铁厂做工。邓小平被分配到轧钢车间当轧钢工,工资每天只有10法郎。从此,他开始了作为一个劳动者、一个外籍工人长达4

年多的勤工生涯。

当时的工卡上写道：邓希贤，16岁，工人编号为07396，进厂注册日期是1921年4月2日，由哥隆勃中法工人委员会送派，来自巴耶中学。

本来，邓小平等人到工厂做工，是想以勤工达到俭学的目的，可是，繁重的苦工把他们压榨得精疲力竭，低廉的工资更使他们连日常生活都不能支持。资本家的压榨，工头的辱骂，生活的痛苦，使他单纯的心灵受到了很大的震撼。邓小平后来说：他在克鲁梭拉红铁，做了一个月的苦工，赚的钱连饭都吃不饱。他的"工业救国""学点本事"等幻想，变成了泡影。

4月23日，邓小平辞去施奈德钢铁厂的工作，离开了克鲁梭，前往巴黎。

5月至10月，邓小平住在巴黎西郊的华侨协社，领取华法教育会的救济金，每天6个法郎，等待做工机会。

10月22日，邓小平进入位于巴黎第十区的香布朗工厂做扎纸花的工人。11月4日，扎纸花的工作做完了，随即被香布朗工厂解雇。此后三个多月，他四处寻找工作，处于工作和生活上的不稳定状态。一个常住的地点是哥伦布市德拉普安特街39号。

1922年2月13日，邓小平在夏莱特市政府的外国人登记处登记，重新找到了一份工作。第二天，他成为哈金森橡胶厂的一名制鞋工人，制作防雨用的套鞋，每周工作54小时，一天可挣十几个法郎。在这里，他度过了一段较为稳定的做工生活。11月，邓小平离开哈金森橡胶厂前往塞纳-夏狄戎，希望能在那里继续读中学，但终因经济状况不佳，未能如愿。

在法国工厂的勤工实践，使邓小平初步接触到了资本主义的黑暗面，亲身体验了劳工阶级受压迫受剥削的悲惨地位。

他后来在莫斯科期间写的自传中回忆说："最初两年对资本主义社会的罪恶虽略有感觉，然生活浪漫之故，不能有个深刻的觉悟。"1985年4月，邓小平在会见美国联合汽车工人工会代表团和美国工会领导人代表团时谈到他在法国的艰苦生活，说："我也是一个工人，1920年在法国当工人。那时才16岁。当时是勤工俭学。勤工就是劳动，想挣一点钱上学。但这个目标没有实现。我在法国待了5年半，其中在工厂劳动了4年，干重体力劳动。我的个子小，就是因为年轻时干了重劳动。当时工资很低。但也有个好处，这样的生活使我接受了马克思主义。"

20世纪20年代初期的法国,在俄国十月社会主义革命的影响下,工人运动蓬勃发展,马克思主义和其他各种社会主义思潮广为流行。一批先进的中国留学生先后接受了马克思主义走上革命的道路。

与此同时,中国国内也受俄国十月革命的影响,先后在北京、上海、长沙等地出现了第一批共产党早期组织。1921年春,旅法华人中也成立了同样的组织。1921年3月,张申府、刘清扬与旅法留学生领袖赵世炎、周恩来等人,秘密成立了巴黎共产主义小组。1921年7月中国共产党在上海召开第一次全国代表大会,随后旅法、旅德的中共党员统一组成了中国共产党旅欧支部。

1922年2月进入哈金森橡胶厂做工,是邓小平人生道路上的一个重要转折。在这里,他结识了王若飞、郑超麟、汪泽楷、李慰农等一批先进青年,在和他们朝夕相处的日子里,耳濡目染地接受了革命思想,并开始阅读《新青年》等进步书刊,逐渐接受马克思主义和共产主义的思想,由一个爱国青年成长为一个马克思主义者,逐步走上了职业革命家的道路。邓小平曾说过:"每每听到人与人相争辩时,我总是站在社会主义这边的。""我从来就未受过其他思想的侵入,一直就是相当共产主义的。"

1922年6月,来自法国、德国、比利时三国的18名勤工俭学的学生齐集法国巴黎郊区的布罗尼森林举行会议,成立了"旅欧中国少年共产党"。选举赵世炎、周恩来、李维汉为中央执行委员会委员,赵世炎任书记,周恩来负责宣传,李维汉负责组织。委员会的办公地点设在巴黎十三区意大利广场附近的戈德弗鲁瓦街17号的一座小旅馆内。

1923年6月,邓小平正式加入了"旅欧中国共产主义青年团"。

1926年1月,邓小平在回忆这段历史时写道:"1922年初因生活的压迫,使我不得不到 Montargis 城做工","我自觉那时是有进步的。因为我起初在看关于社会主义的书报了,最使我受影响的是新青年第八、九两卷及社会主义讨论集。我做工的环境使我益信陈独秀们所说的话是对的。""及到1923年5月我将离 Montargis 时,同志舒晖暲才向我宣传加入团体,同时又与汪泽楷同志谈了两次话,到巴黎后又与穆清同志接洽,结果6月便加入了。"邓小平后来还说过:"我自从18岁加入革命队伍,就是想把革命干成功,没有任何别的考虑。"

旅欧中国少年共产党成立后,于1922年8月1日创办了机关刊物《少年》。《少年》每月1期,到1923年7月改为不定期刊,共出了13期。它的主要任务是"传播共产主义学理"。当时正处在建党建团的初期,因此《少年》用相当长的篇幅阐述共产党的性质和作用,宣传建党建团的意义,刊登马克思和列宁著作的译文。赵世炎、周恩来等都曾在上面发表文章,宣传马克思主义。邓小平开始是在《少年》编辑部工作,据蔡畅回忆:"《少年》刊物是轮流编辑,邓小平、李大章同志刻蜡版,李富春同志发行。后来该刊物改名《赤光》。有时是三日刊、二日刊、月刊,时间不定。""邓小平、李富春同志是白天做工,晚上搞党的工作,而周恩来同志则全部脱产。"

从这时开始,邓小平在周恩来领导下工作,两人建立起深厚友谊。50多年后,邓小平对外国记者说:"周总理是一生勤勤恳恳、任劳任怨工作的人。他一天的工作时间总超过12小时,有时在16小时以上,一生如此。我们认识很早,在法国勤工俭学时就住在一起。对我来说他始终是一个兄长。我们差不多同时期走上了革命的道路。"

1924年2月《少年》改名《赤光》后,邓小平和周恩来、李富春等人在《赤光》上发表了许多文章,进行革命宣传。

《赤光》是半月刊,16开本,每期10多页。到1925年止,一共出版了33期,在勤工俭学的学生、华工、华人中影响很大。邓小平以"希贤"的本名发表了一些文章。他还用化名写过一些文章。后来他自己这样说过:"我在《赤光》上写了不少文章,用好几个名字发表。那些文章根本说不上思想,只不过就是要国民革命,同国民党右派斗争,同曾琦、李璜他们斗争。"

曾琦、李璜为首的中国青年党,在旅欧留学生中标榜信仰国家主义,人们习惯称他们为"国家主义派"。国家主义派以法国为中心,以《先声周报》为阵地,标榜"国家至上",否定阶级斗争,反对中国共产党的政治主张,反对共产党员加入国民党实行国共合作,反对建立反帝反封建的革命统一战线。

面对国家主义派的攻击和挑衅,旅欧党团组织给予了严厉的驳斥,同他们在理论上、政治上展开了针锋相对的斗争。周恩来等曾在《赤光》上连续发表了《革命救国论》《救国运动与爱国主义》等文章,运用马克思主义的阶级分析观点,对国家主义派进行批驳。

邓小平也撰写了《请看反革命的青年党人之大肆捏造》和《请看〈先声周

报〉之第四批造谣的新闻》两篇文章，以"希贤"的名字分别发表在《赤光》第18期和第21期上。

邓小平还负责《赤光》杂志的刻蜡版和油印工作。他经常是白天做工，下工后即赶到《赤光》编辑部。在那间狭小的屋子里，周恩来将写好或修改好的稿件交给他，他再把它们一笔一画地刻写在蜡纸上，然后用一台简陋的印刷机印好，再装订起来。为了能保证每半月出一期，每期12页左右的内容，周恩来、邓小平一同忘我地工作着。经常是深夜工作完成后，邓小平就在这小房间里打上地铺和周恩来住在一起。这段时间，邓小平和长他6岁的周恩来十分亲近，邓小平很敬重这位兄长式的同志和领导，从他身上学到了许多东西。

在周恩来的直接领导和帮助下，邓小平认真的工作态度和出色的工作成绩给他的同志们留下了深刻的印象，因此有"油印博士"的美誉。

邓小平的弟弟邓垦回忆说："他去法国的时候，写过长信回家，其中有一条，就是他从事革命活动，不能回家了。就把这个事情告诉了家里。当然，家里嘛，父母特别是我母亲很着急的，就盼望着他回家来，旧社会，老太婆嘛，希望他回家，这一下不能回家了。""他在法国参加革命后，曾在周总理的领导下办一份杂志《赤光》。他经常往家里邮寄，寄了七八期。我当时才十几岁，还在念小学，只看到封面上有光身子的小孩，里面内容看不太懂，到我念中学后，逐步看懂了，什么帝国主义侵略、劳苦大众、劳农政府、翻身解放、苏维埃、人人平等、为穷人谋利益等等，我后来去上海找他，参加革命，最早受的影响就是大哥寄来的《赤光》。"

1924年7月13日至15日，旅欧中国共产主义青年团召开第五次代表大会，邓小平当选为新的执行委员会委员。在执委会举行的第一次会议上，邓小平和周唯真、余增生三人组成执行委员会书记局，邓小平具体负责抄写油印及财务管理，根据党的规定，当时担任旅欧共产主义青年团执行委员会（支部）的领导，就正式转为中国共产党旅欧支部的党员。

这是邓小平革命生涯中的又一个转折点。这时，他还不满20岁。

1924年12月，邓小平参加旅欧中国共产主义青年团第六次代表大会，大会决定支部下设监察处，邓小平当选为监察处成员。会后，被委托为工人运动的负责人之一。第二年春，作为中共旅欧支部的特派员，邓小平被派到里昂地区工作,任宣传部副主任、青年团里昂支部训练干事,兼任党的里昂小组书记,作为那里的党团地方组织的领导人,同时在里昂做工。

1925年五卅运动爆发后,在法国的勤工俭学学生、华工和各界华人在中共旅欧支部的领导下,掀起了声援国内五卅运动的斗争。

6月7日,由中共旅欧支部、中国共产主义青年团旅欧执行委员会和中国国民党驻法总支部联合发起,赤光社、留法勤工俭学学生总会、旅法华工总会等28个团体代表参加的旅法华人大会在巴黎布朗街94号社会厅召开。大会声讨了帝国主义屠杀中国人民的罪行,声援了中国工人、学生和商人的正义反抗斗争。大会还成立了"旅法华人援助上海反帝国主义运动行动委员会"(简称"行委")。会议决定6月14日旅法华人在巴黎举行游行,向欧洲帝国主义示威抗议。

原定的游行示威由于法国当局横加制止和重重阻挠,直至最后以武力破坏而未能成功。于是"行委"决定变更方式,改在中国驻法公使馆内示威。6月21日下午1时,几百名旅欧华人到巴黎社会厅集合,举行了"临时紧急大会",通过了几项要求后,即分乘20多辆汽车向位于巴比伦街57号的中国驻法公使馆进发。

一到使馆,他们立即分头行动,有的把守大门,有的占领电话机,有的负责切断对外交通。在使馆外面担负援助侦察的人把事先准备好的旗帜、标语悬挂在使馆大门和围墙上,上面写着"推翻国际帝国主义""废除不平等条约""中国是中国人民的"等口号,并向行人和围观者散发法文传单。

使馆内的群众将公使陈箓团团围住,并质问道:"自从上海爆发反帝运动以来,几乎一个月,你丝毫无所表示,今天就是来质问你的,并叫你做一点事情。我们代表28个团体、3000多名旅法华人叫你签几个文件,援助国内反帝国主义运动,这是你应尽的责任!"说着,便把事先印好的电报、通知等文件放在他面前,叫他签字盖章。陈箓起初拒绝,继而不敢开腔,最后不得不在所有的文件上签字盖章,并保证旅法华人今后有行动自由和示威安全。至此,预定的全部工作都已完成。

这时,使馆外的同志报告说,大批警察正在向这里赶来,于是大家一起撤出使馆,分散行动。就这样,一场漂亮的斗争不到一小时就胜利结束了。这是旅法华人在巴黎所取得的反对帝国主义的重大胜利。

旅法华人这场斗争震动了法国,也几乎震动了整个欧洲。法国当局惶恐不安,派出大批警察,四处检查搜索,掀起了一场逮捕和遣返的浪潮。6月22日,法国政府命令警察大肆搜捕旅法的中国共产党人。几天之内,中共旅欧领导人任卓宣、李大章以及中共党员、青年团员20多人相继被捕入狱,随后,法国当局将47名中国留法勤工俭学学生驱逐出境。6月24日,中共旅欧支部决定:今后革命活动均以中国国民党驻法总支部的名义进行。

邓小平回忆说:"因在巴黎的负责同志为反帝国主义运动而被驱逐,党的书记萧朴生同志曾来急信通告,并指定我为里昂—克鲁梭一带的特别委员,负责指导里昂—克鲁梭一带的一切工作。当时,我们与巴黎的消息异常隔绝,只知道团体已无中央组织了,进行必甚困难。同时,又因其他同志的催促,我便决然辞工到巴黎为团体努力工作了。到巴黎后,朴生同志尚未被逐,于是商议组织临时执行委员会,不久便又改为非常执行委员会,我均被任为委员。"

邓小平回到巴黎,参加了党团组织的领导。1925年6月30日,成立了中国共产主义青年团旅欧区临时执行委员会,邓小平为委员,和傅钟、毛遇顺三人组成书记局,继续开展革命活动。

邓小平等人的活动引起了法国警方的注意,尽管没有被捕或被驱逐,但受到了巴黎警察局的跟踪和监视。巴黎警察局派出情报员、密探监视邓小平等人的住地和聚会的场所,并掌握了一些情况。我们今天能够根据法国有关部门的一些档案中的监视跟踪记录来了解邓小平在法国最后一段时间工作斗争的情况,非常难能可贵。

现存的法国国家档案中,关于邓小平等人的活动有不少记载:"1925年7月1日,在比扬古尔市特拉维西尔街14号召开一次会议,共有33人参加。会议主席首先讲话,说,旅法中国行动委员会大部分成员均已被逮捕,所以有重新组建的必要。此外,最近将要用法文和中文印刷抗议声明,以便在巴黎散发。会上,反欧洲资本主义的激进分子表示,坚决反对法方驱逐中国同胞的行径,尤其是对本星期六还要驱逐10名中国人表示强烈愤慨。当饭店的老板进来说警方来了时,会议就结束了。"

"旅法中国行动委员会昨天(7月2日——编者注)下午在布瓦耶街23号召开会议,抗议国际帝国主义,共有70多人参加。该委员会主席说,我们成立了行动办公室,其人员组成尚未上报代表大会,待小组选举。会上共有8人发言,其中邓希贤的主张为,反对帝国主义,应同苏联政府联合。"

8月17日,旅欧中国共产主义青年团召开第七次代表大会第一次执委会,由傅钟、邓希贤、施去病三人组成书记局。

邓希贤、傅钟、邓绍圣等人还在党团刊物上担任撰稿人。

8月20日,法国警方查明邓小平此时住在比扬古尔市卡斯德亚街3号。

法国国家档案中1925年9月9日的记录为:"9月6日,在贝勒维拉市布瓦耶街23号召开了一次会议,有40多人参加。自从中国公使馆事件发生后,部分中国共产主义者居住在巴黎地区,并采取了紧急措施,以防被人发现。此会的目的,是为纪念廖仲恺先生。调查待继续进行,以便进一步摸清会议的组织者和与会者。"

10月24日,邓小平主持了一个有25人参加的中国共产主义者会议,讨论重建旅法中共组织机构问题。这件事在法国国家档案中也有记载:"昨天(即10月24日)20点至21点30分,在伊希—莫利诺市夏尔洛街一家咖啡馆召开了一次中国共产主义者会议,共有25人参加,会议由邓希贤主持。吴琪宣读了共产主义教育课,并指出重建中国共产主义小组和创办刊物的必要性。"

11月15日,邓小平在巴黎主持了一次旅法国民党组织的群众大会,纪念国民党旅欧负责人王京岐,并揭露国际帝国主义和法国帝国主义对进步人士的迫害。第二天,法国情报员即报告说:"国民党于11月15日16时至17时在贝勒维拉市布瓦耶街23号召开会议,出席会议的共有47人,会议由邓希贤主持。此会为纪念被法国驱逐并死于回国船上的王京岐,会上陈希(音)等11名代表发了言,发言者抗议法国警察逮捕中国人。最后,邓希贤总结说:我们希望与会者永远牢记王京岐同志,继续进行反对帝国主义的斗争。"

邓小平在法国共担任了一届半的支部领导,他的活动已引起了法国警方的特别注意。法国警方开始秘密监视他,跟踪他的行踪。

邓小平后来说:"因为我比较活跃。我们的行动法国警察都是清清楚楚的!"

1926年1月3日,在旅法华人援助上海反帝国主义运动行动委员会召开的一次会议上,邓小平向与会的70多人发表演说。他主张努力促进并支持冯玉祥与苏联和解,建立良好的关系,以大力推进反对国内军阀和国际帝国主义的斗争。他特别提出,应"团结苏联开展对国际帝国主义的斗争"。会议对邓小平的发言进行了详细的讨论,最后投票通过了一份致中国驻法公使陈箓的最后通牒,要求以下几点:"一、向法国政府和巴黎的外交使团抗议他们所奉行的帝国主义侵略政策。二、致电中国驻各国的使节,敦促他们向所驻国政府提出抗议,反对国际帝国主义,抗议派军舰和军队到中国屠杀中国人民。"显然,这次会议是声援五卅运动游行示威的继续,它说明,旅法华人的反帝斗争在中共旅欧党团组织下仍在继续着。

1月7日,法国警方弄到了一份详细的报告。

这个报告说:"据本月5日获得的情报,旅法中国人小组行动委员会曾于1月3日下午,在贝勒维拉市布瓦耶街23号召开了一次会议。在这次会议上,有好几个讲演的人提出'反对帝国主义',并要求在法国的中国人联合起来支持冯玉祥的亲共产党、反对北京政府的政策。

"行动委员会在会上还决定要求中国驻巴黎的公使先生对中国的南北冲突表明立场,并起来反对任何国际干涉。

"由于行动委员会的组织非常审慎,虽对其进行了调查,但未能发现这个委员会的所在地及其组成人员。然而,在1月3日会议上发言的几个中国人已被辨认出来了。

"他们中的一个人叫邓希贤,1904年7月12日(实应为8月22日——作者注)出生于中国四川省邓文明和淡氏夫妇家。他从1925年8月20日起就住在布洛涅—比扬古尔市的卡斯德亚街3号。他符合有关外国人的法律和政令的规定。他于1920年来到法国。开始,他在马赛做工,后又到巴耶、巴黎和里昂。1925年他重新回到巴黎后,在比扬古尔的雷诺厂当工人,直到本月3日。他作为共产党积极分子代表出席会议,在中国共产党人所组织的各种会议上似乎都发了言,特别主张亲近苏联政府。

"此外,邓希贤还拥有许多共产党的小册子和报纸,并收到过许多寄自中国和苏联的信。

"有两个中国同胞与邓希贤住在一起,好像他们也都赞成邓希贤的政治观点。外出时,他们总是陪伴着邓希贤。傅钟,1903年6月出生于中国(实应为1900年出生——作者注),杨品荪,20岁,生于上海。他们符合外国人在法国的法律,声称是学生,没有从事任何工作。

"由于在巴黎的中国人很封闭,了解他们的情况很难。为了弄清情况,看来有必要通过警察总局局长先生的允许,对他们在比扬古尔的几个住地进行访问调查。可以通过房主搞清一些情况,这样就有可能通过检查身份证了解他们中间的被通缉的共产党人。

"有三家旅馆应密切监视:卡斯德亚街3号,特亚维西尔街14号,朱勒费里街8号。"

实际上,从1925年6月起,邓希贤就成为法国警方监视的对象。从法国国家档案局现存的当年的一些档案资料中可以看出,这一时期,邓希贤的名字频繁出现在这些档案当中。法国警方根据掌握的邓希贤活动的详细情报,决定于1926年1月8日对邓希贤等人的住所进行搜查,并驱逐邓希贤等3人出境。这个命令是1月8日签署的。在保留至今的这份命令上还注明了"面交"二字。但是,他们晚了一步,搜查扑空,邓希贤等人已于7日晚上离开法国。

据警方的搜查报告说,执行警察局局长的命令,8日早晨5时45分至7时,在布洛涅—比扬古尔市对朱勒费里街8号、特亚维西尔街14号、卡斯德亚街3号三家旅馆进行了搜查。"搜查这三家旅馆的目的,是为了查找从事共产主义宣传中的中国人。这些旅馆的全部房间已被搜查过,上百份中文文件都被查看过。""在卡斯德亚街3号旅馆的5号房间里,发现了大量的法文和中文的宣传共产主义的小册子(《中国工人》《孙中山遗嘱》《共产主义ABC》等),中文报纸,特别是莫斯科出版的中国共产主义报纸《进步报》,以及两件油印机的必需品并带有印刷金属板、滚筒和好几包印刷纸。""名叫邓希贤、傅钟和杨品荪的三个人在这个房间里一直住到本月7日。他们昨天突然离去……这些中国人看来是活跃的共产主义分子。""看来这些人由于发现自己受到怀疑,因此,就急忙销声匿迹了。他们的同胞采取了预防措施,丢弃了一切会引起麻烦的文件。"

1926年1月7日,邓小平和傅钟、邓绍圣等人受党的指派,乘火车离开法国,前往十月社会主义革命的故乡——苏联。

# 莫斯科中山大学的理论熏陶

邓小平等人前往莫斯科,是1925年5月中共旅欧支部早就决定了的。5月29日中共旅欧支部执委会在给中共旅莫地方执委会的信中就拟定了一批人到莫斯科学习,邓小平就在其中。

1925年11月18日,曾在法国勤工俭学并加入中国共产党、1923年赴莫斯科的袁庆云给傅钟等人写信说:"准备在最近的期间,候我们有信到,叫你们动身,便马上动身。"20天以后,莫斯科方面又给傅钟等人来信说:"11月18日寄你们的信想已收到,关于邓希贤、刘明俨、傅钟、宗锡钧、徐树屏五人接到信后尽可能的速度动身前来。如宗锡钧不能来,即以李俊杰补充之。必须来此的理由前函已说明,站在CP(指共产党——作者注)及革命的利益上必须即刻来此学习。"

1926年1月7日,中国共产主义青年团旅欧支部执行委员会发出通告:"赴俄同志20人,已决定今晚(1月7日)由巴黎起程……他们大约不久可回到中国。同志们!当我们底战士一队队赶赴前敌时,我们更当紧记着那'从早归国'的口号。"1月23日,中国共产主义青年团旅欧支部负责人刘明俨写道:"1月7日,此间有21个同志起程赴俄。"名单中就有"傅钟、邓希贤、邓绍圣"等人。

邓小平一行在前往苏联途中曾在德国作过停留。据他后来讲,在德国停留时住在一个老工人的家里,受到了德国工人阶级的热情接待。这位老工人把床铺让给他们,自己一家则睡在地板上。几十年以后,邓小平仍不忘这件事,称那是真正的无产阶级的同志式的热情接待。

1926年1月中旬,邓小平到达莫斯科,进入莫斯科东方劳动者共产主义大学,随即转入莫斯科中山大学学习。他的俄文名字叫多佐罗夫,学生证号码是233。

初来乍到,同学们对他的印象是:很有自信。

莫斯科东方劳动者共产主义大学创办于1921年,它既为苏联东部地区训练民族干部,同时也为东方国家培训干部。1923年中共旅欧支部就曾派赵世炎、王若飞、陈延年、陈乔年、佘立亚、高风、陈九鼎、王凌汉、郑超麟、袁庆云、王圭、熊雄等12人进入东方大学学习。孙中山改组国民党后,实现第一次国共合作,随着国内形势的发展,国共双方都迫切需要大批干部,东方大学的培训已不能满足中国国内的需要。于是,1925年中国国民党与苏联合作创办了"中山劳动大学",专门为中国革命培养人才,用马克思主义"培养中国共产主义群众运动的干部,培养中国革命的布尔什维克干部"。

邓小平一到中山大学,便精神饱满地投入到学习当中。

中山大学开设的课程,注重对革命理论和实践的讲授,注重对国际共产主义运动中经验教训的总结。

学生进校以后,首先要学习俄语,第一学期俄语学习时间特别长,每周6天,每天4小时。中山大学的必修课为:政治经济学、历史、现代世界诸问题、俄国革命的理论与实践、民族与殖民地问题、中国的社会发展问题、语言学。具体的课程是:中国革命运动史、中国通史、社会发展史、哲学(辩证唯物主义与历史唯物主义)、政治经济学(以《资本论》为主)、经济地理、列宁主义。中山大学考虑到学生们回国后从事革命斗争的实际需要,还开设了一门重要课程——军事课,对学生讲授军事理论,进行军事训练。

除此之外,共产国际、苏联共产党、中国共产党驻共产国际代表团的负责人都经常到中山大学,就国际共产主义和中国革命中的一些重大问题进行讲演,使学生们受到许多深刻的马克思主义教育,进一步加深了对书本知识的理解。

中山大学的教学方法也别具一格,注重对学生的启发式教育,注重学生对理论知识的理解与掌握。

在教学中,由教授先讲课(用俄语,但有中文翻译);然后学生提问,教授解答;再由学生开讨论会,自由讨论;最后由教授作总结发言。教学基本单位是班(亦有人称为小组)。1926年初约有学生300人,设有11个班,每班30人到40人不等。到1927年初,学生已超过500人。

在中山大学的学生中,既有著名的共产主义运动活动家、著名的学者、教授,也有已在国内上过高中、大学的青年,还有从基层推荐来的仅有小学文化程度的工农干部。针对这一情况,学校根据学生知识水平的差异,按照学生具体情况来分班。对文化较低的学生设有预备班,进行初级教育,对俄语程度较高的设有翻译速成班。邓小平文化水平属于中上,又有革命斗争的经历,被编到了人称"理论家班"的第二班七组。

  这个组里云集了当时在校的国共两党的重要学员,中共方面有邓小平、傅钟、李卓然等;国民党方面则有谷正纲、谷正鼎、邓文仪,还有汪精卫的侄儿和秘书、于右任的女婿屈武等等。按邓小平的说法,就是共产党和国民党的尖子人物都在一个班,因此这个班很有名。他们经常在一起讨论中国的问题。中山大学的学生徐君虎后来回忆说:"我和蒋经国同班,而且分在同一个团小组,我们的团小组长就是邓小平。邓小平、蒋经国个头都不高,站队时常肩并着肩。邓小平比我们都大,经验也远比我们丰富。1920年12月,邓小平刚16岁就去法国勤工俭学,1925年即已成为中共旅法支部负责人,因遭法国政府迫害于1926年1月与傅钟、任卓宣从巴黎到柏林,又从柏林来到莫斯科。在学校里,他们三人脖子上都围着蓝白道的大围巾,但个性各异:邓小平爽朗活泼、爱说爱笑,富有组织才能和表达才能;傅钟老成持重,不爱言谈;任卓宣像个书呆子。我、左权、赵可夫等初到莫斯科,觉得一切都是那么新鲜、有趣,尽管天寒地冻,饭后总爱到学校对面的广场、公园和莫斯科河畔去散步,领略异国风光,边散步边聊天,尤其是听邓小平讲在法国勤工俭学和那些惊心动魄、带有传奇色彩的革命斗争故事,更是别有情趣。有一次,蒋经国和我问邓小平:你干吗老围着一条大围巾呢?邓小平说:在法国留学的中国学生常去当清洁工,尤其是捡马粪,因为在法国捡马粪挣钱多,干一天能搞足一个星期的开销,最划得来,法国的清洁工都围那么一条围巾。我和蒋经国这才明白:邓小平他们为当过清洁工而自豪。"

  在中山大学内部,存在着复杂的情况。当时,苏联共产党内路线斗争十分激烈,各方面都在中山大学发表演讲,介绍自己一方的主张,并争取中山大学学生的支持。在中山大学的学生中,原来有一批是国民党方面派来的,随着国内阶级斗争的发展,国民党竭力破坏国内的革命统一战线,随时有可能背叛革命。中山大学由国民党派来的学生也产生了严重的分化,有的站在国民党左派一边,有的站在国民党右派一边。共产党员学生和国民党右派学生之间,经常发生激烈的辩论和斗争。

当时中山大学设有中共党支部,书记是傅钟,邓小平是第七组的党组组长。

每一个共产党员学生,都要在党组织内过严格的组织生活。在中山大学中共党支部的一份《党员批评计划案》中,记载了1926年6月16日中共党组织对邓小平的评价:

  姓名:邓希贤
  俄文名:多佐罗夫
  学生证号码:233
  党的工作:本班党组组长。
  一切行动是否合于党员的身份:一切行动合于党员的身份,无非党的倾向。
  守纪律否:守纪律。
  对于党的实际问题及其他一般政治问题的了解和兴趣如何,在组会中是否积极地或是消极地提议各种问题讨论,是否带动同志们讨论一切问题:对党中的纪律问题甚为注意,对一般政治问题亦很关心且有相当的认识,在组会中亦能积极参加讨论各种问题,且能带动同志讨论各种问题。
  出席党的大会和组会与否:从无缺席。
  党指定的工作是否执行:能切实执行。
  与同志们的关系如何:密切。
  对功课有无兴趣:很有兴趣。
  能否成为别人的榜样:努力学习可以影响他人。
  党的进步方面:对党的认识很有进步;无非党的倾向;能在团员中树立党的影响。
  在国民党中是否消灭党的面目:未。
  在国民党中是否能适合实行党的意见:能。
  做什么工作是最适合的:能做宣传及组织工作。

这份党组织的鉴定,是研究邓小平早年思想和工作情况的一份重要文献,反映了邓小平在中山大学时的基本情况,具有重要的史料价值。

邓小平在法国期间,就曾经认真阅读过一些马克思主义的重要著作,他所在的中国社会主义青年团旅欧支部,极为重视组织团员学习马克思主义理论,每周都要组织一次学习马克思主义的讨论会,以加深团员对马克思主义的理解,这些学习和讨论奠定了邓小平的马克思主义基础知识。在中山大学,邓小平得以有机会认真地、全面地接受马克思主义的系统教育,并了解了许多国际共运、联共党内和中国国内的基本情况,使他的理论水平和对中国革命的认识都大大提高了一步。

在莫斯科中山大学写的一份自传中,邓小平写道:"我过去在西欧团体工作时,每每感觉到能力的不足,以致往往发生错误,因此我便早有来俄学习的决心,不过因为经济的困难使我不能如愿以偿。现在我来此了,便要开始学习活动能力的工作。

"我更感觉到而且大家都感觉到我对于共产主义的研究太粗浅。列宁说:'没有革命的理论便没有革命的行动;要有革命的行动,才能证验出革命的理论。'由此可知革命的理论对于我们共产主义者是必须。所以,我能留俄一天,便要努力研究一天,务使自己对于共产主义有一个相当的认识。

"我还觉得我们东方的青年,自由意志颇为浓厚而且思想行动亦难系统化,这实于我们将来的工作大有妨碍。所以,我来俄的志愿,尤其是要来受铁的纪律的训练,共产主义的洗礼,使我的思想行动都成为一贯的共产主义化。

"我来莫的时候,便已打定主意,更坚决地把我的身子交给我们的党,交给本阶级。从此以后,我愿意绝对地受党的训练,听党的指挥,始终为无产阶级的利益而争斗。"

中山大学的学制是两年,但邓小平在这里只学习了近一年的时间。在这一年当中,他专心读书,认真钻研马克思列宁主义理论,受到了系统的马克思列宁主义理论教育。他积极参加党组织的活动和学校组织的各项政治活动,在政治上、思想上、组织上都得到了很大锻炼和提高。这一年的学习,奠定了他以后从事革命工作所必需的深厚的马克思列宁主义理论基础,使他受益一生。

在这里,值得一提的是邓小平在莫斯科中山大学学习期间,结识了与他同学不同班的张锡瑗。当时,张锡瑗是第二班第三组的学员,俄文名字叫多加多娃,学号为23号。

张锡瑗是河北省房山良乡(今属北京市)人。1907年生,父亲是良乡铁路站站长。1924年,张锡瑗在直隶第二女子师范学习时加入中国共产主义青年团。1925年在李大钊的影响下,在北京参加中国共产党后被党组织选派送往莫斯科中山大学学习。18岁的张锡瑗人很漂亮,热情活泼,在莫斯科认识了邓小平,两人成了同学,虽不同班,但平时接触比较多,彼此印象也很深。1927年秋,张锡瑗奉命回国,途经蒙古时,大革命已经失败了。受党指派,她在保定参加领导了一次铁路工人的罢工运动。之后,辗转到了武汉,在党中央秘书处工作。在武汉她意外地遇到在党中央担任中央秘书的邓小平,恋情也就自然而然地发展。1928年春他们随党中央机关一起来到上海,结成夫妇。邓小平任党中央秘书长,张锡瑗在他领导下工作。1930年张锡瑗因得产褥热病逝,邓小平十分悲痛。许多年以后,他还深情地对他的子女说:"张锡瑗是少有的漂亮。"

1926年下半年,控制着中国西北地区的国民军领导人冯玉祥到了苏联。他准备参加国民革命,要求派一批中共的同志到他的部队中工作。邓小平是被选出的二十几个人中的一个。

这年的年底,邓小平等启程回国。

# 投身国内革命

1926年底,邓小平一行从莫斯科动身,先到达了蒙古的库伦(即乌兰巴托),休整了几天后,邓小平和另外两个共青团员作为先遣队,乘苏联为冯玉祥部队运送子弹的汽车继续前行,继而换乘骆驼,最后在宁夏城(今银川)改乘马车,历尽万里艰辛,终于在第二年的春天抵达古城西安。

邓小平回国时,国共两党的合作已处在破裂的前夜,政局动荡。自1926年2月起,国民二军李虎巨和国民三军杨虎城部就被吴佩孚支持的刘镇华军10万余众围困在西安,时间长达8个月,处境十分困难,不断向驻守五原的冯玉祥部求援。在这种情况下,五原誓师后的冯玉祥决定率国民军联军绕道宁夏、甘肃,向陕西进军。11月27日,国民军联军一举解除了刘镇华部队对西安城的围困。

冯玉祥,祖籍安徽巢县。曾任北洋陆军第十一师师长,陕西、河南的督军及陆军检阅使等职。1926年9月,当北伐的国民革命军攻抵武汉时,他在苏联顾问团与中国共产党人刘伯坚等的全力帮助下,率部宣布脱离北洋军阀的系统,在五原宣誓就任国民军联军总司令。公开宣布集体加入中国国民党,接受国共合作纲领,接受"联俄、联共、扶助农工"三大政策,举起了打倒北洋军阀政府、配合南方国民革命军北伐的旗帜。

1927年1月26日,冯玉祥同刘伯坚以及苏联顾问乌斯马诺夫一行抵达西安。国民军联军入陕解西安之围,标志着西北地区的大革命运动开始出现新的高潮,处于大革命疾风骤雨中的西安成为北方革命运动的中心。这年的2月,在中国共产党的倡导下,为了培养军政人才,中山军事学校在西安成立。不久,邓小平接受中共中央的指派,到该校工作。这是他在国内从事革命实践活动的第一站。

中山军事学校形式上隶属于冯玉祥的国民军联军总部,实际上是由刘伯坚等几位共产党人筹建的,学校的主要职务也都由共产党派人担任。校长史可轩就是一名中共党员(1927年6月牺牲),李林任副校长,邓小平担任政治处处长兼政治教官,并任该校中共党组织书记。

中山军事学校主要培训国民军营、连、排初级军官,以及我党选送的革命青年,在当时可以说是一个红色的学校,学生不少是共产党员和共青团员。学校除军事训练外,主要是政治教育,健全和发展中共党团组织等项工作。政治教育主要讲革命,公开讲马列主义。

西安中山军事学校在史可轩、邓小平等一大批共产党人的领导下,办得有声有色,朝气蓬勃,被人们誉为"西北黄埔"或"第二黄埔"。学校培养出一批有革命觉悟的初级军官和党政工作干部,并向国民军联军驻陕总司令部政治保卫队输送了一批毕业生,逐步组建了一支由中国共产党掌握的武装力量,为后来中国共产党领导的陕西渭华暴动创造了条件。陕北红军的一些将领也是这所学校培养出来的。

1927年4月,中国政局发生突变。蒋介石公然背叛革命,发动了四一二反革命政变,疯狂屠杀共产党人。

四一二政变后,武汉的汪精卫集团与南京的蒋介石集团之间的矛盾加剧。在宁、汉两个政权的对立中,冯玉祥的军事实力和所处的战略地位举足轻重。武汉政府决定和冯玉祥举行郑州会议,其目的在于"拉冯""讨蒋""分共"。在"分共"问题上双方取得了一致的看法,但冯玉祥不同意"讨蒋",规劝武汉政府"息争",主张宁、汉联合继续北伐。接着,冯玉祥力主调解宁、汉争端。最后蒋、冯于1927年6月20、21日在徐州会谈,双方达成联合"清党"和继续北伐的协议。

徐州会谈后,冯玉祥在部队和所属地区进行了"清党"反共,但他在程度上、方式上仍然和蒋介石集团、汪精卫集团不同。6月间,冯玉祥下令要所有在他部队工作的共产党员集中到开封,名曰训练,其实是"礼送出境"。得知冯玉祥让共产党员到开封"受训"的消息后,邓小平与刘伯坚、史可轩以及李林等商量,大家一致认为邓小平应去武汉找党中央,而不是到开封去"受训"。因此,6月底,邓小平离开西安,经郑州去武汉。7月,刘伯坚等200多名共产党员被"礼送出境"。

7月间,邓小平辗转到了当时中共中央的所在地汉口,被分配在中共中央工作,担任秘书。当时的中央秘书长是邓中夏。邓小平的工作主要是管中央文件、交通、机要等事务,在中央的重要会议上做记录和起草一些次要的文件。

这时,国内的政治局势继续恶化。7月15日,继蒋介石在上海发动四一二反革命政变后,汪精卫在武汉召开了国民党中央常务委员会扩大会议,正式同中国共产党决裂,形成了宁汉合流。这就是七一五反革命政变。在蒋介石、汪精卫联手反共的叫嚣声中,成百上千的共产党员和革命群众倒在血泊中,白色恐怖笼罩着全国,不仅使轰轰烈烈的国民革命戛然沉寂,民主革命严重受挫,更将年幼的中国共产党推到了十分困难的境地。至此,第一次国共合作全面破裂,轰轰烈烈的大革命失败。

在严酷的白色恐怖笼罩下,中国共产党被迫转入地下。到武汉党中央机关工作不久的邓小平,经受了严峻的考验。为了摆脱敌人的魔掌,邓小平随党中央机关从汉口搬到武昌,又从武昌搬回汉口,经常转移,顽强地与国民党反动派周旋。同时,为了适应白色恐怖下秘密工作的需要,他从这时起改用"邓小平"这个名字。

8月1日,周恩来和贺龙、叶挺、朱德、刘伯承等发动南昌起义,打响了革命武装力量反抗国民党反动派的第一枪。

为了纠正党在大革命后期的严重错误,制定新的路线和政策,8月7日,中共中央在汉口召开紧急会议(即八七会议)。

这次会议是在极端秘密的情况下筹备和召开的。邓小平来到汉口后,很快就投入了会议的筹备工作。他与李维汉一起住在瞿秋白和其夫人杨之华的住处德林公寓内。瞿秋白夫妇住一大间,李维汉、邓小平分别住在前后两个小间里。这里与八七会议的会址很近,来往方便。

8月3日夜,邓小平被交通员悄悄地带到汉口俄租界三教街一幢西式公寓的二楼,这里是即将举行的中央紧急会议的秘密会场。作为中央秘书,邓小平最早来到这里,负责有关的会务工作。会场为相连的两个房间,还有一间侧房作厨房用,这里原是援华俄籍农民问题顾问洛卓莫夫的家。20多天前,洛卓莫夫被汪精卫驱逐回国,房子空出后还未引起人们注意。在这个陈设简陋的房子里,邓小平逗留了6天。8月的武汉酷热异常,但为保密,只得整天关着门窗,不透一点风,室内闷得像蒸笼。邓小平与陆续来到的中央委员和代表都在这里静候,困了就在地板上打个盹,饿了便倒杯开水就着干粮吃,在焦灼中等待着会议的召开。

53年后,1980年盛夏,邓小平来到武汉三镇瞻仰八七会议会址。故地重游,感慨良多,他对身边陪同人员忆述了当年的情形,他说,当时"八七会议会址与餐厅相隔,两处均有后门相通,会议代表全部从后门进入"。"李维汉是秘书长,会议代表有二十几个人,我是中央秘书,陈独秀原先要搞正规大中央,搞八大秘书,我就算是一个。""1927年底在上海我才当秘书长。我们二十几个人分三批进来,我是第一批,记不清和谁一起进来。我在这里待了6天。会议开了一天一夜,极为紧张。我是最后走的,走得最晚。八七会议召开时是武汉最热的时候,开会的当时甚至连门也不能开,进去了就不能出来。我是一个晚上带着行李进去的,我们进去就睡地铺。""当时都是年轻人。毛泽东34岁,瞿秋白29岁,李维汉31岁,任弼时23岁,我23岁,陆定一那时比我小两岁。"

八七会议由瞿秋白、李维汉主持。会议旗帜鲜明地清算了大革命后期以陈独秀为代表的右倾错误,确立了实行土地革命武装起义的方针。毛泽东在会议发言中指出,党中央所犯错误中的一个错误是不认识军队的极端重要性。他强调指出,全党"以后要非常注意军事,须知政权是由枪杆子中取得的"。在这次会议上,邓小平第一次见到毛泽东,听到了毛泽东的重要发言。

八七会议选举产生了中共中央临时政治局。苏兆征、向忠发、瞿秋白、罗亦农、顾顺章、王荷波、李维汉、彭湃、任弼时被选为委员;邓中夏、周恩来、毛泽东、彭公达、张太雷、张国焘、李立三被选为候补委员。由于当时环境极其险恶,会议只开了一天就结束了。8月9日,中央临时政治局召开第一次会议,选举瞿秋白、李维汉、苏兆征为中央临时政治局常委,决定由瞿秋白兼管农委、宣传部,并任党报总编辑,李维汉兼管组织部和秘书厅,苏兆征兼管工委。此时,邓小平仍担任秘书工作。

八七会议后,为了避开武汉险恶的局势和适应革命运动发展的需要,中共中央机关于9月底到10月初秘密从武汉迁往上海。邓小平随中央机关一同迁往上海。

1927年9、10月间,邓小平随党中央到达上海。这是他第二次来到上海。

1920年，邓小平从重庆顺江而下，第一次踏上上海的土地，在这里登上法国邮轮，踏上了留法勤工俭学的旅途，也迈出了他成为职业革命家的第一步。

如今，7年过去了，当年那个16岁的少年已经成长为一个信仰坚定、自信乐观的共产主义者。

1927年12月，邓小平被任命为中共中央秘书长。他的工作除了协助周恩来等中央领导处理中央日常工作、列席和参加中央各种会议并做记录外，还主要管理中央机关的文书、机要、交通、财务、各种会议安排等工作。

当时的上海，斗争形势十分复杂。自蒋介石发动四一二反革命政变后，这座著名的远东繁华都市成了各种反革命力量聚集的地方。在敌人的眼皮底下，中国共产党人以极其秘密的活动方式，继续进行着惊心动魄的殊死斗争。

党中央到上海以后，一项很重要的任务是进行极其艰难的组织工作，恢复、整顿和重建党的组织，改变在严重白色恐怖下党的散乱状况。很快，党中央便在上海建立了秘密工作机关，组织了全国秘密交通网络，并出版了党的秘密机关报。

当时，中央机关大都设在国民党反动势力较为薄弱的租界区内，其中比较有名的地方是四马路天蟾舞台后面447号的楼上。当时，这幢房子的楼下是"生黎医院"，楼上就是挂着"福兴字庄"招牌的中共中央常设的活动场所。这家商号的老板，人称"熊老板"的熊瑾玎，真实身份是中央秘书处会计科主管，负责党的经费的管理工作。中央苏区送来的黄金、首饰等一般是由他通过有关系的银行兑换成钞票后，再分送到各有关地方。他的夫人朱端绶在中央机关做一些日常的杂务工作，为前来开会的人员服务。从1928年11月到1931年4月，中央政治局会议几乎都是在这里举行的。当然，为了安全和保密工作的需要，中央机关还分散在其他几个地方，当时同孚路柏德里700号一幢两楼两厅的房子、永安里135号的楼上、五马路的清河坊等都曾是中央机关活动的地方。

与此同时，为了在白色恐怖的上海站住脚跟，开展工作，中央提出"以绝对秘密为原则"，要求党的"负责干部职业化"。因此，中央负责人要不断变换居住地和姓名,彼此都不知道他人的住处。

当时的中共中央机关工作人员郑超麟回忆道:"1927年以后同1927年以前情况有不同,中央从武汉搬到上海来,情况变了,那时白色恐怖很厉害,我们中央各部门就不来往了,邓小平和中央秘书处住的地方我从来没去过,并且也不许去。"

当时的中共中央机关工作人员黄玠然回忆道:"那时在上海同孚路柏德里700号有一个两楼两厅的房子,就是中央的一个机关,当时由彭述之夫妇、陈赓的夫人王根英、内交科主任张宝泉和白戴昆等同志以房东房客的关系住在里面。实际上这个地方负责处理中央机关的日常工作,我们都称这个地方为中央办公厅。那时候恩来同志和小平同志每天都来这里,中央各部门、各单位都来请示工作。凡是中央各部门大的事情,主要的由周恩来同志解决问题。机关的工作,事务工作,那是要小平同志负责的,两个人是不可分离的。我同邓小平同志、周恩来同志都是在那个地方认识的。但是我同他(指邓小平——作者注)的关系呢,仅仅是这样一个工作的关系。可是不能到他家里去的,他也不能到我家里来的,因为凡是负责同志到哪个地方去,可以到哪个地方去,不可以到哪个地方去,都要上面决定的。因为秘密工作,最怕是发生问题以后受到牵连。"

在这种白色恐怖的情况下,为了秘密工作的需要,邓小平当过杂货店的老板,当过古董店的老板。

据当时的中共中央机关工作人员刘英回忆:"第一次认识小平同志是他同周恩来同志到李维汉同志那里谈工作,他那个时候大概是中央秘书长。他们来经常穿资本家的缎子袍子,穿的马褂,官僚一样的,经常化装,到什么地方就穿什么。到租界地方人家穿得讲究,到平民地方人家穿工人衣服,所以人家就不容易发现你,不注意,跟群众一样。"

作为中央秘书长,邓小平掌握和熟悉所有中央负责人和各处中央秘密机关的地点。处在这样一个特殊的岗位上,他的工作常常直接关系到中央机关及中央负责同志的安危。由于当时上海的敌伪特务机关活动极其猖獗,中央负责人的住宿和办公地点需要经常变换,而且要找那种在几个弄堂里面都要有出口的房子,以应付敌人的搜查。中央负责人互相之间也只能通过秘书长来单线联系。在白色恐怖面前,一些人经不住考验变节投敌,甚至领着敌人搜捕自己昔日的同志,如原担任中央总书记的向忠发和负责中央领导同志安全保卫工作的顾顺章就是这一类千古罪人。严酷的现实给保卫中央机关和中央负责人的工作带来了极大的困难,邓小平胆大心细,偶遇突发事件总能当机立断,采取措施,进行及时有效的调度指挥,将损失减至最低。他自己曾两次虎口脱险。

邓小平后来回忆说:"我们在上海做秘密工作,非常艰苦,那是吊起脑袋在干革命。最大的危险有两次。一次(指1928年4月15日)是何家兴叛变,出卖罗亦农。我去和罗亦农(当时任中共中央政治局常委、组织局主任)接头,办完事,我刚从后门出去,前门巡捕就进来了,罗亦农被捕,就差不到一分钟的时间。还有一次,我同周总理、邓大姐、张锡瑗住在一个房子里。那时我们特科的工作好,得知巡捕发现了周住在什么地方,要来搜查,他们通知了周恩来,当时在家的同志赶紧搬了。但我当时不在,没有接到通知,不晓得。里面巡捕正在搜查,我去敲门,幸好我们特科有个内线在里面,答应了一声要来开门。我一听声音不对,赶快就走,没有出事故。那个时候很危险呀!半分钟都差不得!"

邓小平的弟弟邓垦(邓先修)后来回忆了他当时在上海见到哥哥邓小平时的情景:"我到上海去求学。临走的时候我父亲要求我,说你到上海去找找你哥哥。我到了上海就找吧。那儿情况很不熟悉,语言也不通,熟人也不多,找来找去没着落,结果我到当时的《时事新报》登了个寻人启事,就讲:邓希贤兄,我现在已到了上海,住到什么地方,希望你见报以后来找我。因为那时候国民党特务用这种方法抓人的也有,登报用亲戚名义,结果你去找会碰到特务。后来据他们讲,他们还化装了之后,到我登报的那地方来了解,看有没有几个四川人在那读书,其中有没有一个邓先修。有一天下午,我们四个青年人,都是四川我们的同乡、同学,正在一个小房子里聊天,突然之间进来一个人敲门,就问你们这儿有没有一个邓先修?当时我想,我在上海没有熟人啊,怎么会有人找我?一下子想到了我登的报,一看这个面孔还有印象,因为他走的时候我只有七八岁,隔了13年了,变化很大,还有点印象。我就看出来了,我说我就是邓先修。他说:好好好,你登了个报我们知道了。你收拾收拾跟我走,马上跟我走。之后他简单地问了一下家庭情况,那时候我母亲已经去世了,我父亲还在。简单地说明一下,我这次到上海来,是来求学的。他说：不要多说了，其他的事情以后再说，现在你赶快回去，立刻搬家，越快越好。不仅你自己要搬，而且你那三个同学都要搬，全部离开这个地方。"

在中央秘书长的任上，邓小平直接领导了中央机关秘书处的工作。秘书处下设文书、内政、外交、会计和翻译五个科，工作范围包括中央文件的刻印、密写、收发和分送，中央与顺直、湖南、湖北、广东、广西等地下党组织的联系，以上海为中心的全国秘密交通网，负责各地有关文件、钞票、干部、来往人员的联系，负责党的经费的收集、汇兑和管理，以及与共产国际的联系等等。这些工作千头万绪，纷乱繁杂，但在邓小平这位年轻的中央秘书长的统一组织调度下，一切都进行得井然有序，有条不紊，有力地保证了中央机关在当时极其复杂的条件下的正常运转和中央政治局对各地的领导。

作为中央秘书长，邓小平所处的是一个承上启下的枢纽位置。他不仅主管政治局会议议程以及开会的时间、地点、出席者等方面的安排，列出每次会议讨论的议题，重要会议他还要兼做记录。邓小平在会上尽管发言不多，但一发言，往往见解深刻，能够说到关键点上。在一次讨论某些同志提出的争取一省或数省胜利的问题时，邓小平发表了一番深思熟虑后的见解。他提出，现在革命正处在低潮，我们刚刚组织起来，没有足够的武装，很难对付国民党军队，取得决定性的胜利。尽管当时赞同他这种意见的人不多，但邓小平这番发言无疑给与会者留下了深刻的印象。会议结束后，邓小平还要对中央政治局决定的事项进行逐项检查落实。

在上海，邓小平的个人生活也发生了变化。1928年春，在白色恐怖的上海滩，在巡捕森严的租界地里，他同莫斯科中山大学的同学、当时在中共中央秘书处工作的张锡瑗举行了简朴的婚礼，中央的同志们特地在上海广西中路一个叫聚丰园的四川馆子办了酒席。周恩来、邓颖超、李维汉、王若飞等在中央的大部分人参加了，共有30多人。

据当时在上海党中央机关工作的郑超麟回忆："我记得是三桌酒，在中央工作的人，无论领导人或者普通工作人员都来了。我了解一下，这个宴会钱是邓小平自己出的。大家吃完之后，好像菜已经没了，大家还有兴趣再吃，邓小平又另外叫菜，让大家吃。"

对于邓小平的新娘，大家的印象也很深。郑超麟回忆说："张锡瑗人长得很漂亮,个子不高,是保定第二女子师范的学生,和李培之(王若飞的夫人)一道闹学潮的,在武汉也做过秘密工作。"

当时中央军委机关的工作人员朱月倩回忆说:"在上海时,我的丈夫霍步青在中央军委工作,我也是在中央军委机关工作。那时我们夫妇和邓小平夫妇,还有恩来同志和邓大姐,6个人一个党小组。我们一起过组织生活,一个礼拜过一次,地点换来换去,主要内容是学习。张锡瑗是北京人,一口北京话。我现在还记得她的样子,讲话轻声轻气的,长得蛮漂亮,白净的脸,很秀气,人温柔得很,和邓小平感情很好。"

朱端绶回忆道,张锡瑗"她来过我们机关,和我挺要好的。她人很漂亮,性格挺好,挺活泼的,和我一个脾气,很爽快,有话就讲。她的性情温和,很可爱,对人很好,我们年龄差不多,很是谈得来。那时候我们做地下工作,装的是有钱人,所以张锡瑗也是穿旗袍,短头发,穿高跟鞋"。

婚后有大半年的时间,邓小平夫妇和周恩来、邓颖超夫妇同住在公共租界的一幢房子里。邓颖超后来回忆:"那时候,常常听到楼下那小两口又说又笑。"

1928年4—7月,中国共产党在莫斯科筹备和召开六大期间,邓小平作为中共中央秘书长协助留在国内的李维汉、任弼时处理中央的日常工作,指导各个革命根据地军事斗争和白区的秘密斗争。

关于这段时间的工作情况,李维汉回忆道:"六大开会期间,我和弼时受命负责留守中央,中央秘书长是邓小平。从1928年4月开始到同年9月新中央负责人回来的期间,开会的地方仍在上海四马路天蟾舞台后面楼上的两间房子里。这个秘密机关是1927年冬或1928年初建立作为中央常委开会的地方。房子是租赁来的,由熊瑾玎、朱端绶夫妇住守(熊瑾玎时任中央会计)。那时,开会的同志从天蟾舞台两侧云南路的一个楼梯上去,就可以直到开会的房间。房间内朝西的窗下有一张小桌子,开会时,小平就在小桌子上记录。这个机关从建立起一直到1931年1月六届四中全会以后,都没有遭到破坏。后来,大概由于1931年4月顾顺章被捕叛变,中央才放弃了这个机关。(1952年毛泽东在杭州主持起草宪法时,通知小平和我到他那里去。路过上海时,小平和我去看过那个老地方,那时房间结构和形式如旧,里面设了一个卫生站。1980年4月我到上海又去看过,其结构完全变了,成了一排市民住宅中的一间。从云南路上楼的途径也没有了。)当时,每天上午9时,我、弼时和小平碰头处理日常事务,不是在这个地方,而是在离此不远、隔一条街的一个商店楼上,到场的还有熊瑾玎、内部交通主任和其他个别负责干部,例如江苏省委留守负责人李富春有时也来参加。"①

邓小平在党中央机关工作了将近两年,这是中国共产党最困难的时期,工作既紧张又充满了危险。在白色恐怖的险恶环境中,邓小平出色地完成了各项工作,得到了全面的锻炼,积累了丰富的地下工作经验,形成了他严谨、认真、守纪的工作作风,对他后来的政治生涯也产生了一定的影响。

1929年8月底,他被党中央派往广西工作。

---

① 郑超麟、朱月倩、李维汉等人的回忆,参见毛毛:《我的父亲邓小平》上卷,中央文献出版社1993年版,第178—184页。

# 25 岁的红七军政委

1929年4月,第一次蒋桂战争以新桂系李宗仁、白崇禧的失败而告终。广西国民党左派军人俞作柏、李明瑞利用蒋介石的力量,于同年6月掌握了广西的军政大权,分别担任广西省政府主席和广西编遣特派员(后改为第四编遣分区主任)。由于他们在广西的根基比较薄弱,加之他们也深知蒋介石是靠不住的。于是,他们听取了俞作柏的弟弟、中共党员俞作豫的建议,要求中共派干部协助其工作,以巩固其地位。

中共中央和广东省委利用这一有利时机,先后派邓小平、贺昌、张云逸、陈豪人、叶季壮、龚饮冰等40多名干部,通过各种渠道先后到达广西,与原先在那里工作的雷经天、俞作豫等一起开展革命工作,由中共中央代表邓小平负责统一领导。

这时邓小平还不满25岁。邓小平后来说,我"25岁领导了广西百色起义,建立了红七军。从那时开始干军事这一行,一直到解放战争结束"。

选派邓小平去广西,不能不说是中共中央对他的信任。主持中央军委工作的周恩来对邓小平是十分了解的,做统战工作邓小平也是有经验的。两年前邓小平从莫斯科回国后的第一个工作就是在冯玉祥的国民军中担任政治处处长兼政治教官,开展统战工作,虽说时间不长,但还是有成效的。到党中央工作后,邓小平担任党中央秘书长,又和周恩来朝夕相处,他的工作能力周恩来是再清楚不过的。由于广西工作的特殊性和重要性,中央决定必须派遣得力干部去广西,邓小平是最为合适的人选。

这年8月底,邓小平化名邓斌,在中央特科龚饮冰的陪同下,带着党的"六大"决议案,秘密从上海经香港,取道越南来到了广西。

途经香港时,邓小平听取了广东省军委书记聂荣臻关于广西情况的介绍,对广西地区党组织的情况和广西的政治局势,有了一个初步的了解。

邓小平此行的主要任务是到广西与俞作柏、李明瑞等上层人士开展统战工作,同时以中共中央代表的身份领导党在广西的全面工作。

他的公开身份是广西省政府秘书。

一到广西,邓小平正确地分析了俞作柏、李明瑞主桂前后对我党的政治态度和广西错综复杂的阶级关系变化情况,对他们采取了团结、教育、争取的方针,帮助他们整顿和培训部队,共筹反蒋、反新桂系军阀的大计;同时又坚持我党独立自主的原则,趁机开展兵运工作和发展革命力量。

当时,俞作柏、李明瑞虽倾向共产党,但他们的政权基础薄弱。李宗仁、白崇禧等顽固势力的力量比较雄厚,仍在暗中破坏。俞、李最迫切的是要防止他们卷土重来。同时俞、李对蒋介石也存有戒心,所以他们希望借助中国共产党的力量来支撑他们的"天下"。于是,邓小平通过俞作豫与俞作柏、李明瑞的社会关系(俞作豫是俞作柏的胞弟、李明瑞的表弟)进行统战工作。首先把中共中央和中共广东省委派来广西工作的干部安排到俞作柏、李明瑞的军政部门任职;其次,向俞、李提议释放四一二政变时被新桂系军阀逮捕关押在狱中的共产党员、共青团员和进步群众。俞作柏经过考虑,决定释放全部在押的"政治犯"。这样,中共南宁区负责人罗少彦、工人运动领导人何健南及共产党员谢鹤筹、吴西等一大批共产党人和进步人士被从狱中释放出来。这些人,特别是一批党团员干部,后来都成为建立广西红军的骨干。

紧接着,邓小平通过俞作豫和其他各种社会关系,向俞作柏和李明瑞建议,开办一个广西教导总队,把各师中的青年军官调来南宁学习,这一建议也很快得到了俞、李的同意。教导总队创办后,共产党员徐开先(后脱党)、张云逸分别担任正、副总队长。教导总队共有3个营9个连,学员1000多人。学员大多是从部队里抽调出来的班长和老兵,中共广东省委派来的100多名工人、学生党员也被安插到教导总队的各个连队当干部或学员,有些党员则被安排到总队担任政治教官等工作。这些学员经过训练后,被分配到各部队去,成为改造旧军队、建立革命军队的骨干力量。教导总队名义上是训练军官,为广西的部队服务,实际上是邓小平领导的广西党组织改造旧军队、培养革命骨干,为建立革命武装做准备的一个基地。

邓小平还帮助李明瑞改造广西警备第四、五大队,使这两个大队的领导权掌握在我党手里。共产党员张云逸、俞作豫分别担任了第四、五大队大队长。

经过邓小平和广西党组织卓有成效的工作，俞、李在广西支持恢复工会、成立农会，武装左右江的农民自卫军，并给韦拔群的东兰农民革命武装军以"右江护商大队"的名义，还发拨300多支枪以示支持。中共组织在广西也以公开、半公开的方式得到恢复和发展。在中国共产党的影响下，俞作柏还任命了一大批农民运动领袖担任右江一些县的县长，极大地加强了党对右江地区的领导，促进了右江地区农民运动的发展。

在邓小平的领导下，仅仅几个月，广西全省已健全的县委和特别支部就有9个，正在恢复和健全的县委有5个。在南宁市已建立了轮船、汽车、机关等10个支部，全省已有共产党员420人、团员130人。一个新的革命高潮在广西迅速发展起来。

广西局势的变化，引起了反革命势力的恐慌。有人高喊："俞作柏、李明瑞来捣乱，致使左右两江赤焰滔天，原东兰之'共匪'，也就死灰复燃。"失去广西地盘的桂系军阀首领李宗仁惊呼，俞作柏、李明瑞"南归后，为虎附翼，共祸始炽，桂省几成为共产党之西南根据地"。

1929年9月，正当广西革命斗争形势有了新的转机的时候，广西的政局发生急剧的变化。汪精卫策动在湖北的张发奎反蒋，企图南下进攻广东军阀陈济棠，并派人到南宁游说俞作柏、李明瑞共同反蒋。由于俞作柏、李明瑞与中共的关系，蒋介石已企图伺机解决俞、李。这样，俞、李认为，与其坐以待毙，不如先发制人，所以决定与张发奎联合，共同反蒋。

俞、李的这一动态，使得广西的形势可以说是风云突变。

邓小平认为，目前应当劝说俞、李不要匆忙反蒋。如俞、李不听，我们应当把部队拉出去，到韦拔群等已经工作多年、群众基础较好、蒋桂力量难以控制的左右江地区，同农军结合起来，做好暴动的准备，建立革命根据地。

根据邓小平的指示，广西特委召开专门会议，部署左右江地区党的工作，决定派雷经天到恩隆县平马镇建立广西农协右江办事处和筹建中共右江特委；派严敏、陈洪涛、张震球等分别到东兰、凤山、恩隆、奉议、思林等县建立中共县委机构；派何健南、麦锦汉、吴西、甘湛泽、苏松甲等去龙州地区领导工农运动。这些措施，进一步加强了共产党对左右江地区农民运动的领导,使左右江地区党组织和农民运动得到迅速发展。

俞作柏、李明瑞不听我党的诚意劝告,决意出兵。9月27日,通电反蒋。10月1日贸然出师,命所部进攻广东的陈济棠部队。

就在俞、李离开南宁后,邓小平迅即作了部署,通知警备第四大队派一个营去右江地区,警备第五大队派一个营去左江地区;指示张云逸以南宁警备司令的名义接管省军械库,并征集船舶,一旦有变,立即把军械库中的几千支枪和大量弹药、山炮、迫击炮、机枪、电台等装船外运;命令在南宁受训的韦拔群领导的农军营赶回东兰,准备起义;同时派龚饮冰去上海向中央汇报行动计划。

俞、李出兵不到10天便败退南宁,陈济棠派3个师入桂逼近南宁。

邓小平当机立断,决定即刻举行兵变,把部队拉出南宁。

10月中旬的一天夜晚,南宁市区内枪声大作,兵变部队打开了军械库,搬走了所有的枪炮和弹药。第四大队、第五大队和教导总队在宣布行动后迅速撤离南宁。俞作豫率第五大队进驻左江地区,张云逸率教导总队一部分和第四大队由陆路向右江地区挺进。

邓小平、陈豪人等和部分干部带着警卫部队,指挥装满军械的船队溯右江驶到百色。

在恩隆县(今田东县)的平马镇,邓小平和张云逸会合了。

10月22日,邓小平、张云逸率部进驻百色,随后立即着手起义的准备工作。

首先是广泛宣传发动群众。在部队和群众中宣传党的政治主张,宣传中共"六大"精神和党的"十大纲领"。在部队中举行士兵会,帮助地方建立和发展农民协会、工会与工农武装组织,宣布废除各种苛捐杂税,减轻工农群众负担。其次是继续整顿和改造部队。在官兵中着重进行思想教育,实行官兵平等。同时吸收大量工农青年和进步学生入伍,增加部队工农成分的比重。再次,武装工农,大力支持工农运动。最后是建立和发展党的组织,培训军政干部。至百色起义前夕,每个连队和大队部的机关单位都建立了中共党支部。同时还成立了中共右江工作委员会(后改为右江特委)。部分县建立了县委或特支,整个右江地区共有地方党员五六百人。

这期间,邓小平和张云逸还指挥了歼灭广西警备第三大队的战斗,共歼敌1000多人,缴枪700多支,为起义扫清了障碍。

10月30日,中共广东省委通知广西特委,决定建立中共广西前委(后改为红七军前委),由邓小平担任前委书记,统一领导左右江地区的党和军事工作。

11月5日,去上海向党中央汇报工作的龚饮冰秘密回到百色,传达了中共中央同意在左右江地区举行武装起义,创建红军和革命根据地的指示精神。中央批准广西成立中共广西前敌委员会,统一党和军队的指挥,邓小平任前敌委员会书记。中央还批准成立红七军,颁发了红七军的番号。中央还要求在龚饮冰回到广西后的10天之内举行武装起义。

根据中央的指示精神,邓小平立即召开前委会议,传达贯彻中央指示,加紧武装起义的准备工作。邓小平认为,中央要求在10天内起义比较仓促,应该首先做好发动群众的工作,改造好旧军队,发展党的组织,摧毁旧的政权。中央原要求十月革命纪念节那天举行起义,鉴于准备工作尚未充分,于是决定推迟到12月11日广州起义两周年那天举行。邓小平后来这样说:"关于暴动的问题,我们很早就注意到了,但是得到中央的指示以后使我们更坚决,不过必须有准备工作。因此时间上并不能机械地确定,直到以后军队中我们已有强固的组织才决定广暴纪念日期,但这次发动并不是上级的命令,还是经过士兵们及大会来决定的。"

就在这个时候,中央来电要邓小平去上海汇报工作。

邓小平在布置好百色起义的准备工作后,计划先前往龙州,部署龙州起义的准备工作,并准备由此绕道越南、香港去上海。

1929年12月11日,按照邓小平、张云逸等的部署,广西警备第四大队、广西教导总队和右江农民自卫军在百色召开广州暴动纪念大会,宣布成立中国工农红军第七军,张云逸任军长,陈豪人任政治部主任。

同一天,在恩隆县平马镇召开了有11个县5个镇的农民代表、工会代表和红七军士兵代表共80多人参加的代表大会,选举产生了右江苏维埃政府领导成员,雷经天任苏维埃政府主席,韦拔群、陈洪涛担任委员。

在红七军的帮助下,接着右江地区有15个县相继成立苏维埃政府或革命委员会。

12月25日,中共广东省委给红七军前委发出指示信,批准红七军前委组成名单,提出如邓小平已离开百色返回上海,前委书记由陈豪人担任,如尚未离开,仍由邓小平担任。

邓小平是11月中旬前往龙州的,他和李明瑞在路上不期而遇。

俞作柏、李明瑞10月反蒋失败后,俞作柏出走香港,李明瑞则率部滞留龙州一带。为了拉拢李明瑞,蒋介石曾多次派人带着广西省政府主席、第十五军军长的委任状和巨款到龙州等地,引诱李明瑞及其亲属,结果均遭拒绝。李明瑞当时仍抱有东山再起的幻想,他想乘广西政局混乱、南宁空虚之机,联合右江地区的部队反攻南宁。他命令广西警备第五大队开到崇善(今崇左)待命,自己亲往右江策动第四大队联合行动。

为了进一步团结、争取李明瑞参加革命,邓小平把李明瑞带到百色的粤东会馆,进行了彻夜长谈。邓小平向李明瑞宣传革命道理,指出军阀混战的危害,介绍全国革命形势,说明我们党准备发动百色、龙州起义,成立红七军、红八军,并请李明瑞出任两军总指挥,建立左右江革命根据地。

李明瑞表示愿意参加革命,立即返回龙州布置起义的各项准备工作。

邓小平也来到了龙州。他传达了中央关于建立红八军的指示和最近在百色召开的红七军前委会议精神,分析研究龙州的形势,与李明瑞、俞作豫等一同研究了龙州起义的具体计划。前委原要求龙州于12月11日与百色一起举行武装起义,但因龙州发生叛乱,邓小平决定推迟起义日期,等条件成熟了才宣布起义。

在这里,邓小平多次和李明瑞长谈,进一步做李明瑞的工作,更加坚定了李明瑞参加革命的决心,从而保证了龙州起义的顺利进行。

在龙州布置完起义的准备工作后,邓小平前往上海向党中央汇报工作。

按照邓小平的意见,李明瑞、俞作豫等在起义前抓紧进行改造旧部和筹建地方政权的工作,建立士兵委员会,成立了工农赤卫队,并做了大量的宣传、组织、武装群众等工作。

1930年2月1日,李明瑞、俞作豫等领导广西警备第五大队和左江工农武装,胜利地举行龙州起义,宣布成立中国工农红军第八军和左江革命委员会,俞作豫任军长,邓小平兼任政治委员,何世昌任政治部主任,宛希平任参谋长,王逸任左江革命委员会主席。李明瑞任红七、红八军总指挥。

接着,左江地区也有6个县相继成立了革命委员会。有的县虽未成立革命政权,但也属红八军和左江革命委员会的主要活动范围。至此,左右江革命根据地连成一片,互相呼应,成为全国瞩目的拥有20多个县、100多万人口的革命根据地。

在上海,邓小平向党中央汇报了广西的工作。中共中央认为,左右江起义"是在全国范围内最有组织最有意识的一次兵变"。在汇报到李明瑞的情况时,邓小平向中央建议,吸收李明瑞加入中国共产党,但是,由于受"左"倾错误的影响,当时党中央的一些领导人认为,对李明瑞绝对不能存"丝毫的幻想"。邓小平据理力争。他说,我们的主要工作是发动下层群众,但是我们不能忽视开展工作的上层线索。最后中央同意吸收李明瑞加入中国共产党。

1930年2月,邓小平向中央汇报完工作后,回到广西龙州。他传达了中央的指示,并确定了红八军的行动方针。

3月2日,中共中央发出《给广东省委转七军前委指示信》。该信批准红七军前委和军部领导成员名单,指定邓小平、陈豪人、张云逸、李谦、韦拔群、雷经天、何世昌七人组成红七军前委,邓小平、陈豪人、张云逸为常委,邓小平为书记;指定邓小平为红七军政委,张云逸为军长。

4月间,邓小平到了东兰,和韦拔群一起进行土地革命的调查研究和试点工作。5月,在河池与李明瑞、张云逸率领的红七军会合。

这时,中共中央领导层中的"左"倾冒险错误已十分严重。这年10月,中央代表到达广西,指令红七军攻打柳州、桂林、广州。邓小平对"左"的错误指挥提出过不同意见,但未被采纳。部队在作战中连连受挫,后不得不转战七千里,到江西中央革命根据地同中央红军会合。

1931年2月,邓小平随红七军转战到江西崇义后,红七军前委决定改称红七军团委(又称小前委),邓小平任团委书记。3月7日,邓小平召开红七军团委会议,提出回上海向中央汇报工作,得到团委成员赞成。会议决定邓小平离开期间由许卓代理团委书记。3月10日,邓小平和许卓在长潭慰问红军医院伤病员后,准备返回崇义县城。途中获悉敌人正在进攻崇义县城,守城部队在李明瑞的指挥下已安全撤离,正向遂川方向前进。邓小平即与许卓商量决定,他依靠在崇义的党的地下交通线直接赴上海,许卓前往遂川方向追赶部队。邓小平盼咐许卓,必要时可率部队向井冈山方向靠拢。之后,邓小平化装成买山货的商人,由赣南特委交通员护送,步行数天到达广东南雄,后到韶关、广州,转道香港,乘船抵上海,向中央汇报工作。

## "毛派"的头子

1931年1月,中共扩大的六届四中全会在上海召开。通过这次会议,王明实际上取得了在党中央的领导地位,"左"倾教条主义错误开始统治中央。

这时,正在上海准备向党中央汇报工作的邓小平备受冷落。在上海期间,邓小平写出了近两万字的《七军工作报告》,详细叙述了红七军的情况,总结了百色、龙州起义前后的经验教训。然而,王明"左"倾教条主义错误统治的中央,并不理睬邓小平关于红七军工作的汇报,还专门发出一封《中共中央给七军前委的信》,以极其严厉的口吻对红七军的工作横加批评指责。

邓小平在上海无事可做,他要求回红七军工作未获中央批准。后他又要求前往中央革命根据地工作,几经周折,才获同意。

这年7月中旬,邓小平从上海乘船,经广东、福建赴江西,与他同行的是一位名叫金维映的女同志。

金维映,1904年生于浙江岱山。1919年曾在县立女子学校参加声援北京五四运动的宣传,毕业后任女校教员。1926年加入中国共产党,并从事工运工作。1927年被选为舟山总工会执行委员,四一二反革命政变后被捕,经营救获释后到上海中华全国总工会工作,从事秘密的工人运动。1929年任中共江苏省妇女运动委员会书记。1930年任上海丝织业工会中共党团书记和上海工会联合行动委员会领导人。

邓小平和金维映是1931年在上海认识的,到江西后不久,他们即结为夫妻。

8月,邓小平和金维映到达中央革命根据地的中心——瑞金。邓小平他们一到瑞金,耳闻目睹,心情十分沉重。

王明"左"倾教条主义错误在中央苏区也产生了严重的恶果。中共瑞金县委书记李添富极力推行王明"左"倾错误,对怀疑、不满意或者不支持王明

"左"倾错误的同志进行残酷斗争和无情打击。李添富主观臆断瑞金有"社会民主党"组织，大批捕杀革命干部和革命群众。6月，原中共瑞金县委书记邓希平、县苏维埃政府主席肖连彬、县总工会委员长杨舒翘被视为"社会民主党分子"遭到处决。县苏维埃政府、县总工会面临解体，全县干部情绪低落，人人自危，群众意见很大。

邓小平到瑞金后不久，就在谢唯俊和由上海党中央派到中央苏区工作的余泽鸿等人的推举下，担任了中共瑞金县委书记。

上任伊始，他立即组成调查组深入到各区乡调查了解"肃反"情况，召开全县活动分子和县区乡主要干部会议，讨论过去"肃反"中的偏差。召开全县苏维埃代表大会，制止了乱捕乱杀现象，释放了大批无辜在押的干部群众，为前一时期蒙冤受屈的干部群众平反昭雪，拘捕并处决了民愤极大的李添富等人。

邓小平还从实际出发，经过调查研究，积极推行毛泽东1930年2月为瑞金县制定的土地革命的方针和政策，抵制苏区中央局根据王明"左"倾错误作出的《关于土地问题的决议案》，深受群众的拥护。

瑞金的形势在一天天地好转。1931年9月，中央红军在取得第三次反"围剿"的胜利后，红军主力开始由兴国转移到以瑞金为中心的地区，并向闽西北和赣西南开展工作，随之攻占了会昌、寻乌、安远、石城等县城，使赣南、闽西根据地连成一片，并扩大到包括21座县城在内的广大地区，形成了以瑞金为中心的比较巩固的中央革命根据地。1931年11月，中华苏维埃第一次全国代表大会在瑞金举行。中华苏维埃共和国临时中央政府成立，毛泽东当选为临时中央政府主席。瑞金被定为中华苏维埃政府所在地，成为"红都"。

1932年5月，邓小平调任中共会昌县委书记。

会昌是一个拥有十几个区的大县，离瑞金只有50公里，南面与寻乌、安远两县毗邻，是中央苏区的重要边区，也是江西的重要门户。为了适应战争形势的需要，不久中央和江西省委决定，在会昌的筠门岭建立中共会昌中心县委，也称会寻安中心县委，邓小平担任中心县委书记，并兼任江西军区第三军分区政委，领导会昌、寻乌、安远三个县的地方党政军的工作。

在会昌，邓小平坚决贯彻执行毛泽东的正确路线，领导会昌、寻乌、安远军民努力创造革命的大好形势。他和毛泽东的弟弟,曾任苏区中央局秘书长、永丰中心县委书记的毛泽覃,以及曾任赣西南特委委员、中共赣东特委书记、江西军区第二军分区司令员兼第五师师长的谢唯俊,曾任寻乌县委书记、县苏维埃政府主席、红一方面军前委秘书长的古柏一起,对"左"倾教条主义错误进行了抵制。他们支持毛泽东,反对"城市中心论",主张向敌人力量薄弱的广大农村发展;反对军事冒险主义,主张诱敌深入;反对用削弱地方武装的办法来扩大主力红军,主张武装力量都要发展;反对"左"的土地分配政策,主张平均分配土地,"给富农以经济出路"。邓、毛、谢、古针对"左"倾教条主义者诬蔑毛泽东的理论和路线是"山沟沟里的东西",勇敢地指出"大城市里产生了立三路线,我们苏区的山沟里,却是马克思主义",他们还戏称从上海大城市来的那些"左"倾教条主义者是"洋房子先生",而"洋房子里才不会出马列主义的",这些人"只会在洋房子里死背教条"。邓、毛、谢、古这些正确意见和鲜明态度,为当时执行"左"倾错误统治的中央所不容。

1932年11月,广东军阀陈济棠趁红一方面军主力在北线发动建(宁)黎(川)泰(宁)战役,南部苏区力量空虚之机,突然向会、寻、安三县大举进攻。当时担任会、寻、安中心县委书记的邓小平,根据敌强我弱、敌我力量悬殊的情况,领导苏区人民坚壁清野,以灵活的游击战的战术阻击敌人的进攻,并及时地组织了退却,敌人占领了包括寻乌城在内的几乎整个寻乌县。这就是所谓的"寻乌事件"。

于是,邓小平被扣上"在敌人面前惊慌失措,准备退却逃跑",执行了"纯粹防御路线"等帽子。

1933年1月,由于国民党的白色恐怖和王明"左"倾教条主义错误,党的白区工作遭受严重破坏,中共临时中央政治局被迫由上海迁入中央革命根据地的中心瑞金。从此,中共临时中央直接领导中央苏区的工作。

临时中央在中央革命根据地也全面推行王明"左"倾教条主义,反对以毛泽东为代表的正确主张,排挤和打击坚决执行毛泽东正确主张的同志。从2月开始,在福建开展了反对所谓"罗明路线"的斗争,福建省委代理书记罗明以及省苏维埃政府主席张鼎丞,省委常委、军区司令员谭震林等一批省级领导干部受到错误的批判斗争,被撤销职务。省委其他部门及县区领导干部绝大多数也因所谓"罗明路线"的牵连,或被撤职、批判,或被调动工作。

3月,在江西开展了反对以邓(小平)、毛(泽覃)、谢(唯俊)、古(柏)为代表的所谓"江西罗明路线"的斗争。

3月12日,中共江西省委根据苏区中央局的意图,向江西苏区全党公布了有关"会寻安"的指示文件,指责邓小平领导的会昌中心县委在敌人大举进攻面前"仓皇失措"、"退却逃跑",犯了"单纯防御的错误","是与罗明路线同一来源"的"机会主义"。

3月下旬,苏区中央局直接召开会昌、寻乌、安远三县党的积极分子代表会议,并根据临时中央代表的政治报告和结论,于3月31日作出了《会寻安三县党的积极分子会议决议》(以下简称《决议》)。该《决议》指出:"会寻安三县过去在以邓小平同志为首的中心县委的领导之下,执行了纯粹的防御路线。这一路线在敌人的大举进攻面前,完全表示悲观失望,对于群众的与党员同志的力量没有丝毫信心,以致一闻敌人进攻苏区的消息,立刻表示张皇失措,退却逃跑,甚至将整个寻乌县完全放弃交给广东军阀。这一路线显然同党的进攻路线丝毫没有相同的地方。这是在会寻安的罗明路线,说纯粹防御路线不是罗明路线的观点,是完全错误的。"

《决议》还指出:"要坚决打击以邓小平同志为首的机会主义的领导",决定"加强和部分地改造中心县委和会寻安县委之常委","召集各级代表以及三县党各级领导保障三县工作的彻底转变,在中央局领导之下开展这一反机会主义路线的斗争,使这一斗争深入到支部中去"。会议责令邓小平向中央局写出《会寻安工作检查》。

邓小平被调离会昌中心县委,任江西省委宣传部部长。

邓小平没有屈服,在原则问题上没有作丝毫的让步。他在《会寻安工作检查》中陈述了自己所坚持的观点和做法,并把强加给他的污蔑、攻击和不实之词顶了回去。他解释说,"防御路线"中的"诱敌深入"等是正确的军事原则和方针,不是单纯地为了防御而防御,而是为了更有效地消灭敌人的积极防御。

邓小平毫不妥协的立场更加触怒了"左"的领导,一场更大规模的围攻开始了。

苏区中央局的机关报《斗争》发表了题为《试看邓小平同志的自我批评》的署名文章,逐条地对邓小平的《会寻安工作检查》进行批判,指责它是"一大篇糊涂的哲学,用来掩盖问题的实质",是"替自己的机会主义辩护"。

临时中央负责人也在《斗争》上发表了《罗明路线在江西》的文章。文章认为:"不论从哪一方面的工作看来,会、寻、安党的领导机关过去是执行了一条同党的进攻路线完全相反的退却逃跑的所谓单纯的防御路线。这一路线同福建杭、永、岩的罗明路线没有什么大的分别。"文章最后要求:"江西省委必须最清楚地、明确地指出单纯防御路线的内容与实质,指出有些边区所犯的单纯防御路线,即是江西的罗明路线,把这一反对单纯防御的机会主义路线的斗争深入到群众中去,彻底改造各县、特别是边区各县党的与群众的工作,来执行党的进攻路线,巩固与扩大江西苏区,完成江西革命的首先胜利!"

4月16日至22日,中共江西省委在中央局的指示下在宁都召开江西党的三个月工作总结会议。

会上,邓小平在革命道路、扩大红军、土地政策、财政政策、作战方针等问题上与"左"倾路线的代表进行了激烈的辩论。

会议期间,"邓毛谢古"还两次被责令写申明书。邓小平在申明书中写道:"自己感觉到不会走到小组织的行动,不成严重问题",而且"感觉自己没有什么问题,只是快到实际工作中去"。

这次会议错误地把邓小平等四人打成"罗明路线在江西的创造者"和"反党的派别和小组织的领袖",并且集中所谓"布尔什维克的斗争火力,对他们进行残酷斗争,无情打击"。

5月4日,临时中央代表到工农红军学校召开党团员活动分子会议,并作出了《关于江西罗明路线的决议》,《决议》列举了以邓、毛、谢、古为首的"江西罗明路线"的所谓错误,提出邓、毛、谢、古是"小资产阶级出身的同志","执行了与党完全不同的路线,而且更进一步根据一定的政纲及派别的观念,形成了小组织的活动","他们对革命斗争的估计,是悲观失望的;他们不相信群众力量,认为群众是消极的,他们对于群众工作是采取消极怠工的态度的;他们在会寻安、永吉泰各处,实行了退却逃跑的路线,采取了官僚主义的领导方式,使当地工作受到了损失"。他们"反对向中心城市发展,主张转移到穷乡僻壤的区域","是与国际的指示及党的策略完全相反的"。《决议》认为他们的"机会主义的小组织活动,是有它的历史根源的。在四中全会后,他们对于反立三路线的斗争,就始终以两面派的态度来敷衍,从未揭发自己在执行立三路线时的错误。他们对于四中全会后的新的中央领导表示极端的不信任,甚至以'洋房子先生'相呼,党大会以后虽经党与之斗争,仍没有什么转变"。《决议》指出:"这些同志如果再不彻底纠正其错误,我们建议中央局把他们洗刷出布尔什维克的队伍。"

5月5日,经中央局批准,作出了《江西省委对邓小平、毛泽覃、谢唯俊、古柏四同志二次申明书的决议》,《决议》指出:"邓小平同志对他自己机会主义路线和派别观念甚至派别行动的全部始终是隐藏的","实际上已成为谢、毛、古等小组织活动的一员"。《决议》要求"邓小平同志,必须无保留地揭发他由第七军工作时起经过党大会经过会寻安工作直到写第二次申明书上,一贯的机会主义错误和派别观念,以至派别活动,再不容许有任何掩藏"。

5月6日,中央代表在《斗争》上发表文章《为党的路线而斗争》,系统地批判了"江西的罗明路线者"的主张和错误,指出,邓小平、毛泽覃、谢唯俊、古柏"四同志对于自己的根据特殊政纲而组织的派别和小组织,至今没有给以组织上的揭发,也没有宣布如何解散这种派别和小组织"。"很明显,邓、毛、谢、古四个同志是没有解除他们的武装,虽然受了党的严重打击,而表示暂时的投降,但这种投降是不能保证他们能成为真正的战士的,因为他们的武装还没有解除下来"。

关于对邓、毛、谢、古的批判和斗争,曾任临时中央组织局长的李维汉在《回忆与研究》一书中写道:"罗明、邓小平、毛泽覃、谢唯俊、古柏等从实际出发,曾分别发表过一些正确的意见,抵制'左'的做法。如主张在红军弱小的情况下应向农村发展,不赞成向中心城市和交通要道发展;主张'诱敌深入',然后集中力量各个歼灭,不赞成硬拼;主张中央红军、地方部队、群众武装都应发展,互相配合,不赞成用削弱地方武装和群众武装的办法来扩大红军;认为根据地的中心区和边界区的工作应加以区别,不能采取同样的办法;主张健全根据地的革命群众团体;坚持正确的土地革命路线和政策;主张根据地的行政、扩大红军、地方武装等工作都由政府负责,不应由党代替政府工作。结果,这些正确主张被'左'倾领导者指责为对革命悲观失望的右倾机会主义的退却的逃跑路线,被称为'罗明路线'。""福建反'罗明路线',江西反邓、毛、谢、古,与毛泽东有关系。"

李维汉说:"整个中央苏区反'罗明路线'都是根本错误的,实际上是进一步推翻毛主席为代表的正确路线和他的正确领导。"

在这场斗争中,邓、毛、谢、古都受到了错误处理。邓小平被撤销江西省委宣传部部长的职务,党内给予"最后严重警告"处分,这是他政治生涯中受到的第一次磨难。

此后,临时中央对邓小平进行审查,邓小平又一次提交了书面报告,进行了申辩和抗争。

就在邓小平被审查的时候,他的妻子金维映离开了他。

金维映同邓小平一起到中央苏区后,曾任过中共于都县和胜利县的县委书记,后任中央组织部组织科科长、中央革命军事委员会武装动员部副部长。1933年10月,担任瑞金县扩红突击队总队长。1934年,随中央红军开始长征。到达陕北后,担任过中央组织部组织科科长、抗日军政大学第四大队女生区队的区队长、陕北公学生活指导委员会副主任等职。1938年,党组织送她到苏联治病。1941年苏德战争爆发时,金维映正在莫斯科郊区一家医院治病,不幸在战乱中去世,时年37岁。这已是后话。

政治上的打击和生活上的波折,都没有使邓小平屈服。

此后不久,邓小平被派到乐安县属的南村区委当巡视员。

南村区是中央革命根据地的边沿地区,处于苏区的前线。邓小平来到南村后,自我介绍说:"中央及省委都开过会,把我打成了'罗明路线'在江西的代表和执行者","在会上我两次据理申辩自己的观点,不管他们怎样残酷斗争,采取什么样的措施,我坚信我执行的是马克思主义的正确路线,正确的就要坚持"。

毛泽东对中央苏区反对邓、毛、谢、古的斗争是一直记在心中的。1943年11月,在一次中央政治局扩大会议上,毛泽东发言说,反邓、毛、谢、古,是指鸡骂狗,邓、毛、谢、古死了三个人,希望邓要为党争气。几十年后,当邓小平在"文化大革命"中又一次被关押在江西时,毛泽东在邓小平给他的信上批示:"他在中央苏区是挨整的,即邓、毛、谢、古四个罪人之一,是所谓毛派的头子。"

## "跟着走"

1933年下半年,在红军总政治部主任王稼祥、副主任贺昌等人的提议下,邓小平被调到红军总政治部任秘书长。因为秘书长一职没什么事做,两三个月后,邓小平要求另调工作,想多做一些实际工作,于是,总政治部分配他到下属的宣传部当干事,除做一般的宣传工作外,还负责主编《红星》报。

据张闻天的夫人刘英回忆:"1933年我从莫斯科学习回来,在中央苏区看到邓小平,那时候他犯了错误,被撤了职,在总政治部编《红星》报。我被分配在少共(青年团)中央当宣传部部长。我们少共离总政治部非常近,中央局一座房子,总政治部一座房子,少共一座房子,都在一个村子里,没几步路,隔得很近。我们那时候是一帮子年轻人,在乡下也没有什么文化生活,吃完晚饭就串门子。我们这些人很喜欢到贺昌的屋里玩,很喜欢和邓小平天南地北地吹牛,因为他知识多。他是很乐观的。他怎么挨整的,怎么离婚的,都是贺昌告诉我们的。贺昌在总政治部实际上担任负责工作,他非常同情小平同志,说小平同志非常能干,受了好多委屈。"

《红星》报创刊于1931年12月11日,是中央革命军事委员会的机关报,由红军总政治部出版。

《红星》报是当时传播党的思想和文化知识的一个很好的阵地,它的发刊词中曾这样庄严而自豪地宣告这份报纸的宗旨:

> 他是一面大镜子,凡是红军里一切工作和一切生活的好处坏处都可以在他上面看得清清楚楚。
>
> 他是一架大无线台,各个红军的战斗消息,地方群众的战斗消息,全国全世界工人农民的生活情形,都可以传到同志们的耳朵里。
>
> 他是一个政治工作指导员,可以告诉同志们一些群众工作、本身训练工作的方法,可以告诉哪些工作做得不对,应该怎样去做。

> 他是红军党的工作指导员,把各种军里党的工作经验告诉同志,指出来哪一些地方做错了和纠正的方法。
>
> 他要成为红军的政治工作的讨论会。无论哪一个同志对于政治工作、文化教育工作、红军生活有意见,都可以提出在他上面来讨论,要有问题他也可以答复。
>
> 他是我们全体红军的俱乐部,他会讲故事,会变把戏,会做游戏给大家看。
>
> 他是一个裁判员,红军里有消极怠工、官僚腐化和一切反革命的分子,都会受到他的处罚,并且使同志们能明白他们的罪恶。
>
> 总之,他担负很大的任务,来加强红军里的一切政治工作(党的,战斗员群众的,地方工农的),提高红军的政治水平线,文化水平线,实现中国共产党苏区代表大会的决议,完成使红军成为铁的任务。

对于遭受排挤和打击的邓小平而言,这样一个重要的喉舌和舆论阵地,无疑激发了他极大的工作热情,他很快便全身心地投入到这项新的工作当中。

对办报,邓小平并不陌生。这个10年前巴黎《赤光》杂志的"油印博士",在这里重操旧业,把报纸办得红红火火。

《红星》报的读者主要是苏区广大红军指战员和地方干部群众,他们大多文化水平不高,文盲或半文盲为数不少。针对这种情况,邓小平总是力图把报纸办得通俗易懂。他先后创办了10多个专栏和副刊,如《列宁室》,主要用以指导革命理论的学习,曾开展了"战争问题"和"巴黎公社问题"的讨论,连载了《苏联红军的道路》等文章,对广大指战员和地方群众学习革命理论起到了很好的作用。《红板》《铁锤》副刊,是专门用来介绍红军和苏区先进人物的事迹,批评各种不良现象。其中最受读者欢迎的还是《军事常识》《卫生常识》《俱乐部》等小栏目,它们除大量介绍防病治病、火线救伤和战略战术的常识外,还不定期地刊登红军歌曲和当地歌谣以及猜谜语、趣味问答等。所有栏目都办得生动活泼,深受广大战士和地方干部群众的欢迎。

与十年前全凭一笔一画在钢板上刻的《赤光》不同,此时的《红星》报大都是铅印而成,但5天一期,8开4版的报纸,从策划到发行,可想而知几个人的工作量该有多大。为了突出文章内容和使版面生动美观,邓小平还不辞劳苦,将大部分标题手写,在木头上刻出字模后,再套印到报纸上。有的战士说,看《红星》报既能读到不少好文章,又能欣赏到邓主编的好书法。

邓小平后来在回忆这段历史时说:他那时编《红星》报,手下只有几个人,很长时间只有两个人,所以从选稿、编辑、印刷到各种新闻、文章的撰写,都要他亲力亲为。那些手写的标题,是他写下后,由别的同志在木头上刻下字模,再印到报纸上去的。他说,《红星》报许许多多没有署名的消息、新闻、报道乃至许许多多重要的文章、社论,都出自他的笔下。他的女儿邓榕曾经把中央档案馆汇集的《红星》报册拿给他看,请他辨认哪些文章是他写的,他一挥手,说:"多着呢!谁还分得清楚!"

从现在初步掌握的资料看,邓小平写的社论有《猛烈扩大红军》《与忽视政治教育的倾向作无情的斗争》《五次战役中我们的胜利》《向着游击赤卫军突击》《五一劳动节的工作》《加强巩固部队的工作,彻底消灭开小差与个别投敌的现象》《把游击战争提到政治的最高点》《用我们的铁拳消灭蒋介石主力,争取反攻的全部胜利!》等多篇。这些文章,与邓小平在《赤光》上写的那些文章已迥然不同。文章的语言文字自不待言,尤其是文章的内容,其思想政治和理论水平都达到了一个全新的高度,在实践中发挥了很好的作用。

从1933年8月到1935年遵义会议召开之前调离为止,邓小平共主持编印了70多期《红星》报。在长征途中,他主编的《红星》报也因为行军的关系,改成手写油印。即使如此,在紧张的行军战斗间隙,从1934年10月20日至次年1月7日攻占遵义,他仍克服种种困难,坚持编印了七八期。

1935年1月15日至17日,中共中央在遵义召开中央政治局扩大会议,即著名的遵义会议。出席会议的政治局委员有毛泽东、张闻天、周恩来、朱德、陈云、博古,候补委员有王稼祥、刘少奇、邓发、何克全(凯丰),还有红军总部和各军团负责人刘伯承、李富春、林彪、聂荣臻、彭德怀、杨尚昆、李卓然。邓小平以中央秘书长的身份出席了会议,李德及担任翻译工作的伍修权也列席了会议。

会议首先由博古作关于反对第五次"围剿"的总结报告。在报告中,博古过分强调客观困难,把第五次反"围剿"的失败归之于帝国主义、国民党反动力量的强大,白区和各苏区的斗争配合不够等,而拒不承认他和李德在军事指挥上所犯的严重错误。

随后,周恩来在会上就军事问题作副报告,他指出第五次反"围剿"失败的主要原因是军事领导的战略战术的错误,并主动承担责任,作了诚恳的自我批评,同时也批评了博古和李德。张闻天按照会前与毛泽东、王稼祥共同商量的意见,作反对"左"倾军事错误的报告,比较系统地批评了博古、李德在军事指挥上的错误。毛泽东接着作了长篇发言,对博古、李德在军事指挥上的错误进行了切中要害的分析和批评,并阐述了中国革命战争的战略战术问题和此后在军事上应该采取的方针。王稼祥在发言中也批评博古、李德的错误,支持毛泽东的正确意见。周恩来、朱德、刘少奇等多数与会同志相继发言,不同意博古的总结报告,同意毛泽东、张闻天、王稼祥提出的提纲和意见。只有个别人在发言中为博古、李德的错误辩解。李德拒不接受批评。会议最后指定张闻天起草决议,委托常委审查,然后发到支部讨论。邓小平在会上没有发言,但他毫无疑问是毛泽东坚定的支持者。

张闻天在会后根据与会多数人特别是毛泽东发言的内容,起草了《中央关于反对敌人五次"围剿"的总结的决议》。这个《决议》在中共中央离开遵义到达云南省扎西(今威信)县境后召开的会议上正式通过。

《决议》充分肯定毛泽东等指挥红军多次取得反"围剿"胜利所采取的战略战术的基本原则,明确指出博古、李德在军事上的单纯防御路线,是红军不能粉碎敌人五次"围剿"以及退出苏区后遭受严重损失的主要原因。

遵义会议根据变化了的情况,改变黎平会议先以黔北为中心再去川南创建根据地的决议,决定红军在成都之西南或西北地区建立根据地。会后,又根据敌情的变化,决定中央红军在川滇黔三省广大地区创造新的根据地。

遵义会议改组了中央领导机构,选举毛泽东为中央政治局常委,取消在长征前成立的"三人团",这实际上是取消了博古、李德的最高军事指挥权,决定仍由最高军事首长朱德、周恩来为军事指挥者,而周恩来是党内委托的对于指挥军事下最后决心的负责者。此后,在红军转战途中,2月5日,在川黔交界的一个鸡鸣三省的村子,中央政治局常委分工,根据毛泽东的提议,决定由张闻天代替博古负中央总的责任(习惯上称之为总书记);决定以毛泽东为周恩来在军事指挥上的帮助者,博古任总政治部主任。3月4日,中革军委在第二次进驻遵义后设置前敌司令部,以朱德为司令员,毛泽东为政治委员。其后,鉴于作战情况瞬息万变,指挥需要集中,毛泽东提议成立"三人团"全权指挥军事。3月中旬,在贵州鸭溪、苟坝一带,成立由毛泽东、周恩来、王稼祥组成的新的"三人团",以周恩来为团长,负责指挥全军的军事行动。在战争环境中,这是中央最重要的领导机构。

遵义会议是一次极其重要的历史性会议。会议结束了王明"左"倾教条主义在中共中央的统治,确立了以毛泽东为代表的新的中央的正确领导,在危急关头,挽救了中国共产党,挽救了红军,挽救了中国革命,是我们党的历史上一个生死攸关的转折点。邓小平后来曾经说:"作为中央领导,可以说在1935年1月遵义会议确立了以毛泽东同志为核心的中央领导时,就成熟了。"①

遵义会议后,红军的长征就在毛泽东、周恩来、朱德、张闻天等集体领导和指挥下进行,毛泽东起着最重要的核心领导作用。邓小平作为中央秘书长,直接参与了中央领导机关的工作。邓小平后来在回忆当年的情形时说:遵义会议以后,毛泽东同志对全党起了领导作用。那个时候行军,他是和毛泽东同志、周恩来同志、张闻天同志在一起的。每天住下来,要等各个部队的电报,一直等到深夜,再根据这些电报确定红军的行动。在重要问题上,大多是毛泽东同志出主意。尽管名义上毛泽东没有当总书记或军委主席,实际上他对军队的指挥以及在重大问题上的决策,都为别的领导人所承认。朱德同志、周恩来同志、张闻天同志、王稼祥同志,他们这些同志确实照顾大局,确实有党性原则,只要毛泽东同志的意见是对的,都一致支持,坚决执行。

遵义会议后,摆脱了军事上的教条主义的中央红军,重整旗鼓,振奋精神,在新的中央领导的指挥下,展开了灵活机动的大踏步运动战。在此后的几个月中,中央红军转战川、黔、湘、滇、桂等省,四渡赤水河,强渡大渡河,飞夺泸定桥,翻越夹金山,穿过一望无际的茫茫草地,夺取了一个又一个胜利。

在过夹金山之前,邓小平的马死了,所以他是一步一步爬过这座千年雪山的。邓小平后来回忆说:"过了雪山后,傅钟送了我三件宝,一匹马,一件狐皮大衣,一包牛肉干。这三样东西可真是顶了大事呀!"②

---

① 《邓小平文选》第1卷,人民出版社1994年版,第344页。
② 《邓小平文选》第1卷,人民出版社1994年版,第344页。

1935年6月，红一、四方面军会合后，26日中共中央在两河口召开政治局扩大会议，讨论红一、四方面军会合后的战略方针问题。28日，根据两河口会议精神，中央政治局发出《关于一、四方面军会合后战略方针的决定》。《决定》明确规定：我们的战略方针是集中主力向北进攻，在运动战中大量消灭敌人，首先取得甘肃南部，以创造川陕甘根据地。为了加强前线的领导力量，中央决定调邓小平担任红一军团政治部宣传部部长，由刘英接替邓小平中央秘书长的职务。刘英后来回忆说，当她接到李富春写的条子"调刘英同志到中央队代替邓小平工作"来到中央纵队报到时，毛泽东对她说：小平同志要上前方去，我提议你来接替他的工作。刘英说：小平同志能文能武，精明能干，我怕做不了。毛泽东笑道：你做得了！并说前方需要加强，小平同志很有才干，所以调他到前方去，让他更好地发挥作用。

"长征是宣言书，长征是宣传队，长征是播种机。"在长征途中，邓小平大部分时间是负责宣传工作。先是主编《红星》报，后又担任红一军团政治部宣传部部长，对宣传工作极为重视。原红一军团宣传干事潘振武回忆道：

一天傍晚，部队在甘南某村镇宿营。这天行军路程很长，一达宿营地已经日落西山了。宣传队员吃过晚饭后就烧水洗脚，有的宣传队员抱来麦秸在摊地铺，准备睡觉。突然，邓部长推门进来了。"怎么搞的？街上为什么一条标语都没有？"邓小平面带愠色地问道。"今天……天黑了……大家烧水洗脚……"李光炳同志不知该怎么回答才好。邓部长批评说："烧水洗脚有那么重要吗？把我们宣传工作的传统都丢掉啦！"宣传队的小鬼们一骨碌都爬起来了，二话没有，提起石灰桶，扎起火把，就去写标语了。以后，不管在什么情况下，凡是到了一个新地方，小鬼们放下背包第一个任务就是写标语，可自觉啦！

邓小平对红军战士一向是工作中严格要求，生活上十分关心。红军翻过六盘山，在青石嘴歼敌两个连，并有不少缴获。邓小平看到宣传队员身上的衣服破烂不堪，就问红四团政委杨成武："听说你们团在青石嘴一仗，缴获了敌人不少布？"杨成武回答道："是的，上缴了不少，还留了一点儿。"邓小平说："关心一下宣传队的同志，给剧团（即战士剧社——作者注）的小鬼每人做套衣服怎么样？"杨成武爽朗地答应道："好，照指示办！"不久，战士剧社的小战士们每人添置了一套新衣服，上台演出显得更加精神了。

1935年10月,邓小平随中央红军经过江西、湖南、广西、贵州、四川、云南、西康(今分属四川省和西藏自治区)、甘肃、陕西等11个省,走过终年积雪的高山,越过人迹罕至的沼泽草地,历尽艰苦,击溃了国民党军的围追堵截,行军两万五千里,到达陕西北部,胜利完成了震惊中外的壮举——长征。

几十年后,当他的女儿问他长征中做了些什么时,邓小平只说了三个字:"跟着走。"

1935年10月,中央红军胜利地到达陕北。

1936年2月20日,红一方面军以中国人民抗日先锋军的名义,在毛泽东、彭德怀等人的率领下,开始东征。

红军抗日先锋军冲破山西军阀阎锡山的防线,胜利渡过黄河。邓小平随红一军团政治部参加了东征。据当时在红一军团政治部宣传部担任宣传队长的梁必业回忆:在东征途中,我们宣传部在小平同志的带领下,一路宣传,宣传共产党的主张,宣传抗日。我们还要做敌军工作和俘虏工作。小平同志在东征途中编写宣传提纲和教材。

红军东征队伍渡过黄河后,仅用3天的时间便控制了黄河东岸南北50余公里、东西35公里的地区,并在关上村之战中歼灭阎锡山1个团的兵力。到3月底,红军左、中、右三路军分头作战,迅速扩大战果。

但假意抗日、企图通过谈判达到"溶共"目的的蒋介石看到红军真的过黄河抗日来了,立即撕掉伪装,迅速调集20万大军,增援山西的阎锡山,欲消灭红军于黄河以东。

为了避免内战,5月,中共中央决定红军撤回黄河以西的陕北地区,结束了历时两个多月的东征。

邓小平参加东征回到陕北后不久,由于红一军团政治部副主任罗荣桓奉调到红军大学学习,邓小平接替罗荣桓的工作,被任命为红一军团政治部副主任。

不久,邓小平和罗瑞卿受中央直接派遣,到红一军团的一些部队做调查研究、考察干部。调查完以后,他们向中央作了汇报。

这时,蒋介石又调集16个师另3个旅的兵力,准备对陕甘宁根据地发动新的"围剿"。在这种形势下,中共中央决定红军向陕西、甘肃、宁夏三省交界国民党军事力量薄弱的地区实行西征。

从 5 月出发至 7 月底,红军在陕甘宁交界地带迅速开辟了纵横 400 余里的新的根据地,并与陕甘老根据地连成一片,红军和地方武装力量都得到了发展。西征以后,局面相对稳定,利用这个机会,部队开始进行训练和教育工作。据梁必业回忆:东征回来以后,我们筹了款,筹了粮,还从山西带回不少的骡子。西征以后,仗打得少了,张学良和杨虎城的部队已开始与我们搞统一战线。这段时间里,小平同志任一军团政治部副主任,主任是朱瑞。邓管党的组织工作、宣传工作和教育工作,特别是抓干部教育。我们这些人,从小参军,要讲比较系统地学习政治常识,就是在这个时候。学习班的课,从政党、领袖、群众讲起,讲社会发展史。我们听课,讨论,还测验、打分数。朱瑞、小平同志都讲课。许多部队的同志在这里把参加革命的朴素的阶级觉悟,逐渐向理性上升,建立了理性觉悟。我们办学习班的地点在宁夏七营川一带。

当时在一军团做侦察工作的苏静回忆道:1936 年小平同志组织我们学习,办了一个多月的学习班。学世界知识,学社会发展史和马列主义。小平同志给我们讲课,给我们发学习材料,出卷子考试,还打分数。有时开讨论会,我们问问题,他解答问题。以前我们大多数时间是打仗走路,这次小平同志组织的学习,使我们学到了不少的东西。

当时,政治部除了抓学习教育工作,还做敌军工作和对东北军的统一战线工作。由于宁夏是回族居住比较稠密的地区,因此,政治工作还要面对民族问题,开展对回民的工作。此外,当地哥老会的势力很大,也要做他们的工作。这些工作大部分是邓小平分管的。

1936 年 8 月到 9 月间,红一军团政治部驻在宁夏豫旺地区的五里洞。这段时间,邓小平受中央军委的委托带领一个检查团到红十五军团检查工作。据梁必业回忆:邓带了我、唐亮和蔡元兴 3 个人,由一个 12 人组成的精干的警卫班掩护,到驻陕北的十五军团的八十一和七十五两个师去检查工作。邓主要是和师团干部谈话,我们是和下面的干部战士谈话。这个任务不是一军团派邓去的,而是中央和中央军委派邓去的,这是一项很重要的任务。回来后,邓向中央作了汇报。

这个时期,红一军团的许多重要材料和战士报的社论,也都是由邓小平编写的。

这年的年底，邓小平不幸染上了他一生中的第二次伤寒。第一次是十多年前在法国勤工俭学时。这一次病情比上次更加严重，昏迷不醒，生命垂危。所幸的是，这时张学良和杨虎城为共同抗日，和中国共产党保持着密切的接触。在他们送来的两车慰问品中，有一些罐装的炼乳，邓小平就是靠着这点炼乳支撑着，才缓过劲来。

萧克后来回忆说：1936年11、12月间，我们的部队走在一块儿，听说邓小平病了，我就去看他。那时候他病得很重，用担架抬着他，不省人事，很危险。

对于12月12日爆发的西安事变，邓小平是在重病昏迷的状态下听说的。邓小平后来曾经说那次他病得很重，差点死掉了。西安事变爆发，他在昏迷中隐隐约约听到几句，就又昏迷过去了。

西安事变后，红军主力于12月底先南下至甘肃庆阳地区，再进至西安以北的三原一带。红一军团于1937年1月8日进至东里堡，2月22日到达甘肃宫河镇一带，军团政治部驻王家楼。

1937年1月，因朱瑞调往红二方面军任政治部主任，邓小平接替朱瑞任红一军团政治部主任。这段时间，邓小平主要抓了红一军团的政训工作。梁必业回忆道：我们进行军事和政治训练，学习中央瓦窑堡会议决议，学习统一战线的方针政策。学员们每天早上起来出操、跑步、学军事、武器、运动战，还搞比武活动。政治课是小平同志给我们讲。他每天早晨起来看书、备课。他备课的时候，不让我们吵。他给我们讲课，讲政治经济学，从商品的两重性讲起。他给我们讲什么是劳动，劳动创造价值，给我们讲社会主义必然会代替资本主义。我们一礼拜上一堂课，课堂是自己搭的。在院子里，我们用席子搭了一个棚子作教室，一个黑板，向老乡借了二十几个长条板凳。邓每次都是一到时间就讲课。有一次供给部部长邝任农的人迟到了，邓一开课，拿起笔就在黑板上写下："供给部迟到。"写完就开始讲课。供给部的人来了，一看这几个字，赶快悄悄坐下。邓没有批评人，但是以后再没有人迟到了。小平同志给我们讲的都是基本道理，很朴素的道理。许多工农出身的干部，都是第一次接受这样的系统教育。他还教我们唱国际歌，因为国际歌是外国歌，许多人不会唱或唱不准。我学会唱国际歌的音调，就是从邓那里学会的。

1937年6、7月间,邓小平接替傅钟,被任命为中国工农红军前敌总政治部副主任、中国工农红军总政治部副主任。当时,彭德怀任中国工农红军前敌总指挥部总指挥,任弼时任总政委兼政治部主任,左权任参谋长。

这一时期,红军和全国各类革命武装已发展到10万人左右。陕甘宁根据地发展到东濒黄河,北至长城,西起固原,南到淳化,共36个县,总面积达13万平方公里,人口200万。

# 立马太行

1937年7月7日,日本侵略军在北平西南的卢沟桥附近突然向中国驻军进攻,中国守军奋起抵抗。全国抗战由此开始。

在中华民族的危急关头,国民党和共产党实现了第二次合作。8月25日,中国工农红军改编为国民革命军第八路军,下辖一一五、一二〇、一二九三个师。红军前敌指挥部改为第八路军总指挥部,邓小平任政治部副主任,随八路军总部驻守在陕西三原的云阳镇。

当时,邓小平所担负的八路军政治工作的一个重要任务是,了解部队改编后的思想状况,在实际工作中贯彻中共中央关于国共合作和抗日民族统一战线的方针政策,为奔赴抗日战场做好思想上和政治上的准备。

1937年8月下旬,八路军开始向华北挺进。9月初,邓小平随八路军总部出发东进,于9月23日抵达山西五台县,进入抗击日本侵略者的最前线。

八路军入晋后,在与日军进行面对面的武装斗争的同时,还开展了全方位的抗日活动。邓小平作为八路军的代表参加9月20日在太原成立的统一战线组织——第二战区民族革命战争战地总动员委员会的工作(简称"战动会"),在宣传抗日、组织武装群众、培养干部、开展游击战、创建根据地等方面,做了大量的工作。

10月12日,邓小平受八路军总部的派遣,率傅钟、陆定一等五六百名干部,远离主力,到晋西南开展工作。

在晋西南,邓小平率领的这支队伍团结各界各阶层爱国人士,扩大统一战线,动员青年参军,发展党员,建立党的组织。他还到一些村子巡视检查,进行新兵动员。由于工作深入细致,当地群众的抗日热情高涨,扩军工作搞得很有成效。仅孝义县,在不到两个月的时间内,就有3000多名青年参加了八路军。

11月8日太原失守以后,八路军根据中共中央关于在晋西北、晋东北、晋东南、晋西南开辟局面的指示迅速行动。

第一一五师一部在聂荣臻的率领下以阜平、五台为中心成立了晋察冀军区;一部在师长林彪的率领下南下晋西南开辟抗日根据地;第一二〇师在师长贺龙、政委关向应的率领下到晋西北开创根据地;第一二九师在师长刘伯承、政委张浩的率领下开始创建以太行、太岳山脉为依托的晋冀豫根据地。

到1937年底,八路军在中共中央的统一指挥下,初上抗日战场便开创了抗日的新局面,成为中华民族抗击日本侵略者的一支坚强的武装力量。

1938年1月,八路军总部决定:邓小平接替张浩任八路军第一二九师政治委员。1月18日,邓小平在参加完中共中央北方局和八路军总部在洪洞县召开的中央军委华北军分区会议之后,即奔赴山西省辽县西河头村一二九师师部驻地就任,投入到了太行山的抗日烽火中,开始了和师长刘伯承长达13年的合作。他的军事生涯也由此进入了一个新的发展时期。

太行山纵贯山西、河北、河南三省边界,山高势险,易守难攻,在华北历来是兵家必争之地。当时,一二九师的战略任务是深入日本侵略军占领区的后方,以太行山为中心,依托山区,并向平原发展,创建以太行山为依托的抗日根据地。

2月6日,邓小平在辽县主持召开团以上干部会议。刘伯承在会上作了一二九师在太原失守以来的军事工作报告,总结了太原失守以来的工作,进一步布置实行战略展开、开辟根据地和继续发展游击战争的工作。邓小平把当时打仗的特点概括为8个字:秘密、迅速、坚决、干脆。

2月中旬,日军为配合其在津浦路方面的作战,并相机进攻潼关、西安、陕北,以3万多人的兵力,分别从平汉、同蒲、道清等铁路线向豫北、晋南、晋西发动进攻,并先后占领道清等交通干线,侵占豫北各县县城和临汾、运城、风陵渡、晋城、东阳关、长治等县城和要地。2月初,蒋介石、阎锡山计划反攻太原。为配合友军作战,并钳制向晋南进攻的日军,刘伯承、邓小平根据八路军总部的命令,将分散活动的一二九师主力适当集中,任务是切断敌后方交通,配合友军行动。一二九师打响了长生口战斗。这是邓小平到一二九师后参与指挥的第一仗,首战告捷。

随后，刘伯承、邓小平率一二九师在晋东南连续组织了响堂铺、神头岭等一系列战斗。三战三捷，使华北日军深感"该地的共军，扰乱我占领地区，其威势已不容轻视"。日军为了驱逐和消灭八路军的主力，解除对其后方的威胁，于4月初倾其全力分9路向晋东南地区大举围攻，妄图把我军主力"合击"消灭在辽县、榆社、武乡地区。从东、西、北三面进犯之日军相继于4月10日前后侵入抗日根据地。日军所到之处，大肆烧杀抢掠。

为了击破日军的围攻，晋冀豫省委和一二九师师部召开了特委书记与各支队负责人联席会议，具体研究了反围攻斗争的有关事项。会议根据日军出动兵力多并处于攻势的特点，确定了动员各方面力量，开展群众性的游击战争，打退日军进攻的战略方针。会后，在各地党组织的领导下，抗日政权、群众抗日救亡团体发挥了积极作用，组织了大批担架队、运输队，组织群众为抗日部队带路、送情报、破坏道路桥梁，提出了"清野空舍"的口号，动员群众在必要的时候搬走全部粮食，不留一粒米给敌人，赶走牛羊骡马，搬掉锅盆碗盏，拔出磨心，掩埋水井，以饿死敌人，渴死敌人。

八路军总部朱德、彭德怀针对日军围攻的企图，制定了以一部兵力钳制敌军多路，集中主力击破敌一路的反围攻作战总方针。刘伯承、邓小平奉总部命令，指挥一二九师主力自辽县以南向东进至日军合击圈外的涉县以北地区袭击敌人，粉碎了日军合击八路军主力于辽、榆、武地区的企图。

一二九师在同进犯的日军周旋时，于4月16日在长乐村一带向敌人发起猛烈攻击。长乐村之战，是粉碎九路围攻中决定性的一仗。我军重挫进攻长乐村的一路日军，其他各路日军见势不妙，纷纷回撤，我八路军乘胜追击。

到4月27日，邓小平和刘伯承率部进行了26天的反围攻作战，消灭日军4000多人，收复县城19座，最后将日军全部赶出了晋东南，从此，以太行山为依托的晋冀豫抗日根据地进一步巩固和扩大。

1938年4月21日，毛泽东、洛甫（张闻天）、刘少奇致电刘伯承、徐向前、邓小平，代表党中央向一二九师下达关于开展平原游击战的指示：

（一）根据抗战以来的经验，在目前全国坚持抗战与正面深入群众工作两个条件之下，在河北、山东平原地区广泛地发展抗日游击战争，坚持平原地区的游击战，也是可能的。

（二）党与八路军部队在河北、山东平原地区应坚决采取尽量广泛发展游击战争的方针，尽量发动最广大的群众走上公开的武装斗争；秘密的抗日斗争，只有在敌人统治的城市与铁道附近，才成为主要的方式。

（三）根据上述的方针，应即在河北、山东平原划分若干游击区，并在军区成立游击司令部，有计划地、有系统地去普遍发展游击战争，并广泛地组织不脱离生产的自卫军。

（四）在收复的地区应即建立政府，设法多少恢复当地的抗日秩序，这些政府由上级或司令部委任，或由民众团体推选，都跟随一个游击队行动，发布简单的布告与法令，组织民众抗日战争，镇压汉奸，保护民众利益，帮助部队筹拨给养等。

4月23日，朱德、彭德怀电示一二九师：除遵照中央指示派一部分部队向平原地区发展外，还要大力加强根据地的建设，有计划地在太行山上储存粮食和武器弹药，准备与敌人作持久周旋。

接到中央和总部的指示，一二九师立即开会，研究如何贯彻中央的这一重要战略指示，决定在河北南部开辟冀南军区，发展平原游击战争。为加强对冀南军区的领导，由徐向前副师长亲率七六九团、六八九团和第五支队到冀南工作。

4月26日，徐向前等率部从辽县出发，翻越太行山，横穿平汉路，经四昼夜行军，抵达南宫，与率先在冀南开辟工作的陈再道、宋任穷等会合。

两个多月后，为了实地了解情况和指导工作，邓小平于7月5日前去冀南。遵照毛泽东、王稼祥、刘少奇代表中央军委所作的"对冀南各县保安队及其他所属的零散部队迅速设法去改造或收编，以免被他人利用"的指示，邓小平与徐向前共同领导了对地方武装的收编工作，并迅速将一二九师在冀南的各部队和新收编的部队，重新进行了整编。

在抗日局面不断发展的形势下，8月25日，邓小平从太行出发，赴延安参加中共扩大的六届六中全会。在会上，邓小平代表一二九师就抗战以来15个月的经验作了发言。12月底，他从延安回到师部在冀南的驻地，向全师的军政干部传达了党的六中全会决议。

这年的10月，广州、武汉相继沦陷。以汪精卫为代表的国民党亲日派公开投敌。以蒋介石为代表的国民党亲英美派，在日本的诱降和英美的劝降下,其反共和对日妥协的倾向明显增长。1939年1月,国民党召开五届五中全会,制定了"溶共""防共""限共""反共"的反动方针。此后,蒋介石国民党集团的主要注意力,逐步由对外转向对内,并在山东、河北、湖南、河南等地制造了一系列的反共惨案。在晋冀鲁豫边区,自1938年秋开始一直到日本投降,国民党顽固派对我抗日根据地军民的进攻和制造摩擦从来就没有间断过。

针对国民党顽固派的日趋反动,党中央多次发出提高警惕、准备应付突然事变的指示。1939年2月10日,中共中央向全党发出《中央关于河北等地磨擦问题的指示》,指出对国民党的非理进攻,必须反击,决不能轻言让步。在这之前,朱德、彭德怀于2月4日致电刘伯承、徐向前、邓小平:目前华北各地磨擦日益加紧,这是由于国民党的"限共"政策所造成的。为了便于打击顽固分子,应多培养同情者,扩大我之外围力量,培植可靠的同情我之武装力量。刘伯承、徐向前、邓小平遵照党中央和八路军总部的指示,领导全区军民对国民党顽固派采取又团结又斗争、以斗争求团结的方针,一面对顽军进行争取工作和说理斗争,一面反击顽军的军事进攻。

当时,一二九师活动地区的反顽对象主要是冀察战区总司令、河北省政府主席鹿钟麟,国民党第六十九军军长石友三,河北民军总指挥张荫梧和国民党第九十七军军长朱怀冰等。为了让这些人停止反共,共同抗日,刘伯承、邓小平主动约请他们举行会谈,在不损害中国共产党及其军队利益的基础上,对许多问题采取了忍让的态度,使谈判取得了积极的成果。会谈后,鹿钟麟在一段时期内始终没敢在军事上放手进攻八路军,石友三也没有积极参加磨擦。

当时反共的急先锋是张荫梧,他依仗背后有蒋介石撑腰,对我磨擦越搞越凶,并于8月上旬指使其部队向我军驻地发动进攻。他还暗中与日军及皇协军勾结,秘密订立向我军进攻的协定。

针对上述情况,刘伯承、邓小平召集会议研究对付张荫梧的办法。在听了一二九师参谋处长李达关于顽军对我磨擦的情况汇报后,邓小平愤慨地说:"这些磨擦专家们欺人太甚了,应该教训教训他们。没有斗争,抗日统一战线巩固不了,如果我们的部队都叫人家搞垮了,哪里还有什么统一战线可言,就只剩下他国民党一家独裁了。我们还是政治的、军事的双管齐下。对这几个人,也要区别对待。对石友三、孙殿英,目前以争取为主。对搞我们最积极的张荫梧,还有王子耀,这次要毫不客气地打击一下。"此后,刘伯承、邓小平精心组织了对张荫梧和王子耀部的反击。经过激烈战斗,于8月27日消灭张荫梧部,张荫梧本人落荒而逃,猖狂一时的民军独立旅王子耀部也被消灭。

1939年8月,邓小平到延安参加政治局扩大会议。在延安,邓小平认识了刚刚从陕北公学毕业的卓琳。此时,邓小平35岁,卓琳23岁。

卓琳,本名浦琼英,1916年4月生于云南省宣威县一个工商业家庭。1932年考入北平第一女子中学,1936年考入北京大学物理系。抗日战争爆发后,于1937年11月到达延安,入陕北公学学习。1938年初加入中国共产党。这时,因工作需要改名为卓琳。

9月初的一个傍晚,邓小平和卓琳在杨家岭毛泽东所住的窑洞外面的山坡上举行了一个简朴而热闹的婚礼,当时在延安的中央高级领导人能来的都来了。婚后不久,他们一起回到太行山。

一回到太行山,邓小平就投入到了更严酷的对敌斗争中。

1939年11月,国民党五届六中全会制订了《处理异党问题实施方案》。蒋介石随即在全国发动了第一次反共高潮,把进攻的主要矛头指向我党中央所在地陕甘宁边区。八路军总司令部所在地太行山地区,也是国民党顽固派进攻的重点地区。12月初,国民党第九十七军朱怀冰部进入冀西,逼近八路军阵地,破坏抗日政权,频繁制造磨擦。

1940年1月,国民党第六十九军石友三部,在冀南、冀鲁豫地区向平汉路附近的八路军进攻。邓小平后来说过:"国民党同我们搞磨擦,几个大解放区都有,但最集中的是晋冀鲁豫。"刘邓指挥部队,在晋察冀军区部队的配合下,奋起反击,击退了国民党顽固派的进攻。

面对朱怀冰和石友三的进攻,我党仍以大局为重,刘伯承多次代表一二九师与其会谈,劝其团结抗日。另一方面,我军也时刻准备着给顽固派的进攻以有力的反击。邓小平在桐峪召开的全师干部会上说:现在时局已到了严重危险的程度。目前,国民党顽固派投降妥协的倾向日益严重,局部分裂已成事实,反共气焰更加嚣张,由过去"防止异党办法"的以政治为主,转而为"处理异党方案"的以军事为主。现在的讨逆斗争,并不是内战,而是联合不愿投降的资产阶级继续回头抗战。这正是对日本帝国主义斗争的一部分。他指出:中国今天的抗战,正处在十字路口。我们的任务,是争取时局好转。我们全体指战员和根据地的干部群众,都应该有高度的警惕性,准备应付随时可能来的突然事变。突然事变可能有两种形式:一是全国下大雨;一是部分地到来。无论是哪种突变,我们仍然采取人不犯我,我不犯人,人若犯我,我必犯人的立场。对于石友三,邓小平尖锐地指出:石友三流氓成性,反复无常,反共也最坚决,是我们目前的重点打击对象。我们不打则已,打就要打胜。

2月,朱怀冰、石友三等部再次大规模地进攻太行、冀南地区。在忍无可忍的情况下,一二九师被迫自卫还击。宋任穷、程子华指挥25个团的兵力,先后发动冀南战役和卫东战役,歼灭石友三顽军大部。邓小平指挥13个团,发动磁(县)、武(安)、涉(县)、林(县)战役。经过4天激战,消灭朱怀冰军部及其主力两个师的大部。对朱、石两部的迅速粉碎,巩固了太行、冀南、冀鲁豫等抗日根据地。

1940年4月1日,为了统一太行、太岳、冀南三个区的领导,成立了太行军政委员会,邓小平为书记。

从1939年9月起,日军华北派遣军司令多田骏上任后,在各抗日根据地推行所谓"囚笼政策",即以铁路为柱,以公路为链,以据点和碉堡为锁,在各个抗日根据地周围形成一个铁笼,然后以重兵对根据地进行"扫荡",妄图消灭八路军,摧毁根据地。到1940年初,日军依托平汉路向东扩张,相继修成石家庄至南宫、内丘至巨鹿、邢台至威县、邯郸至大名等公路干线和许多支线,把冀南根据地分成若干小块。在太行、太岳山区,抢修白晋和临(汾)邯(郸)铁路,妄图将太行、太岳区分割成小块。同时,日军还在平汉线西侧增筑据点和公路,严密封锁太行、冀南间的交通。

为了打破敌人的"囚笼政策",刘伯承、邓小平指挥一二九师与敌人展开了"交通大战",即破坏敌人的交通线的战斗,其中影响比较大的有白晋路破击战和八路军总部发动领导的百团大战。

1940年春,日军开始修筑白晋铁路。刘伯承说:白晋铁路如果修成,也是我们的一个心腹之患。我们要破坏敌人的计划,让敌人修不成。一二九师于4月5日部署了首次大规模的破击敌人铁路、公路的作战计划。为了让全区军民对破击战意义有足够的、清醒的认识,邓小平提出5个字的口号:"面向交通线"。邓小平还在战前草拟了《破击白晋铁路作战的政治训令》,强调和重申了全军必须遵守的政策和纪律:

(一)必须将所获胜利品,特别是军用品、铁轨等全部迅速运回后方。干部党员应以身作则,反对个人发洋财。

(二)不准搜俘虏腰包,不准剥敌尸腰包,违犯者受处罚。

(三)争取铁路员工和在"维持会"的人员,不准污辱,不准称俘虏,应注意安慰和物质上的招待,不得饿饭,违者受严重处罚。

(四)必须保障协同破路之民众的安全,发现敌情,应首先掩护民众安全退出战斗区,不得抛开民众不管。

5月5日,白晋战役打响。一二九师指挥所随着战斗的展开而转移,刘伯承、邓小平轮流守在指挥所的电台旁,指挥战斗。仅在一日两夜之间,就把白晋铁路彻底破坏100多华里,摧毁大小桥梁50多座,炸毁火车1列,消灭警备队长峰正荣以下日军350多人,并夺取和烧毁了敌人兵站储存的大批军用品。一二九师适时撤出战斗。

从8月起,为粉碎日军对华北抗日根据地的"扫荡",打击日军的"囚笼政策",八路军向华北日军占领的交通线和据点发动了大规模的破击战役,参加这次战役的有115个团左右,故称"百团大战"。刘邓率领所部38个团参加了战斗。

大战前的形势十分严峻,日寇推行"囚笼政策",对敌后根据地轮番进行扫荡、蚕食,国民党顽固派则继续制造反共磨擦。在困难面前,我军部分战士和根据地部分群众产生了对自己力量估计不足的右倾情绪,对抗战能否胜利失去了信心。在这种情况下,不打一次大胜仗就不能粉碎日寇的"囚笼政策",不能制止国民党的投降反共活动,不能坚定全国军民的胜利信心。

刘伯承、邓小平为打好这一仗,战前做了周密的准备。

8月2日,师政治部草拟的《关于克服部队右倾情绪的指示》和师司令部草拟的《综合破路经验通报》,下达到冀南、太岳、太行各旅首长及政治部主任。

8月4日,刘、邓就当前部队作战指导思想的问题写了指示。

几个文件的下达,对振奋战士的革命精神,提高各级指挥员的战略意识和作战指导思想,起了很重要的作用。

8月8日,第十八集团军总部发出《战役行动命令》和《破坏战术之一般指示》,刘伯承、邓小平接到命令和指示后,作了进一步的作战部署。

百团大战从8月20日我军同时向平汉路、同蒲路、正太路进行连日大破击开始,到12月5日粉碎日军的疯狂扫荡,历时三个半月。我八路军指战员共进行大小战斗1824次,毙伤日、伪军2.5万余人,俘获日军280多人、伪军1.8万人,缴获一批枪炮和军用物资。一二九师参战的38个团(不包括地方部队),在刘伯承、邓小平的率领和指挥下,共进行大小战斗529次,给日、伪军以很大打击。

百团大战的胜利,充分证明了晋冀豫边区在军事上、政治上以及党和群众工作上,都有了相当基础,足使敌伪胆寒,使全体军民树立起走向抗战胜利的充分信心。

# 呕心沥血建边区

邓小平在配合刘伯承指挥根据地军民积极主动地开展游击战争,粉碎日、伪军一次次残酷"扫荡"的同时,还承担了领导全区建党、建军、建政的工作,指导全区进行整风、精兵简政、减租减息和大生产运动,取得了很大成绩。

政权建设是根据地建设中的一项十分重要的工作。

1940年3月,中共中央发出《关于抗日根据地的政权问题的指示》,要求各抗日根据地建立"三三制"政权。

"三三制"是中国共产党在抗日战争时期的统一战线政权政策。根据这一政策,抗日民主政权中人员的分配是共产党员大体占三分之一,左派进步分子大体占三分之一,中间分子和其他分子大体占三分之一。

邓小平积极贯彻中央精神,在太行山各抗日根据地建立"三三制"政权,受到了党中央的赞扬。

为了筹备建立边区政府,1940年8月1日,根据地成立了冀南、太行、太岳行政联合办事处(简称"冀太联办"),这是晋冀豫边区的最高政权机关,它担负边区根据地的立法任务。"冀太联办"在其施政纲领中提出了"彻底实现民主政治,建立廉洁政府"的目标。

1941年3月16日,"冀太联办"召开第二次行政会议。在这次会议上,邓小平受中共中央北方局的委托,提出成立晋冀豫边区临时参议会,在抗战四周年时,召开临时参议会第一次会议,按照"三三制"的原则,选举临时参议会参议员,成立边区政府。他的这一建议被大会接受。随之成立了晋冀豫边区临时参议会筹备委员会,负责筹备选举参议员,召开临时参议会第一次会议。4月5日,中共中央北方局提出对晋冀豫边区目前建设的15项主张,选举参议员的工作随即全面展开。

为了进一步阐明"三三制"原则,邓小平于4月15日在《党的生活》上发表了《党与抗日民主政权》一文。

文章阐述了共产党关于建设民主政权的主张,论述了"三三制"政权的实质是民主问题,强调党在领导政权工作时,必须贯彻民主的精神。邓小平提出反对"以党治国"。他说,党提出"三三制"的政策之后,在我们晋冀豫区,曾遭受到党内一部分人的抵抗,这也是忽视民主和"以党治国"的观念在作怪。他指出,"以党治国"的国民党遗毒,是麻痹党、腐化党、破坏党、使党脱离群众的最有效的办法。我们反对国民党以党治国的一党专政,我们尤要反对国民党的遗毒传播到我们党内来。邓小平还强调要正确处理党政关系,指出党对政权要实现指导的责任,使党的主张能够经过政权去实行,党对政权要承担监督的责任,使政权真正合乎抗日的民主的统一战线的原则。党的领导责任是放在政治原则上,而不是包办,不是遇事干涉,不是党权高于一切。文章对党团在政权中的作用、政府机关中党支部的工作、加强民主教育等问题,提出了重要意见。这些重要观点,对当时太行根据地的政权建设具有重大指导意义。

7月7日至8月15日,晋冀豫边区临时参议会在辽县桐峪镇隆重举行。根据中共中央北方局的建议,会议决定将鲁西33个县划入本区,临时参议会改名为晋冀鲁豫边区临时参议会。邓小平、李大章、李雪峰等133位参议员出席了大会。冀太联办主任杨秀峰向大会作了工作报告。

会议审议并通过了以中共中央北方局提出的15项主张为基础制定的边区政府施政纲领和各项重要条例、法令;选出临时参议会驻会委员和正副议长;选出晋冀鲁豫边区的政府组成人员。邓小平当选为晋冀鲁豫边区临时参议会委员,杨秀峰当选为边区政府主席,薄一波为副主席。

此后,太行区在边区政府的直接领导下,全面展开了根据地的各项建设。

在晋冀鲁豫边区临时参议会开会期间,延安《解放日报》发表了题为《敌后民主政治的伟大贡献》的社论。

社论指出:"晋冀豫边区,包含有太北、太岳、太南、冀南、冀鲁豫五个具有战略意义的区域,如果再加上鲁西(最近已划入晋冀豫),则其所辖地区,东自津浦,西临汾河,南起苏鲁,北迄冀晋,幅员之大,人口之多,在华北各抗日根据地中,堪称第一。""晋冀豫区的成绩,已使根据地具备了新民主主义的雏形,继晋察冀之后,逐步地走向模范抗日根据地。""晋冀豫区其所以有这样的成就,基本原因在于它几年来,在抗日民族统一战线的方针之下,曾经初步地开展了民主运动。"

"三三制"政权在实施民主政治的基础上产生,"三三制"政权又为进一步实施民主政治提供了保证。在晋冀豫边区临时参议会召开和边区政府成立的前后,太行区的各级政权普遍按"三三制"原则进行了充实调整,从而保证了太行区各项工作的顺利开展。

精兵简政,太行区也走在了前列。

1941年12月17日,中共中央发出《关于太平洋战争爆发后敌后抗日根据地工作的指示》。《指示》说:敌后抗战能否长期坚持的最重要的条件,就是这些根据地居民能否养活我们,能否维持抗日的积极性,我党政军均应了解,假若民力很快消耗,假若老百姓因负担过重而消极,而与我们脱离,那么不管我们其他政策怎样正确也无济于事。《指示》号召敌后抗日根据地军民,咬紧牙关,度过今后最困难的两年。党中央提出了实行"精兵简政"的号召。在精兵方面,要求缩编主力部队及其指挥机关,充实连队,加强地方武装和发展民兵,加强整训,提高战斗力。在简政方面,要求抗日根据地切实整顿各级组织,紧缩机构和人员编制,加强基层,提高效能,节约人力物力,反对官僚主义;并具体规定,各抗日根据地脱离生产的人员,只能占总人口的3%,其中军队系统人员占2%,党政民系统人员占1%。

太行区是华北敌后抗日根据地中领导机关最集中的地区。在这里有中共中央北方局太行分局、边区政府、边区参议会及其直属单位,一二九师师部及直属部队,还有领导和指挥华北抗日战争的中共中央北方局、八路军前方总部及其直属机关。这些单位的给养供应,大部分由太行区人民负担。1941年以后,由于战争日益残酷,根据地面积缩小,人民的负担越来越重。太行区"鱼大水少"局面难以支撑,所以精兵简政对于太行革命根据地能否巩固、敌后抗战能否长期坚持至关重要。

太行区积极响应中共中央的号召,从1942年1月开始,从军队到地方,从上层到基层,普遍实行精兵简政。

一二九师在太行区的精兵简政工作中起了表率作用。

1942年1月7日,师部召开了有直属队、新一旅、三八五旅干部参加的精兵简政动员大会。刘伯承作了《如何贯彻中央精兵简政政策》的报告。

动员大会后,师部直属队召开了排以上干部参加的"精兵主义"讨论会,邓小平参加了讨论会并作重要发言。

邓小平说:比较起来,我们根据地的同胞比敌占区的同胞的负担要轻得多。但是,由于长年不断的战争和日本强盗的掠夺,天灾人祸,生活也是困难的。我们是人民的军队,就应该特别关心民间疾苦,厉行精兵简政,减轻人民的负担,人民才能更好地支援我们最后打败日本侵略者。

讨论会开得很热烈,大家纷纷发言批评过去在组织机构上、工作上和领导作风上存在的缺点,揭发浪费现象,研究今后的改进办法。在此基础上制定了一二九师和几个战略区精兵简政的要点。

1月15日,刘伯承、邓小平下发实施精兵简政的命令。命令指出:有计划地抽出大批干部及一部分优秀的老战士与文化水平较高的新战士,送考"抗大"及其附设的陆军中学,长期学习,使其锻炼成为有真才实学的、在战略反攻时期称职的干部。命令还明确规定:各部在缩编时,只需保持一定数量的老干部作骨干,尽量留用缺乏实际经验之知识分子新干部,使其在工作中锻炼,以便于抽出缺乏文化知识的老干部入校学习。

在精简中抽出来的干部,除送"抗大"和陆军中学学习深造外,一二九师还举办了参谋训练队、政治工作训练班和射击训练班,使更多的干部得到系统的学习和训练。邓小平很重视这些训练班,开学时,他给学员们讲了第一课。

1月25日,邓小平带队组织师直机关的负责同志,分赴各部队和各军分区深入调查和动员,指导精兵简政工作。他针对部队中出现的各种思想问题,如消极情绪、本位主义、计较个人得失等,组织学习讨论,进行个别谈话,做了大量深入细致的思想政治工作,提高了全体官兵对精兵简政意义的认识,同时制定了各种规章制度,妥善处理了各种矛盾。

在刘伯承、邓小平的领导下,太行区的精简整编工作完成得很好,受到了毛泽东的表扬。毛泽东在《一个极其重要的政策》一文中说:"自从党中央提出精兵简政这个政策以来,许多抗日根据地的党,都依照中央的指示,筹划和进行了这项工作。晋冀鲁豫边区的领导同志,对这项工作抓得很紧,做出了精兵简政的模范例子。"

邓小平还领导了北方局的整风运动,并较早提出和使用"毛泽东思想"的概念。

1942年2月1日和8日,毛泽东在中共中央党校开学典礼上和延安干部会上分别作了《整顿党的作风》和《反对党八股》的演说。毛泽东指出,我们的学风有些不正,就是有主观主义,特别是教条主义的毛病;我们的党风有些不止,就是有些宗派主义的毛病;我们的义风有些不正,就是有党八股的毛病。以反对主观主义、宗派主义、党八股为内容的全党整风运动开始了。

4月3日,中共中央宣传部发出《关于在延安讨论中央决定及毛泽东同志整顿三风报告的决定》。6月8日,中宣部发出《关于在全党进行整顿三风学习运动指示》。

同时,中共中央成立由毛泽东主持的总学习委员会,领导全党的整风运动。

延安、华北、华中各抗日根据地的党组织和在国民党统治区的中共中央南方局,也先后开展了整风学习。

晋冀鲁豫边区和一二九师的整风运动,是从1942年的5月开始的。

邓小平担任中共太行分局总整风委员会主任、一二九师整风委员会主任,主持领导边区的整风运动。

1943年1月,邓小平在"温村会议"上作会议总结时强调指出,整风是我党进行思想革命的斗争,整风对于改造我党及全体干部和党员的思想方法,提高工作效能与品质,加强与巩同全党的团结,加强全党与党外人士的团结,以及转变工作作风等,均有伟大的革命意义。总结还指出,改造思想方法的重点,必须着重于反对主观主义、宗派主义、自由主义和自作聪明;整风对象的重点应放在地方党地委、专署一级,军队旅与分区一级以上的领导干部;整风运动必须与当前斗争的各种实际工作相结合。总结对整风运动在不同地区的进度和时间也提出了要求,强调不在多,而在精;不在走马观花,而在追根究底贯彻始终。邓小平的讲话是对太行区整风运动的总动员和总部署。

"温村会议"后,太行分局作出计划,决定军队、地方所有干部,都必须参加整风学习;在职地委、县委、专员、县长、各群众团体的主要负责人轮流到分局党校参加整风,然后回到岗位,领导在职干部整风。这个计划首先在分局党校进行典型试验。分局党校的整风,注重从干部的思想实际和历史实际出发,对照文件精神,实事求是地解决个人的思想问题。

6月5日,邓小平在中共太行分局召开的干部会议上作整风问题的报告,强调在学习的基础上做好自我反省,解剖自己的思想,开展批评与自我批评。在邓小平的领导下,太行区的整风学习,从实际出发,采取典型引路、强调自觉、联系思想、开展批评与自我批评等方法,一开始就收到了良好的效果。

10月,中共太行区党委依据中央及北方局的指示,制订了《关于今明两年完成全区整风任务及目前阶段计划》,提出由党委主要负责人直接领导,采取"机关整风学校化,学校整风机关化"的方法,区党委党校开办县级干部整风班,各地委党校举办区级干部整风班,县委举办村支部书记和少数区委的整风班。部队干部除了参加区党委党校学习外,多数参加太行军区司令部、政治部主办的整风学习班。区党委党校从1943年11月到1946年3月,共办了3期县级以上干部整风班,同时在涉县温村和索堡办了联合整风班,全区性的整风运动蓬蓬勃勃地开展起来。

在整风过程中,邓小平发表了一系列的重要讲话。

11月10日,邓小平在中共中央北方局党校整风动员会上讲话,系统地阐述了整风的目的和意义,指出整风的目的是要以无产阶级的马列主义的思想,去克服存在于我们同志中的非无产阶级的非马列主义的思想,使我们全党思想更加统一,意志更加集中,全体同志更能团结在以毛泽东为首的党中央周围,一心一德地去完成中国革命的事业。

讲话对党的领袖毛泽东作了高度的评价,系统论述毛泽东思想即中国化的马列主义,指出党的事业要以毛泽东思想作指导。他说:我党自从1935年1月遵义会议之后,在以毛泽东为首的党中央领导之下,彻底克服了党内"左"右倾机会主义,一扫主观主义、宗派主义和党八股的气氛,把党的事业完全放在中国化的马列主义,即毛泽东思想的指导之下,直到现在已经九年的时间,不但没有犯过错误,而且一直是胜利地发展着,这种事实我们大家都知道得很清楚。的确,在以毛泽东思想为指导的党中央的领导之下,我们回忆起过去机会主义领导下的惨痛教训,每个同志都会感觉到这九年是很幸福的,同时也会更加感到三风不正对我们的毒害了。现在我们有了这样好的党中央,有了这样英明的领袖毛泽东同志,这对于我们党太重要了。

邓小平强调:要完成整风的任务,首先是领导问题。领导一定要抓得很紧,每个负责干部都要亲身参加整风,认真突破一点,积累经验,以指导其他,并采取一些具体办法,使大家聚精会神,不半途而废。

他在报告中还对参加整风的其他同志提出了5点要求。

邓小平在报告中使用了"毛泽东思想"这一科学概念,指出毛泽东思想即"中国化的马列主义"。他的这一认识与当时许多中共领导人的认识是一致的。

1943年7月4日,刘少奇在《清算党内的孟什维克主义思想》一文中,论述了毛泽东及其思想在中共党史中的作用和地位,他说:中国共产党的历史,是马列主义在中国发展的历史,也是中国的马列主义者和各派机会主义者斗争的历史,客观上是以毛泽东同志为中心构成的。

7月8日,王稼祥在《解放日报》上发表《中国共产党与中国民族解放的道路》一文,第一次提出"毛泽东思想"这个概念。他说:中国民族解放整个过程中——过去、现在与未来——的正确道路就是毛泽东同志的思想,就是毛泽东同志在其著作中与实践中指出的道路。毛泽东思想就是中国的马克思列宁主义,中国的布尔什维克主义,中国的共产主义。

邓小平是继王稼祥等之后较早提出和使用"毛泽东思想"这一概念的中共领导人,在帮助全党认识毛泽东思想方面发挥了重要作用。

12月25日,邓小平在北方局、八路军总部直属机关第一学区大会上发言指出,党中央老早告诉我们,整风就是把全党从思想上、行动上统一在中国布尔什维克主义——毛泽东思想上,在思想上、政治上、组织上,把全党团结得像一个人一样,增强党的战斗力量。

邓小平的讲话,直接指导了太行、太岳、冀南、冀鲁豫和北方局、八路军总部机关整风运动深入健康地发展。

发展生产是坚持根据地的重要保障。

1941年抗日战争进入最艰苦的岁月,日军对太行根据地的疯狂"扫荡",严密封锁,使得抗日军民的处境非常困难。党中央号召根据地军民广泛地开展大生产运动,打破敌人的经济封锁,度过"黎明前的黑暗"。

太行根据地军民在邓小平领导下,开展大生产运动。邓小平创造性地运用中央的指示,紧密结合本地实际,果敢地提出了一系列发展经济、生产自救的方针和政策。

1943年6月21日,邓小平主持召开中共太行分局专门会议,讨论太行区的经济建设工作,制定了《关于太行区经济建设工作的检查和决定》。

7月2日,邓小平在延安《解放日报》上发表了《太行区的经济建设》一文。文章明确指出:敌后的经济战线斗争的尖锐程度,绝不亚于军事战线。敌人对我们的经济进攻,是与军事、政治、特务的进攻密切结合着的,是极其残暴的。在敌人这样的摧残之下,人民创伤极其深重,如不采取有效办法,一旦人民元气耗尽,一旦军需民食没有保证,敌后抗战的坚持是不能设想的。

邓小平说,太行区就是在这样的警惕下,加强了对于经济战线的注意。首先,我们确定了发展生产是经济建设的基础,也是打破敌人封锁、建设自给自足经济的基础,而发展农业和手工业,则是生产的重心。发展生产,不能是一个空洞的口号,而需要正确的政策和精细的组织工作。我们的减租减息和交租交息政策,给发展生产开辟了一条广阔的道路。其次,我们实行的是钱多多出、钱少少出的原则,既照顾人民的负担能力,又照顾抗战的需要。而更重要的,是使负担办法适合于奖励发展生产的需要。再次,我们的税收贸易政策,是采取"对外管理对内自由"的原则。最后,我们的货币政策,也是发展生产与对敌斗争的重要武器。

邓小平总结了太行区经济建设的四点经验:第一,敌后的一切离不开对敌的尖锐斗争,我们每一点经济建设的果实,都是用鲜血换来的。第二,没有正确的政策,就谈不上经济建设;而这些政策的制定,必须以人民的福利和抗战需要为出发点。第三,任何一个经济建设的事业,没有广大人民自愿地积极地参加,都是得不到结果的。第四,将大批的得力干部分配到经济战线上,帮助他们积累经验,才能使经济建设获得保障。

9月21日,晋冀鲁豫边区和一二九师师部联合召开全区生产动员大会,邓小平在会上作《努力生产,渡过困难,迎接胜利》的报告,进一步阐明了开展大生产的意义。

他说:部队只有枪而没有饭吃,是不能打仗的。如果我们不帮助群众搞生产,人民倾家荡产,不能进行再生产,人民就会反对我们,我们就会弄到既无饭吃又无群众的地步,胜利虽然接近了,我们还要经过相当困难的过程,从各方面努力,渡过困难,迎接胜利且为战后做准备,打下新中国建设的基础。

在这次大会上,邓小平还提出了制定"奖勤罚懒"的赏罚制度的建议。他强调指出:必须建立赏罚制度。对于个人生产模范、劳动英雄,要给予100到200元的奖金。可能有些同志说,这是不是过高了?我说,不高。因为这是他们的劳动所得,又不是贪污,是应该的。对于那些懒惰、不积极参加生产的,应该说服教育,经教育不改者,就要给予处分。懒惰、生产不好的单位必须自己吃苦。否则,赏罚不明,就不能将一项工作做好。后来,邓小平又将奖金数额提高为200元到300元。

这次生产动员大会后,邓小平和晋冀鲁豫军区副政委张际春、北方局组织部部长刘锡五、北方局宣传部部长李大章、八路军总部组织部部长周桓等人商妥,并征得驻地村政权的同意,合伙承包了两亩公产水田,并立下"军令状",保证明年按规定交租、出负担。他们聘请有经验的老农担任技术顾问,指导他们上粪、犁地和下种。天一亮,他们就下地,担粪施肥,平整土地,只用了几天时间,就完成了秋耕任务。

在邓小平等的带动下,太行军区司令部机关、政治部机关和太岳军区也都积极行动起来,掀起了开荒高潮。

太行军区根据邓小平讲话精神,提出了每人开荒种地两亩的任务,并在劳动力的组织上、生产制度上制定了一些有利于调动部队和机关生产积极性的措施。

从1940到1943年的4年间,太行根据地没有向党中央要一个铜板、一颗子弹的接济,不但改变了晋冀鲁豫根据地的困难局面,还在物质上支持了其他根据地,受到毛泽东和党中央的表彰。

1943年1月25日,中共中央太行分局在涉县温村召开了高级干部会议。太行分局书记邓小平主持这次会议,并就五年来对敌斗争的概略总结与今后对敌斗争的方针作了报告。

这时的邓小平,经过5年抗日烽火的锤炼,无论是在军事上,还是在政治、政权、经济、群众工作等方面都积累了丰富的经验,在政治和思想理论方面逐步走向成熟。

1943年10月,中共中央决定北方局与太行分局合并,八路军总部与一二九师师部合并。北方局直接领导晋冀鲁豫区的太行、太岳、冀南、冀鲁豫四个区党委。八路军总部直接领导一二九师部队和太行、太岳、冀南、冀鲁豫四个军区。彭德怀、刘伯承等一批高级干部和将领在党中央的安排下陆续前往延安参加整风学习和准备参加中国共产党的第七次全国代表大会。

邓小平接替彭德怀任代理中共中央北方局书记,并主持八路军总部的工作。39岁的邓小平在艰苦的条件下,独立担负起领导华北敌后抗日根据地党政军的全面工作。

1945年4月,中国共产党在延安召开了第七次全国代表大会。在太行山主持工作的邓小平没有参加这次大会,会议选举他为中央委员会委员。不久,毛泽东给邓小平专门发来一封电报,表示祝贺,并要他赶赴延安参加七届一中全会。6月29日,邓小平离开太行赴延安。

1945年8月15日,日本投降,抗日战争以中国人民的胜利宣告结束。至此,邓小平和刘伯承率部开创的太行、太岳、冀南、冀鲁豫四块根据地已基本上连成一片,成为拥有2400万人口、30万军队的全国最大的解放区。

是月,中共中央决定成立晋冀鲁豫中央局和晋冀鲁豫军区,邓小平任中央局书记和军区政治委员,刘伯承任军区司令员。

# 为争取和平而战

抗日战争胜利以后,人民渴望和平。但是和平并没有到来,蒋介石又挑起了内战。中国面临着两个命运、两个前途的抉择。

盘踞在晋西南的国民党第二战区司令长官阎锡山充当了急先锋。

8月中旬,阎锡山部主力在日本侵略军的接应下进占太原及其附近地区。8月16日,阎锡山按蒋介石的密令,命令其第八集团军副总司令兼第十九军军长史泽波率领第十九军、第六十一军的主力4个步兵师及1个挺进纵队(相当于师),从临汾、浮山、翼城侵入晋冀鲁豫解放区腹地上党地区,下旬占领了我从日伪手中解放的襄垣、潞城及被我地方武装包围的长治、长子、壶关、屯留等城。

上党,是山西省东南部以长治为中心的地区,自秦汉置郡以来就是晋东南的政治、经济、文化、交通中心,它东控太行、西据太岳,自古就是军事要地,那里地势高,古人有"与天同党"之说,所以称上党。

阎锡山占上党,有着特殊的战略意义。从整个战局看,当时蒋介石正从其大后方西南、西北调动大军向华北、华中、华南各解放区陆续开进。蒋介石率先在华北行动,一个重要的目的就是进而占据东北。阎锡山的这次行动是蒋介石实现"抢占华北,争夺东北"的战略部署的一个重要组成部分。从局部看,阎锡山企图以一把刀子插入上党,分割我太行、太岳两根据地,进而占领整个晋东南,然后把晋冀鲁豫军区主力逼到山区予以消灭,恢复其在山西的统治。

蒋介石在积极准备内战的同时,又在一个月内三次电邀中共中央主席毛泽东赴重庆谈判,企图以假"和平"手段,以共产党人到国民政府中去"做官"为交换条件,让中国共产党交出军队和解放区政权,达到消灭革命力量的目的。

这时的美国政府也改变了不赞成中国发生内战的态度。

中国共产党人的态度是坚持和平,反对内战,方针是针锋相对,寸土必争。

毛泽东以大无畏的革命家的气度,准备飞赴重庆,参加国共谈判。

也就是在这个时候,战争已经在晋冀鲁豫解放区的门口打响了。

晋冀鲁豫解放区,西起同蒲路,与晋绥解放区相邻;东抵津浦中路,与华东解放区相接;北起正太路、德石路,与晋察冀解放区相依;南至黄河,黄河以南有中原解放区。这是华北战略区的中央大门,它堵着国民党军队向北进攻的道路,成为国民党军队进攻的重点。

上党又是重点中的重点。

军情急如火。中央军委和毛泽东就如何消灭侵入上党的阎锡山部,作了部署。

8月20日,中共中央决定统一太行、太岳、冀南、冀鲁豫解放区的领导,组成了由邓小平任书记、薄一波任副书记的中共中央晋冀鲁豫中央局;成立了以刘伯承为司令员,邓小平任政委,滕代远、王宏坤为副司令员,薄一波任副政委,张际春任副政委兼政治部主任,李达任参谋长的晋冀鲁豫军区。统一领导太行、太岳、冀南、冀鲁豫4个区党委和4个军区。

当时在上党前线的只有参谋长李达一个人。

8月25日,刘伯承、邓小平、滕代远、薄一波、张际春等和晋冀鲁豫军区高级指挥员陈赓、杨得志、陈再道、陈锡联、王近山等人,乘坐当时美军驻延安观察组的一架道格拉斯运输机回到了太行根据地。当时美机并不知道我方的意图,也不知道乘坐人员的身份。

刘邓等人一下飞机,就上了前线,那里的仗已经打得热火朝天了。

8月26日,中央军委指示晋冀鲁豫军区领导:集中太行、太岳军区主力首先歼灭阎锡山进入长治的部队,收复上党地区,消灭心腹之患。

8月29日,刘邓作出了晋冀鲁豫区的整个战略部署,并电报中央军委。

命令太行主力、陈赓部及冀南之8000余人,共约2.8万人进行上党战役,坚决消灭阎部1.6万人。

部署经中央军委同意后,晋冀鲁豫军区决定,刘、邓、张会同李达参谋长,指挥上党战役,滕代远、薄一波即赴冀鲁豫平原地区指挥那里的部队行动,并准备平汉线上的作战。

刘伯承、邓小平、张际春等在进行战前动员时,首先向集结待命的干部战士传达党的第七次全国代表大会的精神,讲当时国际国内的形势和打好上党战役的决心。邓小平指出:根本问题是抗战胜利果实落到谁手里的问题,蒋介石、阎锡山伸手来抢,决不能让他们抢走。毛主席在赴重庆之前说过"只有你们打得好,我才能谈得好"。我们上党战役打得越好,歼灭敌人越彻底,毛主席就越安全,毛主席在谈判桌上就越有力量。我们不要辜负党中央和毛主席的期望。邓小平向参战将士发出了"打好上党战役,支援毛泽东主席赴重庆谈判"的号召。刘伯承说:蒋介石的军队沿5条铁路开进,5个爪子伸开向我们扑来了。人家的足球向我们华北解放区的大门踢过来了,我们要守住大门,保卫华北解放区,掩护我东北解放区战略展开。平汉、同蒲是我们作战的主要方向,但现在的问题是阎锡山侵占我上党6城,在我们背上插一把刀子,芒刺在背,脊梁骨发凉,不拔掉这把刀子,心腹之患未除,怎么放得下心分兵平汉、同蒲去守大门呢?

"为保卫胜利果实而战","为支援毛主席谈判而战"的口号激励着广大指战员,他们纷纷宣誓坚决歼灭敌人,争取战役胜利,并以饱满的革命热情投入了战前练兵。

9月7日,军区下达发起上党战役的命令,10日战役正式发起。

这是抗日战争胜利后,晋冀鲁豫军区部队对国民党军队进行的第一个大战役,也是军区部队由分散的游击战向集中的运动战转变的第一个大战役。战役开始后,9天内连克襄垣城、潞城、壶关、屯留、长子5城,歼敌7000余人。长治阎军完全陷入孤立。

从9月20日起,开始合围长治。

长治是上党地区的首府,城高壕深,工事坚固,守敌是阎锡山的第十九军军长史泽波所辖的3个师,约1万人。

9月24日,我围城部队正式攻城。

阎锡山为了救援长治被围孤军,派第七集团军副司令彭毓斌率二十三、八十三两个军的6个师和省防军2个师,共2万多人,于28日进抵沁县以南,并急电长治守军军长史泽波,"上党必争,长治必守,援军必到,叛军必灭",以稳住阵脚。

由于连日阴雨,给我攻城部队带来一定的困难。敌援军将至,我又久攻不下,在此紧急关头,刘伯承、邓小平决定变攻城为围城打援。除留一部继续佯攻长治,吸引援军继续南下,并准备歼灭由长治出城接应之敌外,我部队主力兼程北上,在地方武装的积极配合下,将阎军合围于老爷岭、西峧、磨盘垴至榆林地区,经过数昼夜激战,敌除2000余人逃回沁县外,其余全部被歼。彭毓斌被击毙,数十名高级军官被俘。

　　敌援军被歼,守城之军顿成瓮中之鳖、惊弓之鸟。史泽波便于10月8日夜趁大雨浓雾弃城西窜,企图横穿太岳区,逃回临汾、浮山和翼城。我野战部队和地方人民武装部队在"拼命抓住敌人"的口号鼓舞下,忍受饥饿疲劳,日夜追击,于10月12日在沁河以东之将军岭及桃川地区全歼逃敌,包括史泽波在内的近万名官兵当了俘虏。至此,历时30余天,共歼敌11个师及1个挺进纵队共3.5万人的上党战役胜利结束,除沁县外,晋东南地区全部解放。

　　上党战役的胜利,给进犯解放区的国民党军以迎头痛击,不仅巩固了晋冀鲁豫解放区的后方,而且加强了中国共产党在重庆谈判中的地位。蒋介石原指望在重庆谈判桌上以此为筹码,没想到全副武装、趾高气扬、气势汹汹的国民党军队竟会一败涂地。

　　蒋介石又恼又恨又无可奈何,在谈判桌上乖乖地签订了《双十协定》。

　　败军之将史泽波对陈赓这样说:"抗战八年中,贵军在上党地区和日军作战,日本投降后我们来抢占地盘是不对的,不过,没想到失败得这样快,真是天助你们。"

　　上党战役的胜利为我军主力在漳河以北组织歼灭战,为全力歼击平汉线北犯的国民党军开辟了广阔有利的战场,在军事上为我军赢得了战略上的主动。经过这次战役,我军补充了大量装备、弹药和兵员,提高了正规作战的水平,加速了由游击兵团向正规兵团的转变。10月14日,也就是在战役结束后的第三天,晋冀鲁豫军区司令部写出了《上党战役经验的初步总结》,刘伯承、邓小平将战役经验电报中央军委。

　　在谈到上党战役的经验时,刘伯承、邓小平说:"我们上党作战是经过夺城打援、围城打援、消灭突围逃窜之敌的三种形式与过程。"

　　毛泽东高度赞扬上党战役的伟大历史意义。他在《关于重庆谈判》的讲话中说:"现在有些地方的仗打得相当大,例如在山西的上党区。太行山、太岳山、中条山的中间,有一个脚盆,就是上党区。在那个脚盆里,有鱼有肉,阎锡山派了十三个师去抢。我们的方针也是老早定了的,就是针锋相对,寸土必争。这一回,我们'对'了、'争'了,而且'对'得很好,'争'得很好。就是说,把他们的十三个师全部消灭。他们进攻的军队共计三万八千人,我们出动三万一千人。他们的三万八千被消灭了三万五千,逃掉两千,散掉一千。这样的仗,还要打下去。"

上党战役刚刚结束,邓小平和刘伯承又受命指挥平汉战役。

国共虽然签订了《双十协定》,但是,毛泽东认为:"已经达成的协议,还只是纸上的东西。纸上的东西并不等于现实的东西。"他看透了蒋介石的心思,估计蒋介石会进一步扩大进攻解放区的规模。毛泽东强调"不给敢于进攻解放区的反动派很大的打击,和平是不会来的"。

事态的发展和毛泽东预料的一样。

蒋介石进攻华北、抢占东北的步子迈得更快了。

国共两党争夺东北的斗争在平汉路上展开了。

10月12日,毛泽东致电邓小平、刘伯承,指示:"山东、华东主力转移至冀热辽区及东北,至快还需一月,各部队到达后,布置战场,熟悉地形,初步完成准备,至快亦需两月至三月。因此,我们阻碍和迟滞顽军北进,是当前严重的战略任务。""我太行及冀鲁豫区可集中六万以上主力由刘邓亲自指挥,对付平汉路北进顽军,务期歼灭其一部至大部。"要求晋冀鲁豫军区除以一部兵力截击沿同蒲路北进的敌军外,集中主力歼击沿平汉路北犯的敌人。

10月17日,上党战役结束后,毛泽东又给以邓小平为书记的晋冀鲁豫中央局发来一个电报,电报中说:"在你们领导之下打了一个胜利的上党战役,使得我军有可能争取下一次相等的或更大的胜利。除以太岳全力展开同蒲路的作战争取应有胜利外,必须集中太行与冀鲁豫全力,争取平汉战役的胜利。即将到来的新的平汉战役,是为着反对国民党主要力量的进攻,为着争取和平局面的实现,这个战役的胜负,关系全局极为重大。"中央要求"利用上党战役的经验,动员太行、冀鲁豫两区力量,由刘伯承、邓小平亲临指挥,精密组织各个战斗部队,取得第二个上党战役的胜利"。中央还指示,应诱敌深入到安阳、沙河间地区寻求机动,予以各个歼灭。

为了完成党中央交给的战略任务,10月10日,在上党战役尚未完全结束时,刘伯承、邓小平即从前线赶回晋冀鲁豫军区驻地涉县赤岸村,部署平汉战役。

刘邓指示:为适应组织平汉战役,所有冀南、冀鲁豫及太行山在平汉线上的部队均归王宏坤、陈再道、宋任穷指挥。以坚强部队控制汤阴及其两侧,监视、迟滞敌人北进,主力迅速占领临洛关、紫山及临漳、成安、肥乡三城,准备在漳河北消灭敌人。

10月中旬,蒋介石嫡系胡宗南部之先头部队第三、第十六军,沿同蒲路经榆次转正太路开抵石家庄,侵入华北解放区腹地;孙连仲的第三十军、第四十军、新八军等部4万余人,在其副司令长官马法五(兼第四十军军长)、高树勋(兼新八军军长)率领下,由新乡沿平汉路北犯,后续4个军亦在向新乡开进;伪军孙殿英部随孙连仲部一同北犯,乘机侵占我已解放的汤阴县城。

平汉战役也叫邯郸战役。

邯郸,是华北的战略要地,它处于全国解放区的中央,扼华北解放区的大门,西峙太行、太岳,东展冀鲁大平原,南临黄河,北界正太,四周被同蒲、正太、津浦、陇海铁路所环绕,平汉线贯穿其中。

刘伯承说,邯郸这座战国时代被称为"四战"的城市,现在仍然是"四战"之地:东要配合山东,西要配合陕北,南要配合中原,北要配合晋察冀。它所处的战略位置,决定了邯郸战役的重要性。

10月16日,刘伯承、邓小平签署了平汉战役的作战命令。决心集中太行、冀南、冀鲁豫主力于漳河北岸至临洛关铁路两侧,以优势兵力歼灭沿平汉路北进的敌军。另以基干部队一部结合广大地方武装民兵,自新乡至安阳段两侧不断袭扰、截击、饿困北上顽军,切断其后方的补给线,迫使其残留大量兵力于沿途各要点,以迟滞其行动,并保障我主力顺利完成任务。

刘邓命令王宏坤、陈再道、宋任穷统一指挥杜义德、陈锡联、秦基伟所部组成路西军;由杨得志、杨勇、苏振华指挥第一纵队及冀鲁豫军区主力兵团一部组成路东军;由张廷发指挥所属3个团为独立支队,按部署集结到各自的目的地带,待机作战。

这一部署,后来被国民党方面称为"口袋战术"。

10月17日,刘邓又发出了《平汉战役某些战术问题的指示》,具体地分析了敌军的特点,规定了我军战术上的基本原则,以及关于野战、村落战斗、夜间战斗、特种兵战斗的具体战术,还规定了大兵团作战的指挥与协同动作时的纪律和注意事项。

10月22日,战斗开始,且异常激烈。

几十年后邓小平回忆说:"马法五的第四十军、第三十军都是强的。高树勋的新八军也有战斗力呀!锡联在马头镇拼了一次,一拼就是几百人伤亡,我们打平汉战役比打上党战役还困难。打了上党战役,虽然弹药有点补充,装备有点改善,但还是一个游击队的集合体。在疲惫不堪的情况下,又打平汉战役。队伍没有到齐,敌人进攻。我跟苏振华通电话,叫他坚持五天,等后续部队到达指定地点。那次他们那个一纵队的阻击战是打得不错的,完成了阻击任务。这样,后面的部队才赶上。"

由于敌人装备精良、训练有素,加之兵力足、火力强,刘邓当即决定待机总攻,采用猫捉老鼠、盘软了再吃的战法。一方面以各种形式来疲惫、挫折和消耗敌人,等待后续部队集结完毕;另一方面分化瓦解敌军,积极策动争取高树勋新八军起义。

邓小平说:"平汉战役应该说主要是政治仗打得好,争取了高树勋起义。如果硬斗硬,我们的伤亡会很大。"

邓小平一向十分重视瓦解敌军的工作。在平汉战役的紧急关头,他非常重视争取高树勋起义的工作。他后来说,高树勋在受汤恩伯指挥的时候,就同我们有联系。由于关系比较久,所以我们是派参谋长李达到他的司令部马头镇去做工作的。同李达一起去的还有王定南,当时是我们的联络员,我见过多次。我们确实知道高树勋倾向起义,但在犹豫当中。那时国民党要吃掉西北军,有这个矛盾。

国民党第十一战区副司令长官兼新八军军长高树勋及其所部原属冯玉祥的西北军,多年来一直受蒋介石集团的排挤、歧视,与蒋介石矛盾尖锐。蒋介石为削弱杂牌军的军事实力,派高树勋部沿平汉线向北进攻,使其作为内战先锋。高树勋深知蒋介石的用意,对蒋极为不满,从新乡北进之前,就派人与我联系,表示不愿意内战。

在这之前,共产党人王定南就被派往高树勋部做统战工作。在上党战役紧张的战斗中,刘伯承、邓小平就多次听取了王定南的汇报,并派申伯纯、靖任秋等协助王定南一道做争取高树勋的工作。邓小平还派人到新乡附近建立联络站,同高树勋联系。

平汉战役开始后,邓小平又多次布置这项工作。

邓小平认为,要抓住有利时机,成功地策动高树勋部起义,这将会对平汉战役的胜利起到极其重要的作用。

10月28日,王定南从高部回来向刘伯承、邓小平汇报说:高很愿意同我军谈判,但还有些顾虑,主要是高夫人现在还在徐州,高为夫人的安全担忧。

邓小平听了王定南的报告说:"高现在起义,不仅对当前作用很大,对今后的政治影响也是很大的。你转告他,时机很重要啊!"

刘伯承接着补充道:"机不可失,时不再来,当机不断,反受其害。关于高夫人的安全问题,我们可以电请中央解决。"

王定南要回高部,临行时,邓小平再次强调说:"转告高树勋将军,要从大局着眼,配合我军行动,对革命作出重大贡献。"

10月29日,王定南又赶回来向刘伯承、邓小平汇报。他说:"我今天见到了高树勋,把刘司令员、邓政委的话,原原本本地转告了他。特别是把刘邓首长十分关心高夫人的安全,已电请中共中央转新四军陈毅军长派人到徐州车站去接她的消息告诉了他,当时高树勋激动地说:'我立即起义,走革命道路。'"

刘伯承、邓小平听到这一消息,非常高兴。刘伯承说:"很好。我们对高完全以兄弟相待。"

为了表示诚意,邓小平对参谋长李达说:"我看你马上去一趟,代表刘司令员和我去看望高树勋,一方面鼓励他坚定已下的决心,一方面看他还有什么问题,好作最后的商榷。"

李达原是老西北军的军官,是宁都起义过来的。他代表刘伯承、邓小平去看望高树勋,更加坚定了高马上起义的决心。李达鼓励高树勋说:"高先生如果在当前中国面临着内战与和平、光明与黑暗两种前途大搏斗的紧要关头,能高举义旗,和革命人民站在一起,反对蒋介石的内战独裁政策,为建立和平、民主、自由的新中国而奋斗,这将比宁都起义、五原誓师的意义更为深远。"

高树勋听了李达的一席话,非常高兴和激动,当即表示:"10月30日宣布起义！"

毛泽东和中共中央对高树勋的起义极为重视，给予了高度的评价，认为不仅有现实意义，而且有深远的战略意义，称之为"高树勋运动"。后来毛泽东在12月15日为中共中央起草的党内指示中提到："从国民党军队内部去准备和组织起义，开展高树勋运动，使大量的国民党军队在战争紧急关头，仿照高树勋的榜样，站到人民方面来，反对内战，主张和平。"毛泽东要求各地"必须按照中央指示，设置专门部门，调配大批干部，专心致志从事此项工作"。

邓小平回忆说：高树勋"功劳很大。没有他起义，敌人虽然不会胜利，但是也不会失败得那么干脆，退走的能力还是有的，至少可以跑出主力。他一起义，马法五的两个军就被我们消灭了，只跑掉三千人"。

陈赓在评论平汉战役时说："日本投降以后，刘、邓首长指挥上党战役歼敌十三个师，取得我党建军以来战果最大的胜利，不到一个月，又在平汉路歼敌三个军，打破了他们自己创造的纪录。这两个战役制胜之道很多，最关键的一条，是刘、邓首长敢于集中优势兵力，选择有利战场。如果把部队分散，到处零打碎敲，绝不会有这样的胜利。因为现在是对蒋介石了，同打日本时的情况相比已经发生了战略上的变化。"

后来，邓小平在谈到上党、平汉战役时说："真正讲反攻，是上党、平汉战役开始迎战敌人的。我们迎战敌人，逼蒋签订《双十协定》。"上党、平汉"那两个仗打得好险！没有弹药，一支枪才有几发子弹。打攻坚战很困难，决定的关头靠冲锋，靠肉搏战。这两个都是歼灭战，打胜了以后，武器也多了，人也多了！""仗一打开，我们才开始真正形成一个野战军的格局。"

1945年冬，太行、太岳、冀南、冀鲁豫4个解放区的主力部队合编为晋冀鲁豫野战军，刘伯承任司令员，邓小平任政治委员。也就是从这时起，人们称这支部队为"刘邓大军"。

1946年1月10日，国共双方正式签订停战协定。但一纸协定并没有阻止蒋介石发动内战的脚步。6月，蒋介石发动全面内战。

晋冀鲁豫解放区，西起同蒲路，东抵津浦路，北至正太路和德石路，南跨黄河达陇海路，与陕甘宁、晋绥、晋察冀、华东各解放区、中原解放区都相毗连或邻近，是各解放区的枢纽，因其重要的地理位置，成为国民党进攻的重要地区之一。这时,蒋介石已调集以胡宗南、阎锡山、薛岳、孙连仲、刘峙等领导的各路大军共30余万人的兵力,集结于晋冀鲁豫周围,准备实施进攻和"围剿",控制并打通交通线,并拟引黄河水归回故道,分割和淹没解放区。

为了掌握战争的主动权,刘伯承、邓小平报经中央同意,决定集中野战军主力,主动而又机动地歼灭敌人,并将全体野战军分为两部,一部4万余人,由刘邓率领,向豫东方向作战;一部2万余人,归中央军委直接指挥,由陈赓率领,向晋南方向作战。8月,中央批准了他们的作战计划。

刘伯承、邓小平首战选择的是陇海路。

8月10日,刘邓率晋冀鲁豫野战军主力发起陇海战役。这一战,是以奇袭制胜的典范。在刘邓精心大胆的运筹下,刘邓大军采取出敌不意、长趋纵深、突然袭击的战术,有力地迅速地取得战果,并达到了有效吸引进攻其他解放区的敌军回援的目的。8月22日,陇海战役结束。

晋冀鲁豫野战军主力胜利出击陇海路后,国民党军大为震惊。蒋介石迅速在郑州、徐州一线集结14个整编师、32个旅,共30余万人,欲乘我军未及休整之机,以绝对优势兵力合击我军于陇海路以北山东界内的定陶、曹县地区。

面对来势凶猛的国民党军,刘伯承、邓小平分析:两路相比,西边的敌人比较弱,以集中主力歼灭西路敌人为宜。他们决定,进行定陶战役。

9月2日,定陶战役打响。8日,战役结束。我军以伤亡3500人的代价,歼敌4个旅约1.7万人,俘虏敌整编第三师中将师长赵锡田。这一仗,连同我军在苏中的胜利,扭转了整个解放区南方战线的严重局势。

从1946年10月3日到1947年3月,刘邓率部在陇海铁路南北开展运动战,大踏步进退,连续进行了巨野、鄄城、滑县、巨(野)金(乡)鱼(台)、汾孝、豫皖边以及豫北反攻等较大规模的战役。

至此,刘邓大军在陇海路南北先后9次与国民党军队较量,九战九捷,给国民党军队的有生力量以有力的打击,打出了刘邓大军的赫赫威名。

# 千里跃进大别山

全国自卫战争打了8个月,共歼灭国民党军71万多人。蒋介石企图以速决战的方式在短期内消灭人民革命武装力量的阴谋宣告破产,他不得不改变战略,集中兵力重点进攻陕北、山东解放区。

1947年3月,国民党胡宗南部占领延安,毛泽东率中央机关撤离到陕北的大山之中。

这时,毛泽东决心不等完全粉碎国民党军的重点进攻,立刻转入战略反攻,以主力打到外线。选择一部向国民党兵力薄弱的中原地区实施中央突破,把战火引向国民党统治区,以缓解陕北、山东之危。

据原晋冀鲁豫野战军第六纵队政委杜义德回忆,当时邓小平政委说,我们晋冀鲁豫解放区就像一根扁担,一头挑着山东,一头挑着陕北。不管这个担子有多重,我们只有打过黄河去,才能把山东和陕北的敌人拖出来。

1947年5月,中央决定以邓小平、刘伯承、李先念等组成中共中央中原局,以邓小平为书记,领导中原地区的党政军工作。

中共中央和中央军委依据整个战局的发展,作出部署:刘伯承、邓小平指挥晋冀鲁豫野战军主力4个纵队,于6月底自鲁北强渡黄河,先在鲁西南寻歼敌军,然后逐步向豫皖苏地区和大别山地区进击,在长江以北的鄂豫皖边地区实行战略展开。7月19日决定,以晋冀鲁豫野战军第四、第九纵队和第三十八军共6万人,由陈赓、谢富治统一指挥,自晋南强渡黄河出豫西,在豫陕鄂边地区实施战略展开。8月上旬决定,陈毅、粟裕指挥华东野战军6个纵队组成华东野战军西线兵团,并指挥晋冀鲁豫野战军第十一纵队,在豫皖苏边地区实施战略展开。以上三路大军的任务是挺进中原,以"品"字形阵势配合作战,机动歼敌,创建新的中原解放区。同时,以华东野战军4个纵队组成东线兵团,由许世友、谭震林指挥,西北野战军由彭德怀指挥,分别在南北两翼,即山东和陕北战场钳制敌人。这样,就逐步形成三军配合、两翼牵制的战略态势。

中原地跨苏、皖、豫、鄂、陕5省,南临长江,北枕黄河和陇海路,东起运河,西迄伏牛山和汉水,战略地位十分重要,历来是兵家必争之地;而大别山,雄峙于国民党首都南京与长江中游重镇武汉之间的鄂、豫、皖三省交界处,是敌人战略上最敏感而又最薄弱的地区。这里曾是一块老革命根据地,有经过长期革命斗争锻炼的人民群众,有多年来一直在坚持斗争的游击队,创造大别山根据地有一定的群众基础。我军占据大别山,就可以东慑南京、西通武汉,南扼长江,瞰制中原,直接威胁国民党的后方,迫使其进攻山东、陕北的部队回援,以利从根本上改变战局。

1947年6月30日晚,刘邓大军12万人马强渡黄河,揭开战略进攻的序幕,随即发起鲁西南战役。

这是一个惊世之举。

刘伯承后来说:"根据毛主席的指示,我们把渡河地点选定在鲁西南的濮县至东阿之间。这里河宽水深,敌人自恃这一天险可抵'四十万大军',仅在南岸分别构筑了滩头阵地和野战工事,用两个师直接扼守河防,另外摆一个师在嘉祥地区机动。为了迷惑敌人,我们采取了声东击西和支作战、主作战相配合的打法。发起渡河作战的前几天,以太行、冀南军区部队向开封以南地区佯施攻势,以转移敌人的视线;我野战军主力则隐蔽地、神速地从豫北开赴渡河地点,并派冀鲁豫军区部队事先偷渡黄河,以接应主力南渡。6月30日夜,正当豫北、豫皖苏两战场我军虚张声势、积极行动的时候,我们在东阿至濮县横宽300里的地段上,突然发起了渡河作战。在南岸我预设部队的接应下,在当地群众的支援下,我一、二、三、六等4个纵队共12万大军,以偷渡与强渡相结合的战术,一举突破黄河天险,敌河防部队立刻全线崩溃。"

刘邓大军胜利突破黄河天险,大大震动了国民党统帅部,蒋介石为了堵住这一缺口,忙从豫北战场和豫苏战场调集3个整编师和1个旅赶来增援,并由山东调来王敬久统一指挥,分左右两路,向定陶、巨野推进。蒋介石的企图是使其部队坚守郓城,引我屯兵于城下,然后以其右路主力击我侧背,迫我背水作战,把我军歼灭于黄河、运河三角地带,或重新逼过黄河。这一诡计,早被刘邓看穿,刚刚赶到的敌军喘息未定,我军趁势发起了鲁西南战役。经过20多天激烈、艰苦的连续战斗,歼灭了敌人9个半旅和4个师共5.6万余人,于7月28日胜利地结束了鲁西南战役,取得了战略进攻的初步胜利,为挺进大别山开辟了道路,并有力地配合了西北和山东我军粉碎敌人重点进攻的作战。

当鲁西南战役还未结束时,7月23日中央指示:对羊山集、济宁两点之敌判断确有迅速攻歼把握,则攻歼之。否则,立即集中全军休整10天左右,除扫清过路小敌及民团外,不打陇海不打新黄河以东,亦不打平汉路,下决心不要后方,以半个月行程,直出大别山,占领大别山为中心的数十县,肃清民团,发动群众,建立根据地,吸引敌人向我进攻打运动战。毛泽东还指示,进军大别山不能像北伐时期那样逐城逐地推进,而必须采取跃进的进攻样式。

刘邓遵照中央指示,准备全军休整半个月,然后依托豫皖苏,保持后方接济,争取大量歼敌。两个月后看情况,或有依托地向南发展,或直出大别山。

原晋冀鲁豫野战军第三纵队司令员陈锡联回忆说,原来我们过陇海路后,准备休息一个礼拜。休息一个礼拜有两个意思:一个是恢复体力,俘获那么多俘虏、装备,整理了以后再走,走还是要走的;另外一个是看情况,有机会的话依托根据地再打一仗。毛主席以个人名义向邓发了一个秘密电报,说陕北的情况非常紧张,意思是希望我们进大别山,在中途再也不能犹豫了,要赶紧走。

这是毛泽东7月29日的电报:"现陕北情况甚为困难(已面告陈赓),如陈谢及刘邓不能在两个月内以自己有效行动调动胡军一部,协助陕北打开局面,致陕北不能支持,则两个月后胡军主力可能东调,你们困难亦将增加。"

刘邓接到这封十万火急的绝密电报后,心情十分焦急,他们当即致电中央军委:直趋大别山,先与陈谢集团成掎角势,准备无后方作战。

40多年后邓小平回忆说:"当时我们二话没说,立即复电,半个月后行动,跃进到敌人后方去,直出大别山。实际上不到十天,就开始行动。"

7月30日,中央军委指示:如你们决心直出大别山,决心不要后方,要开一次团长以上干部会,除告以各种有利条件外,并设想各种困难条件,建立远征意志。最好每连能发一份鄂豫皖三省地图,使一切干部明白地理环境。确定征粮征税办法,方能解决大军给养,等等。同时,亦应使陈谢建立此种信心。

8月1日,刘邓召集纵队主要首长开会。刘伯承传达了军委7月23日的电报后说,我和小平同志一致认为,我军跃进大别山,是党中央、中央军委赋予我们的战略任务,是我们考虑一切问题的出发点和立足点。随后又作了具体的行动部署。邓小平接着谈到了毛泽东对这一战略举措估计的三种前途:一是付了代价站不住脚,转回来;二是付了代价站不稳脚,在周围打游击;三是付了代价站稳了脚。邓小平要求大家从最困难方面着想,坚决勇敢地战胜一切困难,争取最好的前途。会后,各纵队首长立即赶回部队召集会议,传达刘邓首长指示,准备在8月间大举进击。

军情紧急,水情更为严重。由于连日暴雨,黄河水位猛涨。尤其是蒋介石企图炸开黄河大堤,阻止人民解放军的进攻。刘伯承说他"忧心如焚",邓小平也感到这一时刻是他一生中最为紧张的时候:"听到黄河的水要来,我自己都听得到自己的心脏在怦怦地跳。"

原国民党国防部作战厅厅长、起义将领郭汝瑰回忆说:当时国民党方面正判断刘邓大军的战略意图,下一步该怎么样?攻不攻徐州,退不退回去,到底怎么办呢?大家都认为他们要退回黄河北岸居多,也有人认为会在鲁西南、黄泛区之间推磨打圈,谁也没有判断他们要进军大别山。刘伯承、邓小平他们进军大别山呀,那是纵井救人,跳到枯井里去救人,自己就是很危险的,所以那刘邓是最危险的了。

8月6日,刘伯承、邓小平等召集司令部有关处、科干部开会,研究下一步部队的行动问题。大家热烈发言,设想了几个方案,讨论各个方案的利弊。会开了一个上午,没有结果,下午接着开。经过长时间的酝酿和周密思考,刘伯承终于作出了决断,他宣布:大军南进,必须立即行动;要当机立断,抓紧时间,行动越早、越快越好,机不可失,时不我待。接着,他又进一步阐明下定这个决心的理由,对部队的行动作了具体部署。最后强调说:我们在进军途中,要坚定、沉着、勇敢、果断,披荆斩棘,夺路前进,一把钢刀直插大别山。刘伯承讲完后,邓小平站起来说:"刘司令员的意见和部署非常正确,我完全同意。我们下决心不要后方,直捣蒋介石的心脏——大别山,逼近长江,威胁武汉三镇和蒋介石的老巢——南京,把战线从黄河边向南推进到长江边。古人说过,'卧榻之旁,岂容他人鼾睡',我军的战略行动,必将迫使蒋介石调兵回援。这样我们就能配合全国各个战场的兄弟部队,彻底粉碎蒋介石的'重点进攻',彻底扭转全国战局,加速蒋家王朝的灭亡。"为了更好地完成这一战略任务,邓小平又强调了三点:第一,一切工作要服从战略进攻任务的要求,要教育各级干部和广大战士,这是一个极其光荣的艰巨的任务,是我军战斗史上的创举,要准备为实现这一伟大战略决策作出贡献,付出代价。要不怕疲劳,不怕困难,不怕牺牲,连续作战。第二,在我进军途中,敌人必然前堵后追,东西截击,我军在淮河以北主要是消灭敌人的地方武装,要力避与敌主力纠缠和作战,千方百计直奔大别山腹地,走到大别山就是胜利。第三,要教育部队,进入新区作战,一定要严格地遵守党的政策,遵守三大纪律八项注意。

这时军委连续来电,指明虽然南进需付出较大伤亡、减员之代价,而无论起何种作用均需准备付出,但如能取得变化全局之作用,则付出此种代价更加值得,同时出于关怀,又令刘邓部队在现地休整补充10天,后又告诉他们至少7天不动。刘邓反复研究军委来电,根据党中央和毛泽东的战略意图,特别是根据当前敌情、水情,遂决定提前出动之决心不变,因地制宜,机动行事,按既定部署挥师南征。对此,中央连电答复:"刘邓决心完全正确","刘邓部署很好","一切决策临机处理,不要请示。我们尽可能帮助你们"。

8月7日,刘邓大军兵分三路,以排山倒海之势,突破了敌人未及完成的合围圈,义无反顾地向大别山挺进。

刘邓行动十余天后,蒋介石仍未发现我军的战略意图,反而认为我军是既不能北渡,又不敢作战,只好向南"逃窜"。直到我军突破沙河后,蒋介石才如梦初醒。此时有计划有组织地大规模拦截封锁已为时太晚,故只好仓促布防。美军顾问组对蒋介石的错误判断也深感失望。

8月23日,刘邓大军到达汝河时,前面敌人的火力阻击很猛,后面的追兵只有30里。刘伯承说:"狭路相逢勇者胜,杀开一条血路。"邓小平表示,我们要不惜一切代价和牺牲,坚决打过去。

到了淮河时,邓小平提出,刘司令员指挥先行渡河,他负责率部阻击尾追之敌。刘邓大军冒险蹚过淮河,刚刚走出5里多地,追兵就赶到淮河北岸,不料河水暴涨,可谓天助,数十万国民党军队只好"望河兴叹"。

"走到大别山就是胜利。"8月27日刘邓大军终于走到了大别山。

也就是在这一天,邓小平起草了《关于创建巩固的大别山根据地》的指示,指出:今后的任务,是全心全意地义无反顾地创造巩固的大别山根据地,并与友邻兵团配合,全部控制中原。我们的口号是与鄂豫皖人民共存亡,解放中原,使鄂豫皖人民获得解放。号召大家切勿骄躁,兢兢业业,上下一心,达成每一个具体任务。

在军事上,邓小平提出,我们在最初一个月内,不求打大仗,而是占领城镇,肃清土顽,争取打些小胜仗。

他强调要充分发动群众及其游击战争,我军严格三大纪律八项注意,严整军风纪律,是树立良好影响,使群众敢于接近的先决条件。

刘邓大军要在大别山实施战略展开,面临重重困难。无后方作战,北方战士到南方生活不习惯;连续作战部队已成疲惫之师;群众未发动,政权未建立等等。

邓小平在向中原局和野战军直属部队连以上干部通报目前形势与任务时,号召大家克服一切困难,重建鄂豫皖解放区。

他说,重建鄂豫皖解放区的任务是十分光荣的,是中国现代史上重要的一页!我们的决心是十分坚定的!解放区一定要建立起来!困难一定要克服!共产党的特点是越困难,越有劲,越团结!我们要有信心克服困难!我们一定要站住脚,生下根!邓小平反复向部队讲纪律问题,他针对有些部队一时呈现出来的疲惫和纪律松弛现象说,部队纪律这样坏,这是我军政治危机的开始。

在光山县王大湾召开的旅以上高级干部会议上,邓小平强调,部队必须认真执行三大纪律八项注意。他指出,毛主席在井冈山建军之初规定的三大纪律八项注意,决不是什么简单的规定,而是党的路线和政策的体现;增强斗志,反对右倾情绪,克服纪律松懈现象是歼灭敌人,发动群众,建立大别山根据地,实现党的战略进攻方针的根本环节。

10月的大别山,气候已转寒冷。刘邓大军12万将士,依旧穿着浸透了盛夏南征的汗渍血水和雨露的单衣在山区转战,刘邓决心发动全体将士自己动手解决冬装。遵照党中央和毛泽东"人员、粮食、被服、弹药一切从敌军和新区取给"的指示,刘邓大军采取战略行动,把部队展开在长江边上比较富庶的地区,一边打击敌人,一边解决布匹和棉花的来源,并把弄来的布匹和棉花分到各部队。各部队还派出采购人员,根据规定的政策,向商家和群众商购暂借布匹和棉花。用树条代替弹弓弹棉花,用稻草灰将布染成灰色,请当地老乡传授缝衣技术。在刘邓的带动下,全军上下,一齐动手做棉衣。

不过十几天,刘邓大军都穿上了自己做的新棉衣。当某纵队首长送来几件机制的布棉衣给刘邓等首长时,邓小平笑着说:"你落后啦!你看我们身上的棉衣怎么样?合不合身?这可比你那里被服厂的还要高级呀!是彻头彻尾彻里彻外的'手工艺品'。"

经过几个月的斗争,刘邓大军在大别山胜利地完成了战略展开,站稳了脚跟,实现了中央军委和毛泽东所指出的三个前途中最好的前途。在此之间,陈谢兵团挺进豫陕鄂地区,陈粟大军也进至豫皖苏地区。这样,三路大军互相策应,在中原部成"品"字阵势。在黄河与长江之间的广大地区,形成了一个品字形的战略态势,这就牵制了南线国民党一半以上的兵力,使中原地区由国民党军队进攻解放区的重要后方,变成了人民解放军夺取全国胜利的前进基地。

面对中原战局的这种变化,国民党统帅部惊恐不安。蒋介石改变战略,决心全力与我军争夺中原。争夺的重点,首先是大别山。蒋介石纠集33个旅的兵力,由白崇禧指挥,对大别山展开了大规模的围攻。

邓小平敏锐地分析了形势,他指出:敌人对大别山的疯狂围攻,是垂死挣扎的表现。大别山是敌人的战略要害地区,敌人越是接近死亡,越要拼命争夺。敌人已没有战略进攻,只有战役进攻了。它对大别山的围攻,形式上虽然同过去对中央苏区的围攻相似,实质则完全相反。过去的围攻,是敌处于战略进攻,我处于战略防御的情况下进行的;现在的围攻,是敌处于战略防御,我处于战略进攻的情况下发生的。这并不表示敌人的强大,而只是敌人垂死前的回光返照。同时,我们跃进大别山,正是要吸引大量的敌人向我进攻。把敌人吸引来越多,我们背得越重,对其他兄弟战略区进行大规模的反攻和进攻就越有利。而各兄弟战略区的反攻和进攻,也正是对我们坚持大别山斗争最有力的支持。邓小平满怀信心地鼓励全军将士:只要我们坚决执行毛主席指示的方针,在全国各兄弟战略区的配合和广大群众的支援下,一定能够粉碎敌人的围攻,把大别山根据地巩固起来。"

对于如何粉碎敌人的围攻,刘邓根据中央的指示,决定采取"避战"分兵的方针:以主力部队留在大别山区,在内线进行小的斗争和游击战牵住敌人;以总部机关带一部分部队分兵而行,跳出包围圈,转入外线,向大别山以西的桐柏、江汉一带实施战略展开。邓小平对刘伯承说:"我到底比你年轻。我留在大别山指挥,你到淮西去指挥全局。"

邓小平率部坚持内线斗争,是刘邓大军挺进大别山以来最困难的时期,是我军"反攻以来面临的最大考验"。

邓小平后来回忆说:"我一个,先念一个,李达一个,带着几百人不到一千人的前方指挥所留在大别山,指挥其他几个纵队,方针是避战,一切为了站稳脚。那时六纵担负的任务最多,在大别山那个丘陵地带来回穿梭,一会儿由西向东,一会儿由东向西,今天跑一趟,明天跑一趟,不知来回跑了多少趟,调动敌人,迷惑敌人。别的部队基本上不大动,适当分散,避免同敌人碰面。这样搞了两个月,我们向中央军委、毛主席报告,大别山站稳了,实现了战略任务。"

由于刘邓、陈谢、陈粟三路大军相互的战略配合,积极作战,我军把南线敌军的160多个旅中的90个旅牢牢地吸引在中原战场,并最终粉碎了国民党军对大别山的围攻。1948年1月15日,邓小平致电毛泽东说:"现在看来,我们业已站住,不管情况如何严重,敌人是撑不走我们的。"

1948年2月,邓小平根据中央指示,率大别山前方指挥所北渡淮河,转出大别山区,同刘伯承会师。

1948年春,晋冀鲁豫野战军改名为中原野战军。5月邓小平任辖区扩大了的中共中央中原局第一书记及中原军区和中原野战军政治委员。

在开辟中原新解放区的过程中,邓小平根据中共中央的方针,从中原新解放区的实际情况出发,对整党、土改和工商业政策等问题,提出许多重要意见,受到中共中央和毛泽东的肯定和称赞。

# 决战淮海

1948年秋,中国人民解放军同国民党军的力量对比发生了根本的变化,在解放军的强大攻势下,国民党军不得不放弃分区防御而实行重点防御。它的五个战略集团即胡宗南、白崇禧、刘峙、傅作义、卫立煌集团,已被分割在西北、中原、华东、华北、东北五个战场,相互间已难以形成配合。

这年9月,中共中央在西柏坡召开政治局扩大会议,即著名的九月会议,会议提出全党的战略任务是:建设500万人民解放军,在大约5年的时间内歼敌正规军500个旅(师)左右,从根本上打倒蒋介石国民党的反动统治。

根据中央政治局九月会议精神和中央军委的指示,人民解放军先后在东北、华东、中原、华北和西北战场上,发起规模空前的秋季攻势,歼灭了国民党许多有生力量,取得了辉煌的胜利。至11月初,随着济南战役、辽沈战役的胜利,整个战争形势开始发生重要的变化。毛泽东说,中国的军事形势已进入一个新的转折点。人民解放军不但在质量上早已占有优势,而且在数量上也已经占有优势。"现在看来,只需从现时起,再有一年左右的时间就可能将国民党反动政府从根本上打倒了。"

此时,中原地区的国民党军各个集团已经不能构成完整战线,刘峙、白崇禧两个集团共75万人被孤立在徐州、武汉及其周围。中原地区的刘邓大军和陈粟大军已经掌握控制了津浦路以西、平汉路以东的苏鲁豫皖地区、大别山地区,平汉路以西的郑州、洛阳地区,南阳、郧阳、襄阳、荆州等地区。在中原和国民党军重兵集团战略决战的时机已经成熟。

至11月初,随着济南战役、辽沈战役的胜利,蒋介石收缩在徐州地区的南线主力,已处在中原和华东野战军的夹击之中。解放战争进入夺取全国胜利的战略决战阶段。

1948年11月6日,历时66天的淮海战役打响了。

淮海战役是在以徐州为中心,东起海州、西至商丘、北起临城(今薛城)、南达淮河的广大地区进行的。参加这一战役的有华东、中原两大野战军和华东、中原军区及华北军区所属冀鲁豫军区的地方部队共约60万人。

对于这次战略决战,国共双方都非常关注。

蒋介石说,徐淮会战实为存亡之最大关键。

中共中央主席毛泽东明确指出,此战胜利,不但长江以北局面大定,即全国局面亦可基本解决。

发动淮海战役,最初是由华东野战军代司令员、代政治委员粟裕于9月24日向中央军委提出的,9月25日,中央军委同意粟裕的建议,认为:"举行淮海战役,甚为必要。"10月11日,中央军委和毛泽东电告中野和华野,指示两大野战军协同作战,执行淮海战役的计划。

毛泽东说,两支野战军在一起,不是增加一倍的力量,而是增加几倍的力量。

为了保证淮海战役的胜利,中央军委决定成立以邓小平为书记的五人总前委,成员有:刘伯承、陈毅、粟裕、谭震林,执行领导淮海前线军事和作战的职权。统一领导与指挥华东、中原两大野战军。在原拟淮海战役计划基础上,以徐州为中心与蒋介石最大的战略集团进行大规模决战。

在淮海战役之初,中原野战军的任务是切断徐蚌线,占领宿县,配合华东野战军全歼黄百韬兵团。

早在1948年10月下旬,中央军委就曾电示陈毅、邓小平:"率中原野战军主力到蒙城地区集结,然后攻取蚌埠,并准备渡淮南进,占领蚌埠段铁路。"陈毅、邓小平根据整个敌我态势,经过认真、反复的研究,当天急电中央军委,建议把中野集结地改为永城、亳县、涡阳中间地区。这样,无论南出宿县—蚌埠线,或东出徐州—宿县线均较方便;尤其后者,对配合华野作战更加直接、有力。中央军委当即同意了这个建议。

11月3日,刘伯承、邓子恢、李达向中央军委建议"陈、邓主力应力求首先斩断徐州、宿县铁路,造成隔断孙元良兵团,会攻徐州的形势"。中央军委电示陈、邓,同意这一建议,令陈、邓:"你们到永城后,不停留继续东进,完成对宿县的包围。"

徐州,位于陇海、津浦两条铁路的交会处,是中原战场最重要的战略要地,国民党在那里重兵集结。以刘峙为总司令的国民党徐州"剿匪"总司令部就设在那里。在徐州西边是邱清泉的第二兵团,东边是李弥的第十三兵团和黄百韬的第七兵团;北边驻有第五、十三、十四等3个绥靖区部队;南边到蚌埠铁路两侧,西有孙元良的第十六兵团,东有李延年的第六兵团。

11月6日,人民解放军发起淮海战役。邓小平命令徐州以西的中野主力及华野一部共6个纵队,在徐州西侧陇海线上的商丘、砀山段70公里处,发起猛攻,并控制了由此至郑州的300公里铁路线,直逼徐州。

华野主力在粟裕的指挥下,在徐州以东对黄百韬兵团发起猛攻,将第七兵团合围在碾庄。

11月11日晚,邓小平在临淮集文昌宫召集杨勇、陈赓、陈锡联、秦基伟等纵队司令员开会。

邓小平说明了攻占宿县的重要意义。他指出:此次中原野战军4个纵队从正面扑向津浦线,夺取宿县,控制徐州、蚌埠段,对直接配合华野歼灭黄百韬兵团,对防止徐州敌重兵集团南逃,特别是对阻止由平汉线经山东进急援徐州之敌黄维兵团,都有重大意义。我们占领了宿县城,控制了徐蚌两侧广大地区,就有了战场,就可以腾出手来,对付黄维兵团。

最后邓小平指出:淮海战役关系到中国革命的进程,必须全力以赴,不惜任何代价,坚决大胆地去夺取战役的胜利。"为了这个目的,在淮海战场上,只要歼灭了敌人南线主力,中野就是打光了,全国各路解放军还可以取得全国胜利,这个代价是值得的。"

宿县是一座古城,在徐州以南,蚌埠以北,扼南北交通要冲,有"南徐州"之称,自古以来,是兵家必争之地。蒋介石在宿县积存了大量武器、弹药、被服、装备等军需物资,这里是徐州重兵集团的后方补给基地。宿县城是永久设防的城市,守敌有1.3万余人。它有高厚的城墙,坚固的工事,环城有宽约3丈、水深没顶的护城河,易守难攻。

会后,各纵队司令员连夜召开会议,传达首长指示和野司部署,认真讨论了作战方案。兵分三路,以急行军速度向宿县地区开进。经过连日激战,终于在11月16日胜利攻占宿县城。

攻占宿县,吸引了徐州之敌南顾,减轻了东援的压力,有力地配合了华野主力围歼黄百韬兵团的作战。

邓小平后来在回忆中野攻占宿县时多次说:"宿县是关键,占领了宿县,就把徐州和南面切断了。实际上形成了对徐州的战略包围。"

11月21日,粟裕接总前委电令,组织部队强攻碾庄。11月22日攻克碾庄。我军以歼敌正规军18个师的战绩结束了淮海战役第一阶段的战斗。

11月23日,毛泽东在给刘陈邓等祝贺淮海战役歼灭黄百韬兵团和第一阶段伟大胜利的电报中,对攻占宿县切断徐蚌线,作了很高评价。毛泽东说:"你们消灭了刘峙系统正规军18个整师(包括争取何张3个师起义在内),并给邱清泉、李弥、孙元良、刘汝明4个兵团以相当打击,占领徐州以南、以东、以北、以西广大地区,隔断徐蚌联系,使徐敌陷于孤立地位,这是一个伟大胜利。在战役发起前,我们已估计到第一阶段可能消灭敌人18个师,但对隔断徐蚌,使徐敌完全孤立这一点,那时我们尚不敢作这种估计。"

也就是在这一天,总前委和中野指挥部进驻宿县小李家村。指挥部设在一个大院子里,刘伯承、陈毅、邓小平三人,住在村边一个偏僻的小院子里。三个人住着一个里外间,邓小平和陈毅住在外间,年龄最大的刘伯承住在里间。三个人中邓小平年龄最小,身体也好。在对黄维兵团的作战中,他主动担负了战役的具体组织指挥工作。邓小平对刘伯承、陈毅说:"具体工作让我多做些,夜间值班我也多值些。"他还向作战科宣布:一般事情多找他请示报告,重大事情同时报刘、陈首长。

淮海战役的第二阶段,是打敌黄维兵团,或是打敌李延年、刘汝明两兵团,或是进攻徐州地区的杜聿明、邱清泉、李弥、孙元良等部,总前委常委及时向中央军委提出了自己的看法。

原华东野战军参谋长张震回忆说:"小平同志审时度势,一看到这个情况,认为只有把黄维兵团歼灭,因为黄维兵团已经走得精疲力竭了。同时他也离蚌埠比较近,那边南京的部队逼近。把南京和徐州拉开,所以决定先打黄维兵团,然后再集中中原野战军和华东野战军消灭杜聿明集团。"

刘陈邓是11月14日向中央军委提出以"歼灭黄维兵团为上策"的。19日,他们再次向中央军委建议:"下一步作战以在南线打黄维、李延年为上策。"21日,毛泽东、中央军委电示同意。24日,毛泽东、中央军委又复电总前委:"(一)完全同意先打黄维。(二)望粟陈(士榘)张(震)遵刘陈邓部署,派必要兵力参加打黄维。(三)情况紧急时,一切由刘陈邓临机处置,不要请示。"

黄维兵团是蒋介石嫡系精锐兵团之一,下辖12万余人,其中十八军号称蒋军"五大主力"之一,且全副美式装备。中野开始参战的总兵力也不过12万余人,且装备处于劣势。要啃黄维这块硬骨头,是相当吃力的。但是歼灭黄维兵团的作战,关系整个战役的进程,对解放全中原有重要作用。中野指战员遵照总前委指示,决心不惜任何代价,在华野协同下,与黄维兵团进行决战。

黄维兵团18日进至蒙城地区后,即遭中野部队的顽强阻击。24日上午黄维兵团强渡浍河,进入了我军预设的袋形阵地。黄维发觉自己处于不利态势,仓皇调头南撤,中野部队于当日黄昏全线猛烈出击。25日晨将黄维兵团包围在双堆集一带地区,开始进入"完成包围、紧缩包围、准备攻击,及对付敌人攻击"的第二阶段。

11月26日5时,刘陈邓向中央军委和毛泽东发去合围黄维兵团的第一封捷报。当天晚上8时,毛泽东回电:"25日11时、26日5时两电均悉。黄维被围,有歼灭希望,极为欣慰。"

黄维被围后,根据蒋介石的命令,先是精心挑选了4个主力师在飞机、坦克、炮火掩护下,向东南方向突围,被中野第六纵队和陕南独立旅所击退。

恰在此时,4个主力师中的一一〇师趁突围之机率部起义。

这个师早在1946年就在邓小平的精心策划下,秘密建立了以地下党员、师长廖运周为书记的中共地下组织。淮海战役开始后,邓小平指示他们,相机举行起义。一一〇师的起义,在敌人内部引起极大震动。

黄维见突围无望,即调整部署,就地固守。在短短的时间里,迅速构筑了大量土木工事和永久工事,将近千辆战车围成一座围墙,形成了一道强固的防御体系,等待南北增援。

蒋介石见形势危急,急令徐州杜聿明部增援黄维。

杜聿明率30万之众,撤离徐州,企图救出黄维后南撤,却被华野部队全部合围于陈官庄一带。

在围歼黄维的日子里,邓小平整天守在作战室,每天工作到深夜。为了尽快歼灭黄维兵团,刘陈邓把部队分成东、西、南三大突击集团,从三个方向向黄维发动猛攻。12月5日召开了有各纵队司令员参加的总前委会议,下达《总攻黄维兵团命令》，邓小平斩钉截铁地说："我们的决心是拿出拼老命的精神，在双堆集消灭他的土木系——十八军，坚决摘掉'总统'王冠上的这颗红宝石！"

12月6日，陈赓率东集团，陈锡联率西集团，王近山率南集团，向黄维兵团发动了空前激烈的总攻。激战至15日12时，全歼黄维兵团10万余人，俘虏兵团司令黄维、副司令吴绍周（兼八十五军军长）等人，圆满地完成了淮海战役第二阶段的任务。

12月18日，中共中央致电总前委及华野、中野领导和全体参战军民，热烈祝贺淮海战役第二阶段作战的伟大胜利。

歼灭黄维兵团后，总前委在华野指挥部蔡洼村召开了一次总前委会。这是总前委5位成员第一次聚在一起。会上主要研究了渡江作战方案和对部队的整编问题。会后，在华野指挥部的小屋前，邓小平、刘伯承、陈毅、粟裕、谭震林5个人合影留念，为世人留下了一张载入史册的历史巨照。随后，刘伯承、陈毅奉命前往西柏坡开会，邓小平返回小李家村主持总前委的工作。

12月30日，邓小平率总前委经宿县、徐州至商丘，次日到达张菜园，在这里度过1949年元旦，并且指挥淮海战役的第三阶段，全歼杜聿明集团。

1949年1月6日，华野对杜聿明集团发起总攻。至10日下午全歼杜聿明集团，生俘杜聿明，击毙邱清泉。

淮海战役共歼灭国民党军55万人，解放了长江中下游以北广大地区，使蒋介石的精锐主力损失殆尽，反动统治的中心南京以及上海、武汉等地，处于人民解放军直接威胁之下。

这是一个了不起的胜利，是战争史上以少胜多的战例。据说，斯大林知道后，连声说：奇迹，真是奇迹！

淮海战役胜利后，毛泽东对邓小平等人说，淮海战役打得好，好比一锅夹生饭，还没有煮熟，硬被你们一口一口地吃下去了。

邓小平后来说："在我一生中，最高兴的是解放战争的三年。那时我们的装备很差，却都在打胜仗，这些胜利是在以弱对强、以少对多的情况下取得的。"

## "交给你指挥了"

淮海战役胜利后,国民党南线主力基本被消灭。人民解放军乘胜南下,直指长江北岸。国民党的政治、经济中心南京、上海以及长江中下游城市武汉,已处在人民解放军的直接威胁之下,国民党政权处于风雨飘摇之中。解放战争在全国范围内的胜利已经指日可待了。

还在1948年的12月30日,中共中央主席毛泽东在为新华社写的新年献词《将革命进行到底》中就向全国人民指出:"已经有了充分经验的中国人民及其总参谋部中国共产党,一定会像粉碎敌人的军事进攻一样,粉碎敌人的政治阴谋,把伟大的人民解放战争进行到底。"

为早日结束战争,减少人民的痛苦,中国共产党仍愿意同国民党南京政府或地方政府、军事集团进行和平谈判。

1949年元旦,蒋介石迫于局势,发表"求和"声明,并于20天后宣告"下野";国民党代"总统"李宗仁口头上表示愿意以中共所提条件为基础进行和平谈判,实际上是想争取时间,调整部署,编练新军,在江南布防,阻击人民解放军于长江以北,造成所谓南北分割的局面,然后伺机卷土重来。

1月14日,中共中央发表了《中共中央毛泽东主席关于时局的声明》,揭穿了蒋介石的和平骗局,提出八项条件作为国共和平谈判的基础。声明同时指出:"在南京国民党反动派接受并实现真正的民主的和平以前,你们丝毫也不应松懈你们的战斗努力,对于任何敢于反抗的反动派,必须坚决、彻底、干净、全部地歼灭之。"

1949年1月8日,中共中央召开政治局会议,研究确定了党在1949年的任务,指出:1949年和1950年将是中国革命在全国范围内胜利的两年。

以邓小平为书记的中共中央中原局于1月29日在商丘召开了扩大会议。会议传达了中央政治局会议决议和毛泽东主席的各项指示,总结了淮海战役和中原解放区党政军各方面的工作,讨论了关于准备渡江作战的一些问题,还研究了部队整编等工作。关于这次会议的情况,2月9日,邓小平向毛泽东写了《在华野中原高干会上传达中央政治局决议的经过情形》的报告。根据中央军委决定,淮海战役期间组成的统一指挥中原野战军和华东野战军作战的总前委,照旧在渡江作战中统一指挥中原和华东野战军作战。

2月9日,总前委又召开了专门会议,邓小平作了关于国际国内形势的报告,提出了渡江战役的要求。根据中央军委关于集中中原野战军和华东野战军在长江下游实施渡江作战,夺取京、沪、杭,摧毁国民党反动统治中心,解放华东、华南并准备对付美帝国主义可能的军事干涉的指示,研究了渡江作战的时间、部署、准备及支前等问题。会后总前委向中央军委作了《关于渡江作战方案和准备工作意见》的报告,请中央军委考虑速示。此后,全军进行了渡江作战的政治动员和各项准备工作。

也就在这个时候,中原野战军遵照中央军委的指示,改称中国人民解放军第二野战军,刘伯承任司令员,邓小平任政治委员,张际春任副政治委员兼政治部主任,李达任参谋长。同时根据中央指示,组成第二野战军前委,邓小平为前委书记。华东野战军改称第三野战军,陈毅任司令员兼政治委员。

1949年3月5日,中共七届二中全会在河北省平山县西柏坡召开,邓小平、陈毅、谭震林出席了会议。会议讨论了人民解放军的渡江作战问题,决定:人民解放军应争取解放长江以南的华中、华南各省。完成渡江后,有步骤地稳健地向南方进军。

3月14日,在中央召集的座谈会上,邓小平提出了华东管辖范围和人事安排,毛泽东同意邓小平任中共中央华东局第一书记。

会后,毛泽东又专门召集邓小平、陈毅等商讨渡江作战问题。毛泽东对邓小平说,交给你指挥了。

淮海战役总前委改为渡江战役总前委,仍由邓小平任总前委书记。中央部署,由总前委率第二、三野战军于4月中旬进行渡江战役。

邓小平带着中央军委和毛泽东的嘱托,和陈毅一起回到了前线,进一步落实渡江战役的各项准备工作。

部队加紧了战前的动员。实际上,在1月初的时候,邓小平就签发了《两个月整训的军事政治工作大纲》,后来他又组织宣传部编写了《打过长江去,解放全中国》《人民军队要作遵守纪律执行政策的模范》两个政治教材,发给全军。2月8日中央军委发出《把军队变成工作队》的指示,指出:新解放区的一切工作干部,主要依靠军队本身解决。要求军队必须着重学习党的各项政策,学会管理城市,准备接收并管理城市。邓小平根据中央指示,要求全军普遍进行城市政策、新区政策的教育,并采纳中原解放区的经验,在部队中组织了一些城市接收机构,为进入江南新区、接管城市做了思想和组织上的准备。

3月26日,邓小平主持在蚌埠附近的指挥部召开第二、三野战军高级干部会议,讨论渡江作战方案。

3月底,总前委进驻肥东瑶岗。31日,邓小平草拟了《京沪杭战役实施纲要》,以总前委的名义上报中央军委。

关于这份纲要的起草过程,原第三野战军参谋长张震回忆说:"我们司令部作战室,专门研究作战方案,进行了讨论。小平同志最后作了结论,该怎么样打,该怎么样部署。会后,(3月)29日,小平同志对陈毅说,你们把我们讨论的写一个作战计划过来。陈老总找到我,说这个参谋工作我也不太熟悉,说你来写,让我写。当时我就写了一个《两个野战军渡江作战的计划、方案》,写了以后送给小平同志。小平同志讲,写得太具体了,因为我们讲的是哪个兵团哪个军向哪个方向打,怎么打,怎么突破江防。小平同志讲,作为总前委写这个作战计划纲要的话,应该站得高一些,更原则一些,要给指挥员有一个机动的余地,他们会按照战斗的情况执行,所以他自己写了《京沪杭战役实施纲要》。"

《京沪杭战役实施纲要》指出:敌人总兵力是24个军44万人,我军二、三野战军共计7个兵团21个军100万人。我军占有绝对优势。拟将渡江部队,组成东、中、西三个集团,采取宽正面、有重点的多路突击法。第一阶段达成渡江任务,实施战略展开;第二阶段割裂和包围敌人,切断退路;第三阶段分别歼灭被围之敌,完成全部战役。歼灭敌军集结于上海至安庆段之兵力,占领苏南、皖南、浙江全省,夺取南京、上海、杭州,彻底摧毁国民党反动派政府的政治、经济中心。

毛泽东于4月1日复电批准了这个纲要。

第二、三野战军开始进行渡江战役的全部准备。

关于渡江作战日期的选择,总前委和中央军委进行了反复的商讨。总前委在2月9日的报告中首次提出了以3月底为渡江日期的建议。后来中央军委和总前委更多出于政治上的考虑,配合国共和谈以达成有利于人民的协定,于3月17日"共同决定渡江战斗之确定日期为4月10日"。之后,陈毅、谭震林提出,要完成军委提出的渡江前需夺取浦口、浦镇及攻占江北敌人据点的任务最少需要一周时间的准备,因此建议:"正式渡江作战,应延至16日为宜。"中央军委重新决定:全军可于4月13日或14日开始渡江,这样对于谈判有利。但是,陈毅、邓小平、谭震林又认为:"原定的13日正是阴历十六日,月光通宵,我第一梯队的突击队无法隐蔽,不能求得战术上的突然性。因此,建议推迟两天,即15日黄昏发起渡江,此时正值阴历十八日下午9时以前昏夜,甚为有利。"这一建议,得到了中央军委的同意,并写入《京沪杭战役实施纲要》。

4月上旬,国共和谈有了突破性的进展,中央军委电示总前委,如和谈协定于4月15日左右签订成功,则原先准备的战斗渡江,即改变为和平渡江。因此渡江时间势必推迟半月或1个月。根据国共和谈最终期限是4月20日,军委又提出22日、25日以后、29日三个渡江日期,征询总前委意见。

邓小平等经多方面调查认为,5月江水比7、8月还大,渡江将发生极大困难,现百万大军拥挤江边,过久推迟,将不得不后撤以就粮草。而签字之事,亦应设想敌人翻脸,故建议先打过江,以争取和平接收。

中央军委坚持这是政治斗争所必需,"决定推迟一星期渡江,即由15日渡江推迟至22日渡江",并告总前委下达推迟渡江命令时,不要说是为了谈判,以免松懈士气。

对此,邓小平等认为,不应回避"为了谈判",而应正面讲清渡江与谈判关系。总前委在下达的指示中强调:我们渡江,应站在政治上最有利的地位的基础上进行渡江,就是说如果谈判破裂,责在对方;如果协定签字后对方不实行或拖延执行时间,其责任亦在对方。我们在谈判结束(破裂或成立协定)之后渡江,则是理直气壮的。"故于全局和人民有利。"如政治需要,将再次推迟。所以在部队中要"一面防止急性病,一面防止战斗意志的松懈"。此间"中心工作仍应放在加强战斗准备"。

总前委这一指示,中央军委认为"甚好"。

因为中共和谈代表团提出4月20日为和平协定签字的最后期限,所以中央军委提出"20日以后我军何日渡江,完全由我方选择,不受任何约束"。

总前委根据中央的指示精神,于4月17日提出20日夜全线渡江作战。

中央军委和毛泽东复电表示:"完全同意总前委的整个部署",20日开始攻击,22日实行总攻,一气打到底。同时指出:"此次我百万大军渡江南进,关系全局胜利极大。希望我二野、三野全军将士,同心同德,在总前委及二野、三野两前委领导下完成伟大任务。"

于是,邓小平为总前委起草电报,下达了渡江作战命令。这时中突击集团准备先期渡江,邓小平等以总前委名义复示:"只要有可能就可以这样做。总之,整个战役从20日晚开始后就一直打下去,能先过江就该先过江,不必等到齐。因为全长一千余公里的战线完全等齐是不可能的。"

4月20日国民党政府拒绝在国内和平协定上签字。当晚20时,渡江战役按预定计划开始。21日,毛泽东主席和朱德总司令发布了《向全国进军的命令》,命令中国人民解放军"奋勇前进,坚决、彻底、干净、全部地歼灭中国境内一切敢于抵抗的国民党反动派,解放全国人民,保卫中国领土主权的独立和完整"。

在总前委的统一指挥下,西、中、东三路大军在西起九江、东至江阴的长江防线上全线出击,强渡长江,一举突破了国民党号称"固若金汤"的长江防线。

23日,人民解放军攻占了国民党统治的中心南京。随后相继解放了上海及苏、皖、浙、赣等省广大地区。南京的解放,宣告了国民党反动统治的覆灭。

4月27日深夜,邓小平和陈毅渡过长江,来到蒋介石居住多年的总统府。

# 主政大西南

1949年,是中国共产党的历史上最令人难忘的一年,也是邓小平军事生涯中最辉煌的一年。在他和刘伯承的部署和指挥下,二野这支我们党的历史上赫赫有名的刘邓大军,与友军相互配合,胜利地完成了被称为"大陆上最后一战"的西南战役。

1949年10月1日,中华人民共和国宣告成立。

作为新中国的开国元勋,邓小平出席了开国大典,第一次登上天安门城楼。

在人民共和国成立的喜庆日子,邓小平更加怀念那些为国捐躯的革命先烈,他写下了这样一段话:"永远铭记着:在过去长期艰难的岁月里,人民英雄们用了自己的鲜血,才换得了今天的胜利。"

45岁的邓小平在筹备建立新中国的中国人民政治协商会议第一次全体会议上当选为中央人民政府委员。

10月19日,邓小平被任命为人民革命军事委员会委员。10月21日,刚刚参加完中国人民革命军事委员会第一次会议,为打破蒋介石构筑的"西南防线",邓小平和刘伯承踏上了解放大西南的战斗征程。

大西南包括云南、贵州、四川、西藏以及当时的西康,总面积达230多万平方公里,是国民党逃离大陆前最后控制的地区,也是国民党死守的重点之一。蒋介石不甘心失败,决心在这里与人民解放军作最后的顽抗。他亲临重庆,精心部署了西南防御战略,妄图以此作为反攻的基地。解放大西南,也就成了解放全国的关键一役。

1949年5月23日,中共中央和中央军委统一部署,对各野战军下一步战略任务发出指示,要求第二野战军第三、四、五兵团和第一野战军第十八兵团待机进军西南,第四野战军继续向华南进军。

6月2日,中央军委电示二野"小平准备入川"。时任中共中央华东局第一书记、第二野战军政治委员的邓小平正在上海,全面负责华东局的工作。他常常是夜以继日地听取华东局接管工作汇报,征询各界人士对于接管上海的种种意见。接到进军西南的任务后,邓小平除了在军事上同刘伯承一起共同研究挺进西南的战略部署外,还考虑到西南解放后的接管和建设等问题。他认为,在进军西南时,必须坚决执行毛主席的指示,使西南之战必须和政治解决方式结合起来。干部是完成党的任务的决定性力量,没有足够的干部,要解放西南,建设好西南,特别是在少数民族地区开展工作,困难重重。进军西南,十分突出的问题就是干部不足。

中共中央为了解决新解放区所需地方干部的缺额问题,曾在1948年的9月会议上作出了详细计划。1949年6月11日,为了解决进军西南干部不足的问题,中共中央组织部决定由华北局、华中局、西北局和山东分局调配、招收3.8万名干部,但因当时各新解放区所需干部缺额大,一些原抽调给二野的干部又补充到新区去了。二野干部缺额1万余名。

西南需要的干部怎么解决?从解放区抽调干部已没有可能,因为老解放区已没有大量干部可抽调。而且,从当时已接管的苏南、皖南等地区情况看,南下干部中,有部分干部由于文化较低,很难适应工作的需要。面对困难,邓小平在南京召开的二野前委会议上提出了一个大胆的设想:成立西南服务团。他说:解决西南干部缺额的计划,我们要结合自己的具体实际,创造性地去执行。刚解放的南京、上海、苏州、无锡、杭州等地区,文化经济较发达,是出人才的地方,我看就在这些地区招收一批进步的大中学生和技术人员,以他们为主体,再配以老区干部为骨干,跟随二野进军大西南,以适应今后解放西南、建设西南的需要。邓小平的这一提议得到与会代表的赞同。会议作出了组建"中国人民解放军西南服务团"的决定。

为了保证这项任务的圆满完成,邓小平指定由南京市军管会副主任宋任穷担任西南服务团团长,并对如何组建服务团等问题作了重要指示。

在宋任穷的直接领导下,在各地人民政府和学联的积极配合下,数以万计的大中学校的青年学生、青年知识分子,以及工程师、专家、教授等纷纷报名。经严格挑选,很快吸收了政治素质比较好的1万余名团员。

为了使进军西南的干部结构更趋于合理,在大量招收青年学生的同时,邓小平还请中央从老解放区抽调一批区以上干部及公安、新闻、财经、广播、邮电等专业干部6000余人进入西南服务团。

经过紧张的筹建,6月12日,西南服务团第一团在上海成立。25日,第二团在南京成立。7月12日,苏南团在无锡成立。

7月16日,中央军委正式下达二野向华南、西南进军的指示。

7月18日,二野发出进军西南的命令,要求各部队在军事、政治、后勤方面进行充分准备,特别要加强进军的政治动员和思想动员。

为了使西南服务团这股新生力量尽快适应征战大西南的需要,在西南服务团出征前的8月至9月间,邓小平先后五六次给西南服务团作报告,讲解西南服务团的任务,讲解毛泽东的新著《论人民民主专政》。他在9月份所作的专题报告《论忠诚与老实》,更让刚刚投身于革命熔炉中的青年人终生难忘。他说:一个革命者,是不是忠于党,忠于人民,就看他是不是老实,是不是实事求是。忠诚与老实就是毛主席讲的实事求是。一个自觉的革命者无论何时何地,在何种情况下,都要做到忠诚老实,对党要忠诚,对群众要忠诚,要老老实实地说话,老老实实地办事,老老实实地做人。他谈到了如何实事求是地处理好个人和党的关系、个人和群众的关系,阐明了我们中国共产党的先进性。提出:革命青年要真心诚意地接受中国共产党的领导,深入到实际斗争中去做发动群众的工作。一系列存在于青年学生头脑中的疑问在邓小平深刻的剖析中得到解答和澄清。

中共中央和中央军委在进行挺进西南的战略部署时考虑到,在解放华东、华南全境时,美国可能出兵干涉的问题,所以确定二野暂仍在华东地区协同三野作战,准备对付外来侵略。待上海、宁波、福州、青岛等城市解放后,美国如果不出兵干涉,届时二野再西进。可是,就在这时,蒋介石、何应钦等加紧策划建都重庆、割据西南的布置。胡宗南部开始向四川收缩,并有向云南撤退的迹象。因此,中央军委对进军西南的时机、作战方针和组织准备工作,进行了全面研究和部署。

6月17日,中央军委指示刘邓:二野西进时机似以9月较为适宜,以夺取重庆较为有利。

7月中旬,第二野战军前委遵照中央军委确定的作战方针和部署,在南京召开扩大会议,就进军西南的各项准备工作进行了研究和部署。刘伯承、邓小平纵观全局,具体地分析了国民党军可能采取的行动。认为在解放军进军西南的强大攻势下,胡宗南部将加速向四川撤退;位于川湘鄂边的宋希濂部可能退到川东和川南进行抵抗,保障胡宗南部的侧翼安全,顶不住时则由东南向贵州、云南方向逃跑。所以,二野主力绝不能从川陕方向正面推进,而要从川东和黔东方向突破,进行迂回包围,并依次攻占贵阳、叙府、泸州、乐山、邛崃、大邑等地,其中以占领乐山、邛崃、大邑各点尤为重要。这样才能完全截断川境国民党军向贵州、西康和云南逃跑的退路,达到聚而歼之的目的。

8月19日,刘邓下达了《川黔作战基本命令》。

9月12日,中央军委就歼灭白崇禧集团和西南地区国民党军的作战方针问题,指示二野刘邓和四野林彪、邓子恢等:如果白崇禧占领贵州省城,无论二野、四野均暂时不要去打他。二野的两个兵团以主力一直进至重庆以西叙府、泸州地区,然后向东打,占领重庆。以一个军留在乌江以北,二野之陈赓兵团,在配合四野5个军完成广西作战以后,进占云南,完成对贵阳之包围。然后,四野以一部由广西向北,二野以适当力量分由云南、黔江向东向南包围贵阳之敌而歼灭之。总之,我对白崇禧及西南各敌均取大迂回动作,插至敌后,先完成包围然后再回打之方针。中央还特别提出,不能让白崇禧集团和胡宗南集团退入云南。这两个集团或其中之一退入云南,则给歼灭国民党军带来困难,而且易于使敌人逃跑到国外,为患未来。

10月20日,刘伯承、邓小平率第二野战军总部从南京出发,向西进军,开始进行川黔作战。

西南服务团也根据刘邓挺进西南总的战略部署开始陆续跟随部队从南京出发,踏上进军西南的征途。

在刘邓的指挥下,西南服务团各支队历经艰辛,经过数千里的"小长征",先后于11月20日、12月8日和1950年2月20日,分别陆续抵达贵阳、重庆、昆明,为解放大西南、建设大西南作出了历史性的贡献。

刘邓总部于10月23日到达郑州,10月23日和29日刘邓又下达了川黔作战的两个补充命令。按照毛泽东和中央军委提出的"大迂回、大包围"的战略方针,从一开始就将胡宗南部及川境的国民党军置于一个层层包围的大口袋里。

要打大西南,核心是拿下四川,而重庆又是这场战役的重中之重。

山城重庆,是中国西南部的军事、政治、经济、交通的中心。抗日战争时期,蒋介石曾在这里建起了"陪都"。1949年10月,在人民解放军逼近广州之后,国民党政府要员猬集重庆,妄图重新建都,挽回败局。

11月14日,蒋介石偕蒋经国飞赴重庆,亲自坐镇,以图创造"奇迹"。他令白崇禧率10余万人,挟地势险要、交通不便之利,重点防守川东、湖北、贵州一带,阻止人民解放军由东入川。刘邓大军将计就计,先是作出佯动,假示部队要由郑州向西动作,实际已令陈锡联率领的第三兵团由湖南常德地区隐蔽集结尔后出师湘西,经秀山、彭水,强渡乌江,打开川东门户,直通重庆。同时又令杨勇第五兵团由湖南邵阳地区隐蔽集结,尔后直出贵州,切断敌人南逃退路。刘邓大军从东西500公里的地段突然多路进击,完全打乱了蒋介石的整个西南防御战略部署。

11月26日,刘邓等命令十一军、十二军、四野四十七军伺机占领重庆。这时,蒋介石仍在重庆,国民党政府的"行政院"也还在重庆。

第二天,11月27日,刘邓收到毛泽东的电报,要二野缓进重庆,"以利吸引较多之敌军据守重庆,而后聚歼之"。

毛泽东的战略意图很明显,四川地处大西南,与云贵康藏相连,而云贵康藏又与泰、缅、越、印接壤。且这几个省都是山高路远,地形特殊,气候恶劣,历来是土匪出没的地方,一旦国民党残存的几十万人马被解放军打散,或钻进旮旮旯旯,或退入边界为患,那将会给新建立的人民政权带来隐患,也会给人民的生命财产带来严重的威胁。所以,有老蒋这残杯剩羹在,那些苍蝇就飞不远,等它们聚成一块,再聚而歼之。

接到毛泽东的电报后,刘邓又认真研究了当时的战局,认为在重兵压境下,一旦老蒋弃城而逃,那么围在他身边的残兵败将,势必会加强川西与西康的联系,进而退入西康,流窜云南,那样后果不堪设想。

"我看,蒋介石不会死守重庆","一旦我五兵团控制泸州、松山一线,便截断了胡宗南兵团进入滇、缅的路线。这样,敌人势必加强川西与康东沿线,以便退入西康,转进云南"。刘伯承一边说着一边用手丈量着作战地图。

"重庆应尽快夺取!"不给蒋介石任何喘息的机会,邓小平果断地说,"南川罗广文兵团一旦被我军拿下,占领重庆则如探囊取物。况且,我们在军事占领西南的同时,应着眼经营西南,重庆是西南重镇,工业发达,重庆早解放一天,国民党破坏重庆的威胁就少一天,这与毛主席关于解放西南、经营西南的指示是一致的。所以我建议按原计划提前解放重庆,并尽快给毛主席说明。"

基于上述考虑,刘邓当即给毛泽东回电,提出尽可能提前渡江,并视情况包围、夺取重庆。

接到刘邓的电报,毛泽东不由得赞叹他们有胆有识。刘伯承、邓小平在第一线,最有发言权。11月28日晚8时,毛泽东回电同意刘邓的意见,请他们"依情况发展酌定之"。

接到毛泽东的电报后,刘邓立即下达了攻占重庆的命令。29日和30日,三兵团一部迅速控制重庆外围长江南岸地区。刘邓采取一翼延伸迂回包围的战术,先击破宋希濂的主力陈克非兵团,再分为两翼,扩张战果。主力挫败,其他部队随之瓦解。蒋介石的50万大军,顷刻间崩溃了。

11月29日,国民党"行政院"逃往成都。29日下午,蒋介石乘汽车直奔白市驿机场,在专机里躲了一夜。30日凌晨,蒋介石的专机仓皇起飞,逃往成都。蒋经国在记述当时的情形时写道:"据说:当依复恩驾驶的'中美号'专机临空之际,由江口过江的解放军,距白市驿机场仅十公里,战时陪都,半小时后失陷。"

11月30日,重庆解放。

12月1日,解放军举行了隆重的入城仪式。

解放军以迅雷不及掩耳之势攻取重庆,使蒋介石破坏重庆的计划来不及实施,重庆的工业设施基本完好地得以保存,这对大军入川后,依托重庆供给,经营全川战略的实施产生了重要的作用。

在向大西南挺进的过程中,刘邓在部署军事进攻的同时,还对敌人发起了大规模的政治攻势。1949年11月21日,刘邓以中国人民解放军第二野战军司令部的名义向四川、贵州、云南、西康四省国民党军政人员提出忠告:

> 国民党残余力量经我人民解放军在华东、华中、华南、西北各地给予接连不断的歼灭打击后,现已接近最后覆灭之期。贵阳已经为我军占领,国民党的所谓最后战略体系,已经被我拦腰斩断。酉、秀、黔、彭

(注：指酉阳、秀山、黔江、彭水)既告解放,则四川东南门户亦已洞开,重庆、成都、康定、昆明等地,短期内亦将获得解放。你们应该明了这种形势,迅速选择自己应走的道路。本军此次奉命进军西南,负有坚决推翻国民党在西南的反动统治及解放西南七千万人民之使命,但对西南国民党军政人员,一本《人民政协共同纲领》及毛主席、朱总司令约法八章之旨,给以改过自新,立功赎罪机会,并愿以下列四事相忠告:

一、国民党军队应立即停止抵抗,停止破坏,听候改编。凡停止抵抗、听候改编者,无论其属于中央系或地方系,均一视同仁,指定驻地,暂维现状,尔后即依照人民解放军的方式实行改编,所有官兵,按级录用。凡愿意放下武器者,一本自愿原则,或分别录用,或资遣回籍。凡迅速脱离反革命阵营并协同人民解放军作战者,当论功行赏。如果你们愿意这样做,你们随时可以派代表到附近的人民解放军接洽。

二、国民党政府机关政治、经济、文化、教育工作等人员,应即保护原有机关、学校财产、用具、档案,听候接收,无论其属高级、中级或下级职员,本军均一本宽大政策,分别录用或适当安置,其在接收中有功者,并给予适当奖励,破坏者受罚。

三、国民党特务人员,应即痛改前非,停止作恶。凡愿改过自新,不再作恶者,均可不咎既往,从宽处理。其过去作恶虽多,但愿改悔者,亦给以立功自赎之机会。其执迷不悟,继续作恶者,终将难逃人民之法网。

四、乡保人员,应即在解放军指示下,维护地方秩序,为人民解放军办差事。有功者奖,有罪者罚。

文告最后向西南国民党军政人员指出,早日进入和平建设,恢复多年战争创伤,这是全国人民的一致热望。再作无谓的抵抗,徒然增加自己的罪孽。如能立即觉悟,投向光明,为时还不算晚,还有向人民悔过的机会。若再延误,将永远不能为人民所谅解,其应得后果,必身受之。继续反动与立即回头,黑暗与光明,死与生,两条道路摆在你们面前,不容徘徊,望早抉择。

在我大军排山倒海般的进击和刘邓四项忠告的感召及统战工作的威力之下,西南地区的国民党军队纷纷起义。

12月8日,当我进军川黔的南线迂回部队第二野战军第五兵团的十六军由南溪地区向北进击时,宜宾之敌第七十二军郭汝瑰部与我军联系准备起义,旋即于12月11日与师长赵树德率部万余人正式宣布起义。

12月9日,国民党云南省主席卢汉在昆明,西康省政府主席刘文辉和西南长官公署副主任邓锡侯、潘文华在雅安,分别宣布起义,脱离国民党,接受中央人民政府领导。云南、西康两省和平解放。

12月10日,国民党十九兵团副司令王伯勋及八十九军军长张涛两将军分别发出起义通电。

12月21日,被围于成都地区的国民党川陕绥署副主任董宗珩率十六兵团在广汉起义。

12月24日,敌十五兵团司令罗广文、三十兵团司令陈克非率部在彭县起义。

12月25日,敌七兵团司令裴昌会率部在德阳起义。

12月27日,敌十八兵团司令李振率部在简阳以西地区起义。

敌兵的相继起义,加速了蜀中战事的进展。刘邓指挥二野的三、五兵团与贺龙、李井泉率领的一野十八兵团协同作战,从东西南三面对成都形成袋状包围,12月27日,三路大军协同作战,一举全歼胡宗南守敌10万多人。至29日,成都战役胜利结束。

12月30日,西南军区贺龙司令员、李井泉副政委率部进驻成都。西南战役取得了决定性胜利。

仅仅两个月,西南战役就取得了决定性胜利,消灭了盘踞在云、贵、川、(西)康四省的90多万国民党反动武装,解放了除西藏以外的西南全境。

西南是多民族聚居的地区,地域辽阔,人口众多,交通不便,国境线长,民族关系复杂。大陆解放前国民党在这里集结了90多万军队,散兵游勇很多,土匪特务活动猖獗,封建势力根深蒂固,社会残破,经济萧条,人民生活痛苦不堪。

1949年12月1日,中国人民解放军第二野战军进入大西南的心脏——重庆。8天之后,邓小平、刘伯承率二野领导机关进驻重庆。邓小平除担任中共中央西南局第一书记外,还担任西南军政委员会副主席、西南军区政治委员。

在邓小平、刘伯承和贺龙等领导下,西南的各项工作全面有序地展开。

90万、90万、6000万、60万,这是西南局规定的1950年的工作任务。头一个90万,就是要教育改造在西南作战中起义、投诚、俘虏的90万国民党官兵;第二个90万,指的是土匪,要把他们消灭;6000万,就是要把西南地区6000万人口中90%的基本群众发动起来,实行土改,恢复经济,发展生产;60万,是要提高我军在西南的60万部队的素质,使其迅速转变为工作队,担当起新的繁重任务。邓小平后来说,这四项任务都完成得不错。

在随后的一年半时间里,邓小平领导西南人民,开展抗美援朝、土地改革、镇压反革命、"三反"、"五反"、民主建政、恢复和发展工农业生产等一系列斗争和建设,迅速改变了那里的混乱面貌,开创了西南地区稳定、发展的新局面。

1949年11月30日,重庆解放仅仅一个星期内,邓小平就主持西南局委员会会议,在百废待兴的情况下,作出了修建成渝铁路的重要决策。

"我们进军西南时,就下决心要把西南建设好,并从建设人民的交通事业做起。"这是1950年6月中旬,邓小平在成渝铁路动工举行的开工典礼上的致词。

关于成渝铁路的修建,还要从邓小平同陈毅的堂兄、兵工专家陈修和的一次谈话说起。

1949年5月,邓小平和陈毅率部解放了上海。此时,邓小平任中共中央华东局第一书记、华东军区政治委员、第二野战军政治委员。陈毅任华东局第三书记、华东军区司令员、第三野战军司令员兼政治委员、上海市军事管制委员会主任、上海市市长。他们二人住在上海瑞金路原国民党励志社。不久,他们的家也搬到了上海,两家人合住在这栋小楼里。

1949年7月间,在这栋小楼里,邓小平同陈修和进行了一次非同寻常的谈话。正是这次谈话,坚定了邓小平一定要修好成渝铁路的决心。

当时,邓小平已经接到了进军和经营大西南的任务,他对陈修和说:中央已同意他和刘伯承司令员一起率第二野战军进军大西南。重庆是抗战时期的陪都,上海、南京、武汉不少工厂内迁到了那一带,这一次也有不少单位往那里迁。西南解放后,接管、安置、恢复生产的任务很重。他请陈修和介绍些内情。

陈修和抗战时期就在大西南做兵工工作,对那里的情况了如指掌。他对当年全国最大最新式的汉阳工厂的设备迁到重庆的近况深为关切,谈话间提到了成渝铁路。陈修和介绍说:重庆钢铁厂有汉阳炼钢厂内迁的完好设备和技术力量,完全可以年产4万多吨铁路钢轨,可是国民党政府还是把成渝铁路的修建让给法国人来搞。他发现法国经过第二次世界大战的摧残,自己也并无能力承担,法国的打算是从美国马歇尔计划援助法国的物资中拨出一部分来修建成渝铁路,赚中国人的钱。后来蒋介石要打内战了,又停下来。

说到这里,这两个四川人不由一阵感慨。

"成渝铁路的准备工作搞了多少了?"邓小平问。

"搞了不少。铁路线已基本勘定。不少段的路基已经筑成。内江铁桥的大桥墩已经修出水面。这些都可以利用,工期可以缩短。"

邓小平听后,下了决心:成渝铁路一定要搞,尽快搞。他请陈修和另写一份关于成渝铁路的意见书。

一个多月以后,9月的一天,在全国新政治协商会议厅里,陈修和看到一位军人快步向他走来,定睛一看,原来是邓小平政委。寒暄之后,邓小平信心十足地对陈修和说:"非常感谢你!我们决心把成渝铁路很快修起来!"

邓小平说到做到。

1950年1月2日,在重庆解放后不久,时任中共中央西南局第一书记、西南军政委员会副主席、西南军区政治委员的邓小平就在向中共中央报告重庆解放后西南的情况和汇报建设新西南的计划时,特别提出"着重于修成渝铁路"。

随后,邓小平在他主持的西南局委员会会议上,传达了中共中央和毛泽东主席对西南人民渴望了47年的成渝铁路的关心,作出了"以修建成渝铁路为先行,带动百业发展,帮助四川恢复经济"的重要决策,并主持制订了修建成渝铁路的周密计划,这是西南军政委员会成立后作出的第一个重大决策。

3月,西南铁路局在重庆嘉陵新村成立。4月,第一批工程人员分赴工地沿线,按铁道部的部颁标准重新对成渝铁路进行勘测。随后,邓小平、刘伯承、贺龙等西南局和西南军政委员会、西南军区的领导决定,从西南军区首批调集4000多名解放军指战员开赴筑路工地。后来,西南军区又从川东军区、川南军区、川北军区、川西军区和西康军区各部队抽调了3万多人,组成5个军工筑路队。加上四川各区招收的1.8万余名失业工人,组成了浩浩荡荡的筑路大军。

6月15日,战火刚停,硝烟未尽,成渝铁路就开工了。邓小平在开工典礼上致词。他满怀激情地说:我们进军西南时,就下决心要把西南建设好,并从建设人民的交通事业开始做起。我们今天建设成渝铁路,是在经济与设备困难的条件下开始的。因此,人民对建设的希望是花钱少,事情办得好,我们调出一部分部队参加建筑,也是为着替人民少花一些钱,把铁路建设起来。我们今天订出修路计划,开始兴工,并不等于问题解决了,真正的困难是在开工之后才能发现,所以今天不能盲目乐观,许多困难问题必须要以为人民服务的精神,逐步地求得解决,求得克服,并防止官僚主义的倾向发生。他强调:修筑成渝铁路,只要遵守劳动纪律,学会掌握修路技术,紧密团结,努力工作,许多问题都能够逐步地求得解决。

8月,成渝铁路开始铺轨。据当时参加筑路的二野老战士孙振华回忆:铺成渝铁路,从大渡口开始铺轨,一直铺到九龙坡。铺到九龙坡时,邓小平同志带着他的老师(汪云松)到大渡口参观,坐的平板车,那时根本没有票车,只有八个平板车修这个成渝铁路。他的警卫就站在平板车上头。火车冒的那烟,邓小平也根本不在乎,他照样坐在那里。

邓小平的关心,给了筑路大军以极大的鼓舞。在成渝铁路修筑的整个过程中,出现了许多困难,筑路大军中的各级领导干部,按照邓小平在开工典礼上的讲话精神,克服了一个又一个的困难,保证了工程的进度和质量。每当工棚地下回潮,指战员便推干就湿,把稻草给民工多铺一些,让民工睡得好一些。隧道里放炮后,常常是硝烟还没有散,工人就冲进去干活。

为了修好成渝铁路,沿线的广大群众也做出了很大的贡献。原材料紧张,不少人将家藏的寿板、房料无偿捐献出来做铁路枕木。成渝铁路所需的129万根枕木,就是沿线群众在极短时间内备齐并送达工地的。特别是在实行了土地改革的地区,一听说工地需要人,翻身农民带上干粮,自备锄、镐、筐、杠,哪里需要,就在哪里干活。筑路工地请他们吃饭,他们说:"又不是给别人做活路,我们是在为自己修铁路嘛!"整个筑路沿线,这样感人的场面不胜枚举。是啊,近半个世纪以来,这条铁路一直牵动着四川老百姓的心,现在为自己修铁路,还有什么不能贡献出来呢?!

在成渝铁路修建中,邓小平明确指示:要掌握修路技术,尊重技术人员。对专家大胆使用,让专家有职有权,并在工资待遇上尽量给予从优照顾。许多修建成渝铁路的专家,当年出国学习铁路修筑技术的时候,正是铁路风潮在巴山蜀水激荡的年代。当他们学成回国后,却报国无门。现在共产党在四川百废待举之时,率先修筑成渝铁路,遂了他们几十年的一个心愿,他们便以加倍的努力发挥自己的聪明才智,报效祖国,报效家乡。

铁道选线专家蓝田是四川人,他的父亲和兄长都是当年保路运动的积极参加者。他本人从1917年即开始从事铁路工作,几十年来,他几入成渝铁路工程局又几次退出。他因痛心于成渝铁路寸轨未见,便封存了所有的技术书籍,在念佛读经中寻觅精神寄托。邓小平决定修筑成渝铁路的消息一宣布,这位年过花甲的老技术人员重新焕发了青春。为了精测线路,他从重庆沿长江步行到朱杨溪,又从内江沿沱江走到金堂。成渝线成都段原来决定出成都沿沱江姚家渡、赵家渡至乱石滩。蓝田工程师以主人翁的精神,用实事求是的科学态度,经过反复精测和比较,提出了将此段线路改为出成都经洪安乡、越柏树坳、沿小溪至沱江边接乱石滩的方案,缩短线路23.8公里,提早完成工期,为国家节约150亿元(旧币)的材料和施工费用。

负责成渝铁路全面技术指导的专家刘家熙,只要听说哪个工地上遇到技术难题,就赶到哪里去考察解决。当人们赞扬他这个留学生谢绝美国波阿铁路公司的聘请,回到贫穷的祖国来修铁路时,他说:准确地讲,我是庚子赔款学生。庚款就是八国联军镇压了义和团起义之后,又向中国勒索四万万五千万两银子的庚子赔款。每个中国人头上都要摊一两。这么多银子别说打造我这样一个人,就是铺一条纯银的成渝铁路也够了。花这么多学费学到的知识,能不用在国家富强上吗?

有些工程技术人员在新中国成立前曾经筑过一些路坯、修过一些桥涵。现在,为考察这些桥涵还能不能够利用,他们就匍匐着,不怕脏,不怕苦,一个涵洞一个涵洞地钻进去检查,为成渝铁路节省了大量的开支。

成渝铁路全长505公里,东起重庆,西到成都,中间经过8个县,50多个镇。这条铁路从1950年6月15日开工,到1952年6月中旬完工。1952年7月1日全线修成通车。四川人民盼望了几十年的成渝铁路终于在共产党执政的时代修成了。这是中国铁路史上第一条由中国人自己设计施工、用自己生产的钢轨和枕木建成的铁路。

1952年7月1日,成都和重庆两市几十万人同时举行"庆祝成渝铁路全线通车典礼大会"。贺龙司令员和铁道部部长滕代远分别在成都和重庆主持盛大的通车剪彩仪式。上午10时,两列装饰一新、满载筑路工人、各界代表和少先队员的客车分别从成都和重庆两站同时开出。成都和重庆市郊,人山人海,人们扶老携幼,争看铁路。这正是"一声修路蜀江欢","一条铁路人心见"。

从这一天起,成都到重庆的距离缩短了,四川乃至西南人民的经济生活和文化生活,将要发生巨大的变化。照沿线人民的话说:这一条通往幸福的路,开始为人民服务了。这条铁路带给西南人民的幸福是不可能用数字计算的。永川的大米用火车运到重庆,运价只合从前的1/4;永川煤用火车运到成都,每吨煤价由过去的80万元(旧币)降到25万元(旧币)左右;内江糖到重庆,运价也减少了2/3。永川和重庆地区的工业品差价降低了2/3。成都的工商业者认为,成渝铁路通车后,有1200多种过去不能外运的西南特产,可以大量运往华东、华北和中原。不但火车运价低,而且火车运输的速度,比汽车、木船都快好几倍。特产品能够大量外销,工业品价格逐步下降,特种作物区所需要的粮食能够及时得到供应,这就给沿线人民打开了发展生产的大门。沿线人民对于成渝铁路带来的幸福生活,怀着无限的感激。

邓小平出席了在重庆举行的通车庆典,他还邀请了熊克武、刘文辉等许多四川耆宿参加,请他们亲眼见证共产党人实现四川人民近半个世纪的愿望的办事效率。在庆典上,邓小平欣然挥毫题词:"庆祝成渝铁路全线通车。"接着,他还出席了庆祝成渝铁路通车的联欢会。

在参加完成渝铁路建成通车仪式后不久,邓小平离开了他工作和生活了将近3年的大西南,赴京担任政务院副总理、财经委员会副主任,开始了他政治生涯中又一个重要时期。

# 和平解放西藏

1950年元旦。这是新中国成立后的第一个元旦,全中国人民都沉浸在辞旧迎新的喜悦之中。而此时,人民共和国的缔造者毛泽东却远在莫斯科。望着窗外欢天喜地庆祝元旦的莫斯科人,毛泽东陷入了深深的思索之中。这一夜,住在莫斯科郊外姊妹河斯大林第二别墅的毛泽东几乎一夜没有合眼。新生的人民共和国尚待建设,祖国的统一大业还没有完成,西藏、台湾、海南岛还没有解放,这一切怎么能使他安然入睡呢?

第一次走出国门、在异国他乡的这个元旦之夜,毛泽东是怀着焦虑的心情度过的。他心事重重,一支接一支地抽烟,不停地在屋里踱来踱去。就在这苦苦的思索当中,一个坚定的信念形成了,他自言自语地说:"解放西藏势在必行。"

1949年底,当云、贵、川相继解放后,中共中央和毛泽东开始考虑解放西藏的问题。他曾致电彭德怀,提出以西北局为主,经营西藏的问题。12月30日,他收到了彭德怀的来电,电报说:从北路进藏困难很大,短期内难以克服。拿着彭德怀的这封来电,毛泽东再一次陷入了沉思。他放下电报,又点燃了一支烟。经过十分慎重的思考和权衡,他决定把这个任务交给西南局。但是刘伯承、邓小平领导的西南局的剿匪任务才开始,把这个艰巨的任务交给他们,是不是太没人情味了?沉思良久,毛泽东转身走到桌边,摊开纸,略一思考,挥笔写道:

中央、德怀同志,并转小平、伯承、贺龙三同志:

(一)德怀同志十二月三十日关于西藏情况及入藏路线的电报业已收到阅悉。此电请中央转发刘邓贺三同志研究。

(二)西藏人口虽然不多,但国际地位极其重要,我们必须解放之,并改造为人民民主的西藏。由青海及新疆向西藏进军,既有很大困难,则向西藏进军和经营西藏的任务应确定由西南局担负。

（三）……

（四）进军及经营西藏是我党光荣而艰苦的任务。西南刚才解放，西南局诸同志工作极忙，现又给此入藏任务，但因任务重要，且有时间性，故作如上建议。这些建议是否可行，请西南局筹划电复为盼。

毛泽东<br>1月2日上午4时于远方

当天，刘伯承和邓小平收到了毛泽东的这封写着四个A的急电。这个时候，二野的许多官兵已经脱下了军装，转为了工作队。但是仅仅过了6天，邓小平就回电毛泽东，进军西藏的计划已经安排妥当。

西南局在接到进藏的任务之后，立即投入了入藏前的准备工作。刘伯承和邓小平决定：进军西藏的任务由十八军担负。从此，十八军的数万官兵就与西藏这片古老而神圣的土地紧紧联系在一起了。他们在风雪高原创造了惊天地、泣鬼神的伟大业绩，谱写了一曲藏汉民族团结建设新西藏的宏伟的历史诗篇。

解放西藏，或许是邓小平戎马生涯中最为特殊的一场战斗。要在这块贫穷落后、广袤荒凉、情况复杂、矛盾交错的少数民族地区完成进军任务，进行革命和建设事业，是前无古人的，没有现成的经验可以借鉴。在这场特殊的战斗中，邓小平不仅展现了他作为一个军事家的杰出才能，更展现出他作为一个政治家的卓越的领导才能。

常言道：兵马未动，粮草先行。邓小平根据西藏的特殊情况，认为进军西藏，不仅要粮草先行，更重要的是政治要先行。

1950年1月15日，刘伯承和邓小平在重庆曾家岩召开十八军师以上干部会议。刘伯承首先讲话，他亲切地看着眼前这些自己的爱将，十分严肃而又幽默地说：你们都很年轻，是进军西藏的各路诸侯。西藏这个地方非常特殊、敏感，历史上一些帝王将相多次用兵，有的翻了船，损兵折将，有的不战自退。我们是人民的军队，要处处体现出王者之师、仁义之师的形象。刘伯承讲话时，邓小平锐利的目光一直注视着十八军这些高级将领的表情。刘伯承的话刚停，他就接着说：西藏地方政府军队兵力有六七千人，如果向三大寺征兵，则生反抗，如向农牧民或其他寺庙征兵，最多有三万人，实际上只能征两万人左右,所以军事上我们占优势。接着,他用手指敲着桌面说:但是要注意一点,其宗教上有相当强的力量。但不足惧怕,我们会想办法在各方面战胜它。他进而指出,关于西藏的问题,我们要军事政治协同解决。要注意,西藏为单一民族,约有两百万人,政策问题极为重要。解决西藏问题,军事和政治比较,政治是主要的。从历史上看,对藏多次用兵都未解决,而解决亦多靠政治。解决西藏问题应多靠政治,要团结达赖、班禅两大派,要靠政策走路,靠政策吃饭。

2月17日,邓小平对十八军军长张国华说:你必须立即成立一个政策研究室,要调查西藏的情况。同时各级都要动员起来学会几句藏话,以便应酬宣传。要沟通和藏民的语言,便于接近他们,了解他们,便于开展工作。不懂藏话,一到西藏你就成了聋子,就要吃亏。

根据刘邓两位首长的指示,张国华于2月28日在成都东胜街一座三层楼房里,成立了"西藏问题研究室",通过各种渠道对西藏进行调查了解,为解决西藏问题提供了大量的第一手材料。

根据毛泽东提出的"进军西藏,不吃地方"的重要方针,邓小平提出了"政治重于军事,补给重于战斗"的进军方针,并强调进军西藏衣、食、住、行都是新问题,吃饭是头等大事,进藏所需各类物资除就近购买和筹措外,主要由内地运送的补给原则。

在邓小平的严格要求下,进藏部队全体官兵纪律严明,秋毫无犯。即使在冰天雪地的进军途中,也始终坚持住帐篷而不进寺庙,不经同意不住民房。许多干部战士断粮了,宁可饿肚子,也绝不吃群众地里的一把青稞。

在宗教这个西藏最敏感的问题上,邓小平更是多次教导进藏部队要切实保护喇嘛寺庙,尊重西藏僧俗人民的宗教信仰,用自身的模范行动增进汉藏民族的团结。有一次,在行军途中,一位战士对横在路上的老鹰踢了一脚,即因不尊重藏胞风俗,违反政策纪律而被给以警告处分。

1951年9月,由十八军副政委王其梅率领的先头部队准备进入拉萨城之前,邓小平专门交代,到拉萨之后,会见达赖喇嘛时,如果他提出来摸顶,可以不受我们军队纪律的约束,让他摸顶,并代表官兵向他赠送礼品。

进藏部队这种严格要求、认真执行纪律的作风,赢得了西藏广大僧俗群众的信任。无论是西藏的高层官员、僧侣、贵族,还是一般的老百姓,都热情地称赞进藏部队是"新汉人""菩萨兵"。"他们说:我们的军队太好了,老百姓的房子,就是下大雨,不让进就不进,不让住就不住。这是实行正确政策的结果,历史上的统治者,何尝没有宣布过好的政策,可是他们只说不做。我们的政策只要确定了,是真正要实行的。"1950年7月21日,邓小平在欢迎赴西南地区的中央民族访问团大会上的讲话中,对自己这支可亲可敬的队伍发出了由衷的赞叹。

1950年2月25日,刘少奇代表党中央电示西南局:"我军进驻西藏的计划是坚定不移的。但可采用一切办法与达赖集团谈判,使达赖留在西藏与我和解。"电报具体提出了争取和平解放西藏的方针,并指示西南局、西北局认真研究西藏情况,物色适当人选去拉萨做争取工作,并拟定与西藏当局谈判的条件。接到电报后,邓小平和西南局立即全面贯彻落实党中央关于和平解放西藏问题的方针,始终把解放西藏的筹码放到和平的天平上。

在物色赴藏劝和代表人选时,当时的西南军政委员会委员、西康省人民政府副主席、朱德总司令长征时路过藏区结识的好朋友、甘孜白利寺的格达活佛,主动提出愿意前去。对于格达活佛的这种爱国精神,邓小平表示了由衷的敬佩。但鉴于当时西藏地方政府态度顽固,缺乏和平诚意,拉萨形势比较复杂,因而数次急电劝告格达活佛暂不要前去拉萨,并将此意见报告了朱德总司令。朱德总司令立即电告西南局,对格达活佛深明大义,以西藏人民的利益为重,舍身劝和的精神表示钦佩,但劝他不去拉萨。无奈格达活佛决心已定,他要在劝和成功后再进京拜见朱德总司令等中央领导,西南局只好尊重他本人的意愿。邓小平专门修书,请格达活佛转送达赖喇嘛,表明毛主席、党中央对和平解放西藏、统一祖国大陆的英明决策和一片诚意。然而,令人遗憾和痛心的是,格达活佛壮志未酬,和平使命未竟,便在昌都惨遭暗害。对于这位伟大的爱国主义者、杰出的民族英雄的去世,邓小平和藏汉人民悲痛不已。追悼会上,他与刘伯承、贺龙等送了挽联和花圈。

1950年5月11日,西南局向党中央报告了和平解放西藏的四条方针政策,作为与西藏地方当局谈判的基础。一周之后,党中央原则上肯定了西南局关于贯彻和平解放西藏方针的政策和策略思想。随后,邓小平按照党中央的指示精神,主持起草了和平解放西藏的十项政策:(一)西藏人民团结起来,驱逐英美帝国主义势力出西藏,西藏人民回到中华人民共和国祖国的大家庭中来。(二)实行西藏民族区域自治。(三)西藏现行各种政治制度维持原状概不变更。达赖活佛之地位及职权不予变更。各级官员照常供职。(四)实行宗教自由,保护喇嘛寺庙,尊重西藏人民的宗教信仰和风俗习惯。(五)维持西藏现行军事制度不予变更,西藏现有军队成为中华人民共和国国防武装之一部分。(六)发展西藏民族的语言文字和学校教育。(七)发展西藏的农牧、工商业,改善人民生活。(八)有关西藏的各项改革事宜,完全根据西藏人民的意志,由西藏人民及西藏领导人员采取协商方式解决。(九)对于过去亲英美和亲国民党的官员,只要他们脱离与英美帝国主义和国民党的关系,不进行破坏和反抗,一律继续任职,不咎既往。(十)中国人民解放军进入西藏,巩固国防。人民解放军遵守上列各项政策。人民解放军的经费完全由中央人民政府供给。人民解放军买卖公平。

这十项政策,充分考虑到了西藏社会的现实,照顾到了各阶层的利益,非常符合西藏的实际情况,甚至有的藏族代表人士还觉得这十条太宽了些。邓小平说:我们对西藏的十条,"就是要宽一点,这是真的,不是假的,不是骗他们的。所以这个政策的影响很大,其力量是不可低估。因为这个政策符合他们的要求,符合民族团结的要求"。"我们确定,在少数民族里面,正是由于过去与汉族的隔阂很深,情况复杂,所以不能由外面的力量去发动少数民族内部的所谓阶级斗争,不应由外部的力量去制造阶级斗争,不能由外力去搞什么改革。"改革是需要的,"但是这个改革必须等到少数民族内部的条件具备以后才能进行"。现在我们民族工作的中心任务是:搞好团结,消除隔阂。[①] 这十项政策,凝聚着邓小平的智慧和创造,充分展示了他作为一个政治家的胆略和气魄。它既充分照顾到了西藏各族各阶层人民的利益,又维护了祖国的统一和民族的大团结。

邓小平起草的这份历史性文件,由西南局报到中央后,立即受到了党中央、毛泽东的充分肯定和高度赞扬。后来中央人民政府同西藏地方政府签订的和平解放西藏的十七条协议,就是以这十条为基础,在这个大的框架上发展起来的。

然而,尽管党中央和西南局为西藏的和平解放倾注了大量的心血,但在

---

① 《邓小平文选》第1卷,人民出版社1994年版,第163页。

帝国主义和外国反动势力的支持下,西藏当局仍然紧紧地关闭着和平的大门。为了打开进藏的道路,1950年10月6日,著名的昌都战役打响了。这场战役历时18天,于10月24日胜利结束。昌都一役,为最终实现和平解放西藏创造了条件,奠定了和平谈判的基础。在我党政策的感召和各方面的努力下,达赖喇嘛终于面对现实,抛弃了幻想,派出了以阿沛·阿旺晋美为首的西藏地方政府和谈代表团。

1951年4月16日,西藏和谈代表阿沛·阿旺晋美一行到达重庆,受到各方面代表和群众的热烈欢迎。邓小平等西南党政军领导于19日接见并宴请了他们。邓小平耐心地向他们讲述了我党争取和平解放西藏的十大政策,并一再坦诚而又坚定地表示我党一定会认真执行这些政策,并阐明了争取达赖从亚东回来对和平进军的好处,希望他们消除隔阂和猜疑,使谈判成功。邓小平对阿沛·阿旺晋美在关键时刻深明大义,从西藏广大人民的利益出发而主张和谈的历史性选择给予高度评价,并勉励他永远保持爱国本色,为西藏人民的建设事业作出更大的贡献。

5月23日,中央人民政府和西藏地方政府签订了和平解放西藏的十七条协议。西藏终于实现了和平解放。

5月25日,中共中央军委按照协议,下令中国人民解放军进藏部队分路进驻西藏。进藏部队于8、9月间先后出发,他们攀越了高耸的雪山,跨过了湍急的河流,穿过了茂密的原始森林和辽阔的草原沼泽地带,战胜了气候严寒、空气稀薄、雨雪冰雹等重重的自然障碍,于10月至11月间,先后进驻拉萨及其他预定地区,把五星红旗插上了世界屋脊。12月20日,十八军及西北军区的独立支队在拉萨举行了胜利会师大会。

当伟大祖国大家庭里的藏族同胞满面春风给中国人民解放军将领献上洁白的哈达的时候,拉萨向祖国报告着春讯。

六弦琴哟,且莫弹,单皮鼓呦,且莫打,迎元旦,战士先把银线牵,春天要和拉萨说悄悄话!……拉萨春意浓啊,战士是高原的迎春花!

这首歌,唱出了西藏人民对解放军战士的热爱之情,也唱出了他们对新生活的憧憬。

此时此刻,远在重庆,正在领导着祖国大西南建设的邓小平一定也听到了这首报春的歌声。

# 和平解放西藏

西藏的和平解放是和邓小平的名字紧紧地连在一起的,这也是他几十年戎马生涯中的最后一仗。共和国不会忘记他,人民不会忘记他,广大的藏族同胞更是不会忘记他。

然而,邓小平一生却没有踏上过这片使他梦魂萦绕的热土。他曾多次遗憾地说过,他没有到过西藏。但是,他对西藏怀有特殊的感情。1992年1月21日,邓小平到深圳的"锦绣中华"微缩景区游览,在那里的"布达拉宫"前,这位一向不爱照相的老人破例同家人及亲属、陪同的负责同志一一合影留念。他又一次遗憾地说:"全国我就这个地方没去过。""看来是去不成了,照张相留个纪念。"

# 初到中央

1952年7月下旬,邓小平在部署完西南的工作后,赶赴北京,奉调到中央工作。

从1952年的上半年开始,中共中央最高领导层就在运筹抽调各中央局主要负责人到中央工作。

这是当时国内形势发展的需要。

中华人民共和国成立已经两年多了。民主革命时期遗留的土地改革的任务在全国大部分地区已基本完成;镇压反革命的运动也取得重要成果,人民民主专政得到进一步的巩固;国民经济的恢复工作进行得比较顺利,可以实现并超过预定的目标;抗美援朝战争胜利在望。在全国进行的"三反""五反"运动也已取得阶段性的成果,进入处理阶段。

中共中央根据形势的发展,确认我国已经具备有计划地进行经济建设的条件。考虑到大规模的经济建设即将成为国家的中心任务,各方面都要求中央的领导更加集中。但是,一方面党中央的负责同志过少,工作却十分繁重;另一方面党中央的办事机构已远不能适应这样的要求。党和政府的中央机构必须充实和加强。因此,中央决定调动各中央局书记及各大行政区其他一些领导人到中央工作。

中共中央作出这一重要决策,主要参考了苏共中央的经验。

1952年6月20日,中共中央致电中国驻苏联大使张闻天:由于经济建设即将成为我们国家的中心任务,党和政府的中央机构必须加强,中央拟将各中央局书记及其他一些干部调到中央工作,并拟参考联共中央的经验来建立党中央的机构。为此,我们研究了前年中国党的组织工作参观团在苏联参观后有关联共组织工作经验的报告,但我们对于联共中央的政治局、组织局和书记处三个机构的组成、职权和关系还不清楚,我们想了解联共中央有关这三个机构的经验作为我们建立中央机构的参考,"请你去找马林科夫同志或联共中央其他负责同志作一些谈话,在谈话中,请你问明这三个机构的性质、任务、组织成分、职权、工作、会议和它们之间的相互关系,各共和国和直属州的党机构等,以及你认为需要了解的其他事项,然后向中央作一报告"。

当天毛泽东还致信斯大林:"请你允许张闻天同志和你指定的苏联同志作这样的谈话","以便使他了解联共(布)中央在这方面的经验"。

7月17日,中共中央办公厅主任杨尚昆、中央组织部副部长安子文,根据中央的指示精神,草拟了关于加强党中央办事机构的具体意见,提出"拟于明年初将各中央局的书记抽回来,以加强中央的领导,同时加强中央现有的各部、委、办公厅的组织及其工作,并增设一些新的部、委"。

刘少奇将这一报告转送毛泽东,8月4日,毛泽东阅后"认为可行",同时批请周恩来、朱德、彭德怀、邓小平、贺龙、陈毅、刘伯承、谭震林、李富春、彭真、薄一波、马明方诸同志审阅,"如大体同意,即照少奇同志建议开始进行准备,从各地抽调一些人来建立一些机构"。

邓小平是各大区第一书记中第一个调到中央的。此后相继调到中央的还有西北、东北、华东、中南各中央局负责人习仲勋、高岗、饶漱石、邓子恢等。

邓小平一到中央,就担任政务院副总理的职务,这是政务院总理周恩来推荐的。

7月10日周恩来致信毛泽东并刘少奇、朱德、陈云等:"我拟将工作重心放在研究五年计划和外交工作方面,其他工作当尽量推开","政务院的日常工作由齐燕铭处理,这是有困难的。如能于七月下旬与邓小平同志商量好,先发表他为政务院副总理,并于八月份起来京主持一个时期,这是最理想的办法"。

毛泽东也很了解邓小平。让邓小平来负责政务院的日常工作,毛泽东认为这是一个好的建议。所以,在接到周恩来的信后,毛泽东当即批准同意。

主持中央工作的中共中央书记处书记、中央人民政府副主席刘少奇,不仅赞同这一安排,而且希望邓小平尽快到任。三天以后,他就致电邓小平,急切催促:"望小平同志将西南工作布置后于七月下旬即来中央一商,并在中央先行工作两三个月,何日可以动身,盼告。"

雷厉风行,是邓小平的一贯作风。

接到中央的电报后,邓小平迅速安排了西南局的工作。7月下旬立即起程赴京。

邓小平深知,他脚下迈出的将是新的一步。

从一方"诸侯"到参加中央领导工作,这是邓小平政治生涯中的一个重要转折。

8月7日,中央人民政府副主席朱德主持召开中央人民政府委员会第17次会议,会议听取了政务院总理周恩来关于调整中央和地方人民政府机构问题的说明。周恩来说:根据国家建设任务的需要,中央人民政府的机构亟须加强,并逐渐把各大行政区的负责人集中到中央工作。为了加强政务院的领导工作,这次提出任命邓小平为政务院副总理。周恩来的这一提议得到了会议的一致通过。会议还通过了《关于调整中央人民政府机构的决议》和《关于调整地方人民政府机构的决议》。

为了便于邓小平在政务院和中央人民政府开展领导工作,8月10日,周恩来以政务院党组干事会书记的名义向毛泽东并中央书记处报告:原政务院党组干事会拟更名为中央人民政府党组干事会,直属中共中央政治局及书记处领导。拟再增加邓小平等人为干事。以周恩来任政府党组书记,陈云、邓小平分任第一、二副书记。

毛泽东很快批示同意了这个报告。

8月13日,邓小平走马上任了。

当天上午,周恩来首先同他详细地谈了政务院所主管的各项工作和主要任务。随后,邓小平主持召开政务院第148次政务会议。会上周恩来宣布:"在我奉毛泽东主席之命赴苏访问期间,由邓小平同志代理总理职务。"

政务院是中央人民政府的中枢,工作千头万绪。对邓小平来说,这是一个全新的工作。因为他一直是在地方从事党的领导工作,到中央后担任政府的领导工作,而且上任伊始周恩来总理就率代表团出访苏联,推荐他作为国家的代总理主持中央政府的全面工作,托付如此重任,不能不说这是周恩来对他的信任,党中央对他的信任。

周恩来是在8月15日率代表团前往苏联访问的,一直到9月22日回国。一个多月的时间,邓小平担任代总理。他第一次接触到中央政府来自方方面面的日常工作,凭着他的政治敏锐,凭着他的工作才能,他把日常工作处理得井井有条,而且得心应手。

1953年初,毛泽东因为修正税制问题严厉批评了政府工作中存在着的分散主义。根据毛泽东的这一意见,2月19日,周恩来主持召开了关于加强政府各部门向党中央请示报告和做好分工的座谈会。

邓小平参加了会议。

根据会议确定的原则,3月10日,周恩来主持起草了中共中央《关于加强中央人民政府系统各部门向中央请示报告制度及加强中央对政府工作领导的决定(草案)》,《决定(草案)》规定:"今后政府工作中一切主要的和重要的方针、政策、计划和重大事项,均须事先请示中央,并经过中央讨论和决定或批准以后,始得执行。政府各部门对于中央的决议和批示的执行情况及工作中的重大问题,均须定期地和及时地向中央报告或请示,以便能取得中央经常的、直接的领导。"

为了更好地使政府各主要领导人"直接向中央负责,并加重其责任",重新明确了分工:确定高岗负责国家计划工作;董必武、彭真、罗瑞卿负责政法工作;陈云、薄一波、邓子恢、李富春、曾山、贾拓夫、叶季壮负责财经工作;习仲勋负责文教工作;周恩来负责外交、对外贸易等工作;邓小平负责分管不属于计委、政法、财经、文教、外交五个范围的其他各项工作,包括监察、民族、人事等工作。

4月28日,中共中央作出了《关于加强对中央人民政府财政经济部门工作领导的决定》,这个决定对政府领导人的分工作出了部分调整:高岗、李富春、贾拓夫负责国家计划、工业工作,邓小平负责铁路、交通、邮电工作,邓子恢负责农业、林业、水利、供销合作工作,饶漱石负责劳动工作和工资问题。

邓小平分管的事情多了,从一个方面也反映了毛泽东对他半年多来在中央的工作是十分满意的。3月3日,毛泽东就曾在邓小平关于送审为中央代拟的同意政务院人民监察委员会1953年上半年工作要点的复文稿的报告上批示:"凡政府方面要经中央批准的事件,请小平多管一些。"

狠抓各个部的制度建设。邓小平首先要求各部要注意纠正工作中存在的分散主义等问题,建立报告制度。他的这一举动,深得毛泽东的赞成。邓小平要求铁道部、邮电部每两个月向中央作一次综合报告,交通部每一个月向中央作一次综合报告。他强调各部要围绕即将到来的大规模经济建设,拟订好工作计划。指示交通部要制定一些适合于我们经济建设的立法,要与我们的可能条件相结合,搞一个切实可行的运输条例。邮电部门要克服脱离党和政府领导的错误,加强思想工作和政治工作。在他的具体指导下,铁路、交通、邮电等部门的工作有了新的起色。

初到中央工作的邓小平,一步一个脚印,走得很坚实,越来越得到毛泽东的青睐。

9月18日,中央人民政府委员会第28次会议正式任命邓小平兼任政务院财政经济委员会副主任和财政部部长。

邓小平兼任财政部部长,也可以说是受命于困难之际。

1953年是我国第一个五年计划的头一年,大规模的经济建设开始后,广大干部和群众对经济建设的热情很高,各项建设事业起步很快。由于当时缺乏经济建设的经验,过于追求经济发展速度,反映在财政方面,就是在编制1953年国家预算时,扩大了基本建设的投资规模,不适当地把历年结余30亿元列入预算,铺大了预算底子,出现了预算支出的膨胀。在预算执行中,出现财政赤字,到7月份赤字累计达20.9亿余元,不得不动用上年结余,结果造成银行信贷资金紧张,商品匮乏和商品流通混乱,刚刚起步的经济建设遇到困难。

邓小平到财政部后,首先要求广大财政干部正确地理解和把握财政的地位和性质。他说:"财政部门是集中体现国家政策的一个综合部门。"财政工作一定要有财有政,切不可"有财无政"。他告诫大家,要懂得数字里面有政治,数字要体现政策,决定数字就是决定政策,"数目字内包括轻重缓急,哪个项目该办,哪个项目不该办,这是一个政治性的问题"。他认为,财政工作事关全局,具有战略性。"只要把战略形势讲清楚,问题就好办了。"

针对财政工作面临的困难,他经过深入的调查研究,找到了财政预算安排失误的原因,他说:"由于经验不足和对苏联的经验研究体会不够,没有结合国家信贷计划,没有考虑到财政方面的季度差额周转资金,而把上年结余,全部列入预算,并且作了当年的投资,这样编制预算的结果,不但使我们经常处于信贷不足和财政后备力量缺乏的状态,而且在某些方面的投资上助长了脱离实际的盲目冒进倾向。"

于是,他采取切实措施,贯彻中共中央《关于增加生产,增加收入,厉行节约,紧缩开支,平衡国家预算的紧急通知》,保证了中央提出的财政收支平衡、消除财政赤字目标的落实。在他的领导下,经过几个月的努力,1953年的财政收入超收19.42亿元,支出节约13.38亿元,不仅原计划要动用的上年结余没有动用,而且本年收支相抵还结余2.47亿元,扭转了年初的被动局面。

全国财经会议后,财政部的工作一度比较消沉,主要是因为在财经会议上财政部的工作受到批评,一些干部背上了思想包袱。邓小平兼任财政部部长后,财政部的一些干部要求他多到财政部来。他说:"我看我还是多办一些大事情好,我考虑我坐冷板凳要比我完全坐热板凳好些,我坐冷板凳,几位副部长坐热板凳,冷热板凳结合起来就比较全面。如果我坐在财政部,就可能妨碍几位副部长的工作。"当他觉察财政部大多数干部或多或少地存在不敢放手工作的问题时,严肃地指出:人家批评我们财政部,如果批评对了,我们就要接受。如果批评得不对,我们就要及时做出解释,弄个水落石出。不要一朝被蛇咬,十年怕井绳。邓小平语重心长地对当时的财政部副部长戎子和说:"子和,我看你受了批评以后,好像有些消极,抬不起头来,这可要不得。要挺起腰来,继续做工作,不能垂头丧气,一消极就不好了。"

邓小平注重深入实际,调查研究,了解情况。除了外出,每周听一次副部长们的汇报。他要求汇报的情况要真实、确切,数字要明白、清楚,反对模棱两可、含糊不清。

戎子和回忆说:"在一次部办公会议上,邓小平说:'今天同你们约法三章:我到财政部工作,决策方面主要靠你们反映情况。如果你们反映的情况对了,我决策错了,这个责任由我负;如果你们反映的情况错了,我根据你们反映的情况作了错误的决策,这个错误你们负责。'这两句话在领导与被领导的关系问题上作了一个准确性的回答。由于责权分明,使得下面的同志工作好做了,也大胆了。自那以后,我们每个副部长向小平同志汇报工作、反映情况,都是很谨慎的,很负责的,从不随随便便,心情却是舒畅的。"邓小平告诫财政部的干部要多下基层了解情况,多做调查研究,要根据我国的实际情况制定财政政策。他说:"不懂得我们国家的情况很复杂,不吸收新鲜事物,光靠我们十几年的工作经验是不行的,就是几十年、一百年的工作经验也是不行的。"

邓小平兼任财政部部长虽然不到一年的时间,但他对如何做好财政工作提出了一些重要的理论观点。

1954年1月全国财政厅局长会议在北京召开,13日,邓小平在会上作了报告,提出了财政工作的六条方针:(一)预算归口;(二)财政包干;(三)自留预备费,结余留用不上缴;(四)控制人员编制;(五)动用总预备费须经中央批准;(六)加强财政监察。他说:"六条方针有一个重大的政治目的,就是要把国家的财政放在经常的、稳固的、可靠的基础上。今天国家的财政是不稳固的,经不起重大考验的。我们要认识这种形势,要兢兢业业地改变这种形势。"邓小平提出立国的政策应放在有力量应付外侮和应付万一。财政后备力量基础的巩固,必须建立在经济发展上。他认为,有了后备力量,国家财政才能集中力量保证社会主义工业化和社会主义改造的需要。党在过渡时期的总路线就是要建立一个伟大的社会主义国家,财政要保证这一点。如果财政不稳固,是不能保证的。为了把国家财政放在稳固的基础上,保证社会主义工业建设,他还强调必须节减一切可以节减的开支,克服浪费。

25日,邓小平在会议的总结报告中又着重讲了地方财政工作应该怎样做的问题。他说:"我们的一切工作都会涉及全局与局部的关系、中央与地方的关系、集中统一与因地制宜的关系。大道理与小道理必须弄清楚。全局和局部缺一不可。""在中央工作的同志要经常照顾局部和地方,要因地制宜,注意到地方工作有什么困难。"他要求财政部的部长、司局长、处长经常照顾局部,凡是地方提出的困难问题,只要是可能解决的,应该热心帮助解决,如是不能解决的,也要讲清道理。"在地方来讲,则应照顾全体、中央和集中统一,以中央为主体。""如果两者之间发生矛盾,地方应服从中央,局部应服从全体,因地制宜应服从集中统一。"他强调地方财政工作要有全局观念,"财政部门是集中体现国家政策的一个综合部门,和其他工作一样,它必须服从总路线,即必须保证党在过渡时期总路线、总任务的实现。所谓总路线,其主体是国家工业化,两翼是两个改造,即对农业、手工业和对私人资本主义工商业的社会主义改造。财政工作就要保证国家工业化和两翼改造所需的资金。如何保证呢？一是增加收入，二是节约支出。收入方面凡应收者都应收足，支出方面凡能节约者都应节约"。要尽量地把财力用到工业化和社会主义改造方面去，要经过两三个五年计划，使我们的国家成为一个伟大的社会主义国家。

在邓小平的主持下，财政部的工作局面打开了。1954年国家预算执行的结果是：总收入为262.37亿元，超过预算13.5%，总支出为246.32亿元，完成预算的98.74%，收支相抵，结余16.05亿元。缓解了1953年的资金紧张局面，成为新中国成立5年来财政工作日子最好过的一年。

这一时期，作为政务院财经委员会的副主任，邓小平还与陈云主任密切配合，通盘协调和指导全国各省、区在财政、税收、金融、贸易、工商管理等方面的工作，并参与有关政策的制定和对一些重要问题的处理。

# 同高岗、饶漱石的斗争

高、饶事件是我们党七大到八大期间一场最严重的党内斗争，也是我们党掌握全国政权，成为执政党以后第一次重大的党内斗争。邓小平到中央工作后不久，便经受了这次同高岗、饶漱石斗争的考验。

1952年7月，邓小平调入中央后不久，高岗、饶漱石、邓子恢、习仲勋也陆续离开东北局、华东局、中南局、西北局，赴京担任党和国家机关的领导职务。

高岗赴京的日期是1952年11月。赴京前，他任中共中央东北局第一书记、东北人民政府主席、东北军区司令员兼政治委员，集东北的党、政、军大权于一身，同时他还是中央人民政府的副主席。赴京后，他除继续担任中央人民政府副主席职务外，还兼任国家计划委员会主席。饶漱石赴京的日期是1952年2月。赴京前，他任中共中央华东局第一书记、华东军政委员会主席。进京后，他担任中共中央组织部部长职务。应该说，当时高岗、饶漱石是很受党中央和毛泽东器重的，特别是高岗的权力、地位甚为显赫，一时有"五马进京，一马当先"之说。由高岗担任主席的国家计委亦有"经济内阁"之称。但高岗、饶漱石权欲熏心，对这样的安排仍不满足。特别是高岗，对其职位在刘少奇、周恩来之下，一直耿耿于怀，尤其是对刘少奇不服和不满。

1953年初，根据毛泽东主席的意见，在周恩来主持下，作出了《关于加强中央人民政府系统各部门向中央请示报告制度和加强中央人民政府工作领导的决定》。对政务院工交、财贸、政法、文教等各"口"的工作，中央也作了大幅度的调整，重新进行了分工。这是中央为加强集中统一领导所采取的重要措施。但是，高岗竟错误地认为，这是毛泽东对周恩来的不信任，是削弱周恩来对政府工作领导权的步骤。他以为自己的权势在日益扩大，地位也在不断提高，个人野心开始急剧膨胀起来。

## 同高岗、饶漱石的斗争

1953年底,在党中央准备撤销中央局、大区行政委员会的同时,毛泽东为了减轻自己担负的繁重的日常工作,加强集体领导,提出将中央的领导班子分为一线、二线。这样,党和国家的领导机构将进行大幅度调整,人事安排也会作相应的变动。这时,高岗任中央人民政府副主席兼计委主任,又分管8个工业部,权势显赫;饶漱石担任部长的中央组织部也处在举足轻重的地位,毛泽东曾戏称其为"吏部尚书"。他们错误地认为,毛泽东这些人事调整是对刘少奇和周恩来的不信任,自己的机会来了。于是,1953年夏秋之际,在中央召开全国财经会议和第二次全国组织工作会议前后,两人急不可耐地跳了出来,"这边一炮,那边一斗"。

高岗对刘少奇的不满由来已久。还在新中国建立前夕,刘少奇在天津讲话后不久,就曾批评高岗所在的东北局在对待民族资产阶级问题上犯了"左"的错误,由此,高岗对刘少奇怀恨在心,进而不择手段地对刘少奇进行一系列的攻击和诬陷。他公然在当时担任东北铁路系统的苏联总顾问科瓦廖夫面前造谣中伤刘少奇。他说,中国党内有一个以刘少奇为代表的"亲美派"。科瓦廖夫随即写信告诉了斯大林。高岗访苏回国后,又向人散布说,斯大林不喜欢刘少奇,也不重视周恩来,而最赏识他高岗。苏联部长会议第一副主席来我国进行友好访问,与高岗谈判有关鞍钢工程建设的事。交谈中,高岗问这位副主席:"你说中国要不要消灭资本主义?"对方回答说:"当然要消灭!"高岗说:"我就是这个意见,但是我的意见在我们党内得不到支持。"这位副主席问:"是吗?是怎么一回事?"高岗毫不掩饰地说:"请你回去报告苏共中央,就说在我们的中央有人反对我。"

进京不久,他开始搜集刘少奇在工作中的一些缺点错误,把刘少奇在工作中的一些缺点、错误,并且是已经改正了的缺点、错误,积累起来,加以传播,并夸大其词地说,刘少奇自七大以来犯了一系列的路线错误,还散布说:刘少奇在七大被抬得太高了,几年来的实践证明,他并不成熟。他只搞过白区工作,没有军事工作和根据地建设的经验,只依靠华北的经验指导全面工作,而看不起东北的经验。尤其是当高岗发觉在发展农业生产合作工作、工会工作以及向社会主义过渡等问题上,毛泽东与刘少奇有不同的看法,并对刘少奇有所批评时,便以为刘少奇今后将不再受中央的信任,其威信和地位将发生动摇。于是,他授意别人写文章,以他的名义公开发表,借以抬高自己，打击刘少奇。他写的《反对资产阶级思想对党的侵蚀，反对党内的右倾思想》一文，把刘少奇阐述过的关于党对民族资产阶级政策的观点，关于农村互助合作的观点等，一概当作所谓"党内的右倾思想"加以批判。

1953年夏季全国财经工作会议期间，高岗利用这次会议批判"新税制"错误之机，利用党内存在的分歧，在会上发表种种无原则的言论，制造党内纠纷。在会外，散播流言，诬蔑中央有所谓的"圈圈"和"摊摊"，破坏中央的威信，特别是攻击中央领导核心中的刘少奇和周恩来，致使会议无法按原定方针进行下去。原定6月开始、7月结束的会，一直拖到了8月初。毛泽东很重视这次会议，十分关心会议的进展状况。他每天起床后的第一件事就是请自始至终出席会议并做详细记录的中共中央副秘书长兼中央办公厅主任杨尚昆详细汇报头一天会议的情况。当他看到会议偏离了方向，就马上交代杨尚昆打电话到北戴河"搬兵"，请正在那里休息的陈云、邓小平火速回来参加会议。8月6日，陈云和邓小平都在会上发言，讲了些公道话，这样会议的气氛才缓和下来。8月11日，在周恩来作了总结之后，宣布会议结束。

财经会议后，高岗以休假为名，到华东、中南地区继续进行分裂党的活动。他说在我们党的历史上有"二元论"，党的六届七中全会通过的《关于若干历史问题的决议》要修改，《决议》中关于刘少奇是党的正确路线在白区中的代表的提法不对头，需要重新作结论。他还利用各种场合，散布所谓"军党论"，把中国共产党分为"根据地和军队的党"与"白区的党"两部分。他不顾军队是由党建立和领导的事实，断言"党是军队创造的"，并自封为"根据地和军队的党"的代表人物。他提出，党中央和国家领导机关当时掌握在以刘少奇为首的"白区的党"手里，应当彻底"改组"中央。企图借此煽动根据地干部和军队干部跟他们一道，拱倒刘少奇、周恩来，由他高岗来当党中央第一副主席和政务院总理。

在1953年9月召开的第二次全国组织工作会议上，身为中共中央组织部部长的饶漱石未向党中央汇报便开展了对中央组织部副部长安子文的批判，欲以达到反对刘少奇、分裂党中央的目的。中央觉察到会议方向被搞偏了，决定大会暂停，转入开领导小组会议，先解决中央组织部的内部问题。在连续几天的领导小组会上，饶漱石仍继续对安子文和刘少奇进行攻击。在最后一次领导小组会上，刘少奇代表中央明确指出"中央组织部过去的工作是有成绩的,在工作中是执行了中央的正确路线的"。对于中组部过去工作中存在的某些缺点和错误,他以无产阶级革命家的坦荡胸怀,主动承担了领导责任。邓小平也在会上强调:中组部工作的成绩,"是与毛主席特别是少奇同志的直接领导分不开的,但子文同志也有成绩,不能设想只是领导得好、他们做不好而会有成绩"。饶漱石最后发言时,仍然坚持自己"原则正确,方法错误"。这以后,他还继续在毛泽东主席面前说刘少奇、安子文和中央组织部一些同志的所谓"错误"。

高岗企图拉拢中央和各大区的负责人。他先是拉拢了中南军政委员会负责人林彪。紧接着,高岗来找邓小平,企图挑拨邓小平与中央其他负责人的关系,并以更高的官位相利诱,以求取得邓小平的支持。

到中央工作之前,邓小平同高岗、饶漱石的接触和交往并不多。到中央后,他担任政务院副总理,主管财经事务,后兼任财政部长。国家计委成立后,他又与陈云、彭德怀、饶漱石等人成为国家计委的委员。由于工作关系,他与高岗、饶漱石的接触逐渐多了起来。

当高岗感到时机成熟时,就迫不及待地找邓小平摊牌,他说,在中国谁是列宁的问题解决了,但谁是斯大林的问题还没有解决,你看是谁呀?邓小平看穿了高岗的用意,故意指着墙上挂的几张中央书记像说,就在这中间嘛!并明确向高岗表示了自己的态度,说:"刘少奇同志在党内的地位是历史形成的","改变这样一种历史形成的地位不适当"。但是,高岗并没有听从邓小平的直言劝告,而且更加肆无忌惮地进行了一系列的"小组织"活动。他经常在自己的住地,利用请客、组织舞会等活动,散布流言,拉拢干部,逢甲说乙,逢丙说丁,制造党内不和。

1953年下半年,高岗对设立总书记表示不赞成,而主张多设几个副主席,并反对刘少奇当总书记或者副主席。当他听说书记处要开会把这个问题定下来时,唯恐自己当不上副主席,见拉拢邓小平不成,又去拉拢陈云。他对陈云说:要搞副主席就多搞几个,你一个,我一个。同样遭到陈云的断然拒绝。这时,邓小平和陈云都觉得这是个重大的原则问题,事态发展下去,有分裂党的危险,于是,他们及时把这件事向毛泽东作了汇报。

事隔20多年后,1980年3月,邓小平在同起草《关于建国以来党的若干历史问题的决议》的同志的谈话中,回顾了他所亲身经历的这场党内斗争的经过,他说:"这个事情,我知道得很清楚。毛泽东同志在1953年底提出中央分一线、二线之后,高岗活动得非常积极。他首先得到林彪的支持,才敢于放手这么搞。那时东北是他自己,中南是林彪,华东是饶漱石。对西南,他用拉拢的办法,正式和我谈判,说刘少奇同志不成熟,要争取我和他一起拱倒刘少奇同志。我明确表示态度,说刘少奇同志在党内的地位是历史形成的,从总的方面讲,刘少奇同志是好的,改变这样一种历史形成的地位不适当。高岗也找陈云同志谈判,他说:搞几个副主席,你一个,我一个。这样一来,陈云同志和我才觉得问题严重,立即向毛泽东同志反映,引起他的注意。"

在此之前,毛泽东虽然发现了高岗的一些不正常的活动,但并未把它看得很严重。在听了邓小平和陈云的汇报后,他立刻高度警惕,密切注视事态的发展,同时开始削弱高岗的权力。

1953年12月,毛泽东提出在他离京休假期间由刘少奇负责中央工作。高岗出面反对,并且私下活动,要求由他担任党中央总书记或副主席,还要求调换一些政务院副总理。12月24日,中央政治局召开会议,批评高岗的阴谋活动。毛泽东在会议上讲话,他说:"北京有两个司令部,一个是以我为首的司令部,就是刮阳风,烧阳火;一个是以别人为司令的司令部,就是刮阴风、烧阴火,一股地下水。"指出了高岗反党阴谋活动的性质及其严重性,向高岗的阴谋活动提出了严厉警告。同时为了维护党的团结和统一,提出了关于增强党的团结的建议。

1954年2月6日至10日,党的七届四中全会在北京召开。会议揭露和批判了高岗和饶漱石在1953年召开的全国财经工作会议和第二次全国组织工作会议及其前后的反党分裂活动。会上,朱德、周恩来、邓小平、陈云等人都发了言,严肃批评高岗、饶漱石破坏党的团结和统一,篡党夺权,阴谋分裂党的活动。会议要求全党对野心家、阴谋家提高警惕,希望他们幡然悔悟,改正错误,全会一致通过了《关于增强党的团结的决议》。但是,高岗、饶漱石仍然执迷不悟,不做深刻检讨,不愿痛改前非,高岗还以自杀(未遂)与党对抗。

七届四中全会并没有对高岗、饶漱石作组织结论。在此之后,为全面查清他们的反党阴谋活动,对证高、饶的种种反党活动事实,并对他们进行教育和挽救,中央书记处在2月中旬分别召开了高岗问题、饶漱石问题的两个座谈会。受中央之托,周恩来主持高岗问题座谈会,邓小平、陈毅、谭震林主持饶漱石问题座谈会。随后,在中央政治局领导下,东北局、华东局、山东分局和上海市委等又召开专门会议,对高、饶问题进行揭发和批判。8月17日,高岗自杀。

1955年3月21日至31日,在北京召开了中国共产党全国代表会议,邓小平代表党中央作《关于高岗、饶漱石反党联盟的报告》。这个报告本来是由周恩来作的,后因周恩来突发阑尾炎需做手术,中央决定改由邓小平作报告。18日前后,毛泽东将报告的名义由"中央政治局"改为"中央委员会"。会议通过了《关于高岗、饶漱石反党联盟的决议》,宣布将他们两人开除出党,撤销其党内外一切职务。

邓小平在1980年3月的一次谈话中,再一次充分肯定了这次党内斗争的正确做法和成功经验。他说:"高岗是搞阴谋诡计的","揭露高、饶的问题没有错"。"高、饶问题的处理比较宽,当时没有伤害什么人,还有意识地保护了一批干部。总之,高、饶问题不揭露、不处理是不行的。现在看,处理得也是正确的。"

反对高岗、饶漱石的斗争,对于刚刚到中央工作不久的邓小平来说,无疑是一场严峻的考验。在这场斗争中,邓小平立场坚定,旗帜鲜明,充分表现出了对党高度忠诚负责的优秀品质和出色的组织才能,深得毛泽东和党中央的器重和信任。1954年,邓小平出任党中央秘书长,并接替饶漱石,兼任中共中央组织部部长,主管党中央的日常工作和组织事务。

# 当选党的总书记

1955年3月31日,毛泽东在党的全国代表会议上代表中共中央宣布:中央决定1956年下半年召开党的第八次全国代表大会。他号召全党"为胜利地召开党的第八次全国代表大会而斗争"!从决定召开八大起,中共中央便开始了各项准备工作,邓小平作为中共中央秘书长、中央组织部部长,肩负起了筹备工作的重任,从起草大会的报告到安排大会的具体日程,从审阅大会的发言稿到安排大会发言,从讨论八大代表选举问题到起草大会通知,关于八大的大事小情,他几乎都参与了。

1955年4月21日,邓小平将草拟的八大政治报告、修改党章和修改党章报告起草委员会名单报送毛泽东。根据毛泽东提交政治局会议讨论的批示,5月12日,中央政治局召开会议进行讨论并予以通过。邓小平同时参加了上述两个起草委员会的工作。

作为大会的主要筹备人之一,邓小平还担负着大会及会议文件的宣传解释工作。根据毛泽东"由邓小平同志报告第八次党代会问题决议的意义和内容"的提议,邓小平曾数次在中央全会上对八大问题作解释和说明。

这一年的9月18日,邓小平将他修改审定后的《关于召开党的第八次全国代表大会决议草案的说明》报毛泽东审阅,毛泽东看后批示:我认为可以照这样去讲。他只改了几个字。10月4日,邓小平在北京召开的中共七届六中全会扩大会议上代表中央政治局作了《关于召开党的第八次全国代表大会的决议草案的说明》。邓小平在说明稿中,着重对党的第八次全国代表大会推迟召开的原因、八大的主要议程、代表选举、召开的时间等作了解释。他说:1945年至1949年,我们正处在急风暴雨的革命战争中;1950年到1952年,我们全神贯注地进行民主改革、恢复国民经济和巩固人民民主专政这些极为繁重巨大的工作,如紧张地进行了抗美援朝斗争;1953年下半年,党中央在解决了高、饶反党事件后,再来考虑召开中共八大,无疑是更为适当的。此后的几年中,党规定了过渡时期的总路线,全国人民通过并公布了宪法,在社会主义改造和建设及其他各方面工作中,有了更多宝贵的经验。同时经过整党、建党、审干、总路线宣传、社会主义改造和建设一系列实际斗争教育,党的组织更加团结和巩固,党的政治觉悟有所提高,所有这些,实际上为党的八大做了更为充分的政治准备和组织准备。所以,中央认为,召开八大的时机完全成熟了。这次会议通过了《关于召开党的第八次全国代表大会的决议》。

1956年3月23日,邓小平在中南海的西楼会议室主持召开中央秘书长会议,讨论八大代表选举等问题。一个月后,他又在这里召开的中央秘书长会议上,具体主持讨论出席八大代表的名单。5月11日、12日、18日,他又连续主持秘书长会议,讨论中央一级机关出席八大代表候选人问题。12日,他在怀仁堂召开的中央机关有关单位负责人会议上,专门讲解了代表候选人问题。

1956年8月15日,他代中央起草下发通知:(一)八次大会定于9月15日开幕。(二)现决定9月1日到9月14日举行八大的预备会议。(三)请你们通知各代表务于8月31日以前到达北京,向中央办公厅报到。(四)中央决定各地区和各单位所选出的候补代表,一律列席八次大会,请通知他们同时到达北京。

为了更直接地、具体地准备八大会议,中共中央于同年8月22日召开了党的七届七中全会第一次会议,在这次会议上,邓小平就八大的6个文件作了说明。他强调,八大议题和安排发言,应该突出八大讨论国家经济建设的主题。他举例说:像工业方面,除了一些比较带系统性的发言外,还要组织那么二十几篇稿子,这样才表现出会议是在讨论建设这个重点,只那么两三个人发言,谈搞计划,搞建设,大会里面的空气不多,那也不好。对此,毛泽东和与会者深表赞同。毛泽东说:小平同志说得对,这一次重点是建设。报告里面有这么几个大题目,都可以讲。但是重点是两个:一个是社会主义改造,一个是经济建设,这两个重点中主要还是在建设,这个报告的主要部分,3万字中有1/3是讲建设。很显然,突出经济建设这个中心,是八大报告的主题。

1956年9月13日，中共中央在北京召开了七届七中全会第三次会议，这是八大前召开的最后一次中央全会。在这次会议上，毛泽东专门讲了中共中央准备设副主席和总书记的问题，重点是向与会同志推举和介绍陈云和邓小平。

毛泽东认为，为了党和国家的长治久安，党中央设副主席和总书记是非常必要的。他说：我们这些人（包括我一个、总司令一个、少奇同志半个，不包括恩来同志、陈云同志跟邓小平同志，他们是少壮派），就是做"跑龙套"工作的，我们不能登台演主角，没有那个资格了，只能维持维持，帮助帮助，起这么一个作用。

当毛泽东谈到党中央秘书长一职改为总书记，并推举邓小平担任总书记时，邓小平表示：对总书记这一职务，我只有六个字，一不行，二不顺。当然，革命工作决定了也没有办法，我自己是诚惶诚恐的。我还是比较安于担任秘书长这个职务。毛泽东接着风趣地说：他愿意当中国的秘书长，不愿意当外国的总书记。其实，外国的总书记就是中国的秘书长，中国的秘书长就是外国的总书记。他说不顺，我可以宣传宣传，大家如果都赞成，就顺了。接着，毛泽东以赞许的口吻说：我看邓小平这个人比较好，他跟我一样，不是没有缺点，但是比较公道。他比较有才干，比较能办事。你说他样样事情都办得好呀！不是。他跟我们一样，有许多事情办错了，也有的话说错了，但是比较起来，他比较会办事。他比较周到，比较公道，是个厚道人，使人不那么怕。我今天给他宣传几句。他说他不行，我看行。顺不顺要看大家的舆论如何，我观察是比较顺的。不满意他的人也会有的，像有人不满意我一样。你说邓小平没有得罪过人，我不相信，但大体说来，这个人比较照顾大局，比较厚道，处理问题比较公正，他犯了错误对自己很严格。他说他有点诚惶诚恐，他是在党内经过斗争的。

1956年9月15日至27日，中国共产党第八次全国代表大会在北京举行。出席这次大会的代表共1026人，代表着全党1073万党员。在这次党的全国代表大会上，毛泽东致开幕词，刘少奇作政治报告，周恩来作关于发展国民经济的第二个五年计划的建议的报告，邓小平作关于修改党章的报告。

《关于修改党的章程的报告》是在邓小平的主持和领导下进行的。对于修改党章工作，邓小平不仅抓"大势"，抓"方针性的意见"，而且连报告的具体细节、报告的字句都注意到了。在1956年8月22日召开的七届七中全会第一次会议上,毛泽东在谈到八大文件修改方针时说:第一次推翻你的,第二次推翻他的,推翻过来推翻过去,这也说明我们是有民主的。他还说:修改时要先提大势,先提方针性的意见。邓小平在发言时进而指出:刚才主席讲了,先提大势,先提方针性的意见。但有些文件,像党章,就不那么好提大势了,必须是哪一个字要改,就改哪一个,凡有意见的都在这个本子上批。毛泽东听后表示完全赞成,补充道:不仅是大势,也包括细节、文字。

邓小平在紧张、繁忙的筹备工作中抽出时间对自己将要在八大上作的《关于修改党的章程的报告》进行了数次重要的修改,改动内容最多的是第一部分关于修改党章所根据的条件。在此,报告从分析党组织的状况入手,阐明了我们党执政以后"面临着新的考验",指明了经受这种考验所应当采取的办法。此外,对坚持党的群众路线,坚持实行民主集中制等部分,邓小平也都作了不少修改。对于报告的文字,邓小平也是力求简洁、顺畅。所以,修改党章的报告虽然文字较长(2.9万字),但字句简洁,生动有力,体现了他一贯的文风。

9月16日,邓小平代表中共中央向八大作了《关于修改党的章程的报告》。他的报告根据历史唯物主义的原理和我们党的自身经验,深刻总结了新中国建立后执政党建设的新经验,并且借鉴国际共产主义运动的经验,提出了加强党的建设的任务和措施。

报告指出:全国革命胜利后党的状况有了很大的变化。中国共产党已经是执政的党,已经在全部国家工作中居于领导地位。执政党的地位,使我们党面临着新的考验,还很容易在共产党员身上滋长一种骄傲自满的情绪。针对这种情况,党必须经常注意进行反对主观主义、官僚主义和宗派主义的斗争。还需要实行党的内部的监督,也需要来自人民群众和党外人士对于我们党的组织和党员的监督。

报告指出:民主集中制是我们党的列宁主义的组织原则,是党的根本的组织原则,也是党的工作中的群众路线在党的生活中的应用。在我们党内,从长时期以来,由党的集体而不是由个人决定重大的问题,已经形成一个传统。违背集体领导原则的现象虽然在党内经常发生,但是这种现象一经发现,就受到党中央的批判和纠正。我们党从来认为,任何政党和任何个人在自己的活动中,都不会没有缺点和错误,这一点,现在已经写在我们的党章草案的总纲里去了。因为这样,我们党也厌弃对于个人的神化。个人崇拜是一种有长远历史的社会现象,这种现象,也在我们党的生活和社会生活中,有它的某些反映。我们的任务是,继续坚决地执行中央反对把个人突出、反对个人歌功颂德的方针,真正巩固领导者同群众的联系,使党的民主原则和群众路线,在一切方面都得到贯彻执行。

邓小平的这篇报告,提出了关于执政党建设的原则和主张,把毛泽东创立的党的建设理论大大地向前推进了一步,对党的建设具有长远的指导意义。

在八大上,邓小平当选为中共中央委员。在随后于9月28日召开的八届一中全会上,他当选为中共中央政治局委员、中共中央政治局常委、中共中央总书记。这时的中共中央政治局常委由毛泽东、刘少奇、周恩来、朱德、陈云、邓小平6人组成。从此,邓小平进入了中国党政最高领导层,成为以毛泽东为核心的中国共产党第一代中央领导集体的重要成员。这一年,他刚满52岁。

八届一中全会以后,邓小平当了十年总书记,负责主持中央书记处的工作。这十年,是全面开始建设社会主义的十年。中国共产党领导全国人民在社会主义经济建设和文化建设中取得很大的成就,积累了重要的经验,同时也有过严重失误。邓小平一直处在中央领导工作的第一线,参与党和国家的重要决策,在许多方面提出过重要的正确主张。这十年,是他工作最繁忙的十年。他后来曾经说:"在我的一生中,最忙的就是那个时候。"

# 走出中南海

党的八大是中国社会主义建设史上的一个里程碑,在以毛泽东为核心的第一代中央领导集体的领导下,这次大会胜利地完成了预定的各项议程,取得了圆满的成功。八大的主要成就是:一、正确分析了社会主义改造基本完成后国内主要矛盾的变化,确定把党的工作重点转向社会主义建设。二、通过总结第一个五年计划的经验,制定了全面开展社会主义建设的正确方针和建立新的社会主义经济体制的方案。三、根据巩固人民民主专政和社会主义建设的需要,提出要进一步扩大民主生活,健全我国的法律制度。四、分析了党的队伍的状况,确定了加强党的建设的正确路线和方针。五、选出了新的中央委员会和毛刘周朱陈邓组成的中央政治局常委会,为后来党中央成员的新老交替创造了良好的条件。

八大制定的路线是正确并富有创造性的,这是以毛泽东为代表的中国共产党人在探索社会主义道路的过程中取得的一个重大成果。八大之后,全国各族人民根据党的八大所提出的集中力量发展社会生产力的战略任务,在党的领导下开始了大规模的社会主义经济建设。作为党的总书记,邓小平坚决贯彻执行党的八大路线,为推动我国经济发展更加废寝忘食地工作着。

但是,如何建设社会主义,在当时还缺乏足够的理论和思想准备,只能在摸索中前进。

1956年秋冬,国内出现了一些不安定的情况。由于国际上受东欧波匈事件的影响,而国内又有在急促而深刻的社会改造和经济建设中未能完全克服的冒进思想,经济和政治生活中出现了某些风潮。一些干部把群众闹事和尖锐批评一概视为阶级斗争,企图采取简单粗暴的办法进行压制。于是,中共中央在调整经济计划和经济关系的同时,着手开展以正确处理人民内部矛盾为主题的整风运动。

1957年2月,毛泽东在最高国务会议上发表《关于正确处理人民内部矛盾的问题》的重要讲话,系统地分析和阐明了正确处理各方面人民内部矛盾的方针和方法。会后,中共中央政治局常委、中共中央总书记邓小平和其他中央领导人,分别到各地,宣传八大的精神和传达贯彻毛泽东的讲话精神。

邓小平去的是西北。

1957年3月下旬,邓小平离开北京,开始了他的西北之行,这是他出任总书记后第一次外出视察。

山西是邓小平西北之行的第一站。

山西这块土地,对邓小平来说是最熟悉不过的了,他对这块土地上的一山一水、一草一木都怀有很深的感情。

20多年前,也就是1936年2月红军东征时,身为红一军团政治部宣传部部长的邓小平,渡过黄河,第一次来到了山西这块黄土地,加上全国抗战的8年,邓小平在这里度过了将近10年的时光。这10年,奠定了他后来走向辉煌的基础。

屈指算来,从1947年走出山西到现在又是一个10年了。已经是中共中央总书记的邓小平再一次来到山西,他此行的目的已经和过去大不一样了。

中共山西省委第一书记陶鲁笳全程陪同邓小平在山西的这次视察活动。

在太原,邓小平认真听取了中共山西省委的工作汇报,仔细研读了反映厂矿、学校和机关干部及群众思想动态的材料。在此基础上,邓小平分别给太原市中等以上学校部分师生和厂矿企业、省市机关部门干部作了两场报告。报告的主旨是解决人民群众与领导者之间的矛盾:一方面是教育担任领导职务的共产党员、政府工作人员、经济和文化部门工作人员,认真听取群众的批评意见,努力克服脱离实际、脱离群众的主观主义、宗派主义、官僚主义作风;另一方面是教育群众提高觉悟,树立以集体利益和个人利益相结合为原则的社会主义精神。

在给太原的教师和学生所作的报告中,邓小平首先透彻地分析了国际形势。针对波匈事件导致部分群众对社会主义产生的悲观失望情绪,邓小平对比了社会主义和资本主义两大阵营的政治经济状况,阐述了社会主义的优越性,坚定了大家对社会主义的信念。

他说:我们要学习世界上一切好的东西,包括美国好的东西,但是,关键性的东西,我们从美国是学不到的。

在谈到国内供需矛盾紧张情况时,邓小平指出:问题的根源在于经验不足,一股热心,建设搞快了,产生了错误,但这是前进中的错误。成绩是主要的,缺点是次要的。错误在所难免,重要的是善于从错误中吸取教训。

邓小平向师生们阐述了民主集中制、青年的前途和党的领导等具体问题。他强调,我们国家应该经常注意民主,加强民主生活,使人民有提意见的地方,有说话的地方,对于群众闹事,"我们要站在人民之中,当作人民内部的问题来处理"。"那些少数根本不讲道理的人,最后总是要被孤立的。"

关于政治思想工作,邓小平说:近一个时期,我们放松了政治思想工作,没有能够适应和解决社会发展中出现的新问题;政治思想工作是非常艰苦的,"任何时候都不能放松,任何时候都不能动摇"。

山西青年是具有光荣的革命传统的。邓小平寄语山西青年要树立远大理想,要有为实现这种理想而艰苦奋斗不怕困难的信心和勇气,要有集体主义精神和守纪律的高贵品质。

"没有那些具有远大理想、具有高贵品质的年轻的、甘于当'傻瓜'的人,过去不可能搞成革命,现在不可能搞成建设。"

3月30日,邓小平在给太原厂矿企业和省、市级机关干部所作的报告中,从教育干部的角度,着重谈了四个方面的问题。

关于党的领导。邓小平说,党的领导好坏,关键在于我们能否依靠群众,能否克服主观主义、官僚主义、宗派主义,从思想上经常洗脸、扫地。邓小平回忆了当年在太行山的岁月,指出:那时生活条件和环境都十分艰苦,却没有人闹待遇、闹等级,现在条件好了,反而闹起来了。他说:"过去叫死也可以去死,而现在拿山西话来说,就'挑肥拣瘦'。如果叫去雁北工作,那就认为是'对他人格的侮辱'。"这种变化的背后,就是远离群众。现在群众原谅我们脱离群众的现象,这是因为党在群众中有崇高的威信。但仅仅依靠党的威信,总有一天会靠不住的。他列举离石县学生"闹事"情况,批评了县委领导"靠党的威信"压服学生的错误做法。他语重心长地告诫大家,要"面对群众,发现问题,依靠群众,解决问题。要天天看到人民群众,不要天天看领导,我们全党如果都是这样,我们党就不会灭亡"。

关于群众闹事问题。邓小平说,要正确区分两类不同性质的矛盾,绝不能用阶级斗争的办法,解决人民内部矛盾。对于群众闹事能否避免的问题,邓小平回答,只要坚持群众路线和经常的政治思想工作,群众闹事的现象是可以避免的。

关于工厂管理中的民主集中制问题。邓小平着重论述了职工代表大会的权力和重要作用。

最后,邓小平重申了共产党与其他民主党派"长期共存,互相监督"和科学文化工作"百花齐放,百家争鸣"的重要方针。

邓小平的这两个报告没有枯燥的说教,如同熟人之间拉家常式的交谈,深入浅出,比喻生动,富有很强的说服力和感染力。在山西广大干部和群众中引起了强烈反响,起到了教育干部、教育群众的重要作用,推动了山西整风运动和正确处理人民内部矛盾的进程。

离开太原后,邓小平沿同蒲铁路南下,途经太谷时,中共太谷县委第一书记靳广杰被请上了专列。原来,省委第一书记陶鲁笳在太原给邓小平汇报山西工作时提到,省委在太谷搞了个商业体制改革的试点,邓小平听后很感兴趣。

社会主义三大改造任务完成后,需要进一步调动广大群众的积极性,发展生产、繁荣经济。为使城乡经济活跃起来,首先要沟通流通渠道,在充分发挥国营商业骨干作用的同时,注意协调发挥供销合作商业的补充作用,允许保留并发挥个体小商贩的积极性,注重发展集市贸易。农民在完成国家的统购派购任务后,允许其把剩余的农副产品拿到自由市场上去卖,以调动农民从事商品生产的积极性。出于这个目的,省委确定在太谷进行商业体制改革试点。

邓小平饶有兴致地听取了太谷同志的汇报。

靳广杰说,太谷通过商业八进制改革,搞好了集市贸易,活跃了城乡经济,促进了多种经营的发展,农民手里有钱了,县里也有钱了。县里修戏院,铺马路,建自来水站,用的就是这部分钱。听完汇报后,邓小平说:"你们的这个经验很好,应该推广到农村搞试点。"

显然,当时邓小平就已经在筹划以国家经营和集体经营为主体,以一定数量的个体经营为补充的新的经济发展思路。

邓小平抵达洪洞时,在晋南地委第一书记赵雨亭、洪洞县委第一书记王绣锦等的陪同下,参观了新中国北方第一座农村小型水电站——明姜水电站、广胜寺和县看守所(即曾经关押过苏三的明代监狱)等名胜古迹。

在县委机关大院,邓小平与正在参加"三干会"的全体同志合影留念。这是一次中央到乡村6级书记的难得聚会,里面有中共中央总书记,有省、地、县、乡党委书记,还有村支部书记。

邓小平听取了王绣锦关于在洪洞如何实施《1956—1967年农业发展纲要》的汇报。他很少插话,偶尔就一些问题询问在座的同志。听完汇报后,他说,要充分利用洪洞的水利优势,发展水电站,搞好管理,提高效益。

离开洪洞,邓小平来到临汾。当他看到利用龙祠泉水种植的反季节蔬菜——黄牙韭长势喜人时,非常高兴地说,要进一步开发龙祠水资源,把绿化搞上去。

随后,邓小平去了运城。

4月4日,邓小平到达甘肃。

4月5日,邓小平在兰州西北民族学院礼堂,向参加会议的甘肃省领导干部作了关于形势的报告。

报告针对我国经济发展中出现的一些新情况、新问题,阐述了解决问题的原则,强调充分发扬民主,加强和改进党的领导,积极进行切实有效的思想政治工作,搞好经济建设。他指出:从整个来说,阶级斗争这门科学,我们的党,我们的干部是学会了;但在建设方面,对我们党来说,对我们的干部来说,或者是不懂,或者是懂得太少了。他提醒广大干部:如果不好好学习,不总结经验,我们也会在建设问题上栽大跟头,犯大错误。报告最后强调要充分认识"长期共存,互相监督""百花齐放,百家争鸣"的重要意义。加强党的领导,关键是加强党与群众的联系,调动一切社会力量,把我们的国家建设成为一个真正富强的而不是现在这样穷的社会主义国家。

当天,邓小平视察了正在建设中的兰州炼油厂工地,参观了兰州市有关文化设施,并称赞说:这符合我们勤俭建国的精神。他还听取了省、市负责人的工作汇报,并抽空到邓园探望了老朋友邓宝珊省长。

4月6日,邓小平结束了在甘肃的活动,前往西安视察。

这次到西安,是他此次视察中的第二次。他在3月23日就曾来到了西安。当天,邓小平抵达西安后,下榻在止园。

止园是著名爱国将领杨虎城将军故居,1936年4月建成。西安事变时杨虎城将军就住在这里。新中国成立后,陕西省人民政府将止园的一部分加以改建,作为接待国内外贵宾的处所之一。限于当时的条件,即使是止园改建成的宾馆,设备还是比较简陋的。

邓小平这次到陕西,除了宣传八大的精神和传达贯彻毛泽东的讲话精神外,还有一个目的,就是检查第一个五年计划的执行情况。"一五"计划期间,由苏联为我国援建了156项大中型建设项目,习惯上称"156项工程"。在这156个项目中,建在陕西的有24项,主要是军工项目,有17项,其余为民用项目,涉及航空航天、兵器、电子、电器、电力、光学制造和煤炭开采等。

邓小平不让报道他的这次视察活动,不许人们对他的到来进行张扬。

3月23日这天,在止园南楼大会议室里座无虚席。邓小平坐在临窗一张靠背沙发椅上,两旁坐着省市负责人张德生、冯直等,各厅局负责人和有关部门人员环坐四周。

西安市委书记冯直主持会议。他说,党和国家对西安的城市建设非常重视,也非常有决心。1953年第一个五年计划开始时,李富春、万里等同志来指导我们的城市规划和建设工作,这一次,邓副总理又来检查指导。

接着,冯直简要地汇报了西安城市的建设情况。他说,我们从国民党手里接过来时,西安是一个烂摊子,连自来水都没有。现在西郊的电工城、东郊的纺织城和南郊的文化区都已初具规模,今后要努力建设,使西安成为一座人民的新型城市。

冯直说完后,请邓小平讲话。

邓小平说,还是先请大家讲,我先听听大家的意见。

开始,在座的人还有点拘谨,纷纷小声议论。邓小平鼓励大家:大点声讲,放开讲。于是,有人开始了第一个发言,随后,会场气氛开始活跃起来,人们纷纷发言,提出了不少问题:如建筑材料要不要预制、工程建筑实报实销浪费大、计划外开支无法解决,甚至连19块钱也解决不了,等等。

在大家发言告一段落后,邓小平说,美国建筑材料70%~80%是预制品,苏联只有20%多一点,美国最高,赫鲁晓夫的报告也讲到这个问题。可是我们有的是人,要认真地研究一下,预制合算就预制,不合算,那就没有什么优越性了。

邓小平接着说,我们现在的缺点,是只此一家(国营建筑企业),别无分店,你要包也得包(包工包料),不包也得包,没有竞争,反正是国家的钱,浪费了也毫不心痛……你们连19块钱的权都没有,不像话!前一段武汉的同志讲,他们要用30块钱请苏联专家吃一顿饭,不给开支。没有办法,只好打电报到北京请示。花了300块电报费,才解决了30元招待费,真是个可笑的故事。他们是30块,你们是19块,你们顶好也多打几次电报,电报费报销没问题,这个办法好?一番幽默诙谐的话,说得大家都笑了起来。会议的气氛一下子变得十分热烈了。

邓小平说,你们告诉他们(主管财务者),为了19块钱,你们打了几次电话,发了多少电报,连这次电报费算在一起是多少钱!

邓小平的讲话,博得了全场的一片掌声。①

这次座谈会后,邓小平又赶赴兰州等地,于4月7日再到西安。

此次视察期间,他不仅视察了属于156项工程中诸如昆仑机械厂、红旗机械厂、庆安机械厂等大型航空军工企业,还乘飞机鸟瞰了西安市区。

4月8日上午,位于古城中心位置的西安人民大厦会议厅内坐满了在西安的省市干部们。当邓小平走上主席台时,台下立即响起一阵热烈的掌声,邓小平也鼓掌向台下的干部们致意。

他说,这一次从北京出来,到西安住了几天后去了兰州,昨天回来。很想同同志们见见面。这次走了3个省,实际上走了3个市——太原、西安、兰州。走马看花,了解得不多,所以只能给同志们谈一般问题。今天我想谈谈关于勤俭建国的问题……我们今后的主要任务是什么呢?革命的任务还有一部分,但是不多了。今后的主要任务是搞建设。我们党的第八次全国代表大会提出的任务,就是要调动一切积极因素,调动一切力量,为把我国建设成为一个伟大的社会主义工业国而奋斗。这就是我们今后很长时期的任务。这个任务不知道要多少年才能完成。搞建设这件事情比我们过去熟悉的搞革命那件事情要困难一些,至少不比搞革命容易。

---

① 讲话内容参见《邓小平视察纪实(1957—1994)》(上),江苏教育出版社2002年版,第14—15页。

这次来西安看到城市建设比1952年来时变化大，感到很高兴。不能否认，我们国家发展得确实很快，气象一新，过去几年我们各方面的成绩是很大的，不看到这一点是不对的。但是，切不可过分夸大我们的成就。

邓小平引用了毛泽东1957年3月17日在天津讲话中的一段话，继续说道：我们过去干革命是花了二十几年的时间才学会的，并且其中犯过大错误。现在我们搞经济建设，是不是可以不要花二十几年的时间而花更短一点的时间学会，并且不犯大错误，不栽大跟头。可能不可能呢？应该说是可能的。因为我们国家搞建设的条件是好的，比起十月革命后的苏联，困难要少一些。首先，国际形势给了我们一个有利的环境。其次，有苏联和其他兄弟国家的经验。当然我们也要学习世界上一切先进的经验，世界各国，包括美国在内，有先进的东西我们也要学。同时我们自己也有了一些建设的经验。我们国际国内的条件是好的，现在的问题是我们能不能善于利用这个形势，能不能花很少的钱办更多的事，能不能不断地总结经验，发扬成绩，克服缺点，避免犯大错误，关键在于党的领导。

针对陕西省和西安市以及全国其他一些省市执行第一个五年计划所取得的成就和所暴露出来的一些问题，他特别强调：我们的干部对建设中出现的问题要"认真地研究"，"不要照抄、照搬"，要"一切从实际出发"。他对一些建设项目一味"贪大求全"，"气魄大，牌子大"，浪费现象严重，钱花得不适当，"公子少爷的味道足"的现象提出了尖锐批评。他说："我们的国家还是一个贫穷的国家，落后的国家"，要把我们这么一个贫穷落后的国家建成一个社会主义的先进的工业国家，需要"长期的刻苦努力"，需要"勤俭建国"的精神。他深有感触地说："中国的民族资本家很多都是艰苦奋斗出来的，他们办企业比我们高明。"上海"有些企业确实是艰苦奋斗出来的，搞得既经济又实用"。他建议陕西省委、西安市委组织国营企业的同志去上海看一看，参观后，可以改变一个观念。

邓小平十分注意建设中的人才问题。他说：我们党的干部懂得改造自然，搞建设的人才是很少的，很不够的，我们的科学技术是很低的，我们要善于接受苏联的经验教训，要学习世界上一切先进的经验，世界各国，包括美国在内。他指出："我们自己也有了一些建设的经验。我们搞建设已有七年多一点时间，这几年的经验也很重要，不要小看。这是我们自己走出来的路,真正总结起来,对我们来说,益处更大。"

1956年4月,毛泽东在中央政治局扩大会议上作了《论十大关系》的报告,这标志着我们党"以苏为戒",开始探索中国自己建设社会主义的道路。当时任中共陕西省委第一书记的张德生,通过对陕西国有工业企业的建设情况进行调查研究,总结陕西几年建设的经验教训,把毛泽东在《论十大关系》中提到的重工业和轻工业形象地比喻为"骨头"和"肉",认为陕西这几年建设的布局是"骨头"多"肉"少,提出不能光有"骨头"没有"肉"。对张德生的这一提法,毛泽东、周恩来都很赞赏。

邓小平通过这次在陕西视察期间的所见所闻,不但对张德生的这个见解作了进一步肯定,而且对如何处理好"骨头"和"肉"的关系提出了自己新的看法。

他说:"过去我们在城市规划中对'肉'重视不够,应该办商店、理发馆等服务性行业,没有注意办,这是事实。现在这个问题必须解决,不解决不妥当,这是一个制度问题。但是应当着重指出,过去在这方面花的钱并不少,就是用得不适当。"在中央来说,"是对于'肉'的问题注意得不够",恐怕在地方来说,"对于钱用得不适当的问题应该引起注意"。"城市规划中的问题不少。西安的电影院戏院并不少,但是在工业区一个也没有,要看戏的人找不到戏院,有戏院的地方没有多少人去看戏,这个布局显然是不适当的。"

西安有个城隍庙,地处古城繁华的西大街中段,自明代以来有五六百年的历史,以庙设店,富有特色,直到新中国成立初期一直是西安的一个商业中心。百货日用商品琳琅满目,应有尽有,商贾摊贩、市民游客终日摩肩接踵,川流不息。邓小平参观后说,西安的城隍庙,有很多简易的商店,工业区为什么不多搞几个"城隍庙"呢?要多办一些购物商店、理发馆、学校,修建文化娱乐场所,满足群众的需要。他说:"我们国家大,搞一点富丽堂皇的东西,以表示我们的新气象,我不完全反对,但是不应该搞得太多。"今后搞一些简陋的东西,"肉"的问题是可以解决的。我们在建设方面的指导思想应该是:面对国家现实,面对群众的需要,解决好"骨头"和"肉"的关系问题。

邓小平在讲话中,特别强调要加强党的领导,党要接受监督,党员要接受监督。

他指出:在中国来说,谁有资格犯大错误?就是中国共产党。犯了错误影响也最大。因此我们党应该特别警惕。党要领导得好，就要不断地克服主观主义、官僚主义、宗派主义，就要受监督，就要扩大党和国家的民主生活。如果我们不受监督，不注意扩大党和国家的民主生活，就一定要脱离群众，犯大错误。

为此，他强调：共产党要接受监督，要接受来自党内，来自群众，来自民主党派和无党派人士这三个方面的监督。这样，我们就会谨慎一些，消息就会灵通一些，脑子就不会僵死起来，看问题就会少一些片面性。

邓小平专门讲到，在群众方面，要扩大各方面的民主。实行群众监督可以把群众的积极性调动起来，群众会提出很多好的意见。他批评一些领导在这个问题上"想不通"。他列举了在山西视察时了解到的一些情况："在山西，农民对我们的意见是：'你们管得太多了。'我们到晋南，当地领导机关规定八月初五棉花打尖，不够尺寸不准打顶尖，干部拿上尺子到地里量着打顶尖，照办了的每亩收棉四十斤，没照办的每亩收棉五十斤。这叫什么先进经验？这也是滥用党的威信。农民对我们无可奈何，反正是党的号召，做就是了。"邓小平说："这种情况，偶尔发生，群众还可以原谅，长此下去那还行？""所以，扩大各方面的民主生活，扩大群众的监督，很重要。"

在谈到"长期共存、互相监督""百花齐放、百家争鸣"十六字方针时，邓小平说，我们党内不少人思想不通，不了解它的好处。这个方针对我们国家有深远的影响，对我们党有极大的好处，对发展马克思列宁主义有很大的好处。如果我们不注意，不搞"百花齐放、百家争鸣"，思想要僵死起来，马克思主义要衰退，只有搞"百花齐放、百家争鸣"，各种意见表达出来，进行争辩，才能真正发展马克思主义，发展辩证唯物主义。这一点，斯大林犯过错误，就是搞得太死了，搞得太单纯了。

邓小平最后说，只要党和党员不脱离群众，只要党和党员接受监督，只要党和党员虚心学习，只要党和党员不断地进行工作，进行思想政治工作，我们党就一定能同过去领导革命取得胜利一样，顺利地领导国家建设，在比较短的时间里，学会建设，学会管理经济，把我们国家由落后的农业国建设成为先进的工业国。

在结束这次对陕西的视察时，邓小平热情勉励陕西的党员和干部一定要像过去领导革命那样领导建设，在比较短的时间内学会建设，学会管理经济,建设好陕西。

1958年8月,中共中央政治局在北戴河召开扩大会议,讨论和通过了《中共中央政治局扩大会议号召全党全国为生产一千零七十万吨钢而奋斗》《中共中央关于在农村建立人民公社问题的决议》和《关于一九五九年计划和第二个五年计划问题的决定》等40项决议。这次会议把"大跃进"和人民公社化运动迅速推向高潮,以高指标、瞎指挥、浮夸风和"共产风"为主要标志的"左"的错误,严重泛滥开来。

北戴河会议结束十多天后,邓小平便去了东北。

他此行的目的是宣传中央的方针政策,号召各地为完成党中央提出的战略任务而努力奋斗。特别是作为全国重工业基地的东北,不仅要完成党中央交给的任务,还要完成支援全国的任务。

陪同邓小平视察的有国务院副总理、中央书记处书记李富春,中央书记处书记李雪峰,中央书记处候补书记杨尚昆、刘澜涛,全国妇联主席蔡畅等。

在黑龙江,邓小平视察了富拉尔基重型机器厂等重要工厂。

9月17日,邓小平听取了黑龙江省委负责同志的工作汇报,并在黑龙江省干部大会上发表讲话。

邓小平在阐述了当前的国际、国内形势后说,东北、黑龙江潜力很大。过去几年全国支援把东北建设起来,现在应该轮到东北支援全国了,东北要用一切力量支援全国过关。北戴河会议时,富春同志提出东北的方针,大家赞成,就是把你们原来提的方针修改一下,叫作"充分挖掘潜力,大力支援全国,逐步合理发展"。

邓小平说,东北的同志必须把自己的任务了解清楚。你们的成绩很大,包括许多工厂在内。好多厂很有干劲,虽然程度不同,但劲都鼓起来了。大家很热心,计划看起来也不算小,但是鉴于潜力很大,是否挖够了,不能说。我是外行,但内行人一看就说是还有潜力未挖,稍微调整一下,鼓一下劲,想点办法,还可以加大计划。东北要完成支援全国的任务,就要解决三个关系问题。一是局部与全国的关系。东北是一个局部,要服从全国的需要,增加的东西为全国服务。二是大厂与小厂的关系。小的要服从大的,因为为全国服务的主要是大厂,所以大小厂协作为全国服务。三是工业与农业的关系。无非是拖拉机、排灌机械慢搞一点。

邓小平最后说，总之，要正确解决这三个关系问题，才能适应于大力支援全国的任务。

9月18日至23日，邓小平来到了吉林省视察。

他听取了省委的工作汇报，先后视察了长春市、吉林市和四平市，并深入到长春第一汽车制造厂、长春地质学院、长春电影制片厂、南关区街道、丰满发电厂、吉林肥料厂、吉林染料厂、吉林电石厂、吉林造纸厂、四平市六马路小学和市盲人铁工厂等单位，与干部群众亲切交谈，详细了解农业生产和群众生活等情况，并发表了重要讲话。

9月19日，他来到了长春第一汽车制造厂。

长春第一汽车制造厂，是中国民族汽车工业的一面旗帜。1958年一汽人"乘东风，展红旗"不仅造出了国产第一辆东风牌小轿车，结束了我国不能生产轿车的历史，而且开发、研制出了我国第一辆红旗牌高级轿车，并被中央批准参加国庆九周年庆典。就在一汽人"抢时间、争速度，造出轿车向国庆献礼"之时，中共中央总书记邓小平来到了这里。

邓小平对中国的民族汽车工业情有独钟。早年他在法国勤工俭学时，就曾在法国雷诺汽车厂工作过，和汽车有着不解之缘。他希望中国有自己民族的轿车工业，更希望有一天中国的民族轿车工业会走向世界。

秋天的东北，阳光灿烂。19日这天一早，一排崭新的车队由省宾馆徐徐驶向汽车城。车队穿过1号门，绕过中央大道，停在生产大楼下。9时10分，中共中央总书记邓小平，中央政治局委员、国务院副总理李富春，中央书记处候补书记杨尚昆，全国妇联主席蔡畅等在第一汽车厂厂长饶斌、副书记史坚的陪同下来到会客厅。邓小平没等落座，一眼就看到墙壁上悬挂的产品图。他左看右看，高兴得不得了。当他得知是一汽自己新近开发的新产品时，赞不绝口，用浓重的四川口音连声说："好，好，好！"

一汽厂长饶斌汇报了一汽自1956年出车后近两年来的生产、新产品开发、质量水平状况以及干部队伍建设情况。邓小平听得非常认真，他对一汽当时正在进行的干部参加劳动，工人参加管理，干部、技术人员、工人三结合大搞技术革新、技术改造非常感兴趣，一边听，一边记，一边询问，并把一汽的经验概括为"两参一改三结合"，提议要在全国推广。后来由毛泽东圈阅，定为《鞍钢宪法》的一部分。

邓小平对一汽的未来发展及产量情况给予了明确的指示，他说，现在我们国家正处在经济发展时期，国家要进行大规模生产建设，载重车今后用量会很大，你们要挖掘潜力多搞一些。听说你们将来的产量要向10万、20万、30万辆水平发展，这很好。发展汽车工业，这得要大批量，只有生产批量上去了，价格才会降下来。

谈到燃油问题，邓小平说，现在石油很紧张，能否用其他的什么东西来代替，烧酒精怎么样？你们可以大胆地研究。我们国家现在红薯产量很高，它可以做酒精，但就是不能用茅台。风趣的话语，引得在场的人全都笑了起来。在详尽地询问了红旗牌高级轿车的生产开发情况后，邓小平来到了轿车装配车间，看到热气腾腾的工作场面，他不停地问饶斌，红旗车比伏尔加、吉姆怎么样？并指示，好就多生产些。邓小平还对每道生产工序都看得非常认真，就连"东风"轿车前标"龙"安上没有，水箱面罩两边缝隙过宽，模具怎样开发节省资金等细微问题都提出了明确的意见。

看到车间门口的两台简易机床，邓小平走了过去。这是一汽依靠工人、干部、技术人员在革新活动中搞出来的。邓小平细心地观看了工人操作，连声称赞：这办法好。他指着机床说，机械加工是个很复杂的过程，许多东西都是由简单到复杂，由复杂到简单的。德国现在许多机床就很简单，但能解决大问题。

看过红旗车间后，邓小平来到了铸工车间。露天搞砂型的同志一看见邓小平就热情地鼓起掌来，邓小平在热烈的掌声中频频向工人们挥手。当砂芯工部车间主任介绍采用新工艺烘干芯子可缩短一半工作时间时，邓小平连连称赞：这办法好得很嘛，既节省能源，又可减少工人在烘干炉里上下装卸的次数，这就叫多快好省。在锻工车间，邓小平观看了车间的"三化展览台"，对工人们的创造发明频频点头。在看过了发动机车间、热处理车间工人们的革新成果后，他对技术人员的大胆创新给予了很高评价。底盘车间改进前后的转向器引起了邓小平的浓厚兴趣。在生产现场，邓小平指着改进后的转向器对李富春说，改进后两个零件代替了原来的十三个，成绩可观啊。李富春也会意地笑了起来。

在总装配车间，邓小平看到从总装配线上开出的一辆辆崭新的解放牌汽车，脸上充满了满意的笑容。面对着锃明瓦亮的车身，他看了又看，摸了又摸。

视察结束时,邓小平鼓励全厂干部职工再接再厉,为支援全国建设做出新的贡献。

在视察吉林肥料厂时,邓小平对厂负责人说,要想办法少用电,多增产。

在染料厂,他指出,要向多品种、尖端方面发展,在质量上要更快地达到世界先进水平。

在造纸厂,当他得知要建一个电极材料绝缘纸分厂时十分高兴。他说,这很好,有了这种纸我们就可以不依赖进口了。你们造纸工业就应当向造纸工业的尖端方面发展,完成了这个任务才是你们造纸工业的光荣!

在丰满发电厂,邓小平还现场解决了丰满水库水位限数等实际问题。

邓小平在视察这些重要企业时,着重强调:在工业领导工作上要局部服从全局,大力支持重点,保证完成国家的计划。

9月20日,邓小平等在省委领导同志的陪同下,来到永吉县了解农业生产情况。他在该县岔路河公社的一块水稻田旁边停下来,问随行的生产队干部:试验田亩产多少斤?对方回答说,4万斤。邓小平听后吃惊地说:"能有这么高吗?能打十分之一,就已经很了不起了。"接着,他对陪同的省市领导同志说:"广大群众建设社会主义的积极性很高,精神很可贵。但是,指标要实际一些。这块试验田的产量能否兑现,咱们秋后可算账哟!"在到处都放"卫星"的时候,邓小平的这番话给人们留下了冷静的思考。

9月22日,邓小平听取了中共吉林省委负责人吴德、赵林的工作汇报。省委常委、长春市委书记处书记和有关部门负责同志参加了这次汇报会。

在听取关于农业工作的汇报后,邓小平说,发展农业生产,必须充分运用现有条件,不能单靠拖拉机。拖拉机将来是要有的,农业必须实行机械化,这是农业技术改革的方向。但是单靠拖拉机,一两年内是做不到的。必须从现有的基础出发,想出各种各样的办法,力争高产。要注意改革耕作制度,改变广种薄收、耕作粗放的习惯。要合理利用土地,集中力量提高单位面积产量。必须发展多种经营,农林牧副渔全面发展,这样才能使广大农村更快地富裕起来。当时,全国正处于"大跃进"的浪潮中,在"人有多大胆,地有多大产"的口号下,违背经济规律,蛮干的事情很多,浮夸风盛行。邓小平还是坚持实事求是精神。

这一天,邓小平在听取了吉林大学有关共青团炼钢厂建设工作情况汇报后,即兴题词:"把劳动和教育结合起来,是培养具有共产主义品德和真实本领的年青一代的根本道路。"

9月23日,邓小平视察了四平市六马路小学和这个学校的红领巾工厂,邓小平对该校学生的学习和劳动安排表示满意。他说,学生要一面读书,一面劳动,无论如何,不能削弱学生的基础课。他还特别指出,儿童年龄小,参加劳动不要太累,组织劳动生产要注意儿童的兴趣,要搞多种多样的劳动,培养多面手。他勉励红领巾们要好好学习,天天向上,长大接好革命班。

9月24日,邓小平一行来到辽宁的鞍山。

他视察了鞍山钢铁公司。

鞍山钢铁公司是新中国最早恢复和建设起来的第一个大型钢铁联合企业,在我国的国民经济发展中长期处于举足轻重的地位。

这是邓小平第二次视察鞍钢。

3年前,1955年11月18日,作为中共中央秘书长的邓小平随刘少奇视察鞍钢。

当时正是国家"一五"计划顺利实施时期,各行各业都在突飞猛进,新的发明创造不断出现。鞍钢广大干部、工人、知识分子,发挥社会主义积极性和创造性,继大型轧钢厂、无缝钢管厂、七号炼铁炉三大改建扩建工程完成并投入生产之后,向着更高的目标迈进。

一晃3年过去了。

邓小平再到鞍钢后,听取了中共鞍山市委书记赵敏和鞍钢经理袁振的汇报。

这时,许多人都已经头脑发热。当赵敏谈到要在小炉子上放"卫星"时,邓小平明确说:"要在大炉子上想办法,小炉子放卫星不算数。"

所谓"小炉子",是指当时在"全民大炼钢铁"的热潮中兴建的土炼铁炉、土炼钢炉。当时鞍山市曾发动各行业职工及家属13万多人,兴建小土炉2955座,生产土钢10万多吨。这些小土炉产品质量差,消耗高,破坏了生产综合平衡,造成很大的浪费,限制了钢产量的进一步提高。邓小平心里很清楚,这些土钢是没有太多作用的。

"大炉子是挖潜力的问题,潜力有两种:一种是由于改进了制度、章程,改进了作风,发挥了群众积极性,努力干了;还有一种是由于改进了技术,出现了新的力量,这就是技术革命的问题了。后面一种潜力更大。"邓小平说。

"鞍钢这样大的企业,应当大搞技术革命,要注意发动技术人员,只有技术人员和工人结合起来,才能发挥更大的作用。"在到处都讲空话、说大话的时候,邓小平更崇尚的是科学技术本身。

9月25日,鞍钢在市"二一九"公园召开万名干部群众大会。邓小平因要去盖县检查农村人民公社的情况,未能出席。但他与随行的国务院副总理李富春仔细研究确定了鞍钢这次会议的形式、地点和内容。会上李富春代表党中央、国务院作了激动人心的讲话,号召鞍钢职工"解放思想,大闹技术革命,取得更大的成绩"。

这一天,邓小平视察了盖县太阳升人民公社。

太阳升人民公社在当时是全国的一面旗帜。

邓小平在听取公社负责人的汇报时,询问了不少问题,并对公社的工作提出了一些批评。当公社党委副书记李树生汇报说全社今年计划养猪10万头,实际只养了27950头时,邓小平说:这么大的社,这么光荣的地方,才养这么点猪,太少了。

当说到今年大旱时,邓小平问:你们打井了没有?为什么今年这样旱,你们不集中力量打井?他提出,要利用旱灾来搞水利。

"明年你们规划了没有?一人平均多少斤粮食?多少斤棉花?多少头猪?"邓小平问。

李树生回答说:"粮食平均2500斤。"

"2500斤?必须亩产2000斤才能达到,大约比今年翻三番。"接着,邓小平算了一笔账,并提出:"明年每人2500斤粮食,300元收入,作为你们的目标行不行?"

公社的同志说:"行。"

邓小平又叮嘱说:"一定得打井。押宝要押在旱灾上,准备它旱。不能到那时,又说天老爷不帮忙。"

邓小平还说,居民点是公社的基层组织。规划时要计算一下到田间的路程,要便于耕地。要种树,要绿化,要园林化。

在沈阳,邓小平听取了中共辽宁省委负责同志的汇报。9月27日,他在辽宁省和沈阳军区党员负责干部大会上讲话。

他说，东北对全国所负担的任务很重。辽宁在东北又是第一，任务重。他再一次讲了反骄破满的问题。他说："鞍钢就不这样的，觉得还不错啊，增长速度也可以啊，而且也比苏联还好啊，怎么你们还说努力不够，发明创造不多！我真有点委屈。"于是他从东北对全国所负担的责任讲起，教育大家反骄破满。他说："中央对你们的压力一年要比一年大，你们要有精神准备。为什么？因为第一个五年计划期间，是用全国力量把你们这个地方建设起来的。你们应该在第二个五年计划和第二个五年计划以后的长远建设里，起到比其他地区要大得多的作用。这是义务，责无旁贷！在你们面前摆着的就是对全国的支持够不够，自己的努力够不够，而不是该不该的问题。"

为确保钢铁生产任务的完成，在10月召开的全国计划会议上，再次确定1959年钢的生产指标要达到3000万吨。中央提出了其他部门"停车让路"，"让钢铁元帅升帐"的要求。在"以钢为纲"的口号下，一个造成国民经济比例严重失调的全民大办钢铁的群众运动，在全国迅速发展起来。一时间，各级党委第一书记亲自挂帅，动员了约9000万人上山，砍树挖煤，找矿炼铁，建起上百万个小土高炉、小土焦炉，用土法炼钢。为完成"1070"，国家投入了巨大的人力、物力和财力，不少地方矿产资源遭到破坏，森林被砍光，群众做饭的锅被砸光，但没有生产出多少合格的产品。当时生产出的名叫"烧结铁"的高硫铁根本不能炼钢。如用于浇铸，也因铸件发脆、太硬，而无法加工。由于矿石品位低、生铁质量差和追求高产快炼等多种原因，大钢厂的产品质量也显著降低了。大炼钢铁，不仅造成了工业内部的比例失调、忽视质量、拼设备等严重问题，而且给农业带来了极大的影响。农业第一线的强劳力被抽光了，使得这一年的农业丰产却没有能够丰收。

在大办钢铁的同时，人民公社运动也一哄而起。1958年10月底，全国74万多个农业生产合作社改组成为2.6万多个人民公社，参加公社的有1.2亿多农户，占总农户的99%以上。同时在一些城市也开始了人民公社化的试点。农村人民公社化运动以"一大二公"为指导思想，在实行并社和供给制的过程中，提出人民公社由集体所有制向全民所有制过渡，快的三四年，慢的五六年。因而出现了公社共了生产队的产，穷队共了富队的产。在人民公社化运动中，出现国家无偿地占用公社的物资，抽调公社的劳力以及

"吃饭不要钱"等做法,兴起了"一平二调"的"共产风"、瞎指挥风、浮夸风以及强迫命令风等等。在人民公社实行政社合一的过程中,由于权力过分集中在县、社两级,基层的生产单位没有自主权,没有生产中的责任制,分配更加平均化,经济核算制度也完全被抛弃了。

10月下旬,毛泽东和中央一些领导同志到农村视察。

邓小平先后到广西、云南、贵州、四川等地视察。

第一站是广西。

10月22日,一架银灰色的伊尔—14型专机徐徐降落在广西柳州军用机场上,身着深灰色中山装的邓小平和中共中央书记处候补书记、中共中央办公厅主任杨尚昆等走下飞机,与前来机场迎接的中共柳州市委、柳州地委、柳州军分区的负责同志一一握手。中共广西自治区党委负责同志因接到通知晚了,于当天下午才赶到柳州。

邓小平一行下榻在柳州饭店。

当天晚上,邓小平不顾旅途疲劳,到东风钢厂(原通用机械厂)、永丰利刀具厂视察。

东风钢厂、永丰利刀具厂是柳州比较有名的工厂。他们生产的摩托油锯和割纸刀享誉全国,并远销亚非拉各国,所以邓小平一到柳州就提出要到这两个厂参观。在工厂里,他亲切地与老师傅、青年工人交谈,鼓励淬火老师傅要把技术传授给年轻一代,并鼓励两个厂要进一步提高产品质量和增加品种数量。凌晨两点,邓小平等才离开工厂回到饭店休息。

当时全国正在大办钢铁。为响应党中央提出的当年实现钢铁产量翻一番的号召,广西城乡掀起了一个以大办钢铁为中心的"大跃进"浪潮,各地纷纷建起了土高炉,大放钢铁产量"卫星"。

23日,邓小平原本拟往鹿寨视察。后据自治区和柳州地区负责同志介绍,罗城县四把乡一带也建起了一个规模较大的炼铁基地,该县正在赶超鹿寨县。因此,便改往罗城县四把乡视察。

位于柳州西北的四把乡,邓小平是有深刻印象的。28年前,红七军主力奉命北上时,邓小平曾率部经过此地,与从宜山方面赶来阻截的桂系军队覃连芳教导师相遇,双方发生激战,红七军300多名指战员牺牲在这里。在从柳州经宜山往四把乡的路上,邓小平回忆往事,深切怀念当年的死难烈士。

到了四把乡钢铁基地,邓小平迎着滚滚浓烟,深入察看小高炉群。他一个炉子一个炉子地看,看得非常认真。看着沿途那些炼出来的铁,这位曾经在法国施奈德钢铁厂当过炼钢工人的中共中央总书记,越看心里越不是滋味,他忧心忡忡地问随行的冶金专家:"你们看,这些铁的质量怎么样?"一位专家相继指着地上堆放的两种产品说:"这种的质量还比较好,那种算是烧结铁。"邓小平拿起夹杂有矿石和木炭的烧结铁掂量了一下,恳切地对陪同的地方领导同志说:"各族广大群众建设社会主义的积极性很高,精神很可贵。今后,要设法炼出像专家说的那种质量较高的铁来。至于这种烧结铁,还不能算是铁!"

邓小平的一席话,既充分赞扬了各族群众大干社会主义的可贵精神,又对盲目上马土法炼钢炼铁的一些做法提出了批评,这无疑是给当时头脑日益发热的人们吃了一副清醒剂。

10月24日,邓小平来到云南,先后视察了云南昆明钢铁厂、昆明机床厂等。

在昆明钢铁厂,邓小平提出让昆钢多生产一些钢材,轧成钢轨用以修铁路,发展云南的交通建设。

在昆明机床厂,邓小平对陪同的省委、省政府的领导同志和该厂的负责人说,云南要努力发展机械工业,更多地制造出一些机器。在机床厂装配车间,邓小平仔细地观看了该厂生产的5米直径的齿轮滚床、7米直径立式车床和20米长、5米宽龙门刨床,当了解到这3台大型机床的性能后,他连连称赞:"好!好!"并鼓励该厂技术人员和工人说:"你们厂技术设备、技术力量较强,目前国家很需要机床,为加速国家经济发展,你们要发动群众生产更多的机床,为国家作贡献。"

10月25日,邓小平在听取省委的汇报后,就云南的工作发表了一些重要的意见。他说,云南从长期看,是搞有色金属,搞一批铝县、铜县、铅县、钢铁县,要搞成有色金属省。你们这里有这么多宝,要努力奋斗,搞一套经验出来,这些东西值钱,搞出来,云南即富了,人民收入就多了。农业,云南条件好,一定要搞多种经营,搞多样性。

邓小平还就人民公社的有关问题发表了意见。他说,人民公社,现在还在积累经验,走在前面一点的是河南、河北,河南也不是普遍地走在前头,河北主要是徐水。农村有些问题还要进一步去解决,但问题不大,方向明确了。徐水要消灭家庭,分成小孩队、老年队,分开去住。还是要慢一点,自然一点。主席说,不忙。将来是否不要家庭?我们的老祖宗有两派,恩格斯主张不要,贝贝尔主张要。不过今后家庭要缩小到必需的范围,不是经济核算单位。徐水造成房子将人分别集中,实际是行政的办法,要自然一些好。愿意的,可以在一起,不愿意的,可以不在一起,都可以。公社究竟包多少?要很慎重地考虑。徐水是全包。此外,每个人只储备1元或2元,这样好不好?要从长计议。现在不能肯定徐水是成功的,但也可能是好东西。总之,要多试验。鞋、袜都穿一样的,做什么就吃什么,行不行?恐怕有问题,不然为什么叫"各取所需"呢!

河北徐水是毛泽东树立的典型,在当时人民公社越大越好、越公越好的情况下,邓小平能说出这番话来,是难能可贵的。

邓小平在四川视察了绵阳、江油、广元,途经德阳时,听取了当地负责人程占彪的汇报,对德阳的工业建设作了重要的指示。

邓小平说,德阳的工业是国家的大工业。拿制造冶金设备、电站设备的工厂来说,是目前全国最大的,这是机械工业之母。拿四川省的城市来说,第一重庆,第二成都,将来第三是西昌,第四就是德阳了。四川已计划有了钢铁、机械、石油等工业基地,还要在甘孜、阿坝区域内搞畜牧基地,以后吃奶品、穿皮毛是大问题。以四川新的机械工业基地来说,德阳是大的,要加紧建设,要打破陈规,边建设边生产,投资按原计划要节约,有些屋架机座以砖木和水泥来代替。生产准备中,工人培训要抓紧。大工厂不要搞全能,有些配件、附件和包装等都由地方办厂。

关于城市规划,邓小平说,城市规模根据这些工业项目和将来的发展,郊区要划大些,许多东西才可以自给。如城市人口以30万规划还小了,要按城市50万、100万作规划。德阳50万城市人口完全可能,德阳是不是划几个县进来,以便解决副食品、劳动力和其他资源。规划城市本身要把郊区各镇建立工业,成为生产城镇,大厂帮助下面电气化、机械化。将来各个镇子、居民点,文化、教育、商业、卫生事业等样样都有,连口红也不缺,以后农村的妇女也要用口红的。

城市的马路要宽,干线36米窄了,马路要100米宽,还要在林荫道栽树栽花,像长春那样宽才好。

工厂的宿舍距工厂要近些,保持在十几分钟内到厂。城市电车、公共汽车只适合远距离,近的不坐公共汽车,我主张大量地用自行车。中国搞个自行车国好吧。骑自行车方便,又是运动,体育与走路结合。

公社居民点、城市街坊要搞好,街坊道路也要宽,自来水、下水道要搞好。房屋住宅修三层为好,太高了住着不方便,要按共产主义的生活来设计布置街坊和住宅,要想到将来的人4小时或6小时工作,2至4小时学习,8小时睡眠,再多了睡不着,还有8小时干什么,那就是走棋、跳舞、看戏、看电影、打球、看打球(杨尚昆插话说,还要坐茶馆)。因此,娱乐设施、公园、体育场等都要修好。

修公共食堂是对,但家中也还要自己做饭,自己炒点菜,烧开水,烧牛奶。所以还需公共的(几家一处)烧开水及炒点东西的小灶房。例如说,我走到你家不能说喝茶、吃饭一切都到公共食堂去吧!厕所、卫生间还须有,不然卫生不好,澡堂用淋浴好,池塘、盆塘不好,你们说呢?(杨尚昆说,淋浴好。)但淋浴间每人一格,不像外面几个人在一起洗不礼貌。有的主张小学生从小就住读,我说三年级以下的小学生走读好些,不然他生活不好办。绿化要好好规划,要大量栽树,栽容易长的树,如桉树、果树,栽竹子。至于楠木、松柏以后栽,它们长得太慢了。

关于人民公社,邓小平说,城市人民公社你们早点搞。德阳建市,不要县了。政社合一,叫德阳市,又是德阳人民公社。下面设若干公社,以地名为名,如孝泉人民公社。不称联社和分社,也不用政治名词。现在德阳13个公社大多数是一二万人的,太小了不好发挥力量,还是四五万人以上好。下面公社为核算单位,上面即起联社作用,统一领导、规划,统一管理。

11月1日,邓小平乘飞机抵达贵州清镇机场,中共贵州省委常委、省政法委党组书记、副省长吴实,省委常委、省军区司令员田维扬到机场迎接。

陪同视察的有中共四川省委书记李井泉、中共中央办公厅主任杨尚昆等。

在乘车向贵阳方向行驶途中,邓小平对吴实和田维扬说:"贵州光山多,要搞绿化。"还说:"公路太窄了,农村茅草房子太多,要改造。"

抵达贵阳后,邓小平略事休息,就开始了视察工作。

这时正值"大跃进"、人民公社化运动最高潮时,共产风、浮夸风、生产上搞大兵团作战,生活上普遍建集体食堂,不顾条件地建托儿所、敬老院等,"左"倾错误泛滥。邓小平在四天时间里,先后到了贵阳市郊区花溪人民公社和遵义市及其附近地区。

他足不停歇地到田坝、到集体食堂、到托儿所、到敬老院作实地调查。邓小平与群众谈话很直接,他的四川乡音与贵阳、遵义地区的方言很相近,他的话农民都懂,他和群众谈生产谈生活,算农副业生产的账,谈集体食堂、敬老院、托儿所的情况,听取群众的看法和意见。当时处处红旗招展,热气腾腾的气氛影响着每一个人,很少有人在这种形势面前深思熟虑,至少表面上是这样。

11月2日,邓小平在花溪人民公社视察时,他仔细询问了群众的生活情况,如房子怎么修?托儿所怎么办?娃娃怎么带?人家不愿入托怎么办?强调:修房子要交群众讨论,这是百年大计。在田间,他又询问了农民的伙食情况。他在同花溪区的负责同志谈话中,又针对当时全国出现的浮夸风进行了批评。

11月3日,邓小平、李井泉、杨尚昆在中共贵州省委书记周林等人的陪同下到达遵义视察。

当天,他即听取了遵义地委李苏波汇报全区农村工作情况,视察了红旗人民公社和遵义县大风暴人民公社的食堂、托儿所及秋耕情况,广泛地接触了社员和群众。

在红旗人民公社,邓小平说,你们成立公社办了什么事?一家人收入40元,吃了28元,他们吃得起吗?幸福院,自己有儿女的恐怕不进,日托5元,全托8元,这相当高,和天津、北京一样,还办不到。

在大风暴人民公社,邓小平说,你们算账,只算交换价值,不算使用价值,这个算法不对。缝纫机是个人买好,还是社里出租好?值得研究。将来每家有一部,把裁剪衣服当成娱乐,自己独出心裁做衣服。现在每家一部用得少,算浪费,将来就变了。徐水县把机子都集中起来,统一买布,衣服样子是自定。应该允许自买自用。各人有各人的喜好,要允许人们有这个自由。同样分30元,有人愿意进馆子,将来肉多了,也许不吃了。有人愿意储蓄起来买手表,个人自由支配。这就是说,要不要有点自由主义,毛主席向来主张要有点自由主义,大集体小自由。

当天晚上,邓小平同绥阳县委书记魏炳芳、遵义县委书记连治洁、程耀华等人就农村中存在的有关问题谈话。

11月4日,邓小平来到贵州铁合金厂视察。他在了解遵义的矿产资源后说,锰铁可以搞"小洋群"。钢产量到1亿吨的时候,锰铁就大有搞头了。用电冶炼,普及就困难了,要创造能普遍推广的办法。

在贵州的视察中,邓小平针对贵州经济比较落后的状况,多次强调要改变观点,发展生产,增加国民经济收入,提高人民生活水平。当时由于人民公社实行半供给制,忽视多种经营。邓小平在4日下午于遵义湘江宾馆召开的省委常委会议上说:要千方百计地搞多种经营,搞点有色金属,搞点经济作物,必须搞有交换价值的东西。要搞铝县、铜县、铀矿县、烤烟县、麻县、木材县,总要搞一些特色。铝是尖端科学的重要材料,炼铝要创造出一条道路来……要搞铝锭。

邓小平还说:交通要搞,每一个公社要通公路。关于能源问题,他强调:要搞水电站,先搞小的,每个水电站兼顾灌溉。只要水抓到了,综合利用是容易的。水利概念要改变,农田用小水利来解决,山地以蓄水为主,拼命存水。

11月4日晚,是邓小平这次在贵州视察期间的最后一天,明天一早他们一行就要离开遵义。这天晚上的会开到深夜。除周林等几位省委的负责人外,还有遵义地委书记和遵义周边几个县的县委书记程耀华、魏炳芳、连治洁等。

邓小平一边听取几位县委书记的工作汇报,一边提问题。所提问题大多与白天调查有关,有关于人民公社体制的,有关于农副业生产的。

在谈到敬老院时,他问:"你们了解过有儿女的老人愿进敬老院吗?有些老人在家里东摸西摸,摆弄小孩子觉得很愉快,鳏寡孤独是不幸的结果。"当时有一种看法,认为老人进敬老院是最幸福的。

谈到各公社已建立的托儿所、幼儿园怎么办,邓小平说,小孩是全托好,还是半托好?有的群众每天要看一看、"亲一亲",他要多亲一亲自己的孩子,你不能说这就不是共产主义,要自觉自愿。当他提出这一问题时,陪同的负责人马上想起他白天和一位老农的谈话。这位农民的孙子送进大队托儿所,托儿所有全托有半托,他的孙子是半托,邓小平问他为什么不全托,这位农民笑嘻嘻地说:"要多亲一亲。"当时在一边旁听的人都笑了,邓小平笑着点头说:"你说得好!要多亲一亲。"

人民公社化后社员的生活单调贫乏,千篇一律,而且十分困难。邓小平从实际出发,对集体食堂和群众吃饭问题,谈得最多:"现在办集体食堂是做啥吃啥,可不可以有点个人机动?标准一个,可以机动,可以试一下。各人口味不同,自己加点咸菜、泡菜、腊肉可不可以?有了集体食堂,是不是还要各家的锅灶?建新房是不是还要每家建灶房?各家的泡菜罐子还要吗?每个人都愿意到集体食堂吃饭吗?现在穷这样办,将来呢?是共产主义越搞越简单,还是越搞越复杂,是生活越搞越单调,还是越搞越丰富?共产主义是要把大家搞成一个口味,还是允许各人有各人的口味?穿衣服也一样,发钱自己买,愿意买什么就买什么,穿鞋也是一样,有愿意穿皮鞋的,有愿意穿布鞋的,还有愿意穿草鞋的,是不是统一发一样的好?总之,有这样一些问题。过去家家挂腊肉,挂腊肉可能是个好制度,应该享受的就要叫享受。工人进馆子喝二两,一月一次(当天上午,邓小平在遵义公园遇到一位工人,两人边走边谈。这位工人向邓小平谈了自己的生活情况,他的工资不多,要养家糊口,但每月工资到手,必定要进一次小饭馆喝上二两),这反映了一个实际问题。"

"房子是一家一幢好,还是老少归队盖好,要交群众讨论,不能下命令,不能县委几个人一想就办。"

"对家庭问题要慎重,不能由共产党下命令,徐水县搞老少归队,试了也可以,你不能说非那样才算共产主义,这与共产主义是两回事,有个家庭并不妨碍共产主义。搞生活集体化,解放妇女是对的,娃娃主要是社会教育,这两条是对的。托儿所,不一定排除晚上回家,这些问题要考虑,同规划布局有关。""现在是苦战,这种状况不能持久,总不能老是十几小时劳动,共产主义不是为劳动十几小时,现在苦战是为换来少劳动几小时。"谈到消灭城乡差别,邓小平说:"农村建居民点,城市有的,北京、贵阳有的,居民点也要有,高跟鞋、胭脂、口红都可以有,电视也要有。"

视察期间,邓小平还于11月3日专程参观了阔别20多年的遵义会议会址。看到眼前纪念馆陈列的一切,邓小平的心绪一下子回到了从前。他不停地向随行人员陈述当年的情景,遵义会议在哪个房间里开的,他坐在什么位置。"会议室找对了,我就坐在那个角里。后面是蒋家大院,大家都住在那里,现在没有房子了,原来那个院子结构复杂,几进院子。在走廊上议论走四川的问题,那个时候觉得走廊很宽,现在窄了!"随行的记者和纪念馆的工作人员,把邓小平回忆的这些重要史实很快记了下来。因为在此之前,纪念馆的同志还不知道邓小平参加了遵义会议。后来在"文化大革命"中,邓小平作为遵义会议的参加者,曾被林彪、"四人帮"否定。他们诬蔑邓小平"篡改历史,硬将自己塞进遵义会议","是捞取政治资本"。邓小平的照片,还曾一度被从遵义会议会址陈列室的墙上取下来。面对林彪、"四人帮"的诬蔑,邓小平曾平静地说:"我一生的历史已经够光荣的了,参加遵义会议也增添不了我一份光荣,没有参加遵义会议也抹杀不了我一份光荣。"体现了一个无产阶级革命家的坦荡胸怀。①

11月5日,邓小平、李井泉、杨尚昆等回到重庆。6日上午,接到郑州方面的电话,要他们立即赶去参加毛泽东在那里召开的工作会议。下午,邓小平等人由重庆飞抵郑州出席会议。

郑州会议是党中央于11月2日至10日召集的有部分中央领导人和部分地方负责人参加的一次重要会议。会议在毛泽东的倡导下,广泛地讨论了人民公社化运动中出现的问题。邓小平参加了会议的后半段。会议开始纠正人民公社化运动中已经觉察到的一些错误。毛泽东在会上批评了急于想使人民公社由集体所有制过渡到全民所有制,由社会主义过渡到共产主义,以及废除商品生产等错误主张。这次会议是我们党纠正错误的重要开端。

1961年1月14日,中国共产党在北京召开了八届九中全会,为了准备这次会议,头一年12月24日至1961年1月13日召开了中央工作会议。毛泽东于1月13日在会上的讲话中着重提出了调查研究问题。他认为调查研究极为重要,我们做工作要有三条:一是情况明,二是决心大,三是方法对。毛泽东希望1961年成为一个调查年,实事求是年。毛泽东这样说,我们党是有实事求是的传统的,就是把马克思列宁主义的普遍真理同中国的实际相

---

① 参见《回忆邓小平》(下),中央文献出版社1998年版。

结合。但是解放以来,特别是最近几年,我们调查做得少了,不大摸底了,大概是官做大了。我这个人就是官做大了,从前在江西那样的调查研究,现在就做得少了。请同志们回去大兴调查研究之风,一切从实际出发。

会后,党中央和各地党委的主要负责人,按照毛泽东关于大兴调查研究之风的要求,广泛地开展了对各项工作的调查研究工作。集中力量对农村人民公社工作中的情况和问题,进行了深入的调查。

1月28日晚,邓小平离开北京前往南方,先后到福建、广东、四川、河南等地深入了解当地的工农业生产情况。随同邓小平视察的有中共中央政治局候补委员康生、中共中央书记处候补书记杨尚昆。3月3日,邓小平回到北京。

从1月到3月,党中央领导同志和一些地方负责人深入农村调查后发现,自1960年11月关于农村人民公社的《十二条》指示信下达后,农村的局势已有很大好转,但是还有许多问题迫切需要解决。这些问题是:公社的规模问题、体制问题、供给制问题、食堂问题等等。

党中央认为,亟须在总结过去三年多经验的基础上,制定一个人民公社工作条例,把人民公社工作中发现的问题作一个系统的解决。2月下旬,毛泽东亲率一个班子在广州着手起草农村人民公社条例。随后,毛泽东于3月上旬在广州主持召开了"三南"(即华南、中南、西南)会议,刘少奇、周恩来、陈云、邓小平于3月11日在北京主持召开"三北"(即华北、东北、西北)会议。毛泽东在"三南"会议上再一次强调了调查研究,会议期间,他还给参加"三北"会议的同志写了一封信,建议中央的同志到县、社、队进行调查,使自己对工作指导做到心中有数,克服不甚了了、一知半解的毛病。信中还指出,大队内部生产队与生产队之间的平均主义问题,生产队(过去小队)内部人与人之间的平均主义问题,是两个极端严重的问题。

3月14日,党中央决定将"三南"会议、"三北"会议合并于广州继续开会,即中共中央工作会议。会议讨论并通过了《农村人民公社工作条例(草案)》(即《农业六十条》)。会议还起草并通过了中共中央《关于认真进行调查工作问题给中央局,各省、市、自治区党委的一封信》。会后,刘少奇带工作组到湖南长沙、宁乡县进行调查;周恩来到河北邯郸地区进行调查;邓小平、彭真直接领导5个工作组,在北京顺义、怀柔等县进行调查。

4月7日下午,邓小平来到了京郊顺义。和他同行的还有中央办公厅工作人员卓琳和曹幼民,北京市委宣传部副部长张大中、农村工作部副部长常浦、统战部部长廖沫沙等。

后期中共北京市委第一书记彭真、市委书记处书记陈克寒也一道协助邓小平进行了一些调查。

邓小平一行是坐火车到顺义的,火车停靠在牛山火车站附近的道岔上。没有陪同,没有应酬。他把随行的卓琳派往上辇,住在社员孙旺家;派张大中到北小营、曹幼民到上辇了解情况。他自己则轻装简从,到处找人座谈讨论,参观考察,访贫问苦。一般情况下就在火车上吃住,尽量不给基层增加负担。

当天,邓小平即听取了中共顺义县委第一书记李瑜铭的汇报。

对于邓小平的到来,顺义人民做了不少准备工作。

为了布置会议室,大家打扫屋子、擦玻璃窗,忙乎了一阵子。室内的长条桌和几把硬木椅虽然简陋,但摆放得整整齐齐,墙上悬挂起领袖像,屋里还用"来苏尔"水消了毒。为了让年近花甲的邓小平坐得舒服些,还特意从北京拉来了一个大沙发,放在主席的位置上。但4月7日邓小平听取县委第一书记李瑜铭汇报和8日召开县委领导座谈会时,却径直走进没有布置的小会议室。4月12日召开公社、管理区干部座谈会时,因为人多改在大会议室举行。邓小平硬是让人撤掉了那张大沙发,和大家一样,在硬木椅上一坐就是半天。

在生活方面,最为难的当数炊事员了。他们想用东府大米、二十里长山小米、潮白河的金翅鲤鱼招待邓小平,又怕说搞特殊化挨批评。正在作难之际,卓琳过来说:"小平同志最爱吃机米(一种糙米)饭,你们要弄鸡鸭鱼肉,他会生气的。"于是,炊事人员就按卓琳的意见做好机米饭,一盘炖带鱼,一盘炒肉片,两盘蔬菜,一个汤。果然,邓小平和与会人员都胃口大开,边吃边谈,非常高兴。

顺义地处平原,农业生产发达,号称北京的粮仓。农业合作化以后,粮食连年增产。1957年亩产达到284斤,1958年增加到315斤(因浮夸多报,实收只有260斤),1959年却下降到249斤,1960年继续下降到247斤。为什么?座谈会上,干部众说纷纭,有的说1960年大搞水利用工多,有的说

1960年灾情重……邓小平听了却不以为然。他在4月8日的县委干部座谈会上就诘问:"1960年是农闲时调出2万多人却减产,1958年是农忙时调出3万多人为什么还能大丰收? 1960年的灾情究竟如何? 减产的原因究竟在哪里?"

在这次座谈会上,邓小平说,顺义这里的水利、机械等条件都很好,去掉瞎指挥,因地制宜,总要多产粮食。关于调整社队规模,邓小平说,看来还是要根据群众要求,把社队规模早些定下来。调整体制时引起的一些问题,如包产单位过大的要划小。承包单位一划小,包产迅速落实下来,包产指标还会有变化的,可能还会提高。在奖、赔问题上,总的要贯彻一条原则,生产搞得好的多分一些,搞得不好的少分一些,不能剥夺别人的劳动果实。谈到公共食堂问题,他说,公共食堂是一个大问题,现在群众议论很多,要注意一下。总的方针还是积极办好,自愿参加。《六十条》关于这个问题写得很灵活,从办到不办,形式也允许多样。

处于三年困难中的顺义人民,虽然从实践中感受到"左"的指导思想和具体政策的失误,也按上级部署进行了纠正"一平二调"和"五反风"的教育,正传达贯彻《农村人民公社工作条例(草案)》,但由于党在指导思想上没有摆脱"左"的藩篱,加上反右派和反右倾运动的影响,不少人一提到"三面红旗"特别是人民公社的"一大二公"和"大跃进"的高指标等敏感问题,就心有余悸,有话不肯说,不敢说,不直说,甚至继续说些言不由衷的假话、大话、空话。对实际工作中的一些具体政策问题,往往改了又犯,边改边犯,因此,群众积极性仍然不高,困难还很严重。

4月12日,邓小平召开公社、管理区干部座谈会。他指出:你们的材料上都把劳动力减少当作1960年减产的第一个原因,我根据你们的材料算了一下账,认为主要原因不是劳动力问题,而是群众生产积极性问题,是干劲问题,也就是政策问题。实际上,在座的干部谁都知道群众积极性不高,但没人敢说,怕涉及党的政策本身。邓小平这样直截了当地指出当时政策上有问题,说出了人们要说而不敢说的话,在座的干部听后心里为之一振,眼前为之一亮。

减产的根源在积极性,积极性调动不起来的根源在党的政策,其中特别是经营规模超过生产力发展水平。顺义县在1958年曾按照"一大二公"的要求,把全县分成8个大公社,后来还想合并成一个"顺义公社",大大超过了当时生产力的发展水平,由于片面强调"公",热衷于所谓"共产主义因素",以致把社员的自留地、家禽家畜、家庭副业统统收归社有,收益分配上实行供给制和工分制相结合的分配制度,大搞平均主义,在生产、生活中实行组织军事化、行动战斗化、生活集体化,大办公共食堂、托儿所、敬老院等公共事业,破坏了等价交换和按劳分配原则,这些错误的举措不能不挫伤群众的积极性。广大干部虽然身临其境,心知肚明,但都不敢说,而是在一些具体化问题上争来争去。

谈到公社的体制问题,邓小平说,公社规模问题可以慢点解决,可以考虑得充分些。基本核算单位规模问题要早点解决,迟了不利,基本核算单位过小了也有缺点。要把一切利害矛盾都摆出来,让群众充分讨论。如果经过讨论还不愿并到一块,也不要勉强,将来再合并也行。总之,要根据群众意见办事,大中小结合。在经过大家充分讨论后,邓小平拍板说:"基本核算单位基本上是一村一个,就这样了。"

事后,根据邓小平的这个指示精神,顺义全县划为24个公社,划小基本核算单位,以后长期也没大的变化,说明当时这样的经营规模是合理的。

确定了经营规模,还有个生产管理问题。邓小平充分肯定了当时尚有争议的"三包"即包工、包产、包成本,"一奖惩"即超额有奖、减产受惩,"四固定"即土地、劳力、耕畜、农具固定到生产队使用的责任制。他说,"一平二调"搞得大家都没有劲头了。要尽快制定"三包一奖惩"和"四固定"责任制。现在包产过大的单位应适当划小。包产单位小一些,便于互相比较生产条件,你瞒不过我,我也瞒不过你,包产指标就容易落实了,要让他们在同等的条件下搞生产竞赛。定生产指标要力求合理,还要留有10%的余地,照顾到有产可超,这样他就会有奔头了,就拼命去干了。

谈到要克服分配中的平均主义时,邓小平说:要认真执行"按劳分配,多劳多得"的分配原则,承包单位之间、社员之间无论如何不能拉平,要克服分配上的平均主义,这样才能调动起社员的积极性。评工记分必须搞得严密一些,死分死记、死分活记都不能很好地体现同工同酬,还是初级社时的老办法。比如二等劳力干一等劳力的活,还记二等工分,这就存在着平均主义,就会打击二等劳力的积极性,这种不合理的现象必须克服,一定要实行定额包工。多劳多得是天经地义的事,是社会主义的分配原则。对执行按劳分配中可能出现的问题,他指出:现在农民脑子里想的是多产多吃,但是生产下降了,吃不到300斤口粮,就不能吃300斤。小灾少吃点,中灾再少吃点,大灾更要少吃。自然灾害是这样,人为灾害更应该是这样。即便某个承包单位减产很多,确需调剂口粮,也只能补够最低标准(保命数)。总之不要拉平,人与人之间劳动有强弱,干活有好坏,出勤多少也不一样,为了奖勤罚懒,不仅在劳动报酬的工分上有差别,口粮差别也要相当明显,这样就能克服平均主义,农民就放心了,就能提高生产者搞好生产和克服各种自然灾害的积极性。同时,邓小平又特别指出:集体对五保户要照顾,对困难户要给予补助。为了贯彻这个原则,在口粮分配标准上,可以打破"三七开"的固定模式,实行"二八开""一九开",甚至实行除"五保户"、困难户以外,全部按工分分配的办法。

上辇村的粮食分配办法是40%卖给国家后,余下的60%一半按工分分配,20%作为大队机动粮,10%按人头分,10%用作奖励给劳动好的社员。同时,小队开荒"十边地"的粮食归小队积累,拿出一部分按工分分配,这种做法得到社员一致拥护,粮食单产1959年540多斤,比1958年提高60多斤,副业收入3万多元,社员生活水平明显提高。邓小平听到后十分赞赏。他说:"上辇的余粮分配办法很好,很有道理。国家集体个人几方面都照顾到了,就应该是这样,定好超产部分,几成卖给国家,多为国家做点贡献,而且群众心中也有底,生产积极性就会高,生产就能搞上去。县委要搞几个这样的好典型,总结经验推广下去。"后来,经过县委蹲点培养,特别是市委第二书记刘仁多次亲临指导,上辇的分配办法进一步完善,调动了群众的积极性,同时,他们又在改革传统耕作制度等方面创造了经验,成为北京市农业战线上的一面红旗,这个村党支部书记孙举也被评为市劳动模范。

关于粮食三定,邓小平指出,应该赶快定下来,首先是把征购任务定下来,同时也定留粮,总的基础还是三包。在定征购任务时,要考虑到一县之内和一个基本核算单位之内可能出现灾情,所以县和基本核算单位两级都要留有余地,这样发生了灾荒就有所调剂。应该肯定,在口粮分配方面,承包单位之间不能拉平。

当天,邓小平还召开了公社、大队书记座谈会。

农村公共食堂是在"大跃进"中实行供给制的产物,造成惊人的浪费和严重的后果,群众对此议论很多,但许多人怯于"谁反对公共食堂,就是反对'三面红旗'、就是右倾"的压力,没人敢公开说不办。

在公社书记座谈会上,当邓小平听到公共食堂存在着占用人员多等问题时说:把原料加工成熟食,增加成本50%多,这样贵,群众当然不赞成。一个50户左右的食堂,占用十几个劳动力太多了,食堂人员超过吃饭劳力的10%就不合算,粮食加工应该做到半机械化,这样既节省成本,又可以节省劳力。食堂要种好菜,养好猪,搞好家底。听到有些群众愿意办农忙季节食堂,冬闲时自己回家吃饭时,邓小平说:这样也可以,农闲时回家自己吃饭,还可以解决冬天烧炕取暖的问题,能节省一些煤。

4月15日,邓小平在北小营召开由上辇大队、北小营大队、仇家店大队党支部书记、生产队长座谈会。他反复问干部:公共食堂是吃好,还是不吃好?但多数人都不敢说不吃好,相反却违心地拼凑公共食堂也不错的理由。邓小平非常严肃地说:公共食堂是个大问题,现在群众议论很多,要注意一下。当有人说上辇村的食堂办得好时,卓琳当即说出真相:"上辇的食堂是假的,由食堂分粮食,社员回家做饭才是真的!"邓小平听后高兴地表扬上辇村:"你们村的干部对'共产风''平调风'顶得好,锅、碗、瓢、盆没有被刮跑,锁没有砸,门没有拆,是很好的事。而且,你们村把生产搞上去了,粮食亩产1959年达到540多斤,比1958年提高40多斤,副业收入3万多元。社员生活水平提高了,对国家的贡献也大了。吃食堂光荣,不吃食堂也光荣,吃不吃食堂要由群众决定。"

4月16日和18日,邓小平视察了城关和牛山公社拖拉机站。

在城关,他首先参观了拖拉机机库,询问了各种型号拖拉机的质量和使用情况,重点看了创全站高产的一号机车和安全行驶3400小时不大修的六号机车,又看了修配车间和摆在大场院里的各种配套农具,询问了拖拉机修理和中耕收割情况。当看到农机具停放在露天场院里时,他说:"机械要搞得干干净净,重要的是保管好,搞文明生产。你们要利用现在的空闲,自己动手修建几个棚子,也花不了多少钱。把农机具都放在棚子里,对机械保管有好处。"

邓小平听了拖拉机站负责人向他介绍拖拉机作业情况后,高兴地说:

"你们的机耕比较兴旺,耕地、耙地、镇轧全部机械化了,机耕比用牲畜耕得深,应该是增产。拖拉机耕地的技术也要研究,黏土、黑土、沙土都怎么耕法。有的地方不适合机耕,就不要机耕。拖拉机除耕地外,还可以抽水、运输等综合利用,你们要大胆研究探索。你们县地势平坦,适合发展机械化,你们要找出一条机械化的发展道路来。"

参观的时候,邓小平还对机站的企业化管理和机手的奖惩问题谈了意见,他说,拖拉机站要搞经济核算,降低成本,提高效率,降低机耕费。要采用工业企业的办法,搞个工资奖励制度。在集体成员里,也要多劳多得。他强调,农业机械化管理在我们国家还是一门学问。此后,顺义县按照邓小平的指示,大力发展农业机械化。经过20余年的努力,终于在20世纪80年代实现了农业生产全过程的机械化,粮食亩产达到1670多斤,成为全国农业机械化先进县和产粮百强县,显示了农业机械化的优越性。

4月17日,邓小平再一次听取中共顺义县委的汇报。就农村中的有关问题发表了自己的意见:对公社的问题,县委可以开个座谈会,多研究考虑一下。要把大家讨论的好经验、好办法总结一下,有一批好经验让群众去选择,启发大家思考。推动六十条越快越好,好办法就可以推广。关于手工业,看看县城,经济生活非常单调。要研究一下过去的组织有什么利弊,有什么需要恢复。有的手工业都变成社办工业,到底好不好?要建立一些民主制度,树立民主作风。

这一天,是农历的三月初三,正好是牛山庙会。邓小平认为这是了解集市贸易的最好机会,不能错过。他也和一个普通农民一样,赶庙会。

见到市面比较萧条,饭店的油饼都是二两一个,邓小平就建议改成一两一个,农民用一个鸡蛋就能换一个油饼。走到供销社肉案前,邓小平和职工张永海亲切握手、交谈。事后,邓小平对公社负责人说:"你们要把豆腐、豆腐丝、老豆腐、油饼、油条等手工业以及社员家庭副业都发展起来,增加市场上买卖的品种和数量,把农村集市繁荣起来,满足生产和生活的需要,增加农民的收入。"

邓小平还逛了县城。在县城北街的城关供销社门市部,邓小平让售货员拿小农具和日用杂品,一件一件地看。他边看边说:你这木柜台里的东西人家看不见,没法挑选。你这铁锅边沿毛刺没有打光,用时容易划手。

在4月21日召开的县社和手工业座谈会上,邓小平不仅对市场萧条的原因进行了分析,而且要求把芦编、柳编、荆编、烧石灰、砖瓦、黑白铁加工,皮匠、瓦匠、做豆腐、豆腐丝、养猪、养鸡、养鸭、养兔和其他家庭副业都发展起来,把集市繁荣起来。事后,顺义县落实了邓小平的指示,木柜台改成玻璃柜台,油饼增加一两一个的品种,发展副业和手工业,活跃了市场,富裕了农民。

邓小平特别强调,社员家庭副业不能丢,应该是六畜兴旺,尤其是养猪很重要。你们县是一个传统的养猪县,社员喜欢养猪,而且有丰富的经验,若是把这个传统丢了很可惜。一头猪不仅能赚20多元钱,肥料还能养二三亩地,不施化肥,也能增产,社会效益就高了。你们县土地、水利条件比较好,就是肥料问题制约了粮食生产的发展。多养猪、养好猪,社员的收入增加了,粮食生产也搞上去了。你们要抓住春天这个大好时机,尽快把养猪事业发展起来,既满足了城乡人民的生活需要,又能增加农民的收入,这是件好事。

4月18日,邓小平到张庄扬水站视察,见路边有一块20来平方米的土地,翻得又深又平,还有五六个大粪堆。就问:"这是块什么地?"当他知道是"十边地",即抛荒地以后,又问陪同的干部:"十边地好不好?"这位陪同参观的公社书记因想起前些时候公社干部开"十边地"受过批评,又想起"十边地"和集体争肥争劳力的议论,没敢吭声。邓小平却直爽地说:"我说它不错,它多打粮食,那个社员吃饱了,就不用国家再供应粮食了嘛!"那位公社书记听得连连点头。

看完张庄扬水站,邓小平就去看白庙村里的公共食堂。到那儿一看,食堂已经停火,只养了一头40来斤的小猪,显得很荒凉,就问怎么回事,管事的说是"内部修理",邓小平也没再说什么,就到社员家去访问。他没有去预先准备的两家,而是走进路北的一个大门,见一个老太太正在喂羊,猪圈却空着,就问:"您养羊,为什么不喂猪?"老太太不认识邓小平,没好气地说:"还养猪?人还没得吃呢!"说者无意,听者有心,老太太的这句话说得邓小平心情格外沉重。原来这是村里副支书的家,只有光棍一人和老母亲生活,日子很困难。从这家出来,又转了一家,情况也没有好多少。路上,邓小平对干部们说:"吃食堂是社会主义,不吃食堂也是社会主义。以前不管是中央哪个文件上说的,也不管是哪个领导说的,都以我现在说的为准。要根据群众的意愿,决定食堂的去留。"这些话像一股春风,迅速吹遍全县。不久,全县的公共食堂就解散了。

4月19日,邓小平亲访芦正卷村。

两天前,他在同牛山公社干部座谈时了解到,芦正卷村高低不平,沙地多,粮食产量低,收入很少。1960年全村人均分配42元,其中30%还是从别村平调来的。他说:各村有各村的困难,每个村都有自己的特点。帮助他们要因地制宜,因事而异。主要是帮助他们自力更生,艰苦奋斗,找致富门路,帮助他们把底子搞厚一些,改变贫穷落后面貌。只有这样,才能显示出社会主义优越性来。今天,他要亲眼看一看。

刚到村口,就见一个老农敞胸露怀,满头热气地推着小车走过来。走近一看,是两桶黄泥汤。邓小平上前关切地说:"你们吃水真难哪!"老衣叹口气说:"难?!过几天一栽白薯,这眼大口井就挑干了。要吃水得到5里以外的牧牛河去挑,那才叫难呢!"邓小平边走边访问了几家农户,也是家家困难。回来以后,在4月20日和县委干部座谈时,他提出:"对三类队的整顿工作,一定要抓住不放,一抓到底,直到改变了落后面貌为止。像芦正卷这样的穷村,你们县拿出一部分钱,公社再从工业纯收益中拿出一部分,帮助他们打两眼机井,不仅社员吃水问题解决了,还可以开几十亩果园。"

不久,县里调来打井队,在芦正卷村村南和村西各打了一眼机井,又修了水渠,架起高压线,买来水泵。从此,芦正卷人吃上了自来水,村里有了水浇地,还开了10亩菜地,百亩果园,芦正卷翻身了。

4月21日,邓小平听取了顺义北小营、上辇调查的情况汇报。曹幼民汇报了上辇的情况,张大中汇报了北小营的情况。

在顺义视察结束的会上,邓小平和彭真找县里的领导谈话。邓小平针对当时北京市生猪饲养量下降和市场猪肉短缺的情况,再次指出:你们要大力发展养猪,北京市要尽快做到每年向市场提供100万头肥猪。根据邓小平的指示,市、县都一直把养猪生产列入重点。当年全市实行"公养私养并举,以私养为主"的方针,加强保养措施。后来又制定了养猪奖励和收购肥猪的购留比例,调动了农民养猪的积极性,使养猪生产较快地得到恢复和发展。

4月22日,邓小平一行完成在顺义县调查的任务,返回北京。

三天后,毛泽东写信给邓小平,要求 5 月 15 日在北京召开中央工作会议,继续广州会议尚未完成的工作:收集农民和干部的意见,修改农村人民公社工作条例和继续整五风。信中还提出开展调查研究,解决农村的若干关键问题。例如,食堂问题,粮食问题,供给制问题,自留山问题,山林分级管理问题,耕牛、农具大队有好还是没有好问题,一、二类县、社、队全面整风和坚决退赔问题,反对恩赐观点、坚决走群众路线问题,向群众请教、大兴调查研究之风问题,恢复手工业问题,恢复供销合作社问题等等。毛泽东要求下 10 天至 15 天苦功夫,向群众寻求真理,以使五月会议能够比较彻底地完成上述任务。

5 月 10 日,邓小平和彭真在对北京市郊顺义、怀柔调查研究的基础上,写信给毛泽东,就《农村人民公社工作条例(草案)》中有关供给制、粮食征购和余粮分配,三包一奖,评工记分,食堂,所有制等问题提出意见,信中写道:在农村贯彻执行《十二条》《六十条》批示的结果,农民群众的生产积极性已有很大的提高。但是,要进一步全面地调动农民的积极性,对供给制等问题的措施,还需要加以改进,有些政策要加以端正。

关于供给制问题,信中说,现在实行的"三七开"供给制办法,带有平均主义性质,害处很多,干部和群众普遍主张取消。

关于食堂问题,北京市在各县区都进行了试点,向群众宣布三条:一、吃食堂、不吃食堂都完全根据自愿;二、吃食堂、不吃食堂都好、都光荣;三、吃食堂、不吃食堂的都给予便利。看来,吃不吃食堂的问题,比较复杂,不能像供给制一样,一刀两断地下决心。尤其要走群众路线,让社员慢慢考虑,好好讨论,完全根据群众自愿,他自己感到怎样合算就怎样办。

关于供销社和手工业、家庭副业问题,对手工业和家庭副业,必须大力恢复和发展,必须迅速恢复和健全供销社的工作,为手工业和家庭副业供应原料、工具,推销产品,组织生产。

三天后,毛泽东在信上批示:"此信发给各中央局、各省、市、区党委,供参考。"

在全党深入调查研究的基础上,1961 年 5、6 月间召开的中央工作会议重新修订了《农村人民公社工作条例》(即《农业六十条》),取消了公共食堂,取消了供给制,生产队在管理本队的生产上,有了一定的自主权。

# 在七千人大会上

　　1962年的新年刚过10天,中央、各中央局、各省市自治区党委及地、县、重要厂矿企业党委和部队的负责干部,共7018人云集北京人民大会堂,参加中共中央召开的扩大的中央工作会议。虽说此时北京的天气寒意还浓,但会议开始后气氛就显得十分热烈。这次会议是为了从总体上进一步总结"大跃进"以来的经验教训,统一全党的认识。中共中央原本决定召开一次中央工作会议,但是为了保证会议的精神得以正确地贯彻执行,毛泽东接受了扩大中央工作会议规模的建议。这就是著名的"七千人大会"。

　　会议一共进行了28天,这在中国共产党的历史上是空前的。

　　由于"大跃进"、人民公社化运动连续三年多的失误,国家生产建设和人民生活都出现了严重的困难。党中央领导人头脑逐渐冷静下来,开始在一系列会议上总结经验教训。继1961年初召开八届九中全会之后,在5、6月间召开的北京中央工作会议,也是一次总结经验教训的重要会议。会上,毛泽东指出,如果违背了客观规律,就一定要受惩罚,我们就是受惩罚,最近三年受了大惩罚,土地瘦了,人瘦了,牲畜瘦了,"三瘦"不是惩罚是什么?这个社会主义谁也没有干过,未有先学会社会主义的具体政策而后搞社会主义的。我们搞了11年,现在要总结经验。党中央为纠正具体工作中"左"的错误,克服严重的经济困难,进行了大量的工作。

　　在"调整、巩固、充实、提高"方针的指导下,大力恢复农业,先后制定了《农村人民公社工作条例(草案)》,坚决实行退赔政策,减轻农民负担,加强各行各业对农业的支援。与此同时,中央决定在最近二三年内更多地把经济管理权上交中央和中央局,减少职工人数和城镇人口,大力压缩社会集团购买力。9月中央在庐山召开工作会议,确定对国民经济实行进一步调整,降低工业、基本建设的过高指标。这些调整措施的出台,使农业形势开始出现了好转的苗头,工业的滑坡也已停止。对扭转严重的经济困难局面产生了积极作用。然而,由于党内思想认识不统一,调整工作遇到困难。

在这种情况下,中共中央决定召开一次扩大的工作会议,解决党内存在的认识上的分歧。邓小平负责准备这次会议。

当时担任新华社社长兼《人民日报》总编辑的吴冷西回忆说:小平同志在七千人大会上的位置很特殊,起的作用也很特殊。在整个会议过程中间,他跟少奇同志合作得非常好,是他跟少奇同志一起,起草大会的主旨报告,讲过去四年犯的错误,提出集中力量搞调整,争取在两年内恢复国民经济。

1961年11月16日,中共中央发出了由邓小平主持起草的《关于召开扩大的中央工作会议的通知》,指出:1958年以来,在中央和地方的工作中间"发生了一些缺点和错误,并且产生了一些不正确的观点和作风,妨碍着困难的克服,中央希望,经过这次会议,能够总结经验,统一认识,鼓足干劲,加强纪律性,全党团结一致,一心一德,积极地、不失时机地加强各方面的工作,使当前的困难较快地得到克服,使我国的社会主义建设得到顺利发展"。

为了开好这次会议,邓小平主持中央书记处会议,检查了1958年以来中共中央所发的文件,后来形成了一个形势报告。在这个报告里,邓小平提出首先一定要正视当前国民经济所存在的严重困难;对于困难所产生的原因,他认为责任第一是中央,第二是省,这其实也是中央常委的共识;因此,现在应该在认真总结近几年,特别是"大跃进"以来经验教训的基础上,全力进行调整工作,力争尽快扭转国民经济的被动局面。这个报告,实际上为七千人大会的召开定了基调。

随后,邓小平和刘少奇一起为"七千人大会"的书面报告做准备。1961年11月6日,邓小平在钓鱼台8号楼召开了报告起草人员的会议,他提出起草报告的框架为四部分:一、形势和任务:农村情况开始好转,工业生产下降基本稳定,应坚决贯彻八字方针,争取三年调整工作见效;二、关键是加强中央的集中统一领导,加强民主集中制,克服分散主义;三、改进党风,贯彻实事求是的工作作风和群众路线,加强党内民主;四、基本经验教训(这一部分后来并入第一部分)。12月21日,邓小平主持讨论了报告第一稿。一直到会议召开前,他和刘少奇几次共同主持讨论报告稿。

1月11日,七千人大会开幕。毛泽东主持大会,刘少奇代表中央作书面报告。此后到 29 日上午,会议主要是围绕刘少奇的报告进行分级讨论和提出修改意见。根据毛泽东的意见,书面报告还没经中央政治局讨论,就直接和大家见面。因为参加会议的各方面人员,多数接近实际和基层,能够从各个角度提出意见,能更好地集思广益。与此同时,刘少奇、邓小平还共同主持了有政治局成员、各大区书记参加的书面报告起草委员会会议,进行更加深入的讨论和修改。

1 月 27 日,毛泽东主持召开全体大会,在大家阅读、讨论书面报告的基础上,刘少奇从国内外形势、集中统一和党的作风等几个方面,作了一些更具体、更深入的解释、说明和补充。刘少奇说,过去我们经常把缺点、错误和成绩,比作一个指头和九个指头的关系,现在恐怕不能这样套,恐怕是三个指头和七个指头的关系。有的地方农民说是"三分天灾,七分人祸"。这是会议的第一个高潮。原计划在此基础上,中央主要领导人讲话后便结束会议。但在会议进行中,许多人反映,话还没有说完,还憋着一肚子气。于是,毛泽东与政治局常委同志商量,决心让大家把要讲的话都讲出来,把"气"出完,这便进入了第二个高潮。

1 月 30 日下午,毛泽东在大会上作了长篇讲话,主题是民主集中制问题。在讲话中,毛泽东主动承担了"大跃进"以来所犯错误的责任,"凡是中央犯的错误,直接的归我负责,间接的我也有份,因为我是中央主席"。他对有些省委、地委、县委"一切事情,第一书记一说就算灵敏"的错误行为进行了严厉的批评,明确指出"没有民主,就不可能正确地总结经验。没有民主,意见不是从群众中来,就不可能制定出好的路线、方针、政策和办法"。毛泽东还特别强调运用批评和自我批评的方法,是解决人民内部矛盾,充分发扬民主的唯一正确的方法。

2 月 6 日,邓小平在会上作了重要讲话。他说,要搞好国内建设,搞好各方面的工作,首先决定于我们党的领导。我们党有五个优点:有好的指导思想;有好的党中央;有大批好的骨干,并包括大批新的积极分子;有好的传统,好的作风,即理论联系实际,联系群众,批评与自我批评;有对党高度信赖的人民。这些条件,使党一定能够领导人民取得社会主义建设的胜利,也一定能在国际共产主义运动中担负起责任。但是,最近几年来,党的领导,党的工作中出现了缺点,特别是党的优良传统受到了削弱。其原因,一是对毛泽东思想学习不够,提出的任务和口号不实事求是,二是党内斗争发生一些偏差,伤害了一大批党内外干部,没有贯彻民主集中制,运动中过火等。他还进一步阐述了民主集中制问题。他说:民主集中制是党和国家的最根本的制度,坚持这个制度,是关系到我们党和国家命运的事情。毛泽东强调提出这个问题,意义重大。这几年,由于我们没有搞好民主集中制,以致上下不通气,这是一个带普遍性的严重的现象。他在谈到实行党内民主的问题时,提出了一个重要的观点,就是要对权力实行监督。我们党是执政党,对权力实行监督,最重要的是对我们党的各级领导人(包括党委会的所有成员),应该有监督。这种监督是来自几个方面的,来自上面,来自下面(下级),来自群众,也来自党小组生活。那么,哪一种监督最有效呢?邓小平提出了自己的见解:"我觉得,对领导人最重要的监督是来自党委会本身,或者书记处本身,或者常委会本身。"他建议,领导人的党组织生活应放到党委会、书记处、常委会去。刘少奇插话说,一个月开一次党内生活会。邓小平说,三个月一次也很好。刘少奇表示同意,说:"一季有一次,一年四次也好,开党内生活会。这么一个建议,行不行?每一个委员会,搞批评和自我批评,过党的生活。"毛泽东补充说:"检查工作,总结经验,交换意见。"为什么党委自身的相互监督是最重要的呢?邓小平说:"上级不是能天天看到的,下级也不是能天天看到的,同级的领导成员之间自然是最熟悉的。"他还特别强调要学习马列主义理论和毛泽东著作。要造成一种学习理论的空气。不学习或不注意学习,忙于事务,思想就容易庸俗化,就要犯错误。

毛泽东、邓小平关于民主集中制问题的讲话,在会上引起了强烈的反响。从1月31日到2月7日,各小组先后召开会议,对省委、中央局国家机关、中央机关及负责同志提出了中肯的意见。这些负责同志在会上发言,对这几年工作中的失误进行了认真的检讨和自我批评。有的省委书记自上而下,到县委书记身旁,为自己出过坏主意和作风粗暴而赔礼道歉,双方都感动得流泪。这是全国解放后开得最成功的领导干部交心会,大家在批评和自我批评的基础上,真正达到了统一思想、总结经验的目的。

林彪在会上的讲话与会议的气氛很不协调。他说,现在这些困难,"恰恰是由于没有照着毛主席的思想去做"。"当时和事后都证明,毛泽东思想总是正确的。可是我们有些同志,不能够很好体会毛主席的思想,把问题总是向'左'边拉,向右边偏。""我们的工作搞得好一些的时候,是毛主席的思想能够顺利贯彻的时候,毛主席的思想不受干扰的时候。如果毛主席的意见受不到尊重,或者受到很大干扰的时候,事情就要出毛病。"林彪不合时宜的讲话受到了毛泽东的欣赏。

在当时的条件下,七千人大会取得了巨大的成功,全党各级干部统一思想,同心协力,带领群众艰苦奋斗,终于克服重重困难,用不到三年的时间,提前完成调整任务,使全国形势全面好转。

但是,七千人大会以后,党的领导人在对形势的估计和一些重大调整政策上的不同意见逐渐显露出来。邓小平后来说:毛泽东"在七千人大会上的讲话也是好的。可是到了一九六二年七、八月间北戴河会议,又转回去了,重提阶级斗争,提得更高了。当然,毛泽东同志在八届十中全会的讲话中说,不要因为提阶级斗争又干扰经济调整工作的进行。这是起了好的作用的。但是,十中全会以后,他自己又去抓阶级斗争,搞'四清'了。然后就是两个文艺批示,江青那一套陆续出来了。到一九六四年、一九六五年初讨论'四清',不仅提出走资本主义道路的当权派,还提出北京有两个独立王国"。"经济情况有了好转,但是指导思想上没有解决问题,这就是为什么一九六六年又开始了'文化大革命'。"①

---

① 讲话内容参见《邓小平文选》第 2 卷,人民出版社 1994 年版,第 295—296 页。

# 主持制定《工业七十条》

　　1961年1月,在经历了三年的"大跃进"以后,中共八届九中全会决定对国民经济实行"调整、巩固、充实、提高"的方针,开始对国民经济进行全面的调整。为了切实执行这个方针,系统解决工业发展中存在的严重问题,邓小平领导和组织中央书记处、国家计委、国家经委派出11个工作组,分别到北京、上海、天津、太原以及吉林等地的工矿企业进行调查。

　　5月底6月初,上述调查材料和座谈会材料陆续反映到中央。这些材料表明,当时工业生产大幅度下降,大批基本建设工程被迫停工,设备损坏严重,事故很多,人心不定,企业管理混乱,生产指挥系统有不少处于瘫痪或半瘫痪状态。5月20日,中央书记处召开会议,在听取薄一波汇报工业座谈会的情况之后,讨论到搞工业文件时,薄一波表示:现在光发个原则性的指示,一是难写,二是发了也不解决问题。邓小平当即表示:"写各项政策,如责任制、技术政策、工资政策等。"但这次会议并没有形成一个结论性的意见。

　　6月12日,毛泽东在以修改《农业六十条》为主要议题的中央工作会议上提出:"城市也要搞几十条。"这实际上就成为制定工业企业工作条例的缘起。

　　6月17日,邓小平主持中共中央书记处会议。这次会议正式确定了要起草一个工业企业的工作条例。这次会议之后,由薄一波牵头的起草班子开始工作。到7月中旬形成了一个初稿,题为《国营工业管理工作条例(草案)》,共15章,80条,报送中央书记处。

　　7月14日,为进一步讨论《国营工业管理工作条例(草案)》,邓小平亲率调查组到东北,就工矿企业和城市工作、人民生活等问题进行调查研究。

　　到达沈阳的当天,邓小平即听取了东北局书记处成员的工作汇报。听完汇报后,邓小平说,总的看来,有几个问题很值得注意。这几个问题无非是农轻重关系和城乡关系问题,看来只照顾一头不行。一是农轻重的问题。现在讲农轻重,农轻是上,重是下,要保证逐步地上,逐步地下,过去重一马当先,现在不要又在另一方面过分突出,要正确处理农轻重的关系。二是物价问题。不能随便提价,会有连锁反应,自由市场的价格高可以,国营市场的价格必须维持在一定水平。三是供求关系和物资分配问题。物资缺少,分配当中要照顾农村又要照顾城市,各种产品的具体分配要加以安排。城市的工人阶级不能弄得一肚子怨气,也是个工农联盟问题。城市不只存在粮食问题,还有日用品问题,现在职工工资实际上降低了15％以上。四是粮食问题,农村要多吃点。但是如果没有一定数量保证城市的需要,出了乱子会比农村严重。重工业退也要按比例,农轻进也要按比例。城市中的问题目前是带普遍性的,比农村问题严重。总之,最近工农关系、城乡关系、农轻重关系要通盘考虑一下。

第二天,中共辽宁省委负责人杨春圃汇报了辽宁省的情况,在说到工业问题时,邓小平插话:企业问题的解决要从几定着手。定员、定额、责任制、技术政策、工资政策,这些问题解决了,企业才好领导、管理。城市人口的定额和城市规模的确定也要由此着手。要一个厂一个厂地算,否则整风也整不出名堂,解决不了根本问题,搞好了定员、定额,城市减人和供应问题也可随之解决。调查研究也要从几定着手。又是调查,又是解决问题,又是抓典型经验。责任制度要早解决,建立起正常的协作关系。

7月16日,在谈到工业干部问题时,邓小平说,前一段是一长制,后一段是书记一长制,归根到底是一定要集体领导,这是根本原则。集体领导还有相互监督、相互制约的作用。集体领导是否适合于企业?八大所规定的管理制度就是集体领导,是根据我们党管理军队的经验提出来的。军队那么集中都能集体领导,难道企业就不行了吗?对干部的政治条件,过去只从成分上了解是不妥当的,主要看本人,主要看现在,技术干部主要看技术。企业的调整必须解决骨干问题,必须有两个德才都比较好的干部作核心。特别是厂和车间两级必须如此,地委、县委也要如此。选骨干,要选踏踏实实的、实事求是的、老老实实工作的人。浮夸风,一部分与上面有关,也确有一部分人是个人主义思想问题,整顿企业要把选择干部作为重要内容。总的态度是,要从总结经验出发,整顿制度、整顿秩序、整顿作风。

在沈阳,邓小平还听取了中共沈阳市委负责人的工作汇报。他提出:要研究解决副食品问题的出路,总要想个办法解决副食品问题。城市政策也要考虑搞一点小自由。在谈到城市公社问题时,他说,城市公社的平调与农村有所不同,除平调个人的必须退赔外,公与公之间的平调可以算总账。对过去动员参加生产和食堂的居民,应该说参加也光荣,不参加也光荣,以做到真正自愿。公社工业要整理,实行定员生产,搞得好的给以奖励,愿意回家的就回家。工业方面,不合格的原材料不要;商业方面,不合格的产品不要。有了这两个不要,问题就解决了。商业和供销社要组织恢复手工业生产。挑担子,修修补补的服务业,主要要搞个体所有制。过去讲计件为主,计时加奖励为辅。现在改个提法,该计件的计件,该计时的计时,凡是同国营工厂争原料的社办工业不要搞。企业与公社坚决分开,搞正常的协作关系,不存在依赖观点,这样对双方的经济核算都有好处。市政与企业也可以搞些协作关系,但要等价交换,不能无偿调拨。大厂、大学参加公社问题,现在有了经验,可以解决。如果大厂、大学脱离公社以后,不会影响公社的发展,就得到了答案。

7月18日,邓小平同在沈阳的中央各部的负责同志、辽宁省委、沈阳市委负责人谈话。他说,要搞工业宪法。要搞企业试点,从几定入手。定任务,包括品种、数量、质量;定员,规定每个职能机构和每个人的责任,把责任制度建立起来,在管理制度、领导制度方面积累一点经验。

7月21日,邓小平来到了黑龙江。

在听取中共黑龙江省委书记处汇报工作时,邓小平说,东北要解决两个粮食自给的问题。一是工业"粮食"——煤炭,有多少煤办多少工业,没有煤,煤不够用,工业就减下来,有的要关门,重点要保,有的要关起来。二是人吃的粮食,全东北如果产400亿斤粮食,城市每人平均可以达到750斤左右,这就相当宽裕了,当然还有工业用粮。就是说,年产400亿斤粮食,煤日产25万吨就可以包下来,这就是自给的方针。

你们西部防护林带搞成了,已经有5米高了,再有20年就是很大的一笔财富。要把它分成几段,固定所有制,使用、保管都由他管。

你们是个大林区,还要分散造林,要利用一切空闲地方,要搞经济林。

谈到森林保护问题时,邓小平说,陈老总从日内瓦回来,说瑞士像个花园,几百年来都有一个法律,砍一棵树要种活三棵,否则犯法。我们也应当立个法。

7月23日,邓小平视察了大庆油田。

7月26日,邓小平回京后在中央书记处会议上汇报了东北工业情况,提出了调整工业、整顿企业的意见,并且具体部署由薄一波负责工业条例起草小组的工作,力求制定出一套适合我国工业发展情况的方针、政策和办法。

鉴于当时钢煤产量急剧下降,涉及整个工业发展的全局,李富春提出:要由负责同志分头调查,解决重点企业的问题。邓小平表示同意李富春的意见,他说:工业比农业复杂得多,究竟如何搞?现在心里没底。只有结合调查研究,条例才能搞得出来,可从各部抽人,必要时找少数大厂的人一块来参加。头十天左右,先把情况好好摸一下。他明确提出企业要整顿,并告诉参加条例起草工作的同志:下到工厂后,工厂整风不要停;条例搞出来以后,根据条例再整一次。这次书记处会议后,薄一波带领北京第一机床厂调查组和国家计委等单位的一些同志到沈阳,在中共中央东北局的协助下,写出了条例的草稿,随后又到哈尔滨、长春召开多次座谈会进行讨论,广泛吸收了工业领导机关和企业领导人员、技术人员、老工人的意见,反复修改后,题目定为《国营工业企业管理工作条例(草案)》,作为初稿提交中央书记处。

8月11日至14日,邓小平主持中央书记处会议,对工业条例草稿进行多次认真讨论,并且逐章、逐节作了修改,最后归纳为七十条。8月15日,邓小平、彭真、李富春和薄一波联名给毛泽东和中央政治局常委写了一封信,信中说,条例针对当前企业管理工作中存在的问题,着重地对以下几个方面作了具体规定。一、确定国家对企业实行"五定"(即定产品方案和生产规模;定人员和机构;定主要的原料、材料、燃料、动力、工具的消耗定额和供应来源;定固定资产和流动资金;定协作关系),企业对国家负责,实行"五保"(即保证产品的品种、质量、数量;保证不超过工资总额;保证完成成本计划,并且力求降低成本;保证完成上缴利润;保证主要设备的使用期限)。二、加强责任制度。三、端正对技术人员、老工人的政策。四、严格经济核算的纪律,企业由于经营管理很坏而发生财产丢失、亏本赔钱等情况,领导人员要受到纪律处分,严重的要受到刑事处分。五、工人工资形式采取计时制或者计件制,应视能否更多地提高劳动生产率而定,不强调以哪种形式为主。

六、强调工会作用。七、企业的领导制度,贯彻执行党委领导下的厂长负责制。确定企业党委的首要职责是保证完成国家计划和上级行政主管机关布置的任务。八、调整和固定企业之间的协作关系,严格实行经济合同制。九、重要的工业企业由中央和省、直辖市、自治区两级管理。十、确定每个企业的生产行政工作只能由一个行政主管机关管理,不能多头领导。信中特别说明了条例草案稿还不成熟,待提到中央工作会议讨论后,再用草案形式发给重要企业,一面试行,一面讨论提意见,以便进一步修改。

8月23日,中央工作会议在庐山开幕。《工业七十条(草案)》提交会议讨论。9月5日,邓小平在大会讲话中强调:整顿企业要从"五定"入手,按照《工业七十条》,一个一个地抓,一个一个地整理好,并且明确指出,工业调整和整顿是为了前进,不能失去前进的方向和信心。要积极地干,要千方百计地干。我们的精神,我们的想法,主要放到这上面,不要失掉这个方向。他说,这个条例采用《农业六十条》的办法,先发下去试行,在试行中再修改。

最后,中央工作会议讨论通过了这个条例。9月17日,毛泽东批示:"指示及总则已阅,很好。"值得一提的是,毛泽东和周恩来在审阅时,不约而同地在条例的题目上圈掉了"管理"二字,所以,这个条例最后就定名为《国营工业企业工作条例(草案)》。这是当时整顿工业企业、改进和加强企业管理的一个重要文件,也是我国第一部关于企业管理方面的章程。

《国营工业企业工作条例(草案)》全面地、系统地总结了新中国建立以来,特别是1958年"大跃进"以来,我们党在领导工业企业方面的经验教训,并根据当时的实际情况提出了我国国营工业企业管理工作的一些指导原则。《条例(草案)》规定:

国营工业企业是社会主义的全民所有制的经济组织,又是独立的生产经营单位。它的根本任务,是全面完成和超额完成国家计划,增加社会产品,扩大社会主义积累。国家对企业实行"五定",企业对国家实行"五保"。企业之间的协作关系,凡是需要和能够固定的,都必须固定下来,固定的协作任务要纳入计划。协作双方签订的经济合同,具有法律效力,必须严格执行,不准单方面废除。已经中断的协作关系,要尽可能迅速恢复,或另行安排。

企业的各个方面、各个环节都要实行严格的责任制度。企业实行党委领导下的厂长负责制,并建立以厂长为首的全厂统一的生产行政指挥系统,集中领导企业的生产经营活动,保证全厂生产有秩序地进行。

企业的技术工作,由总工程师负全部责任。企业必须加强设备管理,按计划进行检修,使设备、工具经常处在良好状态,禁止用超负荷运转等损坏设备的办法追求高产。新工人必须学习安全技术规程,考试合格后,才能进入操作岗位。企业要把保证和提高产品质量当成首要任务,对质量不合格的产品有权拒收、退回或按质降价。要充分发挥全体工人、技术人员、职员的积极性,正确地进行技术革新,鼓励群众的发明创造。技术人员和职员是工人阶级的一部分,要鼓励他们向又红又专的目标努力。

每个企业都必须实行全面的经济核算,勤俭节约,讲究经济效果。

企业职工的劳动报酬,要贯彻按劳分配的原则,反对搞平均主义。劳动报酬的多少,应当按照每个人技术的熟练程度和劳动的数量质量来决定,不应当按照其他标准。

企业的职工代表大会制,是吸收广大职工群众参加企业管理和监督行政的重要制度。企业各级的职工代表大会和职工大会,要讨论和解决企业管理工作中的重要问题和职工群众最关心的问题,它有权对企业的任何领导人员提出批评,有权向上级建议处分、撤换某些严重失职、作风恶劣的领导人员。

每个企业在行政上只能由一个主管机关管理,不能多头领导。企业在保证完成国家总计划的前提下,只要当地能供应生产所需物资,可以承担地方分配的任务。

《国营工业企业工作条例(草案)》,是当时用于克乱求治、整顿工业企业的一个重要文件。它的颁发试行,对于贯彻执行调整、巩固、充实、提高的方针,恢复和建立必要的规章制度和正常的生产秩序,提高企业的经营管理水平、技术水平、生产水平,促进生产力的发展,起了重要的作用;对于企业管理的法制建设,也进行了有益的探索。1980年4月1日,邓小平在同中央负责同志谈到这个条例时说:"1961年书记处主持搞《工业七十条》,还搞了一个工业问题的决定。当时毛泽东对《工业七十条》很满意,很赞赏。他说,我们终究搞出一些章法来了。"

然而,《工业七十条》这样一部有效的治乱文件,在"文化大革命"中被林彪、"四人帮"诬蔑为"瓦解社会主义、复辟资本主义的黑纲领",指导这一条例起草工作的邓小平也受到许多无理的攻击。

1967年6月5日,当时被张春桥、姚文元等控制的上海《解放日报》,发表了题为《发展社会主义,还是复辟资本主义?——评〈工业七十条〉》的长文。此后,该报连续发表4篇批判文章,文章的观点归纳起来有以下五个方面:一是说"七十条"强调企业是社会主义经济组织,根本任务是生产,这是抹杀阶级斗争,强调生产第一、政治第二;二是说"七十条"强调厂长负责制,主张总工程师对企业的技术工作负全部责任,这是取消党的领导,推行"专家治厂",实行资产阶级专政;三是说"七十条"强调实行按劳分配,反对平均主义,是鼓吹物质刺激,钞票挂帅;四是说"七十条"强调经济核算,增加企业赢利,是推行利润挂帅;五是说"七十条"要求建立严格的规章制度和学习国外的先进经验,是大搞资产阶级管、卡、压,提倡崇洋媚外,推行"爬行哲学"。这也从反面说明了《工业七十条》确实是一部有效的治乱文件。

邓小平后来曾多次对负责条例起草工作的薄一波说:毛主席直到临终时,还把《工业七十条》的文件摆在枕边,始终没有提出过批评。林彪、"四人帮"对《工业七十条》的大肆攻击,显然是背着毛泽东干的。

1975年,邓小平临危受命,开始对几近瘫痪的国民经济进行全面的整顿,这年的8月18日,他在国务院讨论国家计委起草的《关于加快工业发展的若干问题》时的谈话中再一次肯定了《工业七十条》,他说:"毛泽东同志历来主张要有章程。有章程才能体现党的方针、政策。过去的《工业七十条》,基本上是好的,是修改的问题,不是要废除。"

# 关注三线建设

1964年,根据国际形势的变化,中央作出新的重大战略部署:调整一线,建设三线,改善工业布局,加强国防,进行备战。根据这一部署,从1964年下半年开始,几百个大中型项目开始在西南、西北三线陆续兴建。

所谓一、二、三线,是按我国地理区域划分的,沿海地区为一线,中部地区为二线,后方地区为三线。三线分为两大片:一是包括云、贵、川三省的全部或大部分地区及湘西、鄂西地区的西南三线;一是包括陕、甘、宁、青四省区的全部或大部分地区及豫西、晋西地区的西北三线。

对三线建设,邓小平非常重视。1965年5月,他在中央书记处会议上提出:要加强对三线地区基础工业的建设,要用6年的时间,把西南后方的基础打好。1966年2月,在全国工业交通工作会议、政治工作会议上他再次指出:要把立足于国防的一、二、三线战略布局搞好。第三个五年计划,要以建设大小三线为纲。他还说:从长远来说,三线建设,对工农结合、城乡结合、消灭三个差别都有好处。

1965年11月1日,邓小平受党中央委托,带领中央部委的有关负责同志前往川、贵、云,视察西南地区的"三线建设"情况,到现场就地解决有关问题。

随同邓小平视察的有国务院副总理兼国家计委主任李富春、国务院副总理薄一波、国家计委第一副主任余秋里、铁道部部长吕正操等。

在四川,邓小平等听取了四川省委负责人廖志高的工作汇报,就党的建设、生产和"四清"等问题发表了重要的意见。

21日下午,邓小平在贵州省贵阳市金桥饭店听取了第七机械工业部黔北基地建设的汇报。

参加汇报会的有:李富春、薄一波、李井泉、程子华、吕正操、陈璞如、程宏毅和贵州省委书记贾启允、省长李立。

七机部沈钧扼要汇报了基地建设的规模、布局、建成时间以及明年任务的安排与存在的问题。

邓小平说，这个基地的规模比起北京、上海那一套要节约得多。他问道："现在这样摆，厂与厂之间的协作便利吗？"

沈钧说："厂与厂之间距离3至5公里，生产协作还较方便。"

"那还算好，依靠汽车就行。"邓小平说，"哪年建成？"

"三年任务，两年建成。"沈钧回答说。

邓小平一向是十分严谨的，又问道："两年完成，从哪一年算起？"

"从明年算起，到1967年基本建成。"

沈钧在汇报中说到了基建用的砖明年上半年还缺两千多万块的问题。

薄一波问道：砖石和地方订合同没有？砖困难啊！从外省调砖实在不好，石头能用吗？

陈璞如说，根据西南局的指示，必须两条腿走路，砖要用，石头也要用，他们已经动员向石头进军了。

李井泉说，动员群众打石头，请启允同志帮助他们组织群众打石头。

邓小平说："打石头有好处，可以增加耕地，可以盖房子，可以搞民用建筑，可以增加农民收入。"一连说了四个"可以"。"这里有的是山，要'愚公移山'，要动员群众打石头，地方上要搞个规划。"

邓小平还帮助出主意，他建议说，厂房的下部分可以用石头，完全用石头不行。

当汇报到关于扩充电源和架设四条电力线路的问题时，邓小平说，没有电网是不行的。贵州有煤，火电快。贵州要很好地规划，要综合利用，各行各业在这里搞多少工厂，要些什么，要多少，怎么个解决法？

说到二、三类物资的供应问题，邓小平指示，物资供应、粮食规划、生活用品供应都要跟上去，要全面规划。

程子华说，物资部准备在西南地区搞几个物资供应点，最近又听说要推迟，要到后年才实现，我们不同意推迟，已经打电话去了。

邓小平说："物资部要为下面服务，要为建设服务。物资供应只能分地区，不能分部门，尤其是大规模建设的地区，西南、西北两个大三线，一定要这样。"

在汇报到基建队伍的组织机构问题时,邓小平询问施工队伍是从哪里调来的。针对七机部搞基建没有经验、贵州的力量又不行的问题,邓小平提出要从外地找一些有经验的人来。

李井泉建议给陈丕显打电话,要上海来包。这个建议得到了大家的赞同。

邓小平说,这个办法好。给赵尔陆打个电话,叫他和上海解决"三材"——人才、技术、材料,要上海负责,不然的话不知道哪年建成。

邓小平最后总结说,你们这里是几个不落实:一是施工队伍不落实,二是交通运输不落实,三是砖不落实,四是电不落实。这还是才开始,真正建起来还有不少问题。很危险!要上海包,完不成任务,陈丕显打50板,王秉璋(七机部部长)打50板。

薄一波对七机部的同志说,你们的工作还是不错的,把情况反映上来了。

邓小平说,这是一个诉苦会。

这次视察,现场解决了不少问题,对基地后来的建设起了重要的作用。

22日上午,邓小平等听取了中共贵州省委书记处的汇报。

会议开始时,邓小平问贵州省委第一书记贾启允:你们书记几个人,是哪几个?

贾启允把省委书记处成员的名字一一向邓小平作了介绍,邓小平又问及每个人的分工情况,然后说,你们是五湖四海来的,大家靠拢来,没有别人,我们就是集中起来,坚持下去。

接着贾启允汇报了最近召开的省委工作会议贯彻中央工作会议精神的情况,并谈到了培养提拔新生力量的问题。

这是邓小平十分关注的一个重要问题。几天前他在四川听取廖志高汇报工作时,就曾对四川省委提拔年轻干部问题作过指示。

当贾启允反映有少数县委的同志不愿提"老",尚未感到培养提拔新生力量的迫切性时,邓小平说:"我们这些人都是二十几岁掌大权,我们军队中的领导同志在红军时代都是二十几岁当师长、军长。"

邓小平问贾启允:你们地、县委书记的平均年龄比四川的大吗?

贾启允说：县委书记平均年龄41岁。

"四川是40岁。"邓小平说。

"地委47岁。"贾启允回答。

李井泉插话说："四川是45岁。"

"贵州地、县委书记平均年龄比四川大1岁。四川县委书记、副书记经过调整后，可下降到38岁，你们多少？"邓小平问。

"我们计划降到35岁以下。"贾启允答。

邓小平高兴地说："我总是双手赞成就是了。"

邓小平向省委指出：地县领导要年轻化，要提拔新生力量、充实干部队伍。他问道："县委书记年轻化，有没有遇到困难？你们具体化了没有？"

回答说："已有了一个规划，落实到人。"

邓小平说："那就好。没有人吃洋火吗？要准备有人吃洋火、告状，说没有功劳也有苦劳。处理要细致，方针要贯彻，这是一个长远的问题。吃洋火要吃多少才死人？"

有人插话："西南山多，可以跳崖，用不着吃洋火。"

邓小平接着说："有的是真想死，有的是威胁。"

当汇报到贵州当时干部的组成情况时，谈到领导干部中，华北来的多，还有一部分从南京、江西招收的学生；1958年中央下放2000干部到贵州；1964年又调来2000；现在县里部、科、局长级干部，70%是外省的。

邓小平说："这些人多数是知识青年，那时20几岁，现在30多岁。有文化的干部须下基层锻炼，要接触实际。他们可以到工厂，搞'三定一顶'，参加劳动锻炼，取得实际经验。要有意识地调些优秀的、实际工作经验比较缺乏的干部，放下去搞三五年再上来。这种人越年轻越好，二十几岁，不超过30岁。搞5年，35岁，有的可以调到地、省。他们下去，甚至要到车间直接参加劳动，讲清楚去锻炼。这样做是为以后着想，为接班着想。"

他曾对省委负责人吴实说："十个手指不可能一样齐，各级领导班子中，有的能力强一点，有的能力弱一点，重要的是团结。这是推动社会主义发展的决定性因素。"

在贾启允汇报到贵州的工作情况时，邓小平还针对贵州省情，就如何充分发挥山区优势作了许多重要指示。他对省委负责同志说："真正富的是山,这里的副业比四川好搞,山稍微整一下,收入不知有多少。贵州将来比成都坝子富。你们单是种树,就不知有多大收入。林子太少,要大造林,山区要发展林业牧业。贵州人民要多吃肉,要比全国水平高。山上可种木本粮食,如橡子树;木本油料,如核桃。林木都要配备好品种。"

当邓小平进一步了解到贵州的自然灾害主要是旱灾,而地下水又丰富时,指出:"四川水不流失,贵州的水流走了,只是洞里有点水。贵州的林木储量有多大?贵州到处可以变林区。"他强调要通过植树造林涵养水源。

根据贵州山区自然资源的特点及经济发展规律,邓小平说:"省委重点抓农业,粮食要达到自给,山上多种树,发展林牧业,山下要发挥矿产资源优势,做到能源、交通开路,形成贵州独具特色的能源工业与材料工业优势,搞好矿产深加工,增加产品高附加价值。"

邓小平提出的这一适合贵州经济发展的整体战略,对贵州经济建设有着重要的指导意义。

23日上午,邓小平等在贵阳去六枝的火车上听取了三机部贵阳地区办事处副主任、基建处长关于三机部在贵州地区建设的布点情况、建设规模以及存在的问题。

当汇报到电有困难时,邓小平说,贵州搞火电快,大方火电站自己搞,搞自备电站,归工厂管。三四个厂搞个公司,统一管起来。

汇报结束后,邓小平说,他们三年计划两年完成,整个工作要重新部署,如电、运输和施工力量都要重新考虑,由程子华负责。

24日,在六盘水,邓小平等听取了煤炭部、西南煤矿建设指挥部负责人钟子云、范文彩、丁丹等同志关于六盘水矿区的生产建设情况的汇报后,非常高兴。他说:看到西南有煤、有铁,就放心了,不然建好多工厂也没有用处。办好西南的两个大型的联合企业就好了,就有希望了。在六枝矿区,六枝煤矿的负责人汇报说:"北煤不南调,六盘水煤炭基地建成后,年产4000万吨原煤,东调2000万吨,供应攀枝花钢铁基地1000万吨,贵州留1000万吨。"这个方案当即得到邓小平的充分肯定。邓小平高兴地说,南方大煤炭基地在贵州。

邓小平对省委书记处负责同志说:"汞在世界上很吃香。要把贵州汞的藏量摸准,搞点现代化开采。"

当有人提出"从贵州运走磷矿石,最好不用包装、省纸袋"时,邓小平说:"磷矿石量大了不行,成百万吨运输就是个问题。单向运输出去,没有东西运进来,运费贵,成本高。解决办法就是对矿石进行加工。铝进行深加工,产值高。磷也要搞深加工,要算一算6万吨黄磷需要多少投资、多少电。要变成了黄磷出去,使产值大大增加,将来贵州是大工业区。要把乌江水电站搞上去,把湘黔铁路修好。"

邓小平以一个战略家的眼光,敏锐地看到了六盘水在西南"三线建设"中的重要地位和潜在的发展优势。到六盘水之前,邓小平在四川的渡口,代表党中央确定攀枝花钢铁工业基地的建设方案时,就考虑到了攀枝花与六盘水的相互依存关系。他说:"煤钢联盟,看来中心还在煤。"到六盘水后,他看到这里丰富的资源和三线建设的环境,对这片荒凉的土地寄予了厚望。此后,他在昆明听取国家计委第一副主任余秋里汇报西南钢铁工业发展问题时说:"攀枝花、盘县、水城的条件,肯定比酒泉好。"还说:"这里的条件太好了。"邓小平还指出:西南少铁,就不是硬三线。所以当余秋里谈到要在盘县搞一个炼铁厂时,邓小平当即予以肯定,并指出,可以考虑在水城、盘县多搞点火电,可以就地消耗煤。

当时由于六盘水交通闭塞,贫瘠落后,要解决新增10万建设大军的生活供给问题,尤其是蔬菜瓜果等,无疑是非常困难的事。邓小平在视察期间从工人那里知道大家想吃到新鲜大白菜时,当即批示秘书与北京有关部门联系,很快调进50万斤大白菜支援六盘水矿区。

在贵州考察期间,邓小平看到一些城镇居民拿着票证,排着长队购买东西,感到心里不安。他对省委负责同志说:"现在买东西都要票证,苦了老百姓!我们争取在第五个五年计划期间,也就是在1979年前后取消票证。"

三线建设改变了贵州历史上交通不便的状况,继黔桂铁路建成后,川黔、贵昆、湘黔铁路也相继建成。大批军工企业及民用企业、科研机构进入贵州,使贵州形成了拥有航空、航天、电子三大军工基地和一批地方大中型骨干企业的现代工业体系。

11月25日,邓小平一行回到成都。30日,由成都乘飞机去西昌。12月1日到达渡口。

渡口,1987年更名为攀枝花市。攀枝花位于四川、云南交界处,有丰富的铁矿资源。渡口这个地名是毛泽东定的。党中央和毛泽东决定在西南进行"大三线"建设后,选定了金沙江畔一个含钒钛的磁铁矿区(储量约为56亿吨)为重点,计划建成一座具有现代规模的新型钢城。在讨论地名时,有的同志说那里只有9户人家,一个渡口,从来没有名字。毛泽东说:"那就叫渡口。"毛泽东提出在渡口建设基地后,国家计委立即组织80多人的工作组,由程子华、王光伟两位副主任率领,到成都同西南局和四川省委商定建厂事宜。

西南局和四川省委的部分同志建议另选厂址,理由是攀枝花交通不便、人烟稀少、农业生产基础差。他们认为,钢厂应建在交通方便、有大城市作依托的地区,并提出了18个地点供选择。工作组用了一个多月的时间普查了这些厂址,绝大多数地点既无铁又无煤炭资源,有的还要占用大量耕地,被否定了;只有乐山的九里、西昌的牛郎坝和攀枝花的弄弄坪可供选择。在评议中,程子华和中央有关部委的负责同志及专家,都倾向于攀枝花的弄弄坪,因为攀枝花地区不仅有丰富的铁矿资源、较多的煤炭资源和取之不竭的金沙江水资源,并且靠近林区,距离成昆铁路和贵州六盘水(六枝、盘县、水城)大型煤炭基地较近,地点也较隐蔽,又不占农田,是建钢厂的理想地区。而西昌的牛郎坝虽距攀枝花较近,但有地震问题(历史上曾发生过10级地震),还有与农业争水的问题;乐山的九里虽然地势平坦,扩展余地大,又靠近工业城市,但距铁矿和煤矿太远,也有占耕地的问题,都不是建大型钢厂的理想地区。

由于西南局和四川省委的部分同志仍有异议,论证工作迟迟不能定案。后来周恩来总理说,既然西南局和四川省委有不同意见,程子华定不下来,就到毛主席那里定吧。周恩来带着李富春、薄一波向毛泽东作了汇报,毛泽东听后,大为不满,说,乐山地址虽宽,但无铁无煤,如何搞钢铁?攀枝花有铁有煤,为什么不在那里建厂?钉子就钉在攀枝花!

1964年10月,李富春、薄一波到西南研究确定三线建设的总体规划。先到昆明召集西南局和云、贵、川三省及中央有关部委的负责同志开会,传达了毛泽东对钢厂定址在攀枝花的意见,统一了思想认识。同时初步议定攀枝花钢铁基地第一期工程的规模为年产铁矿石1350万吨、生铁160至170万吨、钢150万吨、钢材110万吨。从1965年开始,陆续调动十几万建设大军进入该地建立渡口特区。特区总指挥由冶金部副部长徐驰担任,下设冶金、矿山、电力、交通、建筑等8个指挥部,开始建设。不久,特区改为市。

这次邓小平到渡口后,认为在这里建设后方钢铁基地的条件得天独厚,当即代表党中央确定了攀枝花钢铁基地的建设方案。

邓小平认真听取了市委、市政府的工作汇报,并叫徐驰介绍了情况。他把详细情况问清楚后说:"这么多人,没有一个好的安排,好的计划,怎么工作?"随后他特意叫随同他来渡口的余秋里及小计委的一班人留在渡口,召集会议研究解决办法。

第二天,余秋里、谷牧等小计委的同志便召集市委、市政府及各建设指挥部负责人开会。余秋里在会上说:"这里资源丰富,是一块宝地,党中央毛主席都很关心,特意叫小平同志带我们来看一下,了解一下情况。小平同志离开渡口时,专门交代,要我同这里的同志们一起研究一下你们所面临的困难,找出解决的办法。目前,你们的工作存在很大的盲目性、随意性,没有定出好的计划。"

12月2日,邓小平在昆明听取了中共云南省委书记处的工作汇报,对云南的工作发表了重要的指示。

对云南省的边疆农场建设,邓小平说,现在只有10万人,太少了。你们这里自然条件很好,要下决心在10年内发展到100万人。其中有50万左右是男女壮丁,把民兵组织起来,就可以结成一条国际线,一旦有事,这是个很大的力量。邓小平提醒,特别要注意的是,要把当地少数民族的积极分子吸收进来,但也要自愿的才吸收。他提出,农场要在当地起带头作用、帮忙的作用,既是生产队,又是战斗队和宣传队,办了农场,就把当地群众的生产、文化、卫生都带起来了。农场不一定是全民所有制,可以生产队核算,生产队是集体所有制,用评工记分的办法,一帮一,一帮二,经常评比,这样国家节省开支,生产队又可以安排家属中的附带劳动力。

3日上午10时半,邓小平来到了昆明钢铁厂视察。

这是他第二次来到这里。当他走进昆明钢铁厂后,见到该厂领导还是7年前的李铎同志,高兴地说,搞工业就是需要专业干部。为了保证领导能干一行钻一行,应该保持干部的相对稳定,使他们有较多的学习实践、总结提高的时间,早日实现从外行向内行的转变。

李铎经理向邓小平等汇报了昆钢的近期和远景规划。

邓小平问：30万、50万吨钢如何搞，100万怎样搞？要搞方案，主要搞板材，需要多少投资？多少年完成？又说，第一步规模不考虑30万，按50万搞，第二步搞100万。

当有人顾虑云南地处边疆，搞大了万一有战争要挨轰炸时，邓小平说，如果搞30万吨的规划，以后还要改造，这不好。今后打起仗来，30万吨也是炸，50万吨也是炸，就搞50万吨。

当汇报到矿石资源时，邓小平说，你们自己搞好多矿石，攀枝花有好多矿石，以攀枝花矿石为主，你们的矿石作配料。

对于设备更新，邓小平说，新增设备要考虑好一点，71立方米的高炉要淘汰。要有现代化水平，加大对旧设备改造的力度，提高劳动生产率。50万吨钢不能再用1万人，几千人就可以了，如果再用1万人，在全国钢铁企业中还是最落后的，所以你们不要当这个"副班长"，小高炉搬到其他地方用。

李井泉插话说，小高炉已经完成了历史使命。

邓小平说，小转炉也要淘汰，50万不吹氧是不行的。

他又问：搞50万吨的，你们什么时间拿出方案？需要什么设备？需要多少钱？什么时间建成？

李铎估计说，集中力量打歼灭战，50万吨3年可建成。

邓小平说，应该快点。

在昆钢，邓小平还说，云南的发展重点，从长期着眼，是有色金属。因为云南这方面条件特别好，"宝"很多，要搞成一个有色金属省。

5日上午，邓小平视察昆明机床厂。

这个厂7年前他也视察过。

邓小平看了该厂新开发成功的"光学坐标镗床"后，非常高兴，对厂领导和操作工人说："你们制造的精密机床，在全国很有名气，但生产量太少，目前国家还要靠进口。今天我来，主要想解决生产精密机床问题。不然天天叫进口，进口几千台还叫不够，日子不好过呀！今天，要解决精密机床的需求必须立足于国内生产。"

邓小平问：坐标镗床今年生产多少台？

厂负责人说，我们厂今年生产41台，一机部4个直属厂今年计划一共生产 157 台。

邓小平说,太少了。假如我们的精密机床年产能达到 2000 台就过关了。

"你们这个厂要统统搞精密机床,普通机床不做,净做精密机床,能年产多少台?"邓小平又问。

回答:"现在的设计水平是年产 300 台,要是普通机床转出去,搞专业化,把现在生产普通机床的车间加以改造,人员跟普通机床转出一部分,留下一部分,可以年产 500 台。"

问:"建一个精密机床厂要多少钱?"

答:"年产 300 台坐标镗床厂,专业化的,只加工和装配,估计要 2000 多万。"

邓小平说:"一个坐标镗床厂投资 2000 多万,不算多嘛!""你们这个厂的设备进口的多不多?"

回答:"大部分用的是国产的,很少数的设备是国外进口的。"

邓小平说:"一个精密机床厂的设备大部分是国内的,少数是国外的,装备一个精密机床厂也没有什么了不起嘛!云南工业要上去。搞一个 300 台的坐标镗床厂,一个 300 台的磨床厂,一个 300 台的齿轮机厂,就是要搞精密的。""专业化有好处。你们要净搞精密机床。什么都搞,杂七杂八的,劳动生产率低,技术也不容易提高。"

厂负责人说:"是有这个问题。我们现在是全能厂,从铸锻件到加工装配全套都有。"

邓小平坚决地说:"要解决这个问题。"

在云南视察期间,邓小平还格外关注云南烟草工业的发展。在视察昆明卷烟厂时,他称赞说:"云烟,很好嘛!毛主席在 1959 年成都会议上,吸了云烟,还满意地点点头。我还经常用云烟招待外宾。周总理出访东南亚,还拿云烟作礼品嘛!"

当他看到机械卷烟,每分钟能生产 2000 支烟时,非常高兴地对厂领导说:"烟就像流水似的,机械化就是好呀!"他勉励该厂"要不断改革,提高质量,创名牌,满足市场需要"。

在了解云南三线建设的情况后,邓小平说,受交通的限制,建设项目一时不能摆得太多。云南要搞铁路建设,铁路建设的标准要高些,并具体指示,成昆铁路按年 1300 万吨运力设计,内江昆明铁路按年 800 万吨运力设计。

在视察中,邓小平反复指出,云南要继续解决农业问题。这个问题解决了,才能抽出更多的劳动力投入其他方面。云南条件好,在农业上必须搞多种经营。比如发展棉花、甘蔗、烤烟、亚热带作物和畜牧业等,粮食问题过关了,就要设想更多地安排经济作物、油料作物的生产。

几个月后,1966 年 3 月,邓小平又带领中央 20 多个有关部委的负责同志到大西北视察,为的还是三线建设。

3 月 10 日,邓小平一行到达西安的当天,就听取了中共中央西北局的工作汇报。当汇报到西北要搞水土保持时,邓小平说:水土保持,黄土高原种树,要搞一百年才行。

中共陕西省委第一书记霍士廉也汇报了陕西的情况。当汇报到陕西工业情况时,邓小平插话说:工业,主要是配套问题,小工业要多搞一些,这是个方向性的问题。多办小厂,把城市的剩余劳动力组织起来,人人都参加劳动,小偷小摸就少了,向市人委闹事的人就少了,大厂的生产也可成倍地提高。全国都要走这条道路。

在陕西,邓小平不顾劳累,连日奔波,先后视察了在陕西的航空工业、兵器工业,如三机部的六院第八、第十二、第三十研究所和庆安机械厂等。视察西飞公司时,邓小平观看了我国自行研制的国产战斗机的飞行表演。

在陕西,邓小平还主持召开了有国家三线负责人李富春、薄一波,有国务院一些部委负责人,有西北三线建设负责人及西北局、陕西省委负责同志参加的重要会议,主要研究了西北特别是陕西的航空、航天等国防工业和三线建设的发展问题。

3 月 16 日下午 3 时,邓小平乘专列抵达兰州。

陪同的有国务院副总理李富春、薄一波,中共中央西北局书记刘澜涛,全国妇联主席蔡畅,中共中央西北局书记处书记王林,以及国家计委、国家建委、冶金工业部、水电部、国防工办等部门的主任、部长、副部长等 15 人,司局长 30 人。

从 3 月 16 日到 4 月 1 日,邓小平一行先后参观了兰炼、兰化、兰石、白银、金川、酒钢、404 厂、刘家峡、盐锅峡、八盘峡厂矿工程和 20 号基地等 11

个部门,接见了甘肃省工交财贸五好、六好会议全体代表和白银厂、刘家峡、酒钢、404厂、金川、20号基地等单位部分职工6835人。其间,还召开了西北甘、宁、青、新四省区书记会议。历时18天,行程3350多公里。

初春的西北春寒料峭,风沙迷漫。邓小平迎着风沙,深入到现场视察。

3月18日上午,他来到了兰化公司,视察正在新建的砂子裂解炉、聚丙烯、高压聚乙烯工程、丙烯腈试验车间及橡胶厂的聚合、橡胶等车间。

兰化公司负责人林华陪同视察。

在视察砂子裂解炉装置时,邓小平问:这个装置是否用来解决5万吨橡胶?

林华回答说,主要用来解决纤维和塑料,橡胶是解决一部分,但主要用科研成果丁烯氧化脱氢来解决。

"能不能用天然气?能不能用石油气?"

"天然气不能用,石油气和比石油气重的如轻油,可以用。"

邓小平对砂子裂解炉装置占地小,厂房少,设备露天化很感兴趣,他说,这不是高楼大厦,很好嘛。

来到聚丙烯抽丝房时,林华介绍说,抽丝方法与北京合成纤维差不多。

邓小平问:"生产规模多大?"

"3300吨。"

邓小平说,这不比北京500吨的大(指占地面积),这就节约多了。

在去橡胶厂的途中,邓小平问:合成氨生产多少吨?林华回答说:今年18.5万吨。

在橡胶厂橡胶成品车间,看到松香软胶生产时,薄一波问道:不是说没有过关吗?林华回答说,现在已经过关了,只是我们利用了原设备长网机,成带不好,但这种松香软胶不要求成带,不影响质量。这时薄一波向邓小平介绍说,这是去年国家31项重点科研项目里边的。

视察后,邓小平对一些问题当即拍板:纺织部西固聚丙烯腈纤维厂改在兰化公司建设,这是搞综合利用,是必须这样搞的,还能节省投资少占农田,因此,决定该厂改建在兰化公司内并由化工部管理,毋庸再议,这是最后决定。

3月20日,邓小平在兰州听取了中共甘肃省委第一书记汪锋关于甘肃情况的汇报,并就三线建设和农业种树等问题发表了意见。

21日上午,邓小平、李富春、薄一波、谷牧、李人俊、林乎加等,和西北局书记处书记王林,甘肃省委第一书记汪锋,甘肃省副省长冯直,以及中央十几个部的部长、司局长来到白银公司视察。

在露天矿,邓小平一下车,就称赞说:"你们这里是艰苦奋斗。"

当汇报到白银厂到1970年要生产5万吨铜、5万吨铅锌时,邓小平十分关切地问5万吨铜什么时候能产出,冶金部部长吕东回答说:"1969年到1970年。"

当听到现在把黄铁矿卖出去,每年要少回收1万吨铅锌时,邓小平说:"很可惜。"

在去选矿厂的路上,白银公司负责人茅林汇报了白银厂的综合利用规划,邓小平说,就是要好好抓综合利用。

茅林说,冶炼厂的设计能力是3万吨,我们准备发动群众大搞技术革新、技术革命,把冶炼厂的生产能力提高到4万吨,在不进行大的扩建的情况下达到5万吨。

邓小平听后点头说:对嘛,要搞技术革新、技术革命。

当茅林汇报到现在厂里还有一半的生产班组没有党小组,24%的班组还没有党员时,邓小平十分严肃地说:这还不行。

在选矿厂,吕东说,这个厂是按苏联设计建设的,花了8000万元,现在建这样一个厂子,5000万元就够了。

邓小平带着浓重的四川音说,花学费嘛。

中午12点,邓小平、李富春、薄一波等在冶炼厂的广场上接见了白银厂、十一冶和白银地区的五好标兵、五好职工、各级领导干部和职工(共1700人),并在一起照了相。

在去火车站的路上,甘肃省委第一书记汪锋对邓小平说,白银厂的职工群众情绪比过去好多了。过去许多人不安心在这里工作,现在都安心了,生产秩序也比过去好多了。

邓小平听后,表示满意。

酒钢是西北三线建设的重中之重。3月23日,邓小平来到了嘉峪关地区的酒泉钢铁厂。

吕东汇报了酒钢的建设情况。

邓小平说：酒钢地处三线，毛主席非常关心，要尽快把酒钢建设好，不能再动摇了！搞钢铁要打歼灭战，要走大庆道路，要搞工农结合，除了少数技术骨干外，要搞农民轮换工。

对于酒钢的建设方案，邓小平提出了明确的要求：1968年建成镜铁山矿，要有一个高炉出铁，1969年出钢75万吨，1970年出钢坯，把初轧建起来，1971年全部建完。

邓小平的指示为酒钢的全面发展乃至嘉峪关后来建市奠定了基础。

3月25日至26日，邓小平视察了酒泉导弹试验基地，并慰问了职工、解放军官兵以及家属，听取了基地各单位领导的汇报，观看了地空导弹的发射试验。"你们把戈壁滩建设得很不错，过去是风吹石头跑，遍地不长草，现在有了铁路、公路、树木和房子，像个小城市，这是你们辛勤劳动的结果。你们还培养了一支能吃苦、思想过硬的专业技术干部队伍，这是我们建设国家、发展国防科技事业的宝贵人才，要关心爱护他们。你们还要多栽树，树能美化环境，能拴心留人。树栽多了，将来变得更好。"

3月27日上午10时35分，邓小平乘坐的专列徐徐驶进金川白家嘴车站。

在一阵热烈的掌声中，邓小平、李富春、薄一波等陆续走下火车。

没有进休息室，没有先听汇报，邓小平等径直来到露天矿工作现场。邓小平向工人们挥手致意："你们辛苦了。"职工们回答说："首长辛苦。"邓小平手捧矿石边掂量边询问，从品位到储量，从剥离量到日出矿量，问得很细，陪同的同志一一作了回答。

在看完1700堑沟和露天采矿场后，邓小平等来到金川公司成就展览室参观。虽然展览室比较简陋，但邓小平看得十分认真。他肯定金川矿山资源是个不可多得的"金娃娃"，是我国的"聚宝盆"。邓小平和中央其他领导还指出，金川应当办农场种粮食，植树造林搞绿化。

在沙盘模型前面，金川公司党委书记田汝孚全面汇报了金川铜镍矿床的特点、金川公司的生产流程、生产状况以及生产发展的前景。

邓小平边听、边问。

在选冶厂参观时，公司领导向邓小平介绍了厂长王培生，邓小平握着王培生的手问:"多大年龄了?"王培生回答说:"37岁。"邓小平高兴地说:"好,还年轻哪。"邓小平对镍的生产流程、总回收率、资源综合利用等情况问得十分具体。他称赞了金川公司刚刚着手的综合回收铂、钯、钴硫等副产品的技术开发项目。

视察结束时,邓小平等在新厂区接见了金川有色金属公司和第八冶金建设公司的干部及先进生产者代表共1000多人,并合影留念。

下午5时许,邓小平一行离开金川。临走前,他勉励广大干部和工人说,在国际上卡我们脖子、国内经济处于最困难的关键时刻,你们在祁连山下的戈壁滩上生产出国家急需的产品——镍,真是为祖国争了光呀!你们要吃苦耐劳。向大庆人学习,争取多出镍,出好镍,为支援国防、加强战备贡献力量。

3月29日,邓小平一行来到了青海的西宁,下榻在胜利公园招待所。

当晚,邓小平被当天《青海日报》刊登的一篇长篇通讯所吸引。这篇通讯的题目是《穷则思变,治山治水》,文章报道了化隆回族自治县德恒隆的群众自力更生、改变山区落后面貌的事迹,突出展现了沙连堡党支部书记马木华等少数民族干部的风采。看完了报纸,邓小平被深深地感动了,他看到了振兴青海的希望。

第二天,火车从西宁出发继续向西飞驰。

在列车中部的一节车厢内,中共青海省委、省人民政府的负责人杨植霖、王昭、高克亭等正在向邓小平汇报工作。汇报的内容很广,从1958年开始的"大跃进"和三年困难时期给青海经济带来的损失,到省委、省政府为恢复经济所做的努力;从农牧业经济的发展到三线建设的进展情况;从柴达木资源勘探与开发到青藏铁路建设;从"三五"计划建设目标到民族工作;等等。邓小平静静地听着,有时赞赏地点点头,或者插上一两句话。在座的国务院副总理薄一波和中共西北局领导刘澜涛也不时插话,询问一些细节,或者作些说明。虽然他们此行的目的主要是视察我国核工业的发展情况,但邓小平同样关心着青海省各项事业的发展。汇报结束后,邓小平说青海工作最根本的是两个问题,一个是把农业搞上去,另一个是解决好民族问题。

在此次的青海之行期间,邓小平对20世纪50年代末青海弄虚作假成风问题提出了尖锐的批评。

青海省是"大跃进"的重灾区,不顾省情、不切实际的蛮干不仅造成工农牧业生产的大幅度滑坡,也使群众生活遇到严重困难。调整后的省委、省政府按照中央和西北局的指示,压缩基建,发展农业,狠抓粮食生产,只用三年多的时间,就使粮食产量由1961年的7.9亿斤增长到13.42亿斤,达到历史最高水平。对此,邓小平非常赞赏,充分肯定了青海省委坚持实事求是扭转困难局面的做法。

农牧业是当时青海的主要产业,如何发展农牧业,是省委、省政府领导汇报的重点。省委第一书记杨植霖汇报了"三五"时期青海农牧业的发展指标。按照青海省"三五"计划要求,到1970年,全省按农业人口计算,每人搞到一亩亩产500斤的水地,一亩亩产300斤的垴山地,一亩亩产200斤的水平梯田,全省人均占有粮食800斤;全省人均占有羊毛20斤,肉食品生产再上新台阶;要加速发展柴达木盆地的绿洲农业,为柴达木盆地资源开发奠定扎实的基础。邓小平仔细地听着,并反复询问、核实农牧业生产的各种数字,比较各种数字之间的关系,他一再表示:发展农牧业,"你们的潜力很大",牧区人口每人每年仅羊毛一项就可收入四五十元;农业区"川水地潜力大",农业生产完全可以发展得更快一些。

邓小平对柴达木资源的开发表现出浓厚的兴趣。50年代中期开始的柴达木资源开发,虽然经历了"大跃进"和三年困难时期的挫折,依然表现了强劲的发展势头,成为青海经济发展的重要支柱。当杨植霖汇报到交通运输是制约资源开发的重要因素,并要求早日修建青藏铁路时,邓小平同意省委"三五"后期开工修建的设想,他说:要考虑我国目前的经济状况,本着节省钢材,节省投资的原则,搞轻轨、窄轨,站与站的距离远一点,站台也搞简易的,用内燃机车,先起过渡作用,用10年再说。要求省委和铁道部先算个账,搞好规划。

当谈到资源开发与农牧业关系时,邓小平总结了新中国成立以来特别是50年代末的经验教训,指出:柴达木盆地作为将来的大工业区,要大力发展农业,"农业上不去,大开发就有困难",强调了农牧业在资源开发和整个国民经济中的基础作用。

青海是一个少数民族聚居的省份,藏、回、蒙、土、撒拉、哈萨克等是世居的少数民族。由于反动统治阶级的挑唆、分化及其他一些历史原因,各民族间相互仇视、相互对立,隔阂很深,各少数民族社会经济发展程度较低,经济、文化比较落后,严重制约着青海整个国民经济的发展。邓小平非常关心少数民族群众的生产、生活,关心少数民族地区的经济发展。在西去的火车上,在听取青海省委工作汇报时,他一再指示要在西宁多办街道工业,使回族群众能够参加工业生产,要注意发展牧区经济,改善藏族、蒙古族群众生活。当杨植霖提出省委、省政府决心要在"三五"末期改变青海面貌时,邓小平说:改变面貌的关键是解决民族问题。要培养少数民族干部,没有大批少数民族出身的干部——本民族的领袖人物,解决民族问题是不可能的。大队要有大队的领袖人物,公社要有公社的领袖人物。要选派那些优秀分子,特别是青年,让他们去参军,参加工厂劳动,到军队、工厂这两个熔炉中去锻炼,让他们学汉文,也学藏文,让他们读毛主席著作,逐渐地培养他们的集体主义、共产主义思想,变成工人阶级,然后再回本社、队工作,使每个大队都有这样的骨干。所谓改变面貌,首先要改变这个面貌,这是基本功。你们说把青海建设成为真正巩固的战略后方,这是个标志。

火车稳稳地停靠在海晏,邓小平等换乘汽车向著名的金银滩草原驶去。

这里是新中国第一个核武器研制基地,驻扎着一支隐姓埋名的队伍,依靠他们连续几年的奋战,第一颗原子弹诞生了。这时,他们的目标已经瞄向了氢弹,而且研制工作已经取得了突破性的进展。

邓小平来到海拔3200多米的金银滩,望着茫茫草原和远处起伏的群山,非常兴奋。他对随行人员说:原以为核基地一定在山沟里,没想到是在辽阔的草原上。他浮想联翩,想起了当年的长征,他说,这里与当年我们走过的毛尔盖差不多。

在国家二机部和221厂负责同志的陪同下,邓小平兴致勃勃地视察了核基地模型厅。这里展示的大量图片和模型,重现了第一颗原子弹从设计、模型制作、模拟试验、实际生产到实验成功的全过程,体现了全厂广大科研人员与职工数年艰苦奋斗的历程和取得的重大成就。

中国的原子能事业,是在苏联的帮助下于50年代中期开始起步的。50年代末,中苏关系出现裂痕,1960年7月苏联单方面撕毁协议,撤走专家。党中央决心依靠自己的力量发展原子能事业。钱学森、王淦昌、彭桓武、朱光亚、邓稼先等一批忠诚于祖国科学事业的科学家和科技工作者,没有辜负党和人民的期望,勇敢地挑起了这副重担。他们在设备简陋、资料不足,甚至连食物也不充足的情况下,开始了艰苦卓绝的科研工作。这是一项涉及多种学科、综合性很强的工作,需要有多种专业、高水平的科技人员通力合作,从理论物理、爆轰物理、中子物理、金属物理和弹体弹道等方面进行研究试验。不久,他们成功地突破了原子弹的理论设计,并在实验基地进行了缩小比例的聚合爆轰出中子试验,获得了一系列实验结果并使这些结果得到了综合验证,令中国第一颗原子弹的诞生迈出了重要的一步。1964年,221厂又相继解决了其他一些技术上的关键问题,在各方面的密切配合下,终于生产出中国第一颗原子弹,并于1964年10月16日15时在某试验场地面爆炸成功。

邓小平边走边看,看完后对基地负责人刘西尧、李觉、吴际霖等人说:我要看你们要干的。说着,离开模型厅,向实验部走去。

当邓小平在模型厅参观时,刘西尧、李觉向他介绍了基地党委贯彻毛主席、周总理的批示加快氢弹设计、研制工作的情况,邓小平听后非常满意地说,就是要充分发挥各方面的积极性,听取多方面的意见,包括工人的意见嘛!

邓小平视察的时候,我国氢弹的研制工作处于有了突破性进展的紧要关头。尽管氢弹需要由原子弹引爆,但其基本原理、理论设计和实验等问题比原子弹更为复杂,氢弹爆炸的条件更难创造。国外对氢弹的技术严加保密,因而要突破它就更困难,必须完全依靠我们自己去探索。当时国际上这种探索都经历了相当长的时间,美国用了七年零四个月,苏联用了四年,英国用了四年零七个月,而法国已经用了四年多的时间,仍未在氢弹领域有所突破。中国第一颗原子弹理论设计完成以后,1963年9月,科学家开始向氢弹理论进军。1965年3月至8月,经过对各种设想的反复比较研究和科学论证,确定了探索氢弹原理的主攻方向。1965年底,基本完成氢弹的理论设计,根据这个设计,核基地实验部于1966年元月制订了爆轰模拟实验方案,并进行了一系列小型试验。

在实验部,邓小平亲切会见了为中国原子弹、氢弹事业做出突出贡献的科学家王淦昌。

王淦昌,1960年12月24日从杜布纳联合原子核研究所回国后,立即奔赴核基地,投入核武器的研究工作。1963年他在221厂实验基地成功地进行了一系列实验和验证,为核武器的生产打下了可靠的基础。邓小平一再勉励王淦昌等科学家要为国家核工业的发展出力,鼓励他们大胆探索,充分发挥他们的才干,并要求基地领导为知识分子创造良好的工作、生活环境。

视察中,邓小平十分关心基地的建设和正常运转。当他踏进厂区,看到前来欢迎的人群时,生怕因自己的到来影响正常的科研和生产秩序,当得知都是不值班的职工和家属时,才安下心来。陪同邓小平视察的薄一波告诉基地负责人,小平同志这次来只是走走看看,不要惊动太大。

看到厂区树少,邓小平一再提出要多种些树,多组织职工家属生产,提高生活用品自给率,改善生活。

邓小平还视察了生产部及1分场102车间。

每到一地,他都谈到要充分发挥知识分子的作用。在102车间,邓小平夸奖工程师、车间主任沈国锋年轻、有活力,并要求221厂领导注意发挥3000多名科技工作者的作用。

视察结束后,应厂领导要求,邓小平欣然命笔,为核基地题词:"高举毛泽东思想伟大红旗,遵照毛主席指引的方向,奋勇前进——别人已经做到的事,我们要做到;别人没有做到的事,我们也一定要做到。"

就在邓小平这次视察结束的8个月后,核基地按预定方案进行了氢弹原理试验;14个月后,也就是1967年的5月,制造出第一颗氢弹,6月17日,成功地进行了我国第一颗导弹空投氢弹试验。

3月31日,回到兰州的邓小平听取了中共新疆维吾尔自治区第一书记王恩茂有关新疆情况的汇报。邓小平说,西北地区的关键问题是农业,不是工业。新疆发展大有可为,经济搞好了,就是军事上的准备。军事上的准备,除了办几个地方军工厂外,还要搞民兵,新疆生产建设兵团要搞民兵师。

4月1日上午,邓小平在余秋里、谷牧和西北局书记王林、青海省委第一书记杨植霖、宁夏回族自治区第一书记杨静仁、一机部副部长白坚、甘肃省委第一书记汪锋的陪同下视察了兰州石油化工机器厂。

邓小平等到厂门口下车后,受到了全厂4000多名职工和2000多名师生的夹道欢迎。

邓小平在机器厂厂长张居庆等人的陪同下,参观了工厂的两个主要生产单位:钻机分厂和容器分厂。

走到钻机分厂前,邓小平问道:"你们建厂10年了,建厂时间很长了。"

张居庆回答说:"是,建厂10年了。"

"我前两年来过,那时候什么东西也没有搞成。"邓小平说。

"去年12月5日,工厂已正式交付国家验收。"张居庆答。

当看见夹道欢迎的人群中有很多小学生时,邓小平问:"这些小孩是学生吗?"

厂党委副书记杨世杰说:"是我们厂子弟小学的学生。"

"小学是自己办的吗?"

"是自己办的。"

到了分厂后,邓小平没有去办公室,在车间听取了厂里的汇报。

厂技术人员以图表方式介绍了工厂的生产指标、1965年试制成功的几种有代表性的重要产品和正在试制的几种重要新产品。

在汇报到主要技术经济指标时,厂总工程师董其璞说,去年全厂的全员劳动生产率是8400多元,今年每个人要达到1.7万元。

邓小平听了之后,非常兴奋地说:啊,1.7万!

当汇报到今年试制工厂自己设计的4000米钻机的机械化程度较高,操作人员只要七八个,比苏联设计的130钻机少近一半时,邓小平连连点头说:好!好!

在车间,邓小平看到一些青年人在干活,问道:"这些是不是学生?"

陪同人员说:"是半耕半读的学生。"

"他们怎么劳动?"

"三四年级一礼拜劳动,一礼拜学习,一二年级四小时学习,四小时劳动。"

在去容器分厂的路上,邓小平问:"一台钻机卖多少钱?"

张居庆说:"100多万元。钻机上面的配套件要几十万元,我们自己生产的零部件几十万元。"

邓小平又问:"现在试制的4000米钻机卖多少钱?"

"正在试制,要生产完了才知道。"

"你们一年生产多少台钻机?"

"设计水平75台。能提升75吨的25台,能提升130吨的50台。现在品种有变化,过去没有生产过4000米钻机。将来还要突破洋框框。将来生产多少台,还要看国家需要。"

"你们计划一年生产多少台?"

"我们准备将来一年生产100台。"

邓小平对身旁的一机部副部长白坚说:"100台太少。这样的厂是不是全国只有这么一个?"

"是,只这一个。上海有个石油配件厂,只能生产些配件。"白坚回答说。

邓小平连连说:"100台太少了!太少了!"

来到容器厂后,余秋里高兴地喊道:"大厂房、大家伙!"然后他仔细观看了电渣焊正在焊接的高压加氢换热器,向邓小平介绍:总书记,这个好,这么厚!(用手比画了50毫米)当余秋里介绍大型四辊弯板机全国就这么一台时,邓小平问道:"这台设备是谁制造的?"还问工人好不好用。

在容器厂,邓小平听取了职工"三查"、反浪费的情况介绍,还参观了4000吨水压机。

视察结束后,邓小平与全厂五好职工、先进生产工作者及一部分干部合影留念。临走时,厂长张居庆说:"总书记对我们有什么指示?"

邓小平说:"没什么。很好。你们厂潜力很大。"①

---

① 本节讲话内容,参见《邓小平视察纪实(1957—1994)》(上),江苏教育出版社2002年版,第131—174页。

# 在江西的日子里

1966年的3、4月间,邓小平率国务院各部委负责人到西北各地视察三线建设。一路上,他谈笑风生,主要的话题是如何发展西北地区的经济和搞好三线建设。

4月8日,康生打电话叫邓小平即刻回京。接到电话后,邓小平紧急从延安坐专机直飞北京。这时,身为总书记的他,一点也没有料到,一场将会给我们党和国家,给我们全民族带来巨大灾难的大规模的"文化大革命"即将到来,而他本人日后也成了这场运动首当其冲的人物之一。

5月16日,中共中央发出《五一六通知》,"文化大革命"全面开始。

对于毛泽东发动的"文化大革命",邓小平缺乏思想准备。对"文化大革命"初期的一些做法,邓小平是不赞成的。

8月5日,毛泽东发表了《炮打司令部——我的一张大字报》。文中提出,中央有另外一个资产阶级司令部。虽然没有点名,但明眼人一看便知,这是指的刘少奇、邓小平等主持中央日常工作的一些领导同志。

毛泽东的这篇大字报发表后,邓小平就受到了错误的批判和斗争。1967年1月,中央政治局会议决定取消邓小平出席政治局会议的资格;1967年7月,邓小平在中南海的家中被批斗,此后实际上已处于被软禁状态;1968年10月,在中共八届扩大的十二中全会上,林彪、江青等人要求开除邓小平的党籍,毛泽东没有同意。

到1969年,"文化大革命"已进行了三年多的时间。

为了篡夺党和国家的最高权力,林彪一伙乘中苏边境局势紧张之机,命令全军处于一级战斗状态,并对首都实行"战备疏散"。在这个命令下,当时一大批党和国家领导人,如刘少奇、邓小平、朱德、陈云等分别被遣散到河南、江西、广东、安徽等地,并由当地省军区实行监护。名为"战备疏散",实为政治迫害,以达到他们清除障碍、排除异己、篡党夺权的目的。

周恩来对"一号命令"将大批老干部"疏散"到外地的做法感到十分气愤,但也无力扭转大局,只能想方设法,尽可能地对这些老干部予以保护,并作了周密细致的安排。他给江西省革委会打电话,指示说,中央领导同志陈云、王震、邓小平要到下面去蹲点,搞些调查研究,了解情况,也适当参加些劳动。对邓小平的安排,他特意指出:毛主席在九大说过,邓小平的问题和别人不同。邓小平是去农村锻炼,当然,不能把这些老同志当全劳力。他已经65岁,身体也不太好,收房费也要适当地照顾一下。在选择住处上,要尽可能地好一些。一下从北京到南方,气候上和生活上,他也许不习惯,你们要尽可能地给予方便。周恩来指示江西省革命委员会研究出一个具体的方案来。

由于周恩来总理的事先关照,邓小平到江西后才避免了许多曲折和磨难。江西省革委会原来打算让邓小平去赣州,周恩来提出赣州离南昌较远,交通不便,而且又是山区,条件较差,将邓小平安排在赣州不妥,应在南昌市郊为宜。关于邓小平的住房,周恩来也提议应是一栋两层楼的楼房,最好是独家独院,既能散步,又较安全。于是,江西省革委会把邓小平夫妇安排在南昌市郊的新建县拖拉机修配厂劳动,并让他们住在厂子附近的望城岗原福州军区南昌步兵学校校长曾经住过的一栋两层小楼里,人称"将军楼"。

10月25日清晨,邓小平夫妇和继母夏伯根离开了北京。

3天之后,一家三口住进了"将军楼"。

"将军楼"是一栋两层楼房,楼上有6间房子,楼下除大厅之外,左右另有两个单间。邓小平一家住在楼上,管理秘书兼警卫黄文华和其他管理人员住在楼下。在这里,邓小平开始了长达3年的监禁劳动生涯。

由于邓小平在国内外都有影响,江西省革委会对他的安置非常重视,他们指定新建县拖拉机修配厂党支部书记罗朋负责安排邓小平的工作。罗朋曾是邓小平的老部下,对邓小平来厂劳动和安全问题考虑得尤为细致,想方设法给邓小平以多方面的照顾。他和几位厂领导经过研究,决定把邓小平安排在修理车间工作。为了使邓小平在厂里免受干扰,厂房内外、车间内外有关打倒邓小平的标语都被彻底清除。罗朋还规定其他车间的工人一律不准进修理车间,不准喊"打倒邓小平"的口号,不准干扰邓小平夫妇的正常劳动。如遇外单位人员来厂干扰时,要及时制止,确保邓小平的安全。

在休整了四五天之后,邓小平主动要求开始工作。上班的那天,秘书黄文华带着邓小平夫妇步行去厂区。

这时的邓小平俨然一身工人打扮,不注意的话,谁也不会发现他竟是共和国的领导人。

来到厂区,他们直接走进了厂党支部办公室,黄文华把邓小平夫妇介绍给了支部书记罗朋。罗朋热情地招呼邓小平夫妇坐下,在简单地介绍了厂里的情况后,便领着他们来到了修理车间。

邓小平在修理车间负责清洗机器零件。

这年南昌的冬天似乎来得格外的早,空气中透着一股股寒意。邓小平全然不顾这些,二话不说,立即投入了劳动。他卷起袖子,把需要清洗的零件放进盒里泡着,一个个认真地清洗起来。

大约过了半个小时,邓小平感到双腿发麻,直不起身来。毕竟是60多岁的老人了,蹲着干活,时间长了,谁也吃不消啊!

车间主任陶端缙看到后,忙把邓小平扶起来,让他先休息一下。

"老邓,你能锉零件吗?"陶端缙问道。

"这个要得,锉刀活,可以出出汗。"邓小平答道。

陶端缙赶忙去准备工作台和工具台。不一会儿,一切准备停当。

邓小平安置好一个零件,熟练地拿起一把锉刀,有板有眼地锉了起来。

俗话说,外行看热闹,内行看门道。邓小平才锉了几下,就把陶端缙给折服了。陶端缙看着邓小平认真的神态和标准的姿势,心想,这老邓还真有这么两下子,这起码有四五级工的水平!他哪里知道,这是邓小平在法国勤工俭学时的老行当。

钳工这个工种劳动强度很大,随着时间的推移,邓小平的钳工技艺也愈加熟练。每当看到自己的劳动成果,邓小平就会露出会心的微笑。

邓小平夫妇在拖拉机修配厂劳动的日子里,总是早上7点多钟出发,中午11点多钟下班。无论是酷暑盛夏,还是数九寒冬,无论是烈日炎炎,还是刮风下雨,他们夫妇总是按时进厂,准点上班,从不无故缺勤。

早上一进车间,邓小平便立即聚精会神地开始干活,经过他加工的零件,从没有出过废品、次品。到了下班的时间,他在收拾停当后,和工人们道声"明天见",便迈着稳健的步子,走回家去。

邓小平刚到拖拉机修配厂上班时,都是通过工厂的大门进入车间。这样需要绕一个大弯,多走好几里的路程。

罗朋很快就注意到了这个问题。他感到,邓小平夫妇顺大路来厂上班,很容易惹人注目,不太安全。于是,罗朋便考虑如何能避开大路,并尽可能缩短邓小平夫妇上下班的路程。他找来陶端缙,两人沿着厂区围墙进行实地考察。

在围墙的一角,他们发现此处跟"将军楼"处在一条直线上。如果从这里能开一个小门,沿着山坡从田间小道可直达邓小平的住处。这样不但大大缩短了路程,而且僻静安全,可以说是一个两全其美的好办法。

工人们对这一想法也极为赞赏。罗朋在和邓小平的管理秘书黄文华商量后,便和工人们拆开围墙,安了个小门。为了避免雨天路滑不好走,罗朋又画线定点,在山坡上修了一条小路,可以直达厂区。

这条小道修好后,邓小平夫妇上下班再也不用绕大弯子了。

在以后的日子里,人们几乎每天都能看到邓小平夫妇或戴着草帽,或撑着雨伞,在这条小路上行走着。他们经过这条小路时很少言语,或低头沉思,或极目远视。千百次坚定的足迹,踏平了这条小路。

在这条不寻常的小路上,邓小平艰难地走了3年。当地的人们亲切地称这条小路为"邓小平小道"。

在拖拉机修配厂劳动期间,邓小平夫妇同厂里的广大干部和群众结下了深厚的友谊。在工作中,工人师傅们非常敬重和关心他们。

一次,邓小平正在劳动,突然眼睛发花,一下子倒在地上,不省人事。同车间的工人程红杏立即跑回家拿来了白糖和开水。当邓小平好转后,陶端缙驾驶一部丰收二七型拖拉机,将邓小平送回"将军楼"休息。

邓小平刚到厂里劳动的时候,几乎很少说话。过了一段时间,他发现这里同其他地方的混乱情况完全两样,他感到从厂领导到普通工人,对他没什么情绪和恶意,工人们处处给他以方便和照顾,他的心情舒畅了许多。后来,罗朋、陶端缙、程红杏等都多次去"将军楼"做客,受到了邓小平一家的欢迎。

后来,在邓小平一家要离开江西时,他们回忆起3年来工人们的深情厚谊,心中充满了感激和难舍之情。几年之后,卓琳特意执笔给新建县拖拉机修配厂写了一封信,再次表达了全家对这些纯朴、善良的工人们的感激之情。

在江西的日子里,邓小平一家也经受了生活上的磨难。

初到江西时,家中只有3位老人。60多岁的邓小平显然是家中的"壮劳力",那些清扫拖地、劈柴砸煤之类的家务自然也就落在了他的身上。

卓琳身体不好,血压的高压常在200左右,但她也不顾头晕疼痛,抢着做最累最脏的活。她还时常犯病,卧床不起。每当这时,邓小平总会耐心地尽着做丈夫的义务,为她端饭送水,细心照顾。

"文化大革命"期间,邓小平的继母夏伯根也受尽了屈辱和歧视,但她依然坚强镇定,尽力为这个家分担着生活的艰辛。

自从被监管后,邓小平的工资被停发,改发生活费。全家的经济收入从500元下降到200元。这200元既要维持3位老人的生活,又要帮助远在各地的儿女们。

为了节省开支,3位老人在院内开荒种菜、养鸡。每天早晨起来,邓小平一边在院子里散步,一边给蔬菜施肥、浇水或锄草。几个月后,蔬菜长得翡翠碧绿,辛勤的耕耘换来了丰硕的果实。邓小平看在眼里,喜在心头。

一次,邓小平在菜地里散步时,看到即将收获的蔬菜,情不自禁地喊道:"卓琳呀,快来看,丝瓜又开花喽!"

听到喊声,卓琳快步从厨房走出来,看到邓小平高兴的样子,不解地问:"老头子,你高兴什么呀?"

"你看,丝瓜开花了,结了小丝瓜喽!"

"又要有丝瓜吃喽!"邓小平挑起水桶,兴致勃勃地依次浇灌着每棵蔬菜。

邓小平还自己动手做豆瓣酱,这是四川人家中必备的当家菜。在制作时,邓小平为了节省,就尽可能少放油。

邓小平还制作米酒。

吸烟,是邓小平多年养成的习惯。原来他每天要吸两包熊猫牌香烟,后来因经济困难改为抽两盒前门牌香烟,再后来改为只抽5支。

有时洗脸盆漏了,他就用棉球堵起来继续用,或把脸盆拿到车间让工人们焊一下。

为了保持健康的体魄,邓小平坚持锻炼身体。每天坚持走一万步,其中五千步是去工厂上班路上走,另外五千步则是每天傍晚绕着"将军楼"在院子里走。

除了劳动、锻炼以外,邓小平把余下的大部分时间都用来学习。他每天坚持看报、听广播,还阅读了大量的马列著作和古今中外的书籍。对他来说,能够有时间坐下来读书,也是非常难得的机会。后来,孩子们到江西探亲时,邓小平常给他们讲述一些书中的精辟之处,有时还讲些历史典故,甚至出题来考他们。

在阅读过程中,邓小平从不照本宣科,他常常把马列著作和古典名著与实际相结合,抚古思今,古为今用。

"文化大革命"期间,由于邓小平被打倒,他的几个子女也受到了不同程度的冲击。

在邓小平谪居江西的日子里,中国政坛发生了两件大事:先是1970年九届二中全会陈伯达阴谋败露,接着是1971年"九一三"林彪叛逃事件。

"九一三"事件发生后不久,1971年11月的一天,邓小平和新建县拖拉机厂的工人们一起听厂领导传达了关于林彪事件的中央文件。听完文件传达后,邓小平回到"将军楼",说出了久久憋在心里的一句话:林彪不死,天理难容!随后,他提笔给毛泽东写了一封长信,揭露、批判了林彪的反革命罪行,表达了愿为祖国和人民重新做些工作的愿望。

不久,被林彪"一号命令"赶到江西东乡红星垦殖厂劳动的王震返回北京。回到北京后,王震首先向毛泽东揭露了林彪的反革命罪行,并详细汇报了邓小平在江西的情况。他向毛泽东力荐邓小平,希望毛泽东早日起用邓小平。

1972年1月6日深夜,在"文化大革命"中深受林彪迫害的陈毅元帅,走完了他一生坎坷的旅程。1月10日,中共中央在八宝山革命公墓为陈毅元帅举行隆重的追悼仪式,毛泽东本人也拖着病弱的身体参加了追悼会。

这天,在八宝山火化场休息室里,毛泽东对陈毅的夫人张茜和在座的领导干部讲了很多意味深长的话。在谈话时,毛泽东提到了邓小平,说邓小平是人民内部矛盾,并把邓小平和当时任政治局委员的刘伯承并列在一起。

在场的周恩来马上示意陈毅的子女,把毛泽东对邓小平的评价传出去,为邓小平的早日复出广造舆论。

8月3日,邓小平再次致信毛泽东。

8月14日,毛泽东看到这封信后,作出批示:邓小平同志所犯错误是严重的,但应与刘少奇加以区别。(一)他在中央苏区是挨整的,即邓、毛、谢、古四个罪人之一,是所谓毛派的头子。整他的材料见两条路线、六大以来的两本书。出面整他的人是张闻天。(二)他没有历史问题。即没有投降过敌人。(三)他协助刘伯承同志打仗是得力的,有战功的。除此以外,进城以后,也不是一件好事都没有做的。例如率领代表团到莫斯科谈判,他没有屈服于苏修。这些事我过去讲过多次,现在再说一遍。毛泽东的这一批示,实际上是对邓小平工作的重新肯定,也可以说是准备起用邓小平的一个信号。

周恩来立即将毛泽东的批示连同邓小平的原信交中办印刷厂印出,分送政治局委员传阅。另外,他果断决定,立刻以中共中央的名义通知江西省委,宣布邓小平即日解除劳动,恢复党组织生活,搞一些参观访问调查研究形式的活动。

这年的11月和12月间,邓小平先后两次到井冈山和赣南地区参观考察。

11月12日,邓小平偕夫人卓琳和生活秘书黄文华、警卫李树林及司机一行5人,登上了一辆灰色的老式"伏尔加"轿车,开始了他谪居江西3年多以来的第一次出行。

这是一次不同寻常的出行,因为此时邓小平的头上仍戴着"党内第二号走资派"的帽子,还没有恢复任何职务。沿途要去和经过的地委办公厅都接到了江西省委这样的电话通知:

1. 要按省委主要领导待遇接待。见面时可称他为"小平同志"或"老首长"。

2. 小平同志到了各地,都要由领导出面接待、陪同。

3. 各地在向小平同志汇报工作的时候,只讲党内十次路线斗争后工农业出现的大好形势。

4. 接待时不能向对方提出任何要求,不能照相。

5. 要绝对保证安全,特别是交通安全。

6. 接待一定要热情,要做好准备工作。

通知交代了在接待时应注意的一些细节问题,比如盖的棉被重量最好不超过5公斤,邓小平下榻的卧室内要准备两张床、两条毛毯,等等。

通知还特别强调:要组织力量将小平同志所经之地的标语进行清理。邓小平出行这件事必须绝对保密,接待保卫工作应内紧外松。对沿途各县布置接待任务时,不能用电话,要由地区派人下去,当面向各县负责人口头布置。

"伏尔加"轿车载着邓小平一行离开新建县向南驶去。上午10点左右,途经素有"药都"之称的清江县(现樟树市),这是邓小平此行的第一站。

在听完县革委会负责人的简单汇报后,邓小平去参观县城南郊的江西盐矿。

在江盐,邓小平受到了出乎他意料的欢迎。

因为这天恰逢星期天,矿里五六百名轮休的职工,从清晨起,自动会聚在通往矿办公楼的道路两边,等候着邓小平的到来。

原来,头天傍晚,矿党委书记齐志亭、矿长王海清接到省里关于邓小平次日要来盐矿看看的电话通知后,这两位新中国成立前参加革命的老共产党员,一时兴奋,居然忘了上级有关保密的指示,马上将邓小平来矿的喜讯告诉了矿里的职工,并拿起扫帚,带领大家,奋战半夜,把整个矿区打扫得干干净净。

上午11时许,邓小平来了。

看见矿里这么多人来迎接他,邓小平深为感动。他赶紧下车,不住地向簇拥在他周围的神情激动的男女老少点头、微笑、打招呼,表示他最真诚的谢意。

邓小平先后观看了江盐的卤水库、平锅熬盐、盐仓和真空制盐车间。

邓小平离开江盐时,齐志亭代表全矿职工送给他几小包精制食盐。

礼轻情义重。邓小平心头一热,郑重收下了这份凝聚着全体江盐工人特殊情义的珍贵礼物。

在县招待所吃完饭后,邓小平不顾陈祉川等人的再三劝阻,执意按规定交了伙食费和粮票,表现了这位老革命家的廉洁风貌和高尚情怀。直到现在,樟树市政府招待所还保存着当年邓小平交的伙食费的发票存根。这张虽已年深月久、字迹却依然清晰如新的发票存根上写着：邓小平等2人，交来伙食费0.64元，粮6两。发票存根编号：0005776。发票存根上的时间是：1972年11月12日。

吃过午饭，邓小平一行参观了四特酒厂后，又沿着昌赣公路继续往南赶路。

下午4点左右，邓小平一行到达吉安，受到井冈山地委（吉安地区当年曾一度改名为井冈山地区）副书记吴平等人的热情欢迎，并被安排住进了毛泽东1965年重上井冈山时住过的地区交际处（今吉安宾馆）一号房。

晚上，邓小平与井冈山地委（今吉安地委）的负责人老崔交谈起来。老崔，全名崔永明，是赣州军分区副政委、地委常委。1942年到1943年，他曾在八路军一二九师政治部保卫部当侦察员。那时，邓小平是一二九师的政委，可以说老崔是邓小平的老部下。这次江西省委特意安排他全程陪同小平同志。

他关切地问起遂川、万安、泰和等县各有多少人口及其他情况。当听到老崔操着一口纯正的山西口音向他介绍情况时，他感到格外亲近，仿佛又回到曾经生活、战斗过的太行山区。情不自禁地回忆起宛希先烈士，新中国成立后第一任江西省委书记陈正人，和他在二野时的老部下张国华将军。陈正人和张国华都是吉安地区人，一个是遂川县人，一个是永新县人。这两位同志都在1972年不幸病逝。

地委负责人向他介绍了当地"文化大革命"的情况，邓小平听着、思索着，感慨地说："好多年没有出来了，这次出来什么都新鲜。"

当听到介绍林彪企图篡改井冈山的历史时，邓小平两眼凝视着客厅门外的两棵大枫树，平静地说："这是不可能的，历史还是历史，历史不能篡改，那是'左'的路线。"

14日，邓小平到井冈山革命博物馆参观。

邓小平在博物馆看得很仔细，当看到一幅中央"八七会议"旧址的照片时，他不由自主地反客为主，向身边的人们介绍起这次会议的有关情况。是啊，作为当时的中共中央秘书、会议的亲历者，对这样一次标志着重大转折的重要会议，他怎能忘怀呢？介绍完"八七会议"的有关情况，他还对"八七会议"作了高度评价。他说：会议决定在湘鄂粤赣四省搞农民暴动，举行秋收起义,号召共产党人拿起枪杆子,同国民党反动派作坚决的斗争,挽救了革命挽救了党。秋收起义虽然失败了,但革命力量汇集井冈山,点燃了农村暴动的烈火,开辟了一条革命的新道路。邓小平的生动介绍,等于给人们上了一堂党史课。

下午,邓小平还参观了茨坪毛泽东旧居,凭吊了红军烈士墓,并考察了井冈山工艺美术厂。

15日,天气晴好,邓小平一行重上黄洋界参观。

"首长,这碑文上毛主席的手迹《西江月·井冈山》,不是主席1966年重上井冈山时写的,而是郭老来井冈山后,在武汉东湖请毛主席手书,立碑时按主席手迹临摹的。"讲解员的话打断了邓小平的思绪。

"哦。"邓小平将目光转向纪念碑。

"首长,1969年林彪到井冈山时,他也题过词。叶群跟着也题词。"

听说叶群居然也为黄洋界题词,邓小平以一种不屑的口吻说:"她不在!"

从黄洋界下来,又转到了五大哨口之一的八面山。八面山地势比黄洋界更高,从公路到哨口遗址还有一段不近的山路,井冈山党委书记程世茂和几个井冈山外事办的年轻人簇拥着邓小平爬坡。一位细心的工作人员看到邓小平的腿有些吃力,考虑到邓小平已是69岁的人了,又拖着一条伤腿,便劝他不要去了。但是,邓小平坚持一定要走上去,一位工作人员在路旁的小竹林里给他折了一根小山竹当拐杖。邓小平高兴地接过小竹棍,敲敲腿,风趣地对大家说:"我这一身零件除了这条腿,其他都是好的。"

在去双马石的小路上,一位年轻人听说邓小平是第一次上井冈山,便在路旁拔了一棵桔梗,介绍说红军当年在井冈山就是吃这个。邓小平接过这棵桔梗,拿到自己的鼻子前闻了一会,不由想起了当年过草地时的情景。当时,整整七天七夜,大草地上面野草无际,下面黑水弥漫,渺无人烟,气候变化无常,许多红军战士倒下了,他们死于饥饿,死于疾病,死于误食毒草,死于沼泽之中。邓小平带着对往事的追溯,严肃地说:"对,这种草其他地方也有,红军长征时也是吃这个,有些麻口,这个既可以充饥,又可以解渴。"

年轻人用敬佩的目光注视着这位革命前辈,有的还把桔梗放进嘴里细嚼,品味其中的甘苦。

这天,邓小平还到离茨坪十多公里以外的黄坳地母宫毛泽东旧居和朱砂冲哨口等地参观。

17日吃过早饭,邓小平一行离开井冈山前往泰和县,途中还参观了五大哨口之一的桐木岭哨口,至此,井冈山的五大哨口,邓小平都走到了。

考察农业机械化,是周恩来总理交给邓小平此行的任务之一。邓小平深知总理在"文化大革命"中忍辱负重,昼夜操劳,鞠躬尽瘁,他希望能为这位多年的战友加兄长分担点忧劳,做些力所能及的事情。

17日上午,邓小平到达泰和县,住进了泰和县革委会院内的客房里,当时全国农业机械化南方片现场会在泰和结束不久。

中午时分,邓小平一行到了泰和县农机厂。当年这个农机厂因生产小型四轮拖拉机而在我国南方小有名气。邓小平与厂里的干部亲切交谈,详细询问小型拖拉机的生产情况,他将木模、翻砂、刨、钳、金工、装配等一个个车间、一道道工序都仔细地看了一遍。邓小平向厂里领导建议引进上海的生产技术,厂领导实事求是地说:"上海的当然是好,但那是中型拖拉机。目前我厂的设备、技术等尚不具备生产中型拖拉机的条件,只能试制和生产小型的。利用现有条件,投资小、见效快。小型四轮拖拉机既可跑运输,又可下田耕作,农民也欢迎。"邓小平赞许地说:"你们是独立自主、自力更生、勇于开拓、勇于创新。"

邓小平又询问了厂里的人员组成情况,并说:"一个300多人的小厂,有这么多的共产党员,这是一支强大的政治队伍、政治力量。有了这支队伍就能经受住任何风浪的考验。一大批受过高等教育的科技人员是你们的宝贵财富,要尊重知识,依靠科技人才,厂子是大有希望的。"

从农机厂出来,邓小平去泰和县上田观看农用水田插秧机的实地操作表演。连日来,邓小平在吉安地区走了几个县,相当劳累。可他不顾疲乏,踩着泥泞的乡间小道,特意走上泥泞的田埂,就近看插秧机表演。邓小平从操作表演中发现了存在的问题,他沉思着说:"插秧机这个问题,世界都没有解决,连日本都没有解决好,关键的问题是分秧不均。"

回到招待所后,县委书记刘步山问邓小平看了农田插秧机操作后有什么意见。邓小平说:"农业机械化是个方向,你们还要研究农业机械化。"

当听说扩大规模难时,邓小平说:"一件事总是由难到易。"

在泰和了解农业机械化问题之后，邓小平还到农村去看了看。

12月5日，邓小平再一次走出"将军楼"，到赣南参观考察。这是邓小平经常思念的那块红土地。

兴国是邓小平此行的第一站。

邓小平当年在中央苏区工作期间，没到过兴国县，但他对兴国是熟悉的。兴国是当年中央苏区的"模范县"，也是有名的"将军县"。邓小平在瑞金、会昌任县委书记时曾多次号召本县人民学兴国、赶兴国。后来他主编《红星》报，也曾撰文介绍兴国人民的先进事迹。

如今，他一踏上兴国的土地，就兴奋地对兴国的同志说："来兴国是我多年的愿望，可惜一直找不到合适的机会，今天终于来了。"

县里安排邓小平一行首先参观了毛泽东作"长冈乡调查"的旧址。参观时，邓小平是那么专注，那么深情，每一件文物、每一张历史照片都会激起他无限的遐想。忽然，他指着解说词中"江西省苏维埃主席曾珊"说："是大山的'山'，不是珊瑚的'珊'。曾山同志很有名气，不要把他的名字搞错了。"

接着邓小平又参观了"上社消费合作社"旧址和"鸡心岭革命烈士纪念馆"。当他来到"鸡心岭革命烈士纪念馆"时，停住脚步，久久地凝视着纪念馆的大门，然后缓缓地摘下帽子，向烈士致哀。每位烈士的照片和简介他都看得十分仔细，有一次在一位烈士的遗像前驻足5分钟之久。

返回途中，邓小平还登上了长冈水库大坝，参观了长冈水电站，详细询问了水库容量、发电量以及灌溉、防洪、养鱼等情况。

7日早餐后，邓小平就要离开兴国了，县里的主要负责人和招待所的人都来送行。邓小平夫妇与大家一一握手告别。

汽车朝于都方向驰去。因车子中途绕了弯，本该两个多小时的路程一下子走了近4个小时，直到中午12点左右，邓小平一行才赶到于都。

对于于都，邓小平自有一番别情在心头。

1931年8月，他与新婚不久的妻子金维映从上海来中央苏区不久，就各奔东西，邓小平在瑞金、会昌开展工作，金维映则在于都任县委书记。那时他多次来于都看望妻子。尽管后来的一场残酷的党内斗争导致了他们夫妻离异，但丝毫未影响他们为事业奋斗的坚定信念。

邓小平永远也忘不了他最后一次离开于都时的情景。1934年10月，就是在这里,他随突围转移的军委第一野战纵队,从瑞金来到于都古田村集结,10月18日晚在茫茫夜色中告别中央苏区,渡过于都河,踏上了漫漫的长征路。

于都给他留下过欢乐和甜蜜,也留下过疑虑和苦涩。

故地重游,故人难忘。38年后来到这里,邓小平自然会想到当年红军那次悲壮的大撤退,当然也不会忘记他人生中的那次痛苦的经历。

下车,握手,问候。一杯热茶刚喝两口,邓小平就提出:"走,看看去吧!"

于都县委副书记李方、郑熹等陪同邓小平夫妇首先来到"毛主席在于都革命活动纪念馆"。这个纪念馆跟兴国的那个馆一样,展览内容突出宣传土地革命时期毛泽东先后9次来于都的史迹,当然也介绍了于都地方革命斗争历史。邓小平从头至尾细细地观看。当看到一张图表介绍苏区时于都有七八万人参军参战时,他问陪同的县委领导:"这个数字确切不确切?"

站在他身旁的卓琳,看了他一眼,提醒道:"你不要多唠叨嘛!"

邓小平朝卓琳点头笑了笑。

在苏区中共于都县委机关旧址照片前,邓小平停下,转过头对旁边陪同的县委负责人和纪念馆的工作人员说:

"当时,你们这里的县委书记是个女的。"

纪念馆的工作人员回答说:"对,她叫阿金!"

在于都逗留的几小时中,邓小平几次提起金维映。他对于都县委负责人说:"苏区时你们的县委书记是女的,你们知道不知道?"时光流逝,但抹不去他对战友的怀念。

参观完纪念馆,邓小平夫妇又在人们的陪同下,乘车绕于都县城转了一圈,参观了当年红四军政治部旧址管屋和毛泽东长征前夕的旧居何屋,还看了长征出发时红军夜渡于都河的渡口。在去何屋途中,他朝车窗外指了指,问:"这里原来有城墙,现在怎么没啦?"

县里的同志告诉他:"这段城墙早拆除了。"

午餐时已是中午1点钟了。听说老首长爱喝茅台,县里事先派车到赣州要来两瓶,还要来了青岛啤酒。席间,邓小平兴致勃勃地说:"我记得你们于都弹棉被的师傅很多。当时我在于都买了一床棉被,3斤重,盖了几十年,现在还在用。"

在座的听邓小平这么一说，很感兴趣，连忙告诉他："于都不仅弹棉师傅很多，打铁师傅、补锅师傅也很多。弹棉锤、打铁锤、补锅锤，合起来称'三锤'，在江南数省乃至台湾，都是出了名的。"

邓小平听了，不时点头赞许。

下午3时许，邓小平告别于都，赶往会昌。

傍晚时分，汽车驶入会昌城。

当年，邓小平曾经在这里工作和生活了10个月。会昌留给邓小平的印象太深刻了。如今，他回到了这片熟悉的故土。但他没向当地陪同的负责人吐露这段辛酸往事，而是把它埋在自己心底。

县委副书记、县人民武装部政委纪清林和县委副书记韩道修，向邓小平简要汇报了全县的情况。汇报中谈到会昌已经发现一个大盐矿，就在周田，离县城46公里，已经开采。邓小平一听，高兴地说："好哇，明天去看看！"因为邓小平在会昌当中心县委书记时，曾体验过苏区人民缺盐的苦头。那时，国民党对苏区实行严密封锁，在毗邻苏区的白区实行油盐专卖，计口售盐。苏区军民虽然想了许多办法，不惜流血牺牲，从白区购进一些食盐，但远远满足不了需要。大家只好到处铲地脚泥、挖老墙土，自己动手熬制硝盐。这种硝盐，又苦又涩，吃多了容易害病。邓小平当时也和大家一样，"有盐同咸，无盐同淡"。现在听说周田办起了盐矿，他当然想去看看。他兴奋地说："苏区时我们吃没有盐的亏太大了，找到盐矿，是件很好的事。"

第二天早饭后，邓小平夫妇就在会昌县负责人的陪同下上路了。

汽车开出招待所大门，车上的邓小平见对面的体育场人头攒动，红旗招展，就好奇地问："里面在干什么？"当他得知是开物资交易会时，欣喜地对卓琳说："我们自进城后还没有逛过庙会，回来时去看一看。"

车到周田。一到盐矿，邓小平立即显得十分兴奋，他从这个盐厂走到另一个盐厂，不时询问盐矿的生产情况。临走时，他对盐矿负责人说："要把盐矿办好，不仅要满足江西人民的需要，也要满足其他兄弟省市的需要，眼光还可以放远点。"

回到县城，县里的负责人对他说："我们先到老县委去看看吧！"

"老县委"指的是苏区时中共会昌县委机关驻地，它在会昌城内的孔圣殿旁。邓小平任会昌县委书记时曾在这里居住和工作过。这时，老房子已拆除改建成县法院,只剩下一株四人合抱、枝繁叶茂的百年古榕,依然屹立在那里。邓小平到这里一看,连说:"这里都变了样呀!这棵大榕树还在!我住在这里时,经常在榕树下看书看报。"

县委的负责人告诉他:"旁边的孔圣殿还在。"

孔圣殿当年是会昌县苏维埃政府办公的地方。于是,邓小平又到孔圣殿看了看,并在那里休息了片刻。

从孔圣殿出来,邓小平一行来到县城体育场,参观交易会。

体育场有东、南、西、北四个大门。场内四周临时搭起数十个小棚子。说是交易会,其实是县城各商业部门和全县各基层供销社,各占一个棚子,摆上参加交易的商品。场内还有一些出售馒头、油条和点心的小摊点。在那个商品极度短缺的年代,举办这样一个交易会,尽管参加交易的商品品种单调,但仍然吸引了众多的顾客。

邓小平一行从体育场东门进入场内。他顺着摊点,挨个询问各类价格,问了棉纺问五金,问了五金问文具,还问了一些中草药材的价格。

在一个由国营饮食服务公司摆设的摊点前,一位老表正在吃馄饨。邓小平微笑着走上前去同老表交谈,询问了价格。他又问一位吃粉干的老表:"你一天的工分值多少钱?"那位老表没好气地说:"还不到两碗粉干钱!"邓小平听后沉重地点了点头。

就这样,邓小平沿着摊点从东到西,走了半个多小时,整个交易会都看遍了。

快要走出西门离开交易会场时,一位眼尖的售货员突然认出了邓小平,禁不住惊呼起来:"邓小平!"话音未落,在场的人们都放下手中的交易,目光一下子都集中到邓小平身上。

听到人们的呼喊,邓小平回转身微笑着朝大家挥手告别。

9日上午,邓小平夫妇在瑞金县人武部部长潘学义等的陪同下参观沙洲坝。

他们首先来到了沙洲坝毛泽东旧居"元太屋"和"红井",接着看了临时中央政府大礼堂。然后,来到设在沙洲坝的江西省九二九地质大队,听取了大队工作情况汇报,还十分内行地参观了地质标本室、化验室,与技术人员亲切交谈。

按原定计划,参观完九二九地质大队,就回宾馆休息。

汽车往回开了一段路,邓小平不太满足似的问坐在车上的潘学义:"红军总政治部好像在这里什么地方?"

"就在这附近的乌石垅。"潘学义回答说。

汽车停下。去乌石垅不能通车,邓小平说:"走路去吧!"

说着他快步向前走去。翻过一座小山岗,到了乌石垅村的"杨氏私祠"。这是一幢土木结构的两层楼房。门前一棵千年古樟,枝繁叶茂,盘根错节;屋后一片青松,苍翠挺拔。邓小平站在房前看了看,连连摇头,说:"不是这个地方!"

原来这是当年中央革命军事委员会办公旧址,总参谋部、军委一局、作战室、机要室、秘书室等单位设在这里,周恩来、朱德等中央军委的负责人也住在这里,总政治部并不设在这里。

陪同的负责人又带邓小平走了一里多路,来到古樟掩映的下肖村一幢房子前。他看了看,还是摇摇头:"这是中央政治局办公地点。还不是这个地方。"

那么,总政治部旧址究竟在哪里呢?经历过那个年代的人们都不难想象,当时无论是革命斗争史的宣传,还是革命旧居旧址的宣传,都只突出毛泽东一个人,与此无关的往往忽略掉,就连瑞金革命纪念馆的有些工作人员,也搞不清楚红军总政治部到底设在什么地方。

邓小平朝四周环视一遍,沉思片刻,问道:"白屋子在哪里?"

陪同人员都答不上来。好在有几位下肖村的老人在场。老人们告诉大家:下肖村西边约一华里有幢白房子,那就是。

邓小平一听来了劲头,丢掉手中的烟头,说:"走,看看去!"

从下肖村到白屋子,要经过一片田埂。田中东倒西歪的甘蔗挡住了小路。瑞金纪念馆负责人刘礼青和另一位负责人在前面一边拨开拦路的甘蔗,一边在小路两侧护着邓小平行走。邓小平连连示意不要扶他,踩着田间小路健步朝前走去。

小路尽头,果然有一幢外墙粉白的民居。邓小平快步走上前,连说:"对!对!就在这里!"他转身问县里的负责人:"这个地方好像还有一座小庙,怎么不见了?"

一位当地老表说:"不错,是有一座。1958年'大跃进'时拆掉了。"

"白屋子"建于1851年,因房子后墙粉刷得雪白而得名,它是赣南典型的客家民居。中间的大厅分上下两厅,大厅左右正房旁边各有5间侧房,现共住有8户杨姓居民。

邓小平迈进大厅右侧小门,稍稍打量了一番,指着左侧第一个房间说:"这是总政治部秘书处办公的地方。"

他又推开第二间房门,说:"我就住在这里。《红星》报也是在这个房间里编辑的。"

这时,一旁的瑞金纪念馆的负责人惊讶地说:"过去我们怎么不知道这些情况呀?"

邓小平接着往前走,一边走一边告诉大家:"这一间是总政组织部办公室;那间是武装动员部办公室;王稼祥主任住这一间;杨尚昆主任住另外一间……"

后来,瑞金纪念馆经过多方调查,果然证实:红军总政治部于1933年5月从前线迁驻此地。总政治部所辖的组织部、宣传部、武装动员部、敌工部、青年部、秘书处和《红星》报编辑部,都设在此。王稼祥、贺昌、袁国平、杨尚昆、邓小平等当时也都住在这里,直到1934年7月才移驻云石山。是邓小平此行帮他们找到了这处珍贵的革命旧址。

邓小平从白屋子左小门穿过中间的大厅,再到右侧的各个房间看了看,然后来到大厅门外。当时正值红薯收获的季节,有几位老表在忙着晾晒红薯粉。邓小平随手拉过一张靠背竹椅坐下,从口袋中掏出一盒中华香烟,对几个老表说:"来,歇一歇,抽支烟!"一边说,一边把烟递给他们,然后自己也点燃一支,和蔼地问:家里有几口人?今年收成怎么样?

这时,老表们认出了邓小平,他们高兴地把邓小平刚刚递给他们的香烟塞进口袋,没舍得抽。随后他们争先恐后地回答了邓小平的问话。

邓小平同这些朴实的老表亲切地交谈着,说笑着。不知不觉,十几分钟过去了。邓小平与他们握手告别,祝福老表们年年丰收,家庭幸福。

离开白屋子时,瑞金纪念馆的刘礼青问邓小平:"老首长,当时《红星》报有多少人?"

邓小平把手一挥,说:"少着呢。我手下就一个通讯员,我就是编辑。"

邓小平留恋过去的战斗岁月,更关心瑞金的现在和将来。

11日上午,没有安排参观,邓小平利用这个时间,请县里的领导和瑞金纪念馆的负责人一起座谈。他坐在长沙发上,一边吸烟,一边静静地听取瑞金县革委会副主任常美江汇报全县情况。听完汇报,他对大家说:"瑞金的县办工业还可以,办起了一些厂子,农业还不太行。"顿了顿,他接着说:"应该说,现在比过去好了很多,解放后大家做了许多工作,取得了很大成就。但和西方国家比起来,我们最少落后40年,还需要努力。"

瑞金纪念馆的负责人刘礼青对邓小平说:"首长,您看了毛主席在瑞金的旧居,对我们宣传毛泽东思想还有什么指示?"

邓小平示意刘礼青坐到自己身边,说:"宣传毛泽东的活动,光看几个旧址,还不能反映出当时的历史情况,应该有个纪念馆。纪念馆宣传的内容,应该从井冈山斗争宣传到遵义会议,整个这段历史都应该宣传。"邓小平历来主张应该完整、准确地理解和宣传毛泽东思想。

他的这段话,体现了他的一贯思想。后来,瑞金纪念馆根据邓小平的这一意见,充实了展览的内容。

11日下午,邓小平与卓琳离开瑞金前往宁都,途中参观了毛泽东、朱德指挥的红四军大柏地战斗遗址。下午5时左右,他们抵达宁都县城,住宁都县委招待所。

在苏区时,宁都留给邓小平的印象并不十分美好。当时由于执行"左"倾路线的领导人的错误领导,邓小平不仅在这里挨过斗,还被责令在这里的农村"劳动改造"过。而且他的妻子金维映也因受到"左"倾错误的压力同他离了婚,给他的心灵留下了深深的伤痕。然而,这些事对于这位胸襟宽广的革命家来说,毕竟只是过眼的烟云。他对这片曾经为中国革命做出了巨大贡献和牺牲,有1.6万余名革命烈士的革命根据地一直怀有崇高的敬意和深深的眷恋之情。

12日,宁都县的同志安排邓小平夫妇到黄陂参观调查。

邓小平和卓琳由县委和黄陂公社一位负责人带领,乘车前往观音排村和山堂村,参观了毛泽东的旧居,又乘车到丁家排,参观了朱德总司令旧居和红军总部旧址。

邓小平伫立在毛泽东旧居前,徜徉在黄陂大地,置身于昔日的战场中,远眺黄陂周围那绵延起伏、苍苍莽莽的层峦叠嶂,体会着当年毛泽东、朱德的大智大勇,领略"天兵怒气冲霄汉""横扫千军如卷席"的壮观景象。

参观完以后,邓小平从"战场"返回设在黄陂圩的公社会议室休息,与当地负责人座谈。

看到县、社的负责人要掏出事先准备好的汇报材料照念,邓小平连忙制止,接着他一边喝着清茶,品尝着公社从小布买来的金橘,一边问县委副书记:"你们宁都管辖多少公社?"

"25个。"县委副书记一一列举每个公社的名字。当说到赖村时,邓小平插话说:"赖村过去是于都的,苏区时我在赖村石街蹲过点,于都的柿子干不错。"

紧接着,他又详细地询问了黄陂有多少户,多少人,多少土地,亩产多少,机耕面积多少,有几台拖拉机,标准台有多少,电力照明多少度,农民人均纯收入多少元。对苏区人民生活的关心溢于言表。

邓小平一边问,县、社的同志一边回答。当问到拖拉机有多少标准台时,公社的同志搞不清什么叫"标准台",也不懂如何折算。邓小平耐心地作了解释。

在座谈中,邓小平没有作更多的评价,只是将那些令他失望的数字,默默地记在心中。

饭后,邓小平来到广昌。

广昌县,土地革命战争时期是中央苏区的北大门。

第五次反"围剿"期间,从1934年4月11日至28日,红军在这里进行了著名的"广昌保卫战"。这场恶战由博古、李德直接指挥,是"堡垒对堡垒""节节抵御""短促突击"错误战法的典型。毛泽东称之为"乞丐与龙王比宝"。恶战的结果,红军伤亡5000余人,损失惨重,广昌县城丢失,苏区北大门洞开。

当时,邓小平任《红星》报主编,对北大门的战况了如指掌。即使在几十年后,他对此还记忆犹新。但他从没有来过广昌。这次到广昌,在下榻的县招待所,他对前来迎接的县人武部部长孟保民和县革委会副主任邓大德说:"过去保卫广昌。现在到了广昌,了了这个心愿。"

喝茶休息时,他问邓大德:"那个万年亭还在不在?"

万年亭,是广昌县高虎脑南大岭夹山坳公路旁的一座古凉亭。1934年8月5日至7日,彭德怀指挥红三军团在高虎脑顽强抗击国民党军6个师十数次的轮番进攻,毙伤敌军4000余人。战斗中,彭德怀的前线指挥部就设在这座古亭。邓小平当时对高虎脑战斗十分关注,曾连续编发3篇专稿,在《红星》报发表,高度赞扬高虎脑战斗中红军英勇顽强的斗争精神,介绍了红三军团在高虎脑战斗中开展政治工作的经验。

邓大德告诉邓小平:万年亭已在战斗中遭炮火毁坏,至今未修复。邓小平点点头,不无遗憾。

他们还谈到广昌保卫战的一些情况。邓小平很想到实地看看当年博古、李德是怎样瞎指挥、红军战士又是怎样浴血苦战的。邓小平告诉他:明天看看广昌革命纪念馆,再到沙子岭一带看看,就更清楚了。沙子岭即今长生桥,距广昌县城7公里。

聊到这里,邓小平问邓大德:"你姓什么?"

邓大德回答说:"我姓邓。"

"啊,是老华,老华('老华'即同姓的意思)。"邓小平诙谐地说,接着又问:"叫什么名字?"

"叫大德。大小的大,道德的德。"

邓小平笑了起来,说:"你'大德',我'小平'。"

邓大德连忙说:"您是老前辈,老首长。"他请邓小平夫妇在广昌多住几天。卓琳解释说:"我们要服从中央的安排,不多住了,明天就走。"

当晚,广昌县委领导请邓小平夫妇在招待所小餐厅看电影《小保管上任》。这是一出由广昌县采茶剧团创作演出的独幕采茶戏,乡土气息浓郁。上海电影制片厂将它拍成了电影。"文化大革命"爆发后,这个戏被诬为"大毒草",影片也被封存。广昌的同志冒着风险,将这部影片拿来放映。

邓小平十分专注地看完了电影,看得出,他对这部电影很感兴趣。

电影放完后,邓大德请他提提意见。他非常满意地说:"县里能拍出这个戏,很好!"

这件事,在后来开展的"批邓反击右倾翻案风"运动中,果然成了邓大德的一个罪名,造反派指责他"将封存的影片也拿出来给党内第二号走资派看"。邓大德对此却不屑一顾。

第二天,邓小平来到广昌保卫战主战场之一沙子岭,这里也是中央苏区与白区的分界线。他站在岭上,北望绵延起伏的群山,又转过身来望着身后的中央苏区,感慨地对广昌陪同他的同志说:"苏区时几次想进广昌都没来成,今天总算进来了。"

13日上午,连日阴沉沉的天空突然放晴,浅灰色的"伏尔加"在阳光照射下,驶离广昌,出了中央苏区的北大门。

当天中午,邓小平一行赶到抚州。赣州军分区副政委崔永明和负责警卫的黎新泉,与广昌县的邓大德等一起,一直护送邓小平夫妇到南丰县城。

邓小平夫妇在抚州待了两天,参观了几家工厂。临川县的青莲山麓有口温泉,邓小平还慕名去那儿痛痛快快地洗了个温泉澡。

12月15日,邓小平夫妇回到南昌新建县望城岗的"将军楼"。

邓小平这次赣南之行,历时10天,参观访问了7个县市,行程1000多公里。既"了了心愿",又接触了社会,还了解到了一些真实情况。

然而,虽然当时毛泽东对他的态度有所缓和,但他的处境并没有多少改变,仍是"前途未卜",因而沿途他时时、事事小心谨慎,生怕给地方的同志带来不便。赣南的许多地方,他都想去看看,特别是想多和普通的老百姓们聊聊。他希望多看看百姓的生活,多听听百姓的呼声。但这次赣南之行,并没能使他完全如愿。由于省里事先有规定,他此行甚至都没有照一张照片。但赣南老区人民还是通过各种方式向这位他们十分敬重的老人表达了敬意。他们期盼着邓小平能早一点出来为党和人民工作……

冬去春来,在邓小平回到"将军楼"后不久,中共江西省委第一书记白栋材委托省委书记黄知真来看望邓小平,并告诉邓小平,中央已通知要他近期之内返回北京。

1973年2月18日,邓小平带着一家老小,告别居住了前后达5个年头的"将军楼",乘汽车到了鹰潭,于第二天上午11点多钟,乘上从福州开往北京的46次特快列车,离开了江西。

在这之前,江西省委接到中央办公厅主任汪东兴的电话通知:中央已作出邓小平回京的决定,并再三说明邓小平这次回北京,是根据毛泽东的指示,由周恩来亲自安排的。汪东兴指示省委用汽车直接把邓小平一家送到鹰潭,再换乘福州至北京的特快列车。他要求务必做好保密和安全保卫工作,确保邓小平及其家人在江西最后一站的绝对安全。

江西省委接到汪东兴的电话后,非常重视,决定由省委书记黄知真直接通知上饶地委,让地委派人负责做好接待工作。

2月20日上午11点多钟,邓小平一家在鹰潭站登上了福州至北京的46次特快列车。

邓小平回到北京后不久,周恩来于3月10日主持召开中央政治局会议,着重讨论了邓小平给毛泽东的信和毛泽东的重要批示。随后,中共中央发出了《关于恢复邓小平同志党的组织生活和国务院副总理职务的决定》,邓小平正式复出。

4月12日,在从江西回到北京一个多月后,邓小平以国务院副总理的身份赫然出现在周恩来总理在人民大会堂宴会厅为西哈努克亲王和夫人举行的盛大宴会上,受到全世界的关注。

同年8月,在中共第十次代表大会上,邓小平当选为中央委员。

12月15日,毛泽东在接见中央政治局委员和在京军区司令员时说:我们现在请了一位总参谋长。他呢,有些人怕他,但他办事比较果断。他又对邓小平说:人家有点怕你。我送你两句话,柔中寓刚,绵里藏针。

一个星期后,根据毛泽东的提议,周恩来代中央起草了一份文件,任命邓小平为中央政治局委员,参加中央领导工作;任中央军委委员,参加军委领导工作。

邓小平的政治生涯又翻开了新的一页……①

---

① 本节相关内容参见毛毛:《在江西的日子里》,《人民日报》1984年8月22日;《邓小平视察纪实(1957—1994)》(上),江苏教育出版社2002年版,第175—222页。

# 出席联大特别会议

1974年,美国纽约联合国总部决定于这年的4月召开联合国大会第六届特别会议,中国政府决定派代表团前往参加。这是中国在恢复联合国安理会常任理事国席位后首次派遣高级代表团出席这样一个重要的会议,必须派出在外交和国际经验上卓有声望的人率团参加。由谁担任代表团团长,当时在中央政治局会议上还进行过一番激烈的争论。

当时,周恩来总理身染重病,不宜远行。刚刚恢复工作的邓小平,虽然担任国务院副总理职务,但他还不是中央政治局常委。"四人帮"正是抓住这一点,极力反对邓小平率团出席。1974年3月,中共中央政治局就出席联合国大会第六届特别会议的人选进行讨论,在这次会议上根据外交部的建议(实为毛泽东的意见),提出由邓小平率团出席联大特别会议,并代表中国政府作大会发言。江青公开表示反对,并以种种理由加以阻挠。由于江青的反对,政治局第一次讨论议而未决。第二天,周恩来不顾江青的阻挠,提笔在外交部报告上批示,同意外交部所提方案,并将该件送毛泽东及各政治局成员传阅。江青见到批件后勃然大怒,竟"勒令"外交部必须撤回原报告。

毛泽东知道后,托人转告周恩来:"邓小平出席联大,是我的意见,如政治局同志都不同意,那就算了。"周恩来得知后当即表示:"完全同意毛主席的意见。"周恩来将毛泽东的这个意思转告给了政治局其他成员,并特别要在场的王洪文向江青、张春桥、姚文元转达毛泽东的意见。

在3月26日中央政治局第二次讨论出席联大会议人选时,由于周恩来事前的努力,政治局成员中除江青外均一致同意邓小平率团出席联大特别会议。为此,江青歇斯底里,大闹政治局。会后,毛泽东得知江青在会上的表现,大为不满。3月27日,毛泽东致信江青:"邓小平同志出国是我的意见,你不要反对为好。小心谨慎,不要反对我的意见。"毛泽东还通过王海容、唐闻生转告"四人帮":到联合国开会还是小平去,我的意见就是这样,你们不同意就拉倒!毛泽东的决策,打破了"四人帮"企图阻挠邓小平出席联合国大会的图谋,迫使江青收敛了气焰。3月底,周恩来致信毛泽东:"大家一致拥护主席关于小平同志出国参加特别联大的决定。小平同志已于27日减少国内工作,开始准备出国工作。"并告毛泽东:"小平同志出国安全,已从各方面加强布置。4月6日代表团离京时,准备举行盛大欢送,以壮行色。"

对于这届联大,中国政府非常重视。因为这是新中国成立以后中国领导人首次登上联合国的讲台,如何亮相,关系到新中国外交的形象。邓小平受命后,立即全力投入了准备工作。

邓小平20世纪60年代曾率领中共代表团同苏共进行谈判,有着丰富的国际斗争经验。他对参加准备工作的同志说:"重要的是要有一篇好的发言稿。"随后,他集中精力,指导代表团成员准备这篇发言稿。代表团在讨论这个发言稿时,觉得这篇发言除支持第三世界关于建立国际经济新秩序的各项主张外,还应当向国际社会传达我们党对国际形势的新看法,即毛泽东同志关于划分三个世界的新提法。代表团把这个想法向邓小平请示后,他立即首肯。

毛泽东最早提出"三个世界"划分的理论,是在1973年。这年的6月22日,他在会见马里国家元首特拉奥雷时说:"我们都叫作第三世界,就是叫作发展中国家。"1974年2月22日,他在会见赞比亚总统卡翁达时,根据当时世界各国的发展变化,根据国际形势发展的主流和历史前进的方向,明确提出了划分"三个世界"的战略。毛泽东说:美国、苏联是第一世界;日本、欧洲、加拿大、澳大利亚是第二世界;亚洲除了日本,还有整个非洲、拉丁美洲都是第三世界。毛泽东还强调指出:中国属于第三世界。因为政治、经济各方面,中国不能跟富国、大国比,只能跟一些比较穷的国家在一起。

发言稿的初稿写成后,邓小平和大家一起,花了一整天时间,在人民大会堂一段一段地讨论。当时,邓小平已达70岁的高龄,他还和大家一起讨论,一起加班加点,而且认真听取每个同志的发言。

会议讨论到最后一段结束语时,邓小平说,应该讲这样几句话,就是:"中国现在不是,将来也不做超级大国。如果中国有朝一日变了颜色,变成一个超级大国,也在世界上称王称霸,到处欺负人家,侵略人家,剥削人家,那么,世界人民就应当给中国戴上一顶社会帝国主义的帽子,就应当揭露它,反对它,并且同中国人民一道,打倒它。"当参加起草工作的凌青记下这几句话后,邓小平说:"你就这样写,不必改。"这是我国国家领导人第一次在联合国讲坛上对国际社会表达中国永不称霸的决心,特别是最后一句全世界人民"同中国人民一道,打倒它",是在其他场合都没有提到过的。

邓小平预定在联合国第六届特别会议上的发言,经中共中央政治局讨论通过。随后,报送毛泽东最后定夺。毛泽东审阅后于4月4日批示:"好,赞同。"

4月6日清晨,邓小平率领中国代表团赴纽约出席第六届联合国大会特别会议。周恩来破例亲自率领中央政治局委员和在京的党、政、军各部门负责人以及各界群众4000余人在首都机场组织了一个盛大的欢送仪式,为邓小平和全体团员送行。

与此同时,世界各国也都在关注着中国代表团的到来。4月10日下午,在一片关注的气氛中,中华人民共和国代表团团长、政府副总理邓小平健步走上联合国大会的讲台,从容不迫地摊开讲稿,面对100多个国家的代表团和众多的记者,开始了他明快的发言。

邓小平精辟地阐述了毛泽东主席提出的"三个世界"的理论,论述了中国的对外政策。

他说:"从国际关系的变化看,现在的世界实际上存在互相联系又互相矛盾着的三个方面、三个世界。美国、苏联是第一世界;亚非拉发展中国家和其他地区的发展中国家,是第三世界;处于这两者之间的发达国家是第二世界。"

邓小平庄严声明:中国是一个社会主义国家,也是一个发展中国家,中国属于第三世界。中国同大多数第三世界国家具有相似的苦难经历,面临共同的问题和任务。中国把坚决同第三世界其他国家一起为反对帝国主义、霸权主义、殖民主义而斗争,看作自己神圣的国际义务。中国坚决站在第三世界国家一边,中国永远不称霸。

邓小平代表中国政府向国际社会提出了建立国际经济新秩序的基本主张,他说:国家之间的政治和经济关系,都应该建立在和平共处五项原则的基础上;国际经济事务应该由世界各国共同来管,而不应该由少数国家来垄断。占世界人口绝大多数的发展中国家应该参与决定国际贸易、货币、航运等方面的大事;发展中国家对自己的自然资源应该享有和行使永久主权;对发展中国家的经济援助应该严格尊重受援国家的主权,不附带任何条件,不要求任何特权;对发展中国家提供的贷款应该是无息或低息,必要时可以延期偿付甚至减免;对发展中国家的技术援助应该实用、有效、廉价、方便。

邓小平强调:各国的事务应当由各国人民自己来管,发展中国家人民有权自行选择和决定他们自己的社会、经济制度。

邓小平长达数小时的发言震动了整个会场,赢得了广大发展中国家的称赞。发言结束后,许多国家的代表纷纷与邓小平握手致意,世界各大报刊和电台也纷纷报道邓小平的发言。毛泽东关于"三个世界"的理论经过邓小平的全面阐述在国际上产生了深刻而持久的影响,大大提高了中国在国际舞台上的地位和声望,中国政府的外交影响又一次震动了全世界。

一些舆论评论道:这个站在联合国讲台上的小个子中国人,不仅代表着新中国的形象,还是周恩来总理的一个"最好代理人"。

联大会议期间,邓小平会见了许多外国领导人。其中有美国国务卿基辛格,他们就双方共同关心的问题进行了会谈。

这一次联合国之行,也奠定了邓小平作为一名国际政治活动家的重要地位。邓小平这个名字,从此为国际社会广泛关注。

4月19日,邓小平率参加联大会议代表团回国。这一天的上午,周恩来致函毛泽东:"小平同志率代表团今日下午五时半到京,欢迎场面同欢送时一样。"下午,周恩来不顾病痛,再次前往机场,以隆重的仪式迎接邓小平。

此后,邓小平接替周恩来,承担了大量的外事工作。他陪同毛泽东会见了巴基斯坦总理布托、塞浦路斯总统马卡里奥斯、英国前首相希思、丹麦首相保罗·哈特林、扎伊尔共和国总统蒙博托、朝鲜党和国家领导人金日成等。

1975年5月12日至17日,应法兰西共和国邀请,邓小平对法国进行友好访问。这是自中华人民共和国成立以来,自1964年中法建交以来,中国国家领导人第一次对法国进行的正式国事访问。在法国,邓小平受到相当于国家最高领导人的外交礼遇。他与法国总统德斯坦和总理希拉克就重大国际问题和发展两国关系等问题交换了意见。

邓小平在国际舞台上崭露头角。

# 与"四人帮"的斗争

1974年,"文化大革命"已进入第九个年头。这一年的国庆节刚过,毛泽东向中央提出建议:由邓小平出任国务院第一副总理。同时,毛泽东还提出在近期召开第四届全国人民代表大会的意见。

召开全国人民代表大会,是"文化大革命"期间毛泽东继召开党的第九次全国代表大会之后的又一个重要步骤。党的代表大会,完成了党的中央机构的安排和组成。人民代表大会,是在宪法的规定下,完成国家机构的组织和人事安排。毛泽东是想通过这两大安排,"胜利"地完成"文化大革命"的"光荣"使命。

要召开人大,要进行国家机构的人事安排,对于江青一伙来说,这是一个极为关键的时刻。在党内,他们都已攫取高位,王洪文当了党的副主席,张春桥当了常委,江青和姚文元也都进了政治局。但他们以"文革"功臣自居,还要进一步争夺在国家、政府和军队的权力。召开人大,在他们眼里,是一个进行权力再分配和夺取更大权力的大好时机。借着这一机会,他们要全面掌握党政军大权。

江青一伙急着参与"组阁"。由于第一副总理已经由毛泽东提出人选,"四人帮"便把眼睛盯住了"总参谋长"这一军队中的重要职务。10月6日晚,江青迫不及待地赶到三〇五医院找周恩来,提出了对四届人大人事安排及解放军总参谋长人选的意见。但在周恩来这里,江青碰了壁。

几天后,根据毛泽东的意见,中共中央正式发出在近期内召开第四届全国人民代表大会的通知,其中转达了毛泽东的意见:"无产阶级文化大革命,已经八年。现在,以安定团结为好。全党全军要团结。"

对毛泽东的这一意见,江青等人置若罔闻,继续加紧他们图谋"组阁"的步骤。为了达到他们"组阁"、在人代会夺权的目的,他们把矛头指向了周恩来和邓小平。

江青一伙借一个"风庆轮事件",向以周恩来为首的国务院发难,大闹政治局。

"风庆"轮是我国自行设计制造、完全用国产设备装备起来的一艘万吨远洋货轮。1974年初组装试航,5月远航欧洲,9月远航归来。担任"风庆"号轮船副政委和政治干事的国务院交通部干部李国堂、顾文广协助完成了这次远航欧洲的任务。这本是一件值得庆贺的事,却成了江青一伙用来攻击周恩来和邓小平的筹码。

9月30日,"风庆"轮远航归来。江青、张春桥当即要求大力宣传此事,试图通过宣传"风庆"轮,给周恩来为扩大对外经贸交流所作的努力扣上"洋奴哲学""崇洋卖国"的帽子。因为早在1970年,周恩来就曾提出适当从国外购买一些船只,力争1975年基本结束我国远洋海运以租用外轮为主的局面的方针,这是适合我国情况的正确方针。但江青等人置这一事实于不顾,他们指使《文汇报》《解放军报》发表长篇通讯,把"风庆"轮的远航成绩归功于己,把造船和租船、买船完全对立起来,含沙射影地攻击周恩来"推行了一条卖国主义路线"。

10月13日,正在到处寻机发难的江青,从《国内动态清样》上看到有关"风庆"轮事件的报道中有批判"造船不如买船,买船不如租船"的所谓"洋奴哲学"的内容,如获至宝,挥笔批道:"交通部是不是毛主席、党中央领导的中华人民共和国的一个部?""有少数崇洋媚外,买办资产阶级思想的人专了我们的政。"又称:"政治局对这个问题应该有个表态,而且应该采取必要的措施。"江青批示后,王洪文、张春桥、姚文元也紧随其后,异口同声地提出这件事是"路线问题",要求国务院、交通部抓住此事进行所谓"路线教育"。

此时,主持国务院工作的邓小平对江青一伙的无理取闹不予支持,与他们大段横加指责、上"纲"上"线"的批语形成鲜明对照,邓小平在这份材料上画了个圈,周恩来后来也只在江青派人专门送来的传阅件上批了"已阅"两个字。对此,江青一伙当然大为不满。

10月17日晚,在中央政治局会议上,早有预谋的江青等人联合向邓小平发起突然袭击。他们把"风庆轮事件"定性为"崇洋媚外"和"洋奴哲学"的一个典型,把攻击的矛头直指周恩来、邓小平,并逼着与会的政治局成员当场对此表态。

会上,江青首先站起来向邓小平挑衅:对这件事,你是支持,还是反对?或者想站在中间立场上?你要表明态度。

面对江青的突然袭击,邓小平从容地回答:我已经圈阅了。他表示对这个材料还要调查一下。

江青见邓小平这样对抗,便进一步逼问邓小平对批判"洋奴哲学"是什么态度。

邓小平已多次见识过江青一伙惯用的这种伎俩,他通常是以沉默来"表态"。但这一次不同。面对江青骄横无理、唯我独尊的架势,邓小平再也忍受不下去了,厉声对江青说,政治局开会讨论问题,要平等嘛,不能用这样的态度对人。这样政治局还能合作?强加于人一定要写出赞成你的意见吗?

对邓小平这当众的反击,江青颇有些意外。她怔了好一会儿,才回过味来。接着,她便大叫大闹,撒起泼来,并用泼妇式的语言攻击、谩骂邓小平。

看到江青如此撒泼,邓小平站了起来,严肃而气愤地说:问题还没有了解清楚,就戴了这么大的帽子,这会怎么开!说完,邓小平愤然起身,走出了会场。

邓小平走后,张春桥狠狠地说:"邓小平又跳出来了。"江青等人本想在政治局会上闹出点名堂,不想在邓小平这里碰了一个硬钉子。会议不欢而散。

当天晚上,江青召集张春桥、姚文元、王洪文到钓鱼台十七号楼内紧急密谋。江青说:邓小平所以这样吵架,就是对"文化大革命"不满意,反对"文化大革命"。张春桥说:邓小平所以跳出来,可能是与四届人大人事安排和总参谋长的提名有关,这是一次总爆发。王洪文说:邓小平对"文化大革命"不满意,有气,不支持新生事物。姚文元则在日记中写道:"斗争形势突然地变化了!邓小平同志在昨天会议结束时站起来骂江青同志","已有庐山会议气息!"他们一直研究到午夜后,决定抓住这一"事件",精心组织说词,派王洪文去长沙向毛泽东告状。

10月18日,也就是政治局会议的第二天,江青一伙经过一番精心策划,派王洪文背着中央政治局,私自飞往长沙,向正在那里养病的毛泽东告周恩来和邓小平的状。

王洪文向毛泽东汇报说：在政治局会议上，为了"风庆"轮这件事，江青与邓小平发生争吵，吵得很厉害。邓小平有那样大的情绪，是与最近在酝酿总参谋长人选一事有关。他还说：总理现在虽然有病，住在医院，但是活动频繁，昼夜忙着找人谈话，一直到深夜。几乎每天都有人到医院去他那里，经常去看总理的有邓小平、叶剑英、李先念等。他们这些人在这时候来往这样频繁，这是同四届人大的人事安排有关的。王洪文还借机在毛泽东面前说张春桥怎样有能力，姚文元怎样读书，对江青更是一番吹捧，其用意不言自明，就是说服毛泽东，让江青等人进行"组阁"。同时在毛泽东面前搞臭邓小平，使他不能工作，当然更不想让他当第一副总理了。

听完王洪文的汇报，毛泽东严厉批评了王洪文，他说：有意见当面谈，这么搞不好，要跟小平同志搞好团结。小平同志政治上强，会打仗呢。毛泽东还对王洪文说："你回去，要多找总理和剑英同志谈，不要跟江青搞在一起，你要注意她。"

虽然毛泽东对江青一伙的做法一再提出批评，但个人野心膨胀的江青等人并不善罢甘休。当他们得知外交部的王海容、唐闻生将随邓小平陪丹麦首相保罗·哈特林去长沙见毛泽东后，又迫不及待地两次召见王、唐二人。江青夸张地对她们说，政治局会上邓小平和她发生争吵，事后扬长而去，使得政治局会开不下去。江青还诬陷说，国务院的领导同志经常借谈工作搞串联，总理在医院也很忙，并不是在养病。说邓小平和总理、叶帅都是站在一起的，总理是后台。张春桥也添油加醋地对王、唐二人说，"批林批孔"后，国家财政收支和对外贸易出现逆差，是国务院领导"崇洋媚外"造成的，把邓小平在"风庆"轮问题上的态度比作"二月逆流"。江青、张春桥、姚文元要王海容和唐闻生将这些情况"报告"毛泽东。

王海容、唐闻生两次被江青叫去谈话，感到其中一定有问题。于是在江青同她们谈话的第二天，也就是10月19日，她们到医院将情况全部报告了周恩来。因为此前周恩来已先后找华国锋、纪登奎、李先念和邓小平了解了17日政治局会议的情况及"风庆"轮问题。所以他明确对王、唐二人说："风庆轮事件"并不像江青等人说的那样，而是江青他们四个人事先就计划好要整邓小平。他们已经多次这样搞过小平同志，小平同志已忍了很久了，他先让王、唐在10月20日去长沙向毛泽东汇报。

10月20日会见外宾后,王海容、唐闻生根据周恩来的意见,把情况前前后后向毛泽东作了汇报。听了王、唐的汇报,毛泽东异常气愤。他说:"'风庆'轮的问题本来是一件小事,而且先念等同志已经在解决,但是江青还这么闹。"毛泽东让王、唐二人回京后转告周恩来和王洪文:"总理还是总理,四届人大的筹备工作和人事安排要总理和王洪文一起管。"

毛泽东对邓小平能够针锋相对地顶江青表示赞扬,他建议邓小平任第一副总理、军委副主席兼总参谋长。毛泽东还让王海容和唐闻生转告王洪文、张春桥和姚文元,叫他们不要跟在江青后面批东西。

10月22日,王海容、唐闻生回到北京后,向周恩来传达了毛泽东在长沙谈话的内容,周恩来听后十分振奋。按照毛泽东的指示,周恩来开始加紧四届人大的筹备工作。

11月6日,周恩来写信给毛泽东,汇报四届人大筹备进展情况。信中说:"代表名单、宪法草案和报告、政府工作报告,均可在11月搞出","人事名单估计11月下旬可搞出几个比较满意人选"。"我积极支持主席提议的小平为第一副总理,还兼总参谋长。"当天,毛泽东在周恩来的信上批示:"同意。"

11月12日,邓小平陪也门民主共和国总统鲁巴伊去长沙会见毛泽东。接见完外宾后,邓小平向毛泽东当面汇报了10月17日政治局争论的情况,并谈到了自己同江青斗争的情况。毛泽东听后,表示赞同邓小平的意见和做法。①

毛泽东说:"她强加于人哪,我也是不高兴的。""你开了一个钢铁公司!好!"

邓小平说:"我实在忍不住了,不止一次了。"

毛泽东说:"我赞成你!"

邓小平说:"她在政治局搞了七八次了。"

毛泽东说:"强加于人哪,我也是不高兴的",并用手指着在场的王海容和唐闻生说:"她们都不高兴。"

邓小平说:"我主要是感觉政治局的生活不正常。最后我到她那里去讲了一下,钢铁公司对钢铁公司。"

---

① 本部分谈话内容参见《邓小平传(1904—1974)》(下),中央文献出版社2014年版。

毛泽东赞赏地说："这个好。"

关于自己的工作，邓小平恳切地说："最近关于我的工作的决定，主席已经讲了，不应再提什么意见了，但是看来责任是太重了一点。"

毛泽东则风趣地说："没办法呢，只好担起来喽！"他勉励邓小平继续努力，放手工作。

邓小平回到北京后不久，就到医院向周恩来通报了他同毛泽东谈话的情况。

就在周恩来、邓小平等昼夜加紧工作的同时，江青一伙也加紧了活动。他们错误地认为，有王洪文在前台和周恩来一起进行四届人大的筹备工作，在"组阁"的关键问题上，仍然可以大做文章。11月12日，江青给毛泽东写信，提名谢静宜任全国人大常委会副委员长，迟群当教育部长，毛远新、迟群、谢静宜等列席政治局，作为"接班人"来培养。在信中，江青摆出了一副由她进行"组阁"的架势。毛泽东当天看到了江青的信，立即回信，明确拒绝了江青的要求："不要多露面，不要批文件，不要由你组阁（当后台老板）。你积怨甚多，要团结多数。此嘱。"又写道："人贵有自知之明，又及。"19日，江青用"检讨"的名义，给毛泽东写信，信中说："自九大以后，我基本上是闲人，没有分配我什么工作，目前更甚。"这分明是向毛泽东要官。

看到江青的信后，毛泽东于20日再次复信对她进行批评："你的职务就是研究国内动态，这已经是大任务了。此事我对你说了多次，不要说没有工作。此嘱。"但江青把毛泽东的多次劝诫当作耳旁风，她又把王海容、唐闻生找来，要她们向毛泽东转达她对人事安排的意见，就是要让王洪文当全国人大常委会副委员长，排在朱德、董必武之后。当听到江青的这个"意见"时，毛泽东对王、唐二人说："江青有野心。她是想叫王洪文做委员长，她自己做党的主席。"毛泽东让王、唐转告周恩来：全国人大常委会，朱德、董必武之后要安排宋庆龄；邓小平、张春桥、李先念等任国务院副总理。其他人事由周恩来主持安排。

在重大的人事安排基本确定下来之后，毛泽东提出由邓小平主持起草周恩来总理在四届人大所作的《政府工作报告》。考虑到周恩来的健康状况，报告如果太长，肯定坚持不下来，毛泽东提出报告不要太长，三五千字即可。邓小平接受了毛泽东的重托。

11月下旬,邓小平开始组织班子,抓紧起草工作。其间,邓小平与"四人帮"进行了坚决的斗争,排除种种干扰,确定了总纲和方针。此时,距离三届人大,已经十年没开人代会了。这十年,有许多工作和问题需要在这个《政府工作报告》中讲,为了让周恩来能够在数千名人大代表面前顺利地完成作《政府工作报告》的重任,邓小平建议,并报毛泽东同意,决定把《政府工作报告》限定在五千字以内,经济部分不到两千字。仅用五千字就把这些工作和问题讲清楚,难度可想而知。经过反复思考和讨论,最后确定把周恩来关于四个现代化建设的一贯思想作为重点来写,与三届人大的《政府工作报告》相衔接。

邓小平草拟了三段,第一段一千几百个字,讲的都是实际内容。他在报告中郑重写下了周恩来关于"四个现代化"的思想,重申了1964年周恩来在三届人大《政府工作报告》里提出的"两步设想":"第一步,用十五年时间,即在1980年以前,建成一个独立的比较完整的工业体系和国民经济体系;第二步,在本世纪内,全面实现农业、工业、国防和科学技术的现代化,使我国国民经济走在世界的前列。"实现"四个现代化",是整个报告最引人注目的地方,也是这篇报告的精髓所在。12月20日,周恩来又审阅、修改了邓小平主持起草的《政府工作报告》稿,表示"基本同意"。

1975年1月13日,在四届人大一次会议上,周恩来总理以无比顽强的意志,战胜病痛,向大会作《政府工作报告》,全场振奋,掌声雷动,经久不息。周恩来总理又一次为中国人民鼓起了建设社会主义现代化强国的斗志。

多年以后,邓小平在回忆这段往事时还十分感慨地说:"总理的讲话是我亲自起草的,不能超过五千字。总理身体那么差,写多了他也念不下去。那个时候,我经常去见总理。"①

的确,在接替周恩来主持国务院日常工作和主持起草《政府工作报告》期间,邓小平经常去周恩来那里商量工作。到1974年12月中下旬,四届人大的筹备工作进入了最后的阶段。21日,周恩来召集有王洪文、叶剑英、邓小平、张春桥、李先念、江青、姚文元等部分在京中央政治局成员参加的会议,讨论四届人大人事安排问题。江青等人知道,这是参与组阁的最后机会

---

① 参见《邓小平传(1904—1974)》(下),中央文献出版社2014年版。

了。于是,她和张春桥等人在会上极力吵闹,设法将其亲信安排在文化、教育、体育等部门。会后,周恩来同李先念、纪登奎交换意见,认为教育部以周荣鑫当部长为宜,文化部和体委可作些让步。同一天,周恩来还拟出四届人大常委会委员长、副委员长和国务院副总理名单方案,送叶剑英、邓小平、江青、张春桥等阅。经过考虑,周恩来又在副委员长名单中增加了陈云、韦国清二人。至此,四届人大的各项准备工作全部就绪。

12月23日,根据政治局的意见,周恩来、王洪文前往长沙向毛泽东汇报四届人大准备情况。这时,周恩来的身体已相当虚弱了。但他以国事为重,并坚定地向医生表示:"既然把我推上历史舞台,我就得完成历史任务。"

12月23日至27日,在长沙,毛泽东同周恩来、王洪文一连进行了四次谈话。联系江青等人在筹备四届人大期间的帮派活动,毛泽东严厉警告王洪文:"不要搞'四人帮'","不要搞宗派,搞宗派是要摔跤的"。又说:"江青有野心。你们看有没有?我看是有。"毛泽东提出,江青应该作自我批评,并且要求王洪文写出书面检查。与此同时,毛泽东高度评价了邓小平,说邓小平"政治思想强","人才难得"。他对着王洪文说:"比你强。"

毛泽东还采纳周恩来的建议,提出在四届人大前召开的中共十届二中全会上,补选邓小平为中央政治局常委、副主席,同时让邓小平担任中央军委副主席、国务院副总理兼总参谋长。毛泽东对周恩来和王洪文说:"你们留在这里谈谈,告诉小平在京主持工作。'四人帮'不要搞了。中央就这么多人,要团结。"关于四届人大的人事安排问题,毛泽东重申,"总理还是我们的总理",人大开过后,总理可安心养病,国务院的工作由邓小平去顶。至此,以江青为首的"四人帮"企图"组阁"的阴谋彻底破产。

在周恩来到长沙向毛泽东汇报四届人大人事安排的同时,邓小平在北京忙碌地工作着。他除了主持国务院日常工作外,还要根据周恩来的指示,主持关于国务院的部、委设置和各部部长、委员会主任、最高人民法院院长的人选安排,代表中央起草有关报告。

12月27日,周恩来回京后的第二天,就召开了有王洪文、叶剑英、邓小平、张春桥等参加的政治局常委会,研究如何贯彻毛泽东在长沙几次谈话的问题。这是邓小平复出后第一次以政治局常委的身份出席政治局常委会议。

1975年1月1日,周恩来在人民大会堂主持召开政治局会议。会上通过了由邓小平代表中央起草的关于国务院的部、委设置和各部部长、委员会主任、最高人民法院院长人选的报告。

1月5日,根据毛泽东的提议,中共中央发出1975年一号文件,任命邓小平为中央军事委员会副主席兼中国人民解放军总参谋长。

1月8日至10日,中共十届二中全会追补邓小平为中央政治局委员,选举邓小平为中共中央副主席、中央政治局常委。

1月13日至17日的四届人大根据中共中央的提议,决定周恩来为国务院总理,邓小平等12人为国务院副总理。

两周后的2月1日,周恩来在人民大会堂召集四届人大后的第一次国务院常务会议,审定国务院12位副总理的分工。会议确定邓小平"主管外事,在周恩来总理治病疗养期间,代总理主持会议和呈批主要文件"。会上,周恩来说:"我身体不行了,今后国务院的工作由小平同志主持。"并且强调:现在我病了,将来这样的会,请小平同志主持。

第二天,周恩来致信毛泽东,报告国务院各副总理分工等情况,毛泽东批准了这个报告。从这时起,在毛泽东、周恩来的支持下,邓小平开始代周恩来主持国务院的工作,为不久后进行的全面整顿奠定了基础。

# 领导全面整顿

1975年,邓小平开始主持党中央和国务院日常工作时,"文化大革命"的狂风已经肆虐了近10个年头。当时,全国政治经济形势非常混乱,国民经济濒于崩溃的边缘。面对这种状况,邓小平根据毛泽东提出的要安定团结,要把国民经济搞上去的意见,排除"四人帮"的干扰和破坏,明确提出了要进行全面整顿的指导思想,大刀阔斧地对全党和全国各方面的工作进行了全面的整顿。

可以说,1975年的整顿,是我们后来进行拨乱反正和改革开放的一次大胆尝试。邓小平后来曾经说:拨乱反正在1975年就开始了,改革也在1975年试验过一段时间,那时的改革,用的名称是整顿。

1975年的全面整顿,首先是从军队开始的。

1975年1月25日,刚刚就任总参谋长的邓小平在总参谋部的干部大会上作了《军队要整顿》的著名讲话,明确提出:军队要进行整顿。他说,目前军队的状况是:从1959年林彪主管军队工作起,特别是在他主管的后期,军队被搞得相当乱,好多优良传统丢掉了,军队臃肿不堪,军队绝大多数同志是不满意这种现状的。他强调,优良传统要恢复。这就有大量的工作要做。"总参谋部、总政治部、总后勤部的责任更大,三个总部本身首先要整顿。"由此拉开了全面整顿的序幕。

6月24日至7月15日,中央军委召开扩大会议,讨论军队整顿问题。7月14日,邓小平在会上作了《军队整顿的任务》的讲话。他在讲话中指出:由于林彪一伙的破坏,军队存在"肿、散、骄、奢、惰"等严重问题。军队整顿什么?就是上面讲的那五个字。他强调,军队要坚决反对派性,恢复优良传统。他说,有人讲,雷锋叔叔不在了,这很值得注意。军队要听党的指挥,不能散。

这次军委扩大会议受到全军上下的热烈拥护,会议精神经过短时间贯彻就取得了明显成效。其中的主要成果,一是对军队各大单位的领导班子迅速、果断地作了调整,二是落实了干部政策,有效地稳定和巩固了军队。

在进行军队整顿的同时,邓小平开始思考对各行各业全面的整顿。在此期间,毛泽东发出了三项批示:关于学习无产阶级专政理论、安定团结和要把国民经济搞上去。毛泽东的三项指示,虽然仍旧强调阶级斗争的理论,但也再次表明了对周恩来和邓小平工作的支持。这三项指示,也成为邓小平在全面整顿中高举的旗帜。

把国民经济搞上去,是邓小平主持国务院工作后抓的首要工作。1975年2月10日,邓小平主持国务院工作伊始,便由中共中央发出《批转1975年国民经济计划的通知》,要求全党团结一切可以团结的人,调动一切积极因素,把国民经济搞上去。

要把国民经济搞上去,首先就要整顿国民经济。而要整顿国民经济,按照当时的状况,工业、农业、商业、财贸、文教、科技等方面都是问题成堆,积重难返。下决心整顿,就不能只整顿一个部门、一个行业,而必须全面进行整顿。当时国民经济的状况是:1974年上半年,不少地区和部门工业生产没有完成计划,钢铁、化肥和一些军工产品也欠账较多,特别是煤炭生产和铁路运输的问题十分严重。由于生产下降,财政收支不平衡,收入减少,支出增加。1974年工农业总产值仅比1973年增长1.4%,其中工业总产值增长0.3%,农业总产值增长4.2%,钢和原煤总产量下降,国家出现财政赤字。不仅如此,江青一伙发起的"批林批孔"运动,还造成了新的政治动乱,许多地区和部门重新出现了混乱的局面,一些企业的领导班子再一次陷入瘫痪,使得经过艰苦努力刚刚趋向稳定的形势又遭到破坏。面对这样一个混乱加动乱的烂摊子,整顿从哪里入手呢?

在纷繁复杂的问题面前,邓小平从来都是冷静分析,抓住要害,这一次也不例外。他明确提出:要进行全面整顿,首要的,是要抓住干部问题,也就是班子问题,关键是领导班子。要坚决地同派性作斗争。对那些有野心、争权夺利、要阴谋诡计的派性分子,必须作坚决的斗争,该批的批,该调的调。在人的问题解决之后,就要恢复所有被破坏的行之有效的规章制度。只有重建规章制度,才能确保生产的正常运行,否则,一切都是空谈。这就是邓小平进行全面整顿选择的突破口。

国民经济积累下来的问题千头万绪,而在众多严重问题中,铁路问题尤为突出。因为铁路是国民经济的大动脉,铁路运输担当着为国民经济各条战线输送所需物资的巨大任务,铁路运输的问题不解决,生产部署就全部被打乱。因此,邓小平认为,只有首先整顿铁路这一突出的薄弱环节,才能带动整个国民经济的发展。

目标确定了。邓小平说干就干。

1975年1月28日,邓小平召见刚刚上任10天的铁道部部长万里,向他了解铁路系统的生产情况,万里如实地向邓小平介绍了当时铁路系统面临的严峻形势。他说:铁路问题严重,情况复杂。突出的问题:一是运输生产下降,从1965年的日装车5万辆下降到目前的4万辆左右;二是事故惊人,1974年重大事故、大事故数量是1965年的9倍;三是车辆损坏严重,机车完好率已降至60%;四是一些铁路枢纽如郑州、徐州,堵塞尤为严重,影响大部分干线不能正常运行。听了万里的汇报,邓小平的心情可想而知。

2月中旬,在一次国务院常务会议上,主持会议的邓小平一边往会议室走,一边愤慨地说,目前铁路问题太严重,不抓不行了。在会上讨论了这一问题后,邓小平拍板,立即对铁路问题进行整顿。

2月25日至3月8日,邓小平主持召开全国各省、市、自治区主管工业的书记会议,会议的主要议题就是解决铁路问题。3月5日,邓小平到会讲话。这一天,听说邓小平要来参加会议并讲话,会议代表们早早便聚集在会议厅里,许多人都抑制不住兴奋的心情,急切地盼望邓小平到会讲话。他们期待着邓小平的全面整顿能有起色,期待着工交部门来一个大的改观。

邓小平提前几分钟快步走进会议厅,微笑着向大家点头致意。这时,几个省、市的领导人走上前来,要与邓小平握手。只见邓小平迅速地举起左手在空中摇了摇,对大家说:今天不握手了,因为工业形势很不好,等你们工作搞上去再握手吧。邓小平的这句话,使大家深受震撼,都怔怔地望着他。只见邓小平走近几步,站住脚,用一种忧虑的目光望着大家,缓缓地说:一个国家,没有物质基础,形势不好啊!这句话,虽然声音不高,却使绝大多数人感到其中包含的分量,感到了形势的紧迫和责任的重大。

说完这句话,邓小平在沙发上坐下,点燃一支烟,面对在场的工业战线的干部,明确指出:"现在有一个大局,全党要多讲。大局是什么?三届人大一次会议和四届人大一次会议的政府工作报告,都讲了发展我国国民经济的两步设想:第一步到一九八〇年,建成一个独立的比较完整的工业体系和国民经济体系;第二步到二十世纪末,也就是说,从现在算起还有二十五年时间,把我国建设成为具有现代农业、现代工业、现代国防和现代科学技术的社会主义强国。全党全国都要为实现这个伟大目标而奋斗。这就是大局。"他停了停,又提高嗓门说:"听说现在有的同志只敢抓革命,不敢抓生产,说什么'抓革命保险,抓生产危险'。这是大错特错的!"

他严肃地问道:"目前生产的形势怎么样?"接着,他从农业谈到工业,谈到第四个五年计划,谈到铁路运输的情况。他声色俱厉地说:"现在闹派性已经严重地妨害我们的大局。要把这个问题摆到全体职工面前,要讲清楚这是大是大非问题。这个问题不解决,光解决具体问题不行。"他明确提出:对那些派性严重的人,要进行教育;对那些闹派性的头头,利用派性浑水摸鱼,破坏社会主义秩序,破坏国家经济建设,在混乱中搞投机倒把、升官发财的人,必须严肃处理。邓小平最后强调:"解决铁路问题的经验,对其他工业部门会有帮助。对于当前存在的问题,要有明确的政策。要从大局出发,解决问题不能拖。拖到哪一年呢?搞社会主义怎么能等呢?"

3月5日,邓小平授意万里主持起草、经邓小平审改的题为《中共中央关于加强铁路工作的决定》以中发〔1975〕9号文件的名义下发到县团级。文件开宗明义:铁路运输当前仍是国民经济中的一个突出的薄弱环节,不能适应工农业生产发展的需要,不能适应加强战备的需要。文件决定,对全国铁路实行以铁道部领导为主的管理体制,加强集中统一,建立健全必要的规章制度,整顿秩序,同各种破坏行为作斗争。这个文件不长,但立场鲜明,措施强硬,关键问题写得明白,明显地带有邓小平的特点。

邓小平在全国工业书记会议上的讲话和9号文件,如同赋予铁道部的"尚方宝剑"。文件发出的第二天,万里便立即对全国铁路系统的整顿工作进行了具体的部署,并率领工作组先后去徐州、太原、郑州、长沙等地,对问题严重的路局进行了重点整顿。通过各种形式的会议,反复宣讲9号文件精神,发动群众批判派性,落实党的政策,号召广大铁路职工讲大局、讲党性、讲团结、讲纪律。在各级组织的配合下,调整领导班子,平反冤假错案,恢复健全规章制度。全国铁路系统的整顿工作搞得轰轰烈烈,卓有成效。到4月份,铁路运输严重堵塞的路局全部疏通,当时全国二十几个路局除个别局外,都超额完成了运输任务。

在邓小平的决策和领导下,在铁道部部长万里等人的组织实施下,长期阻碍国民经济运行的铁路这一大难题,基本得到了解决。铁路问题的解决,不但解决了一个制约国民经济发展的大障碍,而且在全党、全国人民中树立了全面整顿的一个鲜明而富有成效的形象。

铁路的整顿,带动了整个工业的整顿。

这年的4月,邓小平在听到钢铁生产存在的严重问题时说:"这种情况继续下去就是破坏,现在到了下决心解决钢铁问题的时候了。"

于是,5月8日到29日,中央召开了钢铁工业座谈会。中央把17个省、市、自治区主管工业的书记,11个大型钢铁企业负责人和国务院有关部委负责人召集到北京,决心下大力气进行整顿,解决钢铁工业存在的严重问题。在这次会议上,首先由铁道部部长万里介绍铁路整顿的经验,叶剑英、李先念、谷牧等在会上讲话。

29日,邓小平在会上作了《当前钢铁工业必须解决的几个问题》的讲话。在这个讲话中,邓小平提出了著名的"以三项指示为纲"的口号。他说:毛主席最近的三项重要指示,即关于理论问题的指示、关于安定团结的指示、关于把国民经济搞上去的指示,是我们今后一段时期工作的总纲。只要按照中央批示的方针、要求去做,把钢铁生产搞上去是完全有希望的。紧接着,他在讲话中明确提出:当前,钢铁工业重点要解决四个问题。第一,必须建立一个坚强的领导班子。钢铁生产搞不好,关键是领导班子问题,个别领导班子的软、懒、散。在干部中有一个主要问题,就是怕,不敢摸老虎屁股,要找一些不怕打倒的人进领导班子。领导班子问题,是关系到党的路线能不能贯彻执行的问题。领导班子是作战指挥部,指挥部不强,作战就没有力量。要使领导班子一不软、二不懒、三不散,说了话大家都能听,都能指挥得动,都能领导起来。第二,必须坚决同派性作斗争。对于派性,领导上要有个明确的态度,就是要坚决反对。对坚持闹派性的人,该调的就调,该批的就批,该斗的就斗,不能慢吞吞的,总是等待。对于派性,还要号召群众,发动群众起来共同反对。我们一定要下决心搞好反对派性的斗争。第三,必须认真落实政策。我们讲落实政策,不仅要解决戴上帽子的那些人的问题,而且要解决他们周围受到牵连的人的问题。还要特别注意那些老工人、技术骨干、老劳模,要把这一部分人的积极性调动起来。有些该回领导岗位的要调回来,摆到适当的位置上。第四,必须建立必要的规章制度。执行规章制度宁可要求严一些,不严就建立不起来。过去有些规章制度比较繁琐,应该改革。

在这次座谈会上,邓小平先后三次到会讲话。他一再强调,钢铁工业要上去,必须恢复必要的规章制度,并鼓励各级领导要敢于抓生产,不要怕个人被打倒。他风趣地说:不要怕被人抓辫子,我这个人就像维吾尔族的姑娘,辫子多,一抓一大把,不要怕。整顿出了问题,我负责。

这次会后,中央调整了冶金部的领导班子,发出了题为《关于努力完成今年钢铁生产计划的批示》的中央第13号文件,国务院还专门成立了钢铁工业领导小组。

经过不到一个月的整顿,钢铁生产形势即开始好转。6月份欠产严重的几个大钢厂的生产状况逐步向好的方面转变,全国钢的平均日产量超过全年计划平均日产水平。到6月底,冶金工业整顿初见成效。

这一年的夏天,整顿如火如荼。邓小平因势利导,又把整顿引向了"文革"的重灾区科技教育领域。

当时,由于"四人帮"的严重破坏,许多科研机构长期处于瘫痪或半瘫痪状态。为此,邓小平提出,必须尽快把科技工作搞上去,必须对科技教育领域进行整顿。

自5月起,教育部长周荣鑫在周恩来、邓小平的支持下,按照他们的多次讲话精神,积极着手整顿教育工作。他多次召开部内外干部、讲师会议,听取意见和了解情况,针对林彪、江青一伙对教育事业的破坏,重新提出教育要与经济基础相适应,要重新为知识分子和教育工作者恢复名誉,要重新恢复被严重破坏了的教育系统的各项工作。周荣鑫的这些整顿措施,受到深受"文革"毒害的教育界广大群众的热烈拥护。整顿教育工作,像一股暖人的春风,吹遍了在"文革"中最先受到冲击的教育界。

5月下旬,邓小平针对七机部派性斗争严重的问题,严肃指出:这不要说是社会主义,就连起码的爱国主义也没有,七机部的问题要限期解决。

6月30日,中央批发了国防科委关于解决七机部问题的报告。张爱萍率工作组进驻七机部,使这个当时有名的"老大难"单位恢复了正常的科研工作秩序。

7月,中共中央批准了国务院关于中国科学院要整顿、要加强领导的报告,并根据邓小平的提议,派胡耀邦、李昌去科学院领导整顿工作。在接见派驻科学院工作组成员时,邓小平说:整顿的关键是领导班子,经过整顿要建立一个强有力的"敢"字当头的领导班子。在搞好安定团结的前提下,坚决与派性作斗争,发展社会主义经济和各部门的业务。他指示工作组:到科学院,一是要了解情况,向国务院进行汇报。二是要搞一个科学院发展规划。三是要向中央提出一个科学院党的核心小组名单。他自己则提出,要当科技界的后勤部长。与此同时,邓小平还特别关心一些著名科学家落实政策和用非所学的问题,并过问他们的生活和工作。在他的关心下,黄昆、杨乐等一批著名科学家落实了政策,并在各自的工作和专业岗位上做出了贡献。

从7月到9月,胡耀邦根据邓小平的多次指示,在国务院政治研究室负责人胡乔木的协助下,写出了《科学院工作汇报提纲》。《汇报提纲》针对当时把知识分子看作异己力量,大部分科技人员心情苦闷,不敢钻研科学技术,以及否定专业科技队伍的作用等倾向,建议尽快落实政策,调动广大知识分子的积极性并大声疾呼:科学技术也是生产力。

邓小平十分重视这个《汇报提纲》的起草工作,他多次召集会议,讨论这份提纲,并对提纲进行修改。

9月26日,在听取胡耀邦代表科学院作工作汇报时,邓小平多次插话,对《汇报提纲》给予了充分的肯定。他说:"科学研究是一件大事,要好好议一下。""如果我们的科学研究工作不走在前面,就要拖整个国家建设的后腿。"他说:现在搞科研的很少,少数人秘密搞,像犯罪一样。不能把科技人员搞得灰溜溜的。不是把知识分子叫作"老九"吗?毛主席不是说,"老九"不能走,还是要嘛!科学技术是生产力,科技人员就是劳动者。谈话中,邓小平提到了著名的数学家陈景润。他说:这样的科学家中国有一千个就了不得。对他应该爱护、赞扬。在邓小平的明确指示下,《汇报提纲》冲破"文革"中的禁区,鲜明地提出:"科学技术也是生产力。"

邓小平对于这个《汇报提纲》非常重视,认为它"不但能管科学院,而且对整个科技办、教育界和其他部门也适用"。因此,他想尽快征得毛泽东的同意后下发全国执行。

然而,邓小平没有想到,这个提纲在报呈毛泽东后,一直没能获得他的同意。《汇报提纲》最终也未能执行,甚至一度受到不公正对待。尽管如此,《汇报提纲》仍功不可没,它为今后科学技术和教育领域的全面整顿和改革,指明了方向,打下了基础。

文化领域自"文化大革命"以来,一直被"四人帮"视为他们的"领地",被他们牢牢地控制着。在文化领域进行整顿,难度可想而知。

邓小平知难而进。7月9日,他指示国务院政治研究室收集整理文化教育领域的有关情况。他说:除百花齐放外,还有一个百家争鸣的问题。要防止僵化,现在的文章是千篇一律,是新八股,"百花齐放、百家争鸣"的方针没有贯彻执行,文学、艺术不是更活泼、更繁荣。根据邓小平的这一指示,国务院政研室开始整理文艺领域的问题,并将有关情况整理材料上报邓小平参阅。

与此同时,毛泽东对于文艺方面存在的严重问题也有所觉察。7月初,他在同邓小平谈话时说:"样板戏太少,而且稍微有点错就挨批,百花齐放都没有了。别人不能提意见,不好。"7月14日,毛泽东就调整文艺政策作出了书面谈话。他说:"党的文艺政策应调整一下,一年、两年、三年,逐步扩大文艺节目。缺少诗歌,缺少小说,缺少散文,缺少文艺评论。对于作家,要惩前毖后,治病救人。"

根据毛泽东的调整党的文艺政策的指示,邓小平抓住时机,在文艺界进行调查研究,通过同"四人帮"针锋相对的斗争,解禁了一批电影和戏剧,恢复了一些杂志的出版发行。

7月18日,江青指责反映大庆石油工人艰苦创业的电影《创业》"在政治上、艺术上都有严重问题",并且罗列了该片的十大罪状,下令停演。

《创业》的导演张天民上书邓小平,对江青和当时文化部核心小组对《创业》的批判提出不同意见,建议上映这部影片。邓小平很快将张天民的信转给毛泽东。

毛泽东看过信后即作了批示:"此片无大错,建议通过发行。不要求全责备,而且罪名有十条之多,太过分了,不利调整党的文艺政策。"

江青对毛泽东的批示十分不满。她私下散布谣言说:毛泽东同志没有看过《创业》,是"有人逼着主席批"。意指邓小平是"黑后台"。

但不管江青如何无理,在毛泽东、邓小平的支持下,《创业》最后得以公开上映,党的文艺政策开始进行调整。

电影《海霞》的命运也几经波折。这部影片于1975年初摄制完成后,周恩来、朱德、叶剑英等人先后审看并肯定了该片,建议上演。但在江青一伙授意下,文化部查封了该片的全部底片和样片,给该片扣上了"黑线回潮的代表作"的帽子。该片编导谢铁骊、钱江先后写信给毛泽东、周恩来,揭露江青等人的无理行径。7月29日,毛泽东在谢、钱二人的信上批示:"印发政治局全体同志。"第二天,根据毛泽东的意见,邓小平与在京的政治局委员在人民大会堂小礼堂审看该片。邓小平、李先念等其他政治局委员认为《海霞》一片没有问题,中央立即决定此片在全国上映。

与此同时,在邓小平的大力支持下,经中央批准,《人民文学》《诗刊》等刊物恢复出版。这一时期,还举办了聂耳、冼星海纪念演出。一小批被江青等人诬为"毒草"的影片解禁公映,一批禁演的戏剧节目如《万水千山》《长征组歌》等得以重新公演。

1975年夏季前后,文化领域出现了相对繁荣的景象。

随着各行各业整顿的深入进行,邓小平又进一步提出:整顿要以整党为中心。必须对党的领导、思想、组织和党的作风加以整顿。

1975年7月4日,邓小平在中央读书班第四期学员班上,作了题为《加强党的领导,整顿党的作风》的讲话。针对当时相当一部分地方党的领导没有建立起来,党的领导削弱等严重问题,他明确提出,解决这个问题的关键是要"建立省一级的领导",做到"一不是软,二不是懒,三不是散"。他严厉地批判了派性,他说:"如果说'文化大革命'初期的两派是自然形成的话,那么,现在还搞两派,性质就不同了。毛泽东同志讲,要安定团结。让少数人继续在那里闹,能安定团结吗?"他再一次强调,要以毛主席的"三项指示为纲",他说:"搞好安定团结,发展社会主义经济,需要加强党的领导,把我们党的优良作风发扬起来,坚持下去。这是一个非常重要的问题。"

这一时期,根据毛泽东关于尽快结束专案审查,把人放出来的意见,在周恩来、邓小平的推动下,中央在落实干部政策、解决干部问题方面也采取了重大步骤。这年的 4 月底,中央作出决定,除与林彪集团有关的审查对象和其他极少数人外,对绝大多数被关押的受审者予以释放。根据这一决定,长期被关押的 300 多名高级干部被释放出来,其中一些陆续分配了工作。

这年的 8 月,邓小平指示有关部门,先后起草了《关于加快工业发展的若干问题》《科学院工作汇报提纲》《论全党全国各项工作的总纲》三个文件,明确提出,整顿的核心是整顿党的组织,整顿党的思想。

全面整顿层层深入,充分展示了邓小平的革命魄力和高屋建瓴的领导才能,也一次次触到了"四人帮"的痛处。于是,他们便使出各种不正当的手段干扰全面整顿的正常进行。

江青一伙耍出的第一招是"反经验主义"。1975 年 4 月,张春桥借毛泽东关于无产阶级专政理论问题的谈话,发表了《论对资产阶级的全面专政》一文,由此掀起了一场批判"经验主义"的歪风。一时间,"四人帮"控制的舆论工具连篇累牍地发表文章,说什么当前的主要危险是"经验主义",整顿是因循守旧、复辟旧制度。

邓小平对此给予了有力的反击,并得到了毛泽东的大力支持。毛泽东严厉批评了只反经验主义、不反教条主义的做法,警告江青等人不要搞"四人帮"。

6 月,受毛泽东和周恩来的委托,邓小平多次主持中央政治局会议,对"四人帮"进行严肃批评,迫使江青等人不得不写出书面检查,承认"四人帮"是客观存在,有发展成分裂党中央的宗派主义的可能。

江青等人看到这一招不行,又生一计。他们又借毛泽东关于《水浒》的一次谈话,发起了一场别有用心的评《水浒》、批宋江的政治运动,对整顿施加压力。

对于江青这种无中生有的攻击,邓小平反复向各地区、各部门主持整顿工作的同志打招呼。他说:现在批宋江的投降主义,有些人就认为要搞什么运动了,不知道哪里来的?你怕什么?你又不是宋江、投降派。到 9、10 月间的全国农业学大寨会议期间,邓小平同"四人帮"的这一斗争达到了高潮。

在这次全国农业学大寨会议之前,江青先期到达大寨,向大寨大队的全体干部、社员作了长达两个多小时的关于评《水浒》的报告。她宣称,《水浒》

的要害是架空晁盖,现在中央有人要架空毛主席。

9月15日,在这次会议的开幕式上,邓小平代表党中央发表重要讲话,明确提出了要全面整顿的思想。在邓小平讲话过程中,江青几次插话、干扰,遭到邓小平一次次的回击。但她并不罢休,竟然要求在会上放她的讲话录音,印发她的讲话稿。毛泽东得知后十分生气,马上发出指示:"稿子不要发,录音不要放,讲话不要印。"在这个问题上,毛泽东又一次打击了"四人帮"的嚣张气焰,支持了邓小平。"四人帮"的如意算盘又落空了。

不久,在北京召开的农村工作座谈会上,邓小平于9月27日和10月4日先后两次到会讲话。他在讲话中重申:"当前,各方面都存在一个整顿的问题。农业要整顿,工业要整顿,文艺政策要调整,调整其实也是整顿。要通过整顿,解决农村的问题,解决工厂的问题,解决科学技术方面的问题,解决各方面的问题。""整顿的核心是党的整顿。只要抓住整党这个中心环节,各个方面的整顿就不难。"在这次讲话中,他还特别突出地提出了如何宣传毛泽东的问题,对把毛泽东思想庸俗化的做法提出了批评,提出要完整地掌握毛泽东思想。

全面整顿艰难曲折,成绩也显著辉煌。1975年,全国工农业总产值比上年增长了11.9%,创造了"文革"期间的最高水平。

# 第三次复出

邓小平领导的全面整顿,是要系统纠正"文化大革命"的错误,这一点是毛泽东不能容忍的。

1975年下半年,"四人帮"利用作为中央政治局和毛泽东之间的联络员的毛远新,几次向毛泽东汇报,说邓小平要否定"文化大革命"。病入膏肓的康生,也向毛泽东进谗言,说邓小平"想翻'文化大革命'的案"。

11月下旬,一场新的"批邓、反击右倾翻案风"运动开始了。

1976年1月8日,周恩来总理逝世。全中国人民沉浸在极大的悲痛之中。

但是,"四人帮"却加快了"批邓"的步伐。

4月4日是星期天,也是中国的传统节日清明节,天安门广场的活动达到了高潮。虽然"四人帮"下了这是"鬼节",不许悼念的禁令,但是首都人民不怕跟踪盯梢,不怕打击陷害,争先恐后地涌向天安门广场和人民英雄纪念碑前,仅这一天到天安门广场的群众就达200万人次以上。这场声势浩大的自发的群众运动,从悼念周恩来开始,一直发展到声讨"四人帮"、拥护邓小平的人民抗议运动。在抗议的人群中,有的展开用鲜血写成的悼词,表达失去周恩来总理的沉痛心情;有的愤怒声讨"四人帮",公开为邓小平辩护;还有的人在天安门广场周围的松树上挂了许多小瓶子,呼唤"小平",表达对邓小平的敬意。天安门广场成了声讨"四人帮"的主要战场。

天安门广场的悼念活动和抗议活动,引起了"四人帮"的极大不安,他们在暗中加紧进行对这场人民抗议运动的镇压活动。

4月4日晚,华国锋主持召开中央政治局会议。在江青等人的左右下,会议把天安门广场悼念活动的性质定为"反革命搞的事件","是邓小平搞了很长时间的准备形成的"。会后,毛远新把政治局会议讨论的情况和会议决定,片面报告了毛泽东。报告中说:"这次是反革命性质的反扑","是有计划有组织的"。"去年邓小平说批林批孔就是反总理",今年"就抬出总理做文章,攻击反击右倾翻案风是反总理,利用死人压活人"。毛泽东圈阅了这个报告。

4月7日,毛远新根据姚文元亲手组织炮制的"天安门事件现场报道",向毛泽东汇报了"天安门事件"的进展情况和处理意见。"现场报道"诬蔑人民群众悼念周恩来是"反革命活动",诬蔑天安门事件是"反革命政治事件",说天安门事件"公开打出拥护邓小平的旗号,丧心病狂地把矛头指向伟大领袖毛主席,分裂以毛主席为首的党中央,妄图扭转当前批邓和反击右倾翻案风的大方向"。听完汇报,毛泽东作了以下指示:"据此开除邓的一切职务,保留党籍,以观后效。""这次,一、首都,二、天安门,三、烧、打。这三件好,性质变了。据此,赶出去!""华国锋任总理",提议华国锋任党的第一副主席。同意公开发表这篇"现场报道"。

4月7日晚,中央人民广播电台向全国广播了当天晚上中共中央政治局通过的两个决议。

第一个决议的内容是:"根据伟大领袖毛主席的提议,中共中央政治局一致通过,华国锋同志任中国共产党中央委员会第一副主席,中华人民共和国国务院总理。"

第二个决议的内容是:"中共中央政治局讨论了发生在天安门广场的反革命事件和邓小平最近的表现,认为邓小平问题的性质已经变为对抗性的矛盾。根据伟大领袖毛主席提议,政治局一致通过,撤销邓小平党内外一切职务,保留党籍,以观后效。"

1976年是中华民族大悲大喜的一年。

9月9日,毛泽东逝世,举国同悲。

10月6日,中共中央一举粉碎了"四人帮",举国同庆。这一胜利,极大地振奋了全党、全军和全国各族人民,广大干部和群众对党和国家的前途充满了希望。

粉碎"四人帮"的第二天,邓小平得知了这一喜讯。据他女儿邓榕回忆,听说"四人帮"被粉碎,邓小平不禁激动万分,连手中拿着的烟头也"轻微地颤动"起来。10月10日,他提笔给中共中央写信,对中央采取断然措施解决

"四人帮"表示由衷的高兴和坚决的支持。

但是,邓小平的政治命运并没有立即得到改变。当时,中央还要求全国各地在揭批"四人帮"的同时,继续"批邓、反击右倾翻案风"。

12月9日,邓小平因病住进中国人民解放军总医院(三〇一医院);14日,在叶剑英等人的努力下,中央作出决定,恢复邓小平看文件的权力。

党内的许多老同志,不顾邓小平尚处于政治隔离的现实,纷纷前往探视,以此向中央表达他们对邓小平复出的关注以及鲜明的态度。

1977年1月底,根据叶剑英的提议,华国锋、叶剑英、李先念、汪东兴把正在住院的邓小平接到玉泉山,向他通报中央粉碎"四人帮"的情况及在全国采取的一些措施。2月3日,邓小平一出院,叶剑英就安排邓小平住进北京西山军委一个住处的25号楼。此后,叶剑英几次派车接邓小平到家中或他在军事科学院的办公室长谈。

这时,社会上要求邓小平复出的呼声越来越高,在一次政治局会议上,叶剑英又正式提出这个问题:"我建议让小平同志出来工作,我们在座的同志总不会害怕他吧?参加了政治局,恢复了工作,总不会跟我们挑剔吧?"李先念马上表态:"同意!应该让小平同志尽快地出来工作。"

就在人们急切地期盼邓小平复出的时候,2月7日,两报一刊,即《人民日报》《解放军报》《红旗》杂志,发表了社论《学好文件抓好纲》,提出"两个凡是":"凡是毛主席作出的决策,我们都坚决维护;凡是毛主席的指示,我们都始终不渝地遵循。"

在1977年3月中央工作会议上,我们党内不少德高望重的老干部仗义执言,为邓小平说话。陈云率先向会议提交了书面发言,呼吁为了中国革命和中国共产党的需要,让邓小平重新参加中央领导工作。王震也对阻挠为"天安门事件"平反、阻挠让邓小平复出的人大加抨击,他说:"邓小平政治思想强,人才难得,这是毛主席讲的,周总理传达的。1975年他主持中共中央和国务院的工作,取得了巨大成绩。他是同'四人帮'作斗争的先锋。'四人帮'千方百计地、卑鄙地陷害他。天安门事件是广大人民群众反对'四人帮'的强大抗议运动,是我们民族的骄傲,谁不承认天安门事件的本质和主流,实际上就是替'四人帮'辩护。"

陈云的书面发言和王震的发言未能在会议简报上刊登。

面对党内外广大干部和群众的强烈要求,特别是老同志的极力呼吁,当时中央的主要负责人在会议结束前不得不表示,"要在适当的时机让邓小平出来工作","群众在清明节到天安门,表示自己对周总理的悼念之情,是合乎情理的"。

邓小平敏锐地洞察到了"两个凡是"的要害及其将给我们党和国家带来的危害,他深知,如果不推倒"两个凡是"的错误方针,不揭露这个错误方针的唯心主义、形而上学的实质,不确立正确的指导思想,我们党就不可能从"文化大革命"的阴影下走出来,党的事业便无法在新的历史条件下继续前进。因而,他置个人的安危于不顾,在其复出正处于微妙的时刻,挺身而出,以马克思主义者大无畏的革命精神,以对党对国家前途高度负责的精神,率先站出来反对"两个凡是"。

4月10日,邓小平经过反复考虑,提笔给中央写信,针对"两个凡是",阐述了对待毛泽东思想的科学态度:我们必须世世代代地用准确的完整的毛泽东思想来指导我们全党、全军和全国人民,把党和社会主义的事业,把国际共产主义运动的事业,胜利地推向前进。

不久,邓小平明确对前来看望他的中央办公厅的两位负责人说:"'两个凡是'不行。我出不出来没有关系,但天安门事件是革命行动。"他还说:"按照'两个凡是'就说不通为我平反的问题,也说不通肯定一九七六年广大群众在天安门广场的活动'合乎情理'的问题。"

5月3日,中共中央转发了邓小平4月10日的信和他1976年10月10日给中央的信,肯定了他的意见。

5月24日,邓小平在同王震、邓力群谈话时再次指出:"两个凡是"不符合马克思主义。他说:"把毛泽东同志在这个问题上讲的移到另外的问题上,在这个地点讲的移到另外的地点,在这个时间讲的移到另外的时间,在这个条件下讲的移到另外的条件下,这样做,不行嘛!毛泽东同志自己多次说过,他有些话讲错了。他说,一个人只要做工作,没有不犯错误的。又说,马恩列斯都犯过错误,如果不犯错误,为什么他们的手稿常常改了又改呢?改了又改就是因为原来有些观点不完全正确,不那么完备、准确嘛。毛泽东同志说,他自己也犯过错误。一个人讲的每句话都对,一个人绝对正确,没有这回事情。"他进而指出:"马克思、恩格斯没有说过'凡是',列宁、斯大林没有说过'凡是',毛泽东同志自己也没有说过'凡是'。"邓小平强调,他提出准确的完整的毛泽东思想科学体系,不赞成"两个凡是",是经过反复考虑的,这是能否坚持辩证唯物主义的重要的理论问题。

在党内高层公开讲毛泽东也犯过错误,这在当时是需要极大的理论勇气的。邓小平的讲话,在党内外引起了强烈反响,为批评"两个凡是"提供了有力的思想武器。

面对越来越强烈的要求为"天安门事件"平反,要求邓小平出来工作的呼声,党中央终于作出了顺乎民心的决定。7月21日,在中共十届三中全会上,邓小平正式复出。

当天,会议一致通过了《关于恢复邓小平同志职务的决议》。22日,会议以公报的形式向全党、全国人民公布恢复邓小平职务的消息。邓小平任中共中央副主席、中共中央军委副主席、国务院副总理、中国人民解放军总参谋长。

此时,历经三落三起的邓小平并没有退缩,他在全会上的讲话中清楚地表明了他的立场。他说:坦率地讲,出来工作,可以有两种态度,一个是做官,一个是做点工作。我想谁叫你当共产党人呢,既然当了,就不能够做官,不能够有私心杂念,不能够有别的选择。针对"两个凡是",邓小平再一次强调,要完整地准确地理解毛泽东思想。他说:"我说要用准确的完整的毛泽东思想作指导的意思是,要对毛泽东思想有一个完整的准确的认识,要善于学习、掌握和运用毛泽东思想的体系来指导我们各项工作。""我们可以看到,毛泽东同志在这一个时间,这一个条件,对某一个问题所讲的话是正确的,在另外一个时间,另外一个条件,对同样的问题讲的话也是正确的;但是在不同的时间、条件,对同样的问题讲的话,有时分寸不同,着重点不同,甚至一些提法也不同。所以我们不能够只从个别词句来理解毛泽东思想,而必须从毛泽东思想的整个体系去获得正确的理解。"在这次讲话中,邓小平还特别强调说:"对我们党的现状来说,我个人觉得,群众路线和实事求是特别重要。"

1977年8月18日,邓小平在十一大的闭幕词中强调指出:我们一定要恢复和发扬毛泽东为我们树立的实事求是、群众路线、批评和自我批评、谦虚谨慎、戒骄戒躁、艰苦奋斗的优良传统和作风,全心全意为中国人民和世界人民服务,恢复和发扬民主集中制的优良传统和作风,造成良好的政治局面。

1978年11月,陈云在中央工作会议期间再次提出为"天安门事件"平反等问题,中央接受了这个要求。14日,经中共中央政治局批准,15日由北京市委宣布:1976年清明节广大群众到天安门广场沉痛悼念敬爱的周总理、愤怒声讨"四人帮",完全是革命行动。对于因悼念周总理、反对"四人帮"而受迫害的同志要一律平反,恢复名誉。

对于"天安门事件"的平反,邓小平看得更为长远。他后来说:"有错必纠是毛主席历来提倡的。对天安门事件的处理不正确,当然应该纠正。如果还有别的事情过去处理不正确,也应该实事求是地加以纠正。1976年天安门事件中关于我的问题的决议,毛泽东同志也是画了圈的。天安门事件涉及那么多人,说是反革命事件,不行嘛!"

# 决策恢复高考制度

恢复高考制度是邓小平复出后作出的一项重要决策,也是对"文化大革命"拨乱反正的一个重要标志,标志着我们党开始从"以阶级斗争为纲"转向以经济建设为中心,转向重视知识、重视人才的正确方向上来,重新确立了选拔人才的公平、公正和平等竞争的原则。当时的学人一定还记得,1977年那个漫长的夏季,那个恢复高考的历史举动经历了怎样的艰难和曲折……

1952年,我国第一次实行大学统一招生,建立起了新中国的高考制度。从1952年一直到"文化大革命"前,高等学校招生实行全国统一命题、一次考试、分批录取的办法。招生工作的原则是:阶级路线和政治与学业兼顾。生源主要是应届高中毕业生和其他具有高中文化程度的人。这种办法基本上符合当时高等学校选拔新生的需要,录取的学生,政治、学业质量都是比较好的,为我们国家建设的各条战线培养了大批合格的人才。

"文化大革命"开始不久,1966年6月13日,中共中央、国务院发出关于改革高等学校招生考试办法的通知,通知指出以往的招生考试办法"基本上没有跳出资产阶级考试制度的框框","必须彻底改革",并宣布当年的高校招生工作推迟半年。5天后,《人民日报》发表题为《彻底搞好文化革命,彻底改革教育制度》的社论,提出把高考制度"扔进垃圾堆里去"。7月24日,发出了关于改革高等学校招生工作的通知。通知规定从这一年起高校招生下放到省、市、自治区办理,取消考试制度,采取推荐与选拔相结合的办法。事实上,因各地忙于进行"文化大革命",均未进行招生工作。从此,高校停止了招生。后来,在"上山下乡"运动中,成千上万高、初中毕业的知识青年走上了与工农相结合的道路。同时,大学教师也被"下放"到"五七干校",大学名存实亡。

直到1972年,在全国高校停止招生达6年之久后,大多数高校开始恢复招生。但这次招生有一个明确的规定：只"选拔具有二年以上实践经验的优秀工农兵入学"，不招收应届毕业生，取消文化考试，实行"自愿报名、群众推荐、领导批准、学校复审"的办法。没有任何文化考试的推荐选拔的大学招生制度开始实行。这期间，"白卷英雄"被树成典型，各地的招生工作不同程度地都存在"走后门"的现象，进入大学的工农兵学员文化基础参差不齐，有的人甚至不具备基本的文化知识基础，大学教学活动难以进行。

到1976年10月粉碎"四人帮"时，高考制度已经整整废除了10年，但"文化大革命"延续下来的招生办法仍未改变。国家出现了严重的人才断档，广大群众对依旧实行推荐选拔的大学招生制度非常不满，"人民来信"如雪片般飞向教育部。一些老同志也给尚未复出的邓小平写信，提出恢复高考制度迫在眉睫。

此时，面对教育界急需解决的一系列重大问题和来自人民群众的呼声，邓小平的心情十分急切。虽然他尚未复出，但他一直在关注着科技教育界这个十年动乱中历经劫难的重灾区，并已经在脑子里开始筹划改革高等学校招生制度和恢复高考制度。

1977年5月24日，邓小平在与王震等同志谈话时指出：我们要实现现代化，关键是科学技术要能上去。发展科学技术，不抓教育不行。靠空讲不能实现现代化，必须有知识，有人才。办教育要两条腿走路，既注意普及，又注意提高。要经过严格考试，把最优秀的人集中到重点中学和大学。

6月29日，教育部在太原召开了粉碎"四人帮"后的第一次全国高等学校招生工作座谈会。当时高教领域笼罩着两片阴云：一是走上海机床厂从工人中培养人才的"七二一道路"；二是"两个估计"，即在1966年"文化大革命"开始以前的17年里，教育战线是资产阶级专了无产阶级的政，是"黑线专政"，大多数知识分子的世界观基本上是资产阶级的，是资产阶级知识分子。更为严重的是，在人们心头还横亘着一座大山，即"两个凡是"。因此，为国家选拔人才的高校招生面临着两难境地。虽然这次会议在落实1972年周恩来总理关于高等学校招生指示上有所进展，但是在"两个凡是"阴云的笼罩下，仍然未能突破不合理的招生规定。显然，单靠教育部门是难以改革大学招生制度和恢复高考制度的。

7月，邓小平刚一复出就自告奋勇主管科技和教育工作，并率先提出了他思考已久的高考招生制度改革的问题。

7月29日,邓小平在同教育部几位负责人谈话时说:清华、北大要恢复起来。有几个问题要提出来考虑:第一,是否废除高中毕业生一定要劳动两年才能上大学的做法?第二,要坚持考试制度,重点学校一定要坚持不合格的要留级,对此要有鲜明的态度。第三,要搞个汇报提纲,提出方针、政策、措施。教育与科研两者关系很密切,要狠抓,要从教育抓起,要有具体措施,否则就是放空炮。

8月1日,他在听取有关方面负责人关于教育工作的汇报时说:办教育要两条腿走路,学校可以搞多种形式。总的目标是尽快地培养一批人出来。根本大计是要从教育着手,从小学抓起,否则赶超就变成了一句空话。重点大中小学校,数量不能太少,现在要立即着手指定。两条腿走路,但要有重点,重点学校的重点就是直接从高中招生。

8月4日至8日,邓小平在北京主持召开了科学和教育工作座谈会,邀请30多位著名科学家和教育工作者参加。8日,邓小平听取了与会代表反映的对高等教育现状的忧虑和意见。当清华大学党委负责人谈到清华大学教育质量很差,许多人只有小学水平,入学后还得补习中学课程时,邓小平很不满意地说:那就应该称作"清华小学""清华中学"。当时一位武汉大学的教授在座谈会上非常强烈地呼吁:招生是保证大学质量的第一关,好像工厂的原材料,不合格的原材料,就不可能生产出合格的产品。在座的科学家们发言踊跃,情绪热烈,一致建议国务院下决心恢复大学招生制度。邓小平问道:"今年是不是来不及改了?"大家回答,今年改还来得及,最多晚一点。邓小平听后当即决定:"既然大家要求,那就改过来。"他明确表示:"今年就要下决心恢复从高中毕业生中直接招考学生,不要再搞群众推荐。从高中直接招生,我看可能是早出人才、早出成果的一个好办法。"这些历经磨难的科学家和教育工作者以经久不息的热烈的掌声来表达他们对这一决定的拥护和他们对邓小平的由衷敬意。

这次座谈会结束后,教育部根据邓小平的指示,8月13日在北京召开了第二次招生工作会议。但是,由于8月12日开幕的党的十一大未能纠正"文化大革命"的错误理论,对刚刚起步的教育战线的拨乱反正产生了很不利的影响,高考招生制度改革一度陷入徘徊状态。当时曾有一首打油诗真实地记录了人们渴望"解放"的心情:"招生会议两度开,众说纷纭难编排。虽说东风强有力,玉(育)门紧闭吹不开。"9月6日,邓小平就高等学校招生问题,致信华国锋、叶剑英、李先念、汪东兴,指出:"招生问题很复杂。据调查,现在北京最好中学的高中毕业生,只有过去初中一年级的水平(特别是数学),所以至少百分之八十的大学生,须在社会上招考,才能保证质量。"

9月19日,邓小平在同教育部负责同志谈话时阐述了立即恢复高考制度的原因、招生的政策和标准问题。他说:1971年全教会时,周恩来同志处境困难。1972年,他和一位美籍中国物理学家谈话时讲,要从应届高中毕业生中直接招收大学生。在当时的情况下,提出这个问题是很勇敢的。为什么要直接招生呢?道理很简单,就是不能中断学习的连续性。18岁到20岁正是学习的最好时期。邓小平的"9·19谈话"给了参加招生工作会议的同志以极大的鼓舞,许多人连夜打电话、拍电报或写信,把邓小平的谈话精神传到四面八方。就在邓小平这次谈话后,历时38天的1977年第二次高校招生会议结束,恢复高考已成定局。

9月30日,邓小平在《红旗》杂志根据他对教育工作的几次谈话整理成的评论员文章《大力发展社会主义教育事业》送审稿上批示:"这是一个重要问题,我建议政治局讨论一次,进行修正,然后确定是否发表。"

10月3日,邓小平在教育部《关于一九七七年高等教育招生工作的意见》的请示报告等文件上批示:"此事较急,建议近几日内开一次政治局会议,连同《红旗》杂志关于教育的评论员文章(前已送阅)一并讨论。"随后,邓小平对教育部起草的招生文件进行了修改和审定,他认为文件中的政审条件太繁琐,说:"政审,主要看本人的政治表现。政治历史清楚,热爱社会主义,热爱劳动,遵守纪律,决心为革命学习,有这几条,就可以了。总之,招生主要抓两条:第一是本人表现好,第二是择优录取。"

10月5日,中央政治局会议讨论通过了招生工作的文件,邓小平等中央领导人接见了出席招生工作会议的同志。

10月12日,国务院正式批转了根据邓小平的指示精神制定的《关于一九七七年高等学校招生工作的意见》。文件规定:废除推荐制度,恢复文化考试,实行德、智、体全面考核,择优录取;规定考生必须高中毕业或具有同等学力,恢复从应届毕业生中招生;修改政审标准,贯彻"重在表现"的原则;

严格考试制度,抵制和反对营私舞弊、"走后门"等不正之风。

10月21日,教育部在北京召开全国高等学校招生工作会议。这次会议确定并经国务院批准,从1977年起,高等学校招生制度进行改革,恢复统一考试制度。这意味着被"积压"了十几年的几千万中学生,甚至是已届而立之年的"老三届"们,终于得到了一个最后的机遇,一个能使人激动、幸福而又焦急得落泪的历史机遇。这一年的冬天,570万考生走进了曾被关闭10年之久的考场。当年全国高等学校录取新生27.3万人。1978年,610万人报考,录取40.2万人。1977级学生于1978年春天入学,1978级学生秋天入学,两次招生仅相隔半年。据记载,当时百废待兴的中国,居然拿不出足够的纸张来印试卷,一时间洛阳纸贵。为了解决恢复高考后第一届1977级的急需考卷用纸,中共中央决定,调用印刷《毛泽东选集》第五卷的纸张。

历史的"轮回"终于带来了"尊重知识,尊重人才"的大转折。

# 支持真理标准的讨论

邓小平明确提出的要"完整地准确地理解毛泽东思想"的重要论述,鼓舞和启发了一些干部和理论工作者开始酝酿就真理标准问题撰写文章,以澄清多年来在这个根本问题上的思想混乱。

1978年4月上旬,正在中共中央党校学习的《光明日报》新任总编辑杨西光建议南京大学哲学系教师胡福明将《实践是检验一切真理的标准》一文加以修改,加强现实针对性,并约请正在写同一主题文章的中共中央党校理论研究室的孙长江共同参加研讨修改,最后文章定名为《实践是检验真理的唯一标准》。这篇文章,经当时任中共中央党校常务副校长的胡耀邦审阅定稿后,于5月10日刊登在中共中央党校的内部刊物《理论动态》上。5月11日又以特约评论员的名义在《光明日报》发表。当天,新华社转发了此文。5月12日,《人民日报》和《解放军报》同时转载。

这篇文章阐明了检验真理的标准只能是社会实践,理论与实践的统一是马克思主义的一个最基本的原则,任何理论都要不断接受实践的检验等马克思主义的基本道理,并阐明了革命导师是坚持用实践检验真理的榜样。这是从根本上对"两个凡是"的否定。

这篇文章一经发表,立即在党内外引起了强烈的反响。有反对的,有支持的。然而,最先引来的却是责难。5月17日,当时的一位中央负责人在一个小会上点名批评了这篇文章和5月5日《人民日报》发表的《贯彻按劳分配的社会主义原则》一文。他说:"理论问题要慎重。特别是《实践是检验真理的唯一标准》和《贯彻按劳分配的社会主义原则》两篇文章,我们都没有看过。党内议论纷纷,实际上是把矛头指向主席思想。我们的党报不能这样干,这是哪个中央的意见?要坚持、捍卫毛泽东思想。要查一查,接受教训,统一认识,下不为例。当然,对于活跃思想有好处。但《人民日报》要有党性,中宣部要把好关。"紧接着,中央主要负责人也指示要慎重处理,要求中央宣传部对这场讨论"不表态""不介入"。

对于《实践是检验真理的唯一标准》这篇文章,邓小平当时并没有注意,后来听说有人反对得厉害,才找来看了看。他认为这篇文章是符合马列主义的,是扳不倒的。在中央领导人当中,邓小平是最早站出来明确表态的。

当时,罗瑞卿正在筹备全军政治工作会议。邓小平得知在筹备过程中,有的人不同意会议文件中某些符合实际的新提法,当即指出,这是一种思潮,我一定要讲话。

5月30日,他在同胡乔木等几位负责人谈准备在全军政治工作会议上讲话内容的问题时,明确提出要着重讲关于真理标准问题。他说,我这次会议的总结发言,准备讲三个问题:第一个问题,就是要讲实事求是是毛泽东思想的根本态度、根本观点、根本方法。着重讲第一个问题。实事求是是马列主义思想、哲学、理论、方法的概括。它同各种机会主义思想都是完全对立的,包括教条主义、经验主义、"左"的右的机会主义、修正主义。要把这个意思写进去。这是毛泽东经常讲的也是讲得最多的道理,列宁也讲得很多。我们讲要继承和发扬毛主席为我们培育的优良传统,首先就是实事求是。归根到底,这是涉及什么是马克思列宁主义、什么是毛泽东思想的问题。"毛泽东思想最根本的最重要的东西就是实事求是。现在发生了一个问题,连实践是检验真理的标准都成了问题,简直是莫名其妙!"只要你讲话和毛主席讲的不一样,和华主席讲的不一样,就不行。这不是一个孤立的现象,这是当前一种思潮的反映。

6月2日,邓小平在全军政治工作会议上的讲话中讲得更为充分和明确。他开门见山地说,我们开会,作报告,作决议,以及做任何工作,都为的是解决问题。我们说的做的究竟能不能解决问题,问题解决得是不是正确,关键在于我们是否能够理论联系实际,是否善于总结经验,针对客观现实,采取实事求是的态度,一切从实际出发。我们只有这样做了,才有可能正确地或者比较正确地解决问题,而这样解决问题,究竟是否正确或者完全正确,还需要今后的实践来检验。如果我们不这样做,那我们就一定什么问题也不可能解决,或者不可能正确地解决。他指出:实事求是,是毛泽东思想的出发点、根本点。我们有一些同志天天讲毛泽东思想,却往往忘记、抛弃甚至反对毛泽东同志的实事求是、一切从实际出发、理论与实践相结合的这样一个马克思主义的根本观点、根本方法。不但如此,有的人还认为谁要是坚持实事求是,从实际出发,理论和实践相结合,谁就是犯了弥天大罪。他们的观点,实质上是主张只要照抄马克思、列宁、毛泽东同志的原话,照抄照转照搬就行了。要不然,就说这是违反马列主义、毛泽东思想,违反了中央精神。他们提出的这个问题不是小问题,而是涉及怎么看待马列主义、毛泽东思想的问题。他强调指出:毛泽东同志历来坚持要用马列主义的立场、观点、方法来提出问题,分析问题,解决问题。马克思主义的活的灵魂,就是具体地分析具体情况。马列主义、毛泽东思想如果不同实际情况相结合,就没有生命力了。他还说:马列主义、毛泽东思想的基本原则,我们任何时候都不能违背,这是毫无疑义的。但是,一定要和实际相结合,要分析研究实际情况,解决实际问题。按照实际情况决定工作方针,这是一切共产党员所必须牢牢记住的最基本的思想方法、工作方法。他要求全党一定要肃清林彪、"四人帮"的流毒,拨乱反正,打破精神枷锁,使我们的思想来一个大解放。邓小平的这篇讲话,对当时面临重重困难的真理标准的讨论是一个强有力的支持。

为了使真理标准的讨论能够开展下去,7月21日,邓小平找当时中宣部的负责人谈话,围绕真理标准问题的讨论,提出:不要再"下禁令""设禁区"了,不要再把刚刚开始的生动活泼的政治局面向后拉。第二天,邓小平同胡耀邦进行了一次重要谈话,旗帜鲜明地支持胡耀邦发动的这场讨论。他说:你们理论动态班子很不错啊!你们的一些同志很读了些书啊!是个好班子。他说,他原来没有注意这篇文章,后来听说有不同意见,就看了一下,这篇文章是马克思主义的。争论不可避免,争得好,根源就是"两个凡是"。

8月19日,邓小平在同文化部负责人谈话时再一次明确指出:我说过《实践是检验真理的唯一标准》这篇文章是马克思主义的,是驳不倒的,我是同意这篇文章的观点的,但有人反对,说是反毛主席的,帽子可大啦。还说:我们做事一定要从实际出发,实事求是,理论联系实际,要认真思考问题,提出问题,解决问题。毛主席没有讲过的话多得很呢。我们不要下通知,划禁区。能够讲问题,能够想问题就好。要敢于正视现实,敢于提问题,想问题,这样才能够很好地实现新时期的总任务,为四个现代化服务。

## 支持真理标准的讨论

在邓小平的大力支持下,真理标准的讨论顶着压力艰难地向前推进。继《实践是检验真理的唯一标准》以后,又发表了《马克思主义的一个最基本的原则》和《一切主观世界的东西都要经受实践检验》两篇重要文章,使坚持实践标准的人们受到巨大鼓舞,使刚刚兴起的真理标准问题大讨论更加深入发展。

9月,邓小平访问朝鲜归来,在东北视察工作期间,针对"两个凡是"的错误观点,多次强调要高举毛泽东思想的旗帜,坚持实事求是的原则。9月16日,他在听取中共吉林省委常委汇报工作时,又一次批评"两个凡是",支持实践是检验真理的标准的观点。他说:"现在党内外、国内外很多人都赞成毛泽东思想旗帜。什么叫高举?怎么样高举?大家知道,有一种议论,叫作'两个凡是',不是很出名吗?凡是毛泽东同志圈阅的文件都不能动,凡是毛泽东同志做过的、说过的都不能动。这是不是叫高举毛泽东思想的旗帜呢?不是!这样搞下去,要损害毛泽东思想。毛泽东思想的基本点就是实事求是,就是把马列主义的普遍原理同中国革命的具体实践相结合。毛泽东同志在延安为中央党校题了'实事求是'四个大字,毛泽东思想的精髓就是这四个字。""所谓理论要通过实践来检验,也是这样一个问题。现在对这样的问题还要争论,可见思想僵化。"

邓小平的东北谈话,对真理标准问题的讨论是一个巨大的推动。从9月下旬到11月,有21个省、市、自治区党委负责人发表支持真理标准问题的谈话,在全党范围内出现了一个关于真理标准大讨论的局面。

可是,当时作为党中央理论刊物的《红旗》杂志,在真理标准问题讨论中执行所谓"不卷入"的方针,引起党内外的普遍不满。11月,谭震林应约为《红旗》撰写一篇纪念毛泽东诞辰85周年的文章。他在文稿中坚持讲实践是检验真理的唯一标准的观点。由于谭震林在党内德高望重,《红旗》的负责人无法改动文稿,便于1978年11月16日将文稿呈送中央常委。邓小平看后,写了如下批语:"我看这篇文章好,至少没有错误。改了一点,如《红旗》不愿登,可转《人民日报》登。为什么《红旗》不卷入?应该卷入。可以发表不同观点的文章。看来不卷入本身,可能就是卷入。"李先念看后也写了支持这篇文稿的批语。在这种情况下,《红旗》只好刊登谭震林的文章。

由于邓小平和许多老一辈革命家的支持,真理标准问题的讨论终于冲破了"两个凡是"的束缚,人们的思想在讨论中逐渐获得了解放,从而形成了自延安整风以来的又一次马克思主义的思想解放运动。

1978年11月10日,党中央召开中央工作会议。这时,全国的思想政治形势已经有了很大的变化。大多数省、市、自治区的党委负责人都公开表态,支持真理标准问题讨论。在这种形势下,中央工作会议的绝大多数与会者,从一开始就很自然地把话题集中在真理标准问题,批评"两个凡是"以及1976年的"天安门事件"和平反冤假错案等问题上,而脱离了会议主持者原定的经济问题议题。

12月13日,邓小平在中央工作会议闭幕会上作《解放思想,实事求是,团结一致向前看》的讲话。他深刻分析了党内干部中存在的思想僵化半僵化的状态,明确指出:这已经是当前的一个重大政治问题。他说:目前进行的关于实践是检验真理的唯一标准问题的讨论,实际上也是要不要解放思想的争论。大家认为进行这个争论很有必要,意义很大。从争论的情况来看,越看越重要。一个党,一个国家,一个民族,如果一切从本本出发,思想僵化,迷信盛行,那它就不能前进,它的生机就停止了,就要亡党亡国。这是毛泽东同志在整风运动中反复讲过的。只有解放思想,坚持实事求是,一切从实际出发,理论联系实际,我们的社会主义现代化建设才能顺利进行,我们党的马列主义、毛泽东思想的理论也才能顺利发展。从这个意义上说,关于真理标准问题的争论,的确是个思想路线问题,是个政治问题,是个关系到党和国家前途和命运的问题。这就为持续半年之久的真理标准大讨论作了总结。邓小平的这个讲话,也因此成为随后召开的十一届三中全会的主题报告。

十一届三中全会高度评价了真理标准问题的讨论,重新确立了党的实事求是的思想路线。这也标志着真理标准问题的讨论,在邓小平的有力支持和正确引导下,发挥了重要的历史作用。

关于真理标准问题的讨论,涉及的问题很多,但是最根本的分歧在于对马列主义、毛泽东思想究竟应该采取什么态度,怎样才算是坚持马列主义、毛泽东思想的问题。这场讨论对人们思想的解放和我国实现新时期伟大历史转折的推动作用,是不可估量的。这场讨论表面上看是要解决真理标准这样一个理论是非问题,而其深层次的含义则是要解决中国走什么道路,关系到党和国家前途命运的大问题。正因为如此,十一届三中全会以后,邓小平在1979年7月29日接见中共海军委员会常委扩大会议全体同志时的讲话中又适时地提出,要进行真理标准问题讨论的补课,这很重要。他说:"就全国范围来说,就大的方面来说,通过实践是检验真理唯一标准和'两个凡是'的争论,已经比较明确地解决了我们的思想路线问题,重新恢复了发展了毛泽东同志倡导的实事求是、理论联系实际、一切从实际出发的思想路线","真理标准问题是基本建设,不解决思想路线问题,不解放思想,正确的政治路线就制定不出来,制定了也贯彻不下去"。此后,真理标准问题讨论的补课便在全国范围内广泛开展起来。

1979年8月,邓小平到天津视察。8月9日,他在听取中共天津市委常委汇报工作时,对如何深入开展真理标准问题讨论,进一步解放思想,端正思想路线的问题,作了重要指示,他说:真理标准的问题不是我提出来的。关于检验真理标准的文章,是在《光明日报》登的,开始我没有注意。后来越争论越大,引起了我的兴趣。解决了这个问题,实现四个现代化才有真正的思想基础。这个问题意义太大了。三中全会以后,全会的精神没有很好地贯彻,实践是检验真理的标准的问题没有很好讨论,因此,必须加强政治思想路线方面的教育。邓小平的这个讲话,有力地推动了天津的真理标准问题补课。10月4日,邓小平在中共省、市、自治区委员会第一书记座谈会上的讲话中又提出:思想路线问题要深入讨论,真理标准问题要结合实际来讨论,免得搞形式主义。

邓小平这些讲话,阐明了真理标准讨论补课的重要性,提出了进行补课的方法和要求,使真理标准讨论补课真正成了一场广泛深入、富有成效的思想路线教育,对于党的指导思想和各条战线实际工作的拨乱反正,对于党和国家后来在政治、经济、组织等各方面进行一系列改革,起了极大的推动作用。

# 北方谈话

1978年9月13日，邓小平出访朝鲜回国。他没有直接返京，而是在东北三省停留了约一个星期，先后视察了本溪、大庆、哈尔滨、长春、沈阳、鞍山。随后，他又经停唐山、天津。一路上，他发表了多次重要谈话。

13日下午5点16分，专列驶进钢城本溪。

邓小平说："现在就是要好好向世界先进经验学习。不然老是跟在人家后面爬行。什么是爬行主义？这才是真正的爬行主义。"

谈到本溪工业生产情况，辽宁省委第二书记任仲夷说："本溪搞的还是不错的。"

"我知道，你们还是比较好的。"邓小平话锋一转，"在国内你们不错，在国外与发达国家比，你们还是落后的。"

"我们本溪、本钢企业潜力很大。"本溪市委负责人这样说。

"不仅是你们这里潜力大，全国各个地方的大大小小企业，各个方面的潜力都很大。"

"我们还很落后。"

"那就要到发达的国家去看看。过去，我们对国外的好多事情不知道，也不可能知道。知道还有罪嘛，崇洋媚外嘛。我们应当去看看人家是怎样搞的。"邓小平针对本溪的问题所讲的这番话，尤其是那份清醒，那份焦灼，那份紧迫感，令在场的省、市负责人深感震撼。

邓小平十分了解各地的情况，也十分了解本溪。这是一个以冶金为主的重工业城市，许多企业设备老化，工艺落后，污染严重，整个城市的环境相当差。针对这个情况，邓小平说：我们有的企业太脏，企业管理不好，日本管得好。日本有的资本家，首先是抓卫生，第二是抓安全。凡是哪个工厂脏的，那个厂肯定管得不好。

资本主义国家也研究心理学,拖拖拉拉的就管不好。企业管理一抓卫生,二抓安全。抓好这两个也不容易。没有很好的秩序,就不可能抓好。一个工厂搞得干净,也不容易,你们试试看。有了好的秩序,安全也就好了。卫生搞不好,质量也搞不好。厂子的清洁,也是个综合能力的表现。

任仲夷插话说:"过去黑龙江有个副食品商店,营业员戴上白手套操作,给顾客拿食物,竟被批为修正主义。"

邓小平说:"他们是越脏越革命。"

17时32分,开车铃声响了。邓小平与大家一一握手告别。

任仲夷表示:"我们要改变面貌。"

邓小平一边走向车门,一边回身嘱咐道:"要改变面貌,改变精神状态。"

火车启动时,这个有100多万人口的钢城已经亮起了点点灯火。

邓小平的专列经过东北工业重镇沈阳、四平、长春,在广袤的松辽平原上急驶。

9月14日凌晨2点,那一刻万籁俱寂,城市在安睡,邓小平的专列驶进吉林北部的陶赖昭火车站。久候在这里的黑龙江省委书记李力安、省委副秘书长曲绍文、大庆市委书记陈烈民等登车迎接邓小平。火车在陶赖昭稍作停留后,按照邓小平的要求,直往大庆驶去。

这是邓小平第三次视察大庆。前两次是在20世纪60年代,大庆创业初期,他亲临油田,上井架,下现场,问化工,对油田的建设表现出极大的关怀。

十几年过后,这次来大庆,邓小平流露出了平日少见的兴奋。在火车上,他就向省市委领导详细询问了油田的开发情况和产量。有关负责人告诉他:到1978年,大庆油田已经达到了年产原油5000万吨以上,并且稳产了两年。邓小平关心地问:5000万吨,还能稳产多久?市委负责人回答:可以稳产到1985年。邓小平听后,高兴地嘱咐:一定要把油田管理好。

火车在大庆车站徐徐停下。邓小平稍事休息,立即驱车前往油井一线参观。

采油一部的干部和群众在6排17号井旁等候邓小平的到来。掌声过后,党委副书记孙叶松说:邓副主席,这就是14年前您视察过的那口"光荣井",而今它的日产量已由当初的32吨上升为63吨,我们做到了开发18年,产量翻一番。

邓小平连声赞许："好！好！"

来到30万吨乙烯会战指挥部，邓小平详细询问了引进设备的情况。然后他说："引进来设备就要掌握，就要生产，要快。"陪同的同志说：使用新的九套装置生产的产品，光乙醇就可年产20万吨，在世界上也是相当大的。邓小平说："这个好，搞起来快，多了可以出口，出口也有市场。"邓小平还提出，要用新的生产设备，把"三废"处理好，不要造成环境污染。乙烯会战领导向邓小平汇报说，我们准备引进污水处理装置。邓小平说：这样上得就快了，很好嘛！他还关心地询问了整个工程投资多少，用外汇多少，什么时候建成。项目负责人回答说，一期工程1981年可以建成，二期工程1983年可以建成。邓小平高兴地说："好！1981年建成了我再来看。"

离开乙烯会战指挥部，邓小平来到大庆化肥厂。这一年，大庆的石油化工已有相当的规模，化肥厂成为化工行业的排头兵。邓小平兴致勃勃地询问了化肥厂各个装置的性能和生产情况，询问了同样装置国内外用人数量的对比，肯定了化肥厂"进行专业化管理""逐步把人员减下去"的做法。在巍峨高耸的造粒塔旁，邓小平不顾74岁高龄，一再要上去察看，经周围人员极力劝阻，方肯止步。看着邓小平勃勃的兴致，化肥厂的干部工人大受鼓舞，他们把自己生产的尿素样品作为礼物送给邓小平，邓小平高兴地收下了。

这次邓小平到大庆，一个特别关心的问题就是大庆油田的外围与深层勘探工作进展及可采储量的增加情况。当时，大庆人提出一个口号："大庆外围找大庆，大庆底下找大庆"，形象地说明大庆油田当时的进取势头。邓小平在视察设计院地宫时，认真听取了有关汇报，并详细询问：现在井打多深，下面有没有油？他还问及了地震多次覆盖技术和钻机、钻头的运行状态。汇报中间，邓小平站起身来，俯身在东北地区地质构造图上仔细观看。当有关负责人汇报到华北找油和新疆、四川打深井时，邓小平说，要打7000米深井。当了解到有的国家6000米钻机还有一些缺点时，他马上说道："买美国的，还是它厉害。"谈话之间，邓小平三次提到要买钻机。

"要加快找油，加快找气，找到更多的油气田。"这是邓小平视察大庆时反反复复讲的要求。他说：我们在钻井、勘探和综合利用上与国外有很大的差距，这些要早解决，搞"十来个大庆"是不容易的。面对着在场的各方面负责人,他深情地说:"我们要有5亿吨油就好了。"全场一片默然。当时大庆原油的年产量是5000万吨。

吃午饭的时候,大庆油田的党委负责人谈到了当时进行的陆相生油理论研究。邓小平很感兴趣。"李四光说陆相能生油,有人不服气嘛。"他说,"至于我国地质理论上几个学派并存,搞百家争鸣嘛!不能把人家否掉。"席间他还提出:"港口的原油计量问题要解决,要不,我们吃亏,别人笑话。""要搞电子计算机中心。一天24小时工作,不然就是浪费。"当听到大庆当时有15万职工组织起来学习文化和科学技术时,邓小平高兴地说:"这个好,今后就是要考核。"他对大庆油田党委负责人说:你们要研究一下,以后可不可以搞6个小时工作,2个小时学习。

油田职工的生活怎么样,是邓小平一直牵挂的。前两次视察大庆时,他曾就职工的衣食住行作过许多重要的指示,解决了不少难题。这次来到大庆,看到职工们的生活有了很大的改善,他非常高兴。但他仍忘不了要问一问职工们的生活情况。他逐一询问了大庆蔬菜、肉食供应情况,当听到企业养猪可以达到12万至15万头,平均每个职工每月可吃上2斤自产猪肉时,他说:"这不错。"对蔬菜生产,邓小平说:"要搞蔬菜脱水,脱水以后贮藏运输都方便。"当有关领导汇报到组织家属参加农业劳动,可以解决两地生活问题,可以增加生产,增加家庭收入时,他连连说:"好,你们这个办法好。"

听完汇报,邓小平又兴致勃勃地观看了大庆职工、家属生产的粮食、蔬菜、水果样品。

邓小平还十分关心大庆职工的居住和收入情况,他在询问了干打垒房屋还有多少后说:"大庆贡献大,房子要盖得好一些,要盖楼房,要搞建筑材料。"当听到大庆标准工资平均44.6元时,说:"太低了,贡献大,应该高。"后来他在哈尔滨召开的黑龙江省委会议上又说:"大庆仓库那个保管员现在才40多元钱,太低了。可以是八级、至少七级,这样鼓励学习、鼓励上进。"

邓小平不仅关心大庆的石油生产,还关心大庆的农业生产。20世纪60年代他视察大庆时,对这个问题作过指示。今天他听说大庆已经搞了32万亩耕地时,高兴地说:"大庆的地,每亩100斤化肥,产玉米1000斤,这个不简单。"他还指示:"大庆要挖土地潜力,多种树。农业搞机械化,节约下人力种树,还可以种草,发展畜牧业,草原可以改造,排水,搞条田、方田,要改造草原。"

邓小平还谈到了保护环境的问题。针对大庆油、气、化工污染严重的状况,邓小平语重心长地说:"我们的化学工业'三废'问题都没有解决好",希望你们"一定要把'三废'处理好"。

邓小平来大庆视察的消息,迅速传遍了整个油田。广大职工、家属、学生纷纷涌上街头,涌向邓小平视察的地方。邓小平在视察途中,十分高兴地向路旁的群众招手致意,每到一处,都热情地与周围的群众握手。当他步入大庆机关二号院时,800多名干部、工人和家属列队欢迎。看到这热烈的场面,邓小平高兴地与大家握手。"不能都握了。"他亲切地向站在后边的人招手。之后他特意来到失去双臂的劳动英雄耿玉亭面前,关切地说:"不容易啊,你的身体怎么样?"为了弥补不能与耿玉亭握手的遗憾,邓小平特意与耿玉亭的妻子握手问候。当陪同的同志提出大庆的干部群众想和邓副主席合影时,邓小平立即放下手中的茶杯说:"好!安排好了就照!"人们被邓小平的情绪感染了,纷纷过来拥在他的身边,留下了宝贵的合影。这次在大庆,邓小平先后4次与500多人合影留念。

晚饭后,邓小平乘车离开大庆,前往省城哈尔滨。在火车上他留给大庆人一句话:"要把大庆油田建设成美丽的油田。"

此后,邓小平再没有到过大庆,但是,"1981年我再来看"的愿望,一直成为一个重要的精神动力,激励大庆人发扬铁人精神,干出惊人业绩。

9月15日上午9时,在哈尔滨市花园村宾馆一间会议室,邓小平听取黑龙江省委常委工作汇报。省、市党政军领导和有关方面负责人参加了汇报会。当时,省委第一书记杨易辰正率团出访欧洲,省委书记李力安主持汇报会。

会议开始,邓小平微笑着对李力安说:"你简要地说说吧。我是没有更多的好主意的,只能随便吹一吹。"一句话引起了满屋的笑声,会议室里的气氛顿时活跃起来。

李力安向邓小平汇报了黑龙江省的农业现状,并提出1978年粮食要达到300亿斤。邓小平立即询问:黑龙江粮食年产历来最高水平是多少?"文化大革命"前是多少?李力安回答:历史最高水平是293亿斤,"文革"前是156亿斤。因为这两年人口有所增加,去年和前年又受了灾,不得已挖了库存。邓小平立即严肃地说:口粮不要减,减口粮伤元气,建国以来教训太多了。

当李力安汇报到黑龙江国营农场工作时,邓小平一连几次插话。他说:农场不仅要搞粮食,还要变成农工联合企业,基本上是搞农产品的加工,农业的技术改造;要通过搞种子基地、肥料工厂等办法实现农业工业化的目的。他吸着烟,徐徐说道:搞养鸡场,要把饲料变成工业品,按鸡配料,小鸡吃什么,半大鸡吃什么,大鸡吃什么,按科学配方。这样可以搞大养鸡场、养猪场、养牛场,然后再加工,蛋品的加工、肉制品的加工、奶制品的加工,加工后再运出去么。

李力安在汇报中说道:今年七八月份工业生产下降,这里面的原因有原料问题,也有按劳分配方面的问题。

这是邓小平一直思索的一个问题。

按劳分配是社会主义的一个重要特征。但是,一个时期内,在我国农村,劳动者的分配采取不合理的工分制,多劳不能多得;在工矿企业,只实行计时工资制,干好干坏一个样。这种分配形式只能造成人们的生产积极性不高,劳动效率低下的后果,不利于社会生产力的发展。半年前,邓小平同国务院政治研究室的负责人谈话,在谈到按劳分配问题时说:国务院政治研究室起草的《贯彻执行按劳分配的社会主义原则》这篇文章我看了,写得好,说明了按劳分配的性质是社会主义的,不是资本主义的。我们一定要坚持按劳分配的社会主义原则。按劳分配就是按劳动的数量和质量进行分配。根据这个原则,评定职工工资级别时,主要是看他的劳动好坏、技术高低、贡献大小。

听到这里,邓小平接过话题说,分配政策值得研究,不能搞平均主义。要把按劳分配的原则落到实处,就要实行奖励制度。对管理好的企业,对国家贡献大的人应该给予奖励,以刺激技术水平的提高、管理水平的提高。

吸收国外资金、引进国外设备,是发展经济、实现四个现代化的重要举措,也是邓小平此次在哈尔滨谈话的重点。邓小平说:我们要大量吸收外国的资金、新的技术、新的设备。令人担心的是我们的体制现在已经不适应这项工作,不适应现代化建设,总的来说上层建筑不适应新的需求。我们必须懂得这一点。谈到这里,邓小平加重了语气:我们国家的体制,包括机构体制,等等,基本上是从苏联来的,是一种落后的东西,人浮于事,机构重叠,官僚主义发展。大庆要进口一件什么设备,本来经过党委就可以解决,然而就是转圈子,定不下来,一拖就一年。所以有好多体制问题要重新考虑,既要发挥中央、地方的积极性,也要扩大基层企业的权力。邓小平指着大庆市委书记陈烈民说:比如大庆,规定它建立引进的工厂,从头到尾就统由大庆自己负责。派人考察,同外国人来往、签订合同,每件技术怎么引进,怎么学会,就统由这个企业负责。这时陈烈民插话说:现在出国考察的不管企业,管企业的不能出去考察。邓小平接着说:体制问题当然还要研究,但是不解决不行。

就提高技术水平和科学管理水平,邓小平在讲话中举了个例子:武钢1.7米轧机,是西德、日本的最新技术设备,现在搁在那儿不会管不会用,迫使我们要留一点外国技术人员,包括技术工人。他语重心长地说:一个企业管理得好不好,大不一样。技术我们是落后,但人家的东西我们能不能掌握,要靠自己的努力。

当李力安汇报到领导班子建设问题时,邓小平风趣地说:年纪大的,稳重有余,冲劲不足,我们这些人在内。要从中青年干部中,技术干部中懂行的提拔一些,要把那些打砸抢分子,派性严重、没有政绩的人,本领不大的人从领导班子中换掉。

随即,邓小平赞扬了大庆的领导班子。他说:大庆的班子不错,比较年轻,中青年多。现在所谓年轻,就是40岁出头一点的,也有30多岁、20多岁的。年轻人有的是,培养一批合格的管理人员、技术人员,这方面如果我们现在不着手,将来就来不及,后继无人。军队现在就发生了这个问题,后继无人,不加紧解决这个问题不行。

在座的黑龙江省委常委们心里清楚:邓小平这些话是有感而发。"四人帮"被粉碎后,大批"文革"中被打倒的老干部恢复了工作,但也随之产生了干部队伍老化问题。1978年邓小平在多次谈话中提到了这个问题,可见此事在他心目中所占的位置。

但是对于邓小平自己,他想得更深,也更现实,当今最打紧的是确立正确的思想路线。如果思想意识还这样禁锢,"两个凡是"没得到彻底清算,那么政治路线、立国方针就无法端正,组织路线问题、培养合适的接班人问题就成了水面上的浮萍,落不到实处。当然,人事选拔是可以作为政治斗争的一个策略和工具的。即使是毛毛雨,应该早下,政治的提前量必须打出来。当然,在今天这个场合,也只能把话说到这个程度。

午饭过后,略事休憩,邓小平驱车南行,前往吉林省会长春。

9月15日晚,邓小平到达长春之后,住在南湖宾馆2号楼。

16日9时整,邓小平步入南湖宾馆会议室。

省委第一书记王恩茂宣布开会,并汇报了吉林省关于揭批"四人帮"运动、整顿社会治安和工农业生产等情况。

汇报过程中,邓小平问到了吉林省的粮食产量问题、农业机械化问题,吉林西部的地下水问题,还提到了一汽的技改、霍林河煤矿的技术引进、吉林卷烟的质量问题。他甚至还询问了中科院长春光机所科学家在"文革"中的冤案……

在听取长春的拖拉机生产情况的汇报时,邓小平指出:你们要搞一些大马力的拖拉机,在东北"太小了不好用"。不光生产拖拉机,还应生产拖拉机的拖带机器。"现在全国的拖拉机都是50年代技术,落后得很,用的材料多,耗油量大,损耗率高。"如果不改造,全国到处搞,这样下去就不行。"目前修配也赶不上,这些问题要解决。""大马力拖拉机不一定一个省搞,不要勉强在一个省搞,全国范围内只选几个点就够了。东北搞一个,看哪一个省好一些,集中在它的身上来改造。""比如,长春生产的拖拉机总装质量不合格,可以生产一些零件,让总装好的搞总装,采取专业化协作生产。这样又快又省,不要走小而全、中而全、大而全的道路。这是苏联的道路。"

省里的同志说,吉林省化肥不多、小化肥没搞起来。邓小平说:小化肥不经济,但很起作用,目前化肥主要还是小化肥厂生产的。"但小化肥要改造,要逐渐搞大生产嘛! 小的耗费原材料,成本高,价格贵,生产能力也不多,要改造。"全国设计,选择一个、二个、三个型号的,不搞不行。怎么样改造小化肥,搞个全国统一的改造方案。

听到正在建设的霍林河煤矿要引进西德技术,邓小平说:要引进西德的机器,就要完全保证用它的管理办法,否则就没有资格引进。它是完全自动化的,年产5000万吨只用900人。要引进人家的技术,就要学习人家的管理方法。你们这个厂子要完全按它的管理方式生产,从开始就组织一个领导班子,从头到尾负责,包括直接谈判,直接签订合同,以后根据西德技术管理办法生产。这样的企业,不要搞改良主义,要彻底革命。以后所有引进的东西,必须坚持这一点,否则我们永远落后。我们的人海战术打不赢现代化战役。要培训人才,不但管理人员要合格,要学习,就是工人也要合格的。西德、日本工人起码要高中程度,而且是比较好的,才能掌握技术。高中毕业生就叫知识分子,工人本身也是要知识化呀。不能够让讲空话的人、不懂的人去搞这样的企业。我们要好好学习,到外国去看一看,看人家怎么管理的,选送的人年龄不要太大。管理企业精力要非常集中,很辛苦,管900人比管9万人难。每个人的岗位都不能出差错,按错一个电钮损失就大了。总是要搞革命,不搞改良,不是叫技术革命嘛!我们不是一直讲我们是革命者吗?就是要革命。长春汽车厂准备让哪个国家改造?上海准备引进西德奔驰汽车技术,用它的牌号。奔驰汽车在国际上也是质量好的汽车。

在听取吉林省财政收入情况的汇报时,邓小平说:全国财政情况都不错,但这不能反映我们的本质。如果我们自己满足这个,就危险了。因为它一不反映我们的技术水平提高多少,二不反映我们的管理水平提高多少。

汇报进行了半个多小时就结束了。

王恩茂说,现在请邓副主席作指示。

掌声中,邓小平向与会者摆摆手,然后习惯地点燃一支香烟,开始了他的讲话。

邓小平说:现在摆在我们面前的有两个问题。第一个问题是实事求是,理论联系实际,一切从实际出发。他分析道:一切从实际出发,我们的事业才有希望。不论搞农业、搞工业、搞科学研究、搞现代化,都要实事求是,老老实实。所有在一个县、一个公社、一个大队工作的同志,都要根据本地的条件,搞好工作。要鼓励哪怕是一个生产大队、一个生产队很好地思考,根据自己的条件思考怎样提高单位面积产量,提高总产量,还有技术方面、多种经营方面,哪些该搞的还没有搞,怎么搞,这样发展就快了。多年来,就是"文化大革命"以前,我们的脑筋开动得也不够,这些年来思想僵化了。企业管理,过去是苏联那一套,没有跳出那个圈子。那时候,苏联企业管理水平比资本主义国家落后得多,后来我们学了那个东西,有了那个东西比没有好。但现在连那个落后的东西也丢掉了,一片混乱。现在要使所有的人开动脑筋,敢于思考怎么样使生产增加,产品质量提高,成本降低,原材料消耗少,产品价格不断降低。不管大中小企业,搞得好的要奖励,不能搞平均主义,要鼓励先进。实践是检验真理的唯一标准,这是马克思主义,是毛主席经常讲的。在这方面,思想要解放。现在是人的思想僵化,什么东西都是上边说了就算数,华主席,哪个副主席说了就算数,自己不去思考,不去真正消化。多少年来,就是"文化大革命"以前,我们的脑筋动得也不够。毛主席总是提倡开动脑筋,开动"机器"。林彪、"四人帮"把我们的思想搞僵化了。思想僵化,就不可能实现四个现代化。总之,实事求是,开动脑筋,要来一个革命。

在详尽阐明了实事求是,一切从实际出发之后,邓小平把话题转到对毛泽东思想的态度问题上。他说:怎么样高举毛主席的伟大旗帜,这是个大问题。大家知道,过去有一种议论,叫作"两个凡是",不是很出名吗?凡是毛主席圈阅过的、讲过的都不能动,凡是毛主席做过的、说过的都不能动,这是不是高举毛主席的伟大旗帜呢?不是。搞得不好,要损害毛主席。毛泽东思想的基本点就是实事求是,就是把马列主义的普遍原理同中国革命的具体实践相结合。毛主席之所以伟大,就是靠的实事求是。马克思、列宁从来没有说过农村包围城市,这个原理在当时世界上没有啊!毛主席的伟大,就是根据中国的具体条件,指明了革命的具体道路,用农村包围城市,最后夺取了政权。如果没有实事求是的基本思想,能提出和解决这样的问题吗?能把中国革命搞成功吗?

邓小平略微停顿了一下,吸了一口烟,接着讲道:林彪、"四人帮"搞阴谋,干坏事,说毛主席的话一句顶一万句。林彪搞的那个小本本,可是害死人哪!他搞的那个语录,不能系统地反映毛主席的思想。

邓小平举例说:在那个小本本里,关于党的建设的语录里,就没有"惩前毖后,治病救人""团结—批评—团结"的语录。这是毛主席关于党的建设很重要的内容。林彪、"四人帮"一伙任意歪曲、篡改马列主义、毛泽东思想,造成思想混乱,给我们党的实际工作、理论工作、社会风气造成了极大的危害,以致我们要扫除这些垃圾还得付出长期艰巨的努力。

全场寂静无声,只有邓小平讲话的回声在会议厅内环绕、撞击。

人们清楚地记得,早在一年多以前,尚未复出的邓小平就给党中央写信,指出毛泽东思想是一个思想体系,必须完整地准确地理解和掌握,表现了一个老革命家卓越的理论水平和政治勇气。从那时起,如何完整、准确地掌握毛泽东思想,成为中国政治生活中一个重大的理论课题。

现在,邓小平又一次针对这个问题作出了自己的回答:我们高举毛泽东思想的旗帜,就是要在每一个时期,处理各种方针政策问题时,都坚持从实际出发。我们现在要实现四个现代化,有好多条件,毛主席在世的时候没有,现在有了。中央如果不根据现在的条件思考问题、下决心,很多问题就提不出来。比如毛主席在20世纪60年代初就提出,"给一个矿,让日本开采",用外国的资金,开发我们的资源。但那时候没有条件,人家封锁我们。后来"四人帮"把什么都说成是"崇洋媚外""卖国主义",使我们同世界隔绝了。经过这几年的努力,建立了很好的国际条件,使我们有条件吸收国际先进技术,吸收他们的资金。如果说毛主席没说过的我们都不能干,现在就不能下这个决心。在这样的问题上,什么叫高举毛主席的伟大旗帜呢?就是实现毛主席提出的、周总理宣布的四个现代化的目标。这是我们要为之奋斗的目标。

邓小平端起面前的杯子,喝了口茶水,顺着飞驰的思路继续说道:马列主义要发展,毛泽东思想也要发展,否则就会僵化嘛!所谓理论要通过实践来检验,这样的问题还要引起争论,可见思想僵化。现在世界不断变化,新的事物不断出现,我们关起门来不行,不动脑筋永远陷于落后不行。我们要完整准确地掌握毛泽东思想,根据不断变化的情况,提出我们的任务,加速四个现代化建设。

讲话中,邓小平还针对当时农业学大寨运动中存在的形式主义提出了批评。他说:学大庆、学大寨要实事求是,学他们的基本经验,如大寨的苦干精神、科学态度。但有些东西是不能学的,比如,它一年搞一次评功记分不能学,取消集市贸易不能学,取消自留地也不能学。现在全国调整农村经济政策,好多地方要恢复小自由,这也是实事求是。针对吉林省的情况,邓小平笑着说:你们这里也有好的典型呀,像榆树的小乡,永吉县的阿拉底大队,你们自己的典型更可贵。就每一个专区、县来说,都有自己比较好的典型,把这些比较好的典型加以推广,大家都向他们看齐,就了不起。是不是全国所有地方都要把地搞得平平的,不完全搞平就算没完成农田基本建设?要从实际出发,要因地制宜,不要搞形式主义,不需要平整的地方就不要平整,不需要搞梯田的地方就不要搞梯田。

在谈到企业管理中存在的问题时,邓小平说,我们要坚持按劳分配的原则,不能再搞平均主义,平均主义害死人,要鼓励上进,不能吃大锅饭。要建立各方面的考核制度。不管是公社各级领导干部,还是工厂企业的领导干部都要考核,不合格的要淘汰。这样的问题,在干部里要多讲,有的过去不敢搞,现在要敢。这样的精神贯彻下去后,他那个厂,那个企业一两年没有变化,亏损照样亏损,这种人不能用。

邓小平深入浅出的论述和简洁明确的结论,像捅破了一层窗户纸,使到会者顿时感到心里无比亮堂。

在谈到实现四个现代化的精神动力时,邓小平说:我们过去打仗,要打胜仗,没有一批不怕死敢于冲锋陷阵的人是打不了胜仗的,革命要有一批闯将。我们不是要实现四个现代化吗？要超过国际水平,没有一批超过国际水平的闯将能行吗？人才最重要,没有一批这样的闯将,跟在人家的屁股后面爬,爬不上去。

在分析我国的经济现状时,邓小平说:现在全世界一百多个国家中,我们的国民平均收入名列倒数二十几名,算贫困的国家之一。就是在第三世界,我们也是贫困的一部分。毛主席讲要建设社会主义,社会主义有优越性的根本表现就是高速发展社会生产力。什么叫政治挂帅,政治挂帅归根结底要表现在生产力的发展上。生产力发展的速度比资本主义慢,那就没有优越性,这是最大的政治。我们要想一想,解放这么多年,我们究竟给人民做了多少事情呢？所以,我们一定要根据现在的有利条件加速发展生产力,使人民的物质生活好一些,使人民的文化生活、精神面貌好一些。

时间过得飞快,秒针、分针仿佛在赛跑,人们越听越入神的时候,邓小平突然宣布:"我就讲这些。"大家立即放下手中记录的笔,雷鸣般的掌声响彻整个会堂。

邓小平走下主席台,向众人频频招手,在王恩茂等省委领导的陪同下,在掌声和深情目光的护送下离开了会场。

在长春,邓小平没有作更多的停留。下午,他乘车前往辽宁。

9月17日上午,邓小平从长春返回沈阳后,在友谊宾馆听取中共辽宁省委的工作汇报。

辽宁是"一五"计划期间建设起来的重工业基地,长期以来在国民经济发展中占有举足轻重的地位。"文化大革命"期间,由于"四人帮"死党毛远新及其爪牙的把持,辽宁遭受了极为严重的破坏,短缺与浮夸,假典型与假经验充斥着辽沈大地。

会上,辽宁省委第一书记曾绍山、第二书记任仲夷向邓小平作了工作汇报,沈阳军区司令员李德生和政治局委员彭冲也参加听取汇报。

省委领导首先向邓小平汇报了辽宁揭批"四人帮",开展双打运动,调整农业政策,发展农业生产、增加地方财力,开展各级领导班子整风,发展建筑业和教育等方面的情况。邓小平在听取汇报时,不断插话,询问他关心的问题。

当汇报到干部队伍清理问题时,邓小平说:中央最近有个文件,搞打砸抢的只是少数人,动手的,搞逼供信的,全国一千万。对这部分人,政治上作结论和处理要适当,这是个大政策。这些人基本上不能保持原来的工作岗位,不能作为我们干部队伍的基础。好的年轻人不少嘛。有一部分坏家伙,多数是好的。

谈到农业问题时,邓小平不断询问辽宁的耕地面积、粮食产量、农民口粮、落实农村政策情况。他指出:现在还是粮食少、肉少、油少,其他副食也少。征购任务重,是全国性的问题。

"现在没有虚假了吧?浮夸风,害死人哪!"邓小平半是询问,半是感慨地说。

接着,他又问:"你们农村政策调整得怎么样?"

任仲夷回答说:"我们搞了个十六条,政策落实了一些,但落实得不够。"

"政策落实了,积极性就调动起来了。现在农业机械质量不高,成本高,化肥贵,农民买不起。"邓小平索性把话题引申开来:农业要现代化,才能适应工业的现代化。1975年赵紫阳同志到四川,我说,四川工业越发达,农业永远第一。一定要把农业放到第一位。这就是工业支援农业。工业支援农业要具体化。

关于工业企业的情况,邓小平着重询问了鞍钢的发展、沈阳冶炼厂的改造、抚顺煤矿生产等问题。

任仲夷说:过去辽宁批《工业七十条》,现在看来"七十条"是对的。

邓小平说:1961年庐山会议,毛主席对"七十条"是肯定的,很称赞的。现在看来,企业怎样具体管理好,怎样按经济规律来管理经济,对这些问题,原来的"七十条"也是不够的。企业要搞几条,责任制、岗位责任制、工程师、总工程师、经济核算等等。"七十条"是个基础,有的去掉,还要增加一些。要从新的管理体制来研究,还要搞若干条。

关于建筑行业的问题,任仲夷等人只是作了简单的汇报,主要是听邓小平讲。邓小平说:务虚会提出了三个先行嘛,建筑要先行。现在这方面有很大的浪费。建住宅,全国来说1平方米平均130元。谷牧同志他们在北京搞试点,用新型泡沫塑料搞预制件,1平方米60元。就是80元,也可以节约几个亿嘛。邓小平伸出手指,慢悠悠地算道:我们1亿城市人口,平均每人只有居住面积2平方米,现在西德每人30平方米。我们如果按每人9平方米,比现在加7平方米,不算其他建筑,每平方米节约50元,就是350个亿。工厂节约的数目比这要大得多。现在是很大的浪费,而且也不漂亮,难看得很。

与会者听得入了神,邓小平接着说道:建筑要机械化,装备要现代化。道理很简单。所有发达资本主义国家,所谓三大支柱,一个是钢铁,一个是汽车,再一个是建筑,无一例外。现在欧美建筑已经达到饱和点,我们要发达,在相当一个时期,建筑业是个支柱,搞好了,又快又省。

辽宁的同志汇报说,现在工农业用水比较缺乏。邓小平说:工业用水要采取先进办法,像日本那样,搞循环,水一下跑了,转个圈回来,这样对解决污染问题、缺水问题都有好处,还可以回收。要广泛运用这个技术,转个圈,特别是缺水地方更要这样。日本相当普遍,技术并不难。

话锋一转,邓小平又提到了农业,他肯定地说:"农业要走工业化道路。"

"农业本身要搞很多新的行业。中小城市可以搞,县城可以搞。"兴奋之下,他索性把话题扯开去。"本世纪末,美国社会构成,25%工人,4%农业人口,它还要保持现在这样多农产品,还要出口。百分之七十几的人都叫服务行业。养鸡场最先进,两个老人带两个小娃娃,小娃娃白天还要上学,晚上帮助一下,养20万只鸡。但是,它有条件,饲料是买的。第二是检疫,防止发生瘟疫。并不要盖那么大场子,那是落后方法,原来用的办法现在变了,要学习这种先进方法。就是要有条件,要有卫生条件。它是科学管理,拣蛋用机械,用手拣不可能。它们饲料有控制机,小鸡什么饲料,长大一点什么饲料,生蛋时又是什么饲料,配方都不同。"一席话讲得与会者目瞪口呆。

在谈到解决副食品供应问题时,邓小平举了南斯拉夫的例子:"南斯拉夫,有人去看了,贝尔格莱德工农联合企业,23000 人,保证贝尔格莱德 120 万人口 90％的副食品供应,主要搞加工,每人收入 3000 美金,每家都有汽车、电视机,富足得很。"

李德生插话道:"邓副主席在哈尔滨讲了脱水蔬菜保管问题。"

邓小平说:"这是个工业化问题。1964 年我来你们沈阳,你们菜地 38 万亩,那时我说要统一经营,38 万亩菜地怎么不能解决 200 万人的吃菜问题?你们半年没菜。脱了水保管,它本身损耗少。不脱水,运到城市一半就烂掉了⋯⋯用科学技术加工,一样吃新鲜菜。"

与会者静静地听着,除了李德生之外,很少有人插话。大家由衷地佩服邓小平过人的记忆、开阔的思路和他的细致及健谈。

省委工作汇报结束后,任仲夷请邓小平再作指示,邓小平就一些重大问题发表了讲话。他说:全党全国范围的问题,昨天在长春概括地讲了一下,中心讲实事求是,理论与实际结合,从实际出发。不恢复毛主席给我们树立的实事求是的优良传统和作风,我们四个现代化没有希望。我也讲了"两个凡是"观点是不正确的。这不是毛泽东思想,毛主席在世也肯定不能同意。很简单,如果坚持"两个凡是",我就不能出来。我能出来,说明有的是可以改的。"两个凡是"是损害毛泽东思想的。主席的话是针对一定时间、地点、条件讲的,有很多条件是有变化的。现在全党全国最需要的,是大家开动脑筋,敢于面对现在的问题、现在的条件来考虑我们怎样加速四个现代化建设。

邓小平强调说:现在,全国人民思想开始活跃,但是还心有余悸。千万不要搞"禁区"。"禁区"的害处是使人们思想僵化,不敢根据自己的条件考虑问题。真正讲话不一定是反革命,顶多是思想错误,但框住思想,害处极大。一个公社有自己的条件,有自己的情况,一个大队有自己的条件,有自己的情况。有一般,也有特殊,大量的是特殊,重要的是要根据自己的特殊情况考虑问题。东北三省情况大体相同,但也都有不同。你们辽宁省几个地委、几个市,每一个都有不同。

在这次会议上,邓小平又一次谈到了发展生产力的问题。他说:马克思主义就是这样,归根到底要发展生产力。我们太穷了,太落后了,老实说对不起人民。我们的人民太好了。外国人议论,中国人究竟还能忍耐多久,很值得我们注意。我们的人民是好人民,忍耐性已经够了。我们现在必须发展生产力,改善人民生活条件。他强调:要体现社会主义制度比资本主义优越,起码要表现出我们的发展速度比他们快。

最后,邓小平谈了辽宁省的领导班子整风和干部调整问题。

下午,邓小平在住处听取沈阳军区常委汇报战备工作和揭批"四人帮"情况。

会议一开始,邓小平说:我是到处点火,在这里点了一把火,在广州点了一把火,在成都也点了一把火。

在谈了批判军队中的资产阶级派性之后,邓小平着重谈了揭批查运动的发展趋势问题。他说:批林彪也好,批"四人帮"也好,怎样才叫搞好了,要有几条标准。第一,也是最主要的,是恢复我们军队的传统。我们的传统就是老老实实,说通俗一点,就是不看风使舵,不投机取巧,忠诚老实,忠于党,忠于人民,忠于社会主义。第二,消除派性,根除派性的影响,真正统一了。林彪、"四人帮"把军队搞分裂了,派性侵入到部队,把思想搞乱,把组织搞分裂了。第三,现在军队在地方在人民中的印象改变了,名誉坏了。什么时候,地方和老百姓看军队像老八路,老红军,这样就行了。第四,遵守纪律,一切行动听指挥。第五,干部队伍整顿好,同"四人帮"有牵连的人和事都搞清楚。你们可以研究一下,运动不能总这样搞下去吧!从去年11月到现在,快一年了。你们可以研究,什么叫彻底?永远没有彻底的事情!运动主要把班子搞好,作风搞好,如果搞得好,有半年就可以了。运动搞得时间过长,就厌倦了。有的不痛不痒,没有个目的,搞成形式主义。有的单位,搞得差不多了,就可以结束,可以抓训练,可以组织学习科学知识嘛!

关于干部提拔问题,邓小平说:提拔干部,要注意人的本质,注意思想,宁可笨点,朴实一点,不要看能说会写,一定要注意干部路线。

在沈阳军区,邓小平话讲得不多。会议一结束,同与会者合影完毕,很快就回去休息了。因为按预定的日程,下一个目的地是鞍山。

9月18日上午8时30分左右,邓小平乘专列驶抵鞍山车站,鞍山市和鞍钢的党政领导沈越、马宾、李东冶等到车站迎接。

同全国一样,当时的鞍钢是大劫之后百废待兴之际。1975年,邓小平主持的整顿使鞍钢刚刚出现转机,1976年的"批邓""反击右倾翻案风"又使生产秩序受到巨大的冲击。长期以来形成的封闭式内向型产品经济管理模式使鞍钢因循守旧,故步自封,逐渐丧失了生机与活力,面临着"再不改造,鞍钢若干年后将成为一堆废铁"的绝境。此后,邓小平的到来,给鞍钢人带来了一线希望。

"小平同志,前年'批邓'的时候,我也批了。"党委书记沈越在与邓小平等互道问候之后,怀着愧疚的心情说道,"想起您对鞍钢建设和发展的支持,真是太不应该。"

"不,这不是你的错。这是中央的事。"邓小平安慰他说:"你是市委第一书记,是中央要批,你能不执行吗?"在场的人都会意地笑了。

9点左右,邓小平一行被接到鞍钢迎宾馆,鞍钢的领导班子打算让风尘仆仆的邓小平先听汇报,然后好好休息一下。邓小平却连连摆手说:"走,下厂子看看。"

邓小平一行驱车来到鞍钢炼铁厂。顿时,厂部门前的小广场成了欢乐的海洋。人们为了更清楚地看到邓小平,都尽量往前挤,往高处站,就连小广场周围的铁架子上、煤气管道上也站上了人。

邓小平亲切地看着大家,脸上露出慈祥的笑容向人们致意。他从厂长夏云志手里接过一个柳条帽,端正地戴在头上,然后穿过人流,向7号高炉走去。

小广场距7号高炉不远,中间隔着七八组铁路线,炼铁厂厂长夏云志边走边向邓小平介绍炼铁生产情况。在横越七八组铁路线时,邓小平步履轻松,还不时用手指着空中的各种管线,询问都是干什么用的,夏云志一一作了回答。

7号高炉是一年前由原来的7号、8号两座高炉合并建成的大型高炉,容积2580立方米,有效高度29米,是当时全国最大的高炉。听说这是鞍钢实行技术改造的产物,邓小平立刻产生了浓厚的兴趣,站在高炉旁向夏云志询问起来。

高炉旁,炉体释放出的热浪卷起灰尘扑面而来。对此,邓小平全然不顾,他问夏云志:"厂里现有几座高炉?年产量是多少?"

"现在共有10座高炉,年产640万吨。"夏云志边走边说。

"哪座最大?"

"这座最大。2580立方米,是由原来的7号、8号两个大炉子合并成的。将来我们准备继续改造,把小高炉改成大高炉,可以达到1000万吨钢所需要的铁产量。"

"你们怎么改的?"邓小平接着问。

"利用高炉检修期间改造,坚持改造不停产,不减产。"

邓小平赞许道:"这样好!改造不减产,老企业大有希望嘛!"

随后,邓小平向夏云志询问了工人的生产和生活情况。由于高炉噪声大,夏云志只好放开嗓门大声作介绍。邓小平边听边点头,说道:"你们搞改造,搞生产,不容易啊!"他又对身边的鞍钢主要领导叮咛道:"要爱护职工的积极性和创造性,一定要把炼铁这个环节抓好。"

这时,高炉前面呼啦啦围上来一大群人,有本厂的也有外厂的。工人们听说邓小平来了,都争着要目睹这位具有传奇色彩的中央领导人的风采。有的人站在外圈儿看不见,就爬上煤气管道,登上铁架子。只见邓小平身穿灰色中山装,满面红光,完全不像74岁高龄的人。人们向他欢呼,他也频频招手,向久违的鞍钢工人致意。

9月18日下午3时,在鞍山胜利宾馆8楼会议室,邓小平重点听取沈越、孙洪志、马宾、李东冶、金锋、侯国英等鞍钢和鞍山市委的主要负责人关于鞍钢的工作汇报。

会议室宽敞、明亮,布置一新。邓小平坐在南面靠窗户的位置上认真仔细地听取汇报,并不时插话、询问,会议室里的气氛活跃而又热烈。

沈越首先汇报如何提高劳动生产率、提高技术水平、提高管理水平的办法与设想。当汇报到企业要搞定员定额时,邓小平插话说:"要搞五定,五定不够再加一定或几定。"("五定"是20世纪60年代"工业七十条"中的一项重要内容,即定产品规模,定人员和机构,定各种消耗,定固定资产和流动资金,定协作关系。)

当沈越汇报说鞍钢正实行单项奖励时,邓小平算了一笔账:"5项单项奖只花6万元,而节约价值约660万元,这还不算增产。这划得来。这对发展经济、发展生产、提高工人技术水平有利。"

在谈到鞍钢打算按日本的先进水平减少人员时,邓小平说:你们鞍钢用人太多。产 1500 万吨钢,3 万人就够了。

当沈越谈到鞍钢准备将矿山公司、基建公司等划分出去时,邓小平以赞许的口吻说:"矿山公司、基建公司分出去好,成立修配公司好,大修中修都归修配公司,小修归厂子。"

沈越说:"鞍钢在进一步实行劳动力挖潜措施以后,生产人员将减到 9 万到 10 万人。减下来的人员,一部分由我们自行消化,另一些人可以支援外地。"

邓小平说:"只要有技术,就不怕没地方用,商业网点需要人,饮食服务缺人,建筑业的人也不够用嘛。"

当汇报到鞍山城市污染时,邓小平的心情十分沉重,他说:"企业现在这种污染的环境,会把现代化仪器、仪表都搞坏了,非下大力气治理不可。"

沈越汇报结束后,由鞍钢经理马宾汇报鞍钢生产、改造的情况。马宾是全国知名的冶金专家。十年动乱中,被罗织"走资派、反动权威、苏联特务"等罪名而受关押。1975 年邓小平来沈阳视察工作,谈起鞍钢生产时,特地向陪同的人员询问起马宾的情况。当时,马宾正被囚禁,由于邓小平的直接过问,马宾才得以重新获得自由,恢复工作。

马宾首先介绍了鞍钢生产的基本情况。接下来他说:"目前鞍钢劳动生产率低,人员多,企业的负担过重。"

"美国矿山技术,年产 1 亿吨矿石,要用多少人?"邓小平问。

"不到 1 万人。"马宾说。

"我再加 1 个,1 万零 1 个人,怎么样?引进先进技术,一定要按照他们的先进管理方法、先进经营方法、先进定额,总之按照经济规律管理经济,要减人减机构。你们有个初步设想,我看设想是好的。现代化,自动化,人多不行,管理体制不好。"

"你们矿山 6 万人,如果照美国的技术,只需 1 万人,多 5 万,怎么办?同样,钢铁公司引进先进技术后,只需 10 万人,多七八万人,怎么办?"邓小平环视全场,提出了对减员的安排问题。

"有一些可以转到别的行业,宁肯编外处理,也不要和稀泥。技术越发展,越会感到劳动力不够。服务行业多得很,你们要多想办法开辟新的领域。鞍钢的修理行业也可以为其他冶金基地服务、为全国服务。还可以养猪、养牛,建立饲料公司、种子公司、肥料公司,搞综合利用。"

邓小平还讲了提高工人素质的重要性。他说,为了保证应有的技术和管理水平,工人应该起码是四级工。现在鞍钢工人平均是三点五级,在全国还不算低,可是实际上应该有大量的七八级工。现在平均工资是58元,大庆才40元,鞍钢在全国也算最高的了。可是改造后,比如用5万人,工资平均80元。用人时不按工龄按本事,严格考核,可以刺激工人,努力学习,掌握新技术。工人拿到80元,就要有新的要求,向国家要供应,吃得好一点,穿得好一点,住得好一点,用得好一点。看看电影,看看戏剧,看看打球,迫使国家开辟新的行业,增加服务行业。总之,穷不能发展经济,经济发展工人要增加收入,反过来才能促进经济的进一步发展。

邓小平问道:"鞍钢的劳动生产率什么时候最好?"

"1966年。"马宾答道。

邓小平若有所思地点了点头。

马宾说,我们要通过技术改造,改变鞍钢的落后面貌,提高产量。邓小平用探询的目光望着大家:"全国搞6000万吨钢,你们搞多少?"

"1200万至1500万吨。"马宾答道。

"好,就是要搞到1500万吨,我同意这个意见。"邓小平接着说,"矿山改造以后,精矿品质达到67%,进高炉,焦炭消耗就少了,有400公斤就够了,以后就不需要从海南岛运矿石了,运输量就减少了。"

当马宾汇报到需要尽快掌握新技术,提高产品质量时,邓小平说:"凡是不能自动化的,就不能保证质量,用眼看手摸是不行的。过去老工人就凭眼睛看,现在不行喽。"

当马宾恳切地希望中央将鞍钢的技改方案尽快确定下来时,邓小平又关切地询问起来:"都准备采用哪些国家的技术?"

"矿山设备用美国的。"

"老厂呢?"

"准备用日本的。新日铁、住友都看过了。"

"你们矿山改造需要多少投资?"邓小平接着问。

"搞1亿吨铁矿需要40亿美元。"

"改造老厂需要多少?"

"20个亿。"

"共60个亿。"邓小平说,"但要注意一点,鞍钢的技术改造,要以世界先进水平为起点,要革命,把先进的技术引进来。"

工作汇报结束后,邓小平应沈越、马宾的请求,即席发表了讲话。他沉吟片刻,缓缓说道:"现在摆在你们面前的问题,是鞍钢如何改造。引进技术改造企业,第一要学会,第二要提高创新。许多工作从现在起就要着手,如培训工人,培训干部,不然许多外国技术不能掌握,这方面我们是有教训的。现在抢时间很重要,全国准备引进上千个项目。凡是引进的技术设备都应该是现代化的,必须是70年代的。世界在发展,我们不在技术上前进,不要说超过,赶都赶不上去,那才是真正的爬行主义。我们要以世界先进的科学技术成果作为我们发展的起点。"

"我们要有这个雄心壮志。"邓小平望着大家,声音里充满了期待,"引进先进技术设备后,一定要按照国际先进的管理方法、先进的经营方法、先进的定额来管理,也就是按照经济规律管理经济。一句话,就是要革命,不要改良,不要修修补补。"

邓小平又说:"我们改造企业,为了保证应有的技术水平、管理水平,要有合格的管理人员和合格的工人。应该设想,经过技术改造,文化和技术操作水平较高的工人应当是大量的,否则不能操作新技术、新工艺和新设备。"

"不合格的作编外处理,要保证他们的生活,当然不在职的人不能享受在职的待遇。要组织他们学习,对他们进行培训,开辟新的就业领域,要下这个决心。合格的管理人员、合格的工人,应该享受比较高的待遇,真正做到按劳分配。"

"发展经济,工人要增加收入,这样反过来才能促进经济发展。农业也是一样,增加农民收入,反过来也会刺激农业发展,巩固工农联盟。社会主义要表现出它的优越性。哪能像现在这样,搞了20多年还这么穷,那要社会主义干什么?我们要在技术上、管理上都来个革命,发展生产,增加职工收入。"

"你们除了考虑改造钢铁企业,也要综合考虑鞍山市的社会结构。世界变化的结果,生产越发展,直接从事生产的人越少,从事服务业的人越多。服务行业很多,如种子公司、建筑、修理等,这说明可以有很多办法安置劳动力。你们要注意,编制里面一定要有相当规模的科学研究机构。美国和日本的大企业,都有相当规模的科学研究机构。我们也要把科研队伍加强和扩大起来。"

"要加大地方的权力,特别是企业的权力。企业要有主动权、机动权,如用人多少,要增加点什么,减少点什么,应该有权处理。企业应该有点外汇,自己可以订货,可以同国外交流技术。有些事情,办起来老是转圈,要经过省、部、国家计委,就太慢了。现在我们有些同志做工作,只听上边讲了一些什么话,自己不敢开动脑筋。还是毛主席说的要放下包袱,开动机器。要提高我们的技术水平、管理水平,没有一点创造性不行,企业没有自己的权力和机动性不行。大大小小的干部都要开动机器,不要当懒汉,不要头脑僵化。"

说到这里,邓小平显得有些激动。他的声调也提高了,说:"现在我们的上层建筑非改不行。"

会议室里一片掌声。

邓小平满怀深情地望着大家,最后说道:"鞍钢的生产和改造,一定要搞好。我还是那句话:你们搞好了,对全国人民是个鼓舞。全国人看鞍钢啊!"

会议在不知不觉中进行了4个小时。晚上7点,会议结束。

9月19日上午,邓小平来到了唐山。

唐山位于河北省的东部,是一座中等的重工业城市,国家的重要能源基地,也是享有盛名的"冀东粮仓",在全国的经济格局中占有重要的战略地位。

两年前的7月28日,一场7.8级的大地震瞬息之间把这座有近百年历史的名城夷为一片废墟。大地震造成242469人死亡,164851人重伤,其中唐山市区死亡148000人,重伤81600人。地面建筑和设施遭到严重破坏,市区周围铁路扭曲、桥梁断塌,市内交通、供电、供水、通信全部中断,工业生产设备的损坏率达到56%,245座水库大坝塌陷、开裂,主要河道大堤沉陷断裂,6.2万眼机井报废,冒沙和积水耕地达120多万亩。仅可估算的直接经济损失就高达30多亿元。

那是一个多灾的年月。唐山地震时,邓小平被"四人帮"赶下台已有几个月了。邓小平听到唐山地震了,忧心如焚,但他做不了什么。1977年7月他复出后,十分关注唐山的生产恢复和重建工作。

现在两年过去了,唐山的生产恢复和重建情况怎么样,人民的生活怎么样,他要来看一看。

上午8时50分,邓小平径直抵达开滦煤矿。

这座煤矿在大地震中受损最为严重,有6500多名矿工死亡,2000多人重伤,3万多台设备被砸被淹,355万平方米地面建筑被毁,供电、通信、通风、提升、排水五大系统全部中断。

邓小平来到了设在职工洗澡堂的临时会议室,听取了矿党委书记赵成彬关于唐山地震后煤炭生产情况的汇报。

邓小平急切地问道:你们现在恢复得和原来差不多了吧?

"生产系统已恢复68%。"

"你们现在生产水平是多少?震前是多少?"

陪同视察的煤炭部部长萧寒介绍说:震前日产7万吨,现在6万吨。还未达到震前的水平的原因,主要是去年9月刚恢复开掘,欠尺8万米,吃老本吃了800万吨煤量。

邓小平说:"哦,那也不好哇,你们准备得不利索,对以后的生产不利呀!"

当汇报到完成今年2250万吨任务很艰巨时,邓小平问:"机器有进口的吧?我们自己造的行不行?今后主要要靠我们国家自己制造的好。"

"引进了8套采煤机器。"

邓小平说:从国外引进的8套采煤机器,"要集中使用,集中力量打歼灭战,便于掌握技术,便于管理。机器的修理,要做到小修在矿,中修、大修有专门厂子。要专业化,要组织专门的修理公司"。

当邓小平听到唐山矿5257工作面最高月产量达到19万吨,一套综机搞好了,年产可达100万吨时,高兴地说:"用得好,每套年产量就可增加20万吨。"

汇报结束后,邓小平来到了一号井绞车房视察。

一号井是唐山矿最老的竖井,曾经过几次改建,由原来每箕斗提升8吨提高到 10 吨。邓小平听后高兴地说:"好,都这样改进就好了。"

"我们别的设备也有改进。"陪同的同志介绍说。

邓小平满意地笑了。

10 时许,邓小平来到唐山钢铁公司第二炼钢厂。

"唐钢在地震时的损失怎么样?"邓小平一边走一边询问唐山市委第二书记、唐钢党委书记苏锋。

"唐钢地面建筑大都被震毁,人员伤亡非常严重,但唐钢的职工不气馁、不松劲,仅用 20 多天时间,就炼出了'志气钢'。"苏锋回答说。

邓小平接过话题,高兴地说:"很好! 这就是社会主义优越性的具体体现。唐钢在这么严重的大灾难面前,很快就恢复了生产,很不容易,20 多天就炼出了钢,这是个奇迹!"

"唐钢工人阶级是地震震不垮的、困难吓不倒的队伍!"邓小平说着,声音越来越高。

在第二炼钢炉院内,邓小平问道:"这个厂子规模多大?"

"3 个年产 30 万吨转炉,设计能力 90 万吨,今年产钢 60 万吨。"苏锋说。

"还没有达到设计能力嘛。"邓小平说。

"这个厂刚改造完就发生地震,恢复生产也较晚。"苏锋解释道。

离开的时候,邓小平对在场的干部、职工说:"要发扬成绩,为祖国的钢铁事业做出更大的贡献!"

视察完开滦、唐钢后,邓小平说:现在实行新的技术考核,体力劳动逐渐减少了,主要靠脑力劳动,煤矿要改造,可省下来很多人。鞍钢 22 万工人,年产七八百万吨钢,经过改造最多只需要 10 万人,钢可以搞到 1500 万吨。在西德产 600 万吨煤的煤矿,只要 900 人,他们都是技术骨干,体力用得很少,主要靠脑力劳动。当然新矛盾又会出来,省下来的人干什么? 可以用于支援煤矿、新钢厂,但用人也很少,所以要开辟新的行业。建筑队伍也要改造,要建设机械化的施工队伍。

11 时,邓小平来到了市委第一招待所。在这里,他观看了老市区和新区的建设规模模型,听取了新唐山的建设规划的汇报,他边听边问。

邓小平说:过去的旧城区"一不整,二不洁,布局乱得很,不合理,不紧凑"。"现代化的城市,要合理布局,一环扣一环",既便于自动化,又便于运输。唐山地震"是个大灾难",是坏事,但是要把它转化成好事,把唐山变成干净的城市,干净的生活区,干净的厂区。建设新唐山,市里、厂里都要规划好,要搞得整齐、干净。新建的城市不能脏,不能乱。今天看的厂房不干净,机器也不干净,出不了质量好的产品,马路也不平,很脏,"要解决好污染问题"。"废水、废气的污染,妨碍人民的健康,也反映了管理水平。"日本资本家每天上班就办两件事,一个是清洁卫生,一个是安全。第一是清洁卫生。现在你们这里还顾不上,建成以后,要干净才好。

邓小平端起杯子喝了一口水,继续说:"刚才说了新唐山的建筑要美观一点,要多姿多彩,不要千篇一律。搞一两个小区后,要总结一下经验,不断改进提高。"

"要在'新'字上做文章。"陪同视察的中共中央政治局委员彭冲插话说。

邓小平接着说:"城市建设是一门学问。现在资本主义的管理,讲美学,讲心理学,讲绿化,怎么样用美观使人感到舒适。它会影响人们的积极性。这不是没有道理的。"

"一个区的建筑式样,不要搞一个样,其实这样并不多花钱。总之,你们建设新唐山,要很好地规划一下,不要用50年代的观点,要用70年代的观点。"

"你们说一年准备,快过去了,要抓紧。现在你们搞的门窗太小,并且都是木头的,不好看。这是第一批,一批要比一批好,要总结经验,总的六个字:实用、美观、结实。搞一段要总结一段经验。"

"我们现在先开两个小区,搞完这两个小区就总结一下。"市委的负责同志说。

邓小平听后点点头。

"房子的周围都可以搞绿化。你们规划中的服务网点少了,普遍的少,电影院也不多。"邓小平又提出了问题。

"第二批要搞得很好,要把美观、适用、节省结合起来。"

他接着又问:"地下管道设施处理得怎么样?这个问题一定要考虑到,要搞好总体规划。地下管道的材料要合格,不要粗制滥造,粗制滥造就会加大修理费用。"

"建筑用的木料不要湿的,要经过烘干,不然一年就翘了。要用些钢材,钢材并不比木料贵,现在我们的木材很缺,你们这里还有钢厂嘛!钢窗要搞好一点。"

说到这里,邓小平指着会议室的窗子风趣地说:"你看你们这个就有缝,我就是来给你们挑岔子的。"

一句话把大家都说乐了。

"你们钢厂、煤矿的余热、废气是怎么回收利用的?"邓小平问。

陪同人员回答说:"有规划,钢厂震前就利用余热供应生产用气和职工住宅暖气,开滦的瓦斯也准备取出来,供职工烧煤气。"

邓小平说:"取嘛!要利用,要给职工用,都要收回来。要注意解决污染问题。对'三废'要搞综合利用,要不又是一个一个烟囱,既污染又浪费。"这是邓小平这次视察以来第三次提到防止污染问题。

邓小平十分关心居民的住宅建设问题。当听说开滦的住宅只恢复17.9%时,问:"你们去年冬天就是勉强过来的,今年冬天呢?速度是不是可以再加快一点?"

邓小平这次来到唐山,看到沿街两旁都是简易棚,心情十分沉重和不安。为了更多地方的住宅区的恢复和建设情况,他冒着酷热,来到正在施工的住宅小区凤凰楼工地。

他边听介绍边指着已建成的一座高层楼房说:"房间高度2.8米,高了一些。要矮一点、加宽一点,扩大一些使用面积,生活就方便些。""这样,占地面积小,使用价值高,还干净卫生、节省材料",用建四层楼房的造价可搞五层的楼房。"门窗太小太窄,要加大。窗子大了,又卫生,光线又好。""煤气管子要搞好,上下水道要搞好,还要有洗澡间和厕所。""楼前楼后要种树种花种草。"

吃过午饭后,邓小平没有休息,又在市委第一招待所会议室里和省、地、市以及开滦、唐钢的负责同志谈开了。

邓小平问:"你们这个城市平均工资多少?"

答:"50元。"

"井下工人的补贴都算吗?"

"都算了。""计时工资加奖励,取消附加工资,使一些老工人的收入降低了。"开滦、唐钢的负责同志说。

萧寒说:"开滦取消了附加工资,老工人抱怨说'新工人笑嘻嘻,老工人降一级'。现在开滦职工平均月工资比1975年降低了5元多,因为附加工资已经纳入老工人的生活费。"

"老工人收入降低是不行的。应该不取消附加工资,奖金照发。"邓小平说,过去升级凭手艺,现在是新技术,按掌握新技术情况,该评几级是几级。老工人可能因文化水平低,掌握新技术受些限制,这样新工人可能提得快,但矛盾也出来了。现在技术跟过去不同了,用手、用眼少了,好多都是靠仪表操作,技术要求高。机械化,自动化,用人少了,人多就乱了,反而妨碍操作。因此,要进行技术训练,宁肯把三班生产改成四班生产,每班拿出两个小时搞技术进修、训练,对他们不减工资。

下午,邓小平离开唐山到达天津,下榻于市委第一招待所。

晚饭后,邓小平不顾旅途劳累,在中共天津市委书记林乎加等的陪同下,来到天津市干部俱乐部大剧场,亲切接见了在那里迎候的天津市党政军领导同志。

第二天上午,邓小平在第一招待所一号会议室听取中共天津市委常委林乎加、黄志刚、阎达开、范儒生、胡昭衡等关于揭批"四人帮"运动和工农业生产情况的汇报。

市委领导在汇报中说,天津是我国重要的工业基地,"文化大革命"期间受到的破坏十分严重,加上唐山大地震的影响,全市大街小巷挤满了连成片的防震棚。到处凌乱不堪,人民生活困难,安全没有保障。眼下的天津可谓大劫之后,百废待兴,百乱待治。

邓小平说:我走了几个地方,一再讲就是要解放思想,开动机器,不要当懒汉,要从实际出发。大队、小队都有特殊性,不能画框框,不能鼓励懒汉。由于林彪、"四人帮"的干扰破坏,这些年把一些人养成懒汉,写文章是前边抄报纸,后面喊口号,中间说点事。天津搞九十几个项目,就是动了脑筋了。过去不敢进"禁区",谁要独立思考,就好像是同毛主席对着干。实际上毛主席是真正讲实事求是的。我们过去是吃大锅饭,管理水平、生活水平都提不高,鼓励懒汉,包括思想懒汉,不独立思考。现在不能搞平均主义。毛主席讲过先让一部分人富裕起来。管理人员好的也应该待遇高一点,鼓励大家想办法。讲物质刺激,实际上就是要刺激。工资总额的问题可以活动一点。

不合格的管理人员要刷下来。我们过去也是老概念,工资总额、劳动定额不能突破,这样自己调剂的能力是没有的。

在听取来料加工和引进技术要改革企业管理时,邓小平说:搞来料加工,引进新技术,要大批组织,经常更换花色品种。企业要能独立经营,派强的干部管理,收入要分成。从上海、天津、广东搞起,几百个、成千个带起来,搞富、搞活。为什么大家等着,等着就搞死了。凡这样的工厂,管理要按人家的方法,这个对我们来说叫革命。

当汇报到要处理打死人的打砸抢分子时,邓小平严肃地指出:不处理不足以平民愤,不处理不行。有多少处理多少,不处理群众心情不舒畅。这些人也是等着时机。

最后,邓小平还为天津市的发展献计献策,他说:天津可以搞旅游,旅游事业搞起来更好一些。

当天晚上,邓小平回到北京。

邓小平这次北方之行,为已成燎原之势的全国范围的真理标准大讨论带来了一缕春风。三个月以后,党的十一届三中全会召开,确立了实事求是的思想路线。中国进入了以改革开放为标志的社会主义现代化建设新时期。[①]

---

[①] 本节讲话内容参见:《邓小平视察纪实(1957—1994)》(上),江苏教育出版社 2002 年版,第 251—296 页。

# 出访日本

1978年10月22日至29日,邓小平访问日本,并出席《中日和平友好条约》互换批准书仪式。这是新中国领导人对日本的首次正式友好访问。

随同邓小平出访的有邓小平的夫人卓琳、外交部部长黄华和夫人何理良、外交部副部长韩念龙、中日友好协会会长廖承志和夫人经普椿等。

邓小平一行乘坐的三叉戟军用专机于22日下午4时20分降落在东京羽田机场。

日本外相园田直早已等候在机场。邓小平的专机刚刚停稳,园田直外相破例急步奔入机舱迎候邓小平。

当邓小平和园田直外相走下飞机的舷梯时,机场鸣礼炮19响。邓小平同前来迎接的有关人员一一握手后,在园田直外相的陪同下乘车前往下榻地——赤坂宾馆。

23日上午,日本首相福田赳夫在国宾馆举行盛大仪式,欢迎邓小平一行。随后,邓小平出席《中日和平友好条约》两国批准书互换仪式。这是邓小平这次出访的重要议程。

中日和平友好条约是中日睦邻友好的基石,邓小平为《中日和平友好条约》的签订倾注了大量的心血。

自1972年《中日联合声明》签订,恢复邦交正常化后,《中日和平友好条约》的签订就摆到了中日两国政府的面前。

1974年8月15日上午10时,时任国务院副总理的邓小平受重病住院的周恩来总理的委托,在人民大会堂新疆厅会见以竹入义胜为团长的日本公明党第四次访华团。

这是邓小平同竹入义胜的第一次见面。

竹入义胜说:"虽然是初次见面,但我从各方面都听说过邓副总理的情况,同时在照片上也经常见到你。我们到北京以后,感到天气并不很热,很舒服。"

邓小平说:"按过去的情况,现在应该是最热的时候,你们有福气,也给我们带来了福气。东京是不是比这里凉快一点?"

"那里凉快一些。"竹入义胜说,"如果北京到了三十七八度,那还是请你到东京去。"

"不要把太热的天气带到你们那里,使你们吃亏。"邓小平一句话引得全场哈哈大笑。

会见的气氛非常亲切。

正式会谈开始后,竹入义胜说,日中复交快两周年了,如果可能的话,还是早一点开始两国之间和平友好条约的谈判。持这种意见的人,在日本不少。日中两国之间要建立一个长期的,50年、100年的友好关系,这是最重要的事情,我相信也是田中内阁的看法。

竹入义胜提出,在签订和平友好条约的时候,希望以两国政府联合声明为基础,把重点放在加强今后的友好关系上,恐怕这也是田中首相的强烈愿望。

竹入义胜还希望早日缔结和平友好条约和两个业务协定。

邓小平说,这次阁下带来了田中首相、大平藏相的话,我们注意到了,我们还要继续研究。我们理解田中首相、大平藏相面临的问题,凡能尽力的,我们愿意尽力。我们还注意到田中首相、大平藏相多次表达了要在联合声明基础上发展中日两国友好关系的愿望,就这方面来说,我们愿意同田中首相、大平藏相共同努力,实现这个目标。停了一会儿,邓小平继续说,我们希望两国的业务协定能比较早地签订。当然,在谈判中面临一些问题,我们希望双方努力,找出彼此都能接受的解决办法。恢复谈判后,希望双方都提出一些彼此比较容易接近的方案,不外乎是措词和方式。我们相信,经过双方的努力,是能够找到解决办法的。

关于和平友好条约问题,邓小平说,我们希望比较快地谈判。从原则上来说,我们认为可以主要体现中日两国友好的愿望。当然,也不可避免要体现两国联合声明签订以后两国关系的发展和形势的新变化。有些解决不了的问题、难于解决的问题,可以搁一搁,不妨碍签订这样一个条约。具体步骤总是要通过预备性的会议,先接触,双方的想法可以先了解,问题在谈的过程中来解决。

邓小平请竹入义胜把这三点内容转告田中首相,同时还请首相注意一下,内阁成员、政府主要官员不要有损害两国联合声明原则的行动。

邓小平在这里所说的损害两国联合声明原则的行动是指不久前日本个别政府官员公开参加台湾的活动一事。

邓小平说,中日两国之间的问题,焦点还在台湾问题上。就我们来说,这个问题不止涉及日本,也涉及国际关系中一个比较重要的问题,为什么同你们的声明里强调这个问题?为什么在《中美上海公报》里也强调这个问题?问题就在这里。

当然,我们也希望能用和平谈判的方式解决台湾问题。如果不行呢?只能采取其他方式。有些日本人抱住台湾问题不放,你抱得住吗?对此,竹入义胜表示和邓小平看法一致。

会见结束后,邓小平设午宴招待竹入义胜一行,席间双方就中苏关系、日苏关系等问题交换了意见。

最后,竹入义胜表示,公明党决心为加深两国之间的友好关系尽力,今后有机会盼望再到中国来访问。

邓小平说,周总理对你发出的邀请是长期有效的,我们总是欢迎你,互相交换意见。

1974年11月,中国外交部副部长韩念龙抵达日本,和东乡文彦外务次官开始举行《中日和平友好条约》的预备性会谈。但由于双方在反对霸权问题的条款上出现意见分歧,谈判进展缓慢。1974年12月,田中内阁倒台后,由三木组成新的内阁。但谈判仍然停滞不前,后来,由于中国和日本两国政局的动荡,谈判终于搁浅。

1976年12月,日本三木内阁在全国大选中遭到惨败,宣布辞职。福田当选为自民党总裁,并受命组成福田内阁,由大平正芳任党的干事长,园田直任官房长官。

福田组阁后,日本政界要求恢复日中条约谈判的势头再次高涨。在这种形势下,公明党委员长竹入义胜决定访华,福田首相委托竹入义胜给中国捎话,表示"要忠实履行《日中联合声明》。如果双方彼此理解对方的立场并取得一致意见,就尽早举行和平友好条约谈判"。但是福田派是自民党内反对日中条约的最集中的大派。一旦福田要下决心时,他周围的人又来拖后腿。正如园田直的秘书渡边亮次郎在《园田直其人》一书中所说的那样:"政局尤其是同在野党的关系趋于紧张,他(福田)就对日中条约采取积极态度,目的是稳定形势;情况稍有好转,他就犹豫徘徊,举步不前。"

1977年7月,邓小平恢复工作后,于9月10日对浜野清吾率领的日中友好议员联盟访华团说:"福田首相表示要缔结和平友好条约,我们对他寄予希望。虽然有各种各样的问题,但如果仅就缔结条约这个问题来说,一秒钟的工夫就可以解决。"邓小平的意思是要福田内阁早下决心。

1978年1月21日,福田在众参两院全体会议上发表的演说中指出:"谈判的时机正在逐渐成熟,因此决心做出更大的努力。"从3月开始,福田在自民党内从事统一认识的工作,主要是说服党内以滩尾弘吉为首的慎重派。5月自民党内的慎重派大部分支持恢复日中条约谈判。7月21日,中日和平友好条约事务级谈判在北京重新开始。8月8日,福田派园田直外相访华。经过会谈,双方就和平友好条约取得一致。8月12日下午7时许,在北京人民大会堂安徽厅举行《中日和平友好条约》签字仪式。

人民大会堂安徽厅宽敞明亮,大厅正面竖立着一架巨大的屏风,上面画着安徽省的一座拦洪大坝,屏风前面摆着覆盖有绿色桌布的长方形条桌,桌子中央插着中日两国国旗。中华人民共和国外交部长黄华和日本外相园田直分别在桌子的两侧就座。

邓小平出席了这个签字仪式。

黄华和园田直在两份用日文和中文书写的条约文本上签字,随后互相交换,又签了一遍,最后站起身来握手,交换了条约文本。

全场热烈鼓掌祝贺,两国有关人士频频碰杯。

签字仪式结束了,此时坐在官邸电视机前的福田首相收看了当时的情景。他坐的那把椅子,正是6年前即1972年2月21日佐藤首相怀着酸溜溜的心情观看尼克松访华场面时坐的椅子。

签字仪式的镜头过后,福田站起身来,环视了一下周围的记者,感叹地说了一句:"(日中之间)木桥变成了铁桥,今后运东西方便多了。"

日本舆论普遍反映较好。《产经新闻》认为:"福田首相和政府有关当局在谈判中全力以赴、顽强拼搏。对此,应给予高度评价。"

邓小平这次出访日本,距《中日和平友好条约》签订仅隔两个多月的时间。

邓小平说,《中日和平友好条约》的签订,对中国,对日本,甚至对世界都是件大事。虽然有一部分人反对,但几乎全体中国人民、全体日本人民都欢迎这个条约,因为条约反映了他们的愿望。

福田说:"在任何国家都一样,作决断时总是有人要反对的,这次的条约,在日本原来持慎重态度的人也都表示支持,除极少一部分人外,几乎所有的日本人都表示欢迎和赞成。我调查了一下世界舆论,世界各国除一少部分外,都赞成这个条约。"

"少数人反对总是有的。中国国内也有,一年半前还有'四人帮'嘛。"邓小平诙谐的话语,引得全场的人一片笑声。

福田说,我们虽说是第一次见面,可是好像很久前就见过似的。日本有句俗语叫穿着浴衣进行会谈,希望我们毫无拘束地随便交换意见。

当福田表示自己只对战前中国的情况熟悉,战后由于种种情况,工作忙,没有机会访华,很希望有机会到中国访问时,邓小平掐灭烟头,侧了一下身子,回答说,本来我是想在会谈时再说的,既然首相阁下提出来了,现在我就代表中国政府邀请首相在方便的时候访问中国。

福田首相愉快地接受了邓小平的邀请,点头允诺。谈到邓小平将要访问的日本关西,福田说,那儿有很多从中国传来的文化遗物,有些已经在中国失传了。随之话题又转到了中国的汉字,福田认为,中国汉字的变化很大,报纸都看不大懂了。日本一直沿用原来的汉字。

"从汉字可知,两国的友谊是悠久的。"邓小平说。这时,福田首相递给邓小平一张纸条,上面写着"赳赳武夫,公侯干城"几个字,并不无得意地说:"我的名字就是《诗经》里面的,也可以说是中国的名字。"

邓小平说:"简化了就不好办了,就看不懂古文了。"

10点半,在首相官邸的一楼大厅开始举行《中日和平友好条约》批准书互换仪式。

在乐队高奏的乐曲声中,福田、邓小平以及两国的外长脚踏红地毯进入会场。会场中央摆放着由白色和黄色的菊花以及红色的石竹花装饰起来的两国国旗。

　　福田和园田直,邓小平和黄华并排坐在罩着绿色呢绒的桌前。仪式开始后,全体起立奏两国国歌。随后,园田直和黄华用毛笔先后在双方分别用日文和中文写成的批准书上签字。此刻是10月23日上午10时38分。《中日和平友好条约》从此生效。

　　邓小平和福田相互举杯。随即,邓小平放下酒杯,再次走到福田跟前同他拥抱。福田对邓小平的这一举动大为吃惊,显然是缺乏思想准备,表现得有些慌乱,不知所措,姿势也显得僵硬。站在一旁同黄华握手的园田直看得有点愣神了,没料到邓小平随即走过来和他拥抱,结果由于一时还没有反应过来,显得十分狼狈并带有几分滑稽。

　　23日下午2时半至5时25分,福田与邓小平在首相官邸接待室举行第一次会谈。

　　中方参加会谈的有黄华、廖承志、韩念龙和中国驻日大使符浩等人。

　　日方有园田直外相、安倍晋太郎官房长官、佐藤正二大使、高岛盖郎外务审议官、中江要介亚洲局长等。福田首相代表日本政府和国民表明,日中两国要建立持久的名副其实的睦邻友好关系。

　　他还说,特别是本世纪以来,连续发生不幸事情,我感到非常遗憾,并进行反省,今后不应再重演。战后日本已改变姿态,决心不再做军事国家。

　　福田谈到日本的"全方位和平外交",是不敌视世界上任何国家,也就是要为同一切国家都友好而努力。但是,这并不意味着"全方位等距离外交",他强调要坚持《日美安全条约》,并确信《中日和平友好条约》不仅能贡献于亚洲、太平洋地区的和平,而且能贡献于世界和平。

　　邓小平说,我们两国有2000多年友好交往的历史。在两国友好的长河中,不幸的历史只有几十年时间,这不过是很短的插曲。和平友好条约的签订,不仅在事实上,而且在法律上、政治上总结了我们过去的关系,更重要的是从政治上更进一步肯定了我们两国友好关系要取得不断的发展,中日要世世代代友好下去。

　　"坦率地说,在现在这个动荡的局势中,中国需要同日本友好,日本也需要同中国友好。尽管你们交的是个穷朋友,但是这个穷朋友还是有一点用处的。"邓小平继续说。

说到这里,福田连连表示"不是,不是"。

邓小平还对国际局势发表了自己的看法。

会谈结束后,福田向记者谈及对邓小平的印象:"非常了不起。总之,非常了解世界形势,虽然同对方立场不同。"

当天晚上7时半,福田在首相官邸设宴欢迎邓小平一行。

晚宴是在无拘无束的气氛中进行的。在两国人民喜爱的歌曲《樱花樱花》和《洪湖水浪打浪》的乐曲伴奏声中,吃的是"黄油炸霸鱼"等纯法国式饭菜,到处充满着谈笑风生、亲切友好的气氛。

福田和邓小平分别致了祝酒词。

福田首先回顾了日中两国友好交流的悠久历史,他说:"在漫长的历史中,我们两国关系的发展是无法分开的,到了本世纪,经历了不幸的苦难。"讲到这里他离开眼前的讲稿,突然冒出一句:"这的确是遗憾的事情。"然后,又接上讲稿说:"这种事情是绝不能让它重演的。这次的《日中和平友好条约》正是为了做到这一点而相互宣誓。"对于福田突然冒出的这句话,在场的日方译员没有翻译。不过,这话还是传到了邓小平的耳朵里,并在第二天的《人民日报》上登了出来。宴会结束后,有记者就此追问福田时,他避而不作正面回答,只是说:"由于原稿字小,有三处不能读。"

邓小平在致辞中说道:"中日两国尽管社会制度不同,但是两国应该而且完全可以和平友好相处。""《中日和平友好条约》明确地规定,中日两国不谋求霸权,同时反对任何其他国家或国家集团建立这种霸权的势力。这是国际条约中的一项创举。""条约的这项规定首先是中日两国自我约束,承担不谋求霸权的义务,同时也是对当前威胁国际和世界和平的主要根源——霸权主义的沉重打击。"

宴会结束后,邓小平在福田的陪同下来到大餐厅,欣赏了由日本财团法人"才能教育研究会"3至12岁的儿童的小提琴演奏,并同演员们合影留念。

25日上午10时,福田和邓小平在首相官邸接待室举行第二次会谈。

一见面,福田就对邓小平连日来表现出来的充沛精力表示赞叹:"你真是一位超人,一点倦色都没有。"

邓小平笑着说:"我多次说过,高兴时就不觉得疲倦。"

接下来,双方就朝鲜问题、台湾问题、中日关系问题交换了意见。

在谈到台湾问题时,邓小平这样说道:我们实现台湾归还祖国也要充分考虑到台湾的现实。日本方式也是尊重台湾现实的一种表现。美国总希望我们承担义务,不使用武力解放台湾。我们说,什么时间、用什么方式解决台湾问题,是中国的内政,美国无权干涉。实际上我们承担了不使用武力的义务,反而会成为和平统一台湾的障碍,使之成为不可能。那样,台湾当局就会有恃无恐,尾巴翘到一万公尺高。

在场的人听到这里,都为邓小平形象生动的语言而大笑。

邓小平还谈到,中日双方由于各自的环境不同,对一些问题有不同的看法是完全可以理解的。有一些看法不同,可不在会谈中谈。我同园田外相讲过,我们这一代人不够聪明,找不到解决的合理的办法,我们下一代会比较聪明,大局为重。

但是这一敏感问题,在几个小时后举行的记者招待会上又突然被提了出来。

25日下午4点,邓小平出席在东京日比谷的日本记者俱乐部举行的记者招待会。

参加记者招待会的400多名记者分别来自时事社、共同社、路透社、合众国际社、美联社、法新社、德新社等著名通讯社。

这是中华人民共和国领导人在出访时第一次同意以"西欧方式"同记者见面。

邓小平从容、巧妙地回答了记者们提出的各种各样的问题,多少令那些企图从这位共产党领导人的即席回答中寻找破绽的西方记者"失望"了。

但是,一位日本记者提出了中日双方早先约定的这次都不涉及的问题——钓鱼岛的归属问题。

钓鱼岛,是台湾省的附属岛屿,属中国领土,甲午战争后被割让给日本。1972年9月田中访华时,曾要求周恩来明确该岛的归属权。当时,为了不让这个一时难于解决的问题成为中日邦交正常化的障碍,周恩来表示:"现在还是不要讨论,地图上又没有标。出了石油就成问题了。"对此,日方也表示同意。1978年8月,日本外相园田直在北京又同邓小平讨论这个问题,当时邓小平提出:"一如既往,搁置它二十年、三十年嘛。"邓小平说得如此轻松,态度自若,使园田直大为赞叹。

此刻,当日本记者提出这一问题后,会场气氛陡然紧张起来,大家都屏住呼吸,看邓小平如何回答。

邓小平非常轻松地说:这个名字我们叫法不同,双方有着不同的看法,实现中日邦交正常化时,我们双方约定不涉及这一问题。这次谈《中日和平友好条约》的时候,双方也约定不涉及这一问题。倒是有些人想在这个问题上挑一些刺,来阻碍中日关系的发展。我们认为两国政府把这个问题避开是比较明智的,这样的问题放一下不要紧,等十年也没有关系。我们这一代缺少智慧,谈这个问题达不成一致意见,下一代比我们聪明,一定会找到彼此都能接受的方法。

邓小平把这么重要的领土归属问题,说得如此容易并合情合理,确实令全场的记者折服。

24日上午,邓小平专程前往拜访了前首相田中角荣后,于10时30分前往东京大仓饭店拜会了时任自民党干事长的大平正芳。

邓小平说:"昨天已经见过面,今天是来正式拜会。"

"阁下不忘老朋友,特地来看望,十分感谢。"大平正芳说道。

邓小平说:"今天是为了表示感谢而来。1972年阁下和田中前首相一起访华,实现中日邦交正常化,为发展中日关系开辟了道路。签订了《中日和平友好条约》,我们感谢福田首相的决断,同样也要感谢田中前首相和大平正芳外相。"

1972年9月25日,一架日航DC-8型专机,载着日本首相田中角荣和外相大平正芳等人于北京时间11时30分降落在北京首都机场。

田中、大平此行的目的是谈判并解决中日邦交正常化的问题。中华人民共和国总理周恩来在机场迎接日本客人。相互敌视了20多年的亚洲两个大国领导人的手终于紧紧地握到一起了。

大平外相参加了自始至终的谈判。

9月29日上午10时20分,《中日联合声明》在人民大会堂东大厅正式签字。大平外相是日方的签字人之一。

签字仪式结束后,大平外相立即赶到设在民族文化宫的新闻中心,举行中外记者招待会,对《联合声明》的基本内容作了说明。他说,"日中结束不正常的关系是对亚洲及世界和平的重要贡献",并以坚定的口吻宣布日台关系"在《联合声明》中虽没有触及,日本政府的见解是,作为日中邦交正常化的结果,《日华和平条约》(即《日台条约》)已失去了存在的意义,并宣告结束",就是说日本与台湾正式断绝了外交关系。

中日恢复邦交正常化后,大平正芳又为推动中日友好关系做出了贡献。中国人民始终记住为中日友好奠基的田中前首相和大平前外相。

邓小平访日,还专程拜访,令大平正芳非常感激。

大平正芳说:"中国经济建设取得很大发展。我对日中关系正常化以来两国关系的顺利进展感到由衷的高兴。期望副总理阁下的访日使两国关系进一步飞速地发展。"

谈话充满着亲切友好的气氛。

大平正芳还对毛泽东主席、周恩来总理对日中友好做出贡献表示感谢,并指着在座的廖承志说:"和廖先生是老朋友了,见了他就好像到北京出差似的。日本在北京有两个大使。"说着他指了指佐藤大使和廖承志。他还接着说:"廖先生是中国人,但日本话讲得比我好。"

邓小平马上指着廖说:"他从小学就在这里读书,一直到中学。在中国他是高级知识分子。"大平正芳对在座的黄华外长说,以前我以为黄外长是一位可怕的外长,其实是很和蔼可亲的。"中国有勇气,在联合国公开发表自己的外交政策,令人佩服。"

邓小平说:"你们不方便讲,我们可以讲,1974年特别联大的时候,我就讲了谬论。"这句话再次引起了全场的笑声。

邓小平和大平的会见,虽说是初次,却如久别重逢的朋友一样,畅叙旧情。

10月24日,邓小平前往日本国会议长接待室,对众议院议长保利茂和参议院议长安井谦进行礼节性拜访。在那里邓小平会见了日本社会党、公明党、民社党、新自由俱乐部、社会民主联盟和共产党等6个在野党的领导人,其中包括公明党委员长竹入义胜。

在和他们的恳谈中,邓小平谈起中国历史上徐福曾奉秦始皇之命东渡日本寻找长生不老药的故事,说:"听说日本有长生不老药,这次访问的目的是:第一,交换批准书,对日本老朋友所做的努力表示感谢;第二,寻找长生不老药。"话音刚落,议长室里一片笑声。接着邓小平又补充说:"也就是寻求日本丰富的经验。"

邓小平幽默的话语,使恳谈的话题一下子转到"药",气氛也变得热烈和轻松了。

竹入义胜一语双关地说:"(长生不老的)最好的药不就是日中条约吗?"

邓小平看着竹入义胜,微笑地点了点头。

邓小平访问日本期间,还参观了日本的企业,他感慨地说:"我懂得什么是现代化了。"他对日本企业界元老土光敏夫说,中国的经济发展水平要比世界落后20年,"中国荒废了10年,在此期间,日本等其他国家进步了,因此,里外落后了20年"。邓小平表示,中国要努力学习外国的一切先进经验和先进技术。邓小平的这一坚定决心,曾给日本朋友留下了很深的印象。

邓小平对日本的访问获得了圆满成功,世界舆论给予了极大的关注和高度的评价。

日本著名的中国问题专家竹内实说:"访日期间邓小平反复讲四个现代化,从这种不同寻常的热心来看,他在深入思考。"美联社评论说:"邓在日本访问期间扮演了一个中国超级推销员的角色,也以逗人的微笑和精力充沛的交谈,不仅给人留下了深刻的印象,而且为中国结交了新朋友。"同时,邓小平的访问,在日本各界人士中引起了极大的轰动,在日本列岛掀起了一股"中国热"。日本新闻界和政界人士形象地称之为"邓小平旋风"。

# 第二代中央领导集体的核心

1978年12月18日,中国共产党在北京的京西宾馆召开了第十一届三中全会。

三年后,党的十一届六中全会通过的《关于建国以来党的若干历史问题的决议》对三中全会作了如下的评述:全会结束了1976年10月以来党的工作在徘徊中前进的局面,开始全面地认真地纠正"文化大革命"中及其以前的"左"倾错误。这次全会坚决批判了"两个凡是"的错误方针,充分肯定了必须完整地、准确地掌握毛泽东思想的科学体系;高度评价了关于真理标准问题的讨论,确定了解放思想、开动脑筋、实事求是、团结一致向前看的指导方针;果断地停止使用"以阶级斗争为纲"这个不适用于社会主义社会的口号,作出了把工作重点转移到社会主义现代化建设上来的战略决策。

20年后,江泽民在纪念党的十一届三中全会召开二十周年大会上的讲话中说:十一届三中全会,是建国以来我党历史上具有深远意义的伟大转折。党在思想、政治、组织等领域的全面拨乱反正,是从这次全会开始的。伟大的社会主义改革开放,是由这次全会揭开序幕的。建设有中国特色社会主义的新道路,是以这次全会为起点开辟的。当代中国的马克思主义——邓小平理论,是在这次全会前后开始逐步形成和发展起来的。十一届三中全会是一个光辉的标志,它表明中国从此进入了社会主义事业发展的新时期。

邓小平自己这样说过,我们真正的转折点是1978年底召开的十一届三中全会。三中全会制定了新的纲领、方针和政策,制定了新的思想路线、政治路线和组织路线。

说到十一届三中全会,就不能不说到在全会前于11月10日召开的中央工作会议。我们不妨看看十一届三中全会的公报,其中有这样一句话:"在全会前,召开了中央工作会议,为全会做了充分准备。"

中央工作会议原本的议题:一是讨论农业问题,二是商定1979年和1980年的国民经济计划安排,三是讨论李先念在国务院务虚会的讲话。在进入正式议题前,用两三天时间先讨论由中央政治局常委提出的从1979年起全党工作着重点转移到现代化建设上来的问题。

这是邓小平在中央工作会议开幕之前在中央政治局常委会议上提出的建议,得到了大多数常委的赞同,华国锋也是同意的。

邓小平对全党工作重点转移问题的思考,在他第三次复出时就开始了。

他后来说,我是到处点火。

第一把火点在广州。

1977年下半年,为筹备军委全体会议,军委主要领导人在广州研究文件的起草问题。邓小平在工作开始时就提出,文件应以什么为纲?怎么才叫工作的纲?这个问题值得研究。他说,揭批"四人帮"可以叫纲,但这是暂时的,我们还有长远的考虑。之后,他明确说,看起来现在以揭批"四人帮"为纲可以,但是很快就要转,要结束,要转到经济建设上来,要以经济建设为中心,再不能提"以阶级斗争为纲"了,肯定不能提"以阶级斗争为纲"了。

第二把火点在他的家乡四川。

1978年2月,邓小平在出访尼泊尔前途经成都作短暂停留。他在听取四川省委汇报工作时指出,农村和城市都有个政策问题。我在广东听说,有些地方养三只鸭子就是社会主义,养五只鸭子就是资本主义,怪得很!农民一点回旋余地都没有,怎么能行?农村政策、城市政策,中央要清理,各地也要清理一下,自己范围内能解决的,先解决一些。

半年后他在东北又点起了一把熊熊大火。

1978年9月,邓小平东北谈话的中心内容之一就是要解放思想,摆脱"两个凡是"的束缚,摆脱"以阶级斗争为纲"的束缚,把工作着重点转移到经济建设上来。

9月13日,邓小平在辽宁本溪同辽宁省委、本溪市委领导座谈时,强调要到发达的国家去看看,了解人家是怎么搞的,批判了"四人帮"的"崇洋媚外"的谬论。

9月15日,他在哈尔滨听取黑龙江省委常委汇报时提出,从总的状况来说,我们国家的体制,包括机构体制等,基本上是从苏联来的,是一种落后的东西,人浮于事,机构重叠,官僚主义发展,有好多体制问题要重新考虑。

9月16日,他在长春听取中共吉林省委汇报工作时说:我们是社会主义国家,社会主义制度优越性的根本表现,就是能够允许社会生产力以旧社会所没有的速度迅速发展,使人民不断增长的物质文化生活需要能够得到满足。按照历史唯物主义的观点来讲,正确的政治领导的成果,归根结底要表现在社会生产力的发展上,人民物质文化生活的改善上。生产力发展的速度比资本主义慢,那就没有优越性,这是最大的政治,这是社会主义和资本主义谁战胜谁的问题。生产力总是需要发展的,外国人议论中国人究竟能够忍耐多久,我们要注意这个话。

9月17日,他在沈阳听取辽宁省委常委曾绍山、任仲夷、黄欧东、陈璞如、胡亦民等人的汇报时说,应当在适当时候结束全国性的揭批"四人帮"的群众运动,把党和国家的工作着重点转移到四个现代化建设上来。他特别强调:我们要根据现在的国际国内条件敢于思考问题,提出问题,解决问题。

9月18日,他在辽宁鞍山听取市委汇报时指出,引进技术改造企业,第一要学会,第二要提高创新。要以世界先进的科学技术成果作为我们的起点。鞍钢改造要革命,不要改良,要把指导思想搞清楚。

9月20日,邓小平在天津说,我走了几个地方,一再讲就是要解放思想,开动机器,不要当懒汉,从实际出发。

邓小平的东北之行,为三个月后召开的中央工作会议和三中全会做了许多的思想发动工作。他提出的一系列的重要思想观点,为开好中央工作会议和三中全会奠定了思想基础。1980年11月19日,胡耀邦在中央政治局会议上说,1978年9月份,小平同志在东北提出全党工作的着重点的转移,为三中全会的方针,为今后党的工作方针,作出了决策。

从东北回京后,邓小平于10月3日请胡乔木、于光远到家里谈话,谈起草工会九大上的致词,邓小平再次提出结束揭批"四人帮"运动的问题。他说,这次我在沈阳军区讲揭批"四人帮"的问题,我说揭批"四人帮"运动总有个底,总不能还再搞三年五年吧!我说你们要区别一下,哪些单位可以结束,有百分之十就算百分之十,这个百分之十结束了,就转入正常工作,否则你搞到什么时候。我们要把揭批"四人帮"的斗争进行到底,那么就要问

"底"在哪里？现在可以暂时不说。在后来的正式稿中，邓小平这样说："很明显，我们一定要把揭批'四人帮'的斗争进行到底。但是同样很明显，这个斗争在全国广大范围内已经取得决定性的胜利，我们已经能够在这一胜利的基础上开始新的战斗任务。"不难看出，这个"开始新的战斗任务"，就是工作重点转移的意思。

邓小平后来说：我强调提出，要迅速地把工作重点转移到经济建设上来。党的十一届三中全会解决了这个问题，这是一个重要的转折。

邓小平点起的火，就是解放思想的熊熊烈火，就是要以经济建设为中心的熊熊烈火，这把大火在随后召开的中央工作会议上又燃起来了，很快就燃遍了全国。

在中央工作会议上，随着实施战略转移的议题的提出，立即引起了与会代表的极大兴趣和广泛讨论。陈云在小组会上率先提出六个问题，向"文化大革命"及其以前的"左"的错误发起攻击，引起了与会代表的强烈反响和共鸣。会议很快脱离了事先设置的轨道，形成了全面纠正"左"的错误的历史潮流。原定20天的会议不得不几度延长，最后开了整整36天才闭幕。这就使得彻底摒弃"以阶级斗争为纲"，实现党的工作重心的战略转移，确立以经济建设为中心上升为这次中央工作会议最重要的议题。

11月25日，中央政治局对"天安门事件"、"二月逆流"、薄一波等61人案、彭德怀问题、陶铸问题、杨尚昆问题等一系列重大历史遗留问题作出平反决定。随后，根据社会上出现的一些情况，邓小平同北京市委和团中央负责人以及在接见外宾时，就"天安门事件"等历史问题的平反和如何对待毛泽东及毛泽东思想问题发表意见，对全国人民和国外友好人士正确理解中央决策起了积极作用。27日晚，邓小平就中央人事问题发表意见：现在国际上就看我们有什么人事变动，加人可以，减人不行，管你多大问题都不动，硬着头皮也不动。这是大局。好多外国人要和我们做生意，也看这个大局。

在中央工作会议闭幕会上，邓小平作了《解放思想，实事求是，团结一致向前看》的讲话，这个讲话实际上成为三中全会的主题报告。

邓小平的这篇讲话早在10月底就开始酝酿了。

这时，邓小平刚刚结束访问日本。

10月29日，邓小平约见国务院研究室的同志，谈讲话稿的起草问题，当时邓小平提出主要是工作重点转移问题。11月初邓小平出访东南亚,直到中央工作会议开始后的第五天才回国。邓小平看过起草的初稿后,又同胡乔木谈了一次,胡乔木根据邓小平的意见进行了修改,并于11月19日将修改稿交给邓小平。

改定后的稿子,主要是两个部分:第一部分论述了工作着重点转移的几方面的历史意义,第二部分论述如何实现这个转变。但是到了12月初,邓小平对讲话稿有了新的考虑,几乎把原来的整个思路推翻了。

不过是短短的10天,为什么变化如此之大?

在这期间,中央工作会议上发生了几件事:在会议代表的强烈要求下,中央政治局对"天安门事件"、"二月逆流"、薄一波等61人案、彭德怀问题、陶铸问题、杨尚昆问题等一系列重大历史遗留问题作出了平反决定,并于11月25日在大会上公开宣布,使会议的形势发生了根本性的变化。在这样的情况下,工作重点转移问题已经不是那么突出了。

12月2日,邓小平约胡耀邦、于光远等在家中谈话,谈讲话稿的重新起草问题,邓小平拿出了他写的讲话提纲。

提纲列了七个方面的问题:一、解放思想,开动机器。强调:实事求是,理论和实际相结合,一切从实际出发。实践是检验真理标准争论的必要。二、发扬民主,加强法制。民主集中制的中心是民主,特别是近一时期。提出:政治与经济的统一,目前一时期主要反对空头政治。主张:民主选举、民主管理(监督)。权力下放,自主权与国家计划的矛盾,主要从价值法则、供求关系(产品质量)来调节。三、向后看是为的向前看。指出:解决遗留问题要快,要干净利落,时间不宜长。安定团结十分重要,要大局为重。犯错误的,给机会。总结经验,改了就好。四、克服官僚主义、人浮于事。用经济方法管理经济,扩大管理人员的权力。党委要善于领导,机构要很小。五、允许一部分人先好起来。这是一个大政策。干得好的要有物质鼓励。六、加强责任制,搞几定。从引进项目开始,请点专家。七、新的问题。提出:人员考核的标准,多出人员的安置。开辟新的行业。

在重新起草和修改稿子的过程中,邓小平又与起草者谈话,"逐条逐字"审阅。

据参与起草的于光远回忆说,这个讲话的题目也是邓小平定的。开始是19个字"解放思想、开动脑筋、实事求是、团结一致向前看",这19个字在讲话中出现在两个地方,"先是在开始的导语性质的部分里,接着在文稿的第一部分,两处一字不差地重复了一遍。似乎就在定稿的过程中,讨论到导语部分时,邓小平讲可不可以就把这句话做文章的题目,胡耀邦和我都说很好。能把今后工作中最重要的三点概括起来,完全不落俗套。而且议论了在标题中省略'开动脑筋'4个字,成了15个字"。

后来邓小平在正式的讲话中将7个问题归纳为4个问题。

邓小平在讲话中,强调解放思想是当前的一个重大政治问题。他说,解放思想,开动脑筋,实事求是,团结一致向前看,首先是解放思想。他认为在我们的干部特别是领导干部中间,解放思想这个问题没有完全解决。不少同志的思想还很不解放,脑筋还没有开动起来,处在僵化半僵化的状态。只有思想解放了,才能正确地改革同生产力迅速发展不相适应的生产关系和上层建筑,根据我国的实际情况,确定实现四个现代化的具体道路、方针、方法和措施。解放思想确实是当时摆在全党面前的一个重大问题。"文化大革命"以来,林彪、"四人帮"大搞禁区、禁令,制造种种迷信,把人们的思想封闭在他们假马克思主义的禁锢圈内,不准越雷池一步。邓小平说:"一个党,一个国家,一个民族,如果一切从本本出发,思想僵化,迷信盛行,那它就不能前进,它的生机就停止了,就要亡党亡国。"

邓小平在讲到民主问题时说,民主是解放思想的重要条件。再一次突出了"解放思想"这一条。他认为,当前这个时期,特别需要强调民主。因为在过去一个相当长的时间内,民主集中制没有真正实行,离开民主讲集中,民主太少。他还着重讲了发扬经济民主的问题,并指出:现在我国的经济管理体制权力过于集中,应该有计划地大胆下放,否则不利于充分发挥国家、地方、企业和劳动者个人四个方面的积极性,也不利于实行现代化的经济管理和提高劳动生产率。当前最迫切的是扩大厂矿企业和生产队的自主权。他提出,为了保障人民民主,必须加强法制。必须使民主制度化、法律化,使这种制度和法律不因领导人的改变而改变,不因领导人的看法和注意力的改变而改变。

讲到处理遗留问题时,邓小平说,处理遗留问题为的是向前看。我们的原则是"有错必纠",凡是过去搞错了的东西,统统应该改正。而且主张"要尽快实事求是地解决，干脆利落地解决，不要拖泥带水"。在这一部分中，他还讲到，最近国际国内都很关心我们对毛泽东和"文化大革命"的评价问题。毛泽东同志在长期革命斗争中立下的伟大功勋是永远不可磨灭的，没有毛泽东同志的卓越领导，中国革命有极大的可能到现在还没有胜利，我们党就还在黑暗中苦斗。应该科学地历史地来看"文化大革命"，"文化大革命"已经成为我国社会主义历史发展中的一个阶段，总要总结，但是不必匆忙去做，有些事要经过长点时间才能充分理解和作出评价。

邓小平讲的第四部分是研究新情况，解决新问题。在这里他提出，我们要学会用经济方法管理经济。自己不懂就要向懂行的学习，向外国的先进管理方法学习。他特别提到了一个很重要的经济政策，他说："在经济政策上，我认为要允许一部分地区、一部分企业、一部分工人农民，由于辛勤努力成绩大而收入先多一些，生活先好起来。一部分人生活先好起来，就必然产生极大的示范力量，影响左邻右舍，带动其他地区、其他单位的人们向他们学习。这样，就会使整个国民经济不断波浪式地向前发展，使全国各族人民都能比较快地富裕起来。"这就是后来人们经常提到的"让一部分人先富起来"的思想。

中央工作会议为党的十一届三中全会奠定了坚实的基础，三中全会进行得非常顺利。邓小平的这篇讲话是在"文化大革命"结束以后，中国面临向何处去的重大历史关头，冲破"两个凡是"的禁锢，开辟新时期新道路、开创建设有中国特色社会主义新理论的宣言书。根据邓小平关于解放思想，实事求是，团结一致向前看的精神，全会严肃批评了"两个凡是"的观点，重新恢复和确立解放思想、实事求是的思想路线，明确指出，必须进一步继承和发扬毛泽东同志倡导的马克思主义学风，坚持唯物主义的思想路线。只有解放思想，努力研究新事物、新问题，坚持实事求是、一切从实际出发、理论联系实际的原则，我们党才能顺利地实现工作重点的转移，才能正确解决实现四个现代化的具体道路、方针、方法和措施，改革同生产力迅速发展不相适应的生产关系和上层建筑。全会还指出，必须完整地准确地掌握毛泽东思想的科学体系，对"文化大革命"的错误要在适当的时候作为经验教训加以总结。

十一届三中全会后，我们党在各条战线的实际工作中正本清源，有步骤地解决了中华人民共和国成立以来的许多历史遗留问题,深入总结了历史经验,科学地阐述了许多从实践中提出的有关建设社会主义的理论和政策问题,开创了一个全新的社会主义现代化建设的新局面。十一届三中全会的伟大意义和深远影响,已经和正在随着实践的发展越来越充分地显示出来,并将贯穿于建设有中国特色社会主义事业的全过程。

这次全会形成了以邓小平为核心的党的第二代领导集体。

# 推动农村改革

邓小平说,中国的改革是从农村开始的,这个发明权是农民的。

农民们却这样认为:没有邓小平,改革是搞不起来的,即使搞起来了也会夭折。一位在农村工作了多年的县委书记曾这样说道:"改革农村生产经营方式,农民们追求了几十年,光是生产队的评工记分方法,就先后变换过400多种,但在人民公社的体制下,怎么变都不能从根本上解决问题。20世纪60年代初期,农民们就想搞包产到户,搞责任田,搞了三次,三次都被当作资本主义批判下去了,许多干部为此受到无情打击。1978年这一次又搞了,而且搞成功了。这是为什么?就是因为有了思想解放运动,有了实践是检验真理唯一标准的大讨论。归根到底,靠的是邓小平的启发和支持。"

党的十一届三中全会吹响了农村改革的号角。

农业问题是中央工作会议和三中全会讨论的一个重要问题。会议主要讨论中共中央《关于加快农业发展若干问题的决定(草案)》和《农村人民公社工作条例(试行草案)》两个文件。随着会议对"两个凡是"禁区的突破,人们的思想也越来越解放。与会代表对我国农业的现状进行了深刻的反省,很多人在会上对这两个农业文件表示不满,认为文件既没有实事求是总结中华人民共和国成立以来农业战线的经验教训,又没有实事求是地指出当前的问题。在与会代表们的强烈要求下,会议对这两个文件作了较大的修改,特别是对《加快农业发展若干问题的决定(草案)》进行了改写,最后提出了发展农村生产力的25条措施。

虽然在会议原则通过的文件中也还沿用了一些"左"的传统提法,作了一些不合时宜的规定,如禁止分田单干、不许包产到户等。但由于整个会议的主题是解放思想,实事求是,参加会议的各地负责同志对今后回去应该怎么做心里也有底,他们会从当地的实际出发,采取能够解决问题的办法,去发展农村生产力,也就不在乎文件中怎么说。何况文件还规定了"可以在生产队统一核算和分配的前提下,包工到作业组,联系产量计算劳动报酬,实行超产奖励"。

邓小平在中央工作会议闭幕会上的讲话中讲到:"当前最迫切的是扩大厂矿企业和生产队的自主权,使每一个工厂和生产队能够千方百计地发挥主动创造精神。一个生产队有了经营自主权,一小块地没有种上东西,一小片水面没有利用起来搞养殖业,社员和干部就要睡不着觉,就要开动脑筋想办法,全国几十万个企业,几百万个生产队都开动脑筋,能够增加多少财富啊!"讲话为正在起步发展中的农村改革注入了强大的推动力。

确实是这样。1977年7月邓小平第三次复出后,针对我国农业发展状况,对农村的体制问题进行了深入的思考。他说,1958年"大跃进"一哄而起搞人民公社化,片面强调"一大二公",吃大锅饭,带来大灾难,"文化大革命"就更不用说了。粉碎"四人帮"后,还徘徊了两年,基本上因循"左"的错误,一直延续到1978年。从1958年到1978年整整20年里,农民和工人的收入增加很少,生活水平很低,生产力没有多大发展。中国的农业问题太严重了,特别是中国农民的贫穷生活给这位70多岁的老人很深的触动。他曾动情地说过,我们太穷了,太落后了。外国人议论,中国人究竟还能忍耐多久,很值得我们注意。我们的人民是好人民,忍耐性已经够了。我们现在必须发展生产力,改善人民的生活条件。

四川是邓小平的家乡,也是中国农村进行改革较早的省份之一。这个素有"天府之国"美称的农业大省,在"左"倾思潮的影响下,农民的生活也很穷困。粉碎"四人帮"后,省委结合本省的实际,采取了一些措施,使农业生产在一定程度上得到恢复。他们采取的一些措施当时也遭到了来自上面的一些非议。1978年1月底至2月初,邓小平出访尼泊尔,途经成都时作了短暂停留,在听取中共四川省委汇报工作时说:农村和城市都有个政策问题。农村政策、城市政策,中央要清理,各地也要清理一下,自己范围内能解决的,先解决一些。总要给地方一些机动。这番话对当时深感有思想压力的省委领导来说如释重负。同年8月,他又一次谈到四川农村的情况,他肯定四川农业的发展是政策对头。所谓政策,还是老政策,无非是按劳分配,这是最根本的,不吃大锅饭,按劳分配,再加上点小自由,如养鸡,给少量的自留地,一年就搞起来了,两年就翻身了。

1978年9月邓小平的东北之行,多次谈到农村问题。他说,一个公社有自己的条件,有自己的情况,一个大队有自己的条件,有自己的情况,有一般,也有特殊,大量的是特殊,更重要的是要根据自己的特殊情况考虑问题。邓小平对当时全国农业学大寨、普及大寨县的提法表示了不同看法:不论搞农业、搞工业、搞现代化,都要实事求是,老老实实。学大庆、学大寨要实事求是。大寨有些东西不能学,也不可能学。比如它评工记分,一年搞一次,全国其他人民公社、大队就不可能这样做,取消集贸市场也不能学,自留地完全取消也不能学。小自由完全没有了,也不能学。所有在一个县、在一个公社工作的同志,都要根据一个县、一个公社的条件,大队也要根据大队条件搞好工作。要鼓励哪怕一个生产大队、一个生产队很好地思考,根据自己的条件,怎样提高单位面积产量,提高总产量,还有技术方面、多种经营方面,哪些该搞的还没有搞,怎么搞,这样发展就快了。

大寨是毛泽东在农业战线树立起来的一面红旗,是全国农村人民公社学习的榜样。大寨的那些做法在当时被宣传为最具社会主义特征,在那个年代,人们心有余悸,尽管对大寨的做法不赞成,但有话也不肯说,不敢说,不直说,甚至继续说一些言不由衷的假话,谁要说不学大寨,弄不好就会被扣上走资本主义道路的帽子。邓小平的这个讲话,如一石激起千层浪,解放了人们的思想。细心的人也不难看出,后来在三中全会通过的两个农业文件中,已经不再提"农业学大寨"的口号了。

三中全会对于中国改革只是开了个头,接踵而至的还有许多困难,率先开始的农村改革就不是一帆风顺的。

三中全会后,全国各地落实全会的精神和有关农业的两个文件,积极试行各种形式的责任制。

四川、云南搞了包产到组,广东农民实行了"五定奖",特别是安徽,迈出的步子比一般省份要大。

1979年1月,《人民日报》陆续报道了这4个省实行生产责任制的情况,随之也引发了一场激烈的争论。3月15日,《人民日报》在头版头条位置刊登了署名"张浩"的《"三级所有,队为基础"应当稳定》的来信和"编者按"。来信认为"三级所有,队为基础"符合当前农村的实际,应当稳定,不能随便变更。轻易地从"队为基础"退回去,搞分田到组,是脱离群众、不得人心的,也会给生产造成危害。《人民日报》的"编者按"指出:"已经出现分田到组、包产到组的地方,应当正确贯彻执行党的政策,坚决纠正错误做法。"中央人民广播电台也向全国播发了这一消息。

消息一经传出,引起的震动很大,有的人认为,这是中央的新精神,还有人认为"三中全会的精神偏了,该纠正了"。在干部群众中产生了思想混乱,一些地方立即停止了"包工到组、包产到组"的推行。有些地方由于拿不定主张,由此影响了春耕。

3月30日,《人民日报》同样在头版位置刊登了安徽省农委的来信。这封信是中共安徽省委书记万里指示省农委写的,来信指出,应当正确看待联产责任制,强调定产或包产到组都是符合中央两个农业文件的精神。《人民日报》同样加了"编者按",承认3月15日的来信和"编者按"中有些提法不够准确,今后应当注意改正。同时提出,各地情况不同,怎样搞好责任制应当和当地干部群众商量,切不可搞"一刀切",更不能搞某一种形式,否定或禁止另一种形式。

争论从报纸上延续到1979年4月中央工作会议的会场上。明确表态支持实行"包工到组、包产到组"的省委书记在会上仍是少数派。安徽省委书记万里在会上说:你们走你们的阳关道,我走我的独木桥。两个月后五届人大二次会议期间,万里找到了陈云,陈云对安徽的做法表示举双手赞成。

这年的7月,邓小平去了安徽,由安徽省委第一书记万里等人陪同,登上了黄山。

7月15日下午5时,邓小平在观瀑楼会议厅召开座谈会,听取安徽省委常委和徽州地委(当时黄山属徽州地区管辖)主要负责同志的工作汇报,并就开发黄山旅游资源,发展黄山旅游业和徽州山区经济等问题作了重要指示。

邓小平一边品尝着黄山毛峰,一边与大家随意地交谈着。①

"老魏,你这个地区管哪几个县?"邓小平问徽州地委书记魏心一。

---

① 谈话内容参见:《邓小平视察纪实(1957—1994)》(上),江苏教育出版社2002年版,第308—319页。

魏心一回答说:"我们地区管7县1市,有170万人口……"他接着向邓小平介绍了徽州地区的资源、物产等情况。

邓小平赞赏道:"你们这里物产很丰富,你们这个地方将是全国最富的地方。"

"我们这里产春茶19万担,春夏茶28万担。"魏心一说。

"一担多少钱?"

"170到180元,祁红、屯绿主要是我们这里生产的。"

邓小平说:"祁红世界有名。黄山是你们发财的地方,对黄山的工作要好好整顿,主要是搞好服务工作。你们条件不好,第一是脏,这是不行的。"

说到这里,邓小平停了一下,然后加重语气说道:"这里是发展旅游的好地方,省里要有个规划。外国人到中国旅游,一般的一星期要花1000美元,有时钱花少了还不满意。你们要很好地创造条件,把交通、住宿、设备搞好。要搞好道路,上山道路要很好地整修,将来要能开快车,外国人和游客上去可以租车嘛。"

万里插话说:"道路现在太窄,我们要很好地整修,皖赣铁路岩寺站改成黄山车站,屯溪机场要进行扩建。"

邓小平说:"可以搞小飞机。但交通还不是第一。第一是服务态度,清洁卫生。长城那个地方的问题,我们很着急,就是解决得很慢。现在我们国家有些人就是慢慢腾腾不着急,积极性不高。你们搞旅游的人,要有点外语知识。凡是服务态度好、服务质量高的,工资要高,也可以给他百把元,不好的要批评教育,不改正的还可以淘汰,这样就搞上去了。"

邓小平强调说:"服务态度、清洁卫生很重要。外国人批评我们脏。爬了山要洗温泉澡,钱可以多收。"

见大家都不说话,邓小平呷了一口茶,谈起了他的生意经:

"旅社建筑要搞古色古香的房子。像这样的房子(指观瀑楼),一家住一天可以收他们500美元,起码200美元。我在美国住旅馆,最低的是900美元,高的有1200美元。他们来旅游就是要花钱嘛。

"每个宾馆要搞小卖部,祁红、绿茶搞小包,一二两的,包装搞得漂亮些,卖他几个美金。他不是喝茶,是当纪念品。游客带回去送人,表示他到过黄山。安徽纸、墨、笔、砚,也要搞包装,卖美金。小卖部卖茶、纸、墨、笔、砚,定国际价格,大有买卖可做。特别是日本人喜欢。砚台不要搞大。我们就是不会赚钱。很多外国人特别是华侨批评我们不会赚钱。

"被单要每天换,伙食要很好地讲究,要适合外国人的口味,你们地方菜烧得不好,要训练这方面的人才。青岛的啤酒很有名,在美国吃饭到处看到青岛啤酒。如果把青岛啤酒拿到这里来卖,可以比别处贵三四倍。"

"芜湖铁路通到哪里?"邓小平问。

"通到景德镇。"万里说。

"有了这条铁路就好了。"

邓小平接着又谈到了治山问题,说:"在这里,你们的资本就是山。要搞些专业队治山。山上的东西多得很,170万人口,搞好了,许多东西可以出口,收外汇。现在这里有好多秃山,种玉米干什么?既影响水土保持,收入又少。山区建设,就是看搞什么收效快就搞什么。粮食少,用别的办法解决。要有些办法,禁止破坏山林。"

顾卓新、王光宇说:"过去山区搞粮食自给,毁林、茶种粮,对山区破坏很严重。"

邓小平说:"山治得好,要允许他们的收入高,不要去剥削他们,还要组织专业队搞。"

"现在治得好的地方,就是组织专业队搞的。"魏心一汇报说,"过去旌德养黄牛,也是出口的,现在很少了。"

邓小平说:"把这些恢复起来就好了。小黄牛的肉很好,出口很受欢迎。"

万里说:"这里过去生漆、桐油很多,现在还未恢复起来,漆基本上搞光了。"

"山区宝多得很。种柞树也很好。要搞经济林。要很好地发展竹木手工生产,搞好竹编生产,搞些好的竹编工艺品,每件收他几个美元。"邓小平说。

"还要种菜,你们的丝瓜很好。石鸡,外国人肯定喜欢,做好了,可以卖他几十个美元,很多东西稍微调制好了,价钱可以高一两倍。"

在座的省委常委们被邓小平的话深深震惊了。除了长期跟随邓小平南北征战过的省委第一书记万里,他们实在难以想象,向来抓大事、理大局,在政治上具有深邃洞察力和统帅才能的邓小平在谈起赚钱做生意的"方略"来竟如此开通,如此细心,如此娓娓道来,有板有眼。

省委书记顾卓新接上了话头,才打破了刹那间的沉默:"我们要办这方面的学校,训练好的厨师、导游、服务员。"

服务员为邓小平续上茶。望着袅袅升腾的水汽,闻着弥漫开来的茶香,邓小平兴致更高,他说:"公园要卖门票,外国人一个价,中国人一个价。泰国曼谷公园本国人收二角钱,外国人收一元五角钱。温泉洗澡,游泳池也要收费,也要有区别。国内外不同,本国人和外国人收费不同。导游要有章程。"

"主要是搞好服务,清洁卫生,这是很重要的。你让人家出钱,服务态度不好,又脏,谁来?来了也要骂娘。这方面的工作要很好地研究,人员要训练,要培养这方面的人才。一定要搞得使游客方便。"邓小平又一次强调这一点。

"你们搞几个养牛场,种草,旅客来了吃鲜牛奶、奶酪。这里卖奶制品,收费可比别处高些。外国人喜欢吃小牛肉、牛排,那东西确实好吃,香得很。以前我在法国留学时是吃不上的。

"黄山要搞些好的风景照片,一套黄山风景明信片,卖他几个美元,要搞彩色的风景照片、画册,他们买回去当纪念。"

万里说:"九华山风景也很好,是佛教圣地,您没去。"

邓小平没有接万里的话头,自顾说下去:"我提出旅游业到1985年收入50亿美元,他们说保证不了。交通、旅游有一系列问题。翻译也不够。这怎么可以?服务员起码要学简单的外语,会讲出菜单的、外语好的服务员,工资要高。导游要训练,导游由旅客雇,收入归公。"

从1978年下半年开始,把党和国家的工作重点转移到经济建设上来成为邓小平反复考虑的中心问题。如何实施这一重大决策,邓小平把他的眼光瞄准了旅游业。从1978年10月到1979年7月,10个月的时间内,邓小平连续5次比较集中、系统地谈到发展旅游业的问题,提出了一系列的有关发展旅游业的重要思想。

1978年10月9日,邓小平会见泛美航空公司董事长西威尔时对在场的旅游与民航部门的领导说,民航、旅游这两个行业很值得搞。要用管理经济的办法来管理。要抓利润,利润不是帅也是将嘛。他算了一笔账:一个旅行者花费1000美元,一年接待1000万旅行者,就可以赚100亿美元,就算接待一半,也可以赚50亿美元。他希望民航部门和旅游部门共同研究,"以发展旅游为中心,搞一个综合方案"。

1979年1月,邓小平三次着重谈到发展旅游业的问题。邓小平说,现在国家计划想调个头,过去工业以钢为纲,钢的屁股太大,它一上就要挤掉别的项目,而且资金周转很慢。要先搞资金周转快的,如轻工业、手工业、补偿贸易、旅游业等,能多换取外汇,而且可以很快提高人民生活。"旅游赚钱多,来得快,没有还不起外债的问题。"

1月2日,邓小平对国家旅游总局的同志说:"搞旅游要千方百计地增加收入。既然搞这个行业,就要看看怎样有利可图。"一定要搞多赚钱的东西。邓小平把旅游摆到了经济产业的位置,明确了旅游业的发展方向,就是要增加收入。几天以后,1月6日,他在同国务院负责同志谈经济建设方针时指出:"旅游事业大有文章可做,要突出地搞,加快地搞。""旅游赚了钱可以拿出一些来搞城市建设。""要搞多赚钱的东西,可以开饭店、小卖部、酒吧间,进口一些酒、可口可乐,搞纪念画册、风景图片,还可以搞一些正当的娱乐。"

1月17日,邓小平会见胡厥文、胡子昂、荣毅仁等工商界领导人时说,我们国家地方大,名胜古迹多,如果一年接待500万人,游客每人花费1000美元,就是50亿美元,要千方百计赚取外汇。我们的人民很聪明,要多想些办法,千方百计选择收效快的来搞,不要头脑僵化。比如要大力发展旅游业,可以多搞几个旅游公司。在这里,邓小平一连用了几个千方百计,可见当时他对发展旅游寄予多么大的希望。当时工商界人士落实政策后有5亿资金,邓小平希望他们把这些资金用来搞旅游业,主要是上海、天津、广东,集中投资到旅游方面。邓小平还对工商界负责人说:"旅游业你们可以推荐人当公司经理。请你们推荐人管理企业,特别是新的企业,不仅国外的,还有国内的,条件起码是爱国的,事业心强的,有能力的。如旅游业,每个地方推荐两三人。"

邓小平还提出旅游业对外开放的一些具体设想:石林很宝贵,中国有一个,意大利有一个,但我们的石林比意大利的好得多。要开辟到拉萨的旅游线路,外国人对拉萨感兴趣,到尼泊尔的游客也可以到拉萨来。为了搞好旅游这个对外开放的窗口,邓小平要求旅游局要搞一些培训班,培养翻译、导游、经营管理人员,甚至服务员。服务员也要有知识,有一点外语基础。房子要干净,伙食要适合外国人口味,要搞好旅游宣传,等等。

今天在黄山,邓小平再一次集中阐述了发展旅游业的思想。

座谈会在继续进行着。

话题转到如何发展徽州山区经济的问题。邓小平说:"你们徽州地区要解放思想,开动机器,广开门路,增加收入。要搞经济林。你何必种玉米,既影响水土保持,收入又少。山区建设就是让群众看看,什么收效快,就搞什么。现在我们都是吃粮食,为什么不种草养牛,中国人的食物结构要改变。日本人每人每年吃200斤鱼。现在让群众多吃肉不行,实在是穷,吃不起,富裕的队可以搞,多养猪、牛、羊,多吃肉少吃粮。"

万里说:"我们巢湖有几百万亩水面,但养鱼业发展很差。"

这时,邓小平显得很兴奋:"巢湖,我们打过长江就是在巢湖训练的水军。"稍停一下,邓小平又嘱咐道:"水面还有的是,要好好养鱼,让群众多吃点鱼,少吃点粮。我们的食物结构是长期形成的,习惯要慢慢改。你们试试,富裕队多养猪、牛、鱼,让群众逐步多吃肉,少吃粮。肉、鱼价格可以对当地人放低些。逐步地搞到少调进粮食,多吃肉,改变食物构成,这样人的健康状况肯定会改变。"

邓小平又询问了去年徽州的粮食收成和社员人均收入。

最后,邓小平鼓励安徽省委和徽州地委的负责人:"你们要有点雄心壮志,把黄山的牌子打出去。"

邓小平再一次提到:要做一系列的工作;工作人员要实行按劳分配,年终利润多还可以发奖金;九亿人口的收入平均发展是不可能的,总是有的地区先富裕起来,一个地区总是有一部分人先富裕起来。

历时两个小时的座谈会在一种轻松愉快的气氛中结束。

根据日程安排,邓小平一家人次日要离开黄山前往上海。

吃过简单的晚餐,邓小平余兴未尽,他在观瀑楼门前一边散步,一边观望四周的景致。这时,地委书记魏心一来了。

"哦,屋里坐。"邓小平招呼着客人。

在客厅里坐定,魏心一让秘书拿进来两只精致的竹雕笔筒。"邓副主席",魏心一说,"这是汤口的一位退休老工人用了一个月的时间雕刻成的,专门送给您老人家,表示对您的敬意。请邓副主席一定要收下"。

邓小平听了这番话,想了想,说道:"好,我收下。老魏,请你代我谢谢他。"

这两个竹雕笔筒一大一小,大的约有热水瓶粗,上面雕刻着"八仙过海"图案;小的约有茶杯粗,雕刻着"黄山风景"图案。

邓小平一边欣赏着这两件精美绝伦的工艺品,一边听着魏心一对徽州新安文化中木雕、砖雕、石雕、竹雕等"四雕"工艺的介绍。

"这个东西很好,要大力发展。"邓小平赞美道。

魏心一说:"徽州过去很美,山清水秀,小桥流水,现在有些被破坏了。"

邓小平马上说:"你们现在还可以搞嘛,还可以再建嘛。"

见时间不早了,邓小平又有些疲乏,魏心一遂告辞而去。

第二天早晨,邓小平临行前,魏心一再次来到观瀑楼,代表黄山,代表徽州人为邓小平送行。此时,邓小平正在吃早饭,魏心一请他为黄山题字,他欣然应允。

他放下饭碗,走进会客厅,拿起毛笔,蘸上墨汁,挥笔写了"天下名泉"四个大字。

8时左右,邓小平在观瀑楼与前来送行的省、地领导以及黄山管理处的干部职工一一握手话别,然后由省委第一书记万里陪同,转道乘火车前往上海。

在安徽前往上海的途中,万里向邓小平汇报了安徽省部分农村地区实行包产到户的情况。

1979年初,为了改变新中国成立以来长期吃"大锅饭",生产力低下,食不果腹的贫穷状况,中共凤阳县委正式宣布在全县范围内推行大包干,实行"包产到组",联产计酬,超产奖励,受到了全县农民的普遍欢迎,农民们憔悴的脸上第一次露出了喜色。几乎与此同时,梨园公社小岗生产队18户社员在副队长严宏昌主持下秘密决定分地经营,包干到户,朝着更彻底的责任制迈了一步。

包产到组的形式刚刚在一些地方扎根发芽,就引起了不少人的指责和批评。至于小岗生产队和肥西县一些地方的"包产到户",更是不敢对外公布,被认为违反宪法和三中全会精神。

1979年6月初,万里乘车前往凤阳视察。县委书记陈庭元向他汇报了大包干的情况,并引用了农民歌谣:"大包干,真正好,干部群众都想搞,只要准搞三五年,吃陈粮,烧陈草。"万里听后,当即表态:"好!我批准你们县干三五年。"随即,万里又去了肥西,他发现,凡是实行包产到户的地方,麦子都长得特别旺盛。

从农村回来不久,万里到北京参加五届人大二次会议。他找到邓小平,把安徽实行责任制和他在农村目睹的情况向邓小平作了汇报,也反映了各方面的压力和不同看法。邓小平听后,果断地说:"不要争论,你就这么干下去。"

于是万里回安徽后,以坚定的口气对地县领导干部们说:"有人在报纸上对我们的新办法作了批评。报纸不种田,不打粮,到了秋后农民没有饭吃,可要来找我们哩。别理那一套,我们照样干。"

回想起不久前邓小平对安徽责任制的支持,万里深有感触。在车上他更详细地向邓小平介绍了安徽省的穷困状况:1978年,凤阳县逃荒要饭的人口由六七千人猛增到两三万人,几年内全县农村人口骤减了10万。被穷困压得抬不起头来的小岗生产队,1978年打下的粮食只有1955年的1/3,大部分人离乡要饭。这种状况并非凤阳仅有,在全国各地,经常可以看到拿着介绍信讨饭的安徽籍难民。今年是个大旱年,再不允许实行新的农村政策,收成更得减产。

车轮有节奏地敲打着铁轨。邓小平听着万里的介绍,久久不语。

但是,熟知邓小平性情的万里十分清楚邓小平的倾向性,他仔细琢磨了那天座谈会上邓小平讲的一段话。

邓小平问:"你们社员收入多少?"

魏心一回答说:"这里是120元,一般100元左右,也有四五十元。少数200元。"

邓小平说:"河南产棉区有的收到270元。河南有典型材料,有一个大队村边有十几亩地,鸡、猪随便糟蹋,没有收成,后来包给三个人管理,结果收成很好,就是这个大队,以前收入很低,现在二百几十元。看来,一搞责任制,群众的劲头就来了,他就千方百计地要搞好生产。"

万里对邓小平说:"发展农业生产,调动农民的积极性,包产到户是个好形式,条件好的地区可以走你的阳关道。我们落后,独木桥不要给我们拆掉,让我们走一走。"

事隔多年,万里回忆起这段往事时,欣慰地说,我和小平同志达成了默契。

随着包产到户从暗处走到明处,从个别省份走到全国许多省,由此引起的责难也纷至沓来。关键时刻,邓小平说话了:农村政策放宽以后,一些适宜搞包产到户的地方,搞了包产到户,效果很好,情况变化很快。安徽肥西绝大部分搞包产到户,增产幅度很大。针对当时党内外一些同志的担心,邓小平说,我们总的方向,还是发展集体经济。"大跃进"时,高级社还不巩固,又普遍搞人民公社,20世纪60年代初不得不退回去,退到以生产队为基本核算单位。他认为,总的说来,农业上主要还是思想解放不够。除集体化这个问题外,还有因地制宜。所谓因地制宜,就是说那里适宜发展什么就发展什么,不适宜发展什么就不要去硬搞。还是老框框,思想不解放。

邓小平的这个讲话,彻底拨开了阻碍农村改革的重重迷雾。根据这个精神,9月,中央召开了各省、市、自治区第一书记座谈会,讨论关于进一步加强和完善农业生产责任制的几个问题。会议分析了农业集体化过程中的一些曲折和失误,认为由于集体化运动中的缺陷,由于有极左路线的干扰,由于很长时期党的工作重点没有转移到经济建设上来,目前集体经济的物质技术基础还是比较薄弱的,人民公社的体制、结构方面也存在需要改革和完善的问题。经营管理工作更是一个突出的薄弱环节。对于包产到户应当区别不同地区、不同社队采取不同的方针。群众对集体丧失信心、因而要求包产到户的,应当支持群众的要求,可以包产到户,也可以包干到户,并在一个较长时间内保持稳定。会后中央发出通知,第一次郑重地肯定了大包干和包产到户的改革行动。认为它不会脱离社会主义轨道,没有什么复辟资本主义的危险。这样,以包产到户、家庭联产承包责任制为特征的农村改革在全国全面铺开。

# 平反冤假错案要加快

粉碎"四人帮"后,我们党开始拨乱反正,平反"文化大革命"遗留下来的冤假错案,成为广大干部群众最为关切的首要问题。

1976年12月5日,中共中央发出通知,指出:"凡纯属反对'四人帮'的人,已拘捕的应予释放;已立案的,应予销案;已审查的,解除审查;已判刑的,取消刑期予以释放;给予党籍团籍处分的,应予撤销。""凡不是纯属反对'四人帮',而有反对伟大领袖毛主席、反对党中央、反对无产阶级文化大革命或其他反革命罪行的人,绝不允许翻案。"这就给刚刚起步的平反冤假错案工作划定了一个狭小的范围。在"纯属"的限定下,揭批"四人帮"阶段所平反的,主要是案情简单、牵扯面不广的一般性错案。由于政治上一系列重要原则不能澄清,对全国有影响的大案、要案的复查和平反工作提不上中央的议事日程,大批干部被长期挂起来,数千万人背着各种各样的政治包袱。民心不顺,党心不顺,严重影响了历史新局面的开拓。

这样,彻底平反冤假错案,成为新的历史时期开始之际中国能否走出"文化大革命"的阴影,实现拨乱反正的关键所在。党内党外、国内国外都在密切关注:中国共产党有没有勇气纠正自己的错误,有没有能力纠正自己的错误。

1977年2月7日,《人民日报》、《红旗》杂志、《解放军报》发表了经华国锋批准的社论《学好文件抓住纲》,社论中指出:"凡是毛主席作出的决策,我们都坚决维护,凡是毛主席的指示,我们都始终不渝地遵循"。"两个凡是"的提出,更使平反冤假错案遇到了极大困难。

这时,党内外要求纠正"文化大革命"的错误,彻底平反冤假错案的呼声,首先集中在要求邓小平重返党和国家领导岗位和为天安门事件平反的问题上。这两个问题隐含着更宽泛的含义:前者代表着要求在"文化大革命"中被打倒的大批老干部重新出来工作的正义呼声；后者则反映了人民要求为数以百万计的冤假错案平反昭雪的强烈愿望。

这两个问题上的斗争在1977年3月中央工作会议上集中地爆发出来了。对邓小平复出和为天安门事件平反这两件事，会前，华国锋就打招呼说这次工作会议不要提邓小平复出和为天安门事件平反的问题。3月13日上午，参加中央工作会议的陈云在西南组作了一个书面发言。他提出了对天安门事件的看法，特别提到："邓小平同志与天安门事件是无关的。为了中国革命和中国共产党的需要，听说中央有些同志提出让邓小平同志重新参加党中央的领导工作，是完全正确、完全必要的，我完全拥护。"当会议工作人员奉命要求陈云修改这篇书面发言时，遭到了陈云的拒绝。最后陈云的书面发言，没能在会议简报上刊登。

3月14日下午，华国锋在中央工作会议第二次全体会议上讲话，在谈到邓小平的问题时说："最近一个时期，在党内和群众中围绕着邓小平同志的问题和天安门事件的问题有不少议论。在这样一些问题上，我们要站得高一些，看得远一些，要有一个根本的立足点，问题就能正确地、妥善地解决；离开了这个立足点，就会引起思想混乱，不但妨碍问题的解决，而且会给敌人以可乘之机。"他认为，"邓小平同志的问题应当正确地解决，但是要有步骤，要有一个过程。中央决定当时要继续批邓、反击右倾翻案风的口号，这是经过反复考虑的。中央政治局的意见是，经过党的十届三中全会和党的第十一次代表大会，正式作出决定，让邓小平同志出来工作，这样做比较适当。"

关于1976年4月天安门事件的问题，华国锋说："在'四人帮'迫害敬爱的周总理，压制群众进行悼念活动的情况下，群众在清明节到天安门去表示自己对周总理的悼念之情，是合乎情理的。这时候，确有极少数反革命分子把矛头指向伟大领袖毛主席，乘机进行反革命活动，制造了天安门广场反革命事件。但是应当肯定，当时去天安门广场的绝大多数群众是好的，是悼念周总理的，其中许多人是对'四人帮'不满的，反对的。不能把他们，包括纯属反对'四人帮'而被拘捕过的群众，说成是参加了天安门广场的反革命事件。""在粉碎'四人帮'以后，中央已于1976年12月5日发出通知。""应该说，这方面的实际问题已经解决了。总之，中央在解决邓小平同志和天安门事件的问题中,是坚定地站在维护毛主席的伟大旗帜这个根本立足点上的,是坚持了毛主席的路线和方针的,如果不这样做,就会发生有损我们旗帜的问题。全党全军全国各族人民,在揭批'四人帮'的斗争中,一定要注意,凡是毛主席作出的决策,都必须维护;凡是损害毛主席形象的言行,都必须制止。"

就在中央工作会议期间,担任中共中央党校副校长的胡耀邦来到邓小平的住地米粮库胡同五号看望邓小平,邓小平就粉碎"四人帮"后应该抓落实干部政策、平反冤假错案问题谈了自己的看法。这次谈话为后来胡耀邦组织策划《把被"四人帮"颠倒的干部路线是非纠正过来》的文章奠定了思想和理论基础。

1977年4月清明节这一天,成千上万的群众自发来到天安门广场,以悼念周恩来的形式,为一年前的天安门事件鸣不平,要求邓小平重返党和国家的领导岗位。

党内外围绕邓小平复出和天安门事件问题的争论和斗争,引起了邓小平本人的极大关注。邓小平关注的不是个人的荣辱得失和职务进退,而是党和国家的前途和命运。"两个凡是"观点一提出,邓小平便洞悉到它的本质。华国锋的讲话传来后,邓小平看出了其要害和矛盾之处。他感到:不改变"两个凡是"的思维方式和指导方针,拨乱反正就迈不开实质性的步伐。4月10日,他致信华国锋、叶剑英并中共中央,信中说:"我感谢中央弄清了我同天安门事件没有关系这件事","肯定了广大群众去年清明节在天安门的活动是合乎情理的","至于我个人的工作问题,做什么,什么时机开始工作为宜,完全听从中央的考虑和安排"。他在信中特别强调指出:"我们必须世世代代用准确的完整的毛泽东思想来指导我们全党、全军和全国人民,把党和社会主义事业,把国际共产主义运动的事业,胜利地推向前进。"

这封信发出不久,汪东兴和李鑫代表中央办公厅去邓小平住处看望邓小平,希望他改变信中"准确的完整的"提法,并就天安门事件等问题表态,以便重新参加中央领导工作。邓小平坚决地拒绝了。他说,"'两个凡是'不行。按照'两个凡是',就说不通为我平反的问题,也说不通肯定1976年广大群众在天安门广场的活动'合乎情理'的问题。"邓小平还坚定地表示:我出来不出来没有关系,天安门事件是革命行动。

在叶剑英、李先念、陈云、王震等老一辈无产阶级革命家的不断呼吁、斗争下，在党内外群众日益强烈的要求下，同时也体现了华国锋所说的"水到渠成"的时间表，邓小平复出的问题开始明朗化了。5月3日，中共中央发出文件，向全党传达了邓小平4月10日和1976年10月10日两次写给中央的信，为邓小平的复出做了铺垫。到了十届三中全会，华国锋同意恢复邓小平党和国家的领导职务。

平反冤假错案是一项极为复杂、艰难的工作，每前进一步都会遇到种种阻力和障碍。邓小平复出后，面对复杂的情况，区别不同的对象，采取不同的步骤，先易后难，先小案，后大案、要案，做了大量的工作，付出了艰辛的努力，一步步地推动了平反冤假错案的深入进行。

就在邓小平复出的前夕，1977年6月，林伯渠的女儿林利、林秉元给邓小平写了一封申诉信，诉说了"文化大革命"期间林彪、"四人帮"诬蔑、诽谤林伯渠同志，打击和迫害其亲属和子女的情况。

林伯渠是中国共产党内的元老，1921年就加入了中国共产党。是中共第七、八届中央政治局委员。新中国成立时是第一任中央人民政府秘书长，第一届全国人大常委会副委员长。1960年5月因病逝世。时任中共中央总书记的邓小平曾代表党中央致了悼词，高度肯定和评价了林伯渠革命的一生。但在"文化大革命"中，像林老这样的一批革命家都受到了林彪、"四人帮"的诬陷和诽谤。

邓小平认为，林伯渠的历史是清楚的，为他平反昭雪应该不会遇到太大的阻力。十届三中全会结束刚两天，邓小平就在申诉信上批示："华、叶核阅后，请东兴同志考虑"。这是邓小平复出后关于平反冤假错案的第一个批示。

林老的平反，实际上就为一批在"文化大革命"中受到诬陷和诽谤的老一辈革命家的平反开了先河。

8月2日，卫生部中医研究院党委副书记沙洪致信邓小平，请求帮助解决张子意住院治病问题。张子意是中共中央宣传部原副部长。"文革"中受到迫害，身体受到极大的摧残。因病情加剧，他医疗关系所在的朝阳医院条件又较差，因此希望能到三〇一或北京医院治疗。邓小平于8月5日批示："这个老同志应予照顾，可按（安）排住三〇一治病"，并将这封信批送华国锋、叶剑英、李先念、汪东兴核阅。

8月8日,万毅致信华国锋、叶剑英、邓小平说:"我患有青光眼疾,左眼失明,右眼相继恶化","恳切请求中央,在北京(为了得到治眼的医疗保证)给我分配一件力所能及的工作"。

万毅的问题则显得有些复杂。万毅早年曾任东北军团长、旅长、师长。1938年加入中国共产党。中共七大上当选为中央候补委员,后任东北野战军第五纵队司令员。新中国成立后,曾任中国人民解放军总参谋部装备计划部部长。1955年被授予中将军衔。中共八大上继续当选为中央候补委员。1959年因受彭德怀的牵连,被定为犯了右倾反党严重错误,受到撤销党内外一切职务的处分。1960年后,被重新分配到陕西省工作。"文化大革命"开始后被扣上种种莫须有的罪名,受到监护审查。1975年5月,经中央批准的政治审查结论中说:"原怀疑万毅同志有受国民党策反勾结国民党恢复东北军问题查无实据,由陕西省恢复万毅同志组织生活,妥当安置,按规定阅读文件,照发工资。"

8月10日,邓小平在万毅的信上批示:"既无政治历史问题,就应作出恰当安排,他过去有贡献。"三个月后,万毅得到平反,担任人民解放军后勤部顾问。万毅问题的特殊性,还在于他与彭德怀案有些牵连,因此他的平反,某种程度上也为彭德怀问题的平反释放出一种积极的信号。

老舍是我国著名的文学家。从20世纪20年代开始创作了大量优秀作品,如《骆驼祥子》《四世同堂》《龙须沟》《茶馆》等,深受国内外读者的喜爱。1951年曾被北京市人民政府授予"人民艺术家"称号。曾任中国文学艺术界联合会副主席、中国作家协会副主席及书记处书记、中国民间文艺研究会副理事长、北京市文联主席等职。"文化大革命"开始后,老舍受到残酷迫害,他不堪凌辱,自沉于北京的太平湖。有关部门对老舍一直未作政治结论。老舍夫人胡絜青八年中多次向北京市委、中央统战部、全国政协、全国人大等部门请求解决老舍的结论问题,一直没有得到答复。由于老舍的结论不明,严重地影响了她一家人的政治生活,而且一些具体问题也拖延未能解决。如:老舍的全部文物,包括手稿、书籍,以及她的字画等,至今未予归还;她家现有六间房屋被街道和居民占用;子孙调动工作、入团等不能正常进行。7月28日,胡絜青给华国锋、叶剑英、邓小平写了一封信,8月5日又给王震副总理写了信,请求中央批示有关部门尽快给老舍作出结论。8月13日,邓小平批示:"对老舍这样有影响有代表性的人,应当珍视。由统战部或北京市委作出结论均可,不可拖延。"

"文化大革命"中,林彪、"四人帮"为了达到篡党夺权的目的,把历史上曾经被捕过的革命家一律诬陷为"叛徒",统统予以打倒。甚至连在战争年代已经牺牲的革命烈士都不例外。王若飞就是受到诬陷的其中之一。

9月1日,邓小平在王兴要求为父亲王若飞恢复名誉的申诉信上批示:"据我所知,王若飞同志在晋绥被捕和出狱问题,肯定是没有问题的。"几个月后,胡耀邦代表中共中央宣布为王若飞平反。

中共云南省委第一书记阎红彦,"文化大革命"开始后受到冲击,也被扣上"叛徒、特务"的帽子。1967年1月8日被逼而死。临死前他给夫人留下一张字条,上面写道:"腾波:对不起。我是被陈伯达、江青逼死的,你不要难过。"中共云南省委于1977年11月27日作出了《关于阎红彦同志问题的结论报告》。结论报告中说:"经复查,阎红彦同志一九三○年被捕(在陕西延长县被军阀高双成部扣留)未发现投敌叛变问题;所谓特嫌问题,是毫无根据的;阎红彦同志的政治历史是清楚的,没有问题。""省委认为,阎红彦同志在长期的革命斗争中,忠于党,忠于人民,英勇战斗,积极工作,立场坚定,作风正派,为中国人民的解放事业,社会主义革命和建设,作出了贡献。为此,建议:将阎红彦同志的骨灰送进北京八宝山革命烈士公墓;待中央批准后,连同中央批示一并传达到全省县以上党员干部。"12月2日,中共中央组织部在给汪东兴并报华国锋、党中央的报告中说:"经我们研究,可同意云南省委的结论报告,阎红彦同志的骨灰不一定移来北京,可在昆明市安放。"12月3日,汪东兴批道:"请华主席、剑英、小平、先念同志阅批。"12月4日,邓小平在报告上批示:"我的意见,阎的骨灰以移来北京,安放八宝山为好,届时可举行简单仪式(例如一二百人),必要时我可参加,是否妥当,请酌。"华国锋批示:"同意。阎的骨灰可移来北京八宝山届时并可举行简单的仪式,不见报。"

邓小平的批示,表明了他对这些被诬陷为"叛徒"的革命家彻底平反的坚决支持。

粉碎"四人帮"后,中共中央组织部的主要负责人,坚持"两个凡是"的错误,对在"文化大革命"中受到打击、迫害的革命家的平反工作采取能拖则拖的办法,致使不少家庭子女、亲属的入学、招工、参军受到影响。原五机部副部长吴皓的妻子分别致信华国锋、邓小平、李先念、汪东兴,说吴皓在"文化大革命"中被审查8年,于1974年病故。至今他的结论没有与家属见面,后事没有处理,骨灰放在家里。她和孩子多年来背着"叛徒"家属的包袱,孩子的入党、参军问题都解决不了,二孩子夫妇因吴皓的问题离了婚。来信请求给吴皓作出实事求是的结论。12月6日,邓小平在来信上批示:"请中组部对这类事要关心,实事求是地对每件事作出恰如其分的结论,这不只是对本人,对家属亲友都是关系很大的,拖不是办法。"

邓小平从1977年7月复出到年底,仅仅半年的时间,类似这样的批示、指示、谈话,还有很多。

在此期间,邓小平还积极支持胡耀邦推动平反冤假错案工作的开展。

邓小平复出后,平反冤假错案的工作开始不断推进。有了邓小平的支持,胡耀邦心里有底了。所以,他选择了粉碎"四人帮"一周年这个日子发表了《把被"四人帮"颠倒的干部路线是非纠正过来》的文章。

文章发表后,蒙冤受屈的人个个欢欣鼓舞。在短短的一个月中,就有一万多封信件和电报从祖国的四面八方寄往《人民日报》,热情拥护文章的观点。它"说出了千百万干部的心里话","温暖了许多同志的心"。有一封来信中说:"我们看文章时一家人哭了一个晚上,我们受林彪、'四人帮'迫害这么多年,觉得一下子有了希望。《人民日报》发表这篇文章,说明中共中央要解决我们的问题了。"

但是,也有人提出了责难。有人打电话责问《人民日报》:"这篇文章是哪里来的?有没有中央文件作依据?如果你们不根据中央原有的文件精神办事,这么多的案子咋平反?这只能搞乱局势,制造新的不稳定!"还有的人甚至说,"简直是一派胡言,通篇是右派言论",是"大毒草","现在不批,将来也要批"。

平反冤假错案,中共中央组织部是关键部门,但作为中组部部长的郭玉峰很不得力。中组部的大院里贴满了大大小小的大字报。严厉批评中组部的官僚衙门作风,强烈要求平反冤假错案,立即给"靠边站"的老干部妥善安排工作。中组部的几位老同志把广大干部对中组部的批评意见通过人民日报社向中央政治局常委作了反映。

华国锋、汪东兴在报告上画了一个圈。10月17日，邓小平在报告上批了一段话：建议将郭玉峰"调离中组部"。叶剑英、李先念也在报告上批示赞同邓小平的意见。

也就是在这个时候，胡耀邦组织的第二篇文章于11月27日在《人民日报》头版头条位置用通栏大标题发表了。题目是《毛主席的干部政策必须认真落实》，署名为"本报评论员"。

文章指出：一些主管组织工作的同志和某些组织部门，对落实干部政策犹豫不决，患得患失，能拖则拖，能推则推，严重妨碍了这项工作的开展。文章还提出，要抓紧落实干部政策，这是建设社会主义现代化强国的关键问题。

《人民日报》在这篇文章的总标题下，还发表了从众多来信中选取出的五封读者来信。这些来信既赞扬了《把"四人帮"颠倒了的干部路线是非纠正过来》那篇文章，又揭露了写信者本人所在地区或所在系统的组织部门抗拒或拖延落实干部政策的行为。《人民日报》为这些来信分别加了标题：《不能无动于衷》《这种说法不对》《肃清"四人帮"的流毒》《首先要清理组织人事部门》《应当多发表这样的文章》。胡耀邦组织的《人民日报》这两篇文章，为落实干部政策做了舆论准备。

这年的12月，在邓小平、叶剑英、李先念的建议下，中共中央决定胡耀邦任中央组织部部长。

中共中央组织部这一重要工作部门的易人，标志着平反冤假错案工作进入实际运作阶段。胡耀邦就任中组部部长后，在邓小平等人的支持下，大刀阔斧地进行落实干部政策和平反冤假错案工作。他强调要恢复党的优良传统，把中组部办成"党员之家""干部之家"，很快揭开了中组部捂了一年多的盖子。他起用了一些组织关系在中组部，但没有分配工作"靠边站"的老干部，组建了一个强有力的班子。老干部接谈组，专门接待来访的老同志；干部分配办公室，负责中央国家机关待分配的6000多名干部的安置工作；右派改正组，负责右派甄别平反；还成立了阵容庞大的干审局，其首要任务就是落实干部政策。

从1978年2月下旬至4月下旬，中组部分三批分别召开了省市自治区和中央国家机关部委组织部长会议,称为"研究疑难案例座谈会"。座谈会共研究了180多件疑难案例,通过分析疑难案件,使与会的同志解放了思想,明确了原则,把握了政策,增强了信心。这些会议精神传达下去,有力地促进了各地各单位的平反冤假错案工作的进展。

在"文化大革命"中,受灾最严重的莫过于教育、文化、科技领域。据不完全统计,仅教育部所属单位和17个省市教育部门受诬陷、迫害的干部、教师就有142000人之多。著名教授熊庆来、吴晗、翦伯赞、何思敬、顾毓珍、李广田等人都是在这个年代被夺去生命的。

粉碎"四人帮"后,"四人帮"炮制的"两个估计"依然像两座大山一样压在广大教师和干部的头上,因为"两个估计",大量的冤假错案难以平反,"臭老九""反动学术权威""走资派"的帽子依然不能摘去。

邓小平复出后,自告奋勇抓教育。在他的直接领导下,科教领域的拨乱反正工作开始得较早。教育战线率先推翻了否定十七年教育工作和对知识分子的"两个估计",文化战线也随之推翻了十七年"文艺黑线专政论",改变了中华人民共和国成立初期提出的对知识分子"团结、教育、改造"的方针。

一些重点人物的平反工作都是在邓小平的批示下进行的。清华大学党委副书记刘冰的平反就是其中之一。

刘冰的问题发生在1975年。1975年秋冬,在邓小平领导全面整顿过程中,清华大学党委副书记刘冰致信毛泽东,反映该校党委书记迟群、副书记谢静宜在思想、工作、生活方面的问题。这封信是通过邓小平转给毛泽东的。毛泽东在信上批示:"清华大学刘冰等人来信告迟群和小谢。我看信的动机不纯,想打倒迟群和小谢。他们信中的矛头是对着我的。"毛泽东还专门针对邓小平转信这件事说:"我在北京,写信为什么不直接寄给我,还要邓小平转?小平偏袒刘冰。"11月3日,清华大学党委召开扩大会议,由中共北京市委第一书记吴德传达毛泽东的批示。由此清华大学开展"反击右倾翻案风",并逐步扩大到全国各地区、各部门。刘冰也因此受到迫害。邓小平复出后,批示为刘冰平反。

邓小平还批示为北京大学原校长马寅初平反,并推荐他为全国人大常委会委员和北大名誉校长。

1978年6月,邓小平同教育部几位负责人谈了梁思成的问题,他说:给梁思成扣"反动学术权威的帽子是不对的,应改正过来。对人的评价,要说得恰当,实事求是,不要说过分了,言过其实"。

著名历史学家吴晗也是由于邓小平的批示才得以平反的。吴晗从新中国成立起,就担任北京市副市长,长期主管文化教育工作。20世纪60年代出任北京市历史学会会长。从1959年起,响应毛泽东的建议,开始研究海瑞,曾发表《海瑞骂皇帝》《论海瑞》《海瑞罢官》等文章。1961年与邓拓、廖沫沙在北京市委机关刊物《前线》上开辟"三家村札记"专栏,以杂文形式批判资产阶级思想和各种歪风邪气,宣传党的方针政策。1965年11月,林彪、江青蓄谋发起对《海瑞罢官》的批判运动,并在随后的"文化大革命"中捏造"三家村反党集团"案,对吴晗制造了骇人听闻的文字冤狱,致使他遭到残酷迫害。1969年被迫害致死。吴晗的妻子、女儿也遭到株连,受尽折磨,饮恨而死。粉碎"四人帮"后,许多老同志向中央写信,要求给吴晗尽快作出正确结论。但是在"两个凡是"的错误思想指导下,专案组直到1978年2月才作出"吴晗反党反社会主义的问题性质严重","作人民内部问题处理"的所谓结论。吴晗的亲属拒绝这种莫须有的罪名,并立即上书党中央,要求重新审查。1978年11月下旬,邓小平批示:"吴晗应该平反。"1979年9月,中共北京市委全部推翻了原专案组关于吴晗的结论。吴晗遭受的冤屈终于得到了平反昭雪。

据不完全统计,科教领域包括"马振扶事件"、"永乐中学事件"、"王亚卓事件"、中国科学院"两线一会"特务集团案的甄别,以及为数学家熊庆来、赵九章,历史学家翦伯赞,化学家傅鹰,中国科协原副主席范长江,著名"右派六教授"的平反等等,都是在邓小平直接批示或过问下得到解决的。

随着平反冤假错案的进一步深入,邓小平又开始把着眼点推进到平反大案、要案上。但是,工作仍然是举步维艰。

第一个是"六十一人案件"。"六十一人案件"是指薄一波等六十一人因为1936年登"反共启事"出反省院的问题被定为"叛徒集团"一案,这是"文化大革命"中轰动国内外的一起重大案件。这六十一人,是一大批大革命时期和十年内战时期入党和入团的老干部。其中大部分在1931年前后因河北省委遭到破坏而被捕,长期被关押在北平军人反省分院。他们在狱中同敌人进行了坚决的斗争。1935年冬,在日军侵占华北,全国抗日救亡运动高涨的形势下,为了开展工作,解决缺乏干部的问题,北方局做出决定,要求关押在北平军人反省分院的一批党员履行敌人规定的出狱手续,并报告了党中央,张闻天代表党中央批准了这个决定。从 1936 年 8 月 31 日到 1937 年 3 月,"六十一人"分批在报纸上连登启事后,出了反省院。中共七大时,中央曾对六十一人出反省院问题进行过审查,作出了"本人不能负责"的明确结论。1966 年 8 月,康生把这件事重新提了出来,他一面指使彭真专案小组办公室搞调查,一面给中央写报告诬陷六十一人出狱是"'坚决反共'的叛党行为",而"少奇的决定,就使这些人的反共叛党合法化了"。1967 年 3 月 7 日,彭真专案小组办公室提出《关于薄一波、刘澜涛、安子文、杨献珍等人自首叛变问题的初步调查》,歪曲历史事实,认定"六十一人"是"可耻的叛徒"。3 月 16 日,中央以中发九十六号文件印发了这个初步调查。在《中共中央关于薄一波、刘澜涛、安子文、杨献珍等出狱问题材料的批示》中,认定六十一人是"叛徒集团",他们自首叛变出狱,"是刘少奇策划和决定,张闻天同意,背着毛主席干的"。他们出狱后,"由于刘少奇等包庇重用,把他们安插在党、政、军的重要领导岗位上"。在此前后,在江青、康生、谢富治等人煽动下,各地纷纷成立"揪叛徒"的组织,把过去已经作出结论的问题,统统翻腾出来,甚至无中生有,栽赃陷害,制造了一大批冤案、假案、错案。

薄一波等对中央的结论一直不服,多次提出申辩。在这六十一人中,"文化大革命"前担任省委书记、副省长、中央机关副部长以上职务的 22 人,他们是:薄一波、刘澜涛、安子文、杨献珍、周仲英、马辉之、徐子荣、傅雨田、王鹤峰、李楚离、王德、侯振亚、王其梅、刘有光、胡锡奎、廖鲁言、张玺、李力果、刘锡五、彭德、刘子久、赵林。其中有 5 人被迫害致死,他们是徐子荣、王其梅、胡锡奎、廖鲁言、刘锡五。

1975 年邓小平主持党中央工作时曾在一次政治局会议上提出:六十一人的问题必须解决,把登"反共启事"的责任归咎于他们是不公道的。当时,毛主席还健在。但由于"四人帮"的阻挠和破坏,这个问题没有得到解决。

粉碎"四人帮"后,当有人把薄一波等六十一人的材料写成简报给华国锋要求给薄一波等平反时,华国锋明确表示不能同意。

1977 年 11 月 11 日,当年曾向狱中转达过党中央指示的当事人孔祥祯写信给党中央,把 1936 年北方局如何提出、党中央如何批准以及他是怎样两次给狱中党支部传达党中央指示和薄一波等后来出狱的经过,详细作了说明。

一个多月后,一封申诉信也送到了邓小平的手中。12月8日,王其梅的夫人王先梅给邓小平写了一封信。信中说:"由于我爱人的历史问题,我的子女在入团、入党、参军、就业等问题上一直受到影响。一九七四年十月为子女的就业问题,曾向你汇报过我和孩子们的处境和困难,在你的关怀下,我的子女的就业问题才得到解决。眼前又遇到一些实际问题得不到解决,不得不再次向你汇报。"

王其梅,曾经是邓小平麾下的一员虎将。"文化大革命"前任中共西藏自治区委员会书记兼西藏军区副政治委员。"文化大革命"开始后,康生等人制造"六十一人案件",王其梅于1967年8月被迫害致死。

邓小平熟悉王其梅,对他的历史是清楚的。看着王先梅的信,邓小平感到这不是王其梅一个人的事,解决"六十一人案件"的问题不能再拖了,可以从这件事开始一步步做起。12月25日,邓小平在申诉信上批示:"请东兴同志批交组织部处理。王其梅从抗日战争起做了不少好事。他的历史问题不应影响其子女家属。建议组织部拿这件做个样子,体现毛主席多次指示过的党的政策。"

汪东兴看了邓小平的批示后,批道:"请耀邦同志阅办。毛主席历来有指示,应区别对待,不能歧视。"12月31日,胡耀邦看到了带着两位中央副主席批示的申诉信后,立即找了几位同志研究并决定:应该把这个问题的解决当作彻底平反"六十一人案"的突破口。当天下午,胡耀邦就委派中组部的两位同志来到王先梅的家,传达了中央两位副主席的批示。王先梅一家人都非常激动。当问到他们还有什么要求时,王先梅说,王其梅的结论应该重新做。至于我自己,组织上已经十年没有让我工作了,我要求尽快恢复工作。另外按照党的政策,应该给孩子们出路,够参军条件的,就该让他们去。

1978年元旦后不久,王先梅反映的问题都一一得到了解决。2月18日,《人民日报》发表了为王先梅及其子女落实政策的消息和《王先梅同志写给中央领导同志的信(摘要)》,并发表了评论员文章:《落实干部政策的一个重要问题》。文章指出:当前落实党的干部政策,必须扭转宁肯"左"一点的错误倾向。有的同志受"四人帮"流毒影响,不敢正视事实,搞过头了也不肯纠正,把正确落实党的政策看作是"右"的表现。他们不了解,对待一个人的政治生命,对一个人的正确处理和妥善安排,不光是一个人的问题,而会牵涉到周围许多人和影响到一大批人。这关系到党的路线和政策,关系到党的事业,我们要一丝不苟,认真负责,积极主动去解决。

这组消息、信件摘要和评论员文章的发表,并经中央人民广播电台的多次广播,引起广泛反响。各地给中央组织部、《人民日报》和王先梅个人的信纷至沓来。了解"六十一人案"的人认为,对王其梅家属和子女政策的落实,评论员文章中又说了那样一大段话,说明"六十一人案"的平反昭雪已指日可待了。

为督促"六十一人案"早日解决,1978年6月25日,邓小平在一封关于"六十一人案"的申诉信上批示:"这个问题总得处理才行,这也是一个实事求是问题。"7月4日,华国锋指示胡耀邦:"六十一人的问题要解决,由中组部进行复查,向中央写个报告。"这样,中央组织部开始组织力量,全力投入这个案件的复查工作。

11月12日,陈云在中央工作会议东北组的发言中说,有些影响大或者涉及面很广的问题,需要由中央考虑和作出决定,例如,薄一波等六十一人出反省院是党组织和中央决定,不是叛徒。复查组经过三个多月的调查,于11月20日正式向中央写了《关于"六十一人案件"的调查报告》,其中指出:"薄一波同志等在反省院的表现是好的,他们履行敌人规定的手续,登'反共启事'出反省院,是执行党组织的指示。根据登'反共启事'出反省院的问题,定六十一人为叛徒集团,是不正确的。""我们认为,在'文化大革命'中提出的所谓薄一波等六十一人叛徒集团是不存在的,是一个大错案。""对那些根据党组织的指示,在敌人拟好的'反共启事'上捺手印并登报后出狱、在'文化大革命'中被错误处理的同志,应恢复其党籍,恢复原工资级别,酌情安排适当工作。因这一问题而使其家属、亲友受到株连和错误处理的,也应改正过来。已经去世的,应做好善后工作。"12月16日,中共中央同意并转发了这个报告,要求向全党传达。一个多月后,廖鲁言、徐子荣、胡锡奎、刘锡五、王其梅平反昭雪追悼会在全国政协礼堂隆重举行。李先念主持追悼会,胡耀邦致悼词,沉痛悼念在"六十一人案件"中被迫害致死的5位同志。邓小平送了花圈。

关于平反冤假错案，邓小平在12月13日中央工作会议闭幕会上的讲话中说："这是解放思想的需要，也是安定团结的需要。目的正是为了向前看，正是为了顺利地实现全党工作重心的转变。我们的原则是'有错必纠'。凡是过去搞错了的东西，统统应该改正。有的问题不能够一下子解决，要放到会后去继续解决。但是要尽快实事求是地解决，干脆利落地解决，不要拖泥带水。对过去遗留的问题，应当解决好。"这一原则提出后，解决历史遗留问题的实际工作步伐加快了。

1978年12月24日，党中央为彭德怀、陶铸举行了追悼会，邓小平参加了追悼会，并为彭德怀致了悼词。这是为党和国家领导人平反昭雪开的第一个追悼会。

邓小平说："彭德怀同志是我党的优秀党员、老一辈无产阶级革命家，是平江起义的主要领导者、红三军团的创立者，是我们党、国家、军队的杰出领导人，曾担任过党政军的许多重要职务。他在林彪、'四人帮'的迫害下，于1974年11月29日在北京逝世，终年76岁。""彭德怀同志在近半个世纪的革命斗争中，在伟大导师毛泽东同志的领导下，南征北战，历尽艰险，为中国革命战争的胜利，为人民军队的成长壮大，为保卫和建设社会主义祖国，作出了卓越的贡献……"

彭德怀是在1959年庐山会议上受到毛泽东错误批判的。中共八届八中全会对所谓以彭德怀为首的反党集团进行揭露批判，全会通过了《关于以彭德怀同志为首的反党集团的错误的决议》，彭德怀、黄克诚、张闻天、周小舟等被罢了官。邓小平因为腿部骨折当时没有参加庐山会议，但对这样处理彭德怀是有想法的。

宋任穷后来回忆说：庐山会议开过以后，我们到北京医院去看邓小平，他因腿伤未能上庐山，受伤的腿打上了石膏，吊挂在床上。我们你一言我一语地向他讲述了庐山会议后期批判彭德怀同志的一些情况。小平同志沉思片刻后说："彭德怀同志历史上是有功的，在平江起义、抗日战争、解放战争和抗美援朝斗争中都有很大的功劳，不论他有什么错误，这些功劳都是应当充分肯定的。"当时的情况下，邓小平确实很难再为彭德怀多说些什么。但是他的这种思想在后来的工作中得到了充分的体现。1961年中央决定对在"反右倾"运动中受到批判和处分的干部甄别平反，邓小平在主持这项工作中提出了一揽子解决方案,要求对全国县以下干部,统统甄别,来个一风吹,都不要留尾巴。结果,全国有 600 多万干部群众得到了平反。20 多年后,邓小平在《对起草关于建国以来党的若干历史问题的决议的意见》时这样说:"一九五九年上半年,是纠正'左'的错误。庐山会议前期还讨论经济工作。彭德怀同志的信一发下来,就转变风向了。彭德怀同志的意见是正确的,作为政治局委员,向政治局主席写信,也是正常的。尽管彭德怀同志也有缺点,但对彭德怀同志的处理是完全错误的。"

"文化大革命"中彭德怀被迫害致死。彭德怀的问题属于"文化大革命"前遗留下来的问题。为彭德怀平反,首先是由陈云提出来的。1978 年 11 月 12 日陈云在中央工作会议上提出了六点意见,其中第四点就是关于彭德怀的问题。他说:"彭德怀对党贡献很大。过去说他犯过错误,但没有听说过把他开除出党。他的骨灰应该放到八宝山革命公墓。"陈云的六点意见,都是涉及平反冤假错案的重大历史问题。涉及一些大案、要案。他的发言立即在会上引起强烈反响。11 月 22 日,陈云再一次在小组会上插话,讲到彭德怀等的平反问题。他说:"这些问题不解决,在党内党外都很不得人心。"中央工作会议开始时,邓小平在国外访问。11 月 14 日邓小平回国后,中央常委曾就陈云提出的六个问题开过一次会,中央政治局也开过一次会。邓小平在为陈云提及的几个大案、要案的平反中起了重要的推动作用。

邓小平在中央工作会议上说:现在,有的人提出一些历史问题,有些历史问题要解决,不解决就会使很多人背包袱,不能轻装前进。我们现在对冤案、错案、假案平反,就是为了解决这个问题。平反问题,中央和各地都在抓紧处理,都是有领导、有步骤地进行的。群众要求解决的问题,都有解决的渠道,可以在党的会议上提出来,可以写信、来访。还有些受迫害的人没有平反的要很快平反,有气的,应给一个讲话的机会。要研究一下怎么做思想工作,怎么解决他们的问题。有错必纠这是毛主席历来提倡的。如果说天安门事件是错的,当然应该纠正。如果说还有别的事情过去处理得不正确,按照毛主席教导也应该实事求是加以纠正。我们处理这些问题,包括天安门事件,就是要把过去的问题了结一下,使全国人民向前看。所有错案、冤案,人民干部不满意的事一块解决。大家心情舒畅了,一心一意向前看。

关于彭德怀的问题,11 月 27 日上午,邓小平在人民大会堂新疆厅会见美国专栏作家罗伯特·诺瓦克时说道:彭德怀还是共产党员,他虽然1974年死了,并没有开除党籍。我了解他,他有错误,但功绩比错误大得多,打了几十年的仗。抗美援朝时,他是志愿军总司令。现在遵循的是毛主席的原则,叫实事求是。凡是错误的都要纠正。有些人一提到纠正就怕,好像一提纠正就是针对毛主席的。这个看法就错了。29日上午,邓小平在会见日本公明党第七次访华团时又一次谈到了对彭德怀的评价:对有些人的功过,过去搞得不对的,搞过了的,要改过来,比如对彭德怀同志的评价。

党的十一届三中全会正式为彭德怀平反。就在三中全会结束的第二天,党中央为彭德怀、陶铸举行了追悼大会。彭德怀的悼词是邓小平审阅修改的。关于这一过程,胡耀邦于12月28日在中共中央党校说道:这次中央会议解决了一大批遗留问题,共有十几个。比如解决了彭老总问题,陶铸同志问题。我们不搞什么繁琐哲学。开会的时候,许多同志向我建议,说你那个组织部,彭老总要平反,开一个追悼会吧。我说,好,请你们写一个悼词。他们愿意写,七八天把悼词写出来了。写的当中不敢提高,改来改去评价都比较低。怎么办?后来说实事求是,解放思想,才写上彭老总是红三军团的创立者。把稿子送到小平同志那里,小平同志说,思想还要解放。他说,我来改,作了"国内和国际著名的军事家和政治家"这样公正的评价。

1978年12月11日,《人民日报》发表了陶铸女儿陶斯亮的文章《一封终于发出的信——给我的爸爸陶铸》。这是在陶铸逝世九年后《人民日报》发表的第一篇怀念陶铸的文章。它感人肺腑,催人泪下。

"……爸,九年前,您含冤死去;九年来,我饮恨活着。是万恶的林彪、'四人帮'害得我们家破人亡,妻离子散。我简直无法想象您这么一条硬铮铮的汉子,是如何咽下最后一口气;同样,您也想象不到在您印象中如此脆弱的女儿,又是怎样度过了那些艰难的岁月……"

陶铸,湖南祁阳人。1926年加入中国共产党。参加过南昌起义和广州起义。新中国成立后,曾任中共中央华南分局书记,中共广东省委第一书记,中共中央中南局第一书记等职。"文化大革命"初期,经邓小平提议,陶铸调到中央工作,担任中央政治局常委、国务院副总理和"中央文革小组"顾问。不久,在江青的一手策动下,陶铸被打成"党内最大的保皇派",成为排在刘少奇、邓小平之后的党内第三号"走资本主义道路的当权派",还被戴上

"叛徒"的帽子。1969年11月30日,陶铸含恨被迫害致死。

1977年2月的一天,天气还很冷。在西山25号,邓小平夫妇热情地接待了陶铸的夫人曾志和他们的女儿陶斯亮。她们母女打听到邓小平住在西山,不久可能会出来工作,所以前来向邓小平递交陶铸冤案的申诉材料。她们相信,凭着邓小平对陶铸的了解,只要他出来工作,陶铸的冤案就一定会得到平反的。

陶铸的夫人曾志,也是我们党内的一位老同志。陶铸被打倒后,她也受到迫害,被赶出北京。1974年,经毛泽东批准,曾志获准回到北京。从那时起,她和女儿陶斯亮一起为陶铸的问题奔走呼号。其间,许多老同志,特别是陈云等人给了她们热情的鼓励和帮助。但在"文化大革命"中,陶铸的平反问题是提不上日程的。粉碎"四人帮"后,曾志感到是时候了,又到处写信、找人、申诉,依然是毫无结果。绝望中传来一个消息,邓小平就要恢复工作了,这使曾志萌生了极大的希望。惊喜和焦急之中,她也顾不得考虑邓小平当时的处境,就和女儿陶斯亮一起来到西山邓小平的住处。

相互问候之后,曾志连忙递上她的申诉材料,滔滔不绝地诉说陶铸的冤案和她们母女在"文化大革命"中的遭遇。邓小平接过材料,没有看,只是轻声地说了句:是陶铸的问题,我知道。就把材料放下了。此后大约一个小时,只是曾志母女俩说,他认真地听,但一言不发,直到把她们送出门外,也没对这个问题表态。陶斯亮感到非常失望,在回去的路上对妈妈说:看来又白跑了一趟,说了半天,连一句话也不给。

与邓小平相交多年深知邓小平性格的曾志却不以为然,她知道,这种情况下,他是不会随意表态的,因为这时他还没有正式出来呢!

果然,邓小平复出后不久就过问陶铸的问题。

1978年4月24日,陈云致信华国锋并叶剑英、邓小平、李先念、汪东兴,转交曾志关于陶铸历史问题的来信,并指出:陶铸是在国共合作后由我党从监牢中向国民党要出来的。此案牵涉到一大批省部级干部,弄清陶铸问题非常必要。建议由中央组织部主持,会同专案组,将全部案卷和有关人员都调到北京,再审查一次。4月26日,邓小平在信上批示:"我总觉得对陶铸的结论过重,建议由中组部复查。"他指示中组部要尽快解决陶铸问题,要指定由信得过的专人负责。

11月12日,陈云在中央工作会议东北组的发言中说,1937年7月7日中央组织部关于所谓自首分子的决定和1941年类似内容的决定都是中央批准的,中央都应当承认。对在"文化大革命"中被错定为叛徒、现在并未发现有新的叛党行为的同志,应该恢复党籍。陶铸、王鹤寿等是抗战后由我党从国民党监狱中要出来的一批党员。这些同志现在或者被定为叛徒,或者虽恢复了组织生活,但仍留着"尾巴",例如说有严重的政治错误。陶铸一案的材料放在中央专案组,其中党内部分的问题应移交给中央组织部。既有中央组织部又有中央专案组的不正常状态应该结束。

11月,邓小平在《关于陶铸同志问题的审查报告》上加写了一段话:"总的说来,陶铸同志在监狱斗争是坚决的,几十年的工作,对党对人民是有贡献的,过去定为叛徒是不对的,应予平反。对他的结论,应请中央组织部拟出,报中央审定。"

党的十一届三中全会为陶铸正式平反。邓小平出席了陶铸的追悼大会,陈云为陶铸致悼词。

这是迟到的追悼会。据不完全统计,从1978年到1980年,邓小平先后参加了13次这样的追悼会,为54位含冤屈死的同志送了花圈。

党的十一届三中全会形成了以邓小平为核心的第二代领导集体,平反冤假错案的工作开始向纵深发展。继彭德怀、陶铸等党和国家领导人平反之后,中共中央又陆续为在"文化大革命"中遭到迫害的贺龙、乌兰夫、彭真、谭震林、罗瑞卿、陆定一、杨尚昆、萧劲光、萧华、杨成武、余立金、傅崇碧等同志平反。还先后为在"文化大革命"前受到错误批判的谭政、习仲勋、黄克诚、邓子恢等同志平了反。一些蒙冤多年的党的早期领导人瞿秋白、张闻天、李立三等也先后得到平反。

十年的"文化大革命",从共和国主席刘少奇到各级领导干部都蒙受了巨大的灾难。再往前推,从20世纪50年代中后期起,阶级斗争扩大化的"左"的错误逐渐支配了国家正常的政治生活,接连不断的政治运动制造了大量的冤假错案。到"文化大革命"结束时,被立案审查的干部就占国家干部总数的17%。中央副部级和地方副省级以上的高级干部被立案审查的有75%,受到各种形式伤害和株连的人口高达一亿人之多。这是一个极其沉重的政治包袱。

在这个沉重的政治包袱中,最大的冤案就是共和国主席刘少奇的案子。刘少奇冤案的平反昭雪,从提出到落实,前后经历了三个年头,是在邓小平的推动下有计划分步骤进行的。

党的十一届三中全会解决了历史上遗留的一批重大问题和一些领导人的功过是非以后,党内外许多人向中央建议,对刘少奇同志案件进行复查。

1978年12月24日,一封要求为刘少奇平反的人民来信送到了邓小平的手中。

这时中共十一届三中全会刚刚闭幕。邓小平立即批示:"政治局各同志阅,中组部研究。"在这之前类似的信件也有,但并没有得到重视。邓小平的这一批示,把重新考虑刘少奇案的问题提到了中共中央政治局的议事日程。

1979年2月5日,原交通部部长孙大光致信胡耀邦并党中央,建议重新审议刘少奇一案。这封信经胡耀邦和当时担任中共中央副秘书长兼中央办公厅主任的姚依林商议后,正式转报中央主席华国锋和副主席叶剑英、邓小平、李先念、陈云、汪东兴。据1979年2月22日的中央纪委书记办公会议纪要记载:"中纪委办公会议决议:刘少奇问题,群众来信要求予以平反,小平同志要中纪委研究。这两人的问题(按:另一个人指瞿秋白)如何研究,另定。"2月23日,陈云批示:"中央常委各同志已传阅完毕,中央办公厅应正式通知中组部、中纪委合作查清刘少奇一案。"

3月27日,中央纪委办公会议研究决定:"刘少奇的问题,经鹤寿同志与任重同志商量,按陈云同志的意见,由中央组织部和中央纪委共同处理。"这样,由中央纪委和中央组织部从一些单位抽调干部,组成"刘少奇案件复查组",开始进行具体的复查工作。

经过七个多月的调查研究工作,"刘少奇案件复查组"于11月向中共中央正式作出了《关于刘少奇案件的复查情况报告》,复查报告逐一否定了原《关于叛徒、内奸、工贼刘少奇罪行的审查报告》中强加给刘少奇的罪名。

12月,邓小平、陈云、邓颖超、胡耀邦等审阅复查报告后表示同意。邓小平提议:可考虑将这一报告作为中央对刘少奇案件的平反决定。1980年2月初,中央政治局讨论并同意《关于为刘少奇同志平反的决议》(草案),决定提交即将于当月召开的中共十一届五中全会审议。

为刘少奇平反,必然要涉及毛泽东和他发动的"文化大革命"的问题。

这个问题比较棘手，把握不好，就会损害毛泽东的形象，同时也会引起人们思想上的混乱。这是一个方向问题。这时，党中央正在起草《关于建国以来党的若干历史问题的决议》，这个决议的核心问题就是对毛泽东和毛泽东思想的评价，对"文化大革命"的评价。

邓小平认为，为刘少奇平反，必须把握正确的方向，不能走向否定毛泽东和毛泽东思想这一极端。在十一届五中全会审议为刘少奇平反的决议时，邓小平在2月28日召开的五中全会各组召集人汇报会上作了重要讲话。

当汇报到讨论中提出为刘少奇平反的决议要不要写刘少奇也犯过错误的问题时，邓小平说：今天倒是议了一个重要原则问题。实事求是可不容易。写上这样的语句不会给人们说这是贬低少奇同志，不可能这样理解。少奇同志与一般人不同，在给他作的平反决议中如果没有这样的内容，会给人一个印象，就是所有错误都是毛主席一个人的。这不是事实。我们犯的错误比少奇同志犯的错误多，总要承认他也有错误就是了。这也是个党风问题。29日，五中全会召开第三次全体会议。邓小平又讲到这个问题。他说：为少奇同志平反的决议讲，"文化大革命"前，党犯过一些错误，少奇同志和其他同志一样，也犯过一些错误。我看这样讲好，符合实际。不要造成一个印象，好像别人都完全正确，唯独一个人不正确。这个话我有资格讲，因为我就犯过错误。1957年反右派，我们是积极分子，反右派扩大化我就有责任，我是总书记呀。1958年"大跃进"，我们头脑也热，在座的老同志恐怕头脑热的也不少。这些问题不是一个人的问题。我们应该承认，不犯错误的人是没有的。拿我来说，能够四六开，百分之六十做的是好事，百分之四十不那么好，就够满意了，大部分好嘛。我们既然说毛泽东同志都会犯错误，少奇同志就没有错误呀？其他同志就不犯错误呀？平反的决议这样评价少奇同志，可以使党内党外、国内国外进一步认识到，中国共产党是实事求是的，是敢于面对现实讲真话的。

邓小平还说：刘少奇同志的平反是一件很大的事，我们解决得很好。这件事情可不可以早一点办呢？恐怕不行。但是，现在再不解决，就可能犯错误。

2月29日，十一届五中全会第三次全体会议通过了《关于为刘少奇同志平反的决议》。

3月19日,中共中央发出《关于认真传达好为刘少奇同志平反的决议的通知》,指出:"刘少奇同志是我们党和国家享有崇高威望的主要领导人之一,是久经考验的无产阶级革命家,是伟大的马克思主义者,说他是修正主义分子或修正主义路线头子是不符合实际的;'文化大革命'中强加给刘少奇同志的'叛徒、内奸、工贼'等项罪名,完全是林彪、江青、康生、陈伯达一伙在当时党内政治生活极不正常的情况下,蓄意制造的我党历史上的最大冤案;为刘少奇同志平反昭雪,是经过周密的调查研究,反复核对材料,得出的完全符合历史事实的正确结论,决议和附件所列举的大量证据,证明过去强加给刘少奇同志的罪名完全是诬陷不实之词,必须推倒。"

同一天,邓小平在约请起草历史决议小组负责人胡乔木、邓力群谈话时说:十一届五中全会为刘少奇同志平反的决定传达下去以后,一部分人中间思想相当混乱。有的反对给刘少奇平反,认为这样做违反了毛泽东思想;有的则认为,既然给刘少奇同志平反,就说明毛泽东思想错了。这两种看法都是不对的。必须澄清这些混乱思想。对毛泽东同志、毛泽东思想的评价问题,党内党外和国内国外都很关心,不但全党同志,而且各方面的朋友都在注意我们怎么说。

正是邓小平正确地把握全局,有力地推动了为刘少奇平反的顺利进行,同时又正确地维护了毛泽东同志的历史地位和毛泽东思想。

在刘少奇追悼大会的筹备工作中,邓小平对悼词进行了反复的审阅和修改。5月17日,刘少奇追悼大会在北京人民大会堂隆重举行。

邓小平致悼词,他说:

今天,我们怀着无比沉痛的心情,悼念伟大的马克思主义者和无产阶级革命家刘少奇同志。刘少奇同志为共产主义事业战斗了一生。他是受到全党和全国各族人民爱戴的、久经考验的、卓越的党和国家领导人。

"文化大革命"时期,林彪、江青一伙出于阴谋篡党夺权的反革命目的,利用我党的缺点和错误,蓄意诬陷和残酷迫害刘少奇同志。1969年11月12日,刘少奇同志在河南开封不幸病故。这是我党和我国人民巨大的损失。党中央经过周密的调查研究,根据确凿的证据,在党的十届五中全会上,彻底推倒了强加在刘少奇同志身上的种种罪名,郑重地为他平反昭雪,恢复名誉。我们党采取的这种实事求是、有错必纠的原则立场,受到了全党全军全国各族人民的衷心拥护。

邓小平在悼词中高度评价了刘少奇为中国革命和建设所作的巨大贡献：

刘少奇同志几十年如一日，为党的巩固和发展，为新民主主义革命的胜利，为社会主义革命和社会主义建设事业的胜利，为反帝反殖和国际共产主义运动的开展，进行了不懈的斗争，建立了不朽的功绩，赢得了全党全军全国各族人民的爱戴和尊敬。

邓小平最后说：

正如少奇同志在处境最艰险时所说："好在历史是由人民写的"，历史宣告了林彪、"四人帮"一伙阴谋的彻底破产。历史对新中国的每个创建者和领导者都是公正的，不会忘记任何人的功绩。和毛泽东同志、周恩来同志、朱德同志一样，刘少奇同志将永远活在我国各族人民的心中。

这起共和国最大冤案的平反工作历经曲折至此画上了一个圆满的句号。

关于刘少奇平反的曲折过程，刘少奇的夫人王光美后来回忆说：

"1969年，少奇同志蒙难河南开封，我们家破人亡，我也是九死一生。1977年我从监狱出来，以后的几年，我一直未向中央提出少奇的平反问题。我知道，少奇的问题并不是我们家庭的事情，这是党和国家的一件大事，是中央考虑的问题，无须我多言。

粉碎'四人帮'以后，许多同志都平反了，但少奇的事情迟迟没有解决。许多热心的同志都让我向中央申诉，我没办。我相信少奇对我说的一句话：好在历史是人民写的。人民会作出公论，小平同志也会操心这个问题。果然不出我所料，少奇的平反正是小平直接关心的。这项工作搞了很长时间，因为在'九大'上，给少奇戴了三顶帽子，网罗了大量材料，这需要一件一件地澄清。所以，到1980年前，主要是复查，没有明确结论。

这期间，小平对我们全家很关心，有两件事我印象极深。一是1978年，我儿子刘源想报考大学，但政审不合格，被取消资格。这时，少奇平反问题尚未提出，所以他四处奔走交涉都没有结果。后来，他抱着试试看的心情背着我给邓叔叔写了封信，诉说理由，希望他能帮助说句话。未想到小平果真在这封信上作了亲笔批示。这样，才得以破例在报考期已过的情况下参加了高考,并被录取。我们全家都感激他,在那个时候能这样做是很不容易的。

第二件是,三中全会后,我分配了工作,又当了政协委员,这也是小平、耀邦的关照。我出来后,因少奇问题没解决,我也不便露面。一次政协开会,华国锋、小平都在主席台上,散会时,我想我应该去和他们打个招呼,我向主席台走去。小平同志看见了我,显得很激动,老远就站了起来。他一站起来,华国锋也只好站起来,主席台上的人都站了起来,全场爆发一片掌声。当时我心里很激动。小平这样做,实际上是表示了一种姿态,发出一个信号,是对少奇平反的促动。

在小平的推动下,十一届五中全会终于撤销了强加给少奇的种种罪名,恢复了他作为伟大的马克思主义者的荣誉,这起共和国最大的冤案得到昭雪。在少奇的追悼大会上,小平致悼词时十分沉痛,感染力很强。结束时,他走到我面前,拉着我的手,沉重地、一字一字地告诉我:'是好事,是胜利。'整个追悼会我强忍着没有掉泪,但当我听到小平的这两句话时,再也忍不住了。"

从1979年到1982年,被平反的党和国家各部门的负责人还有:周扬、夏衍、田汉、阳翰笙、周小舟、张琴秋、邓拓、廖沫沙、徐冰、张经武、吴溉之、邹大鹏、伍云甫、章汉夫、赖若愚、董昕、冯雪峰、马明方、王维舟、贾拓夫、张子意、安子文、陈昌浩、李德生、杨献珍等等。

中共中央还为"文化大革命"中受到诬陷的中央一些部门平反:

撤销了所谓中共中央对外联络部实行"三和一少""三降一灭"的错误结论;为"所谓中宣部阎王殿"彻底平反;为全国统战、民族、宗教工作部门摘掉"执行投降主义路线"的帽子;为把原文化部说成是"帝王将相部、才子佳人部、外国死人部"的大错案彻底平反;为解放军总政治部被诬为"阎王殿"冤案彻底平反;撤销1966年2月《部队文艺工作座谈会纪要》;撤销1971年《全国教育工作会议纪要》,推翻"四人帮"强加给教育战线的所谓"两个估计"等等。

继天安门事件平反后,中央和各地又先后为武汉"七·二〇事件"、宁夏青铜峡"反革命暴乱事件"、云南"沙甸事件"、"三家村"冤案、内蒙古"新内人党"等冤案平反。为在"文化大革命"中被错判的反革命案件、刑事案件、冤杀、错杀案件改判或平反。还为在历次政治运动中特别是"文化大革命"中受到打击、诬陷和迫害的党外民主人士平了反。其中著名的党外人士有：翦伯赞、高崇民、曾昭抡、费孝通、黄药眠、陶大镛、钱伟长、吴景超等。为国民党起义投诚人员中的冤假错案复查并平反，为45.4万国民党起义投诚人员落实了政策。

根据实事求是、有错必纠的原则，中共中央对"文化大革命"前的冤案错案也进行了清理、纠正，并先后作出了平反决定：为1959年反右倾运动中被定为右倾机会主义分子的同志平反；为1955年的"胡风反革命集团"平反；为1958年青海省平叛斗争扩大化而受株连的人平反；为全总党组第三次扩大会议被错误处理的人平反；为"华北山头主义"平反；为"潘汉年案"平反。

在基本解决了中华人民共和国成立以来的冤假错案的平反工作后还对20世纪30年代、40年代的历史遗案进行了实事求是的复查和纠正，平反了一批冤假错案。

上面说到的这些部门和这些人的平反，有不少也是在邓小平直接批示或者过问下解决的。

到1982年，全国大规模的平反冤假错案工作基本结束。据不完全统计，在此期间，经中共中央批准平反的影响较大的冤假错案有30多件，全国共平反纠正了300多万干部的冤假错案，47万多名共产党员恢复了党籍，数以万计的无辜受株连的干部和群众得到了解脱。

沉重的政治包袱卸下了，一个全面开创社会主义现代化建设的新局面来到了。

# 致力于中美关系正常化

邓小平多次说过,我是热心于中美关系的。从20世纪70年代中期开始到90年代初,邓小平为中美关系的建立和发展,倾注了大量的心血。

1974年4月14日第六届联大特别会议期间,邓小平在美国国务卿兼总统国家安全事务助理、美国代表团团长基辛格为中国代表团举行的宴会上,就同基辛格谈到了中美两国关系正常化问题。

席间,基辛格推托说:"我们美国政府正致力于两国关系正常化的努力,研究如何实现一个中国的设想,但一时想不出办法来。"

其实,尼克松总统早在1973年11月派基辛格第六次访华时,已为实现一个中国的设想想出了办法,并对中国作出了承诺:"总统表示,在任期头两年,解决好与台湾的问题,削弱驻台美军力量,美中互设联络处。在后两年走类似日本的方式,实现中美关系正常化,同中国建交,与台湾保持某些民间往来。"

邓小平非常清楚,美国政府并非"一时想不出办法来",而是尼克松总统被"水门丑闻"搞得焦头烂额,一时抽不出时间来。

"博士,中国政府希望这个问题能较快地解决,但也不着急,我们能够体谅美国政府的困难。"邓小平笑了笑,很有分寸地说。

许多年后,基辛格回忆他第一次见到邓小平的情景时说:说实话,我那时不知道他是谁,因为他在中国的"文化大革命"中受到迫害。所以我们那时认为他是中国代表团的一名顾问,甚至不知道他是中国代表团的团长,但他处理事情的果断能力以及对事物的洞察力给我留下了深刻印象。

1974年8月,尼克松总统因"水门事件"被迫辞职,副总统福特继任总统。福特继任后表示,美国对华政策不变,将在自己的任期内同中国实现关系正常化。但是福特总统在上任后的一段时间内,把注意力集中于美苏"缓和"，加之受到美国反华势力的压力，因而对实现中美关系正常化并不积极，而是采取拖的方针，在台湾问题上、在两国关系的发展中制造了一些麻烦，采取了一些有违《上海公报》精神的行动。

1974年11月，美国国务卿基辛格访华。

邓小平先后同基辛格进行了五次限制性的会谈。

会谈的焦点是台湾问题。

基辛格抛出了事先准备好的方案。他说，美国在台湾问题上的处境与其他国家不同：一是美国同台湾订有《共同防御条约》，二是美国国内存在着一股亲台势力。因此，一、美国愿意按"日本方式"解决中美关系正常化问题，但要在台湾设"联络处"。二、美国将在1977年撤完驻台全部美军，但还没有找到妥善解决美台《共同防御条约》问题的方案，希望中国声明和平解放台湾，以便美国考虑放弃美台"防御关系"。

很显然，基辛格提出的方案表明了美国在台湾问题上的态度有所后退。

邓小平说，从本质上讲，美方这些方案不是"日本方式"，实际上还是"一中一台"的方式，无非是一个倒联络处的方案。这个方案，我们难以接受。至于美国同台湾的防御条约问题，如果中美关系正常化，按照《上海公报》的原则，一定要保证废除这个条约。按照你们的方案不可能解决正常化的问题。

关于台湾问题和中美关系正常化，我们有三个原则，不能有别的考虑：一、坚持《上海公报》的原则，不能考虑"两个中国"或"一中一台"，或变相的"一中一台"，如我们所理解的倒联络处，实际上也是"一中一台"，中方不能考虑。二、台湾问题只能在中国人之间作为内政自己来解决。至于用什么方式，和平的，还是非和平的，如何解决，那是中国人自己的事，是中国的内政问题。三、作为一个原则问题，我们不能承认在解决这个问题的过程中，其他国家参与什么保证，包括美国的保证。

双方差距比较大。

邓小平最后说，看来你们还需要台湾，既然你们还需要台湾，我们可以等待，等到你们考虑清楚了，干干脆脆，一下子解决。我们可以等几年，甚至还可以不催你们。但如果要解决，必须符合这三条原则。

1975年10月，基辛格来访。邓小平对基辛格说：中美之间更重要的是国际问题。在对待国际问题上,我们认为,总要从政治角度考虑,才能把问题看得更清楚,才能在某些方面达到协调。所谓政治问题,就是对付苏联的问题,这是一个战略问题,全球战略问题。博士谈到美在对苏战略方面的立场是鲜明的,考虑的只是策略问题。根据我们理解,策略是在战略指导下的,是为战略服务的。如果策略上是多种多样的表现,可以是符合于战略的,也可以是偏离战略的。你们强调的是灵活态度。如果我们要对自己作一个评价,我们的态度从不僵硬。

但我们认为,灵活是要符合于战略要求的灵活,如果灵活得过分,就会使人们想到究竟这个战略是什么。

1975年12月,福特总统访华。邓小平在同福特会谈时指出:国际形势千变万化,我们两国虽然各自所处地位不同,但两国领导人相互经常接触、交换意见,总是有益处的。我们两国社会制度不同,理所当然地有许多分歧,但这不排除寻求共同点,不排除在《上海公报》的基础上寻求发展两国关系的途径。双方可深入地交换意见,哪怕是分歧,吵架也没有关系。我们多次讲过,特别是毛泽东主席多次讲过,我们两国之间的关系方面,当然有双边问题,特别是台湾问题,但第一还是国际问题。现在摆在世界人民面前最重要的一个问题是国际问题,特别是战争危险问题。坦率地说,就是面临苏联扩张主义的问题。现在的问题是怎样对付它才是对的,怎样对付它才对付得了,怎样对付它才是有益的。这既是我们重要的共同点,也可能是我们相当不小的分歧点。

由于当时美国共和党政府下不了决心接受中国提出的建交三原则,并承认中华人民共和国政府是中国的唯一合法政府,中美关系正常化并没有如同美方所曾表示的那样在尼克松总统的第二个任期内或福特总统的任期内得到实现。中美建交被拖延下来。

作为中美建交谈判中的关键人物,邓小平在1976年春也从中国政坛上消失了。1977年初,美国卡特政府上台。它认为中美两国建立合作关系会大大加强远东局势的稳定,并有利于美国在全球范围内同苏联竞争,从美国的战略地位考虑,美中关系正常化是十分可取的。

7月,中国共产党十届三中全会恢复了邓小平党政军的一切职务,给停滞中的中美关系谈判带来了新的生机。

美国人开始投石问路。

8月,国务卿万斯访问北京,基于当时美国的国际国内政策,他带来了一个比基辛格、福特时代还后退的方案。

这是一种试探。

8月24日,邓小平在会见万斯时一针见血地指出:我看了你们这个方案,你在方案中首先讲到,你们这个方案可以作为中美两国建交的起点。据我看,你这个话讲得恐怕不那么正确,起点是上海公报。我认为,你们这个方案比过去的探讨不是前进了,而是后退了。解决中美两国关系问题的决心应该由美国下,而不是中国下。我们多次说过,要实现中美关系正常化,在台湾问题上有三个条件,即废约、撤军、断交,按日本方式。老实说,按日本方式本身就是一个让步。至于台湾统一的方式,还是让我们中国人自己来解决。中国人是有能力来解决这个问题的,奉劝美国朋友不必为此替我们担忧。而从全球战略来说,你们下决心解决了台湾问题,你们的战略态势只会更好,对付北极熊更有利。对你们这个方案,集中起来是两个问题。第一,你们实际上要我们承担不用武力解放台湾的义务,这实际上还是干涉中国的内政。第二,你们提出不挂牌子的大使馆,不管叫什么名称,不挂旗,归根到底我看实际上是倒联络处的翻版,你们政府还要仔细考虑。要从战略、从全局、从政治角度好好考虑一下这个问题。我们多次声明,我们对这个问题是有耐心的。我们讲这个话是为了改善我们两国关系时处理问题更从容、更恰当一些,有利于我们在全球战略方面取得更多的共同点。

万斯访华没有达成协议,但有助于卡特政府更好地理解中国对这一问题的坚定立场。

9月27日,邓小平在会见前美驻华联络处主任乔治·布什时再次强调:中美关系正常化,这个步伐可以快一点,正常化慢总要受限制。所以我们总是说,美政府、国会和政治家要从长远角度、政治观点来看中美关系,不要搞外交手法。这不是外交问题,是政治问题。中美关系正常化,如从长远观点、从政治角度、战略角度看问题就容易下决心。

1978年4月,出于对国际形势和中国国内形势发展的判断,卡特政府公开宣布:美国承认一个中国的概念,同中国建立正式的外交关系符合美国的最大利益。万斯国务卿也表示,希望能在卡特总统第一届任期结束前,实现中美关系正常化这个目标。

在这段时期,邓小平多次会见美国客人,他几乎在每次谈话中都谈到:希望美国政府、美国总统对中美关系正常化采取比过去更积极的态度,步伐走得快一些。

美国方面有了回音。

1978年5月,布热津斯基到达北京。他对中国领导人说:"卡特总统认为,中国在维持世界均势中发挥中心作用,一个强大的、独立的中国,同邻国和平相处的中国,在一个多元化的世界中,将是和平的力量,将对解决世界的问题起建设性的作用。"他还强调:美国政府认为中美两国之间的关系在美国全球政策中具有中心的重要性,卡特总统下决心要同中国实现关系正常化。他表示,美国愿意接受中国提出的建交三原则,但"希望(而非作为条件)在美方作出期待纯属中国内政的台湾问题得到和平解决的表示时,不会明显地遭到中国的反驳。这样美国国内的困难将更容易解决"。他宣布美国已授权其驻华联络处主任伍德科克同中方就实现两国关系正常化问题进行具体谈判。

邓小平在5月21日会见了布热津斯基。

一见面,邓小平就问道:"一定很累了吧?"

"我的劲头大着呢。来中国之前,我阅读了你同美国主要政治家和参议员的谈话记录。"布热津斯基说。

邓小平说,美国朋友我见的不少,中国问题不难了解。你从过去的谈话记录中可以了解我们的看法、观点、主张,直截了当。毛主席是军人,周总理是军人,我自己也是军人。

布热津斯基回答说,军人说话就是痛快,我们美国人也是以说话痛快出名的,我希望你们不会觉得美国人不容易理解。

话题马上转到关系正常化方面。布热津斯基说,总统要我带话给你,美国已经下了决心,我们不仅准备同你们讨论国际形势以及同你们采取并行不悖的行动,以促进达到同一目标,消除同一危险,同时也准备同你们积极讨论美中双方的关系问题。

邓小平说:很高兴听到卡特总统的"已经下了决心"这个口信。在这个问题上的观点都是明确的,问题就是下决心。如果卡特总统是下了这个决心,事情就好办。在这个问题上,我们历来阐明的就是三项条件,即:断交、撤军、废约。这三项条件都涉及台湾问题。我们不能有别的考虑,因为这涉及一个主权问题。如果美国政府认为是时机了,下了这个决心,那么,我们双方随时可以签订正常化的文件。正常化问题对两国来说,是一个带根本性的问题。当然我们历来说,我们之间的关系还有其他方面,主要是国际问题。比如,拿共同对付北极熊来说,如果正常化了,显然力量不同。美国有些人怕这样会刺激苏联,因而美国就更不容易同苏联达成协议。我们认为,也许会更容易达成协议。关于正常化问题,你们要表示你们的希望,这可以;但我们也要表示我们的立场,即中国人什么时候,用什么方式解放台湾是中国人自己的事。我们各讲各的。各讲各的,相互都没有约束力。

邓小平问布热津斯基:"你认为怎么样才能实现关系正常化呢?"

布热津斯基思忖了一下,说:"我们无意人为地拖延下去,因为总统准备在国内负起政治责任来解决我们双方这个悬而未决的问题。他承认这是我们的责任,不是你们的问题。在双方关系中,我们所依据的仍然是《上海公报》,仍然是一个中国的原则;台湾问题如何解决,那是你们的事情。""我们觉得重要的是,让人看到美国是讲信用的,虽然我们现在正继续并加速从台湾撤军,但是美国还是要在远东待下去,以免造成人心浮动,而为我们的共同敌人所用。在解决关系正常化问题时,以及在我们同台湾人民的关系的历史性的过渡时期规定一系列关系时,都要考虑到这一点。""美国接受中国的三条,并再次肯定美国上届政府向你们所讲的五点。我愿意把我到北京后讲过几次的那句话再重复一遍:在这些问题上,美国已经下定决心了。"

这次会见,邓小平给布热津斯基留下了很深的印象。

布热津斯基在他的回忆录里写道:"别看邓小平身材矮小,胆识可大呢,他一下子就把我吸引住了。他生气勃勃,机智老练,思维敏捷,谈笑风生,气派很大,开门见山。一席话使我懂得了他在政治生涯中屡经浮沉而不倒的原因。更重要的是,他的胸怀和魄力给我留下了深刻的印象。他真正够得上是一位老谋深算、可以放心与之打交道的政治家。"

布热津斯基的北京之行,打开了中美建交谈判的大门。

紧接着,双方于7月初在北京开始建交谈判。

曾任外交部副部长的朱启桢回忆道:在中美关系正常化的谈判中,小平同志不仅关心谈判进程,而且对每一轮的谈判都是给予一些具体的指示,甚至于在最后谈判的关键时刻,小平同志三次会见了美国的谈判代表。

首任驻美大使回忆说:中美建交谈判到最后,一个问题卡住了,就是美国卖武器给台湾这个问题。我们是三大原则,这三大原则美国接受了,与台湾断交、废约、撤军,但是在出售武器给台湾这个问题上,美国不让步。当时如果坚持要美国停止向台湾出售武器的话,我们就可能丧失在当时的情况下和美国建交的时机。但是,如果我们为了求得同美国建交,对武器问题就放过去的话,这个问题将来就成为一个长期解决不了的遗留问题,所以最后邓小平同志跟美国谈判代表谈判的时候,就提到了这个问题:是不是我们双方同意发表建交公报,建立外交关系,但这个武器问题就留在双方建交以后两国政府继续商谈来解决。因为有了这句话,才有了后来的《八一七公报》。

经过近半年的谈判,双方终于达成下述协议:一、美国承认中国关于只有一个中国、台湾是中国的一部分的立场,承认中华人民共和国政府是中国的唯一合法政府,在此范围内,美国人民将同台湾人民保持文化、商务和其他非官方关系;二、在中美关系正常化之际,美国政府宣布立即断绝同台湾的"外交关系",在1979年4月1日以前从台湾和台湾海峡撤出美国军事力量和军事设施,并通知台湾当局终止《共同防御条约》;三、从1979年1月1日起,中美双方互相承认并建立外交关系,3月1日互派大使、建立大使馆。在这些协议的基础上,双方于1978年12月16日晚发表了《中华人民共和国和美利坚合众国关于建立外交关系的联合公报》。

访问美国是邓小平的夙愿。

1978年11月29日,邓小平在人民大会堂会见日本公明党第七次访华团时就对竹入义胜说,我现在还有一个愿望,就是想到华盛顿去,不晓得能否实现。美国人总是说你为什么不到华盛顿去?那里有台湾的大使馆,我怎么去?只有中美关系实现正常化了,我们中国领导人就可以去。在国际事务上,我只要完成这件事就可以见马克思了。当然这要看美国政府、卡特总统的决心了。中日和平友好条约下决心后,一秒钟就解决了,中美关系正常化加一倍。两秒钟总可以吧。

邓小平如愿以偿。

1979年1月28日,邓小平应邀对美国进行正式访问。

美国总统卡特破例以接待国家元首的礼仪规格接待了邓小平副总理。

1月29日上午,白宫的南草坪披上了节日的盛装。五星红旗第一次悬挂在白宫前面的旗杆上,和美国国旗一起飘扬。10点整,卡特总统在这里为邓小平访美举行了正式的欢迎仪式,美国政府许多高级官员和1000多名挥舞着小型的中美两国国旗的群众参加了欢迎仪式,人群中不时爆发出阵阵掌声和欢呼声。

邓小平和夫人卓琳在卡特夫妇的陪同下登上了铺有红地毯的讲台。这时,军乐队奏起了中美两国国歌,鸣礼炮19响,这是把邓小平作为一个友好国家的政府首脑接待的。

在检阅了仪仗队后,卡特致辞说:"今年开始了有意义的我们两国关系的正常化,今天我们又迈进了一步。""我们期望,这种正常化能帮助我们一同走向一个多样化的和平世界。"

"副总理先生,昨天是旧历新年,是你们春节的开始,是中国人民开始新的历程的传统日子。我听说,在这新年之际,你们向慈善的神灵打开了所有的门窗。这是忘记家庭争吵的时刻,这是人们走亲访友的时刻,也是团聚和和解的时刻。""对于我们两国来说,今天是团聚和开始新的历程的时刻,今天是和解的时刻,是久已关闭的窗户重新打开的时刻。"

随后,邓小平致答词。他高度评价了中美关系正常化的意义,说"中美关系正常化远远超出两国关系的范围。位于太平洋两岸的两个重要国家发展友好合作关系,对于促进太平洋地区和世界和平,无疑将是一个重要因素"。他还赞美了两个伟大的国家和两国伟大的人民,两国人民的友好合作,必将对世界形势的发展产生积极而深远的影响。他意味深长地说:"世界人民的当务之急,就是要加倍努力维护世界和平、安全和稳定。世界形势也在经历着新的转折。我们两国有不可推卸的责任,通过共同的努力对此作出应有的贡献。"当时,美国政府正在同苏联进行第二阶段限制战略核武器的谈判,不愿当着中国人的面公开谴责苏联的霸权主义。但邓小平在答词中,还是把这个问题含蓄地、策略地端了出来。

欢迎仪式后,邓小平和卡特走进白宫椭圆形办公室,开始进行两国最高级会谈。会谈前,卡特和邓小平照例寒暄了几句。

卡特说:"1949年4月,我作为一名年轻的潜艇军官曾经在青岛待过。"

邓小平听后风趣地说:"我们的部队当时已经包围了那个城市。"

这时,坐在一旁的布热津斯基插话说:"那你们早就见过面?"

邓小平笑道:"是的。"

随后,他们开始了正式会谈。这种会谈,一共举行了三次,气氛是十分融洽的。

31日上午,邓小平接受美国斯坦福大学授予的名誉法学博士学位;下午,同卡特总统共同出席中美两国科学技术合作协定和文化协定签字仪式;晚上,邓小平在中国驻美国联络处举行答谢宴会,对美国政府的盛情款待和美国各界人民的欢迎表示感谢。

在华盛顿期间,邓小平广交朋友,先后会见了尼克松、基辛格等著名政治家,出席美国参众两院和外交政策协会、美中人民友好协会等团体举行的午餐会、茶话会、招待会,阐述中国的内外政策,特别是对台湾问题的原则立场。

在华盛顿期间,邓小平还先后与美国有影响的新闻工作者共进午餐,接受哥伦比亚广播公司等美国媒体采访,回答他们提出的问题。

2月1日至4日,邓小平先后访问了佐治亚州、得克萨斯州、华盛顿州,参观了福特汽车公司的一个汽车装配厂、林登约翰逊航天中心、休斯敦工具公司、波音公司波音747飞机装配厂等美国现代化企业。

邓小平对美国人说,我们两国是隔水相望的邻居。太平洋再也不应该是隔开我们的障碍,而应该是联系我们的纽带。

2月5日上午,邓小平结束对美国的正式友好访问,乘专机飞离西雅图回国。

邓小平的这次出访,在美国掀起了全国性的"中国热"。在历时8天的访问中,邓小平不知疲倦,争分夺秒地与卡特总统以及其他美国官员进行会谈;会见了数以百计的议员、州长、市长以及企业界和文教界的知名人士;在不同的场合向数千人直接发表讲话,并回答了一批又一批记者提出的问题。8天的时间,2000多名新闻记者追踪采访和报道了这一历史性事件,美国三大全国性电视网的黄金时间则全部变成了"邓小平时间"。新华社记者和《人民日报》记者在发表的述评中说,在中美关系的历史上,"中国对当前国际事务和中美关系的立场以这样有效的方式直接为美国公众所深切了解,这是从未有过的"。

邓小平访美,为中美关系的进一步发展起了重要的促进作用。为两国的政治、经济、文化、科学、技术等领域的交流与合作开辟了新的广阔的前景。

1979年8月,美国政府决定在各种双边问题上把中国同苏联明确区分开来,其中包括出口管制、获得进出口银行贷款的资格和最惠国待遇等。在邓小平访美后的两年时间里,中美两国政府之间签订了35个条约、协议和议定书,中美两国关系在外交、经济、科技和文化学术方面都有了大的发展。

# 启动城市经济体制改革

十一届三中全会以后率先进行的农村改革,通过家庭联产承包责任制,打破人民公社"三级所有,队为基础"的体制和"大锅饭"的分配方式,取消农副产品统购派购制度,为农村商品经济的发展解除了桎梏,从而把农村经济纳入了有计划的商品经济的轨道,促使传统农业逐步向专业化、商品化、现代化方向发展,取得了引人瞩目的成就。

农村改革的伟大实践不仅给农业生产注入了生机和活力,同时也为整个国民经济的改革积累了经验,也正是在农村改革的基础上,我国才全面开始了城市经济体制的改革。

邓小平高度评价了我国农村的改革,他说:这几年进行的农村改革,是一种带革命意义的改革。农村改革的成功增加了我们的信心,我们把农村改革的经验运用到城市的经济体制改革中去。

邓小平认为,城市经济改革的基本原则是搞责任制。按照这一基本原则,我国的城市经济改革在试点的基础上开始了全面的改革。

我国的城市经济体制改革是从扩大企业自主权起步的。

1978年10月,四川省的重庆钢铁公司等6家企业进行扩大企业自主权的试点,当时的做法是:只给这些企业分别定出当年增产增收目标,年终实现目标后提留少量利润,并可给职工发少量奖金。这一措施迅速见效,极大地调动了广大职工的生产积极性,当年的生产就有了大幅度提高。

邓小平1978年12月13日在中央工作会议上所作的报告中明确指出:当前最迫切的是扩大厂矿企业的自主权。他说:"全国几十万个企业,几百万个生产队都开动脑筋,能够增加多少财富啊!为国家创造财富多,个人的收入就应该多一些,集体福利就应该搞得好一些。不讲多劳多得,不重视物质利益,对少数先进分子可以,对广大群众不行,一段时间可以,长期不行。"

按照邓小平的这一讲话精神,从1979年开始,全国确立了第一批进入扩大企业自主权试验的企业。在这一试验搞得最早的四川省,此时的扩权企业已达100个。1980年,全国扩权试点的工业企业达6600多家,其产值和利润分别占国有企业的60%和70%。到1981年,全国已有80%的国营企业进行了扩权改革。这些企业开始有了部分计划权、利润留成权、资金运动权、部分产品销售权和部分劳动人事权,给企业注入了活力,经济效益也显著提高。

城市经济体制改革所进行的这些探索,为继续改革积累了重要的经验,也打下了坚实的基础。1982年9月党的十二大报告提出:要继续巩固和完善经济管理体制方面已经实行的初步改革。强调要集中主要力量进行各方面经济结构的调整,进行现有企业的整顿、改组和联合,有重点地开展企业的技术改造。十二大以后,工业改革以实行利改税和用改革精神整顿企业为主。1984年5月,国务院发布了《关于进一步扩大国营工业企业自主权的规定》,扩大了生产经营计划、产品销售、产品价格、物资选用、资金使用、资产处理、机构设置、人事劳动管理、工资奖金、联合经营等10个方面的自主自觉运用价值规律的计划体制,发展社会主义商品经济;建立合理的价格体系,充分重视经济杠杆的作用;实行政企职责分开,正确发挥政府机构管理经济的职能;建立多种形式的经济责任制,认真贯彻按劳分配原则;积极发展多种经济形式,进一步扩大对外的和国内的经济技术交流。

在城市经济体制改革实践的基础上,1984年10月20日,党的十二届三中全会通过了《中共中央关于经济体制改革的决定》,迈出了中国经济体制改革由农村转向城市的关键性一步。以此为标志,改革全面展开,中国的改革进入了一个新的阶段。

这个《决定》,总结了中国社会主义经济建设正反两方面的经验,特别是中共十一届三中全会以来城市经济体制改革的经验,根据马克思主义基本原理同中国实际相结合的原则,提出进一步贯彻执行对内搞活经济、对外实行开放的方针,加快以城市为重点的整个经济体制改革的步伐。

《决定》指出:改革的基本任务,是从根本上改变束缚生产力发展的经济体制,建立起具有中国特色的、充满生机和活力的社会主义经济体制。它突破了把计划经济同商品经济对立起来的传统观念,提出中国社会主义经济是公有制基础上的有计划的商品经济。

这个《决定》,是指导中国经济体制全面改革的纲领性文件。邓小平称赞这个《决定》是"一个政治经济学的初稿,是马克思主义基本原理和中国社会主义实践相结合的政治经济学"。

全方位的经济体制改革,为中国社会的发展带来了勃勃生机,同时也出现了这样那样的问题。当时面临的一个最突出的问题是:怎样看待计划与市场的关系。社会主义能不能搞市场经济?市场经济是不是就是资本主义?改革的实践和不断涌现出的新鲜经验,向传统观念发起了挑战。

改革的目标模式是什么?我们最终要建立一个什么样的社会主义经济体制?改革之初,邓小平就一直在思考这两个问题。

实际上,早在1979年,邓小平对这些问题就有了比较明确的想法。这年的11月26日,他会见了美国不列颠百科全书出版公司编委会副主席吉布尼和加拿大麦吉尔大学东亚研究所主任林达光等人。会见中,邓小平就中国的社会主义道路等问题回答了客人的提问。在会见快结束时,林达光向邓小平提出了一个十分敏感的问题。

林达光问:您是不是认为过去中国犯了一个错误,过早地限制了非资本主义的市场经济,这方面限制太快,现在就需要在社会主义计划经济的指导之下,扩大非资本主义的市场经济作用。

出乎客人的预料,邓小平不但没有回避这个问题,而且他的回答还超出了提问的范围。他说:"说市场经济只存在于资本主义社会,只有资本主义的市场经济,这肯定是不正确的。社会主义为什么不可以搞市场经济,这个不能说是资本主义。我们是计划经济为主,也结合市场经济,但这是社会主义的市场经济。虽然方法上基本上和资本主义社会的相似,但也有不同,是全民所有制之间的关系,当然也有同集体所有制之间的关系,也有同外国资本主义的关系,但是归根到底是社会主义的,是社会主义社会的。市场经济不能说只是资本主义的。市场经济,在封建社会时期就有了萌芽。社会主义也可以搞市场经济。"

邓小平在这次谈话中第一次把市场经济同社会主义联系起来。尽管他在谈话中仍然强调了计划经济为主,但这毕竟是我们党的领导层中最先突破传统观念对社会主义市场经济问题最早、最深刻的论述。

此后，邓小平又不断结合改革的实践，反复论述计划和市场的问题。

1980年1月16日，在《目前的形势和任务》的讲话中，邓小平在讲到寻求合乎中国实际的发展经济的道路时，提出了"计划调节和市场调节相结合"。

1983年春节前夕，邓小平在苏州视察时，对那里的社队工业的崛起产生了浓厚的兴趣。江苏省的领导同志向他汇报说：苏州社队工业的成长和发展，凭借的是灵活的经营机制，实行的是市场经济体制。邓小平听后深有感触地说：看来，市场经济很重要！

1984年10月党的十二届三中全会通过的《中共中央关于经济体制改革的决定》，提出了"社会主义有计划的商品经济"的新概念。邓小平对此给予了很高的评价。他说："这次经济体制改革的文件好，就是解释了什么是社会主义，有些是我们老祖宗没有说过的话，有些新话。"

1985年10月23日，邓小平在会见以格隆瓦尔德为团长的美国高级企业家代表团时，再次明确提出："社会主义和市场经济之间不存在根本矛盾"，"问题是用什么方法才能更有力地发展社会生产力。我们过去一直搞计划经济，但多年的实践证明，在某种意义上说，只搞计划经济会束缚生产力的发展。把计划经济和市场经济结合起来，就更能解放生产力，加速经济发展"。

1986年11月14日，邓小平在人民大会堂会见了美国纽约证券交易所总裁约翰·范尔霖。在会见中，范尔霖把一枚该交易所的徽章送给了邓小平。据说，世界上得到该交易所徽章的领导人除里根外，就只有邓小平了。有了这个徽章，进入纽约证券交易所便可畅通无阻。范尔霖高兴地对邓小平说：这表示您将永远受到我们的欢迎，永远欢迎您到纽约证券交易所来，永远欢迎您到美国金融市场来。邓小平也向范尔霖回赠了一份小礼物——两个月前在上海第一个证券交易所上市的新中国的第一份股票。对此，《朝日新闻》以整版的篇幅发表评论，称邓小平的这一举动是中国推行股份制的一个信号。

改革是前无古人的事业，是一场伟大的试验，是一场革命。证券、股市，这些东西究竟好不好，社会主义能不能用？邓小平说："允许看，但要坚决地试。看对了，搞一两年对了，放开；错了，纠正，关了就是了。"于是，证券、股份制、金融市场、生产资料市场、劳动力市场、技术市场等等，这些原来被视为资本主义所特有的东西，越来越多地出现在我们的经济生活当中，刺激着经济的增长，同时引起了人们的争论。争论的焦点，仍然是计划与市场的问题。

1987年2月6日，在党的十三大召开前夕，邓小平在同几位中央负责同志的一次谈话中说："为什么一谈市场就说是资本主义，只有计划才是社会主义呢？计划和市场都是方法嘛。只要对发展生产力有好处，就可以利用。它为社会主义服务，就是社会主义的；为资本主义服务，就是资本主义的。好像一谈计划就是社会主义，这也是不对的，日本就有一个企划厅嘛，美国也有计划嘛。我们以前是学苏联的，搞计划经济。后来又讲计划经济为主，现在不要再讲这个了。"

根据邓小平的这一思路，1987年10月召开的党的十三大提出，社会主义有计划商品经济，应该是计划与市场内在统一的体制，计划与市场都是覆盖全社会的，决定不再提以计划经济为主了。这些重要提法，表明我们党朝着社会主义市场经济体制的目标又大大地迈进了一步。

十三大以后，中国的改革进入了最为复杂的攻坚阶段。改革是一个复杂的社会系统工程，"是有风险的事"。"过五关、斩六将"，邓小平常用这句话来形容改革的艰难。

1989年春夏之交，北京发生了一场罕见的政治风波。随后，东欧和苏联也相继发生了动荡，并最终导致了东欧的剧变和苏联的解体。在这一背景下，各种政治思潮蜂拥而来。有人在批判资产阶级自由化的同时，把计划和市场问题同基本制度直接联系起来，认为这是一个姓"社"还是姓"资"的问题，说把改革的目标定位在"市场取向上"，会改变社会主义经济的性质。

改革向何处去？充满希望的改革大业又走到了一个重要关口。

邓小平坚定地说："我们原来制定的基本路线、方针、政策，照样干下去，坚定不移地干下去。"

1990年12月24日，邓小平在同几位中央负责同志谈话中再一次谈到了计划和市场问题。他说："我们必须从理论上搞懂，资本主义与社会主义的区分不在于是计划还是市场这样的问题。社会主义也有市场经济，资本主义也有计划控制。资本主义就没有控制，就那么自由？最惠国待遇也是控制嘛！不要以为搞点市场经济就是资本主义道路，没有那么回事。计划和市场都得要。不搞市场，连世界上的信息都不知道，是自甘落后。"

从1989年到1992年,中国的经济体制改革在治理整顿中逐步深化。改革的不断深入,也对明确经济体制改革的目标模式提出了紧迫的要求。

在这个关键时刻,邓小平在1992年初视察南方时的谈话中明确指出:"计划多一点还是市场多一点,不是社会主义与资本主义的本质区别。计划经济不等于社会主义,资本主义也有计划;市场经济不等于资本主义,社会主义也有市场。计划和市场都是经济手段。"这就明确回答了社会主义可不可以搞市场经济这个长期争论不休的问题,从根本上解除了把经济和市场经济看作属于社会主义基本制度范畴的思想束缚,使人们对什么是社会主义的问题有了更加深刻的认识。

1992年10月,党的十四大明确规定把建立社会主义市场经济体制作为经济体制改革的总目标,从而解决了关系整个社会主义现代化建设全局的一个重大问题。随后,党的十四届三中全会通过的《中共中央关于建立社会主义经济体制若干问题的决定》,进一步勾画出了建立社会主义市场经济体制的蓝图和基本框架。经过14年探索,中国共产党人终于确定:经济体制改革的目标是建立社会主义市场经济体制。

正视困难,勇于纠正错误,正是凭着这份决心和胆略,邓小平带领全党和全国人民,在改革中不断探索、不断前进,一步一个脚印地走出了一条有中国特色的社会主义建设道路。

印度学者苏地先在1987年所写的《邓小平——当代伟大的改革者》一文中高度赞扬了邓小平所领导的中国经济改革,称邓小平是"当代最伟大的发展经济学家"。他说:"邓小平作为一个政治经济学家的信誉是确定无疑的。他砸碎了空想主义的枷锁,运用自己丰富的经验和智慧在中国建立起一种新的模式,而这一模式正是大多数发展中国家今天所需要的。"

鉴于邓小平在中国倡导的改革在历史进程方面要超过1985年世界其他各地发生的任何事情,1986年《时代》周刊第二次评选邓小平为1985年度新闻人物。该刊认为:邓小平倡导的全面的经济改革,解放了10亿人民的生产力。如果改革成功,将在全世界产生深刻的和不可估量的后果。邓小平实行的改革已使中国人民的日常生活发生了巨大变化,使时隔短短几年再次造访中国的外国人几乎都难以相信。在改变人民生活这一点上,没有哪个国家领导人比得上邓小平。

# 倡办经济特区

江泽民同志说:创办经济特区,是邓小平亲自倡导、设计并始终关注和支持的一项崭新事业,是我们党和国家的一个重大决策。

党的十一届三中全会以后,集中精力搞经济建设已成为全党的共识。但如何尽快缩短与世界的差距?能不能找到一条快速发展经济的捷径?这是邓小平当时反复思考的问题。

早在1975年,邓小平主持中央工作期间,为了加速我国工业技术改造,提高劳动效率,就主张与西方国家签订长期合同,进口工厂成套设备来发展石油和采煤工业,然后用这些设备生产的产品补偿外债。他认为这样做一可以增加出口,二可以带动煤炭、石油工业的技术改造,三可以容纳劳动力。但他的这些主张却被"四人帮"扣上了"买办资产阶级""对内搞修正主义,对外搞投降主义""汉奸行为"的大帽子,由于"四人帮"的阻挠和破坏,邓小平的主张未能实施,使我国失去了一次可能更早地利用外资的机会。

1977年5月,邓小平还未复出,在同前去看望他的同志谈话时,批评了科技界相互封锁的错误做法,要求科技界注意世界最新科学成果,并把它们吸收过来,作为我们发展、前进的基础。复出后,邓小平更是利用各种机会,在各种场合,阐述对外开放思想。7月23日,也就是复出的第三天,邓小平在同长沙工学院的负责人谈话时就指出:我们国家60年代和国际上差距还比较小,70年代就比较大了。要学习外国的先进技术。只有学到手了才能发展,才能赶超世界先进水平。8月17日,他在会见丁肇中时说,企业也应该像科研机构一样派人出去学习,或者请人来教,以便吸收世界先进成果。9月6日、10日、13日,在会见美国和日本客人时,邓小平一再指出,我们历来的方针是自力更生为主,但决不能排除世界上一切先进的成果。

1978年10月10日,在会见联邦德国新闻代表团时,邓小平发出了"现在是我们向世界先进国家学习的时候了"的感慨,并指出:"关起门来,故步自封,夜郎自大,是发达不起来的。""要实现四个现代化,就要善于学习,大量取得国际上的帮助。要引进国际上的先进技术、先进装备,作为我们发展的起点。"

邓小平的这些论述初步奠定了我国对外开放理论的基石,邓小平自己也坦言:中国的经济开放政策,这是我提出来的。

为了更好地向世界先进国家学习,1978年4到6月,中国政府派出了三路考察团出国和到港澳考察。一路是国家计委和外经贸部组织的港澳经济考察团,一路是以李一氓为团长的赴罗马尼亚、南斯拉夫考察团,还有一路是以谷牧为团长的赴西欧五国考察团。

5月初,国务院副总理谷牧率领中国政府经济考察团出访西欧五国。代表团的成员中除国家部委有关人员外,还有不少是沿海一些省市的负责人。对于代表团的这次出访,邓小平十分重视,临出发前,邓小平找谷牧谈话,叮嘱他出去要学习人家的先进经验,特别是好的管理方法。访问回来,代表团又用了大半个月的时间在北京集体总结,然后向中央政治局委员汇报了整整一天。这次汇报结束后,邓小平同谷牧谈话,中心意思是:一、引进这件事要做;二、下决心向国外借点钱搞建设;三、要尽快争取时间。

港澳经济考察团回到北京后,向中央写出了《港澳经济考察报告》,提出把靠近港澳的广东宝安、珠海划成出口基地,力争经过三五年努力,把两地建设成具有相当水平的对外生产基地、加工基地和吸引港澳客人的游览区的建议。

这年的10、11月间,邓小平先后访问了日本、东南亚等地,这些国家在利用外资方面的经验给了他很大的启示。在新加坡,邓小平了解到,这个面积只有587公里,人口只有230万,规模仅相当于上海1/10的国家,每年能吸引200多万外国游客,一年仅旅游收入就高达近10亿美元。新加坡从60年代起就十分注重加强对外经济联系,积极参与国际市场,利用发达国家传统工业转移到海外的机会,不断从国外引进资金和先进技术,使经济迅速腾飞起来,成为亚太地区经济发达的"四小龙"之一。邓小平十分赞赏新加坡引进外资的成功经验,他了解到外商在新加坡投资设厂使新加坡得到三大好处:一是外资企业利润的35%要用来交税,这一部分国家得了;二是劳务收入,工人得了;三是带动了相关的服务行业,这是一笔可观的收入。邓小平决心把新加坡的这个"经"取走。

但是,当时的中国仍处于几乎与世隔绝的状态,有许多条条框框的限制:1972年,中国政府曾明确表示,中华人民共和国不允许外国人在中国投资,中国也不向外国输出资本。1974年外贸部的一篇文章也明确表示,社会主义国家根本不会引进外国资本或同外国共同开发本国或其他国家的资源,根本不会同外国搞联合经营,根本不会低三下四地乞求外国的贷款。

邓小平深深地感到,中国与世界的差距太大了,中国再也耽误不起了。

回国后,邓小平多次提出要把利用外资作为一项大政策来抓。1978年12月,"努力采用世界先进技术和先进设备"被写入党的十一届三中全会的公报,利用外资的政策得以确立。

在邓小平对外开放的战略设想中,兴办经济特区是一个重大的步骤,是利用国外资金、技术、管理经验来发展社会主义经济的崭新试验。

1979年1月,一封关于香港厂商要求回广州开设工厂的来信引起了邓小平的高度重视,他敏锐地意识到,这是利用外资的一个很好的时机,当即在这份来信摘报上批示:"这件事,我看广东可以放手干。"当时中共广东省委的一位副书记后来回忆说:经过十一届三中全会,我们感到不改革开放不行了。邓小平的这个批示,对我们是很大的启示和鼓舞。我们就从广东的实际出发,分析广东的特点,提出来广东的改革开放应该先走一步。

在4月5日至28日的中央工作会议期间,广东省委的同志在发言中明确提出了广东的设想和要求:要利用毗邻港澳的有利条件,实行特殊政策和灵活措施,加快对外开放和经济发展。在向中央政治局常委汇报后,当时的中共广东省委第一书记习仲勋又带着这个意见向邓小平作了汇报,并提出:希望中央下放若干权力,让广东在对外经济活动中有较多的自主权和机动余地,允许在毗邻港澳的深圳和珠海以及属于重要侨乡的汕头举办出口加工区。邓小平十分赞同这一设想,他说:"还是叫特区好,陕甘宁开始就叫特区嘛!中央没有钱,可以给些政策,你们自己去搞,杀出一条血路来。"他向中央倡议批准广东的这一要求,特区由此诞生。

在邓小平提出举办经济特区的建议后不久,党中央、国务院根据邓小平的意见,责成广东、福建两省进一步组织论证,提出实施方案,并让当时的国务院副总理谷牧同他们具体研究,把此事抓紧抓好。

从1979年5月11日到6月5日,谷牧带领由国务院进出口领导小组办公室、国家计委、外贸部、财政部、国家建委、物资部等部门同志组成的工作组,到广东、福建进行调查研究,与当地同志一道,分别就两省经济发展的条件和规划设想进行调查和讨论。经过深入调查,认为深圳、珠海、厦门、汕头具有建立经济特区的诸多便利条件:地处亚热带,气候温和,雨量充沛,物产丰富,风景秀丽,对发展旅游业、住宅业具有较强的吸引力;位于东南沿海,港口良好,厦门有通商的基础,深圳、珠海毗邻港澳,对引进资金和先进技术,扩展对外贸易,获取国际经济信息都非常便利;华侨之乡,对吸引华侨回国办企业、投资、支援祖国建设有着深远的影响。经过反复研究,认为广东、福建两省要把潜在的经济优势发挥出来,必须对经济体制进行改革,改革过分集中的计划经济体制,调动地方的积极性。据此拟定了以下几项重要措施:一、在中央领导下实行经济计划以省为主来安排和实施,省内的企事业单位除铁路、邮电、银行、民航、国防军工以外,全部下放给省管理;二、在对外经济贸易方面,授予两省较多的机动权;三、财政实行大包干,把新增的收益较多地留给地方,增强地方自筹建设资金的能力;四、在深圳、珠海、汕头举办出口特区,吸收外商投资,发展出口商品生产。在讨论研究的过程中,广东、福建两省起草了向中央请示的报告。

6月中下旬,中央、国务院就谷牧的汇报和两省的报告进行了讨论,于7月15日以中发〔1979〕50号文件批转了广东、福建的报告,决定广东、福建两省实行"特殊政策、灵活措施",其主要内容包括:两省的财政和外汇实行定额包干;物资、商业在国家计划指导下适当利用市场调节;在计划、物价、劳动工资、企业管理和对外经济活动等方面扩大地方权限;试办出口特区,可先在深圳、珠海两市试办,待取得经验后再考虑汕头、厦门的设置问题。

1980年3月,中共中央在广州召开广东、福建两省会议,将"出口特区"定名为"经济特区"。5月,中央在总结深圳、珠海两市试办特区经验的基础上,又明确提出,广东省先集中力量把深圳特区建设好,其次是珠海,汕头、厦门两个特区可以进行规划,做好准备,逐步实施,并进一步要求将深圳特区建成兼营工业、商业、农牧业、住宅、旅游等项事业的综合性的经济特区。

同年8月21日,五届人大常委会第15次会议决定:批准国务院提出的在广东省的深圳、珠海、汕头和福建省的厦门设置经济特区。会议批准了《中华人民共和国广东省经济特区条例》,至此,完成了设置特区的立法程序。条例宣布:为发展对外经济合作,特在广东省深圳、珠海、汕头三市分别划出327.5平方公里、6.7平方公里、1.67平方公里区域,设置经济特区。12月10日,国务院又正式批准成立厦门经济特区,面积为2.5平方公里。

经济特区从此诞生了!中国从此打开了对外开放的窗口,迈开了走向世界的第一步!

1981年,国家处于国民经济的调整期,拿不出钱来支持特区。邓小平在这年的中央工作会议期间,语重心长地对广东省的负责人说:"经济特区要坚持原定方针,步子可以放慢些。""放慢些"是出于对国家经济暂时困难的考虑,但是原定的方针不能变,特区要坚定不移地干下去,这是最根本的。这年的7月,在中共中央批准的广东、福建两省经济特区工作会议纪要中,又具体规定了办好经济特区的10条政策措施。

1982年初,深圳蛇口工业区拟聘请外籍人士当企业经理,遭到一些人的责难。邓小平得知这一情况,立即拍板道:可以聘请外国人当经理,这不是卖国。3月,中共中央批准的广东、福建两省座谈会会议纪要进一步指明了特区的发展方向。就这样,我国的经济特区在邓小平的直接关怀和指导下,从无到有,从一片空白到初具规模,再到走向繁荣,为中国经济的腾飞杀出了一条血路。

# 提出"四个坚持"

坚持四项基本原则即坚持社会主义道路、坚持无产阶级专政、坚持共产党的领导、坚持马列主义毛泽东思想。这是我们党长期以来一贯坚持的根本原则。

党的十一届三中全会以后,邓小平在领导全党实行工作重心转移、制定发展经济和改革开放等新方针的同时,把坚持四项基本原则作为政治概念加以完整的阐述,并把它作为我国改革开放和现代化建设的根本方针载入中国共产党党章和中华人民共和国宪法,成为全党和全国各族人民团结奋斗的政治基础和行动指南。

邓小平多次强调:坚持四项基本原则是实现四个现代化的根本前提,在整个改革开放过程中,必须始终注意坚持四项基本原则。

十一届三中全会前后,我们党进行了指导思想和各条战线的拨乱反正工作。随着拨乱反正工作的逐步深入,党内外的思想也空前活跃,出现了努力研究新情况和解决新问题的生动活泼的政治局面。然而,这一时期出现的另一种动向也引起了邓小平的警觉:一方面,党内有一部分人还深受林彪、"四人帮"极左思潮的毒害,有极少数人甚至散布流言蜚语,攻击十一届三中全会路线以及十一届三中全会以来所实行的一系列方针政策违反了马列主义、毛泽东思想;另一方面,极少数人利用党进行拨乱反正的时机,打着"社会改革"的幌子,曲解"解放思想"的口号,采取"攻其一点,不及其余"的手法,把党的错误加以极端的夸大,企图否定党的领导,否定社会主义道路,否定毛泽东和毛泽东思想。他们中的一些人还提出了什么"反饥饿""反迫害""要人权""要民主"等口号,甚至成立非法组织,出版地下刊物,煽动一部分人到处闹事,冲击中央机关和国家机关。有的还同海外敌对势力相勾结,妄图挑起更大的事端。这种情况,如果任其发展,必将破坏中国社会主义现代化建设所需要的稳定的政治局面。

正是在这一背景下,中央根据十一届三中全会的决定,为了总结理论宣传战线的基本经验教训,研究全党工作重点转移之后理论宣传工作的根本任务,于1979年1月18日至4月3日在北京召开了党的理论工作务虚会。

这次理论工作务虚会坚持了刚刚闭幕的十一届三中全会上恢复的民主风气,"大家敞开思想,各抒己见",对一些重大的思想理论问题进行了认真深入的讨论,"总的说来,会议开得是有成绩的"。但是,由于一些人对三中全会后的形势缺少全面的分析,会议初期也出现了一些"左"的或右的思想倾向,比如:有人说:"西单民主墙的出现是好事,应当说是社会主义民主的里程碑。""中央对西单民主墙应当表态支持。"有人说:"现在警惕的不是什么解放思想过头、民主过头的倾向,更不要来一次新的反右","'左'的东西还批得不够,如果提出反右,就会妨碍批'左',影响思想解放,甚至可能走回头路"。等等。

对于社会上出现的错误思潮和党的理论工作务虚会上的思想动向,邓小平以其特有的政治敏感意识到,这是关系到我们党的事业兴衰、关系到能不能保证社会主义现代化建设和改革开放沿着正确的道路前进的一个大是大非的原则性的问题。为此,他受中共中央的委托,在党的理论工作务虚会上讲话。

3月27日,邓小平为准备在党的理论工作务虚会上的讲话稿,同胡耀邦、胡乔木等谈了他要着重阐述的一些主要观点和想法。他指出:"四个坚持",坚持社会主义道路,坚持无产阶级专政,坚持党的领导,坚持马列主义毛泽东思想的基本原理,现在该讲了。民主法制问题,要展开讲。讲民主,要结合分析几个非法组织的活动来讲,讲清楚什么是社会主义民主。结论是,不搞"四个坚持"行吗?不严肃对待社会上的坏人行吗?他说:到底社会主义公有制好,还是资本主义私有制好?只要我们的工作搞得好,按经济规律搞建设,肯定社会主义公有制比资本主义私有制好,社会主义比资本主义好。他说:讲党的领导,应该讲讲历史。没有共产党就没有新中国,没有共产党就没有社会主义。要强调党的统一领导,要有统一权威,没有党的统一领导就没有效率。不统一,一事无成。他指出:思想理论界应有一个主导思想。理论工作的主导思想、中心任务是要引导人们向前看。有那么一种倾向,就是迷恋于算旧账,对三中全会的精神宣传得少,还出现了一些似是而非的提法,甚至是偏激的提法。这样不好,不利于团结一致向前看,不利于调动人民的积极性,不利于一心一意奔向四个现代化。他说:搞四个现代化,我们会遇到许多困难,要使群众做好准备。许多新的问题,需要理论界去研究,去回答,现在缺少这样的理论家。

3月30日,邓小平代表中共中央在党的理论工作务虚会上发表了题为《坚持四项基本原则》的著名讲话。在讲话中,他明确指出:现在一方面,坚持"左"倾错误的人攻击三中全会以来所实行的方针政策违反马列主义、毛泽东思想;另一方面,党内和社会上出现了一股怀疑或反对四项基本原则的思潮。因此,我们要在继续批判极左思潮的同时,对怀疑或反对四项基本原则的思潮进行批判。他旗帜鲜明地提出:我们要在中国实现四个现代化,必须在思想政治上坚持四项基本原则。这是实现四个现代化的根本前提。这四项是:第一,必须坚持社会主义道路。第二,必须坚持无产阶级专政。第三,必须坚持共产党的领导。第四,必须坚持马列主义毛泽东思想。今天必须反复强调坚持这四项基本原则,因为某些人(哪怕只是极少数人)企图动摇这些基本原则。这是决不许可的。每个共产党员,更不必说每个党的思想理论工作者,决不允许在这个根本立场上有丝毫动摇。如果动摇了这四项基本原则中的任何一项,那就动摇了整个社会主义事业,整个现代化建设事业。

四项基本原则并不是新东西,是我们党一贯坚持的。但是在新时期强调地把它提出来,具有历史的原因和新的需要。它使中国共产党所实行的改革开放事业,从一开始就具有了明确的社会主义方向。

党的十一届三中全会前后出现的右的思潮,虽然由于邓小平在党的理论工作务虚会上重申党的四项基本原则而得到遏制,但是,产生这种思潮的国内外种种条件和土壤仍然存在着。

20世纪80年代初,一些人不断散布反对四项基本原则的言论。他们采取各种方式攻击党的领导,攻击社会主义制度,鼓吹资产阶级自由化的观点。一时间在社会上特别是在一部分青年中引起了空前的思想混乱。而这时,我们党的理论宣传工作也出现了一些软弱和偏差,没有积极主动、理直气壮地宣传四项基本原则,与这股错误思潮进行有力的斗争。

## 提出"四个坚持"

1985年5月20日,邓小平在会见台湾大学原教授陈鼓应时说:"中国在粉碎'四人帮'以后出现一种思潮,叫资产阶级自由化,崇拜西方资本主义国家的'民主''自由',否定社会主义。这不行。中国要搞现代化,绝不能搞自由化,绝不能走西方资本主义道路。""自由化思潮一发展,我们的事业就会被冲乱。"6月6日,邓小平在接见"大陆与台湾"学术研讨会主席团全体成员时又一次谈到了这个问题,他说:在我们的国家,搞资产阶级自由化,就是走资本主义道路,就统一不起来了。搞资产阶级自由化,我们内部就成了一个乱的社会,不是一个安定的社会,什么建设都搞不成了。对我们来说,这是一个非常关键的原则的问题。

1986年9月28日,在中共十二届六中全会讨论《关于社会主义精神文明建设指导方针的决议》草案时,有人提出不要写"反对资产阶级自由化"的意见,邓小平明确表示了自己的态度,他说:反对资产阶级自由化,我讲得最多,而且我最坚持。自由化实际上就是要把我们中国现行的政策引导到走资本主义道路上去。搞自由化,就会破坏我们安定团结的政治局面。自由化本身就是资产阶级的,没有什么无产阶级的、社会主义的自由化,自由化本身就是对我们现行政策、现行制度的对抗,或者叫反对,或者叫修改。所以我们用反对资产阶级自由化这个提法,现实政治要求我们在决议中写这个,我主张用。他强调:反对自由化,不仅这次要讲,还要讲十年二十年。这个思潮顶不住,加上开放必然进来许多乌七八糟的东西,一结合起来,是一种不可忽视的、对我们社会主义四个现代化的冲击。

1987年1月20日,他在会见津巴布韦总理穆加贝时说:"我们讲坚持四项基本原则,就需要经常用四项基本原则教育人民。这几年来,一直存在着资产阶级自由化思潮,但反对不力。尽管我多次强调要注意这个问题,可是在实际工作中我们党的领导不力。"1月28日,中共中央发出《关于当前反对资产阶级自由化若干问题的通知》,阐明了这场斗争的性质、意义、范围、重点等政策问题。强调党的十一届三中全会以来的路线有两个基本点:一是坚持四项基本原则,一是坚持改革、开放、搞活。两者互相联系,缺一不可。2月18日,邓小平在会见加蓬总统邦戈时说:大学生闹事,主要责任不在学生,而是少数别有用心的人煽动,其中主要是少数党内高级知识分子,我们严肃地处理了这件事。但是,反对资产阶级自由化的斗争还没有结束。这个斗争将贯穿在实现四化的整个过程中,不仅本世纪内要进行,下个世纪还要继续进行。3月3日,他在会见美国国务卿舒尔茨时又进而强调:"反对资产阶级自由化是一个长期教育的问题,同四个现代化建设将是并行的。为了刹住一个时期的势头,例如对这次学生闹事,需要采取一些比较紧迫的办法,但从根本上说,这是一个长期的事。四个现代化,我们要搞五十年至七十年,在整个四个现代化的过程中都存在一个反对资产阶级自由化的问题。"

邓小平的这些论述清楚地告诉我们,四项基本原则与资产阶级自由化的对立,是我国在基本克服了"左"的错误以后,在社会主义现代化建设中将要长期存在的必然现象。中国要搞四个现代化,要坚持四项基本原则,就必须旗帜鲜明地反对资产阶级自由化。只有这样,我们才能有一个安定团结的政治局面,才能有领导有秩序地进行现代化建设。

正如邓小平所预言的那样,反对资产阶级自由化是一项长期的斗争。顽固坚持资产阶级自由化立场的人总是不甘心自己的失败,他们在一段时期被压下去,就会寻找另一个时机跳出来。1988年末至1989年初,在国际大气候和国内小气候的影响下,资产阶级自由化再次泛滥,在若干大城市,特别是在北京,搞资产阶级自由化的人陆续举行意在根本改变国家制度的政治集会、政治上书和其他敌对活动,他们公开宣称:社会主义的尝试和失败是20世纪的一大遗产。他们通过各种方式广泛地宣传社会主义制度是中国发展的绊脚石,说社会主义只能导致缓慢和停滞,只有资本主义那一套才能使中国起飞。因此,他们一再公开鼓吹私有制和三权分立,甚至公开发表《私有制宣言》,企图用资本主义制度取代我国的社会主义制度。这些人把种种否定社会主义的谬论披上"改革"的外衣大肆散布,造成了相当的思想混乱,并最终导致了一场政治风波。

四项基本原则是我们的立国之本。取消了四项基本原则,取消了共产党的领导,除了搞资本主义那一套,难道还有别的道路可走吗?

1989年6月9日,邓小平在接见首都戒严部队军以上干部时的讲话中对这个问题作出了明确的回答,他说:"四个坚持本身没有错,如果说有错误的话,就是坚持四项基本原则还不够一贯,没有把它作为基本思想来教育人民,教育学生,教育全体干部和共产党员。这次事件的性质,就是资产阶级自由化和四个坚持的对立。四个坚持、思想政治工作、反对资产阶级自由化、反对精神污染,我们不是没有讲,而是缺乏一贯性,没有行动,甚至讲得都很少。不是错在四个坚持本身,而是错在坚持得不够一贯,教育和思想政治工作太差。"

6月16日,他在同几位中央负责人谈话时说:"在政治体制改革方面,最大的目的是取得一个稳定的环境。我跟美国人讲,中国的最高利益就是稳定,只要有利于中国稳定的就是好事,坚持四项基本原则任何时候我都没有让过步。"

三个月后,9月16日,他在会见美籍华人李政道教授时又指出:"过去两个总书记都没有站住,并不是选的时候不合格。选的时候没有选错,但后来他们在根本问题上,就是在坚持四项基本原则的问题上犯了错误,栽了跟头。四个坚持中最核心的是党的领导和社会主义,四个坚持的对立面是资产阶级自由化。坚持四项基本原则,反对资产阶级自由化,这些年来每年我都讲多次,但是他们没有执行。"

1990年12月24日,邓小平在同几位中央负责人谈话时,态度更为明确,也更为坚决,他说:"我不止一次讲过,稳定压倒一切,人民民主专政不能丢。你闹资产阶级自由化,用资产阶级人权、民主那一套来搞动乱,我就坚决制止。"

1992年1、2月间,邓小平在南方谈话中又一次告诫全党:"在整个改革开放的过程中,必须始终注意坚持四项基本原则。十二届六中全会我提出反对资产阶级自由化还要搞二十年,现在看起来还不止二十年。资产阶级自由化泛滥,后果极其严重。特区搞建设,花了十几年时间才有这个样子,垮起来可是一夜之间啊。垮起来容易,建设就很难。在苗头出现时不注意,就会出事。"

四项基本原则是我们党长期以来所一贯坚持的,也是十一届三中全会以来我们党一直坚持的,在整个改革开放过程中,也是必须始终注意坚持的。

在任何时候都要防患于未然,防微杜渐,这就是邓小平对全党的谆谆告诫。

# 主持起草历史决议

《关于建国以来党的若干历史问题的决议》的起草工作，在1979年就开始了，是在邓小平的直接主持下进行的。

粉碎"四人帮"后，我们党开始在指导思想上进行拨乱反正。"拨乱"主要就是拨"文化大革命"之乱，这就不可避免地触及对"文化大革命"、对毛泽东的历史地位和毛泽东思想的评价问题。

这两个问题在1978年的下半年被不断地提了出来。

这年的12月，邓小平在中央工作会议的闭幕会上说："最近国际国内都很关心我们对毛泽东同志和对'文化大革命'的评价问题。毛泽东同志在长期革命斗争中立下的伟大功勋是永远不可磨灭的"，"没有毛主席就没有新中国，这丝毫不是什么夸张。毛泽东思想培育了我们整整一代人。我们在座的同志，可以说都是毛泽东思想教导出来的。没有毛泽东思想，就没有今天的中国共产党，这丝毫不是什么夸张。毛泽东思想永远是我们全党、全军、全国各族人民的最宝贵的精神财富。"

"当然，毛泽东同志不是没有缺点、错误的，要求一个革命领袖没有缺点、错误，那不是马克思主义。我们要领导和教育全体党员、全军指战员、全国各族人民科学地历史地认识毛泽东同志的伟大功绩。"

关于"文化大革命"，邓小平指出："应该科学地历史地来看。毛泽东同志发动这样一次大革命，主要是从反修防修的要求出发的。至于在实际过程中发生的缺点、错误，适当的时候作为经验教训总结一下，这对统一全党的认识，是需要的。'文化大革命'已经成为我国社会主义历史发展中的一个阶段，总要总结，但是不必匆忙去做。要对这样一个历史阶段做出科学的评价，需要做认真的研究工作，有些事要经过更长一点的时间才能充分理解和作出评价。"

邓小平关于评价"不必匆忙去做"的主张，随后被写进了十一届三中全会的《公报》。《公报》解释说："这既不影响我们实事求是地解决历史上的一切遗留问题，更不影响我们集中力量加快实现四个现代化这一当前最伟大的历史任务。"

1979年1月，党中央召开了理论务虚会。对毛泽东和毛泽东思想的评价问题，对"文化大革命"经验教训总结的问题，在会上又被较多地提出来了。有人提出要像1945年六届七中全会作出《关于若干历史问题的决议》那样，作一个建国以来若干历史问题的决议，对中华人民共和国成立以来三十年的历史作一个总结，正确评价毛泽东和毛泽东思想，全面评价"文化大革命"，以便统一全党的认识，团结起来，沿着十一届三中全会确定的路线，完成建设中国式的四个现代化事业。

在理论务虚会上也出现了一些贬低甚至否定毛泽东和毛泽东思想，怀疑甚至否定共产党的领导和无产阶级专政的观点，这些观点是同当时社会上的一些错误思潮遥相呼应的。

这时的党内，也有一些同志间接甚至直接支持这种错误思潮。

西方的报刊此时更是推波助澜，认为中国共产党正在走向或将走向"非毛化"。

历史第一次将对一个领袖的评价，与党、国家、民族的前途、命运紧紧地绑在一起，推到了中国共产党人的面前。如何评价毛泽东和毛泽东思想，已不再是对毛泽东本人评价的问题，而是成为关系党和国家前途与命运的重大政治问题。

3月16日，邓小平在党中央召开的报告会上说：维护毛主席的旗帜，这是安定团结的一个十分重要的问题，也是一个很重要的国际问题。否定了毛主席，就是否定了中华人民共和国，否定了党的历史。如果这样做，比赫鲁晓夫带来的后果还要严重，还会损害我们的国际威望。绝不能用这样方式、那样方式伤害这面旗帜，国内外敌人希望我们在这样的问题上陷入混乱。

3月30日，在理论工作务虚会的总结会上，邓小平明确提出了要坚持四项基本原则，其中一项就是要坚持马列主义、毛泽东思想。他指出：毛泽东思想过去是中国革命的旗帜，今后将永远是中国社会主义事业和反霸权主义事业的旗帜,我们将永远高举毛泽东思想的旗帜前进。"有些同志说,我们只拥护'正确的毛泽东思想',而不拥护'错误的毛泽东思想'。这种说法也是错误的。我们坚持的和要当作行动指南的是马列主义、毛泽东思想的基本原理,或者说是由这些基本原理构成的科学体系。至于个别的论断,那末,无论马克思、列宁和毛泽东同志,都不免有这样那样的失误。但是这些都不属于马列主义、毛泽东思想的基本原理所构成的科学体系。"

邓小平说,毛泽东同任何人一样,也有他的缺点和错误。但是,在他的伟大的一生中的这些错误,怎么能够同他对人民的不朽贡献相比拟呢?在分析他缺点和错误的时候,我们当然要承认个人的责任,但是更重要的是要分析历史的复杂的背景。只有这样,我们才是公正地、科学地,也就是马克思主义地对待历史、对待历史人物。

但是,此后的几个月中,在中央的一些重要会议上,在各项实际工作中,三中全会的新的路线、方针、政策,总是要同原来的路线、方针、政策相比较,总是要直接或间接地涉及"文化大革命"和对毛泽东的评价这两个问题。特别是在中央部署的全国开展真理标准讨论补课,继续突破禁区,解放思想,落实各项政策的进程中,解决对"文化大革命"的评价问题、对毛泽东和毛泽东思想的评价问题又在全国上下、党内党外迫切地提出来了,国际上也等着看我们在这些问题上的态度。

1979年是中华人民共和国成立三十周年。这年6月,中共中央正式决定由叶剑英代表中央在庆祝国庆三十周年大会上作重要讲话。中央要求,这个讲话不是一般的庆祝性、鼓动性的讲话,而是要对中华人民共和国成立以来三十年的历史作一个初步的总结,对三十年中的问题,特别是"文化大革命"的问题,必须作出一定的说明,但又不是全面的总结。

中央专门组织了一个以胡乔木为负责人的班子,负责讲话的起草工作。

邓小平非常关心这篇讲话的起草,一开始就对这个讲话提出了两个"新"字,即:要有一些新的内容,要能讲出一个新的水平。

8月12日讲话初稿出来后,发给中央机关以及各省、市、自治区讨论,提了很多好的意见。8月下旬,邓小平找胡耀邦、胡乔木、邓力群谈话。这时,中央和全国各地关于讲话草稿的讨论意见也已经陆续反馈回来,各种意见和简报邓小平都看了。

谈话是在邓小平的家里进行的。

邓小平说,很多意见是好的,但稿子里讲理论的东西太多了,概念的东西太多了,文章沉闷,需要作大的修改。他还就讲话三个部分的写法谈了具体的修改意见。

第一部分,历史是应该做点回顾的,但三十年的成就写得太细太具体,应该把它明确地概括成为几条,一条一段。第二部分,对林彪、"四人帮"的极左路线概括成为几个特点,很好。有些东西还应该补充进去,最重要的是要从林彪、"四人帮"的事件中得出几条基本的教训,要写得很准确,使人家看了以后,啊,就是这么回事!只要这个教训总结好了,按照这个教训来改进,我们以后的工作,包括思想,包括理论,包括作风,就可以大大前进一步。第三部分,写今后为了实现四个现代化的宏伟目标,我们的政治路线是什么,我们的思想路线是什么,我们的组织路线是什么。

邓小平认为,稿子不是"小改",而是"大改"。

起草小组研究讨论了这些意见,于9月1日写成第一次修改稿,送给中央。

这一次的稿子,邓小平看了两遍。9月4日,邓小平再约胡耀邦、胡乔木、邓力群谈话。

邓小平说,架子可以了,主要问题是对毛主席怎么讲的问题。现在的稿子对毛主席的地位、毛主席在历史上所起的作用、所作的贡献讲得太弱了。邓小平就讲话稿中关于毛主席在中华人民共和国成立三十年各个阶段中的作用怎么个提法,提出了原则性的意见。

他说:"还是要讲在三十年的历史上毛主席是有伟大功绩的,我们的一切成就是在毛泽东思想照耀下取得的。我们的党、军队、人民是受毛泽东思想的教育,在毛主席领导下建立功勋的。""要讲我们有了正面经验,也有了反面经验。这正反两方面经验经过总结,教育了我们人民,教育了我们党,说明马列主义毛泽东思想是指引我们前进的思想。正是因为这样,我们党站住了,我们的社会主义制度也站住了。毛主席指引我们战胜重重障碍,克服一切艰难险阻,经过惊涛骇浪,终于使社会主义的中国在世界上站得更高了,高高地站住了。"现在的稿子中"对毛主席的贡献、决策、方针、政策,写得太少,这方面要充实"。①

"三十年来,我们的斗争是坚持、发扬四项基本原则同背离、破坏四项基本原则的斗争。我们尽管受到这样那样的干扰、破坏,但终于克服了这些干扰、破坏,我们始终是坚持社会主义、坚持无产阶级专政、坚持党的领导、坚持马列主义毛泽东思想的。要把坚持四项基本原则同三十年的整个历史衔接起来,要在坚持四项基本原则的大前提下写这个报告。"

邓小平回顾了中华人民共和国成立三十年的历史,认为:1957年的反右还是要肯定的,错误在搞了扩大化;十七年不好说犯了什么路线错误,"现在稿子的写法要改过来"。"要多写一些,多补充一些毛主席为中国人民、为党为社会主义做了很多好事,一直到他的晚年还为人民做了很多好事"。

邓小平满怀深情地说:"我们都知道周总理保护过许多老同志。可是如果毛主席不说话,周总理也保不下来。毛主席不保我,我活不到七十五岁,对乔木同志,他更是采取了特别的保护方法。现在讲纠正冤、假、误案,还是毛主席给我们开了路。"

谈话临结束时,邓小平特别强调:现在要注意,有些从"左"的方面来攻击党的人,也打着维护毛主席的旗号。这是一个新动向。所以,这个稿子要批判来自"左"的以及右的错误思想的干扰。要使人看了文章以后得出一个总的印象,我们党和人民现在是在真正搞毛泽东思想,完整准确地学习、运用毛泽东思想,是真正将毛主席为我们制定的路线、方针、政策付诸实现,不是搞片言只语。这是个非常大的问题。

按照邓小平的意见,起草小组于9月10日又改出第二次修改稿。9月12日,邓小平第三次找胡乔木、邓力群谈话。

这一次,邓小平对稿子比较满意:"现在这个稿子,对毛主席讲够了,这样很好。对这个稿子现在我只有一个意见。"邓小平的意见是:要在讲话中特别讲一下关于民主与集中的关系问题,关于在党和国家的工作中要有必要的集中、必要的纪律的问题,等等。

他说:"现在的情况是,既缺民主和自由也缺集中和纪律,在某些方面可以说更缺集中和纪律;既缺个人心情舒畅又缺统一意志,在某些方面可以说

---

① 《邓小平年谱(1975—1997)》(上),中央文献出版社2004年版,第552页。

更缺统一意志。林彪、'四人帮'毒害了一代人。对于这一代人,特别是一些青年,有个再教育的问题。各级干部,包括老干部,也有个再教育的问题。教育的非常重要的内容,就是要他们尊重集中,遵守纪律,顾全大局,先公后私,并且在全国人民中,逐步恢复和发扬我们曾经有过的好的道德风尚。现在讲话稿没有这方面的内容,要加进去。"

此外,他还提了一些比较具体的修改意见。

修改后的稿子经政治局讨论通过后,又发给中央委员、候补中央委员讨论,把大家的意见集中起来后,改出了9月24日稿。9月25日,十一届四中全会分组讨论了一天。

在讨论过程中,有的同志建议:"文化大革命"问题,在评价毛泽东同志时是回避不了的,不能含糊。目前可以按文章写的讲到这个程度,但在适当时候党内应当发个文件,把"文化大革命"问题讲清楚。

有的同志说,对"文化大革命"作结论,急了,固然不行,但也不能拖久了。四中全会不行,十二大总该解决了。

还有的同志提出,现在争议最大的就是"文化大革命"的问题。要搞类似若干历史问题决议那样的一个关于"文化大革命"的文件,没有全党的充分讨论,像1942年整风那样,是搞不出来的。最好在召开十二大时形成一个新的若干历史问题的决议。

修改后的稿子在26日晚的政治局常委会讨论通过,重新印发。27日晚,四中全会正式通过。

9月29日,在中华人民共和国成立三十周年庆祝大会上,叶剑英代表中共中央、全国人大常委会和国务院发表了这一重要讲话。

讲话共分三个部分:"光荣伟大的三十年""决定国家命运的大决战""向着四个现代化的宏伟目标前进"。这个讲话经过反复讨论、修改,确实达到了邓小平一开始提出的要求,有了不少新的内容,写出了新水平。

讲话对中华人民共和国成立以来的历史作了一个初步的总结,作为党的文件第一次明确指出了"文化大革命"的错误。指出:发动"文化大革命"的出发点是反修防修,对一个执政的无产阶级政党来说,当然必须时刻警惕和防止走上对内压迫人民,对外追求霸权的修正主义道路。问题在于发动"文化大革命"的时候,对党内和国内的形势作了违反实际的估计,对什么是修正主义没有作出准确的解释,并且离开了民主集中制的原则,采取了错误的斗争方针和方法。林彪、"四人帮"之流出于他们的反革命目的,利用这个错误,把它推向极端,对我国进行了长达十年的反革命大破坏,使我国人民遭到一场大灾难,社会主义事业受到中华人民共和国成立以来最严重的挫折。在这一段中,把毛泽东同林彪、"四人帮"严格地分开了。虽然没有明确指出毛泽东的错误,但是通过对"文化大革命"一些重要问题的判断来暗示了这一点。

讲话对毛泽东同志和毛泽东思想的历史地位和指导作用,给予充分的肯定,对"文化大革命"前十七年毛泽东在理论和实践上的功绩、贡献作了充分的阐述,对他的失误、缺点,虽然没有提出直接的批评,但又暗含着一种批评。这在当时的情况下,对维护党的团结,避免在历史问题上发生严重争论,以便专心致志地搞四个现代化是必要的。

讲话恢复了七大对毛泽东思想的提法,即:毛泽东思想是马克思主义的普遍真理同中国革命具体实践相结合的产物。并且明确指出:"毛泽东思想不止是毛泽东同志一个人智慧的产物,也是他的战友们、党和革命人民智慧的产物。"

讲话对中华人民共和国成立三十年来的成绩,作为历史的主要方面的成绩,给予了充分的肯定。讲话还对四个现代化作出了新的解释,不仅提出了经济体制改革和政治体制改革的任务,而且还第一次提出社会主义精神文明,从而相当完整地确定了中国社会主义现代化的目标和纲领。

讲话中宣布,我们党准备对历史问题,特别是"文化大革命"的问题作出一个正式的结论来。这就拉开了起草《关于建国以来党的若干历史问题的决议》的序幕。

可以说,这个讲话为历史决议做了必要的准备,奠定了基础。后来形成的历史决议,就是这个讲话的继续和发展。

讲话发表以后,党内党外、国内国外,反映都很好,特别是党内提出了希望在此基础上进一步作出一个历史决议的要求。

邓小平认为,可以"拿出一个东西来",对三十年来党的历史作出科学的总结,对"文化大革命"作出评价、对毛泽东的历史地位和毛泽东思想作出正确的评价,澄清人们对一系列重大历史问题的认识。

10月30日,在北京市西城区前毛家湾一号毛泽东主席著作编辑委员会办公室,胡乔木、邓力群召集历史决议起草小组成员开了第一次会议。

前毛家湾一号,地处西黄城根,是一个闹中取静的地方,这里原来是林彪一家的住所。1975年成立毛泽东主席著作编辑委员会办公室,办公地就选择在这里。汪东兴兼任办公室的主任,后来由胡乔木主持毛著编委会办公室的工作。起草小组的成员,基本上是起草叶剑英讲话的原班人马,他们在完成了国庆讲话的起草任务后,只是放了几天假,稍事休息了一下,马上又投入到起草历史决议的任务中来。

会上,邓力群传达了邓小平同胡耀邦、姚依林、邓力群关于工作安排的谈话:"邓小平说,常委研究,准备为明年五中全会、六中全会和后年十二大做点准备工作。主要是思想工作。第一,修改党章。第二,修改宪法。明年2月五中全会讨论,年底六中全会讨论,然后提交十二大。第三,经济工作,准备11月开计划会议,讨论两年调整计划、十年长远规划。提交六中全会讨论,再交十二大。第四,起草建国以来党的历史问题决议,现在着手,明年底六中全会讨论通过。邓小平还说,有了国庆讲话,历史决议就好写了。以讲话为纲要,考虑具体化、深化。"

胡乔木在会上对起草工作作了具体的布置:现在就着手,以起草国庆三十年讲话的班子为基础,再从人民日报、新华社、解放军报和曾三(当时任国家档案局局长)那里调人。分四个阶段做准备,今天开始脱产。分段看材料、文件,借阅档案,找人访问、谈话。

关于四个阶段的划分和负责各段的人员安排,胡乔木说:第一段八年,廖盖隆、卢之超、逄先知、张云声;第二段九年,龚育之、郑必坚、郑惠、阮铭;第三段十年,袁木、滕文生;第四段三年,李洪林、石仲泉、刘洪。

此外,胡乔木还列了一个要求起草小组咨询、座谈、征求意见的大名单。

整个起草小组的成员前后有二十多人。中间陆续有人加入,也有人离开。比如说,逄先知因参加编辑《毛泽东选集》第六卷(后未出版)回毛泽东主席著作编辑委员会办公室工作;郑必坚中途到胡耀邦那里工作;廖盖隆,只参加了前面的工作,后来主持新成立的党史研究室的日常工作,就没有怎么参加了。还有邵华泽、席宣、杨增和等也是起草小组成员。

中央指定起草工作由胡乔木负责;起草小组的组织、安排,同上下左右的联系、交流,都由邓力群管。后来,吴冷西也担负一些领导责任。

"毛家湾会议"后,历史决议起草小组就集中在北京复兴门外万寿路的"新六所"开始工作。其间,一度还搬到玉泉山的五号楼。

起草小组成员集中后,首先查阅档案材料,准备撰写决议提纲。

经过近两个月的工作,起草小组于1980年2月20日搞出了一份提纲(草稿),具体设想是:"全文拟先写个简要前言,下面再写五个部分:一、从建国到八大;二、八大以后到'文化大革命'前夕;三、'文化大革命';四、对毛泽东同志的功过和毛泽东思想的评价;五、主要经验教训的总结。"

邓小平看了这份提纲后,3月19日找胡耀邦、胡乔木、邓力群三人谈话。

邓小平说:我看了起草小组的提纲,感到铺得太宽了。要避免叙述性的写法,要写得集中一些。对重要问题要加以论断,论断性的语言要多些,当然要准确。

中心的意思应该是三条:确立毛泽东的历史地位,坚持和发展毛泽东思想,这是最核心的一条,不仅今天,而且今后,我们都要高举毛泽东思想的旗帜。十一届五中全会为刘少奇平反的决定传达下去以后,一部分人思想相当混乱。有的反对给刘少奇平反,认为这样做违反了毛泽东思想;有的则认为,既然给刘少奇同志平反,就说明毛泽东思想错了,这两种看法都是不好的,必须澄清这些混乱思想。对毛泽东同志、毛泽东思想的评价问题,党内党外和国内国外都很关心,不但全党同志,而且各方面的朋友都在注意我们怎么说。要写毛泽东思想的历史,毛泽东思想形成的过程,要把毛泽东思想的主要内容,特别是今后还要继续贯彻执行的内容,用比较概括的语言写出来。"文化大革命"的十年,毛泽东同志是犯了错误的,在讲到毛泽东同志、毛泽东思想的时候,要对这一时期的错误进行实事求是的分析。

第二,对建国三十年来历史上的大事,哪些是正确的,哪些是错误的,要进行实事求是的分析,包括一些负责同志的功过是非,要做出公正的评价。

第三,通过这个决议对过去的事情做个基本的总结。他说,还是过去的话,这个总结宜粗不宜细。总结过去是为了引导大家团结一致向前看。争取在决议通过以后,党内、人民中间思想得到明确,认识得到一致,历史上重大问题的议论到此基本结束。

总的要求,或者说总的原则、总的指导思想,就是这么三条。其中最重要、最根本、最关键的,还是第一条。

邓小平在谈话中还对新中国成立以来党史上的大是大非问题作了评析:"揭露高饶问题没有错"。作为当事人之一,他回顾了当时高岗、饶漱石搞分裂的情况,认为高饶问题不揭露、不处理是不行的。现在看,处理得也是正确的。"1957年反右派斗争还是要肯定"。但是,"错误在于扩大化"。对于错划的要改正,没有错划的不能改正。他特别强调,对于没有错划的那几个原来民主党派中的著名人士,在他们的结论中也要说几句:在反右派斗争前,特别是在民主革命时期,他们曾经做过好事。对他们的家属应该一视同仁,在生活上、工作上、政治上加以妥善照顾。

邓小平充分肯定了提纲中最后的几条经验不错,提出还可以考虑再加一两条。

他最后说:"对历史问题,还要粗一点、概括一点,不要搞得太细。""重要的问题要加以论证。"并且希望"要尽快搞出个稿子来"。

从这以后,一直到历史决议通过之前,决议的起草都是按照邓小平的三条总的要求进行的。邓小平在决议起草过程中的多次谈话,也都针对稿子起草过程中存在的问题和党内外、国内外的思想动态,对三个要求,特别是最核心的确立毛泽东的历史地位、坚持和发展毛泽东思想这一要求,一而再、再而三地进行阐述、发挥,对各种模糊认识和反对意见,一而再、再而三地进行严肃而又耐心的说服教育,自始至终都坚定不移,毫不动摇。在各种讨论意见提出来以后,凡是能够有利于体现这三个要求的一切意见,不管大小都接受;凡是有碍于体现这三个要求的,都不接受。从后来决议的起草情况看,这三条要求体现在决议的主题思想上,体现在决议的结构、布局上,体现在重大问题的判断上,体现在每个重要的提法上,也体现在遣词造句的斟酌上,确确实实成为历史决议的总的指导思想。

这次谈话后不久,邓小平又有了一些新的设想。4月1日,他把胡耀邦、胡乔木、邓力群找来,主要讲了两个方面的意见。一是对新中国成立以后毛泽东的评价,二是对整个决议框架的思考。

他首先肯定了1957年以前,毛泽东的领导是正确的,1957年反右派斗争以后,错误就越来越多了。

随后,他简要评述了1957年以后十年间的大事。在说到错误时,他又充分肯定了毛泽东的《论十大关系》和《关于正确处理人民内部矛盾的问题》《一九五七年夏季的形势》是好的;肯定了两次郑州会议和庐山会议前期的纠"左";肯定了工业七十条、农业十二条以及人民公社六十条。他认为,毛泽东在20世纪60年代初纠"左"是认真的,在七千人大会上的讲话也是好的。

"总之,建国后十七年这一段,有曲折,有错误,基本方面还是对的。社会主义革命搞得好,转入社会主义建设以后,毛泽东同志也有好文章、好思想。"

邓小平提出了一个重要的原则:讲错误,不应该只讲毛泽东,中央许多负责同志都有错误。他认为,评价这一段的失误要公正,不要造成一种印象,别人都正确,只有一人犯错误。这不符合事实。中央犯错误,不是一个人负责,是集体负责。他说,"大跃进"毛泽东头脑发热,我们不发热?刘少奇同志、周恩来同志和我都没有反对,陈云同志没有说话。

对决议稿的整体框架结构,邓小平作了设计:先有个前言,回顾一下建国以前新民主主义革命一段,然后建国以来十七年一段,"文化大革命"一段,评价毛泽东和毛泽东思想一段。最后有个结语。

"结语讲我们党还是伟大的,勇于面对自己的错误,勇于纠正自己的错误。"这是邓小平希望决议所起到的作用。

他再次强调:"决议中最核心、最根本的问题,还是坚持和发展毛泽东思想。党内党外、国内国外都需要我们对这一问题加以论证,加以阐述,加以概括。"

在邓小平三条总的要求指导下,起草小组紧张地开展工作,胡乔木于5月16日、5月20日、5月24日、6月9日连续四次和起草小组成员谈话,对建国以来毛泽东的理论和实践,对建国以来四个阶段历史的发展,作了具体的分析,提出了许多重要的意见。

6月,决议草稿写出来了,开始送中央书记处讨论。6月27日,邓小平同胡耀邦等人谈话。

他明确说:决议草稿不行,要重新来。邓小平否定决议草稿的原因是它没有很好地体现原来设想的要确立的毛泽东的历史地位,坚持和发展毛泽东思想。他的具体意见是:1957年以前的几部分,事实差不多,叙述的方法、次序,特别是语调,要重新斟酌、修改。要说清楚关于社会主义革命及建设,毛泽东同志有哪些贡献。他的思想还在发展中。我们要恢复毛泽东思想,坚持毛泽东思想,以致还要发展毛泽东思想,要把这些思想充分表达出来。

邓小平随即列举了毛泽东的一些重要文章,如《论十大关系》《关于正确处理人民内部矛盾的问题》《一九五七年夏季的形势》等,要求"都要写到"。"要给人一个很清楚的印象,究竟我们高举毛泽东思想旗帜、坚持毛泽东思想,指的是些什么内容。"

他还说,重点要放在毛泽东思想是什么,毛泽东正确的东西是什么方面。主要的内容,还是讲正确的东西,因为这符合历史。要在结语中写一段我们还要继续发展毛泽东思想。

对于毛泽东的错误,邓小平认为,要批评,但是要很恰当。他用了一个"很"字,表明了他对决议起草的高要求。

他指出,单单讲毛泽东本人的错误不能解决问题,最重要的是一个制度问题。毛泽东同志说了许多好话,但因为过去一些制度不好,把他推向了反面。

"看来要进行修改,工程比较大",这是邓小平的总的感觉。

7月22日,胡乔木给邓小平写了一封信,汇报决议起草进度。信中写道:"关于若干历史问题的决议,我和邓力群同志已经开始重写,希望在本月底至迟下月初能以新稿送上。"

8月初,写出了一个稿子,正式定名为《关于建国以来党的若干历史问题的决议(1980年8月8日稿)》,但是这一稿还没有写完整。

8月18日,中共中央政治局举行扩大会议。

邓小平在会上作了关于党和国家领导制度的改革的讲话。他列举了党和国家现行的一些具体制度中存在的种种弊端,强调了制度改革的重要性。他指出:制度好可以使坏人无法任意横行,制度不好可以使好人无法充分做好事,甚至会走向反面。即使像毛泽东同志这样伟大的人物,也受到一些不好的制度的严重影响,以致对党对国家对他个人都造成了很大的不幸。

邓小平说,我们在讲到党和国家领导制度方面的弊端的时候,不能不涉及毛泽东同志晚年所犯的错误。正在起草的关于建国以来的党的若干历史问题的决议,将对毛泽东思想进行系统的阐述,也将对毛泽东同志的功过进行比较全面的评价,其中包括批评他在"文化大革命"中的错误。我们共产党人是彻底的唯物主义者,只能实事求是地肯定应当肯定的东西,否定应当否定的东西。毛泽东同志在他的一生中,为我们的党、国家和人民建立了不朽的功勋。他的功绩是第一位的,他的错误是第二位的。因为他的功绩而讳言他的错误,这不是唯物主义的态度。因为他的错误而否定他的功绩,同样不是唯物主义的态度。"文化大革命"之所以错误和失败,正因为它完全违反了毛泽东思想的科学原理。经过长期实践检验证明是正确的毛泽东思想的科学原理,不但在历史上曾经引导我们取得胜利,而且在今后的长期斗争中,仍将是我们的指导思想。对于党的这样一个重大原则表示任何怀疑和动摇,都是不正确的,都是同中国人民的根本利益相违背的。

22日下午,邓小平在中央政治局扩大会议各小组召集人汇报会上,专门就决议的起草问题讲了三点意见。

邓小平说:现在正在准备搞一个关于若干历史问题的决议,主要是把建国后三十年的历史清理一下。力求在十二大前的中央全会通过这个决议,对过去的问题有一个统一的认识,作一个结束。十二大就讲新话,讲向前看的话。

在讲到对毛泽东的评价时,邓小平强调:毛主席是中国共产党和中华人民共和国的主要缔造者,或者说是主要缔造者之一,他的功和过不能说是三七开、四六开、对半开。

关于决议如何写毛泽东和毛泽东思想这部分,邓小平认为,这是"很难作的一篇文章"。他提出,"要定这么个调子":第一,毛主席的功劳是第一位;第二,毛主席的错误是第二位;第三,毛主席犯了错误。

这就是中国共产党人对评价毛泽东定的"基调"。

这个"基调",在先前一天邓小平会见外国记者时也已经向世界表明了。

8月21日,邓小平在人民大会堂一一八厅接受意大利女记者奥琳埃娜·法拉奇的采访。

邓小平告诉法拉奇:"尽管毛主席过去有段时间也犯了错误,但他终究是中国共产党、中华人民共和国的主要缔造者。拿他的功和过来说,错误毕竟是第二位的。他为中国人民做的事情是不能抹杀的。从我们中国人民的感情来说,我们永远把他作为我们党和国家的缔造者来纪念。"

"毛主席的错误和林彪、'四人帮'问题的性质是不同的。毛主席一生中大部分时间是做了非常好的事情,他多次从危机中把党和国家挽救过来。没有毛主席,至少我们中国人民还要在黑暗中摸索更长时间。"

"我们要对毛主席的一生功过作客观的评价。我们将肯定毛主席的功绩是第一位的,他的错误是第二位的。我们要实事求是地讲毛主席后期的错误。我们还要继续坚持毛泽东思想,毛泽东思想是毛主席一生中正确的部分。毛泽东思想不仅过去引导我们取得革命的胜利,现在和将来还应该是中国党和国家的宝贵财富。"

8月中央政治局扩大会议后,决议的起草更加紧锣密鼓。9月10日,完整的决议稿(未定稿)写出来了,全稿约60000字。基本上按照邓小平的设计,分五个部分,即:一、建国三十一年的主要成就和曲折;二、建国以来历史发展的四个阶段;三、"文化大革命"发生和毛泽东犯错误的原因;四、毛泽东的伟大历史功绩和毛泽东思想的历史地位和伟大作用;五、发展社会主义事业的基本原则。

四天后,邓小平在会见日本公明党委员长竹入义胜时介绍了正在起草中的历史决议,他说,对"文化大革命"的评价、对毛主席的评价,国际上很关心这个问题,我们的人民更关心这个问题。"文化大革命"的问题势必涉及毛主席的问题。确有一部分人想全面否定毛主席,也确有一些人想全面肯定毛主席,恐怕国际国内都有这种情况。所以我们对这个问题是很慎重的,要真正实事求是,不能把好的说成坏的,也不能把坏的说成好的。至于毛主席的一生,我们历来讲,不能像赫鲁晓夫对斯大林那样搞。我们要肯定毛主席的伟大功绩。

关于毛泽东思想问题,邓小平说,过去引导我们胜利的是毛泽东思想,毛泽东思想是集体的创造,但毛主席是主体。将来毛泽东思想还是引导我们胜利的指导思想。我们要坚持毛泽东思想,毛泽东思想的内容也是很广泛的,这当然不是说毛泽东错误的地方也包括在毛泽东思想内。总之,我们在实事求是评价毛泽东功过的基础上,还是要坚持毛泽东思想。

9月21日,未定稿发给各省、市、自治区第一书记座谈会讨论。随后,中共中央政治局决定,历史决议稿要组织全党四千名高级干部进行讨论。胡乔木、邓力群和起草小组日夜修改,10月5日,又拿出一个决议未定稿,约

50000字,供党内高级干部讨论。

10月12日,中共中央办公厅发出组织《关于建国以来若干历史问题的决议》(草稿)讨论的通知。随通知发了《关于建国以来党的若干历史问题的决议(1980年10月供党内高级干部讨论稿)》。

这次讨论开始时预定参加的人数是4000人,后来实际参加的人数超过了4000人。在北京分为三个大的系统:中直机关、国家机关、军队系统。

讨论从10月中旬先后开始,到11月下旬结束,持续了一个多月。讨论的情况不断用简报、快报和手写的情况汇报,迅速及时地反映到起草小组,反映到党中央。重大问题则写成综合报告、意见汇集等上报中央政治局。

关于毛泽东和毛泽东思想的评价问题,仍然是4000人讨论的热点、争论的焦点。

大多数同志认为应该历史地科学地评价毛泽东,应该肯定毛泽东思想。

也有些同志提出了不正确的意见。特别是有些挨过整的人,带着私人感情,对毛泽东提出了不正确的批评。

邓小平看了有关讨论意见的简报,首先肯定大家"畅所欲言,众说纷纭,有些意见很好"。要求起草小组博采众议。

针对讨论中提出的问题,存在的思想混乱,邓小平又力排错议。他强调要实事求是地评价毛泽东的功过,肯定并且继续坚持毛泽东思想,在这个问题上不能让步。

这期间,邓小平曾专门找中央警卫局的同志谈了一次话,了解干部、战士对评价毛泽东和毛泽东思想的看法。中央警卫局也曾专门组织干部战士学习讨论邓小平与法拉奇的谈话,干部战士普遍反映邓小平讲得好,能接受。

10月25日,邓小平召集胡耀邦、胡乔木、邓力群谈话。明确提出:"关于毛泽东同志的功过和毛泽东思想,写不写、怎么写,的确是个非常重要的问题。""不提毛泽东思想,对毛泽东同志的功过评价不恰当,老工人通不过,土改时期翻身的贫下中农通不过,同他们相联系的一大批干部也通不过。毛泽东思想这个旗帜丢不得。丢了这个旗帜,实际上就否定了我们党的光辉历史。"

邓小平认为许多青年不了解我们党的历史,"没有中国共产党,不进行新民主主义革命和社会主义革命,不建立社会主义制度,今天我们的国家还会是旧中国的样子。我们能够取得现在这样的成就,都是同中国共产党的领导、同毛泽东同志的领导分不开的"。

他严肃地指出:"对毛泽东同志的评价,对毛泽东思想的阐述,不是仅仅涉及毛泽东个人的问题,这同我们党、我们国家的整个历史是分不开的。要看到这个全局。决议稿中阐述毛泽东思想的这一部分不能不要,这不只是个理论问题,它还是个政治问题,是国际国内的很大的政治问题。如果不写或写不好这个部分,整个决议都不如不做。""不把毛泽东思想,即经过实践检验证明是正确的、应该作为我们今后工作指南的东西,写到决议里去,我们过去和今后进行的革命、建设的分量,它的历史意义,都要削弱。不写或不坚持毛泽东思想,我们要犯历史性的大错误。"

在坚决顶住否定毛泽东的错误意见的同时,邓小平强调:"对于错误,包括毛泽东的错误,一定要毫不含糊地进行批评。"

实际上,对起草小组来说,最难下笔、最难把握的不是毛泽东的功绩,而是如何写毛泽东的错误。

正是在如何对待毛泽东晚年的错误问题上,邓小平再一次表现出一个大政治家的睿智和风度。

讨论过程中,有些同志把许多问题都归结到毛泽东同志的个人品质上,邓小平严肃地说,"这是不对的。一定要实事求是,分析各种不同的情况,不能把所有的问题都归结到个人品质上。毛泽东不是孤立的人,他直到去世,一直是我们党的领袖。对于毛泽东的错误,不能写过头。写过头,给毛泽东抹黑,也就是给我们党、我们国家抹黑。这是违背历史事实的"。

关于毛泽东思想,当时有一种意见认为,将其主要点如实事求是、群众路线、独立自主等与马克思主义的有关原理相比,看不到什么新东西、新贡献,觉得不好写。

邓小平认为,"决议稿中不说毛泽东思想全面发展了马克思主义,不说它是马克思主义的新阶段,这些都对,但是应该承认,毛泽东思想是马克思列宁主义在中国的运用和发展"。"这是客观的存在,历史的事实"。"不管怎么写,还是要把毛泽东同志的功过,把毛泽东思想的内容,把毛泽东思想对我们当前及今后工作的指导作用写清楚"。

10月31日,邓力群致信邓小平说:"把你10月25日的谈话整理了一下,送上,请审改。因为决议草案的讨论意见分歧很大,而你这个谈话对于大家在主要问题上取得一致有帮助,建议发给政治局、书记处同志外,也发给各组召集人一份,请他们掌握,一周以后,再发给各省、市、自治区党委书记一份,妥否,请指示。"11月1日,邓小平批示"只发第一部分"。

就在4000人讨论历史决议的过程中,有两件重要的事情对历史决议的最后形成产生了重大的影响。

一是11月10日召开的中央政治局会议。会上,华国锋提出要求辞去中共中央主席、中央军委主席和党内的其他职务,并对粉碎"四人帮"以来的工作作了一些检查和解释。会议决议:向六中全会建议,同意华国锋辞去中共中央主席、中央军委主席的职务。选举胡耀邦为中共中央主席,邓小平为中央军委主席。

二是对林彪、江青两个反革命集团案的审理。历史决议的起草和讨论,首先严格区分了毛泽东作为伟大的无产阶级革命家所犯的错误和林彪、江青反革命集团利用"文化大革命"所犯的罪行;同时也区分了对林彪、江青反革命集团案10名主犯应该审判的阴谋篡党夺权的罪行和他们属于党内斗争的问题。在这两个区分上统一了认识,就为公开审理奠定了基础。9月29日,五届人大常委会第十六次会议通过成立最高人民检察院特别检察厅和最高人民法院特别法庭的决定。4000人讨论后,从11月20日起,最高人民法院特别法庭开庭公审林彪、江青反革命集团10名主犯。经过两个月零五天的审理,林彪、江青反革命集团终于受到国家法律的制裁,1981年1月25日特别法庭作出了终审判决。

随着这些重大政治问题、组织问题的解决,通过历史决议的时机成熟了。

在公开审理两案已经开始,变动华国锋的职务已经决定的情况下,12月5日结束的中央政治局会议对历史决议的起草与通过作出决定:

《关于建国以来党的若干历史问题的决议(讨论稿)》参照讨论中提出的意见进行改写。在政治局讨论并原则通过后,将仍在4000人范围内再讨论一次,在再次修改后提请六中全会讨论通过。中央政治局认为,现在通过这一决议的时机已经成熟,不宜再行延迟。

决议稿的修改到了最后关头。12月25日,邓小平在中央工作会议上围绕着历史决议稿中的一些重要原则问题再一次作了阐述:

关于建国以来党的工作的评价,一定要充分肯定三十一年来的巨大成绩;缺点、错误要进行严肃的批评,但决不能说得一团漆黑。就是"文化大革命"这样严重的错误,也不能说成是"反革命"。必须毫不动摇地坚持这种实事求是的立场。

同样,毛泽东同志功绩是第一位的,错误是第二位的,这个估计是合乎实际的,决不能加以怀疑和否定。毛泽东同志的错误,决不能归结为个人品质问题。如果不是这样看问题,那就不是马克思主义的态度,不是历史唯物主义的态度。很明显,感情用事把错误说过了头,只能损害党和国家的形象,只能损害党和社会主义制度的威信,只能涣散全党全军全国人民的团结。经过实践检验证明是正确的毛泽东思想,仍然是我们的指导思想,必须结合实际加以坚持和发展,并理直气壮地进行宣传,不允许怠工。

这里,邓小平一连用了几个"决不能",特别是对坚持和发展毛泽东思想,提出了要"理直气壮"和"不允许怠工",确保了决议的修改沿着正确的方向进行。

在邓小平的正确思想指导下,起草小组集中了4000人讨论中的正确意见,又作了大的改写,1981年2月3日又形成了一个稿子,篇幅压缩到37000字。送中央常委审阅。

邓小平看了建国以来历史发展的四个阶段这些部分后,3月9日,找邓力群谈话,对决议草稿中历史部分提出了重要意见:历史部分我看过了。总的讲,现在的稿子,缺点错误讲得多,成绩讲得少,鼓舞人们提高信心、提高勇气的力量不够。从历史问题决议中肯定成绩,指出缺点错误,总结过去的经验教训,很必要。但是千万要注意,不要把三十多年的历史写成黑历史。如果这样,产生的效果就会使人们痛恨我们的党,痛恨我们的决议,痛恨我们写决议的人。

邓小平对每一个部分都提出了自己的看法:

"解放初的七年差不多了。"

"问题最大的是'文化大革命'前十年。这部分,现在稿子的调门不对头,和原先设想的方针不对头,好像错误都是老人家一个人的,别人都对。

历史不是这样的,这不符合实际。总的说来,我们还是没有经验,那时的错误,大家都有责任。拿少奇同志说,也有错误。我也一样,过去说过多次了。不能把一切责任推到老人家一个人身上。讲错误也要恰当。如1957年反右,要肯定必要性,错误就是扩大化。"

"十年'文化大革命'错误写得差不多了。也要承认,老人家还是看到了党的缺点错误,还是想改正。对情况的估计错了,方法错了,危害是严重的。要说得恰当。"

"集中起来说,还是对老人家的评价问题。中心是老人家的历史地位,毛泽东思想的历史地位。错误讲过分了,对毛主席和毛泽东思想的评价不恰当,国内人民不能接受,国际上也有一部分人不能接受。"

最后,邓小平说,六中全会要早点开,现在主要是等决议。决议出来了,过去的问题有了统一的认识,定下来,可以集中精力向前看。

按照邓小平的意见,胡乔木、邓力群等对稿子又作了修改。

这时,担任中共广东省委书记的吴冷西从广东调回北京,起草小组的力量得到加强。

3月18日,邓力群、吴冷西就胡乔木对决议稿修改中的一些意见向邓小平作了汇报。

邓小平说,决议第一位的任务是树立毛泽东同志和毛泽东思想的历史地位。这个问题写不好,决议宁肯不写。在这一点上站住了,决议才能拿出去。这是中心,是关键。写好这个问题,才叫实事求是,也才能实事求是地分清建国以来党的历史上的是和非、对和错,包括个人的功过。这些写清楚了,历史问题过去了,不再纠缠了,大家团结一致向前看。

他认为决议稿的轮廓可以定下来了。对建国头七年、"文化大革命"前十年和"文化大革命",邓小平又作了全面的科学的分析和实事求是的评价。

邓小平指出,建国头七年成绩是大家一致公认的。我们的社会主义改造是搞得成功的,很了不起。这是毛泽东同志对马克思列宁主义的一个重大贡献。当然缺点也有。从工作来看,有时候在有的问题上是急了一些。

"文化大革命"的前十年情况比较复杂,争议也比较大。其间发生的问题比较多,在决议草稿讨论的过程中,有的同志认为,这十年成绩不是主要的,错误是主要的。

邓小平不同意这种意见,他说,应当肯定,总的是好的,基本上是在健康的道路上发展的。这中间有过曲折,犯过错误,但成绩是主要的。充分肯定成绩,同时也要讲到反右派斗争、"大跃进"、庐山会议的错误。

"文化大革命"同以前十七年中的错误相比,是严重的、全局性的错误。它的后果极其严重,直到现在还在发生影响。说"文化大革命"耽误了一代人,其实还不止一代。它使无政府主义、极端个人主义泛滥,严重地败坏了社会风气。

邓小平提出,关于这部分,要写得概括。胡乔木对"文化大革命"几个问题的分析,我是赞成的。决议稿中写道:"文化大革命"是一场由领导者错误发动,被反革命集团利用,给党、国家和各族人民带来严重灾难的内乱。它不是也不可能是任何意义上的革命和社会进步,而是一场历史的倒退和灾难。

最后,邓小平要求,马上修改,一个星期内搞出稿子来。

邓力群还向邓小平转述了胡耀邦的意见,主张决议稿写出来后,多听听老干部、政治家,包括黄克诚、李维汉等同志的意见。

邓小平说:"这很对,我赞成。"

邓小平不仅同意这个意见,而且亲自付诸行动。一个星期后,3月24日,邓小平专程去看望陈云,听取陈云对正在起草的历史决议的意见。陈云提出了两点修改意见:一是要专门加一篇话,讲讲解放前党的历史,写党的六十年。这样写,毛泽东的功绩、贡献就会概括得更全面,确立毛泽东的历史地位,坚持和发展毛泽东思想也就有了全面的根据。二是建议中央提倡学习,主要是学习马克思主义哲学,重点是学习毛泽东的哲学著作。陈云还提出,也要学点历史。青年人不知道我们的历史,特别是中国革命、中国共产党的历史。

26日,邓小平将陈云的意见转达给决议起草小组负责人邓力群。

邓小平说,这个意见很好,请转告起草小组,并报告胡耀邦。决议中关于毛泽东对马克思主义哲学的贡献要写得更丰富、更充实,结束语中也要加上提倡学习的意见。

陈云在3月份就历史决议的起草问题还同邓力群谈了四次话。他指出:关于建国以来32年中党的工作的错误,一定要写得很准确,论断要合乎实际,要把它"敲定"下来。使它能够站得住,经得起历史的检验。小平同志提出决议宜粗不宜细,我是同意的。要在这个原则下面,是成绩就写成绩,是错误就写错误;是大错误就写大错误,是小错误就写小错误。要分清不同情况,把它"敲定"下来。

陈云还讲到前面要写60年,要回顾建国以前28年。这就使得起草决议的思路一下子拓宽了,不再受"建国以来"的限制,可以说是"柳暗花明又一村"。

陈云说:决议要按照小平同志的意见,确立毛泽东同志的历史地位,坚持和发展毛泽东思想。要达到这个目的,使大家通过阅读决议很清楚地认识这个问题,就需要写上党成立以来60年中间毛泽东同志的贡献。因此,建议增加回顾建国以前28年历史的段落。有了党的整个历史,解放前解放后的历史,把毛泽东同志在六十年中间重要关头的作用写清楚,那么,毛泽东同志的功绩、贡献就会概括得更全面,确立毛泽东同志的历史地位,坚持和发展毛泽东思想,也就有了全面的根据。说毛泽东同志功绩是第一位的,错误是第二位的,说毛泽东思想指引我们取得了胜利,就更能说服人了。

起草小组按照陈云的意见,在决议稿上加上了一个部分"前言",以"中国共产党自从1921年成立以来,已经走过了60年的光辉战斗历程。为了总结党在建国以来32年的经验,有必要极简略地回顾一下建国以前28年党和人民为新民主主义而进行的革命斗争"开头,写了四大段2000字,达到了邓小平开头提出的要求。

3月30日,胡耀邦主持中央书记处会议。关于六中全会和历史决议,会议初步决定:党的十一届六中全会在6月上旬召开,先开预备会,正式会议开三四天,6月中旬发表公报。六中全会通过的历史问题决议,先在党内讨论10天左右,"七一"公开发表。要按照这个日程,抓紧把准备工作做好。请乔木同志集中精力修改历史问题决议,争取4月中旬修改出来,4月下旬提请政治局讨论。现在这个36000字的稿子,先发政治局、书记处同志和一些老同志,在40人左右的范围内看看。请起草小组派几个联络员听取他们的意见。现在的报刊宣传就要向历史决议阐述的观点靠拢。

3月31日,40多人的讨论开始。这次讨论没有采取开会的形式,而是各人改在稿子上,或者另外提出书面修改意见,或者约请起草小组的同志谈修改意见。据胡乔木说,实际参加的有52人。

根据这些意见,胡乔木和起草小组的同志继续修改,拿出了一个供第四次讨论的稿子。这时稿子的结构已经和最后通过的相同了。

决议起草小组很快将修改历史决议的结构安排的设想报送邓小平。

邓小平认为,这个设想很好。4月7日,他同胡乔木、邓力群谈话,指出就按这个设想改,文字不要太长,语言要精炼。重要的错误要写,不必用很多文字,不要现象罗列。有些错误可以不必写入决议。错误写得太多,势必给人一个印象,就是我们三十二年搞得不好,没有多少成绩。这不符合事实,国际国内也通不过。

他建议,立即动手修改决议,尽快改出个稿子来。

他还说,讨论中有许多好意见,要接受。李维汉同志过去谈过一些意见,他看得比较高、比较深。

邓小平接着谈到,讨论中也有些意见不能接受。比如,说八届十二中全会、九大是非法的,说"文化大革命"中党不存在了,都不能这样说。"如果否定八届十二中全会、九大的合法性,那我们说'文化大革命'期间党还存在,国务院和人民解放军还能进行许多必要的工作,就站不住了","这不符合实际"。"这十年中间,也还有健康的方面。所谓'二月逆流'不是逆流,是正流嘛,是同林彪、'四人帮'的反复斗争嘛"。针对一些人认为"文化大革命"期间外交、经济等方面没有做什么工作,没有什么成绩,邓小平指出:"文化大革命"期间,外事工作取得很大成绩。尽管国内动乱,但是中国作为大国的地位,是受到国际上承认的。中国的国际地位有提高。他还列举了基辛格访华、恢复在联合国合法席位、尼克松访华发表《上海公报》、恢复中日邦交以及自己出席联大第六届特别会议等事实加以证明。

有的同志认为,"文化大革命"中被打倒的所谓走资派,就整体上说是共产主义者。毛泽东同志把这一大批共产主义者打倒了,证明他不是共产主义者;还有的说,多快好省、灭资兴无是错误口号,要在决议中正式进行批评。有的同志不高兴,说4000人讨论提了那么多意见,为什么不采纳?想不通。像对这样的一些意见,邓小平说,我们就是要硬着头皮顶住,不能接受。整个地说,就是要同这些意见唱反调,要坚定不移地按照原来的设想改好决议,不受这些意见的影响。

邓小平说,我们对已经取得的成绩还要充分肯定,对毛泽东同志,还要维持原来正确的评价。不这样,就是给党、社会主义制度、给国家抹黑,就会使人民对党、对社会主义事业丧失信心。中国在世界上的地位,还是中华人民共和国成立以后才大大提高了。只有中华人民共和国成立了,中国人才在世界上站起来了,而且直到现在,站住了。国内的人也罢,华侨也罢,对这点都有亲身感受。只有中华人民共和国成立以后,除台湾外,其他地区才真正实现了全国的统一。没有中国共产党,不进行社会主义改造,不建立社会主义制度,今天还是旧中国的样子。恰恰在这个问题上,我们的青年不了解。

邓小平还提出,只有社会主义才能救中国,一定要写出一篇好文章。

决议起草小组根据52位中央领导同志和老同志的意见,在5月15日又改出一稿,经中央政治局常委同志讨论,再作一些修改后,于5月16日印出修改稿提交中央政治局扩大会议70多人讨论。

5月19日,中央政治局扩大会议开幕。

邓小平在开幕会上作了重要讲话,胡乔木对决议稿作了说明。

邓小平说,"这个文件差不多起草一年多了,经过不晓得多少稿","起草的有二十几位同志,下了苦功夫,现在拿出这么一个稿子来"。

针对有的同志提出的"不要急于搞这个决议"的看法,邓小平强调了作历史决议的紧迫性。他说:"不行,都在等。从国内来说,党内党外都在等,你不拿出一个东西来,重大的问题就没有一个统一的看法。国际上也在等。人们看中国,怀疑我们安定团结的局面,其中也包括这个文件拿得出来拿不出来,早拿出来晚拿出来。所以不能再晚了,晚了不利。"

邓小平说,非洲几个国家已经提出这个问题,而且最关心毛泽东思想,反应非常强烈。不止一位非洲朋友提这个问题。

邓小平在政治局扩大会议上还谈到了他对起草的决议稿的评价:"现在的稿子,在我看来,起码是有一个好的基础。这个稿子是根据一开始就提出的三项基本要求写的。现在的稿子,是合乎三项基本要求的","要说有缺点,就是长了一点"。

邓小平在评述决议稿形成的过程时说:"这个文件是在4000人讨论和最近40多位同志讨论的基础上修改的,好多好的意见这里面吸收了。比如陈云同志提出,前面要加建国以前的28年。这是一个很重要的意见,现在前言有了。还有其他许多重要意见,大家一看就晓得哪些是根据大家提的意见修改的。"

"当然,也有些意见没有接受"。邓小平列举了十条意见,如:认为毛泽东同志从建国以来就离开了马列主义;1957年以来就存在着一条贯彻始终的左倾路线;"文化大革命"前的十年成绩不是主要的,错误是主要的;"文化大革命"就是反革命,不同意是内乱的提法;八届十二中全会和九大是非法的;"文化大革命"这样的事情在任何剥削制度的国家都不可能发生;毛泽东在"文化大革命"中以整人开始,以整人结束;"文化大革命"的错误归结起来就是毛泽东的个人品质问题;毛泽东前期是共产主义者,后期不是共产主义者;"文化大革命"以前和中间的错误,统统由毛泽东个人负责;等等。

邓小平强调指出:"中心是两个问题。一个是毛泽东同志的功绩是第一位,还是错误是第一位?第二,我们三十二年,特别是'文化大革命'前十年,成绩是主要的,还是错误是主要的?是漆黑一团,还是光明是主要的?还有第三个问题,就是这些错误是毛泽东同志一个人的,还是别人也有点份?这个决议稿中多处提到我们党中央要承担责任,别的同志要承担点责任,恐怕这比较合乎实际。第四,毛泽东同志犯了错误,这是一个伟大的革命家犯错误,是一个伟大的马克思主义者犯错误。"

邓小平在讲话中还说明了这次会议的任务:"现在的方法,就是开政治局扩大会议,七十几个人,花点时间,花点精力,把稿子推敲得更细致一些,改得更好一些,把它定下来;定了以后,提到六中全会。设想就在党的六十周年发表。纪念党的六十周年,不需要另外做什么更多的文章了。"

会议从5月21日起分五个组进行讨论,到29日结束,一共进行了8天时间。讨论进行得认真、热烈,与会者畅所欲言,各抒己见,提出了很多中肯的、深刻的、好的意见。这些意见对决议稿的充实和提高,非常有益。

根据政治局扩大会议讨论的结果,把几十条好的意见都吸收进去,决议稿又作了很多的修改,由政治局通过,提交六中全会讨论。

中央常委决定:六中全会分两个阶段进行,第一阶段先开预备会,分组讨论历史决议,讨论改选、增选中央主要领导成员。第二阶段开正式会议。

6月15日至25日,中共十一届六中全会举行预备会议,对决议稿进行第四轮大的讨论。讨论一共进行了8天,又吸收了实质性的意见差不多将近100条,并且又增加了3000多字。

在中央全会开预备会的同时,还请了民主人士和参加政协工作的党的一些老干部来讨论决议稿,并且在北京的1000多名高级干部中征求意见,其中也吸收了他们的一些意见。比如说,原来讲"文化大革命"主要讲打倒所谓"走资派"是错误的,在政协讨论中,民主人士和知识分子就提出来,对知识分子当作所谓"资产阶级学术权威"来打倒,这也是重要的问题。这个意见后来也被采纳了。

6月22日下午,中央常委召开各组召集人碰头会,着重讨论怎么样根据预备会讨论中提出的意见,对决议稿进行修改。会上邓力群汇报了根据大家的意见进行修改的情况,各组召集人提了补充修改意见。几位常委都讲了话。

邓小平首先说,这个稿子要定下来了。总的来说,这个决议是个好决议。起到像1945年那次历史决议所起的作用,就是总结经验,统一思想,团结一致向前看。现在这个稿子能够实现这样的要求。核心问题是对毛泽东同志的评价,稿子的分寸是掌握得好的。

邓小平还就讨论中提出的一些问题,如不提路线斗争、路线错误,由集体来承担一些责任,需要点华国锋的名,讲"文化大革命"原因不提小资产阶级思想影响等,作了解释。

邓小平说,比如提不提毛泽东同志的错误是路线错误,就有个分寸问题。

关于"路线斗争",邓小平在这里正式提出,以后"原则上不再用"这种提法。他说,党内斗争是什么性质就说是什么性质,犯了什么错误就说是什么错误,讲它的内容。

邓小平说,过去评价历史上的路线斗争并不准确,这是我们不主张提路线斗争的一个理由。还有一个理由,过去党内长期是这样,一说到不同意见,就提到路线高度,批判路线错误。所以我们要很郑重地对待这个问题。

邓小平把这个问题提高到"这是改变我们的党风的问题"。对十一大,不要说什么路线错误。对"文化大革命",我们也不说是路线错误,按它的实质分析就是了,是什么就是什么。

对于毛泽东的错误,邓小平说,我们这次要强调恰如其分。在前一段时间里,对毛泽东同志有些问题的议论讲得太重了,应该改过来。过去有些问题的责任要由集体承担一些,当然,毛泽东同志要负主要责任。但是,不能回避"我们",我们承担一下责任没有坏处,还有好处,就是取得教训。这是从中央领导的角度上说的,地方上没有责任。我和陈云同志那时是政治局常委,起码我们两个负有责任。其他的中央领导同志也要承担一些责任,也合乎实际。对毛泽东同志的评价,原来讲要实事求是,以后加一个恰如其分,就是这个意思。就是降温,温度要降一下。

陈云说,讲毛主席太厉害了,老农民、老工人通不过。

李先念说,干部中间也通不过。

邓小平强调,基本调子不能再改动了。

他最后说,没有时间了。召集人同志是不是同意委托常委的同志定稿?

到会的同志都说:同意。

会后,胡乔木、邓力群等对决议稿进行了精心修改。6月26日,修改好了准备在六中全会上正式讨论通过的稿子,首先送常委审阅。

陈云看了这份稿子后,要秘书告诉胡乔木说,改得很好,气势很壮。

叶剑英高龄有病,亲自向中央常委和全体到会同志写信,说"由于年老又在病中,我不能参加这次全会的讨论。特向中央告假"。关于决议,信中写道:"在小平同志的亲自主持下和参加写作的同志辛勤努力下写出的'决议'修改稿,又经过同志们认真细致的讨论修改,最后形成了'决议'。虽然由于我长期在病中,未能详尽地研究,但我是同意和拥护中央所做的这一决定的。'决议'中确立毛泽东同志以及毛泽东思想的历史地位,这对于我们党的千秋大业无疑是十分重要的。"

6月27日,十一届六中全会召开。审议和通过《关于建国以来党的若干历史问题的决议》是这次会议的主要议程之一。

全会之前召开了预备会议,对历史决议稿进行了认真的讨论。邓小平就《关于建国以来党的若干历史问题的决议》起草中的若干问题作了重要讲话。

6月27日下午5点,决议草案经过讨论获得一致通过。

6月29日,在全会的闭幕会上,邓小平最后讲话:"我确信,我们这次全会解决的两个问题,解决得非常好。第一个,就是关于建国以来党的若干历史问题的决议,真正是达到了我们原来的要求。这对于我们统一党内的思想,有很重要的作用。当然,胡耀邦同志说,统一思想还要一年工作。但是,今后作为一个共产党员来说,要在这个统一的口径下来讲话。思想不通,组织服从。相信这个决议能够经得住历史考验。"

全会发表的《公报》指出:"全会一致通过的《关于建国以来党的若干历史问题的决议》,运用马克思主义的辩证唯物论和历史唯物论,对建国三十二年来党的重大历史事件特别是'文化大革命'作出了正确的总结,科学地分析了这些事件中党的指导思想的正确和错误,分析了产生错误的主观因素和社会原因,实事求是地评价了伟大领袖和导师毛泽东同志在中国革命中的历史地位,充分论述了毛泽东思想作为我们党的指导思想的伟大意义。《决议》肯定了三中全会以来逐步确立的适合我国情况的建设社会主义现代化强国的正确道路,进一步指明了我国社会主义事业和党的工作继续前进的方向。"

全会认为:"《决议》的通过和发表,对于统一全党、全军、全国各族人民的思想认识,同心同德地为实现新的历史任务而奋斗,必将产生伟大的深远的影响。"

这次全会是继十一届三中全会以后我党历史上又一次具有重大意义的会议,是总结经验、团结前进的会议。它的召开,标志着党的指导思想上拨乱反正的历史任务胜利完成。

中共十一届六中全会决定,邓小平任中共中央军委主席。

# 制定小康目标

中共十一届三中全会以后,邓小平立足国情,放眼未来,经过深入的考察和论证,用了近8年的时间,为我国的经济发展绘制出了"三步走"的发展战略:第一步,实现国民生产总值比1980年翻一番,解决人民的温饱问题。第二步,到本世纪末,使国民生产总值再增长一倍,人民生活水平达到小康水平。第三步,到下个世纪中叶,人均国民生产总值达到中等发达国家水平。从此,中国共产党和中国人民有了明确的、具体的奋斗目标。

实现四个现代化,把我国建设成为一个现代化的社会主义强国,这是中国共产党人矢志不移的奋斗目标。到20世纪70年代末,为了寻找现代化道路,新中国的领导人已执着探索了30年,并为此制定了一个又一个的经济发展战略。但是,由于种种原因,这一奋斗目标并没有像人们设想的那样如期实现。那么,什么是现代化?我们与现代化的差距究竟有多大?我们应当怎样从中国特点出发去设计中国未来发展的目标?

1978年12月13日,邓小平在中央工作会议上的讲话中指出:"实事求是,是无产阶级世界观的基础,是马克思主义的思想基础。过去我们搞革命所取得的一切胜利,是靠实事求是,现在我们要实现四个现代化,同样要靠实事求是。"这表明,以邓小平为首的中国共产党人开始根据中国的国情,重新考虑经济发展战略。

1979年10月4日,邓小平同志在中共省、市、自治区委员会第一书记座谈会上说:"所谓政治,就是四个现代化。我们开了大口,本世纪末实现四个现代化。后来改了个口,叫中国式的现代化,就是把标准放低一点。特别是国民生产总值,按人口平均来说不会很高。据澳大利亚的一个统计材料说,1977年,美国的国民生产总值按人口平均为八千七百多美元,占世界第五位。第一位是科威特,一万一千多美元;第二位是瑞士,一万美元;第三位是瑞典,九千四百多美元;第四位是挪威,八千八百多美元。我们到本世纪末国民生产总值能不能达到人均上千美元?前一时期我讲了一个意见,等到人均达到一千美元的时候,我们的日子可能就比较好过了。""现在我们的国民生产总值人均大概不到三百美元,要提高两三倍不容易。"

两个月后,12月6日,邓小平会见了来访的日本首相大平正芳。

当大平正芳提出"中国在本世纪末实现四个现代化究竟意味着什么"时,邓小平吸着烟,陷入了沉思。大约过了一分钟,他弹掉烟灰,缓缓地说:"我们要实现的四个现代化,是中国式的四个现代化。我们的四个现代化的概念,不是像你们那样的现代化的概念,而是'小康之家'。到本世纪末,中国的四个现代化即使达到了某种目标,我们的国民生产总值人均水平也还是很低的。要达到第三世界中比较富裕一点的国家的水平,比如国民生产总值人均一千美元,也还得付出很大的努力。就算达到那样的水平,同西方来比,也还是落后的。所以,我只能说,中国到那时也还是一个小康的状态。"

不久,邓小平在谈到他同大平正芳的这次谈话时说:"前不久一位外宾同我会谈,他问,你们那个四个现代化究竟意味着什么?我跟他讲,到本世纪末,争取国民生产总值每人平均达到一千美元,算个小康水平。这个回答当然不准确,但也不是随意说的。现在我们只有二百几十美元,如果达到一千美元,就要增加三倍。新加坡、香港都是三千多。我们达到那样的水平不容易,因为地广人多,条件很不一样。"

邓小平曾多次提到他同大平正芳的这次谈话,因为后来大家耳熟能详的"中国式的现代化""一千美元""小康社会"等概念都源于这次谈话。在这时,邓小平已经清醒地看到了中国与世界现代化进程的差距,他参照世界先进国家的人均水平,根据我国当时的人均产值、发展速度和人口增加等多方面的因素,测算出了本世纪末我国国民生产总值一千美元的人均水平,为全党和全国人民提出了一个非常具体的奋斗目标。

提出"小康"目标,实际上是对过去设想的"要在本世纪末全面实现四个现代化"的目标作了重要修改。

1982年,党的十二大正式把本世纪末实现小康目标,即全国工农业的年总产值翻两番作为中国经济发展的战略目标。从此,中国老百姓体会自己的生活,有了一个具体的、朴实的说法。

党的十二大以后,"翻两番,奔小康"成为全党和全国人民议论的热点。党内党外,群情高涨,人们对未来的小康生活充满了美好的憧憬。

1982年10月14日,邓小平在同国家计委负责人宋平谈话时说:本世纪翻两番的目标靠不靠得住?党的十二大说靠得住,我也相信是靠得住的,但究竟靠不靠得住,还要看今后的工作。

邓小平心中装着"翻两番""奔小康"的问题,在北京坐不住了。春节将至,他想到实际生活中去获取"翻两番"的第一手资料,此时,他把目光投向了经济发展较快的苏杭地区。

1983年2月5日,邓小平离开北京,踏上南下的列车。此行的目的地,选择在经济比较发达的苏州和杭州。

俗话说:"上有天堂,下有苏杭。"苏杭地区地处长江三角洲,背靠上海,历来比较富庶,近几年经济发展尤为迅速。特别是苏州,人均国民生产总值已经超过了800美元,像这样的地方能不能在2000年再翻两番?如果能,到那时的社会又将会是什么样?

带着这样的思考,邓小平第一站就直奔苏州。

2月6日下午2时31分,一辆乳白色丰田面包车驶进古城苏州,来到位于城南十全街的南园宾馆。邓小平和夫人卓琳就下榻在宾馆的新平房。

2月的江南,宾馆的庭院内垂柳已经吐丝,迎春花含苞欲放。邓小平的到来又给这里增添了新的融融春意。

这是邓小平第二次来苏州。

20多年前,他曾来过这里,那是三年困难时期。

时过境迁,今天的苏州已今非昔比。整洁的街道,琳琅满目的商品,特别是喜气洋洋的人群,再加上新春佳节前的祥和气氛,这一切确实令这位年近八十的老人心旷神怡。

苏州原地委书记戴心思回忆说:小平同志到苏州的时候,正好是我们党的十二大开过不久。那个时候,苏州和全国一样,大家都在议论"翻两番,奔小康"的问题。那个时候一谈就是这个问题,因为十二大刚刚开过。小平同志对江苏和苏州,最关心的问题就是能不能翻两番,什么时候能够奔上小康。他最关心的就是这个问题。他问,现在苏州农村的现状究竟是什么样子？你们对翻两番有没有信心？因为当时有一种议论，好像基础差的地方翻番比较容易，因为基数低，翻番比较容易；基础好的地方，好像块头大，翻番比较难。当时江苏省委的一些领导同志和我们苏州市呀、地区呀，我们的一致看法，就觉得不一定。可能基础好的地方翻番比较快。因此当时我们就估计苏州这个地方，翻两番肯定不要到 2000 年。

邓小平一到苏州，便急于了解当地的情况。

2 月 7 日下午，江苏省委的领导和苏州地委的领导来到南园宾馆新平房的会客室。

邓小平习惯性地点燃了一支熊猫牌香烟，听取江苏同志的汇报。[①]

邓小平首先问道："到 2000 年，江苏能不能实现翻两番？"

江苏的同志回答说："从江苏经济发展的历史看，自 1976 年至 1982 年，6 年时间，全省工农业总产值就翻了一番。照这样的增长速度，就全省而言，用不了 20 年时间，就有把握实现翻两番。"

一问一答。问话直奔主题，回答简单明了。

"苏州有没有信心，有没有可能？"邓小平又问。

苏州工农业生产的基数较高，是江苏省经济最发达的地方，在国内经济水平较为发达的地区中具有代表性。

当时，正值苏州地区和苏州市合并前夕，按照新的区划，苏州市将下辖吴县、吴江、昆山、太仓、常熟、沙洲（今张家港市）6 个县。1978 年，6 个县的工农业总产值为 65.5928 亿元，国民生产总值为 31.9053 亿元。到 1982 年底，工农业总产值增加到 104.8813 亿元，人均超过 800 美元，国民生产总值增加到了 47.6133 亿元。4 年间，工农业总产值和国民生产总值分别以 12.65% 和 10.49% 的年平均速度递增，这一递增速度高于全省的平均水平。按这样的发展势头，苏州翻一番的奋斗目标有 5 到 6 年就已经足够，再翻一番，用 10 年时间也就差不多了。留点余地，到 1995 年一定能够实现翻两番的目标。

"像苏州这样的地方，我们准备提前 5 年实现党中央提出的奋斗目标。"江苏的同志回答说。

---

[①] 相关内容参见《邓小平年谱（1975—1997）》（下），中央文献出版社 2004 年版，第 886 页。

听到这里,邓小平十分满意地点了点头,脸上露出了充满信心的微笑。

这里谈兴正浓,原来预定的会见时间已经到了,工作人员来到门口,看到邓小平又点燃了一支烟,谈话还要继续下去。

邓小平说:"人均800美元,达到这样的水平,社会上是一个什么面貌?发展前景是什么样子?"

党的十一届三中全会以来,苏州地区广大农村抓住经济建设这个中心不动摇,抓住有利的国际环境这个机遇不放松,全面实行联产承包,迅速发展社队企业,经济一直迅速增长,人民生活显著改善,农村面貌发生了巨大变化。1982年,苏州地区有近20个公社、60个大队以及一批生产队,人均工农业产值超过800美元,经济和社会发展水平上了一个新的台阶,成为农村奔小康的典型。

江苏的同志汇报说:人均达到800美元的这些单位,人民的物质文化生活水平有了显著的提高,具体表现在:

人民吃、穿、用问题解决了,物质生活在一个较高的水平上有了保障;

住房问题解决了,人均居住面积达到20平方米;

就业问题解决了,农副工三业协调发展,人人得到妥善安排,本地劳动力不外流,相反开始吸收外地劳动力,做工务农;

教育、文化等事业经费有了保障,中小学教育得到普及,各种文体设施及其他社会福利事业普遍建立起来;

人们的精神面貌显著变化,观念更新,旧俗收敛,新风光大,犯罪活动减少,社会治安明显好转;

一批初步繁荣富庶、文明昌盛、安定祥和的社会主义新农村已经和正在不断涌现出来。

邓小平听得十分仔细,几乎每一条都熟记于心,回到北京后,他曾先后同中央负责同志和中顾委的同志反复讲到这几条,说:"这几条就了不起呀!"

"苏州农村的发展采取的是什么方法?走的是什么路子?"邓小平对他所关注的事,紧追不放。

江苏的同志回答说:"江苏,特别是苏州,历来是经济比较发达的地区,十一届三中全会以来,苏州农村经济得以出现新的飞跃,主要靠两条:一条是重视知识分子的作用,依靠技术进步。苏州农村劳动力原来文化素质较高,为了发展生产,各地还吸收了不少上海、苏州、无锡等城市的退休人员和科技人员,充分发挥他们的技术和知识的作用。有些老工人很有本事,请来工作所费不多,只是给点工资,解决点房子,就很乐意干,在生产上发挥了很好的作用。往往是请来一位能人,就能建起或激活一个工厂。另一条是发展了集体所有制,也就是发展了中、小企业,在农村,就是大力发展社、队企业。"

听到这里,邓小平眼睛一亮,他对发展社队工业产生了浓厚的兴趣。

在计划经济体制下,社队工业的初创阶段十分艰难,曾经经历过"千方百计找门路,千言万语求原料,千山万水跑供销,千辛万苦创基业"的过程。这个过程带来了这个地区的变化。1982年,常熟、沙洲等6县社队工业总产值已达28.18亿元,占工业总产值的40.35%,成为农村经济的重要支柱和农民收入的主要来源。社队工业的发展又反过来为农、副业的发展提供了资金、技术、装备等物质条件,这就是"以工补农","以工建农",农、副、工三业协调发展。

对社队工业,江苏的同志总结说:"归根结底,凭借的是灵活的经营机制,实行的是市场经济体制。从原材料的获得,资金的来源,到产品的销售,完全靠市场。因此可以说,是市场哺育了社队工业。"

老百姓从实际工作中领悟到了市场经济的作用,这使邓小平非常兴奋,市场经济这个问题,是他思考已久的一个问题。

1979年11月,邓小平在会见美国不列颠百科全书出版公司编委会副主席吉布尼和加拿大麦吉尔大学东亚研究所主任林达光等人时就说过这样一段话:"说市场经济只存在于资本主义社会,只有资本主义市场经济,这肯定是不正确的。社会主义为什么不可以搞市场经济,这个不能说是资本主义。我们是计划经济为主,也结合市场经济。"

邓小平作出的结论是:"社会主义也可以搞市场经济。"

如今,苏州的实践也已经充分证明了这一点。

"看来,市场经济很重要。"邓小平再一次作了肯定。

当天晚上,江苏省委、苏州地委和市委的负责人再一次去看望邓小平。邓小平又一次由衷地称赞江苏和苏州的工作搞得好。

江苏的同志说:"苏州地区的社队工业虽然起步较早,现在已略具规模。但总的来说,还只能算是打基础阶段,潜力还很大,只要政策允许,完全是有可能进一步发展,而且完全可能发展得更快一点!"

邓小平这一次在苏州对社队工业有了感性认识,后来他多次讲到社队工业也就是乡镇企业。第二年,中共中央专门为加快社队工业的发展下发了正式文件,为这一新生事物正名,这为全国范围社队企业的崛起铺平了道路。

邓小平后来说:"农村改革中,我们完全没有预料到的最大的收获,就是乡镇企业发展起来了,突然冒出搞多种行业,搞商品经济,搞各种小型企业,异军突起。这不是我们中央的功绩。""如果说在这个问题上中央有点功绩的话,就是中央制定的搞活政策是对头的。"

2月9日,邓小平结束在苏州的考察活动,前往浙江杭州视察。

邓小平来到杭州,住进位于杭州西湖边上的刘庄宾馆一号楼。这是粉碎"四人帮"以后,邓小平第一次到杭州。

2月的杭州,天气依然寒冷,尤其是徘徊在西湖边,扑面而来的西北风充满寒意。可是,浙江省委的同志们此时却心暖如春,毫无寒冷之感!因为他们要迎接的是即将把中国引向腾飞之路的小平同志,浙江这几年的发展,也使他们对这位一直致力于民族复兴的老人更多了一份敬仰和亲切之感。

这时,一辆黑色红旗轿车缓缓停下,邓小平从车上下来,他伸出手来与前来迎接的省委书记铁瑛、省长李丰平等一一握手。铁瑛想,小平同志已经是年近80岁的老人了,旅途劳顿,于是他提出请小平同志先休息几天。一听这话,邓小平同志连连摇手说:"我不累,大家进屋里一块谈谈。"

进屋后大家刚一坐定,邓小平便兴致勃勃地先说开了。看得出,他心里很高兴,也很急迫:我这次在苏州,与江苏同志主要谈到2000年是不是可以翻两番,达到小康水平的问题。现在苏州工农业总产值人均已接近800美元。苏州同志谈,他们共解决了6个方面问题:第一,人民吃穿问题解决了,基本生活有了保障;第二,住房问题解决了,人均面积20平方米,因为土地不足,向空中发展,小城镇和农村二三层小楼已经不少了;第三,就业问题解决了,城镇基本上没有待业劳动者了;第四,农村人口不外流,农村人总想往城市跑的情况改变了;第五,中小学教育普及,教育、文化、体育和其他公共事业有能力安排了；第六，人民精神面貌变了，犯罪率下降了。苏州同志感到，达到 800 美元后有这些表现。江苏从 1977 年至 1983 年的 6 年间，工农业总产值翻了一番，依这样的发展，到 1988 年就可以再翻一番！

邓小平点了一支烟，深深地吸了一口，又接着说：我问江苏同志，你们的路子是怎样走的？他们说，主要是两条，一条是依靠上海的技术力量，还有一条是发展了集体所有制，也就是中小企业、乡镇企业。

接着，他迫不及待地向在场的浙江省的负责人重复着在苏州提出的问题："你们考虑，到了 800 美元，社会上是个什么面貌呢？发展前景是什么样子呢？"他好像自问自答："吃穿没有问题，用也基本上没有问题，文化有了很大发展，教师的待遇也不低。"

于是，铁瑛开始汇报。当他讲完省领导班子调整的情况时，邓小平说：有没有四十几岁的？班子如果可以再年轻一些，11 个常委中有两个 50 岁以下的同志就更好了，下一步还得调整。调整班子是好事，这次还不够，还得一步一步来。

接着，铁瑛开始汇报浙江翻两番的情况：浙江 1982 年工农业生产情况，当时全省工农业总产值已经人均 600 美元，我们分析了全省工农业发展情况，到 2000 年翻两番半或三番是可能的。

听到这里，邓小平问：你们看，翻两番是不是靠得住？现在是多少？

铁瑛回答：按工农业产值，人均 920 元，国民收入 490 元。

邓小平又问：到 2000 年是多少？

回答是大约 1200 美元。

邓小平紧接着问道：你们的收入在全国占第几位？

李丰平回答说：这两年浙江的发展势头很好。1982 年农业获得了中华人民共和国成立以来的最好收成，比上年增长 15%，全省工农业总产值比上年增长 10%，人均达到了 500 多美元，名列全国第七位。

邓小平说：北京、上海、天津三个市可以除外，你们是第四位。辽宁、黑龙江的重工业产值高，人民生活水平不如江浙。生活好了，人就不愿往外走。江苏、浙江还有山东，这两年也上得快，鲁西北这两年生活也好了，人也不往外走了。苏州，现在已到了或者接近每人 800 美元的水平，他们已经解决了知识青年的就业问题。

李丰平回答说:"1980年浙江人均330美元,预计1990年可以达到人均660美元,到2000年达到1300多美元,通过努力翻三番。"

"噢?!你们有信心能翻两番半到三番?"邓小平面带微笑,很认真地问道:"你们有什么措施作保证吗?"

"有的。"铁瑛接着汇报了省委目前抓紧的5项措施:解放思想,抓改革,抓科技和教育,抓浙江轻工业的特点和优势,发展乡镇企业和农业。

当铁瑛汇报到科技、教育问题时,邓小平说:现在大学招生增加一倍学生也可以,教师有,就是要盖房子。干部、职工要轮训,文化水平要提高。

从纲到目,汇报一直进行了近两小时。邓小平全神贯注地听着,看不出丝毫的倦意。

听完浙江同志的汇报,邓小平脸上呈现出满意的微笑:你们是沿海发展比较快的一个省,你们的工作不错,我很高兴!是呀,到2000年,江苏、浙江是应该多翻一点,不然青海、甘肃这些基础落后的省可能会有困难,江浙多翻一点,可以拉一拉,保证达到全国翻两番的目标。

铁瑛说:我们工作做得还不够,还有些缺点。

邓小平笑着说:工作中怎么会没有缺点呢,注意了就行嘛。

2月14日是大年初二,和往常一样,邓小平起得很早,在刘庄宾馆的院子里散步。他对浙江省公安厅厅长张秀夫说:"上有天堂,下有苏杭,杭州真是个好地方。去看看西湖春色吧。"

"好啊,去南线,钱塘江大桥、六和塔、九溪十八涧一带。"张秀夫高兴地回答说。

邓小平点了点头。

路上,邓小平对陪同的铁瑛说:"你们省哪个地方收入高些?"

铁瑛回答说:"宁波市高些。"

听到这个回答,邓小平也深有同感地说:"我在公园遇到几位宁波人,他们的服装是香港式的。"

轿车继续往前疾驶,邓小平看着窗外,突然转过头对身边的铁瑛说:"浙江是沿海经济发达地区。一般来说,经济发达的地方,生活越好,越会控制生育。经济发展了,案件也少些。"

铁瑛专注地看着邓小平,听他接着说:"西方那些国家,不搞计划生育,但也会自动控制人口,因为他们不要人口多,多了影响生活。"

在游龙井和九溪时,邓小平对铁瑛说:"杭州的绿化不错,给美丽的西湖风景添色。你们一定要保护好西湖名胜,发展旅游业啊!"在此前后,杭州的负责人和老同志曾不止一次地聆听过邓小平的谆谆教诲:"杭州这样的风景旅游城市,在世界上可是不多的","要把杭州的旅游业好好发展起来"。"上有天堂,下有苏杭,杭州真是个好地方。要把西湖保护好,建设好!"

在九溪十八涧,邓小平沿着竹林间蜿蜒上行的小路一步一步向上攀登,有时坡缓路平,有时坡陡路险,他都不在意,也不停步,只是向前,向前,再向前。

走到一个好看的景点,小平同志还主动招呼大家,我们一起照个相吧!然后,车向南走,来到钱塘江大桥旁边的六和塔。邓小平称赞路边成片的水杉漂亮,他叫司机将车停在路边,走下车来,用手指了指不远处的水杉树说:"你们这里的水杉树很好看,笔直。"说罢,健步朝杉树林走去。

"水杉树好,既经济,又绿化了环境。长粗了,还可以派用处,有推广价值。"他停在一株挺拔的杉树前端详片刻,用手指着树干说。

邓小平看到不远处有几株泡桐树,立刻招呼铁瑛和正在一边闲谈的随行人员:"快来看泡桐。"

"泡桐树,也是一种经济树木。你们浙江种得多不多?"他问铁瑛。

"浙江泡桐树种得不多,杭州更少,金华、绍兴等地有一些。"铁瑛回答说。

"泡桐树长得快啊,板料又好。"邓小平随手点燃了一支烟,吸了一口继续说,"泡桐树用来做箱子没缝,很好的,日本人可喜欢啦。""我看,水杉和泡桐,这两种树江南都应该提倡。"一路上,邓小平精神抖擞,思路敏锐,谈锋很健,他的这种情绪也感染着周围的每一个人。一路陪同的浙江省的负责同志都用敬佩的目光看着小平同志。

2月15日,邓小平又漫步苏堤。其间,还到过平湖秋月等景点参观。

2月18日,邓小平在从浙江返京路过上海时,在这个中国人口最多的城市作短暂的停留。

2月21日上午,邓小平在中共上海市委第二书记胡立教、市长汪道涵、副市长杨堤等负责人的陪同下,视察了位于上海静安区胶州路的农贸市场。

静安区胶州路集市建于1979年10月15日,地处静安寺闹市区附近。市场全长150米,场地使用面积达545.92平方米,设有摊位50—60个。市场两边是居民区,还有3个国营和集体单位。在这种环境中,他们采取见缝插针的办法分类设摊,做到整齐清洁,使市场管理不断完善,得到了市、区领导的好评。对于城市经济改革中出现的个体经济、集市贸易,世界各国表示了极大的关注和兴趣,纷纷前来参观和访问。胶州路市场,从1980年起,先后接待了美国教育旅游团,日本民社党代表团,朝鲜劳动党政治局委员、平壤市委责任书记等,以及日本、澳大利亚、法国、瑞典的记者。

邓小平下车后,首先到市场口的水果摊看了看,并且问随行人员一些问题,随行人员解释后,邓小平随即走进待业青年办的知青合作社。

他问里面的工作人员:你们是属于什么性质的?

工作人员回答说:我们属于街道办的知青合作社。

接着,邓小平又来到个体户刘洪珍的摊位前,他问刘洪珍:鲫鱼多少钱一斤呀?

刘洪珍回答说:2.8元一斤。

邓小平又问旁边的一个个体户陈治玲:"这是什么?"

"是明夫。"

随行人员向邓小平解释了明夫的产地。

邓小平又看了几个摊位,最后来到了个体户姜安如的摊位前,他指着冬笋问:"多少钱一斤?"

"7角一斤。"

姜安如抬头一看原来是邓小平同志,便激动地连连拍手叫了起来:"邓伯伯、邓伯伯,你好,你身体好吗?"

邓小平回答说:"你好。"

邓小平的视察极大地鼓舞了市场全体工作人员的工作热情,这个市场后来连年被评为市区的先进市场。

9时15分,邓小平从胶州路、北京路口上了一辆面包车离开市场,前往上海市北区的曲阳新村视察。

曲阳新村是20世纪70年代末期,市政府筹划建造的13个新村小区中的一个,其规模仅次于浦东的潍坊新村。当时曲阳新村的建设速度最快,至

1982年底,曲阳新村的西南小区建成,小区配套设施齐全。

9时50分,两辆乳白色的面包车驶进了新村,在新村的菜市场门口停下。车门开处,邓小平从第二辆车里走了出来。他身着一套深灰色的中山装,迈着稳健的步子,脸上带着微笑,神采奕奕。

他们首先走进了曲阳菜场。这时早市已过,一些柜台仍在营业。

"是国营的吗?"邓小平走上前去问道。

"这是知青办的合作菜场。"虹口区委书记沈敏康回答说。

邓小平高兴地朝青年营业员们点点头,说:"知青办的好嘛!"

在蔬菜柜台前,邓小平问两名营业员:"你们在这里做好不好?"

两名营业员激动得说不出话来,只是一个劲地点头。

在猪肉柜台前,邓小平又问一个青年女营业员:"你斩肉斩得动吗?"

"还可以。"营业员点点头。

邓小平等一行接着来到了新建的百货商场,这也是一家知青办的合作企业。邓小平仔细地观看了橱窗里和货架上陈列的商品,关切地询问:"居民需要的东西都有得卖吗?"

当听到回答说"居民日常生活用品都有供应"以后,他开心地笑了。

赶来看望邓小平的人越来越多,许多人都想靠得近一些。邓小平连声问:"新村的文明设施跟上去了没有?""这里的住宅是哪一位工程师设计的?"大家看到邓小平身体健康,精神很好,都感到十分高兴。

邓小平走进了曲阳酒家。身边的杨堤告诉邓小平:"这里是川扬帮的菜。"

"川扬菜好嘛!"邓小平的话音一落,人群中发出了一阵阵笑声。

这时有两位年过半百的老人挤出人群,操着四川口音,激动地说:"楼上还有,请邓副主席到楼上看看。"

酒店的经理向邓小平介绍说:"这两位是知青酒家聘请来的老师傅。"

邓小平一边健步登上二楼,一边用家乡的口音同两位四川老乡交谈,称赞这个酒家办得不错,并鼓励青年人好好干。

大家对小平同志深入群众,关心人民生活,无不心情激动。

邓小平一行接着来到大连西路250弄22号一户居民家里。这家女主人姚凤兰,是上海服装二厂的退休工人,正手拿抹布在揩台子。她看到有客人来了,连声说:"请进,请进。"

她的丈夫和儿子都上班去了,只有新过门的儿媳妇还在家里。

邓小平随着陪同的同志先走进了姚凤兰儿子的新房。新媳妇小丁一下子认出了邓小平,一时呆住了,激动得话也说不出来。邓小平听说她是去年12月结的婚,热情地同她握手,亲切地说:"祝你们幸福!"小丁有点腼腆地点点头,激动地说:"邓副主席好!"

邓小平环顾了新房里的摆设,电视机、洗衣机、电冰箱等家具齐全,高兴地说:"哟,这儿不错嘛,挺现代化的。"

接着,又来到姚凤兰的房间,一边亲切地同她握手,一边问道:"你们生活好吗?"

姚凤兰说:"我们生活得很好。"

汪道涵指着五斗橱上和床边橱上两台用红色绒布罩套住的机子问:"这是两台电视机?"

姚凤兰说:"是的,我们原来有一台九英寸的,儿子结婚,又买了一台十四英寸的。"

邓小平听到她的回答,满意地说:"你们生活好,我就高兴!"

邓小平接着问道:"这住房有洗澡间吗?"

姚凤兰说:"有!还是瓷砖铺的哩。"

邓小平走到浴室门口,朝里面仔细看了看,然后向主人热情告别。

这时,周围站满了居民群众,四周的窗口还伸出了人头,大家招手向小平同志问好。邓小平先举起右手,然后又双手合抱,向大家致意。

2月26日,邓小平离开上海返京。

回到北京之后,3月2日,邓小平约请几位中央负责同志谈话。他说:"这次,我经江苏到浙江,再从浙江到上海,一路上看到的情况很好,人们喜气洋洋,新房子盖得很多,市场物资丰富,干部信心很足。"他如数家珍地介绍了苏州农村出现的六大变化:"第一,人民的吃穿用问题解决了,基本生活有了保障;第二,住房问题解决了,人均达到二十平方米,因为土地不足,向空中发展,小城镇和农村盖二三层楼房的已经不少;第三,就业问题解决了,城镇基本上没有待业劳动者了;第四,人不再外流了,农村的人总想往大城市跑的情况已经改变;第五,中小学教育普及了,教育、文化、体育和其他公共福利事业有能力自己安排了；第六，人们的精神面貌变化了，犯罪行为大大减少。"他充满信心地宣布："看来，四个现代化希望很大。"他要求："到本世纪末实现翻两番，要有全盘的更具体的规划，各个省、自治区、直辖市也都要有自己的具体的规划，做到心中有数。我们要帮助各省、自治区、直辖市解决各自突出的问题，帮他们创造条件，使他们的具体规划能够落到实处。"

1983年的苏杭之行，邓小平证实了20世纪末翻两番、奔小康的目标是切实可行的。1984年10月1日，邓小平在中华人民共和国成立三十五周年庆祝典礼上的讲话中，满怀信心地说："党的十二大提出，到2000年，我国的工农业年总产值，要比1980年翻两番。最近几年的情况，表明这个宏伟目标是能够达到的。"

改革开放的实践，表明小康目标切实可行。实践的发展又促使邓小平考虑中国未来更长远的奋斗目标。他说，我们虽然活不到那个时候，但有责任提出那个时候的目标。

1984年5月29日，邓小平在会见巴西总统菲格雷多时说，在本世纪末翻两番这样一个基础上，"再发展30年到50年，我们就可以接近发达国家的水平"。

这个意思，邓小平在同年10月6日会见参加中外经济合作问题讨论会全体中外代表时，在10月22日的中顾委第三次全体会议上等很多场合讲过。可见，邓小平把我国经济发展规划的时间由20世纪末延伸到21世纪中叶，并把目标定在接近发达国家水平上。

1987年3月8日，邓小平在会见坦桑尼亚总统姆维尼时说："到本世纪末，尽管我们人均国民生产总值800到1000美元不算多，但是年国民生产总值将超过1万亿美元。有了这个基础，再争取达到中等发达国家的水平是有希望的。"在这里，邓小平对21世纪中叶的发展目标作了一个重大的调整，即把"接近发达国家的水平"改为"达到中等发达国家的水平"。

时隔一个多月，4月16日，邓小平在会见香港特别行政区基本法起草委员会委员时再一次谈到了中国21世纪的发展战略。他说："到本世纪末，中国人均国民生产总值将达到800至1000美元"，"有了这个基础，再过50年，再翻两番，达到人均4000美元的水平，在世界上虽然还是在几十名以下，但是中国是个中等发达的国家了"。在这里，邓小平提出了"人均4000美元"和

"国民生产总值6万亿美元"的量化目标,并在时间上和发达程度上正式确定为"50年"和"中等发达"。

10天后,4月26日,邓小平在会见捷克斯洛伐克总理什特劳加尔时,对这个目标说得更为明确,他说:"总的来说,我们确定的目标不高。从1981年开始到本世纪末,花20年的时间,翻两番,达到小康水平,就是年国民生产总值人均800到1000美元。在这个基础上,再花50年的时间,再翻两番,达到人均4000美元。那意味着什么?就是说,到下一个世纪中叶,我们可以达到中等发达国家的水平。"

4月30日,邓小平在同西班牙政府副首相格拉的会谈中,第一次比较完整地描绘了从新中国成立到21世纪中叶100年间中华民族百年图强的"三步走"的经济发展战略。他说:"我们原定的目标是,第一步在80年代翻一番。以1980年为基数,当时国民生产总值人均只有250美元,翻一番,达到500美元。第二步是到本世纪末,再翻一番,人均达到1000美元。实现这个目标意味着我们进入小康社会,把贫困的中国变成小康的中国。那时国民生产总值超过1万亿美元,虽然人均数还很低,但是国家的力量有很大增加。我们制定的目标更重要的还是第三步,在下世纪用30年到50年再翻两番,大体上达到人均4000美元。做到这一步,中国就达到中等发达国家的水平。这是我们的雄心壮志。"江泽民同志后来在评价这个经济发展战略时说:"这个战略目标,既不是急于求成,也不是无所作为,而是符合我国实际,经过努力可以实现的。"

半年后,在党的十三大上,邓小平提出的这个从中华人民共和国成立起用大约100年的时间,分三步实现现代化的经济发展战略,得到了全党的确认。

1987年10月25日至11月1日,党的第十三次全国代表大会在北京举行。出席这次大会的正式代表1936名,代表着4600多万名党员。

大会的政治报告系统地阐述了邓小平关于我国还处于社会主义初级阶段的理论,指出:我国处在社会主义的初级阶段这个论断,包括两层含义:第一,我国社会已经是社会主义社会,我们必须坚持而不能离开社会主义。第二,我国的社会主义社会还处在初级阶段,我们必须从这个实际出发,而不能超越这个阶段。

报告系统阐明了党在社会主义初级阶段建设有中国特色的社会主义的基本路线。这就是：领导和团结全国各族人民，以经济建设为中心，坚持四项基本原则，坚持改革开放，自力更生，艰苦创业，为把我国建设成为富强、民主、文明的社会主义现代化国家而奋斗。这条基本路线，又被简称为"一个中心、两个基本点"，即以经济建设为中心，坚持四项基本原则，坚持改革开放。

报告规定了三步走的经济发展战略部署，即：第一步，实现国民生产总值比1980年翻一番，解决人民的温饱问题；第二步，到本世纪末，使国民生产总值再增长一倍，人民生活达到小康水平；第三步，到下个世纪中叶，人均国民生产总值达到中等发达国家水平，人民生活比较富裕，基本实现现代化。

报告根据加快和深化改革这一中心任务，明确提出，经济体制改革要围绕转变企业经营机制这个中心环节，分阶段地进行计划、投资、物资、财政、金融、外贸等方面体制的配套改革，逐步建立起有计划商品经济新体制的基本框架。

报告深入阐述了政治体制改革问题，确定了政治体制改革的长期和近期目标："改革的长远目标，是建立高度民主、法制完备、富有效率、充满活力的社会主义政治体制。""改革的近期目标，是建立有利于提高效率、增强活力和调动各方面积极性的领导体制。"

这些内容，实际上是对邓小平在9年前亲自发动而今正进一步深化的改革的系统总结和充分肯定，大会高度评价了邓小平在9年的改革实践中所起的举足轻重的作用。指出：在党的十一届三中全会路线的形成和发展中，在一系列关键的问题的决策中，在建设改革开放新局面的开拓中，邓小平同志以马克思主义的理论勇气、求实精神、丰富经验和远见卓识作出了重要贡献。

大会指出：60多年来，在马克思主义与我国实践结合的过程中，有两次历史性的飞跃。第一次飞跃发生在新民主主义革命时期，中国共产党人总结成功和失败的经验，找到了有中国特色的革命道路，把革命引向了胜利；第二次飞跃发生在十一届三中全会以后，中国共产党人在总结中华人民共和国成立30多年来正反两方面经验的基础上，在研究国际经验和世界形势的基础上，开始找到一条建设有中国特色的社会主义的道路，开创了社会主义建设的新阶段。沿着这条道路前进,是把我们的事业引向胜利的根本保证。

9年,只是历史长河中的一个瞬间。在这9年当中,邓小平领导中国共产党人实现了第二次飞跃,提出了社会主义初级阶段的理论,为进一步实行改革开放,建设有中国特色的社会主义提供了有力的理论武器,这是邓小平对于科学社会主义理论的重要贡献。由此也可以说,十三大是邓小平政治生涯中一个重要的里程碑。

也正是这位迅速改变了社会主义中国的历史进程,为民族的复兴作出了巨大贡献的卓越领导人,出于对党的事业的发展和国家长治久安的大局考虑,在这次大会上身体力行,主动要求退出中央委员会,以共产党人的高风亮节赢得了世人的喝彩。

11月6日,美国广播公司电视台推选邓小平为"本周新闻人物"。这家电视台《今晚世界新闻》节目主持人彼特·杰宁斯在节目开始时说:"本周世界上最引人注目的是中国领导人邓小平在中共代表大会上引退。"杰宁斯在解说词中说:"中国领导人邓小平在过去10年中决心让受辱的中国一去不复返,使中国以现代化的姿态与现代世界打交道","邓小平的最伟大的政绩是加强了集体领导,减少了一人统治的可能性"。

11月2日,党的十三届一中全会选举产生了新的中央领导机构。邓小平被全会决定为中共中央军委主席。

# "邓六条"

台湾自古以来就是中国的神圣领土,台湾人民与大陆人民有着悠久的共同的历史文化,有着不可分割的血肉联系。1949年蒋介石集团退守台湾,人为地造成了台湾与祖国大陆分离的局面。

当辽沈、淮海、平津三大战役的硝烟还未散尽时,以毛泽东为代表的中国共产党人就提出了"中国人民一定要解放台湾"的口号。

1950年6月朝鲜战争爆发,美国第七舰队进入台湾海峡,阻碍了中国人民解放军渡海作战解放台湾的计划。一道海峡成为隔绝两岸人民的鸿沟,台湾和大陆的统一开始成为一个悬而未决的问题。

为了结束人为造成的海峡两岸分裂的不幸局面,中国共产党人一直在积极探寻实现台湾回归祖国的途径和办法。

到20世纪50年代中期,"武力解放台湾"一直是中国共产党人的主导方针。

1955年5月,周恩来在一届全国人大常委会第十五次会议上宣布:"中国人民解放台湾有两种可能的方式,即战争的方式和和平的方式。中国人民愿意在可能的条件下,争取用和平的方式解放台湾。"这是中国共产党人第一次公开提出和平解放台湾的主张。

此后,随着社会主义建设的全面展开,中国共产党进一步确定了争取用和平方式解放台湾的思想。毛泽东、周恩来多次在不同场合进一步阐明和平解放台湾的具体方针政策。

但是,由于美国的阻挠和国民党当局的错误政策,和平统一的进程受到严重阻碍,海峡两岸还一度形成严重对峙的局面。

历史进入20世纪70年代,美国总统尼克松1972年2月访问北京,周恩来和尼克松签订了《中美上海联合公报》,使得美国敌视中华人民共和国20

多年后终于承认台湾是中国的一部分。

解决台湾问题开始出现了转机。

1973年3月,中共中央决定恢复邓小平党的组织生活和国务院副总理职务。邓小平非常关注台湾问题。从1974年11月起,他接替生病住院的周恩来总理主持关于中美关系正常化的谈判,反复考虑如何解决台湾问题。他提出,关于台湾问题和中美关系正常,我们有三个原则,不能有别的考虑:一、坚持《上海公报》的原则,不能考虑"两个中国"或"一中一台",或变相的"一中一台",如我们所理解的"倒联络处",实际上也是"一中一台",中方不能考虑。二、台湾问题只能在中国人之间作为内政自己来解决。至于用什么方式,和平的,还是非和平的,如何解决,那是中国人自己的事,是中国的内政问题。三、作为一个原则问题,我们不能承认在解决这个问题过程中,其他国家参与什么保证,包括美国的保证。我们不能在这个内政问题上,在时间和方式上,承担什么义务或许诺。他还提出过,解放台湾的方式,我们希望通过和平谈判来解决。和平方式不可能,也要考虑到非和平方式,两种方式都应该考虑进去,首先我们做工作,希望一个阶段内能够用和平方式。希望通过一段比较长时间的工作,使台湾人民了解我们祖国的面貌,了解我们祖国的情况,了解我们的政策,关于解放台湾以后的政策,我们还要考虑,特别是要同台湾人民商量,不过可以说,解放台湾以后,不可能把大陆上的一套马上搬过去。

1975年邓小平主持党和政府的全面工作后,强调全党讲大局,把国民经济搞上去。这个大局具体是:第一步到1980年建成一个独立的比较完整的工业体系和国民经济体系;第二步是到20世纪末把我国建设成为具有现代农业、现代工业、现代国防和现代科学技术的社会主义强国。一切工作都必须服从这个大局,邓小平说,我们现在需要一个和平的国际环境来建设我们国家。在中美就关系正常化的接触中,中国政府坚持台湾问题是中国的内政,解决台湾问题美国必须按照日本方式,即撤军、废约、断交,不能有别的方式。但是,由于当时国内外条件尚不成熟,特别是由于后来国内"左"倾错误逐渐发展严重,邓小平第三次被打倒,中美关系正常化进程陷于停顿。解决台湾问题也就没有提上具体日程。

粉碎"四人帮"以后,邓小平1977年7月重新出来工作,党的十届三中全会恢复了他原来担任的党政军领导职务。从这个时候开始,如何把我们国家建设好,怎样尽快结束民族分裂状态,实现祖国统一,成为他反复思考的中心问题。

这时的国际形势也发生了一些变化。

20世纪70年代中后期,随着美苏两国各自长期积累的国内政治经济和社会问题日益突出,国际关系逐步出现了一些新的重大变化。二战后两个超级大国全球对抗,东西方"冷战"进入了"历史末期"阶段。过去一段时间内,中国曾注重强调战争的危险性,这时邓小平冷静观察和客观分析国际形势,改变了战争不可避免的估计,认为世界和平因素的增长超过战争因素的增长,世界大战是可以避免的,争取较长时期的和平是可能的。应当争取和充分利用较长的和平时期,一心一意集中精力从事社会主义现代化建设。因此,确立用和平方式统一祖国是以邓小平为核心的中国共产党人的主导思想。

中美两国从各自的战略利益出发都有意恢复中美关系正常化的谈判,为和平解决台湾问题创造了条件。1977年美国卡特政府上台后,认为美国要对抗苏联的挑战,美中关系正常化是符合美国战略利益的。因此,在邓小平第三次复出后不到一个月,卡特就主动派国务卿万斯来北京,探讨中美关系正常化问题。自然,台湾问题仍是中美关系中最主要的障碍。万斯提出中美关系正常化后须保证美国同台湾的贸易、投资、旅游、科学交流以及其他私人联系不受影响,他还表示:美国政府将在适当时候发表声明,重申美国关心并有兴趣使中国人自己和平解决台湾问题,希望中国政府不发表反对美国政府声明的声明,不要强调武力解决问题。如果中国接受这些条件,美国将承认中华人民共和国政府是中国唯一合法政府,美台"外交关系"和《共同防御条约》均将消失,美国将从台湾撤出全部军事人员和军事设施。

邓小平在会见万斯时说,这个关于中美关系正常化的方案相对于《上海公报》后的探讨来说不是前进了,而是后退了。我们多次说过,要实现中美关系正常化,在台湾问题上有三个条件,即废约、撤军、断交,按日本方式本身就是一个让步,现在是要美国下决心。至于统一的问题,还是让中国人自己来解决,我们中国人是有能力解决这个问题的,奉劝美国朋友不必为此替我们担忧。台湾问题是中国的内政,别人不能干涉。我们准备在按三个条件实现中美建交以后,在没有美国参与的条件下,力求通过和平方式解决台湾问题,但不排除通过武力解决。中国人民、中国政府当然会考虑台湾的实际情况,采取恰当的政策来解决台湾问题,实现国家统一。

1978年1月,邓小平又对来访的美国客人说,世界上有些人总觉得中国人似乎不那么喜欢和平。在某种意义上说,中国人也不怕战争。但就我们国家现在的状况来说,确实我们比世界上任何人更希望有一个和平的环境好好建设一下我们的国家。所以,我们要力争用和平方式解决祖国的统一问题。

中美两国的建交谈判是从1978年7月开始的。在谈判中,用什么方式解决台湾问题,中美双方各执己见,未取得一致。美国希望中国只用和平方式解决台湾问题,中国则强调解决台湾问题的方式是中国的内政,不容他人干涉,最后是双方就此各自发表一个声明。美国的声明中表示它期待台湾人民将有和平的未来,关心由中国人自己和平解决台湾问题。中国则在声明中指出:解决台湾回归祖国、完成国家统一的方式完全是中国的内政。就在双方争执的过程中,邓小平于10月出访日本,出席《中日和平友好条约》的签字仪式。行前,他对日本著名文艺评论家江藤淳说,我们的国内政策在台湾将根据台湾的现实来处理。比如说,美国在台湾有大量的投资,日本在那里也有大量的投资,这就是现实。我们正视这个现实。《中日和平友好条约》的签订,对中美关系的正常化起到了重要的推动作用。11月4日,邓小平又对缅甸总统吴奈温说,在解决台湾问题时,我们会尊重台湾的现实。比如,台湾的某些制度不动,美日在台湾的投资可以不动。但是要统一。后来,他对美国客人说得更加明了:台湾归还中国实现祖国统一,在这个前提下,我们将尊重台湾的现实来解决台湾问题。台湾的社会制度同我们现在的社会制度当然不同,在解决台湾问题时,会照顾这个特殊问题。我们是社会主义国家,台湾可以存在不同的社会制度,还可以保留原来的社会制度、经济制度。这是国家统一的情况下允许保留的。中美建交谈判历时近半年,终于达成协议,于1978年12月16日发表《中华人民共和国和美利坚合众国关于建立外交关系的联合公报》。宣布从1979年1月1日起,中美双方互相承认,并建立外交关系。中美建交,美国与台湾废除《美台共同防御条约》,撤离在台的军事人员,与台湾断交,使得台湾问题的和平解决成为可能。

和平解决台湾问题,也是从中国国内的现实出发的。

1978年12月,中国共产党召开了十一届三中全会,这是党的历史上的重要转折。中国共产党重新确立了实事求是的思想路线,作出了全党工作重心转移到经济建设上来的战略决策。为了实现这一转变,我们的内政外交方针需作一系列相应的调整。以经济建设为中心,一切工作都服从并服务于这个中心。作为中国统一中最重要的台湾问题,用和平方式和非和平方式解决,就显得尤其重要。显然,实行和平统一对社会主义现代化建设更为有利。邓小平这样说过,我们采取和平统一祖国的政策,道理很简单,有利于中国自己的社会主义建设,有利于实现四个现代化。有人说中国好战,其实中国最希望和平。中国希望至少二十年不打仗,我们面临发展和摆脱落后的任务。我们希望有一个和平的国际环境,一打仗,这个计划就吹了,只好拖延。从现在到本世纪末是一个阶段,再加三十至五十年,就是说我们希望至少有五十年至七十年的和平时间。我们提出维护世界和平不是在讲空话,是基于我们自己的需要。利用和平方式实现祖国的统一,有利于实现国内外的和平与稳定,可以避免因为战争或动乱而影响现代化建设。如台湾问题始终是中美关系中存在的主要障碍问题,也是一个热点和爆发点,解决不好,可能成为一个爆发性的问题,从而影响到整个世界的和平与稳定。基于这种认识,党中央进一步考虑,如果台湾保留其资本主义制度,使两种不同的社会制度在一个国家内和平共处并长期共存,不仅有利于保持台湾的稳定与发展,而且也有利于祖国大陆的对外开放,加速大陆的现代化进程。保持台湾的资本主义制度长期不变,资本主义经济依然存在,两种经济之间,开展和平竞赛,有利于双方通过多种形式开展经济合作,取长补短,有利于更快地实现中华民族的繁荣昌盛,使中国更快地进入世界强国之林。

1979年1月1日,中华人民共和国全国人民代表大会常务委员会发表了《告台湾同胞书》,郑重地宣布了中国共产党和中国政府关于台湾回归祖国、实现国家统一的大政方针,引起了海内外的强烈反响。《告台湾同胞书》指出:"统一祖国这样一个关系全民族前途的重大任务,现在摆在我们大家的面前","早日实现祖国统一,不仅是全中国人民包括台湾同胞的共同心愿,也是全世界一切爱好和平的人民和国家的共同希望"。"在大陆上的各族人民,正在为实现四个现代化的伟大目标而同心勠力。我们殷切期望台湾早日归回祖国,共同发展建国大业。我们的国家领导人已经表示决心,一定要考虑现实情况,完成祖国统一的大业,在解决统一问题时尊重台湾现状和台湾各界人士的意见,采取合情合理的政策和办法,不使台湾人民蒙受损失。"通过商谈,结束军事对峙状态,"双方尽快实现通航通邮","发展贸易,互通有无,进行经济交流"。

同一天,政协全国委员会在人民大会堂举行茶话会,座谈讨论《告台湾同胞书》,政协主席邓小平在会上说,今天是个不平凡的日子,有三个特点:全国工作着重点的转移;中美关系正常化;台湾回归祖国、完成祖国统一的大业提到具体日程。

尤为引起世界瞩目的是,就在这一天,国防部长徐向前发表声明,停止炮击大、小金门等国民党军据守的岛屿,福建前线轰鸣了几十年的炮声从此再也听不到了。

这是新时期中国共产党人对台政策的重大转变。

党的十一届三中全会以后,我们党进一步发展和完善了对台政策,在此基础上,邓小平创造性地提出了"一国两制"的伟大构想。

1979年1月,邓小平应邀访美。行前他多次会见美国客人,阐述了中国政府关于解决台湾问题的原则立场。1月2日,他在会见美国众议院银行、财政和城市事务委员会访华团时说,解决台湾回归祖国、完成国家统一的问题,是中国的内政,我们对台湾问题的解决是采取现实态度的。他提到了1月1日发表的《中华人民共和国全国人民代表大会常务委员会告台湾同胞书》,说:我们的态度是真诚的,合情合理的。他还表示,我们允许包括美国、日本在内的各国同台湾继续保持民间的贸易、商务、投资等关系。1月8日,他又对来访的美国客人解释我们的现实态度,这就是台湾同美国保持民间贸易,社会制度不变,生活方式不变,人民生活条件不仅不会降低,而且可以提高。随后不久,他又进一步指出,台湾作为一个地方政府当局拥有自己的权力,但必须是在一个中国的条件下。它可以有自己一定的军队,同外国的贸易、商业关系可以继续,民间交往可以继续,现在的政策,现行的生活方式可以不变,资本主义经济可以不变。要求就是一条,一个中国,不是两个中国,爱国一家。带着这些创见性的新构想,邓小平作为中华人民共和国的副总理,这位新中国成立以来踏上美利坚合众国国土的中国最高级领导人,受到了美国政府的隆重接待。邓小平的访美震动了世界。1月30日,邓小平在美国参众两院发表的演说中指出,我们不再用"解放台湾"这个提法了。只要台湾回归祖国,我们将尊重那里的现实和现行制度。我们一方面尊重台湾的现实,另一方面一定要使台湾回到祖国的怀抱。在尊重台湾现实的情况下,我们要加快台湾回归祖国的速度。

1981年9月30日,全国人大常委会委员长叶剑英向新华社记者发表谈话,阐述关于台湾回归祖国实现和平统一的九条方针:建议举行中国共产党和中国国民党两党对等谈判,实行第三次合作,共同完成祖国统一大业。双方可先派人接触,充分交换意见。建议双方为共同通邮、通商、通航、探亲、旅游以及开展学术、文化、体育交流提供方便,以达成有关协议。提出:国家实现统一后,台湾可作为特别行政区享有高度的自治权,并可以保留军队。中央政府不干预台湾地方事务。台湾现行社会、经济制度不变,生活方式不变,同外国的经济、文化关系不变。私人财产、房屋、土地、企业所有权、合法继承权和外国投资不受侵犯。台湾当局和各界代表人士,可以担任全国性政治机构的领导职务,参与国家管理。台湾地方财政遇有困难时,可由中央政府酌情补助。台湾各族人民、各界人士愿回祖国大陆定居者,保证妥善安排,不受歧视,来去自由。欢迎台湾工商界人士回祖国大陆投资,兴办各种经济事业,保证其合法权益和利润。热诚欢迎台湾各族人民、各界人士、民众团体通过各种渠道,采取各种方式提供建议,共商国是。这就是海外广为称颂的"叶九条",也是新时期中国共产党对台方针政策的进一步深化和发展。

1982年1月11日,邓小平在会见一位海外朋友时说,九条方针是以叶剑英委员长的名义提出来的,实际上是一个国家两种制度。同年10月,他又说,我们不用我们的制度和思想统一台湾,台湾也不可拿它的制度和思想来统一大陆,只有在这样的基础上才可以谈得上合作,相互容纳,台湾保持台湾的制度,大陆保持大陆的制度,这样就不发生你吃我、我吃你的问题。如果我们要用我们的制度和思想统一台湾,不现实,不可能,那就只有用武力,我们现在不采取这个方法,目的是让我们民族统一起来,着眼于民族利益。

1983年3月,一些海外学者在美国旧金山举办了"中国统一之展望"讨论会,此举受到了中国政府的关注和欢迎。三个月后,参加人之一美国新泽西州州立大学教授杨力宇来到北京。6月26日,邓小平会见他时说,和平统一已成为国共两党的共同语言。我们不赞成台湾"完全自治"的提法。"完全自治"就是"两个中国",而不是一个中国。制度可以不同,但在国际上代表中国的,只能是中华人民共和国。我们承认台湾地方政府在对内政策上可以搞自己的一套。台湾作为特别行政区,虽是地方政府,但同其他省、市以至自治区的地方政府不同,可以有其他省、市、自治区所没有而为自己所独有的某些权力,条件是不能损害统一的国家的利益。他还指出,祖国统一后,台湾特别行政区可以有自己的独立性,可以实行同大陆不同的制度。"司法独立,终审权不需到北京。台湾还可以有自己的军队,只是不能构成对大陆的威胁。大陆不派人驻台,不仅军队不去,行政人员也不去。台湾的党、政、军等系统,都由台湾自己来管。中央政府还要给台湾留出名额。"这就是著名的"邓六条"。讲话发表后,港、澳、台地区反应强烈。一切爱国的人们都为中共实现统一祖国的博大胸怀和实事求是的精神所感动,没有任何理由怀疑中共的诚意了。

"邓六条"的发表,使"一国两制"构想更加完备、充实,更加具体化、系统化。由此,祖国的统一事业进入了一个新阶段。

1984年10月22日,邓小平在中央顾问委员会第三次全体会议上的讲话中指出:"我们坚持谋求用和平的方式解决台湾问题,但是始终没有放弃非和平方式的可能性,我们不能作这样的承诺。如果台湾当局永远不同我们谈判怎么办?难道我们能够放弃国家统一?""不能排除使用武力,我们要记住这一点,我们的下一代要记住这一点。这是一种战略考虑。"

1989年5月16日,邓小平在会见苏联最高苏维埃主席团主席、苏共中央总书记戈尔巴乔夫时说:"我这一生只剩下一件事,就是台湾问题,恐怕看不到解决的时候了。"他把这一未竟的事业交给了江泽民。同年6月,中国共产党十三届四中全会产生了以江泽民为核心的新的中央领导集体。这个领导集体把党的十一届三中全会以后提出的和平统一祖国的方针和一国两制的构想,继续作为党和国家的基本政策。1995年1月30日,江泽民发表了题为《为促进祖国统一大业的完成而继续奋斗》的重要讲话,讲话精辟地阐述了邓小平"和平统一、一国两制"思想的深刻内涵,提出了现阶段发展两岸关系、推进祖国和平统一进程的八项主张。内容包括：坚持一个中国的原则，是实现和平统一的基础和前提；对于台湾同外国发展民间性经济文化关系，我们不持异议；进行海峡两岸和平统一谈判；努力实现和平统一，中国人不打中国人；大力发展两岸经济文化交流与合作；两岸同胞要共同继承和发扬中华文化的优秀传统；充分尊重台湾同胞的生活方式和当家作主的愿望，保护台湾同胞一切正当权益；欢迎台湾当局的领导人以适当身份前来访问，我们也愿意接受台湾方面的邀请，前往台湾。这就是继"叶九条""邓六条"之后又闻名于海内外的"江八点"。这些主张和建议，为打破两岸政治僵局，早日结束两岸的敌对状态，推动和平统一的进程，开辟了新的前景。

从1987年11月台湾当局宣布台胞赴大陆探亲实施细则开始，海峡两岸同胞被隔绝状态终于画上了句号。两岸从紧张的军事对峙转向了缓和，台湾当局也提出正式结束所谓"戡乱时期"。两岸新闻、科技、学术、体育、文艺各方面的交流得到开展。特别是1992年以来两次"汪辜会谈"，推动了两岸关系的迅速发展。

从1979年《告台湾同胞书》发表至1999年，中国共产党第二代、第三代领导人，为实现台湾回归祖国，完成统一大业，整整奋斗了20个春秋。这当中，运用"和平统一、一国两制"的方针，顺利地实现了香港的回归和澳门的回归。相信台湾问题解决、完成祖国统一的那一天也一定会到来。

# 第一次特区之行

1984年1月24日,邓小平离开正值隆冬的北京,在中央政治局委员王震、杨尚昆的陪同下,乘专列来到了鲜花盛开、春意盎然的南疆。

1月24日上午10时,专列经广州站时作短暂停留。中共广东省委负责人、广州军区的负责人到车上看望他。邓小平深情地对广东省省长梁灵光说:"经济特区是我的提议,中央的决定。5年了,到底怎么样,我要来看看。"

中午,专列驶进了深圳车站。在深圳特区诞生后的第五个春天,邓小平迈着轻快稳健的步伐,踏上了中国改革开放前沿地带的这片热土。邓小平的到来,给南粤沃土增添了浓郁的春色,也带来了几分企盼。早就盼望邓小平光临的深圳人,此时此刻正怀着兴奋和忐忑不安的心情在期待着……

与香港一河之隔的深圳,从正式宣告经济特区诞生之日起,就开始了它风风火火、如火如荼的日子。一支支建设大军从祖国四面八方开到深圳河畔,一群群年轻的打工仔、打工妹从各地涌来。深圳,这个边陲小镇,一下子沸腾起来了。这里,到处响着推土机、挖掘机、起重机的隆隆声,到处可见步履匆匆的行人,市长和打工仔一同住进低矮、潮热的工棚,一同在工地上起早贪黑,一同出大力流大汗。

没有钱,深圳人四处奔走,靠借贷、"滚雪球"支撑起一座座大厦,铺设了一条条马路。"五通一平"的基础设施初具规模后,外商纷至沓来,"合作""合资""独资"企业与日俱增。经过几年建设,一座新兴的现代化城市的雏形已经形成。

深圳的名声大振,一方面引起了国内外各阶层人士的广泛关注和热情赞扬,另一方面也招来了党内外一些不同意见者对深圳改革开放的怀疑和指责。有的说,深圳已改变了颜色,走上了复辟资本主义的道路;有的说,特区已变成了新的"租界";有的说,特区黑市货币流行,违纪违法活动横行,大搞倒卖"洋货","搞错了";还有的说,特区之所以有今天,是靠优惠政策,"剥削"内地,赚内地的钱;等等。

广东省原省长梁灵光回忆说:"我到广东的时候,改革开放才开始,那时全国对改革开放,有人赞成有人不赞成,不赞成的不单是有省、市领导,包括中央里也有人赞成,有人不赞成。有一次我到中央开中央工作会议,会上发了个参考材料,有篇文章我看了受到刺激,感到不对头,文章的题目是《中国租界的由来》,这是中央政策研究室印发的参考材料,当时我们正在讨论中央方针政策啊,讨论改革开放啊,弄出了那么一个材料来,我估计可能是当时有人风言风语,有争议问题呀,提出深圳是不是新的租界呀,我觉得很有问题。那时候,西部一个省的副省长来广东参观考察,他在广东看了一圈,回到宾馆大哭了一场,他想不通,认为革命了几十年,现在变了。还有,西南来的一个考察组到广东来,临走时省委办公厅交代,你们到广东不许一个人外出。特别是1982年中央发出打击经济犯罪的紧急通知后,广东成了过街老鼠,人人喊打,广东搞改革开放以来有人搞走私,搞投机倒把。所以,那时对广东的改革开放压力很大。特区搞得对不对,搞特殊政策对不对,也有各种议论。"

外界的议论并不足为奇,5年来,深圳人顶住了种种非议和压力,他们深知,一个新生事物的诞生,必然会引起人们的关注和议论,这一切对于这些勇于"吃蟹"的创业者来说,算不了什么。但是,特区的倡议者邓小平是怎么看待特区的,对深圳特区几年来的发展是肯定还是否定?深圳特区实行的一系列改革开放政策是对了还是错了?特区还要不要办下去?在这关系深圳特区能否继续前进和全国改革开放能否继续深入下去的关键时刻,深圳的"拓荒牛"们无不翘首以盼,他们盼望有一天特区的倡导者、改革开放的总设计师邓小平能亲自来看一看深圳的发展,听一听他们的声音,为深圳人和每一个关心深圳乃至全国改革开放前途和命运的人排忧解难,指点迷津。这一天,他们终于等到了。

此时此刻,初到深圳的邓小平心情同深圳人一样迫切。

中午12时30分,邓小平身穿涤卡灰色中山装,脚穿黑色皮鞋,步履稳健地走下火车,同迎候在车站月台上的深圳市委、市政府的主要负责人梁湘、周鼎等人一一握手。邓小平慈祥的笑脸,感人,亲切。

随后,邓小平一行在深圳市委、市政府负责人的陪同下乘车前往迎宾馆桂园别墅。

这时,距农历春节还有7天的时间。紫荆在特区的路旁已绽开紫红色的花朵,象征吉祥喜庆的盆盆金橘摆上了特区人居室的阳台。路上,邓小平按捺不住急切的心情,几次轻轻拨开车窗的纱帘,注视着一掠而过的楼群、工地、人流。自深圳经济特区建立之日起,邓小平就一直关注着深圳这株改革开放幼苗的成长。一晃5年过去了,深圳究竟是什么样子?成功不成功?对特区的种种指责、怀疑对不对?

坐在后面一辆轿车中的深圳市委负责人,兴奋之余不免又有些紧张。小平同志倡议建立深圳经济特区已经5年了,深圳发展的每一步都倾注了邓小平的心血:1981年,国家处于国民经济的调整期,拿不出钱来支持特区。邓小平在这年的中央工作会议期间,语重心长地对广东省的负责人说:"经济特区要坚持原定方针,步子可以放慢些。""放慢些",是出于对国家经济暂时困难的考虑。但是原定的方针不能变,特区要坚定不移地干下去,这是最根本的。1982年初,深圳蛇口工业区拟聘请外籍人士当企业经理,遭到一些人的责难。邓小平得知这一情况,立即拍板道:可以聘请外国人当经理,这不是卖国。5年来,他们只是照建设需要的做了。做得怎么样?这样改革行吗?这次,邓小平是会肯定还是否定他们?他们心里也没有底。

汽车驶入桂园别墅。

下午3点,邓小平在迎宾馆6号楼会议室,听取深圳市委书记、市长梁湘的工作汇报。

"开始吧。"邓小平手里拿着全体市委常委的名单说。

这时,梁湘站在特区规划示意图前,开始介绍深圳特区的自然环境,5年来引进外资、基本建设以及改革推进的情况。

梁湘说:办特区后,执行了党中央的政策,深圳的情况发生了很大的变化。到目前为止,共与外商签订协议2378项,协议投资118亿港元,引进了15000多台(套)设备,其中不少是20世纪70年代的先进产品,新修建了上百间工厂,大胆地开始进行了人事、工资、体制等方面的改革,生产效率和经济效益大大提高。几年来特区工农业产值、财政收入增长很快,特别是工业产值,1982年达到3.6亿元,1983年达到7.2亿元。

"那就是一年翻一番喽?"邓小平插话说。

梁湘说:"是翻了一番,比办特区前的1978年增长了10倍多。财政收入也比4年前增长了10倍,去年达到3亿多。"

邓小平满意地点点头。

汇报到这里,梁湘提出深圳希望发行新货币。

听到这里,邓小平关切地问:"对人民币究竟影响有多大?"

梁湘说,深圳当前流通三种货币:人民币、外汇券、港币。

邓小平说:"港币为主。"

梁湘说:"估计农民手里有一亿港币,事实上港币占主要市场。"

邓小平问:"发行一个货币对人民币打击程度怎样?"又问:"土地收税,是否与香港一样?最近一个美国学者讲:应收土地税,否则以后吃大亏,你们研究一下。"

邓小平接着说:"核电站要搞。""华裔朋友(指陈济棠的儿子)提出在深圳办一所大学,以美国的办学方法,设管理系、电子专业,教员请外边著名学者兼课,管理请华人当校长,规模大得很。"

梁湘说:"我们觉得,我们取得的成绩是不少的,但问题同样存在不少。尤其是离小平同志对我们的希望相差甚远……大家早就盼望您来看一看,今天总算盼到了。"

一时,整个会议室鸦雀无声,大家都把目光集中到这位身材不高但十分硬朗的老人身上。

邓小平坐在沙发上一口一口地吸着烟……

"我们请邓小平同志给我们作指示!"梁湘再也憋不住了。

"你们讲,我听。"邓小平说。接着他又说:"这地方正在发展中","你们讲的我装在脑壳里,不发表意见"。

嘀嗒、嘀嗒……时间一分一秒地过去了,大家都能听得见窗外法国梧桐树叶迎风摇曳发出的沙沙声。

"那么,散会吧。"梁湘宣布。

他为什么不表态呢?

听完汇报,邓小平在省委、市委负责人的陪同下乘坐大型旅行车观看市容。一路上,邓小平目不暇接地望着窗外热火朝天的建设工地,不停地向陪同人员询问这是什么工地,那座高楼是准备用来干什么的。梁湘等人一一作答。

下午4时50分,邓小平等乘车来到正在兴建的罗湖商业区中刚刚竣工开业的国际商业大厦,忙于采购年货的人发现了穿深灰色便服的邓小平,喜出望外,热烈鼓掌欢迎。邓小平向他们挥挥手,并亲切地向他们问好。

随后,邓小平乘电梯登上22层高的国商大厦的天台。当时,寒风呼啸,气温下降到摄氏11度。80岁高龄的邓小平全然不顾,兴致勃勃地登上天台,沿着天台围墙走了一圈,俯瞰深圳全景。在这里,近处的深圳全景,蜿蜒的深圳河,远处隐藏在雾气中的香港,尽收眼底。

国际商业大厦脚下是两平方公里的正在建设中的罗湖新城区,在特区的规划图中,罗湖区将成为深圳特区未来的商业金融中心,也是香港新界跨进社会主义经济特区的门槛。在这里将大部分引进外资,兴建198幢18至48层的高楼大厦。在邓小平的面前,矗立着已经建成和正在建设施工的60多幢18层以上的高楼群,电信、供水、供电、供气、防洪和污水处理等设施初具规模。在这里,邓小平看到,一个现代化的新兴城市正在崛起。

邓小平顺着这座高层大厦天台的围墙,从东面走到北面,又从北面走到西面、南面,时而凭栏远眺,时而俯瞰近景,尽情地饱览深圳特区的建设风貌。

这时,邓小平的目光又落在马路对面正在施工的国贸大厦。这座后来被誉为"神州第一楼"、高53层的现代化建筑,此时正以"三天一层楼"的速度升高。特区的建设者在国内率先采用大面积滑模的先进施工工艺,在这儿创立了蜚声中外的"深圳速度"。

其时,天色已近黄昏,天气骤然转凉,阵阵北风呼啸。随行人员中,有人取出一件大衣,邓小平摆摆手,依然扶着栏杆,望着晚霞映照着的生机勃勃的特区。最后,他远望南方的香港,陷入了深思……

过了很久,邓小平对身旁的人说:"看见了,我都看清楚了。"

邓小平一行从天台下来的时候,大厦门前已经聚集了闻讯赶来的人群。看到邓小平,人群中爆发出欢呼声和掌声,经久不息,直到邓小平一行上车离开,人们才渐渐散去。

25日上午9时,邓小平一行来到上步工业区中国航空技术进出口服务公司深圳工贸中心的电脑工厂和电脑软件厂参观。这个公司是一家合资企业,建立于1982年8月,是深圳市首家从事电脑引进开发、推广服务的电脑公司,主要生产微型电脑、电脑软件和电脑外壳等。邓小平一来,就被这里有趣的电脑应用技术表演和工程师的生动介绍吸引住了,原定安排15分钟的参观时间,延长到整整40分钟。

副总工程师王兆全向邓小平介绍了他们是如何根据特区的特殊政策,从发达资本主义国家引进先进的电脑技术,然后又是怎样自己制造出功能、质量完全达到先进水平的电脑设备来,既少花外汇,又赢得了时间。邓小平听了高兴地连连点头。

当王兆全汇报到国外对电脑软件的生产如何重视,如何供不应求,而我们中国人多,只要通过引进样机,然后加以学习、消化,完全有条件大量生产软件,进行智力输出时,邓小平不断点头表示同意,他说:"搞软件生产,咱们中国有这个条件。""有一位美籍华人学者告诉我,美国搞电脑软件编制的都是一批娃娃、学生,他还建议我们要积极培训青少年哩!"邓小平望望大家,充满信心地说:全中国有那么多娃娃、学生,搞软件是完全有条件的。电脑教育要从娃娃抓起。

10时30分,邓小平来到富甲全省农村的深圳河畔的渔民村。听说小平同志要来,村党支部书记吴伯森早早便来到村口等候。看见自己盼望已久的小平同志终于来了,吴伯森高兴得热泪盈眶,立即迎上前扶住小平同志说:"邓伯伯好!欢迎您,欢迎您!"

渔民村是深圳特区几年来迅速富裕起来的一个先进典型,它利用与香港新界一河之隔的优越地理条件,依靠党的十一届三中全会以来制定的对外开放、对内搞活经济政策,大力发展养鱼业、运输业和来料加工业。1979年人均收入达1900多元,居全省农村之冠。1981年,全村户户收入过万元,成为深圳特区第一个万元户村。1982年35户农户全部住进了村里统一新盖的车房一体的双层小楼。1983年又刷新纪录,人均收入达到2800多元。饮水思源,老支书一再向邓小平表达自己对党中央的感激之情,并高兴地陪同邓小平参观了配有空调设备的文化馆。接着他特意请邓小平到他家做客,邓小平欣然答应。

新春将至,吴伯森的家里一派喜庆景象。陈设精致的厅里,两盆果实累累的金橘,增添了无限欢乐的气氛。1983年2月胡耀邦到吴伯森家里做客时,看到老吴穿着旧唐装,脚踏凉鞋,曾对他说:"你也应当穿漂亮一点。"所以今天吴伯森特意穿上崭新的呢大衣,皮鞋也叫老伴给擦得乌黑发亮。

吴伯森同邓小平一起坐在客厅里的沙发上,如数家珍地数着家里的冰箱、彩电、洗衣机等新式家电用品,心里异常激动。他说:"我们穷苦的渔民能过上今天这样幸福的日子,真是过去做梦也没想到,感谢邓伯伯!是党中央和您为我们制定了好政策!"

邓小平说:"应该感谢党中央。"

接着,邓小平又一一地询问吴伯森家里几口人,收入多少。吴伯森告诉他,这个村1983年人均年收入2800多元,户户是万元户。吴伯森一家,平均每人月收入四五百元。

邓小平听后高兴地对随行人员说:"比我的工资还高啊!"

走出客厅,邓小平参观了老支书家里的卧室,走进厨房观看了全套不锈钢炊具、电子煤气炉,以及院子里的各种花卉,并愉快地同老支书一起站在门口,让摄影记者拍照留念。

当走出渔民村村口时,梁湘问,像渔民村这样的居住和生产水平,全国人民做到要多少年?

邓小平说:大约需要100年。

梁湘说:不要那么长吧?

邓小平说:"至少也要70年,到本世纪末,再加50年。"

后来,人们听到邓小平在北京向全世界宣布,要在下世纪中叶,使中国人民的生活达到中等发达国家的水平,回想邓小平在渔民村说的"要70年",那不正是21世纪中叶吗?显然,这不是偶然的巧合,而是早已在他心中酝酿的一个伟大的战略目标,只不过一向注重实际的邓小平更重视从实际出发,从1979年起就开始从理论上、从实践中论证这一伟大战略目标的可行性。从1983年江浙之行对小康目标的论证,到这次的南方视察,他无时无刻不在思考着这个宏伟的目标,他曾经说过:也许我们活不到下个世纪,但有责任提出下个世纪的奋斗目标……

深夜,桂园别墅楼上的灯光还亮着。深圳的许多干部群众还站在宾馆外,远远地望着那扇窗户里透出的灯光。他们在想,邓小平此刻在做什么?

是在处理国家事务,还是已经休息?深圳,在他心中是怎样的一个印象?

局外人也许很难理解此刻深圳人的心情。因为第二天,邓小平将要去蛇口,据说随后要去珠海,然后经过广州回北京。在深圳的这两天时间里,他看了不少地方,但每到一个地方,都是只看不说,如果他对深圳一句话也没说,如果几年来深圳人一切"大胆的尝试"都得不到肯定,结果将如何?深圳人都期待着邓小平能对深圳有个"说法",但直到第二天离开,邓小平一直没有打破这个"沉默"。

1月26日上午8时30分,当汽车的马达声响起,邓小平乘坐的小轿车缓缓滑过桂园别墅的林荫道驶向蛇口时,邓小平也许不会想到,他此时留给深圳人的是一串沉重的问号……

一个小时后,车到蛇口,邓小平一行来到濒临深圳湾海滨的招商局蛇口工业区。这里是香港招商局主办的一个新兴工业城,它只有4年多的历史。宽阔的道路,绿树成行,现代化的标准厂房,鳞次栉比,已建成的47个独资和合资企业,已有30个开工生产。

在工业区办公大楼七楼会议室,工业区董事长、总指挥袁庚向邓小平汇报蛇口工业区的建设情况。他说,1979年,蛇口是一片荒滩,路面坑坑洼洼,连厕所和洗脸水都没有,如今道路四通八达,厂房林立,一个现代化工业区已初具规模。建成这样一个初具规模的现代化工业区,共花去人民币1.5亿元,却没用国家投资一分钱,完全靠自己筹资或贷款解决问题,可见中央的改革开放政策在蛇口确实发挥了巨大威力。

袁庚谈到这里,觉得邓小平年事已高,听汇报时间不宜过长,便说:"再谈5分钟结束汇报。"

邓小平说:"没关系。"

袁庚又继续讲了20多分钟。他说,这几年蛇口工业区冒了点风险,进行了一系列的改革,如人事劳动制度实行了招聘制和合同制,工业区领导班子实行民主选举和企业经理聘用制。除此之外还实行了工资、住房和体制等方面的改革。他说,工业区有很大的自主权,办事不需左请示右请示,看准了就可以拍板定案。想当厂长、经理的人也没有什么后门可走,全部实行招聘制,靠本事吃饭,靠群众民主选举产生。说着,袁庚把36岁自学成才的工业区党委副书记乔胜利介绍给邓小平。邓小平高兴地要乔胜利坐到他身旁,问他的学历、年龄、工资收入和生活等情况。他说,现代化没有年轻人不行,要鼓励年轻人挑起重担,多干工作。

听完汇报,邓小平走到窗前,指着一派繁忙景象的蛇口港码头,问袁庚:码头是什么时候建成的?能停多少吨位的船?袁庚一一作了回答。邓小平称赞道:"你们搞了个港口,很好。"

接着,邓小平参观了蛇口工业区的一家中外合资企业华益铝材厂。在轧制铝薄板的机器前,厂长指着一批包装好的产品说,这是准备发运美国的铝薄板。邓小平听了,走上前去,仔细地看了看木箱上的英文字,又拿起自动冲床刚冲压出来的圆片称赞说:"很薄,很光。"

结束铝材厂的视察,邓小平一行登上微波山视察微波通信站,从山顶俯瞰整个蛇口工业区,他还向企业负责人了解了资金和设备引进、产品销路、职工收入和人才培训等情况。

10时30分,袁庚请邓小平到即将在春节期间开业的"海上世界"做客。这是一艘由法国建造、戴高乐总统曾乘坐过、后来由中国远洋总公司购进的退役客轮——明华轮改装的海上游乐中心。

登上九层高的明华轮,大家都有点累了,陪同人员劝邓小平到"总统房"休息。可邓小平的精神特别好,在女儿邓榕的陪同下,来到顶层甲板上。邓小平一会望望蛇口工业区,一会转身远眺碧波荡漾的深圳湾景色,一会儿又移眸伶仃洋海面上的艘艘豪华快艇,脸上不时浮现出舒心的微笑。

在中午的午宴上,邓小平特别高兴,连饮下三杯茅台酒。应明华轮主人的请求,邓小平挥毫题写了"海上世界"四个苍劲有力的大字。

邓小平离开"海上世界"时,自发而来欢送的人群热烈鼓掌,并以深情的目光注视着邓小平一行的车子朝蛇口港口驶去。

车上,梁湘问邓小平:"您还有什么指示?"

邓小平说:"没有什么,就是绿化还不够。"

梁湘回答说:"今后我们一定按您的指示,尽快把深圳绿化好。"

1月26日下午2时45分,邓小平结束了对深圳的视察,乘坐海军炮艇朝着珠海经济特区驶去。

邓小平满意地离开了深圳。但是,这"满意"是人们从他的笑脸上感觉到的。因为在深圳的这几天里,他自始至终没有说多少话。

26日下午,邓小平乘炮艇渡过伶仃洋到达珠海,住进了中山温泉宾馆。邓小平要在这里休息三天,然后再到珠海市去看看。

1月27日,邓小平和家人正在宾馆散步。忽然,听到对面的游人向他高喊:"邓伯伯好!""小平同志好!""邓爷爷好!"他马上停了下来。走在最前面的是广州荔湾区宝盛沙地小学的吴慧明一家三口,见邓小平停下来,他们都争着告诉邓小平:我们是广州来的教师,是来旅游的。邓小平听后高兴地笑了。

稍后,邓小平在参观宾馆的商场时,又一次与吴老师一家三口邂逅。这一次,吴老师8岁的女儿谭志颖挣开妈妈的手,蹦蹦跳跳地跑到邓小平跟前,立正、鞠躬,然后甜甜地叫道:"邓爷爷好!"

邓小平马上弯下腰,和蔼地与小姑娘交谈起来。小姑娘告诉邓爷爷:我是广州荔湾少年宫学书法的学生,作品还拿到国外展出过,很想送幅字给邓爷爷。邓小平认真地问:"你写什么字呢?"小女孩不假思索地说:我祝您长寿,就写"长寿"两字好吗? 邓小平听后笑着连说:"好,好,好!"接着又弯腰亲吻了另一位老师的孩子——只有3岁的小男孩,才向他们挥手道别。

温泉宾馆背靠罗三妹山。28日上午9时,邓小平到山上散步,一直登上山顶,下山时,道路崎岖不平,警卫人员建议原路返回,邓小平斩钉截铁地说:"我从来不走回头路。"说完继续向前走去。

随后,他在宾馆会见了港澳知名人士霍英东、马万祺和澳门南光公司总经理柯正平等人。

邓小平说:"办特区是我倡议的,不晓得成功不成功?"

霍英东说:"这政策是对头的。"

邓小平说:"看来路子走对了。"

29日上午,中共珠海市委书记吴健民和市委的几位负责人如约来到中山温泉宾馆,接邓小平到珠海市参观。

途中,邓小平一边观看市容,一边听取市委负责人的工作汇报。吴健民知道邓小平的耳朵有点背,所以一直是靠在他耳边向他介绍情况。邓小平极少插话,只是仔细地听着。

当吴健民谈到珠海经济特区创办5年间引进的投资项目时,邓小平问:"为什么在特区的项目那么少?"

"因为特区的范围划得小,才15平方公里多一点,特区投资环境的条件,在建设中只能逐步完善。开始引进的项目,多放在各个公社中去了。"

"嗯……"邓小平听后,仿佛在思索着什么。但他没有发表意见。

车子很快就驶进了拱北,先后经过了拱北工业区、通澳门的口岸、珠海度假村、九洲港口、直升飞机场和南山工业区。邓小平虽然没有下车,但在车上看得很仔细,很认真,有时还向坐在他身边的吴健民了解有关情况。一路上,邓小平看到的是纵横交错的大道,鳞次栉比的高楼大厦、厂房,川流不息的车辆,看到这些,邓小平欣慰地笑了。他对珠海的规划格局表示满意。

不一会儿,车子开到了香洲毛纺厂。年轻的厂长黄国明是珠海人,改革的洪流把他从一名普通的渔家子弟推到了中国第一批补偿贸易型中外合资企业的经营者岗位上。1978年冬,香洲毛纺厂正式签订了中外合作办企业的合同,这是我国步入改革开放历程后第一批补偿贸易企业。这个厂从基建到投产前后不到一年。

邓小平参观了该厂的洗毛、混合、梳毛、走锭、纺纱、合股、成件、包装各个工序。

"这些设备是哪里的?"邓小平看得十分认真,边看边向黄国明提问。黄国明按每个工序的运作作了简要的介绍。

"是从联邦德国、瑞士、日本引进的。"

"原料是哪里的?"

"是从澳大利亚进口的。"

"产品销往哪里?"

"全部出口。我们是一家'三来一补'的企业。"

"三来一补",这是中国实行对外开放后出现在工业经济辞典中的一个新名词。尽管这是一种比较低层次的吸引和利用外资的经营模式,但对工业基础几乎是一穷二白的珠海经济特区而言是一个良好的开端。由"三来一补"创造原始积累的财富,继而向自主经营的外向型企业方向发展,香洲毛纺厂"借鸡生蛋",在不到10年的时间里成为由中方独立经营的外向型企业。

在香洲毛纺厂看了20分钟之后,邓小平一行乘车来到了狮山电子厂。这是一家珠海市自行设计、生产收录机、音响的替代进口型企业。见前来接待他的厂长李振是个年轻人，邓小平高兴地同他握手。

接着，李振向邓小平汇报了建厂的情况，他带着邓小平沿着整条作业线，一边走，一边看，一边作详细的介绍。珠海工业从几乎是一片空白起步，在这么短时间里就能生产出自己设计的收录机、音响等电子产品，是一个可喜的变化。

临走前，邓小平兴致勃勃地观看了电子厂的产品展出橱柜，认真地听着介绍，然后他打量着这位年轻的厂长，问："你是哪个学校出来的？"

"我是自己学习的。"李振回答说。

邓小平显然没有听清楚，侧身问身边的人。女儿邓榕说："他是自学的。"

邓小平笑着说："是自学成才的啊。好！"

这时，吴健民插话说："我们大胆使用这批年轻的干部。"

邓小平问李振："你多大年纪了？"当这位厂长回答"28岁"时，邓小平连声说道："好！好！年轻人管理工厂好，年轻人办事好！"

10时左右，邓小平到刚刚落成的珠海宾馆休息。宾馆总经理张倩玲领着邓小平一行参观了宾馆，邓小平说："这里发展旅游的条件比深圳好。"

中午，邓小平在珠海宾馆用午餐。席间，吴健民对邓小平说："中国举办特区，同时充分利用港澳，是难以分开的一个统一的问题。深圳和珠海，感受尤深。这也许算是中国的特色。"邓小平微笑着点点头。突然，他问吴健民是不是大学生。吴健民回答说：我没有上过大学，1956年8月至1957年12月，我曾到中央高级党校学习，与卓琳同志是同一期的同学，我年纪大了，已决定退下来。邓小平听后略转过头，用慈祥会意的目光望着吴健民，点了点头。

按照接待方案，考虑邓小平第一次到珠海来，机会难得，希望他能给珠海题词，总经理张倩玲与他人商量后特意准备好桌子和笔墨纸砚，摆在邓小平用餐后的休息室里。

当邓小平用完餐，稍事休息后，张倩玲走过来，怀着企盼的心情对邓小平说道："请您给题词留念，好吗？"心情愉悦的邓小平欣然接受，在人们的簇拥下，站起身来往桌子方向走去，他拿起笔蘸了蘸墨汁问道："写什么呢？"只见他沉思片刻，兴致勃勃地挥笔题下了令珠海人民永远难忘的7个大字："珠海经济特区好!"

这是他到广东后首次题词赞扬特区。这不由又一次使人们联想到:他在深圳为什么既不明确表态,又不挥笔题词呢?深圳人的心情当然更为复杂。当深圳人得知邓小平为珠海题词的消息后,才恍然大悟。是啊,深圳这几年究竟怎么样?外面的风声雨声一直不断。能不能也请他给深圳题个词,打个"分",看"及格不及格"?于是,深圳市领导经过商量,决定委派市接待处处长张荣赶往广州,请邓小平题词。

1月29日下午,邓小平乘车离开珠海前往广州,途经顺德时,邓小平下车参观。在清晖园,顺德县委书记欧广源向邓小平简要汇报了三中全会以来顺德市发展商品经济的情况,他说,顺德人养鱼、种蔗、种花,发展商品生产,正逐步富裕起来。

在听取汇报时,邓小平插话说:"塘鱼产量高,值钱,各种糠皮可以喂,我在泰国看到很便宜。""山和水能解决大问题,我们的山利用得还可以,水不行。"

到达广州后,邓小平下榻广州珠岛宾馆。

此时,邓小平还不知道,深圳的同志已赶到广州,在等待他的题词。

张荣1月29日接受任务,30日一早赶到广州。他通过有关方面将深圳人的请求向邓小平汇报了。邓小平说:回北京再题吧。

第二天是阴历的大年二十九,深圳人还在焦急地盼望着……

梁湘对纷纷前来问讯的人们说:"这说明我们的工作离党中央的要求还有距离,珠海题了,好,应当向别人学习,气不能泄!"

2月1日,时间已到了大年三十,人人都准备过年了。羊城的太阳分外明媚。花城的花市已经开了几天了,到处香气袭人。早饭后,邓小平领着外孙在珠岛宾馆内的小花园散步。

邓小平的女儿邓楠看到迟迟不肯回去过年的张荣,想了想说:"那,就这样吧,将他一军,我们把纸、笔都准备好了,他一回来,我就同他说。"

邓小平散步回来,看见桌上摆着纸、笔,连墨都研好了,便问:"啥子事?"

邓楠把张荣介绍给他:"这是深圳来的张荣同志。"

邓小平笑笑说:"认识,认识。还没回去过年?"

邓楠说:"你没给题词,人家哪有心思过年?!"

邓小平听后笑了笑说:"这么严重,还要等着过年?"

于是在沙发上坐下来,问道:"你们说,写什么好呢?"

张荣赶忙递上几张准备好的字条:有"深圳特区好","总结成绩和经验,把深圳经济特区办得更好"等。邓小平拿起字条念了一下,随手搁到一边。然后拿起笔,在砚中蘸上墨,几无思索就俯下身去,在纸上一字一字地题写:

深圳的发展和经验证明,我们建立经济特区的政策是正确的。

邓小平<br>一九八四年一月二十六日

题词刚写完,墨迹还未干透,张荣已抑制不住内心的激动和喜悦,赶忙上前将题词折叠起来,匆匆走出一号院。他完全忘记了和邓小平及其家人道别的礼节。

大年三十中午时分,电话铃声急响——广州长途!一直守候在电话旁的副市长邹尔康拿起话筒。

"题了!副市长,题了!"话筒中是张荣激动的声音。

"题了些什么?喂,你说慢点!"邹尔康说。

张荣说:"好,比我们想象的要好得多。他题的是:深圳的发展和经验证明,我们建立经济特区的政策是正确的。邓小平。一九八四年一月二十六日。"

值得说明的是,细心的邓小平在落款时,没有落在广州下笔时的时间,而是把时间稍稍提前了一点,落的是他离开深圳的日子。也就是说,他对深圳的结论是在实地考察时就形成了的。也许,当他踏上深圳土地的第一分钟,就已经在考虑如何评价深圳了。但是,他不说,在心中反复酝酿,最后才一下倒出来。

深思熟虑,不露声色,而作出的决定往往出乎常人的预料。这,就是邓小平!

1984年春节,凌晨。当欢乐的第一枚爆竹呼啸着在深圳的夜空中炸响时,全城立刻沉浸在一片喜庆和欢乐之中。杜鹃开得格外火红,金橘黄得格外耀眼。许多人见面的第一句话,竟不是"拜年""恭喜",而是兴奋地说:"题了,他题了!"

这个春节,有了邓小平这份厚重的礼物,深圳人过得何等快乐,何等踏实,何等充满喜悦啊!

2月7日,邓小平在王震的陪同下,从广州乘专列来到了厦门。这一天,是农历的大年初六,人们还沉浸在欢乐的新春佳节的气氛之中。

中共福建省委第一书记项南、福州军区司令员江拥辉、福建省省长胡平、中共厦门市委书记陆自奋、厦门市市长邹尔均等省市党政军领导到车站迎接,邓小平一行下榻在厦门宾馆5号楼。

厦门有"海上花园"之称。厦门春暖花开、阳光明媚,木棉、玫瑰、茶花、蔷薇争芳斗艳,鹭岛一派生机。

8日上午,邓小平和王震在省市有关负责人的陪同下来到已建成投产的东渡港五万吨位码头1号泊位。邓小平身着银灰色中山装,神采奕奕,迈着稳健的步伐朝驳岸走去,他关心地询问工程负责人:"工程进展好吗?"

工程负责人答道:"首期4个泊位已经建成,现在正抓紧储运仓库和港区道路建设。"

"好!好!"邓小平连声说道。

接着,他又了解了泊位的堆场建设情况,当他听说1号泊位已由杂货码头改为集装箱码头时,赞许地说:"要得,这一步有远见嘛。"

工人们正在安装集装箱装卸桥吊。邓小平几次手搭凉棚仰首观看,频频挥手向工人们致意。当他向2号、3号泊位走去时,看到数台10吨级龙门一字排开,他微笑着对身旁的有关领导说:"就是要按现代化港口标准来建设。"当他得知这样规模的岸式杂货码头当时是国内最大时,脸上露出喜悦的神情,他对前来陪同的有关负责人说:"发展经济特区,一定要基础设施先行。"

当邓小平同港区的同志们挥手道别时,深情地望了望东渡港区,嘱咐大家:"形势很好呀,希望你们扎实干,干得更好些。"

离开东渡港,邓小平登上了"鹭江"号游艇,项南坐在他身边。邓小平一边游览海上风光,一边听取项南汇报工作。

项南把一张厦门市区图在邓小平的面前摊开,指着地图对邓小平说:"小平同志,厦门特区现在实际上只有2.5平方公里,应当扩大到全岛131平方公里。"

"为什么?"邓小平问。

项南回答说:"2.5平方公里面积实在太小了,太束缚手脚了,即使很快全部建成也没有多大意思。"

邓小平一边听汇报一边看着地图,听项南汇报到这里,他扭头看了看身边的王震,问道:"你说行不行?"

王震说:"我完全同意。"

邓小平肯定地说:"我看可以,这没得啥子问题嘛。"

在场的省市负责人听了这番话,都露出了会心的微笑。

接着,项南又说:厦门岛四面是海,是天然的隔离带。厦门全岛建成特区,这对开展对台工作也有利。厦门离金门最近的距离只有1000多米,一开放,再搞一个落地签证,"三通"不就也通了。所以厦门工作做好了,对将来祖国统一也有利。

听到这里,邓小平赞许地点着头说:"对了,就是应该这样考虑问题嘛。"

项南又说:"现在台胞到大陆,都不是直来直去,而要从香港或日本绕道来,这太麻烦了。如果把厦门特区变成自由港,这对海峡两岸人民的交往会起很大的促进作用。"

王震插话说:"应该考虑这个问题。"

邓小平说:"可以考虑。"并关切地问:"自由港实行哪些政策?"

项南回答说:可以参考香港的做法,一是货物自由进出,二是人员自由往来,三是货币自由兑换。

邓小平听后,静静地抽着烟,望着窗外的大海,仔细地思考了一会儿,说:"前两条还可以,可后一条不容易,但没关系,在这个问题没解决之前,可以实行自由港的某些政策。"

在游艇上,项南建议把正在建设的厦门机场改称厦门国际机场。项南说:建厦门机场就是为了飞新加坡和东南亚一些国家和地区,将来还可以飞台湾,叫国际机场有利于对外开放。

邓小平对项南的考虑极表赞同地说:"就是应当飞出去嘛!就用国际机场这个名字。"

2月9日上午,邓小平到厦门大学视察。厦大的校、系、部门的负责人、著名教授、先进工作者和学生代表200多人怀着激动喜悦的心情,早早地会集在建南大礼堂。9时左右,邓小平乘坐的中巴驶入厦大的校园,师生们以热烈的掌声欢迎邓小平的到来,厦大的几位负责人迎上前去,邓小平亲切地同他们一边握手一边说:"同志们好!"并在师生的簇拥下走到礼堂前,同他们合影留念。其他没有参加会见的学生们闻讯也赶来了,邓小平频频向他们招手致意,并连连说:"同学们好!同学们好!"学生们兴奋得直鼓掌。

怀着对这座著名海滨学府的美好印象,邓小平又匆匆地前往正在建设中的湖里工业区。

来到湖里工业区的建设工地,举目望去,除了特区管委会办公综合楼外,区内的建筑物只有一座印华地砖厂的厂房和两座通用厂房,印华地砖厂也未正式投产。

当时的厦门市市长邹尔均后来回忆说:"中央是1980年批准办特区的,但湖里到1981年还是一片荒地,没有动工。那时我们心里很着急。因为深圳、珠海进展都很快,而我们还在同土打交道,解决基础设施问题。"

市委书记陆自奋也说:"厦门真正地动起来,是在1982年以后,这样在时间上差距就比较大。小平同志就是在这样的一个情况下到了厦门。"

在这里,邓小平明显地看到了厦门特区与深圳特区的距离。在特区管委会接待室,邓小平站在厦门特区远景规划模型旁边,一边认真听取厦门市市长兼特区管委会主任邹尔均关于厦门特区建设情况的汇报和讲解,一边陷入了沉思。厦门是我国天然良港和东南门户,与台湾隔海相望,与金门近在咫尺,具有独特的区位和人文优势。厦门经济特区的发展,对发展我国东南沿海地区的经济,对发展海峡两岸关系、促进祖国统一将发挥不可替代的重要作用。厦门经济特区必须上得快一些,应当办得好一些。邹尔均回忆说:小平同志1984年来的时候,我向他汇报说,我们比较慢,我们现在才抓这些事情。他说了一句话,对头。接着,邹尔均又说道:"当时最苦恼的就是两个问题。一是特区太小,只有2.5平方公里,一眼就望穿了,要求扩大到全岛;二是在经济特区方面,赋予自由港政策。当时小平同志听我向他汇报时,他点头微笑不答复。后来,他告诉我一句话,就是,你的要求,我转告第一线的领导同志,让他们去作决定。"当邹尔均市长拿出笔墨请小平同志题词时,他欣然应允,在铺开的宣纸上满怀深情地写下了"把经济特区办得更快更好些"的题词。

当天，邓小平还视察了厦门国际机场和陈嘉庚先生生前倾资创办的集美学校。

在集美学校，邓小平怀着对被毛泽东同志誉为"华侨旗帜，民族光辉"的陈嘉庚先生的敬意，先后参观了集美鳌园、陈嘉庚故居和归来园，并在归来堂听取集美校委会负责人关于集美学村发展过程和今后规划的汇报。邓小平赞扬广大华侨支持祖国四化建设的爱国爱乡精神，并指示有关领导要进一步贯彻好侨务政策。

在厦门的几天里，邓小平每天都外出视察。没有外出时，就在下榻的宾馆接见党政军领导干部、民主党派代表、台胞代表、华侨人士和港澳人士。在同原台湾成功大学教授、1981年回大陆定居的厦大物理系沈持衡交谈时，邓小平还详细询问了他的生活和工作情况。

2月10日，邓小平一行结束视察工作，将要离开厦门。临走之前的计划是在厦门种下几棵树。

想不到昨天还是阳光灿烂，第二天一大早雨却沙沙地下个不停。省、市负责人建议取消这一活动，可邓小平——这位全民义务植树的倡导者却坚定地说："下这点小雨怕什么，上山吧！"

大约10点来钟，邓小平和王震乘车来到万岩公园后山上。他们一下车，就冒着绵绵细雨，踩着泥泞的草地，步入植树区，抡起铁锨干了起来。邓小平种下了一棵大叶樟，项南说这是一种千年树、南国佳木。王震则选择了一棵南洋杉，他说这也是一种千年树，也是南国佳木。不多久，邓小平、王震和省市负责人就种了12棵樟树和南洋杉。

临近中午，雨又沙沙地下了起来，邓小平望着灰蒙蒙的天空说，这棵树这一下保活了。种完了树，邓小平的鞋子还沾着泥巴，就同王震等人一起，直接到火车站，登上了北去的专列。

2月15日9时30分，一辆乳白色的面包车徐徐驶进宝山宾馆。邓小平在王震和中共上海市委第一书记陈国栋、第二书记胡立教等负责人的陪同下，健步走下车来。冶金部副部长、宝钢工程总指挥黎明以及宝钢总厂的领导迎上前去，邓小平同他们一一握手。

在休息室里，黎明首先向邓小平汇报了宝钢一期工程的进展情况，同时，简要汇报了宝钢二期工程前期准备的情况，他说，已做了大量工作，需要抓紧时间尽快决策。

这时,陈国栋插话说:"看来宝钢二期非上不可。"

"宝钢二期上是肯定要上,问题是什么时候上。"邓小平说。

接着,邓小平向在座的宝钢工程指挥部和宝钢总厂的主要负责人详细询问了如果决定立即上宝钢二期工程,哪一年可以干完?1984年、1985年两年行不行,每年要多少投资,投资高峰在哪一年?

宝钢的同志一一作了回答。

听了宝钢同志的汇报,邓小平心里有底了。他说:原来国家计委考虑宝钢二期工程在"七五"期间上,如果1985年只要2亿元,还可以上得快一些,不要耽误时间。

王震也接着说:"对,还是要争取时间。"

邓小平在详细听取了宝钢同志的汇报后,十分高兴地为宝钢集团亲笔题词:"掌握新技术,要善于学习,更要善于创新。"并和宝钢工程指挥部、宝钢总厂的主要领导干部及劳动模范代表合影留念。

随后,邓小平在黎明等人的陪同下兴致盎然地驱车巡视了宝钢纵横13平方公里的厂区。在延伸到江中1600米的宝钢主原料码头上,邓小平眺望着滚滚东流的浩瀚江水,关切地询问了码头水深、航道疏浚以及能停泊几万吨级的货轮等情况,并饶有兴致地观看了卸船机的高效率工作。邓小平边看边与陪同的宝钢领导同志交谈说:"我们要把日本的技术都学过来。"

在高炉工地,邓小平指着从日本引进的4063立方米大高炉详细询问目前世界上最大的高炉是多少立方米,在哪个国家。他还关切地询问在场施工的职工是哪个省市,哪个建筑公司的。当听说承建高炉的是冶金部第十九冶金建设公司、许多职工是四川人时,邓小平慈祥地笑了,并亲切地说:是我们家乡的,同志们辛苦了。邓小平亲切的乡音博得了工人们经久不息的热烈掌声。他还频频招手向广大建设者们致意。

在宝钢自备电厂视察时,邓小平登上了12米高的中央控制室,通过电视屏幕图像观看了两台35万千瓦发电机组的正常运转情况。他询问这两台机组发的电,宝钢自身够不够用。当他了解到电厂年发电量是49亿度,宝钢每年自用只需36亿度,多余的电都输入华东电网时,他非常满意地点了点头。

在观看电子计算机自动控制的仪表时,邓小平询问正在操作电子计算机的职工是什么文化程度,陪同的电厂厂长当场介绍了几位上岗操作的同志都是大专毕业时,邓小平微笑着说:掌握电子计算机的应该是大学生。

邓小平一行还参观了微电子技术及其应用汇报展览。在参观时,曾在上海市少年计算机程序设计竞赛中获一等奖的初中学生李劲和小学生丛霖,用自己编制的程序,在电子计算机上为邓小平、王震等表演了机器人唱歌、眨眼睛、下棋。邓小平问了两个孩子的年龄,对在场的上海市干部说,计算机的普及要从娃娃做起。

16日上午,邓小平亲切会见了探索高等教育管理改革取得显著成效的上海交通大学的主要领导干部和部分教授。

回到北京后,2月24日,邓小平同几位中央负责同志谈话说:最近,我专门到广东、福建,跑了三个经济特区,有了点感性认识。我们建立经济特区,实行开放的政策,有个指导思想要明确,就是不是收,而是放。

对于深圳,邓小平的印象是"一片兴旺发达。深圳的建设速度相当快,盖房子几天就是一层,一幢大楼没有多少天就盖起来了。那里的施工队伍还是内地去的,效率高的一个原因是搞了承包制,赏罚分明。深圳的蛇口工业区更快,原因是给了他们一点权力,500万美元以下的开支可以自己作主。他们的口号是'时间就是金钱,效率就是生命'"。

邓小平说:特区是个窗口,是技术的窗口,管理的窗口,知识的窗口,也是对外开放的窗口。

在邓小平的倡议下,3月26日,中共中央、国务院召开了沿海部分城市座谈会。会议根据邓小平的建议,提出将厦门特区扩大到全岛,并实行某些自由港的政策。会议建议:进一步开放大连、秦皇岛、天津、烟台、青岛、连云港、南通、上海、宁波、温州、福州、广州、湛江、北海14个沿海港口城市。5月4日,中共中央、国务院在批转这次座谈会《纪要》的通知中强调:"邓小平同志2月24日关于对外开放和特区工作的重要谈话,以及沿海部分城市座谈会就此提出的贯彻落实的意见,是发挥沿海大中港口城市的优势,开创利用外资、引进先进技术的新局面,加速社会主义现代化建设的一个重要步骤;是关系到争取时间,较快地克服经济、技术和管理落后的状况,实现党的十二大确定的奋斗目标的一项大政策。"

邓小平的这次特区之行,对特区的建设和发展起了十分重要的推动作用：

5月31日，六届全国人大二次会议通过《关于海南行政区建置的决定》，决定设立海南行政区，海南经济特区的筹建工作也开始了；

6月9日，国务院宣布，批准深圳赤湾码头正式对外开放；

7月4日，国务院宣布，批准将珠海市湾仔码头辟为向澳门开放的客运口岸；

11月2日，国务院宣布，将沙头角辟为深圳经济特区口岸；

11月29日，国务院批准将汕头特区的面积调整为52.6平方公里；

1985年2月，中共中央、国务院决定开辟长江三角洲、珠江三角洲和闽南厦漳泉三角地区为沿海经济开放区，继而又开辟了辽东半岛、胶东半岛沿海经济开放区；

6月29日，国务院正式批准了厦门特区制订的扩大特区的实施方案。要求厦门特区应建设为"以工业为主，兼营旅游、商业、房地产的综合性、外向型的经济特区"，并逐步实行自由港的某些政策，凡世界上通用的自由港政策及其管理体制机构以及措施，均可供厦门经济特区借鉴或采用。[1]

---

[1] 本节相关内容参见《邓小平视察纪实(1957—1994)》(下)，江苏教育出版社2002年版，第489—522页。

# 天才构想

香港问题是历史遗留问题。

香港,包括香港岛、九龙、新界三个部分,自古以来就是中国领土。1840年英国发动鸦片战争,强迫清政府于1842年签订了丧权辱国的《南京条约》,永久割让香港岛。1856年英法联军发动第二次鸦片战争,1860年英国迫使清政府缔结《北京条约》,永久割让九龙半岛尖端。1898年英国人乘列强在中国划分势力范围之机逼迫清政府签订《展拓香港界址专条》,强行租借九龙半岛大片土地以及附近200多个岛屿(后统称"新界"),租期99年,1997年6月30日期满。

由于上述三个条约都是侵略战争的产物,因而在国际法上是无效的,所以中国人民从来都不承认这些不平等条约。辛亥革命后的历届中国政府也都没有承认过这些条约。抗日战争时期,国民党政府曾向英国提出收回香港的问题。1943年,双方达成协议,在战胜日本后重新考虑新界的租借问题。但是抗战胜利后,国民党政府因忙于打内战,协议又被搁置。

中华人民共和国成立后,中国政府的一贯立场是:香港是中国的领土,中国不承认帝国主义强加的三个不平等条约,主张在适当时机通过谈判解决这一问题,未解决前暂时维持现状。

到了20世纪70年代末,随着新界租期届满日益临近,国际市场上投资者日益持观望态度,这种观望态度在地产业投资上最为突出。因为地产业的投资受租借期的限制很大,而租借期日趋迫近就使投资者愈来愈裹足不前。这种情况不仅使港英政府的财政收入大为减少,而且对香港整个经济的发展产生了很大的消极影响,英国政府作出了这样的一种估计:"若不设法采取步骤去减低1997年这个期限所带来的不明朗情况,在80年代初期至80年代中期,便会开始出现信心迅速崩溃的现象。"

## 天才构想

1979年出任英国首相兼首席财政大臣的撒切尔夫人，在香港问题上受到的压力很大。

随着1997年的日益临近，英国政府不断派其代表试探中国关于解决香港问题的立场和态度。

1979年3月下旬，香港总督麦理浩访华，向中国政府提出1997年到期的批地契约问题。3月29日邓小平会见他时，谈到了中国政府对香港问题的立场和态度。他说，我们历来认为，香港的主权属于中华人民共和国，香港又有它的特殊地位，将来谈判解决香港问题时，前提是香港是中国的一部分。但我们将把香港作为一个特殊地区来处理，在相当长的时期内，香港还可以搞资本主义，而我们搞我们的社会主义。请所有的外国投资者放心，怎么变都不会影响外国投资者的利益。

1981年4月，英国外交大臣卡林顿访华。邓小平说："在16年内或16年后，即使香港的地位有变化，投资者的利益也不会受到损害。"

1982年1月，英国掌玺大臣艾坚斯访华。

1982年4月，英国前首相希思访问中国。希思在同邓小平会谈时，回顾了1974年5月访问中国时毛泽东会见他的情景，他对邓小平说："那次你也在座，当时毛主席和周总理说，反正要到1997年，那还早，还是让年轻人去管吧。现在离1997年只有15年的时间，你是如何考虑在这个期间处理这个问题？"邓小平说：香港的主权是中国的。还有新界，包括整个香港，过去是不平等条约，实际上是废除的问题。我们是多年的老朋友了，如中国到时不把香港的主权收回来，我们这些人谁也交不了账。至于说到投资问题，中国要维护香港作为自由港和国际金融中心的地位，也不影响外国人在那里投资，在这个前提下由香港人管理香港。邓小平还表示：如果可能，我们愿意同贵国政府正式接触，通过谈判来解决这一问题。现在是考虑解决香港问题的时候了。

摸清了中国政府的意图后，撒切尔夫人也就匆忙上阵了。

1982年9月22日，北京首都机场、天安门广场和钓鱼台国宾馆上空，米字旗和五星红旗交相飘扬，贯穿东西的长安街上多处挂上了欢迎彩旗。明眼的北京人一看就知道，一定是有重要的英国领导人来访。此前，作为中国共产党中央机关报的《人民日报》报道了英国首相玛格丽特·撒切尔夫人将于9月22日访问中国的消息。

22日下午1点20分,一架英国皇家空军专机在北京首都机场徐徐降落。走下飞机的是有"铁娘子"之称的英国首相撒切尔夫人。

中国外交部副部长章文晋及其夫人、外交部西欧司司长王本祚、香港总督尤德爵士、有世界"船王"之称的香港巨富包玉刚等前往机场迎接。

撒切尔夫人此行访问中国,非同寻常。

她是为同中国方面会谈解决香港问题而来的。

选择9月份来华,撒切尔夫人是有考虑的。

就在此前的几个月,英国和阿根廷因为历史遗留问题,爆发了马尔维纳斯群岛之战,凭借着船坚炮利,英国取得了胜利。

这次北京之行,撒切尔夫人意在挟马岛胜利的余威,与中国谈判香港问题,幻想可以继续保持英国侵占香港的三个不平等条约有效。

行前,她也曾声明"有关香港的三个条约有效",意在国际上大造舆论,并借机试探中国的反应。

23日,撒切尔夫人与中国方面开始讨论香港问题。

会谈一开始,她便摆出强硬的态势,坚持三个条约仍然有效。

中国领导人正式通知英方,中国政府决定在1997年收回整个香港地区,同时阐明中国收回香港后将采取特殊政策,包括设立香港特别行政区,由香港当地中国人管理,现行的社会、经济制度和生活方式不变,等等。

撒切尔夫人提出,如果中国同意英国1997年后继续管治香港,英国可以考虑中国提出的主权要求。

看来,到了非彻底摊牌不可的时候了。

24日上午,邓小平在人民大会堂福建厅会见撒切尔夫人。

对于这次会谈,双方都感到了这是一次摊牌性的接触。

一开始气氛就令人紧张。

这天上午,撒切尔夫人身着蓝底红星丝质西装裙,脚踏黑色高跟鞋,挽黑色手袋,戴一条珍珠项链,显得雍容华贵,仪态万千。她是先到人民大会堂新疆厅会晤邓颖超,然后再往与之相邻的福建厅和邓小平会谈。

参加这次会谈的英方代表是:香港总督尤德、首相首席私人秘书巴特勒、英国驻中国大使柯利达;中国方面有:国务委员兼外交部长黄华、外交部副部长章文晋、中国驻英国大使柯华。

会谈正式开始,撒切尔夫人摆出一副先声夺人的架势,对邓小平说,必须遵守有关香港问题的三个条约。条约虽然写在纸上,但任何手段都不可能消除它存在的事实。

邓小平听到这句话,表情非常严肃地对撒切尔夫人说:主权问题不是一个可以讨论的问题。现在时机已经成熟,应该明确肯定:1997年中国将收回香港。就是说,中国要收回的不仅是新界,而且包括香港、九龙。邓小平表示,中国在这个问题上没有回旋余地。中国和英国就是在这个前提下来进行谈判,商讨解决香港问题的方式和办法。

和全中国人民一样,邓小平对帝国主义强加给中国人民的不平等条约深感耻辱。他坚决地说,如果中华人民共和国成立48年后还不把香港收回,任何一个中国领导人和政府都不能向中国人民交代,甚至也不能向世界人民交代。如果不收回,就意味着中国政府是晚清政府,中国领导人是李鸿章。

李鸿章是晚清军政重臣,1870年起任直隶总督兼北洋大臣。他曾代表清政府主持签订了《中英烟台条约》《中法新约》《中日马关条约》《中俄密约》及《辛丑条约》等一系列割地赔款、丧权辱国的不平等条约。

邓小平表示,现在,当然不是今天,但也不迟于一两年的时间,中国就要正式宣布收回香港的这个决策。我们可以再等一两年宣布,但肯定不能延长更长的时间了。邓小平说这番话,表达了中国领导人恢复对香港行使主权的强烈决心。

撒切尔夫人听后,无可奈何地摇了摇头。

接着,撒切尔夫人提出谈判的题目就是一个归属问题。

邓小平马上反驳道:是三个问题。第一个是主权问题,总要双方就香港归还中国达成协议;第二个是1997年我们恢复行使主权之后怎么样管理香港,也就是在香港实行什么样的制度的问题;第三个是15年过渡期间的安排问题,也就是怎样为恢复行使主权创造条件。

原本打算用谈主权问题来迫使中国最终同意以主权换治权的撒切尔夫人,此时在邓小平面前,她不得不承认失败,表示同意邓小平提出的三个问题。

当然,撒切尔夫人也不肯善罢甘休,要不然怎么会有"铁娘子"之称呢?

撒切尔夫人话锋又转到保持香港繁荣的问题上,认为,香港只有在英国的管辖下才能继续繁荣。说这话时,多少流露出一些盛气凌人的表情。

邓小平说,保持香港的繁荣,我们希望取得英国的合作,但这不是说,香港继续保持繁荣必须在英国的管辖之下才能实现。香港继续保持繁荣,根本上取决于中国收回香港后,在中国的管辖之下,实行适合于香港的政策。

说到这里,撒切尔夫人又用多少带有点要挟的口气说,如果香港不能继续保持繁荣,对中国的四个现代化建设将会带来很大的影响。

邓小平十分自信地表示,我认为,影响不能说没有,但说会在很大程度上影响中国的建设,这个估计不正确。如果中国把四化建设能否实现放在香港是否繁荣上,那么这个决策本身就是不正确的。

最后,撒切尔夫人拿出了她的撒手锏,用威胁的口吻说:"如果中国宣布收回香港,将会给香港带来灾难性的影响。"

邓小平坚定地说,我还要告诉夫人,中国政府在作出这个决策的时候,各种可能都估计到了。如果在15年的过渡时期内香港发生严重的波动,那时,中国政府将被迫不得不对收回的时间和方式另作考虑。如果说宣布要收回香港就会像夫人说的"带来灾难性的影响",那我们要勇敢地面对这个灾难,作出决策。

撒切尔夫人听后,无言以对。

最后,邓小平建议双方达成这样一个协议,即双方同意通过外交途径开始进行香港问题的磋商。

撒切尔夫人表示同意。

难怪外电在评述这次会晤时说:撒切尔夫人是锋芒毕露,邓小平是绵里藏针。撒切尔夫人尽管受丘吉尔影响极深,有"铁娘子"之称,尽管她坚持"鲜明的传统保守主义哲学和强硬的经济政策",但在邓小平的面前,她毕竟还年轻……

会谈结束了。

撒切尔夫人在当天下午向中外记者发布声明说:今天两国领导人在友好的气氛中就香港前途问题进行了深入的讨论,双方领导人就此问题阐述了各自的立场。双方本着维持香港的繁荣和稳定的共同目的,同意在这次访问后通过外交途径进行商谈。

中国新华社在发布这一声明的同时,还加上了一段话:"至于中国政府关于收回整个香港地区主权的立场是明确的、众所周知的。"

这次会谈后,根据双方达成的协议,中英两国开始通过外交途径就解决香港问题进行商谈。

1983年7月开始了第一轮谈判。但在前4轮的谈判中,由于英方仍然坚持1997年英国继续管治香港的立场,致使会谈毫无进展。在前4轮谈判中,英方名义上同意交还主权,但却坚持治权不放。英方还通过宣传工具制造种种舆论,说什么香港的繁荣离不开英国的管理,主张"以主权换治权"。当时英方还打出三张"牌":一是"信心牌",说香港人对中国政府接管没有信心;二是"民意牌",说香港人不愿这么干;三是"经济牌",即抽走资金等。1983年9月英资财团首先在伦敦大量抛售港币,引起港币暴跌,造成了抢购、挤兑和撤资的风潮。

就在中英香港谈判出现紧张状态之际,希思再一次访问中国。

邓小平在会见希思时请其转告撒切尔夫人:英国想用主权来换治权是行不通的,劝告英方改变态度,以免出现到1984年9月中国不得不单方面公布解决香港问题方针政策的局面。1997年收回香港的政策不会受到任何干扰、有任何改变,否则我们就交不了账。

希思回国后向英国政府传递了邓小平的谈话内容。

10月撒切尔夫人来信提出,双方可在中国建议的基础上探讨香港的持久性安排。这样会谈再进行。第5、6轮会谈中,英方确认不再坚持英国管治,也不谋求任何形式的共管,并理解中国的计划是建立在1997年后整个香港的主权和管治权应该归还中国这一前提的基础上。至此,中英会谈的主要障碍开始排除。

从1983年12月第7轮会谈起,谈判进入了以中国政府关于解决香港问题的基本方针为基础进行讨论的轨道。根据中国政府的基本方针政策,未来的香港特别行政区直辖于中华人民共和国中央人民政府。除外交和国防事务属中央人民政府管理外,香港特别行政区享有高度的自治权。中央人民政府将在香港特别行政区派驻部队,负责其防务。特别行政区政府将由当地人组成,英籍和其他外籍人士可担任顾问或政府一些部门中最高至副司级的职务。虽然英方明确承诺过不再提出任何与中国主权原则相冲突的建议,但讨论中仍不时提出许多与其承诺相违背的主张。例如,英方一再以"最大程度的自治"来修改中方主张的"高度自治"的内涵,反对香港特区直辖于中央政府;英方一再要求中方承诺不在香港驻军,企图限制中国对香港行使主权,并要求在香港派驻性质不同于其他国家驻港总领事的"英国专员"代表机构,试图将未来香港特区变成一个英联邦成员或准成员;英方还提出持有香港身份证的海外官员可以担任"公务员系统中直至最高层官员"的职务,并要中方承诺在1997年后原封不动地继承香港政府的结构以及过渡时期英方可能作出的改变;等等。英方上述主张的实质是要把未来香港变成英国能够影响的某种独立或半独立的政治实体,直接抵触中国主权原则。中方理所当然地坚决反对,未予采纳。

关于驻军问题,是中英谈判中争论最大的问题。邓小平说得更是斩钉截铁。中国有权在香港驻军,中国一定要在香港驻军。1984年4月,英国外交大臣杰弗里·豪访问中国,再次表示希望中方不要在香港驻军,担心驻军会干预香港特别行政区的内部事务,损害香港的"高度自治"。邓小平在会见豪时说,1997年后,我们派一支小部队去香港,这不仅象征中国收回了主权,更大的好处是对香港来说是一个稳定的因素。

据当时参加中英谈判的原国务委员、国务院港澳办主任姬鹏飞回忆说:"驻军问题吵了好久,驻军问题是驻不驻啊?他们说你们不驻好了,我们说一定要驻军,不是在报纸上人家公开了吗?说是不驻军,有些人不是不主张驻军吗?所以小平同志就拍了桌子,召集香港代表来谈谈。香港不驻军,我们怎么体现收回香港?香港要象征性地驻军。香港收回来了,驻军是我们主权的表现,不驻军就是表明我们没有收回。"

这里说的邓小平"拍了桌子"是发生在1984年5月的事。5月2日,香港《明报》刊出一篇报道,点名道姓说中央某一位负责人对记者表示,中国将不在香港驻军。5月25日,邓小平会见了港澳地区的全国人大代表和全国政协委员,他特意把香港记者都留了下来,发表了一篇言辞激烈的讲话:我要在这里辟谣,关于"将来不在香港驻军"的讲话,是胡说八道!这不是中央的意见。既然香港是中国领土,为什么不能驻军?英国外相也说,希望不要驻军,但承认我们恢复行使主权后,有权驻军。连这权力都没有,还算什么中国领土。

从1984年4月第12轮会谈后,双方转入过渡时期香港的安排和有关政权移交事项。中方提出了关于过渡时期的安排和有关政权交接的基本设想,建议在香港设立常设性中英联合小组,任务是协调中英协议的执行,商谈有关实现政权顺利移交的具体措施。对此英方坚决反对,强调不要正式确定1997年前为过渡时期,不应建立任何常设机构,以免造成中英"共管"的印象。1984年4月,邓小平对来访的英国外交大臣说,在过渡时期有很多事情要做,没有一个机构怎么行?邓小平表示,可以考虑这个小组设在香港而轮流在香港、北京、伦敦开会。英方表示同意双方在此基础上讨论。但在此后三个多月的会谈中,英方仍反对在香港设立联合小组,使谈判陷入僵局。

1984年7月英国外交大臣再次访华,邓小平在会见他时说,我们非常关注香港的过渡时期。我们希望在香港的过渡时期内,不要出现以下几种情况:第一,希望不要出现动摇港币地位的情况;第二,我们同意可以批出1997年后50年内的土地契约,而且同意港英政府可以动用这种卖地收入,但希望用于香港的基本建设和土地开发,而不是用作行政开支;第三,希望港英政府不要随意增加人员和薪金、退休金金额,那将会增加将来特别行政区政府的负担;第四,希望港英政府不要在过渡时期中自搞一套班子,将来强加于香港特别行政区政府;第五,希望港英政府劝说有关方面的人不要让英资带头转移资金。邓小平表示,我们希望过渡时期不出现问题,但必须准备可能会出现一些不以我们的意志为转移的问题。关于联合小组问题,中方表示如英方同意设立联合小组并以香港为常驻地,该小组进驻香港的时间以及1997年后是否继续存在一段时间都可以商量。最后双方商定,设立联合联络小组,小组于1988年7月1日进驻香港,2000年1月1日撤销。

至1984年9月,双方经过前后22轮谈判,终于达成协议,中英双方同意用联合声明的形式,采用如下表达方式,即中国政府声明:"中华人民共和国政府决定于1997年7月1日对香港恢复行使主权。"英国政府声明:"联合王国政府于1997年7月1日将香港交还中华人民共和国。"9月26日草签了《中英联合声明》和三个附件,至此,为时两年的中英两国政府关于香港问题的谈判圆满结束。

1984年12月19日,中英两国政府首脑在北京正式签署关于香港问题的联合声明。

英国首相撒切尔夫人于12月18日在外交大臣杰弗里·豪的陪同下再度来到北京,对中国进行正式访问,并签署《中英联合声明》。

12月19日,邓小平再次会见撒切尔夫人。

此次的会见已不同于上次,气氛显得热烈友好。

邓小平在人民大会堂笑容满面地与撒切尔夫人握手,并高兴地说:我们两国领导人就香港问题达成协议,为各自的国家和人民做了一件非常有意义的事情。香港问题已经有近一个半世纪的历史。这个问题不解决,在我们两国和两国人民之间总存在着阴影。现在这个阴影消除了,我们两国之间的合作和两国人民之间的友好前景光明。

撒切尔夫人对邓小平的这一评价表示完全赞同。她说:回顾我两年多以前初次在这里同您见面以来,我们已经取得了多么大的成就,双方的了解也加深了。

撒切尔夫人还特别说道:从历史的观点看,"一国两制"是最富天才的创造,这个构想看起来是个简单的想法,却是充满想象力的构想,是解决香港问题的关键,是我们达成协议的关键。

邓小平接着说:如果"一国两制"的构想是一个对国际上有意义的想法的话,那要归功于马克思主义的辩证唯物主义和历史唯物主义,用毛泽东主席的话来说就是实事求是。这个构想是在中国的实际情况下提出来的。

谈到人们对"一国两制"能否行得通,中国在签署《中英联合声明》后是否能始终如一地执行的疑虑,邓小平对撒切尔夫人说:我们不仅要告诉阁下和在座的英国朋友,也要告诉全世界的人:中国是信守自己的诺言的。

撒切尔夫人听后,表示坚信"一国两制"的构想是行得通的。

接着,邓小平又讲述道,采用和平方式解决香港问题,就必须考虑到香港的实际情况,也考虑到中国的实际情况和英国的实际情况,就是说,我们解决问题的办法要使三方面都接受。三方面都能接受的只能是"一国两制",允许香港继续实行资本主义,保留自由港和金融中心的地位,除此之外没有其他办法。

邓小平还向撒切尔夫人讲述了1997年后保持香港现行的资本主义制度50年不变的道理,并请撒切尔夫人告诉国际上和香港的人士,"一国两制"除了资本主义,还有社会主义,就是中国的主体、10亿人口的地区坚定不移地实行社会主义。主体是很大的主体,社会主义是在10亿人口地区的社会主义,这是个前提,没有这个前提不行。在这个前提下,可以容许在自己身边,在小地区和小范围内实行资本主义。

当天下午5时30分,在人民大会堂西大厅隆重举行了中英关于香港问题联合声明的正式签字仪式。

中国总理和撒切尔夫人分别在长桌本国国旗一侧就座,用中国的台式英雄金笔,各自代表本国政府在《中英联合声明》上签字。

邓小平出席了签字仪式。

当两国领导人交换声明文本时,大厅里爆发出热烈的掌声。随后,两国领导人发表讲话。

撒切尔夫人说:这是一个具有历史意义的时刻,邓小平能够出席各自政府签署的关于香港前途的《中英联合声明》,在香港的生活史上,在英中关系的历程中,以及国际外交上都是一个里程碑。《中英联合声明》为从现在起到1997年和1997年以后继续保持香港的稳定、繁荣和发展提供了坚实的基础。

撒切尔夫人赞扬中国领导人对双方谈判采取的高瞻远瞩的态度,并盛赞"一国两制"。她说,"一国两制"的构想是没有先例的,它为香港的特殊历史环境提供了富有想象力的答案。

谈到《中英联合声明》,撒切尔夫人说,这是香港人民往后赖以向前发展的基础,香港会成为一个比现在更加繁荣的地方。今天,我们荣幸地同中国朋友一起,参加一个独特的仪式,我们应该有一种创造历史的感觉,应该有一种自豪感,并对未来充满信心。

讲话结束后,邓小平手举香槟酒杯,高兴地走到撒切尔夫人面前,和撒切尔夫人碰杯,共祝中英双方完成了一件影响深远、具有历史意义的大事。

1985年5月27日,中英两国政府在北京互换批准书,《中英联合声明》正式生效。

为了确保1997年之后香港的繁荣稳定,在全国人大审议批准《中英联合声明》的同时,起草香港特别行政区基本法的工作也同时展开。在基本法起草的过程中,邓小平倾注了大量的心血。他多次会见基本法起草委员会的全体成员,对基本法的原则和意义作了精辟的解释。他说:"我们的一国两制能不能成功,要体现在香港特别行政区基本法里面。这个基本法还要为澳门、台湾作出一个范例。所以,这个基本法很重要。"要非常认真地从实际出发来制定。基本法出台后,邓小平说,写出了一部具有历史意义和国际意义的法律。说它具有历史意义,不只对过去、现在,而且包括将来;说国际意义,不只对第三世界,而且对全人类都具有长远意义。"这是一个具有创造性的杰作"。

1997年7月1日,经过多方努力,香港终于回到了祖国大家庭的怀抱。饮水思源,中国人民永远也不会忘记为收复香港而作出巨大贡献的邓小平同志。

1999年12月20日,又是一个令整个中华民族为之振奋的日子。这一天,中华人民共和国政府对澳门恢复行使主权。它标志着殖民统治在中国的彻底终结。澳门回归祖国,是继香港回归祖国后中国人民在完成祖国统一的进程中又迈出的重要一步,是"一国两制"成功实践的又一个里程碑。澳门的顺利回归,是中国共产党人为世界和平、发展与进步事业作出的新的贡献。

澳门,自古以来就是中国的领土。16世纪中叶以后,被葡萄牙人逐步占领。19世纪中叶以后,在鸦片战争失败和帝国主义列强瓜分中国的背景下,葡萄牙人乘机相继侵占澳门半岛全部和氹仔、路环两岛,从而占领整个澳门地区。

中国历届政府从未在澳门主权问题上作过让步。中华人民共和国成立后明确宣布:对于一些历史遗留问题,例如香港、九龙、澳门问题,中国政府主张在条件成熟的时候,经过谈判和平解决,在未解决之前维持现状。

澳门问题的提出,是从20世纪70年代中后期开始的。1976年秋,葡萄牙总统埃亚内斯在联合国与中国常驻联合国代表黄华就中葡关系和澳门问题进行磋商,拉开了中葡建交谈判的序幕。1979年2月,中葡正式建立外交关系,双方在澳门问题上一致认为:澳门是中国的领土,目前由葡萄牙政府管理,澳门问题是历史遗留问题,在适当的时候,中葡两国应通过协商友好解决。这就为澳门问题的解决创造了有利条件。

邓小平后来说,就澳门问题来说,解决的条件早已成熟,我们拖了一下,主要是当时对用什么方式解决澳门问题还没有考虑成熟。因为解决了澳门问题,香港、台湾问题怎么办?显然,在邓小平的心中,澳门问题是与实现祖国统一大业紧紧地联系在一起的。

历史遗留下来的中华民族的统一大业问题,包括台湾问题、香港问题、澳门问题。解决国家的统一问题,"只能有两种方式,一种是和平的方式,一种是非和平的方式"。20世纪80年代初,邓小平敏锐地把握时代发展的脉搏和契机,审时度势,高瞻远瞩,以巨大的理论勇气和政治勇气,创造性地提出了完成祖国统一大业的新思路,这就是"和平统一、一国两制"的伟大构想。1982年1月,邓小平在谈到祖国统一问题时指出:"比如将来,整个国家是社会主义,在个别的地方允许另外的制度存在,允许存在资本主义制度,这是结合中国的实际情况。"不只是台湾问题,还有香港问题,"澳门也算类似的问题"。"也要考虑制度不变,是中华人民共和国的一部分,保持特殊地区或者叫特别区。"他在谈到澳门将来实行的一些政策时还说,澳门由当地直接选出人来管理,北京不派人去。后来邓小平又把"一国两制"的思想概括起来作了多次系统的阐述。其基本内容是:在一个中国的前提下,国家的主体坚持社会主义制度;香港、澳门、台湾是中国不可分割的组成部分,它们保持原有的资本主义制度长期不变,在国际上代表中国的只能是中华人民共和国。①

邓小平提出的"和平统一、一国两制"的伟大构想,是从中国的实际出发、实现国家统一的最佳方案。这一构想,既体现了实现祖国统一、维护国家主权的原则性,又充分考虑到台湾、香港、澳门的历史和现实,具有高度的灵活性,成为推进祖国和平统一大业的基本方针。

"和平统一、一国两制"构想提出后,首先被成功地运用于解决香港问题。《中英联合声明》的签署为通过和平方式解决国与国之间历史遗留问题提供了一个范例,对澳门问题的解决起到了推动和示范作用。

解决香港问题的成功实践,在澳门同胞中引起了极大的反响。澳门怎么办,一时成为澳人关注的焦点。

1984年10月3日,邓小平在人民大会堂西大厅接见了港澳同胞国庆观礼团全体人员。当澳门代表问到解决澳门问题的时间和方式时,邓小平

---

① 相关内容参见《"一国两制"成功实践的新里程碑》,《人民日报》1999年12月14日。

说：'澳门问题的解决,想用香港的方式,在同一个时间解决。我们以前不讲,是不要因为澳门影响其他。澳门的解决当然也是澳人治澳,'一国两制'。但它比香港早一点解决好,还是同香港同时解决,我们还想听听大家的意见。"

同年10月6日,邓小平在接见澳门知名人士马万祺时进一步阐述了解决澳门问题的原则:澳门问题也将按照解决香港问题那样的原则来进行,一国两制,澳人治澳,五十年不变等等。澳门收回后,赌业可以继续存在下去。

1985年5月,葡萄牙总统埃亚内斯访问中国时提到,现在我们关心的事情只有一件,即:现在需要在公开场合确认在移交澳门管辖权时不会影响投资,不会影响政治和经济的发展,不会影响当地的正常生活。邓小平当即表示:双方友好商量,这些问题不难解决。

邓小平的这些谈话,让全体澳门人都吃了一颗"定心丸"。

实现祖国的完全统一,是民族的愿望,历史的托付。邓小平这样说过,我们是要完成前人没有完成的统一事业。实现和平统一需要一定时间。如果说不急,那是假话,我们上了年纪的人,总希望早日实现。不做这件事,后人写历史要责备我们。他以高度的责任心和强烈的民族自豪感执著地追求实现祖国统一的目标。他强调,如果不在本世纪内解决香港、澳门问题,任何一个中国领导人和政府都不能向中国人民交代,甚至也不能向世界人民交代。人民就没有理由信任我们,任何中国政府都应该自动下野,自动退出历史舞台。

香港问题解决了,澳门问题也必须在本世纪内解决,这是历史赋予中国共产党人的神圣使命。

1986年6月30日,中葡双方在北京开始了关于解决澳门问题的谈判。和中英香港谈判不一样的是,中葡双方在澳门主权问题上的分歧不大,不像中英关于香港问题谈判初期那样剑拔弩张。双方的分歧比较大的是中国收回澳门的时间。中方明确表示,考虑到中葡之间的友好关系,中方考虑将当初确定的同时收回港澳的安排错开,比香港晚一年,即1998年恢复对澳门行使主权。但葡方强调,澳门与香港不同,中方应给葡方更多的过渡时间,至少不能少于给予香港的12年过渡期。葡萄牙国内甚至有人公开宣称,葡萄牙难以接受中国在2000年前收回澳门的管治权,这个时间应为2017年。一时间,在葡萄牙和澳门,不能在本世纪内归还澳门的言论甚嚣尘上,为中葡会谈蒙上了一层阴影。

针对葡方的意见,中国政府采取了"既团结、又斗争"的原则,邓小平斩钉截铁地说:澳门问题必须在本世纪内解决,不能把殖民主义尾巴拖到下一世纪。1986年12月31日,中国方面声明:"在2000年以前收回澳门是包括澳门同胞在内的十亿中国人民不可动摇的立场和愿望,任何关于2000年以后交还澳门的主张都是不能接受的。"1987年1月,葡萄牙最高国务会议经过4个半小时的激烈争论达成共识:保持和发展与中华人民共和国的友好合作关系,对于维护澳门的稳定和繁荣、维护葡萄牙在澳门及远东的利益有着十分重要的意义。会议同意于1999年将澳门交还中国。

1987年3月18日至23日,中葡双方在第四轮会谈中对各项协议文本内容最后取得一致意见。3月26日,中葡两国政府代表团团长草签了《中葡关于澳门问题的联合声明》及附件。同时决定在正式签署协议时,就部分澳门居民旅行证件问题互致备忘录。

对此,一位法国记者评论说:"西方分析家认为,23日在北京宣布的1999年12月澳门归还给中国的协议是邓小平的一次胜利。邓小平的强硬态度迫使葡萄牙接受了一些让步。"

1987年4月13日,《中葡关于澳门问题的联合声明》在北京人民大会堂西大厅举行正式签署仪式。声明宣布:澳门地区是中国领土,中华人民共和国政府将于1999年12月20日对澳门恢复行使主权。

邓小平高兴地对前来参加签字仪式的葡萄牙总理席尔瓦说:中国在不长的时间内解决了香港问题、澳门问题,为处理国际上有争议的问题树立了一个范例。澳门问题的解决,开辟了两国间的新关系。结束过去,走向未来。

澳门问题能够顺利解决,归功于"一国两制"的伟大构想。正如邓小平所说,我们考虑用何种方式解决香港、澳门和台湾问题的立足点是:解决澳门问题不仅要符合中国的利益,还要符合葡萄牙的利益和澳门的利益。解决香港问题不仅要符合中国的利益,还要符合英国的利益和香港的利益。而解决台湾问题,则既要符合大陆的利益,也要符合台湾的利益。我们经过较长时间的考虑,从解决台湾问题着手,提出了"一国两制"的构想。受台湾问题的启发,我们考虑是否可以利用同样的方式解决香港、澳门问题。在澳门问题上,我们双方没有争执,而在香港问题上,是有争执的。看来,用"一国两制"方式解决这类问题是成功的,为解决国际争端、消除热点提供了经验。

为了确保澳门顺利回归,1988年4月13日,第七届全国人民代表大会第一次全体会议通过决定,成立中华人民共和国澳门特别行政区基本法起草委员会,专门负责澳门特别行政区基本法的起草工作。经过4年多的紧张工作,起草委员会先后召开了9次全体会议,1993年3月,澳门特别行政区基本法草案提交第八届全国人民代表大会第一次会议审议。3月31日获得通过。江泽民当天颁布主席令,颁布了澳门特别行政区基本法,包括三个附件以及澳门特别行政区区旗、区徽图案,批准自1999年12月20日起实施。江泽民说:"和平统一、一国两制",是我们实现祖国统一大业的坚定方针。我们将严格执行香港基本法和澳门基本法,克服困难,排除阻力,努力实现香港、澳门的平稳过渡和保持长期稳定繁荣。

澳门基本法体现了《中葡联合声明》的精神,是"一国两制"方针的具体化。它规定:澳门特别行政区是中华人民共和国不可分离的部分,是中华人民共和国的一个享有高度自治权的地方行政区域,直辖于中央人民政府;澳门特别行政区不实行社会主义制度和政策,保持原有的资本主义制度和生活方式五十年不变;澳门特别行政区实行高度自治,享有行政管理权、立法权、独立的司法权和终审权,以及负责维持本地区内的社会治安。澳门特别行政区行政机关的官员、立法会的议员由澳门特别行政区永久性居民组成;行政长官、行政会成员、立法会主席、检察院检察长和终审法院院长均须由特别行政区永久性居民中的中国公民担任。原有的法律、法令、行政法规和其他规范性文件,除同基本法相抵触或经特别行政区的立法机构或其他有关机关依照法定程序作修改外,予以保留。

澳门基本法既维护了国家主权、统一和领土完整,又从澳门的实际情况出发,反映了澳门的特点,照顾了澳门社会各阶层的利益,保证了澳门的经济发展和稳定,具有非常重要的意义。澳门基本法把"一国两制"的方针政策用宪法性法律的形式明确地规定了下来,为"一国两制"构想在澳门的实践提供了坚实的法律基础。

  以江泽民同志为核心的党中央殚精竭虑,制定一系列正确的方针政策,妥善解决了澳门回归中的一些复杂问题。1999年12月20日,中国政府恢复对澳门行使主权,澳门回到了祖国大家庭的怀抱。

# 百万大裁军

1985年6月4日,中央军委主席邓小平出席了在京西宾馆召开的军委扩大会议,这位81岁的老人在会上发表讲话,他伸出一个指头,发出了一个令世界震惊的声音:人民解放军裁减员额一百万!这一重大决策,以实际行动表明了中国共产党和中国人民对世界和平的诚意,受到世界各国爱好和平的人们的欢迎和普遍赞扬。

1984年10月1日,天安门广场正在举行国庆35周年的庆典活动,全中国、全世界都在注视着披上了节日盛装的天安门广场,尤其是这里即将举行的规模盛大的阅兵式,引起了世界各国的官员、军事观察员和武官的极大兴趣。因为这是新中国自1959年国庆节以来的25年间,第一次公开展示自己的武装力量。

上午10时,阅兵式开始了。

这时,中央军委主席邓小平乘一辆黑色红旗牌敞篷车经过金水桥头缓缓驶向东长安街,驶过一列列威武的方队。邓小平频频挥动右手,向严整的受阅部队致意。

10时18分,邓小平检阅完毕回到天安门城楼,发表了重要讲话。

10时33分,分列式开始了。军乐队奏响了雄壮的《解放军进行曲》。陆海空三军组成的仪仗队、军事院校、步兵、水兵、空降兵、女卫生兵……受阅方队依次通过天安门检阅台。

徒步方队之后,反坦克导弹、炮兵、火箭布雷车、步兵战车、装甲输送车、坦克、自行火炮、地空导弹、战略导弹等摩托化、机械化方队接踵而来。值得自豪的是,这次接受检阅的武器装备全部是中国自己设计、自己制造的,而且种类、质量有了很大提高。

一队队新式武器第一次脱去了神秘的面纱,公开展示于天下,显示了中国人民解放军空前强大的阵容。

看到这规模宏大、场面壮观的盛大阅兵式,举国振奋,世界震惊,邓小平笑了。这笑容中有欣喜,也有沉思。也许,日后那个举世震惊的战略决策此时已在他的心中酝酿成熟了。

一个多月后,中央军委在京西宾馆召开座谈会,包括海军、空军、二炮和11个大军区的最高军政首长出席了这次座谈会。

11月1日,邓小平在会上发表了将近90分钟的讲话。在这个讲话中,他提出了那个经过深思熟虑的战略决策。

"从哪里讲起呢?"邓小平微笑着望着高级将领们,"从这次国庆阅兵讲起吧。我不是讲这次阅兵如何,这次阅兵是不错,国际国内反映都很好。最近有位国际友人讲,非常好。""我说有个缺陷,就是80岁的人来检阅部队,本身就是个缺陷……"

在触及了军队高层老化的问题之后,邓小平根据近年来对国际形势和战争与和平问题的新认识,作出了世界大战十几年内打不起来的论断,从根本上改变了若干年来我军"立足于早打、大打、打核战争"的指导思想。接着,他从军队干部的年轻化和体制改革,讲到了军队的进一步"消肿",讲了这次裁军百万的重要意义。

他说,我们既然看准了这一点,就犯不着花更多的钱用于国防开支,要腾出更多的钱来搞建设,可以下这个决心。据此,他提出:"现在需要的是全国党政军民一心一意地服从国家建设这个大局,照顾这个大局。这个问题,我们军队有自己的责任,不能妨碍这个大局,要紧密地配合这个大局,而且要在这个大局下面行动。军队各个方面都和国家建设有关系,都要考虑如何支援和积极参加国家建设。无论空军也好,海军也好,国防科工委也好,都应该考虑腾出力量来支援国民经济的发展。如空军,可腾出一些机场,一是搞军民合用,一是搞民用,支援国家发展民航事业。海军的港口,有的可以合用,有的可以腾出来搞民用,以增大国家港口的吞吐能力。国防工业设备好,技术力量雄厚,要充分利用起来,加入到整个国家建设中去,大力发展民用生产。这样做,有百利而无一害。总之,大家都要从大局出发,照顾大局,千方百计使我们国家经济发展起来。发展起来就好办了。大局好起来了,国力大大增强了,再搞一点原子弹、导弹,更新一些装备,空中的也好,海上的也好,陆上的也好,到那个时候就容易了。"

他进而指出:培养军队和地方两用人才,也是个顾全大局的问题。军队培养两用人才,地方是欢迎的。我们军队培养了不少的专业技术的人才,把其中一些人转到地方各行各业,对地方也是个支援。

邓小平的这番话,使在座的高级将领们陷入了深思。他们每一个人都清楚地记得,从党的十一届三中全会确定党和国家工作重点转移到以经济建设为中心以后,邓小平曾多次谈到军队要服从整个国家建设大局的思想。在1977年12月的军委全体会议上,邓小平说:"国防的现代化,只有建立在国家整个工业以及农业发展的基础上才有可能。"在1980年3月12日的军委常委扩大会上,他讲得更为明确:"我们国家现在支付的军费相当大,这不利于国家建设","如果能够节省出一点用到经济建设上就更好了",在国际形势允许的条件下,"我们应当尽可能地减少军费开支来加强国家建设"。

所以,在听了邓小平这次全面系统的讲话之后,这些高级将领们都意识到,这是一次对中国人民解放军的建设具有转折性意义的会议。

这次会议之后,全军的精简整编方案开始紧锣密鼓地制订。

多年来,由于种种因素的影响,中国军队高层干部老化和机构庞大臃肿的现象日益突出,严重阻碍了自身的现代化建设。

早在1975年,邓小平主持军委工作时,就把"消肿"作为整顿军队的首要任务。这年的6月24日至7月15日,中央军委在北京召开扩大会议,邓小平、叶剑英先后在会上发表讲话。会议分析了国内外形势和军队的状况,提出了整顿军队的任务,即要抓编制,克服"肿"的问题,压缩军队定额,调整编制,主要是精简机关,裁并重叠机构,减少保障部队和普通兵员,有重点地加强特种兵部队,3年内将军队总定额减少160万人,并配好各级领导班子。这次会议之后,在邓小平、叶剑英的直接领导下,从1975年第四季度开始,各军区、各军(兵)种按新编制进行整编,裁减部队,调整机构。到1976年,全军总人数在上一年基础上减少了13.6%。但后来,由于邓小平受到所谓"反击右倾翻案风"运动的错误批判,军队的"消肿"工作被迫停了下来。

1977年,邓小平复职伊始,便在当年12月28日召开的中央军委全体会议上提出,"肿"的问题还没有很好解决,臃肿的情况还很严重,这次会议按确定的编制精简,以后还要精简。

1980年3月12日,邓小平在中央军委常委扩大会议上第一个问题就是讲"消肿":"我们存在的一个最大问题,就是军队很臃肿。真正打起仗来,不要说指挥作战,就是疏散也不容易。"他说:"现在提出'消肿',主要是要解决军队机构重叠、臃肿,以及由此带来的各级指挥不灵等问题。这件事在1975年我们就提出过,做了一些工作,也见效,后来由于遇到曲折,停了下来。经过这几年,军队的各级机构又加大了,随之官僚主义现象也发展了起来。现在解决问题很难,好多问题一拖就是好长时间。因此,军队要提高战斗力,提高工作效率,不'消肿'不行。"

按照邓小平军队要"消肿"的思想,1982年9月15日,中央军委向全军下达了军队体制改革精简整编方案。分别将军委炮兵、装甲兵、工程兵机关改为总参谋部炮兵部、装甲兵部、工程兵部,铁道兵与铁道部合并,国家基建工程兵撤销。

可以说,这次精简整编与前几次相比,迈出的步子是比较大的。但是,邓小平并不满意。他在整编方案上批示:这是一个不能令人满意的方案,现在可以作为第一步实行,以后还得研究。

我国军队的落后现状使这位长期以来主持军委工作的老人忧心忡忡。

当时,有资料表明,世界上几个军事大国的军队中官兵比例分别是:苏联1∶4.56;美国1∶6.15;联邦德国1∶10;法国1∶17。中国则是1∶2.45,平均一个军官只领导两个半兵。而中国军队的员额却相当于美国的两倍,略高于苏军的人数。

从1949年以来,中国军队的人数一直是世界上最多的。由于机关庞大、机构重叠而造成的官兵比例极不合理的状况,又使有限的军费大部分被"人头费"占去了,根本未能有效地用于军备更新和提高部队战斗力。

于是,经过几年的准备和酝酿,邓小平提出了裁军100万的宏大计划。

1985年6月4日,邓小平在中央军委扩大会议上宣布:人民解放军裁减员额一百万!

邓小平说:"我们下这样大的决心,把中国人民解放军的员额减少一百万,这是中国共产党、中国政府和中国人民有力量、有信心的表现。它表明,拥有十亿人口的中华人民共和国,愿意并且用自己的实际行动对维护世界和平做出贡献。"

他说:"减少一百万,实际上并没有削弱军队的战斗力,而是增强了军队的战斗力。即使国际形势恶化,这个裁减也是必要的,而且更加必要。"

他进而指出:"过去我们讲过,这么臃肿的机构如果不'消肿',不要说指挥作战,就是疏散也不容易。"这次军委会议开得很好,大家想到一块儿了。这说明我们军队的同志是从全局着眼,从国际大局和国内大局着眼看问题的。

接着,邓小平讲到了国际形势、中国的国际地位和对外政策。他从三个方面分析了美、苏两个大国的全球战略和第三世界人民力量的增长。他说,全世界维护和平的力量进一步发展,在较长时间内不发生大规模的世界大战是有可能的,维护世界和平是有希望的。

邓小平说:"大家很关心军队的建设,关心军队装备的现代化,这个问题也涉及大局。四个现代化,其中就有一个国防现代化。如果不搞国防现代化,那岂不是只有三个现代化了?但是,四化总得有先有后。军队装备真正现代化,只有国民经济建立了比较好的基础才有可能,所以,我们要忍耐几年。""我们经济力量强了,就可以拿出比较多的钱来更新装备。可以从外国买,更要立足于自己搞科学研究,自己设计出好的飞机、好的海军装备和陆军装备。先把经济搞上去,一切都好办。现在就是要硬着头皮把经济搞上去,就这么一个大局,一切都要服从这个大局。"

1985年6月10日,全世界的电波都在传递着新华通讯社的一条消息:中国政府决定,中国人民解放军减少员额100万。这是中央军委主席邓小平6月4日在军委扩大会议上宣布的。

对于中国军队来说,要完成这一宏大的计划,并不是一件轻而易举的事情。正如邓小平在1984年11月1日那次军委座谈会上所说的,这是个得罪人的事情哪!我来得罪吧,不把这个矛盾交给新的军委主席。

于是,1985年便成为中国的裁军年。

这一年,中央军委所属的总参谋部、总政治部、总后勤部的机关人员精简了近一半;原有的11个大军区精简合并成7个;减少军级以上单位31个;撤销师、团级单位4054个;县、市人民武装部不再归军分区管辖,改为地方建制,干部战士退出现役;军队内部管理的76种干部职务改由战士担任,官兵比例达到1:3.3。从这一年起,3年内将有60万名干部退出现役,转业到地方工作。

当1986年"国际和平年"到来的时候,中国已经从总体上完成了裁军百万的战略性行动。到1987年,这一世界上少有的百万大裁军顺利地完成。

经过这次裁军,中国人民解放军整编了若干个集团军,新组建了陆军航空兵、电子对抗兵等部队,加强了特种兵建设,把军事学院、政治学院和后勤学院合并成了国防大学,从而在精兵、装备、合成和效能上达到了一个新水平。

百万大裁军这一重大决策,不仅有利于促进我国的四化建设和军队的现代化建设,而且对于维护世界和平也具有十分重大的意义,它以实际行动表明了中国共产党和中国政府对和平的诚意,受到了世界舆论的普遍赞扬。

美联社、路透社、埃菲社等通讯社评论,中国裁减军队员额是同邓小平实现国防现代化、老干部离休、提拔有知识的干部、消灭人浮于事的现象以及把军队人力、物力用于经济建设相一致的。

法新社、南通社说,裁军还会影响这个国家的防御能力。这一重大战略决策反映了中国的强大,也反映出中国确信自己有能力在遭受袭击时保卫自己。

巴基斯坦《黎明报》评论道,中国裁减军队100万的决定将会受到全世界欢迎,它确实是一次单方面行动。这与其他国家一方面连篇累牍地发表军备竞赛如何如何坏的慷慨激昂的废话,另一方面继续加紧生产武器,甚至拼命地部署人员和武器的情况形成鲜明的对照。

联邦德国《波恩评论报》说,大家都在谈裁军,可是迄今为止,只有中国人言行一致。

几年后,世界各国政治家在谈到中国共产党和中国政府的这一举措时,仍赞不绝口。

塞浦路斯前总统瓦西里欧说:我们相信这一行动是积极的。在当今世界我们应该强调停止军备,投资发展和平事业,创造条件提高全人类的生活水平。

巴西前总统萨尔内说:我认为邓小平是一位时代的伟人,是为了世界和平奋斗的重要人物之一。人类希望世界和平稳定,中国正是一个为之奋斗的国家。无论从中国的立场还是世界的立场出发,邓小平都为世界和平与安全做出了贡献。

# 改善中苏关系

1989年5月16日,邓小平在北京人民大会堂会见苏共中央总书记戈尔巴乔夫,这是30年来中苏两国最高领导人之间的第一次晤面,引起了全世界的极大关注。

邓小平握住戈尔巴乔夫的手说:中国人民真诚地希望中苏关系能够得到改善。我建议利用这个机会宣布中苏关系从此实现正常化。戈尔巴乔夫笑容满面地点头同意。随即,邓小平又指着正在忙碌的记者说:趁他们还没有离开,我们也宣布两党的关系实现正常化。两位领导人再次握手。这是一次被推迟了的中苏高级会晤。邓小平为了这一天的到来,进行了许多年的努力。

1978年12月,中国共产党召开了十一届三中全会,调整了对内对外政策。两个月前,邓小平出访日本,出席中日和平友好条约互换批准书仪式,中日和平友好条约正式生效,为中日邦交正常化奠定了基础。1979年1月1日,中美正式建立外交关系。随后,邓小平作为中华人民共和国第一位国家领导人访问美国。中日、中美关系的正常化,对世界产生的冲击是强烈的。苏联是在措手不及的情况下接受了这一现实。随着中国国门的敞开和对外关系的不断发展,苏联也不得不重新考虑与中国的关系。

1982年3月,苏联最高苏维埃主席团主席、苏共中央总书记勃列日涅夫在塔什干的一次讲话中,放出一个试探气球:他一面依旧攻击中国的政策,另一方面又谈到苏联愿意改善同中国的关系。这一信息,立即引起邓小平的注意。邓小平在主持党中央的工作后,为了创造较长时期的国际和平环境,在处理中国对外关系上,心存四大愿望:一是实现中日关系正常化;二是实现中美关系正常化;三是解决香港回归问题;四是实现中苏关系正常化。在这四大心愿中,就其复杂性而言,恐怕要首推中苏关系了。

中国和苏联原是具有传统友谊和同盟关系的国家。20世纪50年代初,苏联曾给予新中国很多经济和科技方面的援助,在156项大中型工业项目中,凝结着两国人民的真诚友谊。然而,就是在社会主义阵营最具规模和实力的时候,苏共领导的老子党作风也愈演愈烈,导致了潜在的裂痕。1957年毛泽东率代表团赴苏参加十月革命40周年庆祝活动,他当着赫鲁晓夫、布尔加宁、米高扬、苏斯洛夫等人的面,毫不客气地批评这种作风:什么兄弟党,只不过是口头上说说,实际上是父子党,是猫鼠党。毛泽东说此话时,邓小平在座。

20世纪50年代末,赫鲁晓夫推行"苏美合作,主宰世界"的全球战略,曾试图把中国也纳入这一战略的轨道。1958年4月,苏联国防部长马利诺夫斯基致函中国国防部长彭德怀,提出在中国由中苏合资共建一座大功率长波电台,全部价值1亿卢布,苏联出资70%,条件是苏方对电台拥有一半所有权。由此引起的争执尚未了,苏联又提出利用中国良好的海港条件共建海军潜艇舰队,苏方提供技术与装备,条件仍是苏方拥有一半所有权。毛泽东等中央领导拒绝了这两项有损中国主权的建议。毛泽东不买赫鲁晓夫的账,他坚决地对苏联驻中国大使尤金说:"要讲政治条件,连半个指头都不行。你可以告诉赫鲁晓夫同志,如果讲条件,我们双方都不必谈。如果他同意,他就来,不同意,就不要来,没有什么好谈的,连半个小指头条件也不成。在这个问题上,我们可以一万年不要援助。"毛泽东说这番话的时候,邓小平同样在座。

中国共产党人的抵制,使赫鲁晓夫耿耿于怀。为了向中国施加压力,他们将两党在意识形态上的分歧扩大到国家关系上,在1960年7月,突然撤走在中国帮助工作的1390名苏联专家,撕毁了中苏两国政府签订的12个协定和两国科学院签订的1个议定书以及300多个专家合同,废除了200多个科技合作项目。这一举动,不仅给中国建设造成了重大损失,也严重地伤害了中国人民的感情,中苏关系恶化了。1960年9月,邓小平受党中央委派率代表团赴莫斯科同苏共会谈,他义正词严地批评了苏共领导的背信弃义,直告赫鲁晓夫:"中国共产党永远不会接受父子党、父子国的关系。你们撤退专家使我们受到损失,给我们造成了困难,影响了我们国家经济建设的整个计划和外贸计划,这些计划都要重新进行安排。中国人民准备吞下这个损失,决心用自己双手的劳动来弥补这个损失,建设自己的国家。"

从20世纪50年代中期到60年代初,邓小平曾多次受命赴莫斯科处理中苏关系问题。他是中苏两国由同盟关系走向对抗关系的亲身经历者,是中共高层处理中苏关系的重要领导人之一。他深深了解,这段历史在自己国家的人民心中,至今仍留有浓重的阴影。然而,中苏间最根本的障碍还不是20世纪50年代末、60年代初的那笔账。1964年赫鲁晓夫下台后,新当政的勃列日涅夫不仅丝毫未改善中苏关系,反而加强了对中国的威胁。从20世纪60年代中期起,苏联在蒙古人民共和国大量驻军,并在中苏边境地区驻扎重兵,总数达100万人,在北面构成对中国安全的严重威胁。1978年12月,苏联支持越南先后出动20余万兵力武装入侵柬埔寨。事隔一年,1979年12月,苏联又出兵10万对阿富汗实行全面军事占领,这就从北面、南面、西面对中国形成军事包围之势,严重威胁着中国的安全,构成了中苏关系正常化的三个重大障碍。毛泽东晚年,面对苏联对我国安全构成的严重威胁已经超过美国的局面,决定采取"一条线"战略,即从日本到欧洲,一直到美国结为"一条线",侧重反对苏联的威胁和霸权主义。20世纪70年代这一战略的实行,对当时国际关系的变化产生了重要影响。

历史的一页虽然已经翻了过去,但是中苏两国之间的旧账、新账,恩恩怨怨并未了结,改善两国关系谈何容易。自从勃列日涅夫在塔什干"吹风"后,调整中苏关系一时间成为国际舆论关注的热点。但是邓小平的头脑是十分清醒的,这位阅历丰富的政治家,对改善两国关系的症结是什么,有着比旁人更深刻的认识。

1982年4月,罗马尼亚总统齐奥塞斯库来到中国进行友好访问。他此行的目的,除了来了解一下改革开放后的中国外,也想就勃列日涅夫的演讲,看一看中国政府的态度。4月16日,邓小平在人民大会堂福建厅亲切会见了他。邓小平与齐奥塞斯库早在20年前就相识了,因此,宾主谈话十分坦率。很快,话题就转到了中苏关系上。邓小平告诉齐奥塞斯库,中苏关系没有多大变化,勃列日涅夫在塔什干的讲话,我们除了对他骂我们的话表示拒绝外,对其他的我们表示注意到了。他说:我们重视实际行动,实际行动就包括阿富汗、柬埔寨问题,包括在我们的边界屯兵在内。说到这里,邓小平显得有些激动,他加重语气对齐奥塞斯库说:屯兵100万啊! 不谈这些具体行动,有什么基础?但是我们不排除在他有某种表示的时候恢复谈判。齐奥塞斯库表示理解中国的立场,但他试图劝说邓小平像国际舆论所设想的那样去"响应"勃列日涅夫的"建议"。邓小平不以为然地说:他总要把他的霸权主义改一改吧,勃列日涅夫的话讲得不坏,但是我们要看行动。你见到勃列日涅夫的时候,可以告诉他,叫他先做一两件事看看,从柬埔寨、阿富汗的事情上做起也可以,从中苏边界或蒙古撤军也可以。没有行动,我们不赞成,世界上的人都不会赞成。

邓小平这番话,点明了中苏关系正常化道路上的三大障碍。这一年8月,他向苏方表明:中国领导人关心中苏关系的改善,现在是应该、也有可能在这一方面认真开始做一些实际事情的时候了。双方有必要坐下来平心静气地讨论,通过共同努力,设法排除妨害两国关系的障碍,从有助于改善两大邻国关系的一个实质问题做起,例如苏联劝说越南从柬埔寨撤军。中苏双方经过协商,从10月开始,举行副外长级特使磋商,讨论和解决消除两国关系的障碍问题。中国政府坚持以首先解决三个障碍,尤其是越南从柬埔寨撤军为先决条件,但苏联以不损害"第三国利益"为借口,不同意商谈越南撤军问题。这样,谈谈停停,磋来商去,两年过去了,没有获得实质性进展。

1985年10月,北京秋高气爽,气候宜人,正是中外宾客如云的季节。罗马尼亚总统齐奥塞斯库再一次来到北京。10月9日,仍旧是在人民大会堂福建厅,邓小平会见了他。宾主阔别三年再度相见,话题自然很多,然而一个重要话题仍是中苏关系。

从1982年到1985年,国际局势和中国、苏联的国内形势都出现了许多新的变化。中国的改革开放已成席卷全国之势。邓小平通过长期观察,认为世界上和平因素超过了战争因素的增长,世界战争可以避免,世界的主题是和平与发展。中国完全可以在争取和平的前提下,一心一意搞现代化建设。基于这种判断,党中央制定了抓紧时机发展经济的战略目标。发展经济需要创造较长时期的和平环境,从这点出发,改善中苏关系的重要性和迫切性是显而易见的。自1982年10月以来,中苏两国虽然在经济、科技、贸易等领域的互利合作和人员往来得到不同程度的恢复和发展,但由于三大障碍没有清除,两国关系还没有正常化。为了打破政治关系上的僵局,邓小平在努力寻找解决问题的新办法。

这期间,苏联由于援越侵柬和入侵阿富汗的拖累,国力逐步削弱,美苏争霸态势由苏攻美守变为美攻苏守。改善中苏关系对苏共领导来说,已是势在必行的了,然而此时的苏共中央不得不忙于应付一种新的危机,一种因班子老化而带来的困扰。1982年11月,勃列日涅夫在执掌权力18个年头后离开人世。也许勃列日涅夫在接班人的考虑上太欠缺居安思危的意识,因而他死后,苏共高层立即出现难以为继的局面。接替勃列日涅夫职务的安德罗波夫,上台时已68岁,他主宰克里姆林宫仅仅一年半即告别人世。随后而起的契尔年科状况更为不佳,这位73岁的老人执政只有13个月,一场突发的心肌梗死夺去了他的生命。接二连三的人事更迭和死亡威胁,迫使苏共中央不得不尽快起用新生力量。

1985年3月10日,就在契尔年科去世的第二天,54岁的戈尔巴乔夫入主克里姆林宫。这位毕业于莫斯科大学法律系的政治活动家是作为苏共中央更新换代的代表被推上总书记位置的。他一上台,就对改善中苏关系表现出极大的关注。3月13日,苏共中央在莫斯科红场举行契尔年科的隆重葬礼。在参加葬礼的队伍中,有国务院副总理李鹏率领的中国政府代表团。第二天戈尔巴乔夫即会见李鹏,感谢中国政府派代表团来参加契尔年科的葬礼,他说,希望中苏关系能取得重大改善,苏中之间应该继续进行对话,提高对话的级别,缩小分歧,在更广泛的领域里取得进展。戈尔巴乔夫的话,被许多人视作一种解冻的机遇。邓小平是一位思维敏捷、善于寻找解决问题切入点的政治家,此时此刻,一种新的构想在他的脑海中形成了。

在人民大会堂福建厅中,邓小平与齐奥塞斯库的谈锋正健。邓小平细细地向齐氏摆谈对国际形势的看法,他说,过去多年来,我们一直强调战争不可避免,经过这一段时间的观察,看来战争的危险依然存在,不能够掉以轻心,但是和平的力量和制约战争的力量有可喜的发展。有这样的判断,才能使我们用全力来发展经济。话题转到改善中苏关系,邓小平鞭辟入里地分析了越南从柬撤军是解决中苏关系正常化的首要问题,他率直地说:请你给戈尔巴乔夫带个口信,如果苏联同我们达成谅解,越南从柬埔寨撤军,而且能够办到,我或者胡耀邦同志愿意跟戈尔巴乔夫会见。我出访的历史任务已经完成了,但是如果同苏联能够达成这样一个谅解,我可以破一次例。为了这样一件好事,我愿意去。你向他转达后,我们等候答复。

这是邓小平首次提出中苏高级会晤的设想,这位81岁高龄的老人,为推动中苏关系正常化置个人身体于不顾的诚意显然感动了齐奥塞斯库,他忙说:我欢迎这样做,也一定代为转达。信息递过去了,不久,苏方作出了反应。11月6日,在苏联举办的庆祝十月革命节的招待会上,有关方面对中国驻苏联大使说:你们领导通过齐奥塞斯库同志转达的口信收到了。11月下旬,李鹏副总理访问保加利亚和捷克路过莫斯科,戈尔巴乔夫主动会见了他,表示苏中举行高级会晤的时机已成熟,建议在远东地区的苏联或中国境内举行高级会晤,讨论苏中关系正常化问题。但是戈尔巴乔夫避而不谈促使越南从柬埔寨撤军问题,也不同意先定议程和先决条件。这等于没有真正响应邓小平提出的这一重大建设性步骤。于是,中苏高级会晤拖延了下来。

中苏关系仍处在微妙状态……

1986年7月28日,戈尔巴乔夫在苏联远东大城市海参崴(符拉迪沃斯托克)发表了一篇耐人寻味的演说。他在谈到苏联对亚太地区政策时说,苏联愿意与亚洲国家尤其是中国和日本改善关系。对于中国,他说,苏联准备在任何时候、任何级别上同中国最认真地讨论关于创造睦邻气氛的补充措施问题;苏联愿以黑龙江主航道为界划分中苏边界的正式走向;苏联正同蒙古领导人一起研究关于相当大一部分苏军撤出蒙古的问题。他还许诺在1989年底以前从阿富汗撤回6个团,等等。很显然,戈尔巴乔夫在考虑中方的谈判条件上向前迈了一步。

细心的西方观察家们还注意到,戈尔巴乔夫的"贤内助"赖莎此时也对中国表现出极大的兴致,她引人注目地光顾了大型中国经济贸易展览会。赖莎身着浅灰色套裙,肩挎苹果绿小提包,和谐、淡雅的装束衬托出这位"苏联第一夫人"的风韵。在长达一个半小时的参观过程中,她兴致盎然地观看了每一个展台,她热情称颂中国在各方面取得的成就,并向中国人民表示了美好祝愿。不久,赖莎又应邀来到中国大使馆观看时装表演。她称赞中国时装模特身材苗条,富于艺术感,服装、动作和表情十分和谐。当然,萦绕在赖莎心头的还有更重要的东西,在离开中国大使馆时,她留下了这样的赠言:"我很高兴看到,苏中关系在各方面有所改善。"

西方媒体将他们能够搜集到的所有细节都披露于众,使国际舆论认为,戈尔巴乔夫这一举动争得了几分主动,他们纷纷猜测中国将如何反应。

1986年9月2日,中国官方通讯社新华社发了一则消息:中共中央顾问委员会主任邓小平今天上午在中南海接受了美国哥伦比亚广播公司《六十分钟》节目记者迈克·华莱士的电视采访。邓小平回答了华莱士提出的有关中国经济政策、中国的统一、中美关系、中苏关系等方面的问题。

第二天,《人民日报》在头版头条也刊登了这一消息,并配上一幅邓小平接受华莱士采访的照片。这条简短的消息令人颇费猜测。邓小平接见美国记者的情形如何?他们具体谈了些什么?官方报道没有提供任何细节。职业的敏感使在京的外国记者纷纷出动,千方百计想早点搞到邓小平的谈话。也许是"名牌效应"在起作用,一看到华莱士的名字,他们就已预见到这次采访必会出彩。68岁的华莱士是美国家喻户晓的节目主持人兼记者。他从1968年起出任哥伦比亚广播公司《六十分钟》节目主持人,在他的主持下,这个节目在竞争激烈的美国电视界享有极高的收视率,多次获得大奖,他也因此而成为世界一流的新闻记者。华莱士以擅长捕捉热点新闻和采访国际风云人物著称。他报道过水门事件、越南战争和中东战争,采访过尼克松、里根、霍梅尼、萨达特……这一次华莱士又把镜头对准了中国的邓小平,他将给世人提供一件怎样的独家新闻呢?

邓小平是在中南海紫光阁接受华莱士采访的,他刚从北戴河休假归来。经过一个多月的海水浴和日光浴,皮肤晒得黑红,虽然已经度过82岁生日,却显得毫无老态,非常健康。也许是要拍电视的缘故,邓小平这天特意穿了一套新制的十分合体的黑色中山服,脚上的皮鞋擦得一尘不染,神态安详、轻松,胸有成竹。采访一开始,华莱士便开门见山地提出了世人最关注的戈尔巴乔夫在海参崴的讲话,询问邓小平有何看法。邓小平的回答颇为巧妙而有分寸。他语调平缓地说,戈尔巴乔夫的讲话"有点新东西","我们对他的新的带有积极性的东西表示了谨慎的欢迎"。接着,话锋一转,指出戈尔巴乔夫的步子迈得并不大,他发表讲话后不久,苏联外交部官员也讲了一篇话,调子同戈尔巴乔夫的不一样,这说明苏联内部对中国政策怎样还要观察。

华莱士问:"您以前有没有见过戈尔巴乔夫?"

"没有。"

"您是否想见见他？因为他说过，他愿意同你们在任何时候、任何级别上谈任何问题。您愿意同他进行最高级会晤吗？"

"如果戈尔巴乔夫在消除中苏间三大障碍，特别是在促使越南停止侵略柬埔寨和从柬埔寨撤军问题上走出扎扎实实的一步，我本人愿意跟他见面。"

这是邓小平第一次在公开场合表明态度，他的话引起在电视监视器屏幕前"督战"的节目制作人的高度重视。但是华莱士却犯了一个不大不小的错误，他没有及时将邓小平的思路展开，而是不合时宜地提早转移了话题。幸好话题尚未扯远，摄像机的第一盘录像带用完了。在停机换带时，节目制作人赶紧上前去提醒华莱士。第二盘录像带开始转动后，华莱士立即补问道："邓主任，刚才我的节目制作人要我再问一下邓主任是否愿意会见戈尔巴乔夫。"这一问，引出了邓小平最精彩的一段话："我再说一次，越南入侵柬埔寨问题是中苏关系的主要障碍。越南在柬埔寨驻军也是中苏关系实际上处于热点的问题。只要这个问题消除了，我愿意跟戈尔巴乔夫见面。我可以告诉你，我现在年龄不小了，过了八十二了，我早已经完成了出国访问的历史任务。我是决心不出国的了。但如果消除了这个障碍，我愿意破例地到苏联任何地方同戈尔巴乔夫见面。我相信这样的见面对改善中苏关系，实现中苏国家关系正常化很有意义。"

中国最高领导人公开表示愿意前往苏联举行两国首脑会晤，这在双方关系破裂20多年来还是第一次。9月7日，美国哥伦比亚广播公司将这一重大新闻传遍全球。邓小平在作这种表示时，既表达了愿意举行中苏首脑会晤的迫切心情，又没有放弃中国一贯坚持的立场，于不露声色之中将了戈尔巴乔夫一军。正如美国《基督教科学箴言报》评论的："邓小平巧妙地在没有作出任何让步的情况下，从戈尔巴乔夫手里夺走了舞台中心位置。"

事情的发展并非如人所愿，邓小平的两次倡议充分体现出中国方面对实现中苏关系正常化的真诚愿望，然而戈尔巴乔夫虽然在排除三大障碍上作出了让步的姿态，但丝毫未提及柬埔寨问题，这表明苏联的亚洲战略并未改变。事实上，苏联也决不会轻易放弃几经辛苦才在越南建立的海空军基地。他们以不损害"第三国利益"为借口，不肯在改善两国关系上迈出关键的一步，致使中苏关系仍未获得实质性的突破。中国有句老话："解铃还需系铃人。"中苏两国关系上积累的问题太多,一一解开需要时间,需要等待。

1988年,国际形势发生了新的变化。随着世界各种力量的消长,第二次世界大战后在冷战情况下形成的两极格局受到冲击,西欧、日本、广大发展中国家在国际事务中的作用在增强,美苏两国左右世界局势的能力与影响在削弱。虽然美苏两国在军事上保持着对其他国家的压倒优势,但在经济上已受到严重挑战,政治上的影响力也显著下降,美苏的对抗态势日益不利于苏联。苏联出于内政外交的需要,不能不顺乎和平与发展的时代主流来制定对外政策,于是,有利于中苏关系改善的重大步骤相继出台:

4月14日,苏方在关于政治解决阿富汗问题的日内瓦协议上签字,承诺从5月15日起从阿富汗撤军,9个月内全部撤完。

9月16日,戈尔巴乔夫在克拉斯诺尔斯克的演讲中宣称,苏联准备促进柬埔寨问题尽快解决,并表示愿意立即开始筹备中苏高级会晤。

12月7日,戈尔巴乔夫在联大第43届会议上宣布,苏联单方面裁军50万,并在两年内撤回驻扎在蒙古的大部分军队。

到此时,苏联在消除影响中苏关系正常化的三大障碍上有了实质性的进展,中苏关系出现了新的转机。这一年12月,钱其琛作为1957年以后第一位正式访苏的中国外长抵达莫斯科,就三大障碍中的重要障碍——柬埔寨问题的早日公正合理解决进行磋商。戈尔巴乔夫在克里姆林宫会见了钱其琛,他高兴地对记者说:"我想一切都进行得很好,很正常,我相信这符合我们两国人民的利益。"中国外长的出访,正式开始了中苏关系正常化的进程。

1989年1月6日,越南撤军问题终于有了眉目,越南外交部新闻司代理司长胡彩兰在河内宣布,越南政府和金边政权已决定,如果柬埔寨问题达成政治解决的话,越南将在9月前从柬埔寨撤出其全部军队。这条消息对中苏来说是至关重要的,柬埔寨问题是改善中苏关系的关键,是主要障碍,越南在柬驻军也是中苏关系实际上处于热点和对峙局面的重要原因,这个问题有了解决的方案,改善中苏关系便有了保证。1989年2月,在中国人民喜迎新春佳节之际,苏联外长谢瓦尔德纳泽回访中国。双方经磋商确定,5月在北京举行中苏最高级会晤,也就是说,邓小平三年前提出的与戈尔巴乔夫会面的设想,5月份将在北京实现。

消息不胫而走,世界为之瞩目,稍有常识的人都能意识到这次会谈的难度。中苏之间的关系非一般国家可比,两国既有过传统友谊和同盟关系,又遗留着沙俄时代的领土争端和赫鲁晓夫时代的意见分歧。这些历史旧账、新账,多年来犹如厚重的浓雾笼罩着两国间关系,拨不开,驱不散。因此,自从中苏关系正常化的进程开始后,邓小平一直在反复思考着会谈的原则和方针,他在脑海中一点一点梳理着那些错综复杂的矛盾,几百年前的问题,几十年前的矛盾,都要有个交代呵!中苏关系正常化后,两国关系不会再是20世纪50年代的"同盟式",也不是"对抗式",只能是建立在和平共处五项原则基础上的新型关系。从这点出发,他为这次会谈确定了明确的方针:"不回避分歧,不纠缠旧账,寻求共同点,着眼于未来,探讨在和平共处五项原则的基础上建立新型睦邻友好关系。"

1989年5月16日,邓小平与戈尔巴乔夫终于见面了。会谈是友好、坦诚的,邓小平开门见山地点出了20世纪60年代的中苏论战问题,他以务实、直率的谈话风格说:"从1957年第一次莫斯科会谈,到60年代前半期,中苏两党展开了激烈的争论。我算是那场争论的当事人之一,扮演了不是无足轻重的角色。经过20多年的实践,回过头来看,双方都讲了许多空话。马克思去世以后100多年,究竟发生了什么变化,在变化的条件下,如何认识和发展马克思主义,没有搞清楚。"他谈到世界日新月异的变化,认为各国必须根据自己的条件建设社会主义,固定的模式是没有的,也不可能有,墨守成规的观点只能导致落后,甚至失败。邓小平以中苏最敏感问题为开场白,引发了一段对马克思主义及各国建设模式的议论,十分巧妙而冷静地批评了过去论战中的教条主义和形而上学的观点,为会谈定下了实事求是的基调。

戈尔巴乔夫神情专注地听着,对于那场中苏大论战,他在访问中国前已经作过详细的了解,他十分清楚坐在他身边的、比他年长27岁的邓小平是当时苏斯洛夫最头疼的对手,是中国代表团的团长。他对邓小平说:我的年龄比你小,那场争论我们不想对此作出评价,而是指望你来作出评价,我同意你的基本想法。

接着,邓小平郑重地阐述了两个问题。一是历史上中国在列强压迫下遭受损害的情况。他毫不客气地历数沙俄时代及斯大林时期侵害中国权益的历史事实,尖锐指出从鸦片战争起,列强侵略中国得利最大的一个是日本,一个是沙俄,在一定时期一定问题上也包括苏联。沙俄通过不平等条约侵占的中国土地,超过150万平方公里。十月革命后也还有侵害中国的事情,1929年占去了中国的黑瞎子岛,1945年美、英、苏三国在雅尔塔签订的秘密协定也极大地损害了中国的利益。邓小平谈的第二个问题是近三十年中国人感到对中国的威胁从何而来。他说:"从建国一开始,我们就面临着这个问题。那时威胁来自美国,最突出的就是朝鲜战争,后来还有越南战争。"

"20世纪60年代,在整个中苏、中蒙边界上苏联加强军事设施,导弹不断增加,相当于苏联全部导弹的三分之一,军队不断增加,包括派军队到蒙古,总数达到了100万人。对中国的威胁从何而来?很自然地,中国得出了结论。1963年我率代表团去莫斯科,会谈破裂。应该说,从60年代中期起,我们的关系恶化了,基本上隔断了。这不是指意识形态争论的那些问题,这方面现在我们也不认为自己当时说的都是对的。真正的实质问题是不平等,中国人感到受屈辱。"

邓小平谈论这话时,戈尔巴乔夫很敏感,也有点紧张,他不清楚中国领导人又翻出历史旧账来做什么,他赶紧表白说:"对于不太遥远的往事,我们感到有一定过错和责任,至于两国间比较遥远的事情,是历史形成的。重提领土的变迁,边界的改划,就会使世界不稳定,就有可能引起冲突……"邓小平摆摆手,对他说:"我讲这么长,叫'结束过去'。目的是使苏联同志们理解我们是怎样认识这个'过去'的,脑子里装的是什么东西。历史账讲了,这些问题一风吹,这也是这次会晤取得的一个成果。"谈话间,邓小平特意问戈尔巴乔夫还记不记得三年前请齐奥塞斯库捎口信的事,戈尔巴乔夫连连点头表示记得,并说:"三年多的时间,清除三个障碍,平均每年一个。我要感谢你创造了条件,使我们能够走到一起来庆贺两国关系正常化。"邓小平高兴地说:"我们这次会见的目的是八个字:结束过去,开辟未来。"他特别强调"现在两国交往多起来了,关系正常化以后的交往,无论深度和广度都会有大的发展。在发展交往方面,我有一个重要建议:多做实事,少说空话"。戈尔巴乔夫马上赞成:"对,少声张,多做事。"

中午,邓小平设宴招待了戈尔巴乔夫一行。午宴后,戈尔巴乔夫从人民大会堂返回他下榻的钓鱼台国宾馆时,把车窗摇下来,不时地探出头去,向沿途欢迎群众招手致意。

邓小平说过,改善中苏关系,对维护世界和平是大功大德的事。

邓小平与戈尔巴乔夫的历史性会晤,是中苏关系的转折点,为中苏关系史揭开了新的一页。

# 确立党的第三代领导集体

中国共产党的第三代领导集体,是以十三届四中全会选举江泽民担任中共中央总书记为标志开始形成的,是在以邓小平为核心的第二代中央领导集体的精心培育下逐步形成和确立起来的。邓小平在第三代领导集体的形成和确立过程中,发挥了决定性的作用。

废除领导职务的终身制、实现干部队伍的年轻化和领导权力的顺利交接,是十一届三中全会以后邓小平一直致力于解决的一个战略问题。

第二代领导集体的主体是久经考验的老一辈无产阶级革命家,但他们又都是七八十岁的老人了。因此,选拔和培养接班人是他们的当务之急。所以,第二代领导集体建立后,邓小平就一直在安排接班的问题。当时,按斗争的经验、按工作的成就、按政治思想水平,邓小平曾选拔和培养了两个接班人,这在当时是最好的选择,"但是没有解决问题,两个人都失败了,而且不是在经济上出问题,都是在反对资产阶级自由化的问题上栽跟头"。面对这种情况,邓小平以极大的政治勇气,及时否定了自己曾经看重的两个人,并经过反复比较,最后确定江泽民为党的第三代领导集体的核心。

邓小平在选拔和培养接班人的同时,还明确提出,要让更多的年富力强的中青年干部走上各级领导岗位,建立领导人退休制度。因为"自然规律是不可改变的,领导层更新也是不断的。退休成为一种制度,领导层变更调动也就比较容易"。因此,他从1980年起,就提出要改革党和国家的领导制度,废除干部领导职务终身制。他明确提出:"老同志是党和国家的宝贵财富,责任重大,而他们现在第一位的任务,是帮助党组织正确选择接班人。这是一个庄严的职责。"为此,他身体力行,带头建立退休制度。

邓小平1977年复出时是73岁。按他非凡的政治智慧、丰富的治党治国治军经验和在党内的崇高威望,以及当时的历史条件,他完全可以出任党和国家的最高领导职务,而且党内外也都希望他当总书记、国家主席。但是,从党和国家的长治久安考虑,邓小平都拒绝了,他没有出任这些职务,他在1979年11月2日谈道:"我自己就有这个想法,如果党允许我今天退休,我马上就退休。这是真话,不是假话。从整个事业来看,我现在还不可能退休,我想大家也不会赞成。但是,就我个人的心情来说,确实感到这个问题太重要了。我们要向前看,我们这个事业是千秋万代的事业啊!"

1984年10月22日,他在中央顾问委员会第三次会议上的讲话中说:"请年纪大一些的同志腾出位子来不容易呀,但是这件事我们必须办,这条路我们必须走。两年前我就说过,我希望带头退休。""因为位子就那么多,还要精兵简政,老的不腾出位子,年轻的上不了,事业怎么能兴旺发达。"

于是,在1987年党的十三大召开之前,邓小平提出了退休的愿望。党中央反复考虑他本人和党内外的意见,决定同意他辞去中共中央政治局常委、中央政治局委员、中央顾问委员会主任的职务;决定他留任党和国家军委主席的职务。在他的带动下,一大批老干部为了党的事业退出了中央领导岗位,从而为第二代中央领导集体向新的中央领导集体顺利过渡、为党的第三代领导集体的形成创造了充分的条件。

1989年春夏之交,我们党经历了血与火的考验。由于当时党的总书记赵紫阳犯了支持动乱和分裂党的错误而被撤销了党内外一切职务,尽快建立第三代党的领导集体也就变得更加迫切。这年的5月31日,邓小平在同李鹏、姚依林谈话时提出,要真正建立中国共产党历史上第三代领导集体。6月16日,他在同中央几位负责人谈话时再次提出,我们中国共产党现在要建立起第三代领导集体。

作为党的第二代领导集体的核心,邓小平主持了第三代领导班子的组建。他深知,建立一个什么样的领导集体,既关系到中国以什么样的形象出现在世人面前,更关系到中国能否长治久安的问题。这是一个十分重要的问题。为此,他提出了建立第三代领导集体的条件和选拔第三代领导集体成员的标准。

邓小平首先强调:"新的中央领导机构要使人民感到面貌一新,感到是一个实行改革的有希望的领导班子。"改革开放是大势所趋,人心所向。要保证我国改革开放的政策长期不变,就必须建立一个坚持改革开放政策、具有改革开放形象的党中央领导集体。他说:组成具有改革开放形象的中央领导班子向人民亮相,这是最重要的。不是九分九,而是十分重要的问题。他希望新的领导班子要坚持做几件改革开放的事情,甚至比过去更开放,证明他们是真正执行十一届三中全会以来的改革开放政策的。这样人民就可以放心了。

邓小平提出,新的中央领导集体要"胸襟开阔"、"从大局看问题"、要"放眼世界,放眼未来"。这是他对第三代领导集体的"最根本的要求"。1989年5月31日,他在同李鹏、姚依林谈话时说:"毫无疑问,就从政的经验、斗争的经验来说,我们的班子有弱点,这是事实。""进入中央最高层的每个成员,都要不再是过去的自己,不再停留在过去的水平上,因为责任不同了。每个人从自身的角度,包括自己的作风等方面,都要有变化,要自觉地变化。领导这么一个国家不容易呀!责任不同啊!最重要的问题是要胸襟开阔。要从大局看问题,放眼世界,放眼未来,也放眼当前,放眼一切方面。"

邓小平特别强调,党的第三代领导集体要"取信于民"。邓小平一直坚持把人民高兴不高兴、人民满意不满意、人民拥护不拥护作为衡量干部优劣的标准。在组建第三代领导集体时,他把这一点放在了十分突出的位置。他说:"第三代的领导要取信于民,要得到人民对这个集体的信任,使人民团结在一个他们所相信的党中央领导集体周围。"要取得人民的信任、拥护,一方面"我们起用人,要抛弃一切成见,寻找人民相信是坚持改革路线的人。要抛弃个人恩怨来选择人,反对过自己的人也要用"。另一方面,要支持反对腐败。他说,这次(指1989年政治风波)出这样的乱子,其中一个原因,是由于腐败现象的滋生。在这次事件中,没有反对改革开放口号,比较集中的口号是反对腐败。对某些人来说,这个口号是一个陪衬,但对我们来说,要惩治腐败。不惩治腐败,确实有失败的危险。新的领导人要认真抓这个问题。要清理我们自己工作中的错误,扎扎实实做几件事情,体现出我们是真正反对腐败,而不是假的。他说:惩治腐败这个关我们必须过,要兑现,要拿事实给人民看。我们一手抓改革开放,一手抓惩治腐败,这两件事结合起来,对照起来,就可以使我们的政策更加明朗,更能获得人心。

邓小平提出的建立党的第三代领导集体的设想和选拔第三代领导集体成员的条件,是形成党的第三代领导集体的政治基础。正是有了这个基础,党的第三代领导集体才顺利产生并承担起领导全党全国人民进行改革开放和现代化建设的历史重任。

1989年6月23日至24日,在党的十三届四中全会上,组成了新的中央领导机构,产生了以江泽民为总书记的新的政治局常委,这标志着中国共产党第三代中央领导集体正式确立。

在新的中央领导集体建立的过程中,邓小平在总结党的历史经验的基础上,明确提出:这个新的领导集体要有一个核心。早在1989年5月组建这个班子时,他就对李鹏、姚依林明确表示:"希望大家能够很好地以江泽民同志为核心,很好地团结。只要这个领导集体是团结的,坚持改革开放的,即使是平平稳稳地发展几十年,中国也会发生根本的变化。关键在领导核心。"他表示:"新的领导班子一经建立了威信,我坚决退出,不干扰你们的事。"

6月16日,他在同中央几位负责人谈话时,联系我们党的历史,论述了维护党的领导核心的重要性。他说:"任何一个领导集体都要有一个核心,没有核心的领导是靠不住的。我们党第一代领导集体的核心是毛主席。因为有毛主席作领导核心,'文化大革命'就没有把共产党打倒。第二代实际上我是核心。因为有这个核心,即使发生了两个领导人的变动,都没有影响我们党的领导。"现在进入第三代的领导集体,也必须有一个核心,这个核心就是江泽民。他希望,新的常委会从开始工作的第一天起,就要注意树立和维护这个集体和这个集体中的核心,都要以高度的自觉性来理解和处理这个问题。

到这年的9月,邓小平在目睹了以江泽民为核心的新的中央领导集体在不到三个月的时间内所做出的成绩之后,感到无比的欣慰,他决定从中央领导岗位上完全退下来。

9月4日,他在同中央政治局常委江泽民、李鹏、乔石、姚依林、宋平、李瑞环等人谈起他的退休问题时说:现在看来,对新的领导班子这一段活动,国际国内反映至少是很平静的,感到稳妥,没有什么怪话,说明我们这个新的领导班子是能够取得人民的信任和国际上的信任,如果再加上我们退出去,人家再看上二至三个月,或半年,我们的局面真正是稳妥稳定的,是一个安定团结的政治局面,中国还在继续发展,继续执行原有的路线方针政策。

到那时,我们这些人的影响就慢慢消失了,消失了好!同一天,邓小平致信中共中央政治局,请求批准他辞去中央军委主席的要求。他在信中写道:"党的十三届四中全会选出的以江泽民同志为首的领导核心,现已卓有成效地开展工作。经过慎重考虑,我想趁自己身体还健康的时候辞去现任职务,实现夙愿。这对党、国家和军队的事业是有益的。恳切希望中央批准我的请求。我也将向全国人民代表大会提出辞去国家军委主席的请求。"

11月9日,中共十三届五中全会根据邓小平的请求,同意他辞去中央军委主席职务。同时,会议根据邓小平的提议,决定江泽民同志任中共中央军委主席。

党的十三届五中全会结束三天后,邓小平与新任中央军委主席江泽民一道,来到京西宾馆,看望参加军委扩大会议的同志们,并发表讲话。他说:军委领导更换了人,我认为,确定以江泽民同志为核心的党中央,是全党作出的正确选择,他是合格的军委主席,因为他是合格的党的总书记。我希望大家在以江泽民同志为核心的党中央领导下,在以他为主席的中央军委领导下,我们军队在捍卫我们国家的独立和主权,捍卫我们国家的社会主义事业,捍卫党的三中全会以来制定的一系列路线方针政策,做出更大的贡献。

1990年3月4日,七届人大三次会议批准邓小平辞去中华人民共和国中央军事委员会主席的职务。

退休后的邓小平,仍然关注着我们党的建设事业,关注着第三代中央领导集体的成长。1990年12月,他在同中央几位负责人谈话时说,以江泽民为核心的党中央这一年多的成绩不可低估,并再次强调:最关紧要的是有一个团结的领导核心。这样保持50年,60年,社会主义中国将是不可战胜的。

邓小平之所以一再强调要维护以江泽民为核心的第三代中央领导集体,道理很简单,因为一个团结的领导核心事关我们党和国家的前途和命运。他明确指出:中国问题的关键在于共产党要有一个好的政治局,特别是好的政治局常委会。只要这个环节不发生问题,中国就稳如泰山。帝国主义搞和平演变,把希望寄托在我们以后的几代人身上。江泽民同志他们这一代可以算是第三代,还有第四代、第五代。我们这些老一辈的人在,有分量,敌对势力知道变不了。但我们这些老人呜呼哀哉后,谁来保险?中国要出问题,还是出在共产党内部。对这个问题要清醒,要注意培养人,要按照

"革命化、年轻化、知识化、专业化"的标准,选拔德才兼备的人进班子。我们说党的基本路线要管一百年,要长治久安,就要靠这一条。真正关系到大局的是这个事。

后来十多年的经验充分证明,以江泽民为核心的党的第三代中央领导集体确实不负众望。1994年,邓小平在他生前最后一次外出视察途中曾经高兴地说:以江泽民同志为核心的领导班子,他们的工作是胜任的,方向、路子是正确的,工作得很好,我非常放心。

# 关注上海的发展

1988年2月10日,邓小平离开杭州前往上海。

这时的上海甲肝肆虐,很多人都不愿去上海。

邓小平执意要去,显然是有他的考虑的。

20世纪80年代,我国先后建立了深圳、珠海、汕头、厦门和海南5个特区作为中国沿海开放带的排头兵,这是中国改革开放的总设计师邓小平根据当时国内外的条件运筹决定的。因为这些地区容易受海外发达地区经济辐射的影响和产业的梯度转移,起步快,阵痛小,同时它们可以为全国的开放提供经验和模式。在此基础上形成的沿海地区发展战略,成为20世纪80年代中国经济高速增长的支撑点。

在整个20世纪80年代,上海肩负着支持全国改革开放的重任,处于"后卫"的位置。上海在自身发展过程中的深层次矛盾日益显现,诸如经济发展与经济结构不合理的矛盾、城市发展与城市基础设施落后的矛盾、加快发展与传统观念以及和集权型管理体制之间的矛盾等等,使得上海在我国国民经济和社会发展中曾独领风骚几十年的地位趋于下降。20世纪80年代上海经济发展的总体速度仅为7.4%,低于全国9%的国民生产增长总体速度。上海产品在外地市场的占有率从20世纪70年代的"三分天下有其一"下降到20世纪80年代的17%。

从20世纪80年代开始,上海市委、市政府为重振上海国际大都市的雄风,对上海发展的北上、南下、西扩、东进等多种方案进行了探索。北上是指往北部的宝山地区发展,南下和西扩指向邻近江浙两省的郊县发展,东进即是跨越黄浦江,开发浦东。1984年,上海在制定《上海经济发展战略汇报提纲》和《上海市城市总体规划》时,确定了"东进"的基本构想。浦东濒临东海,背倚物阜民丰的长江三角洲及流域腹地,扼长江而连接中西部内陆,处于我国"黄金海岸"与"黄金水道"的交汇点,通江达海,具备得天独厚的国际经贸区位优势与国内辐射当量优势。有识之士关于开发浦东的设想可以追溯到20世纪初。然而由于历史的原因,当黄浦江西岸已是国际著名大都会的时候,浦东除沿江部分地区外还只是一个默默无闻的农村化地区。

到20世纪80年代后期,经济特区在经历了风风雨雨之后,已经取得了初步的成功经验,邓小平开始把他的目光投向上海。这是他整个实行开放大格局战略的第二步。

1988年1月23日,邓小平在一份关于加快沿海地区对外开放和经济发展的报告上批示:"完全赞成。特别是放胆地干,加速步伐,千万不要贻误时机。"

邓小平认为,现在就是加速上海发展的时机,不能错失了。他要到上海去!他这一去带给上海的将是一个新的天地。

1988年2月18日,在喜迎龙年的除夕之夜,邓小平出席了上海市各界春节联欢会,与上海人民共庆中国人民的传统佳节。

这是邓小平第一次在上海过春节。

这一天,上海下着纷纷扬扬的大雪。上海人已经很少看到这样的大雪了,人们期盼着这场"瑞雪"能够给上海带来好的"兆头"。

此时的上海展览中心友谊会堂内春意融融。

邓小平在时任中共中央政治局委员、中共上海市委书记、市长江泽民的陪同下进入会场,出席联欢会的700多位上海各界人士起立热烈鼓掌,邓小平频频向大家招手致意。这时两条彩龙从会堂两边昂首摆尾"飞"上舞台,以"龙灯舞"揭开了联欢会的序幕。

联欢会主持人首先衷心祝愿邓小平同志健康长寿,新春快乐。全场再一次响起热烈的掌声。

对政治一向敏感的上海人看到邓小平到上海过春节,就预料着上海将会有大的动作了。这一点,成为春节期间人们走亲访友谈论最多的话题之一。

2月24日,邓小平回到北京。

两个多月后,上海有动作了。5月在上海召开"浦东新区开发国际研讨会"。时任中共上海市委书记的江泽民在会上提出了结合老城区的改造,建设一个现代化新区的方针,强调要再造"经济中心的功能和对内对外枢纽的功能"。此后,在党中央和邓小平的支持下,上海加快了浦东开发开放可行性研究。

从这以后,一直到1994年,邓小平连续7年都是在上海过春节。这才有了上海一年一个样,三年大变样。

1990年1月20日,邓小平离开北京前往上海。

1月26日,在举国欢庆、万民同乐的除夕之夜,邓小平与上海市的党政军负责同志欢聚一堂,共迎90年代的第一个新春佳节。

这已经是他第三次在上海过春节了。

邓小平、杨尚昆健步来到洋溢着新春气氛的会见厅,与中共上海市委书记、市长朱镕基,市顾问委员会主任陈国栋等负责同志一一亲切握手,互致节日问候。朱镕基代表上海人民祝邓小平、杨尚昆同志健康长寿。

邓小平高兴地说:"我到上海来过春节,向你们拜年来了!并通过你们向上海人民拜年!"

在一片欢笑和热烈的掌声中,邓小平和大家合影留念。

大年初一的上午,朱镕基、陈国栋等上海市委主要领导来到了邓小平下榻的宾馆给邓小平拜年。

话题很快落到了上海的浦东开发建设上。

邓小平说,浦东开发晚了,但还来得及,上海市委、市政府应该赶快给中央报。

朱镕基说,开发建设的报告不理想,不敢报。

邓小平说,不用怕,报嘛。

作为一个统领全局的伟大的战略家,邓小平以其独特的视角看到了上海在对外开放方面拥有的优势:地理位置、交通条件、人才资源、自然资源以及历史积淀的与国际交往的联系和经验等等。这些,都预示上海有着迅速发展的内在潜质,有着重塑国际化、现代化大都市形象的先天条件。

邓小平看得更远:长江流域地处全国中心腹地,东西横贯华东、华中、华南三大经济区,南北纵穿10多个省区,内结大西南,外联大西北,交汇黄淮珠海四大水系,陆空交通发达,延伸全国各地,具有总揽沿海与内地、南北与东西,相互联系、相互开放的特征。

## 关注上海的发展

如果说长江是一条绵延万里、舒身待飞的巨龙,那么位于长江入海口的上海就是龙头。在中国对外开放这块棋盘上,邓小平将上海浦东开发开放视为举足轻重的一枚棋子。

邓小平回到了北京,心里仍装着浦东的开发。

他对政治局的领导说:"我已经退下来了,但还有一件事,我还要说一下,那就是上海的浦东开发,你们要多关心。"

2月17日,邓小平接见香港基本法起草委员会的全体委员,接见前,邓小平拉住时任国务院总理的李鹏说:"你是国务院总理,你要关心上海的开发开放。"

2月26日,上海向中央提出了《关于开发浦东的请示》。上海市提出准备开发的浦东地区,指黄浦江以东、长江口西南、川杨河以北紧靠市区的一块三角地区。它东北濒长江、南临杭州湾、西靠黄浦江,面积约350平方公里,有良好的建港和水运条件,初步具备了起步开发的条件。

3月3日,邓小平找江泽民、李鹏等几位中央负责同志谈话,指出:"现在特别要注意经济发展速度滑坡的问题,我担心滑坡。世界上一些国家发生问题,从根本上说,都是因为经济上不去,长期过紧日子。如果经济发展老是停留在低速度,生活水平就很难提高。人民现在为什么拥护我们? 就是这10年有发展,发展很明显。假设我们5年不发展,或者是低速发展,这不只是经济问题,实际上是个政治问题。加强思想政治工作,讲艰苦奋斗,都很必要,但只靠这些还不够。最根本的因素,还是经济增长速度,而且要体现在人民的生活逐步地好起来。""要实现适当的发展速度,不能只在眼前的事务里打圈子,要用宏观战略的眼光分析问题,拿出具体措施。机会要抓住,决定要及时,要研究一下哪些地方条件更好,可以更广大地开源。"说到这儿,邓小平亮出了底牌。他加重语气说:"比如抓上海,就算一个大措施。上海是我们的王牌,把上海搞起来是一条捷径!"

邓小平这次谈话后不久,3月28日至4月8日,姚依林受党中央、国务院的委托,率领国务院特区办、国家计委、财政部、中国人民银行、经贸部、商业部、中国银行等部门的负责人来到上海,对浦东开发问题进行专题研究和论证。在听取上海市关于浦东开发基本思路和总体规划的汇报后,他们又对浦东外高桥地区进行了实地考察。

与此同时,国内外专家也被请到上海,作浦东开发的可行性研究。

4月10日,中共中央召开政治局会议,一致通过了浦东开发开放的决策。

4月中旬,李鹏总理前往上海。18日,他在上海大众汽车有限公司成立5周年大会上宣布了中共中央、国务院关于开发、开放上海浦东的重大决策:原则批准在浦东实行经济技术开发区和某些经济特区的政策,并将浦东作为今后10年中国开放开发的重点。从而奏响了实施对外开放第二个战略步骤的号角。

6月,中共中央、国务院正式发出《关于开发和开放浦东问题的批复》,指出:开发和开放浦东,是进一步实行对外开放的重大部署;开发开放浦东,必将对上海和全国的政治稳定与经济发展产生极其重要的影响。

9月,国务院批准建立上海浦东外高桥保税区。

浦东的开发正式启动了。

1991年1月28日至2月18日,邓小平在上海过第四个春节。

1月31日上午9时40分,邓小平偕夫人卓琳和女儿邓楠、邓榕,在上海市市长朱镕基等人的陪同下,驱车视察上海航空工业公司。

上海航空工业公司于1985年与美国麦克唐纳·道格拉斯飞机公司签署了《合作生产 MD-82 型飞机和补偿贸易总协议》。主要内容包括双方合作生产 25 架 MD-82 型飞机,于1991年前全部交付给中国的东方航空公司和北方航空公司。为了平衡中方的外汇支出,美方将为中方安排按协议总成交额30％的补偿贸易,其中航空产品和其他民用产品各占50％,同时,双方共同进行新技术的合作开发研究。上海航空工业公司的主要工作是利用麦道公司提供的零部件完成机身装配、机翼对接、飞机总装、试验、试飞和交付,并很快过渡到利用美方提供的原材料自制机头(后扩散给成都飞机公司)、水平安定面、起落架舱门、货舱门、服务门、襟翼滑轨支架等11个飞机部件。上述自制件除了满足25架飞机的装机需要外,还作为航空产品的补偿贸易返销美国与麦道公司的飞机生产配套。

当时,这项中美合作工程是自改革开放以来中美之间合作规模最大、金额最多、时间最长的重要工程,自始至终得到了中央和国务院的关心和支持。这次邓小平亲临视察,正是工程即将圆满成功的关键时刻。

这天一大早,公司总经理景德元即赴西郊宾馆迎接邓小平一行。在前往大场厂区途中的50分钟时间内,景德元向邓小平汇报了公司的概况、MD-82工程和干线飞机项目。邓小平听得十分认真和仔细,还问了不少问题。

在视察前,朱镕基也向邓小平汇报了干线飞机的情况。

朱镕基认为:经过论证,干线飞机所选机型很好,希望国家早点定下来。

邓小平说:"今后干线飞机的生产,在上海可以和开发浦东结合起来。"

当车队抵达大场后,邓小平健步下车,显得精神饱满,红光满面。在公司总经理景德元、公司党委书记陶人观、公司副总经理兼五七二三厂厂长吴作权、厂党委书记石志塘等主要领导陪同下参观了MD-82飞机的铆装和总装车间,受到工人们的热烈欢迎。

进入车间,邓小平看到造好的MD-82飞机,十分高兴,他鼓励大家要有更高的目标,要造300座的大飞机。

当见到车间里有那么多的青年工人时,邓小平高兴地说,我们就是要多培养年轻人,年轻人是我们的希望。

在视察过程中,邓小平一直很愉快。当景德元汇报到通过合作生产,已在上海建成一个现代化的民用航空工业基地,取得了四方面的成果时,邓小平说:"这很好。"

当汇报到后10架飞机中有5架MD-82飞机返销美国时,邓小平问:"这是不是第一次(返销)?"

当汇报到希望国家制定保护民族航空工业的政策时,邓小平点头表示"应该"。他说:闭关自守不行。"文化大革命"时有个"风庆轮事件",当时我跟"四人帮"吵了架,才一万吨的船,吹什么牛!现在我们开放了,10万吨、20万吨的船也可以造出来了。如果不是开放,我们生产汽车还会像过去一样用锤子敲敲打打,现在大不相同了,这是质的变化。质的变化反映在各个领域,不只是汽车行业。不坚决开放不行。开放不坚决不行,现在还有好多障碍阻挡着我们。说"三资"企业不是民族经济,害怕它的发展,这不好嘛。发展经济,不开放是很难搞起来的。世界各国的经济发展都要搞开放,西方国家在资金和技术上就是互相融合、交流的。

关于MD-82这个合作项目,邓小平也曾问过。他说:飞机制造工业是国民经济的带头工业,是很有发展前途的。如果我们的飞机价格比美国的便宜10%—20%,就可以出口,特别是向第三世界出口。

邓小平每到一处参观,都受到现场工人们的热烈欢迎。他也不断地向工人群众挥手致意,向工人们问好。他说:现场的工人都很年轻,10年后都是骨干,他们是跨世纪的。

在总装车间,邓小平接见了公司和厂所的领导,和大家一一握手问好,并合影留念。

整个视察活动到10时10分顺利结束。

上海航空工业(集团)公司原党委副书记魏积森后来回忆说:"尽管邓小平当时已86岁高龄,但在听汇报和视察时还是精神抖擞,思维敏捷,并对专业性的问题表示了浓厚的兴趣。"

邓小平视察后不久,MD-82合作工程即取得了完全的成功。通过合作生产,公司在民用飞机的研制、生产和管理方面上了一个新的台阶,数千名干部、职工受到了严格的技术、管理培训,公司的实力大大增强,取得了美国联邦航空管理局颁发的飞机总装和零部件制造两个生产许可证的延伸认可证书,这是美国建国以来向国外颁发的第一份整机总装许可证,并具备了年产12架飞机的生产能力。

2月13日,春雨绵绵。邓小平在国家主席杨尚昆和上海市负责人朱镕基、黄菊、王力平等的陪同下,来到位于闵行的上海航天局运载火箭总装厂——上海新中华机器厂视察。这是邓小平继1959年12月16日在上海视察我国自行设计、制造的首枚试验型液体探空火箭32年后,第二次亲临上海航天基地视察。

上海航天局原局长苏世回忆说:"1991年邓小平来我局视察时,我担任航天局局长。我记得当时在两个星期前市委办公厅主任王力平同志通知我局说有首长要来我局参观,要我们做好接待准备。首长到我局参观,实际上表明对整个上海航天事业的关心,也是对全国航天事业的关心。我们研究确定把参观地点选择在新中华厂。把我们航天局的军品运载火箭、防空导弹、卫星和民品等成果都集中到新中华厂来展示。当时我们并不清楚是哪一位首长来,但从市里的要求来看,我们猜测可能是小平同志。因为当时在春节前,小平同志近几年都到上海来过春节,因此我们做了一些准备。为了让小平同志有一个全面概括的了解,我们准备了一个概括的全局的基本情况介绍以及参观的一些内容,然后每一部分的介绍,我们分别让这一部分的负责人介绍。"

宽敞明亮的运载火箭总装厂房、"长征四号"运载火箭合练房内的人们怀着激动和紧张的心情等候着这位航天人所崇敬爱戴的老人的到来。

上海航天事业的起步是从20世纪60年代末开始的。

1969年8月14日,周恩来总理代表党中央、国务院下达了上海也要研制运载火箭的光荣任务。

经过几个春秋的努力,由上海航天人研制的"风暴一号"大型运载火箭,从1975年起相继将6颗卫星送入轨道。1981年9月,一枚"风暴一号"运载火箭不负众望,成功地将一组三颗卫星送入不同轨道,创造了中国航天史上首次发射一箭多星的纪录,使中国成为世界第四个能用一箭发射多颗卫星的国家。

1984年,倾注着上海航天人心血的"长征三号"运载火箭研制成功,同年4月成功地将我国第一颗地球静止轨道试验通信卫星定点在太空。此后的几年,"长征三号"运载火箭独领风骚,先后4次成功地发射我国实用通信卫星。1990年4月7日,用"长征三号"运载火箭发射美国制造的"亚洲一号"通信卫星,并将其成功地定点在3.6万公里高度的轨道上,为30多个国家和地区提供先进的通信服务,标志着中国开始在通向国际商业发射市场的道路上迈出了成功的第一步,全球为之震撼!外电评价说,这次发射,不亚于20世纪60年代初中国第一次爆炸了原子弹。

1988年9月,一枚长达40余米、起飞推力达300吨的"长征四号"运载火箭首飞成功,把我国第一颗太阳同步轨道气象卫星"风云一号"发射升空,这是以上海航天基地为主研制的大型运载火箭,标志着上海的航天科研水平已经进入了一个新的阶段。1990年,第二颗"风云一号"气象卫星又被送上太空。

上午9时35分,一辆中型客车缓缓地停在刚刚撩开神秘面纱的运载火箭总装厂房门口。

邓小平健步走下车来,与早已等候在那里的上海航天局党政领导苏世、尹荣昌等和航天老专家们一一握手。

在"长征四号"运载火箭合练弹前,邓小平仔细听取了上海航天局苏世局长的简短介绍。当介绍到厂房内陈列的"长征四号"运载火箭是合练弹时,邓小平询问道,合练弹做什么用?苏世回答说,合练弹是用于发射塔架对接协调和操作练习。邓小平满意地点点头。

运载火箭部分是由上海航天局副总设计师李相荣负责介绍的。

在稍事休息之后,邓小平走到横卧着的"长征四号"运载火箭合练弹前,与迎上前来的李相荣亲切握手。

邓小平问:"长征四号"是什么时候开始研制的,是固体发动机还是液体发动机?

李相荣说,作为运载火箭,现在都用液体,作为战略导弹,现在都用固体。

当他得知从1978年开始研制的采用液体发动机的"长征四号"运载火箭,已经连续成功地发射气象卫星时,他高兴地说:万无一失啊。

杨尚昆问:你们已经连续几次成功?

苏世说:"七五"期间我们参与了七次发射任务,都是箭箭成功。

邓小平说:箭箭成功,办到了,了不起,世界上没有。

当汇报到周恩来总理提出的"严肃认真,周到细致,稳妥可靠,万无一失"的方针指示是我们确保成功的方针时,邓小平语重心长地说:你们还要继续坚持这个方针。

当汇报到在老一辈革命家的关怀决策下,上海的航天人努力完成了任务时,邓小平说:我参与了这些决策。我们的决策主要是政治上决策,具体的技术还要靠你们技术人员来实现。我们决策是务虚,实干还是靠你们,能否干好靠你们了。

邓小平的话,使在场的同志深感老一辈无产阶级革命家和中央领导同志的关怀和信任,深感肩负的历史使命之重大。

在新近研制的"风云一号"气象卫星模型前,副总设计师徐福祥向邓小平简短地介绍说:这颗由我国自行研制的卫星升空之后,不仅已经开始为国内气象、农业、渔业和海洋业服务,而且还向世界各国传递气象云图。

邓小平饶有兴趣地接过徐福祥递过来的卫星云图,露出了欣慰的微笑。

杨尚昆说:气象卫星搞得不错,很有用处。

在上海航天局研制的某型号战术武器面前,邓小平关切地询问:"一年能生产多少?"

穆虹总工程师汇报说,我们的批量生产不够,投资不够,要保持航天发展势头,希望国家能加大投资。

邓小平说:这个导弹很有用。防空是很重要的,我们是社会主义国家,我们有能力根据国家的需要,我们可以集中人力、物力办几件大事。我们现在主要是发展经济,只要我们经济上去了,我们将来什么都可以有,甚至还可以买。

对于航天局的同志提出的资金短缺问题,邓小平笑着指身边的杨尚昆说,你们找他要去。杨尚昆也笑着说,我的口袋里也是空的。在场的人全都笑了。

邓小平一边走着,一边一字一顿地嘱托道:你们还要搞新的发明,搞新的型号,增强新的能力,你们会办得好的。这支队伍,经过几十年的锻炼,没有失败过。

穆虹表示,我们一定按照小平同志的要求搞好研制工作。

在介绍到另一种型号的导弹时,邓小平对这种型号的总设计师梁晋才说:这种导弹我知道。

当邓小平得知另一型号的战术导弹已经批量生产时,便关切地询问:装备什么部队,装备到哪一级,需要的量有多大?在得到答复后,邓小平连声说:好,好。

邓小平和杨尚昆等领导同志在参观中表现出了浓厚的兴趣,他们仔细地看着,不时地问着,为中国的国防现代化有如此精良的产品而欣慰。

参观完军工产品之后,邓小平、杨尚昆等来到航天局所研制的部分民用产品面前。航天牌电冰箱、上海牌电视机、为桑塔纳轿车国产化配套而开发的车用空调、上海牌洗衣机和其他民用产品,排列在他们面前。

邓小平还询问了电冰箱和电视机的价格。他建议航天民品的造型再漂亮一点,标志再明显一点,这样就更便于推销,打开市场。

多么殷切的谆谆教导!

当邓小平得知上海航天基地已开发了一百多种民用产品,民用产品产值已占总产值的90%时,高兴地说:没有改革开放,就没有这些。我们抓国防工业的军民结合,这一条抓对了。有的国家就不行,所以搞得很困难。

早在20世纪80年代初,邓小平便以对世界风云的敏锐洞察力和对战争与和平的正确判断,预言世界大战20年打不起来。这一科学的预言使我国的国防科研从临战状态转向和平建设的轨道。在一次重要会议上,邓小平全面阐述了调整国防工业发展战略的十六字方针:军民结合,平战结合,军品优先,以民养军。1985年,邓小平以一个战略家的气魄和远见,又一次做出了让世界震惊的举动。他向世界宣布,国防工业要发挥设备、技术和人才的优势,加入到整个国家建设中去。与此同时,国务院、中央军委作出决定,将军转民正式列入国家发展战略。

航天工业这支经过三十多年艰苦创业成长起来的、拥有一大批优秀科技人员和精良仪器仪表设备的重要力量,在为国防现代化服务的同时,开始走上了开发民品为国民经济发展服务的辉煌之路。

上海航天基地研制过导弹、运载火箭和卫星的科技人员,到20世纪90年代初,用自己的聪明才智,在广播电视设备、通信设备、仪器仪表、电子计算机、精密医疗器械、家用电器、机械设备等七大类领域中,开发出140多种产品。

历史已经印证了这位老人的预见,历史还将继续印证邓小平所首创的军转民会为中国的现代化建设作出更大的贡献。

短短55分钟过去了,邓小平一行即将离开新中华机器厂。

在签名册上,邓小平郑重地写上了自己的名字,为上海航天人留下了珍贵的纪念。

在与在场的上海航天局党政领导和航天专家们合影之后,邓小平握着国家级有突出贡献专家孙敬良总设计师的手说:感谢你们的工作。

临走时,航天局的同志送给邓小平一个"长征四号"的模型。邓小平笑着说,我家里有许多这种模型。

邓楠对邓小平说,咱们家没有这个模型。

邓小平笑了。

这个模型后来一直放在邓小平办公室的书柜里。

邓小平视察新中华机器厂的第二天,正是中国一年一度的传统佳节——春节。邓小平和杨尚昆、李先念与上海市党政军负责人、部分老同志和各界人士欢聚一堂,共迎春节,互致新春问候和良好祝愿。

邓小平和杨尚昆、李先念由中共上海市委书记、市长朱镕基等陪同,与上海各界人士见面。他满面笑容地与大家亲切握手交谈,气氛热烈。

邓小平高兴地说:"同志们新春好!借此机会向英雄的上海人民表示热烈的问候和节日的祝贺。"

朱镕基说:"上海人民祝小平同志健康长寿。你们在上海过春节,是对上海人民的鼓舞,我们上海人民非常高兴。"

杨尚昆说:"我向上海同志拜年。同时,我受江泽民总书记委托,代表他向上海人民拜年!"

李先念也高兴地说:"谢谢各位来看望我们。应该是我们向你们拜年呐!在以江泽民同志为核心的党中央领导下,我们国家总的形势很好,不管是内政还是外交。我送你们上海四句话:开发浦东,振兴浦西,实事求是,稳步前进。实事求是总是不错的。不能光稳步,还要前进。稳得多了,不动也不行。"

杨尚昆接着说:"去年全国形势确实非常好,当然还有困难。但比前年要好得多。"

欢聚结束时,邓小平、杨尚昆、李先念与大家合影留念。

2月18日是农历大年初四,邓小平在朱镕基的陪同下,兴致勃勃地登上了新锦江大酒店41层的旋转餐厅。

旋转餐厅里挂着两张大幅地图,一张是上海地图,另一张是浦东新区地图,地图旁摆着浦东开发的模型。

邓小平看着眼前的地图和模型,缓缓地说:"那一年确定四个经济特区,主要是从地理条件考虑的。深圳毗邻香港,珠海靠近澳门,汕头是因为东南亚国家潮州人多,厦门是因为闽南人在国外经商的很多,但是没有考虑到上海在人才方面的优势。上海人聪明,素质好,如果当时就确定在上海也设经济特区,现在就不是这个样子。十四个沿海开放城市有上海,但那是一般化的。浦东如果像深圳经济特区那样,早几年开发就好了。"

邓小平一边透过宽敞明亮的玻璃眺望上海中心城区的面貌,一边嘱托身旁的朱镕基:"我们说上海开发晚了,要努力干啊!"

接着,邓小平又满怀信心地说:这是件坏事,但也是好事,你们可以借鉴广东的经验,可以搞得好一点,搞得现代化一点,起点可以高一点。后来居上,我相信这一点。

随后,邓小平驱车前往浦东视察。

在视察过程中,邓小平重申了开发浦东的战略意义:"开发浦东,这个影响就大了,不只是浦东的问题,是关系上海发展的问题,是利用上海这个基地发展长江三角洲和长江流域的问题。"

邓小平再三告诫上海市的负责同志:"抓紧浦东开发,不要动摇,一直到建成。只要守信用,按照国际惯例办事,人家首先会把资金投到上海,竞争就要靠这个竞争。"

朱镕基向邓小平汇报了浦东开发开放中"金融先行"的一些打算和做法。

邓小平听后,精辟地说:"金融很重要,是现代化经济的核心。金融搞好了,一着棋活,全盘皆活。上海过去是金融中心,是货币自由兑换的地方,今后也要这样搞。中国在金融方面取得国际地位,首先要靠上海。那要好多年以后,但现在就要做起。""要克服一个怕字,要有勇气。""什么事情总要有人试第一个,才能开拓新路。试第一个就要准备失败,失败也不要紧。希望上海人民思想更解放一点,胆子更大一点,步子更快一点。"

朱镕基说,我们不怕了,我们相信上海人民有力量,憋了几十年了。

邓小平说:"不要以为,一说计划经济就是社会主义,一说市场经济就是资本主义,不是那么回事,两者都是手段,市场也可以为社会主义服务。"

随后,邓小平在朱镕基等人的陪同下又来到南浦大桥浦西段的建设工地。朱镕基把上海黄浦江大桥工程建设指挥部总指挥朱志豪介绍给邓小平。

邓小平问朱志豪:"这座大桥是不是世界上最大的?"

"这座大桥是当今世界斜拉桥第三。第一是加拿大的阿拉西斯桥,主桥跨度465米;第二是准备造的印度加尔各答胡格里桥,主桥跨度457米;南浦大桥主桥跨度423米,位居第三。"朱志豪回答。

邓小平听了之后满意地笑着。

朱志豪汇报说,在建大桥时,给老百姓带来很多困难,但大家都没有怨言,所以工作开展得很顺利。

邓小平点点头。

朱志豪接着说,工人们在工作中不计报酬,白天黑夜都在干。建好后,只要7分钟就到浦西了。

听完介绍,邓小平又健步来到南浦大桥工地,亲切看望春节坚持加班的建设者,并兴致勃勃地在大桥上合影留念。

这天,邓小平还登上了新锦江的43层,他俯瞰上海的全貌,远望着浦东,他说:(浦东)自由机动,余地大,就像画图画,怎么画都可以。全靠新的,比旧的改造容易,而主要的是好得多。

这就是老人对浦东寄予的希望!

2月21日,邓小平从上海乘火车返京。

1992年到南方期间,邓小平也是在上海过的春节。

1993年1月,邓小平结束了对浙江的视察到了上海。

22日是农历的除夕,邓小平在上海与上海各界人士共迎新春佳节。

当邓小平神采奕奕地来到会见厅时,中共中央政治局委员吴邦国首先转达了江泽民总书记向小平同志的问候。江泽民同志在电话中说:"我代表中央各位同志向小平同志拜年,祝小平同志健康长寿。"

邓小平说:"请代我向江泽民同志和各位中央同志拜年。"

吴邦国接着说:"我代表上海1300万人民向小平同志拜年,祝小平同志春节好,健康长寿。""小平同志对上海工作提出:'一年变个样,三年大变样。'我们要认真学习小平同志建设有中国特色社会主义的理论和对上海工作的批示,坚定不移贯彻基本路线,加快上海发展,不辜负小平同志对上海的殷切期望。"

邓小平说:"我向大家拜年,祝你们春节快乐,并通过你们向全体上海人民,首先是上海工人阶级拜年。上海工人阶级长期以来一直是中国工人阶级的带头羊。""希望你们不要丧失机遇。对于中国来说,大发展的机遇并不多。中国与世界各国不同,有着自己独特的机遇。比如,我们有几千万爱国同胞在海外,他们对祖国作出了很多贡献。"

邓小平充分肯定了上海人民去年所做的工作。他说:"上海人民在1992年做出了别人不能做到的事情。当然,走一步,回头看一下是必要的。要注意稳妥,避免大的损失。有一点小的损失不要紧。回头总结经验,改正缺点就是了。你们上海去年努力了一年,今年再努力一年,乘风破浪,脚步扎实,克服困难更上一层楼。"

"实践证明,以江泽民同志为核心的党中央领导集体工作做得是好的,是可以信任的。"

2月9日,邓小平回北京。

吴邦国后来回忆说:"1993年春节过了以后他回北京,我和黄菊送他走,已经送他上了火车了,已经告别过了,又把我和黄菊叫到火车上去,又谈了十分钟,谈罢,火车已经动了,再不下火车就把我们带到北京来了。这十分钟的时间重点就谈一个问题,就是上海不能错过机遇,上海的机遇不多,上海一定要抓住这个发展的机遇。他对我和黄菊同志说,你们要有勇气,不要在你们手上失掉机遇。当时对我们来讲感到这是一个很大的政治责任,而且对上海的发展提出新的要求。"

1993年12月9日的上午10时,邓小平登上了南下上海的专列。这是他生前最后一次外出视察。

10日清晨,专列到达了上海。

1993年,是上海有史以来在城市建设方面的最大的丰收年。在这一年里,上海重大工程23个项目全部完成,城市基础设施建设的丰硕成果一个接着一个,这里面,有世界第一跨度的斜拉桥——杨浦大桥,有上海第一座五层立交桥——罗山路立交桥,有上海第一条高架道路——内环线一期工程,有上海的"生命工程"——合流污水处理一期工程。此外,吴淞大桥、江苏路拓宽工程、龙阳路立交桥、外高桥港区工程、外滩改造二期工程、凌桥水厂一期工程等18项重大市政工程也都按期完成。上海正在向全世界显示:它正以坚实的步伐向国际经济、贸易、金融中心挺进,长江流域的巨龙终于在太平洋西岸高高地昂起了头。

一到上海,邓小平心里放不下的还是浦东。他要亲眼看一看。

黄菊回忆说:1994年的春节,90高龄的小平同志一到上海就要看杨浦大桥,我说你刚到。到第三天,他说,一定要去。第一、第二天天气是好的,第三天天气是蒙蒙细雨,六级风了。一早5点多他就起来,8点钟,我陪着他去。

12月13日这天,不仅下雨、刮风,气温也骤降至摄氏零度左右。邓小平在中共中央政治局委员、时任中共上海市委书记吴邦国和时任上海市市长黄菊陪同下乘小面包车又一次视察浦东。

汽车经南浦大桥，驶向内环线浦东段，视察浦东最大的罗山路、龙阳路两座立交桥后，沿途看见浦东热气腾腾的建设景象和已经初具规模的浦东基础设施，小平同志笑吟道："喜看今日路，胜读百年书。"

女儿在边上对他说：40年了，我还没听到过你作诗呢。

邓小平对吴邦国、黄菊说："我这不是诗，这是出自我内心的话。"

汽车在雄伟的杨浦大桥上停下来。

还是在1990年8月23日南浦大桥刚刚封顶时，时任上海市市长的朱镕基就把建造杨浦大桥的任务交给了黄浦江大桥工程总指挥朱志豪。杨浦大桥是1991年5月1日正式开工的。总投资13.3亿元人民币，比南浦大桥增加了60%，主桥跨度比南浦大桥长42%，主塔高度比南浦大桥高38%，而工期要求却要比南浦大桥缩短5个月。面对时间紧、任务重的杨浦大桥的建设任务，广大造桥技术干部和工人开展劳动竞赛。指挥部将任务分配下去，分块、分段包干，哪一块、哪一段工程完成速度快、质量好，现场会就在哪里开。广大造桥工人非常珍惜荣誉，争先恐后，干得热火朝天。1992年2月7日，邓小平视察杨浦大桥建设工地，慰问在工地上施工的造桥工人，询问大桥的建设情况，给了广大造桥工人以极大的鼓舞。1993年9月20日，仅用了2年零5个月的时间就完成了杨浦大桥的建设。

今天是邓小平第二次来到杨浦大桥视察。

车门打开，一阵寒风带着雨点迎面扑来。这时等候在桥上的工程建设总指挥朱志豪迎上来说："桥上风大，下雨，又冷，还是我上车向老人家汇报吧。"

邓小平不顾寒风细雨，坚持要下车。下车后，邓小平沿桥走了十几米，朱志豪在旁边汇报说，杨浦大桥是当今世界上最大的斜拉桥，并指着小平同志题写的、高高悬挂在大桥主塔上的"杨浦大桥"四个字说："你为我们大桥题写的桥名已经装到大桥上了。"

邓小平抬头望了望。

"这四个字，每个字都有14平方米。"朱志豪说。

站在世界第一斜拉桥上，邓小平内心充满着喜悦，他高兴地握着大桥建设总指挥朱志豪的手说:"感谢上海的工程技术干部,感谢上海的造桥职工,向他们问好!""这是上海工人阶级的胜利。我向上海工人阶级致敬!"

1994年的元旦之夜,邓小平在吴邦国、黄菊的陪同下,登临新锦江大酒店的顶层,俯瞰灯光璀璨的上海不夜城景色,高兴地说:"上海变了。"

正在大酒店欢度节日的中外旅客,意外地见到邓小平,情不自禁地长时间鼓掌,向邓小平表达敬意和问候。邓小平也含笑向中外旅客频频招手致意。

随后,邓小平还前往人如潮涌的南京路、外滩等处,与上海人民共享节日的欢乐。

2月9日上午,当邓小平得知大亚湾核电站一号机组顺利投产的消息后,十分高兴。他请李鹏转达他的祝贺,并对大亚湾核电站的建设者们、科学技术人员表示感谢。

大亚湾核电站是广东核电投资有限公司和香港核电投资有限公司合资兴建的大型核电站,装有两台从法国和英国引进的90万千瓦压水堆核电机组。1984年初开始动工,1990年底各主要建筑物土建工程基本完成,1994年2月1日一号机组正式投入商业运行,二号机组可望在年内投入商业运行。这座核电站全部建成后,年发电量可达100多亿千瓦时,将对广东、香港两地的经济发展和繁荣产生积极作用。

9年前,也就是在1985年1月广东核电合营合同签字时,邓小平亲自接见了该公司的港方开拓者、香港中华电力公司原董事长嘉道理勋爵,对这个改革开放的新生事物给予了充分的肯定和支持。邓小平说,中国现在实行改革开放政策。内地与香港合营建设广东核电站,这是一件了不起的事情。不仅在建设过程中,甚至在香港回归祖国后,都会发生影响。它将使内地和香港在经济上联系更加紧密,对两地的繁荣稳定,有着特别重要的意义。邓小平还曾明确指出:"核电站我们还是要发展。"

9年后的今天,当核电站的事业结出硕果时,这位老人由衷地高兴。

这天下午,邓小平与上海市党政军负责同志和部分老同志欢聚一堂,互致新春的祝贺和问候。

会见厅里,花满春浓。邓小平精神焕发、步履稳健,含笑走到上海同志面前,吴邦国、黄菊等迎上前去,向邓小平表示诚挚的祝福。

吴邦国说:"我代表上海1300万人民向您祝贺春节,祝您健康长寿,全家幸福!"

邓小平说:"祝以江泽民同志为核心的中央领导同志春节愉快,身体健康。祝全国人民春节愉快,家庭幸福,人民团结,在新的一年里取得更大的胜利。""我一年来你们上海一次,祝上海人民春节愉快。"

吴邦国说:"这是您老人家对上海人民的鼓励,对上海工作的关心和支持。"

邓小平高兴地说:"你们上海的工作做得实在好。"

邓小平在上海期间,十分关心上海的两个文明建设的情况,充分肯定了上海人民在过去的一年中取得的成绩。他说:"上海的工作做得很好,上海有特殊的素质、特殊的品格。上海完全有条件上得快一点。"

2月19日,邓小平登上了回京的专列。

黄菊后来回忆说:"1994年小平同志最后一次来上海,回京那天,他特意把吴邦国同志和我叫上火车,殷殷嘱托:'你们要抓住20世纪的尾巴,这是上海的最后一次机遇。'"①

---

① 本节相关内容参见《回忆邓小平》(下),中央文献出版社1998年版,第125—138页。

# 南方谈话

20世纪80年代末90年代初,中国和世界的局势都发生了很大变化,中国社会主义事业面临严峻的挑战。在国际政治风云急剧变化,国内也发生了一场严重政治风波之后,党内外有些人对坚持党的"一个中心、两个基本点"的基本路线发生动摇,有些人把改革开放说成是引进和发展资本主义,认为和平演变的主要危险来自经济领域。同时,怀疑和否定四项基本原则的思潮仍然存在。

中国的强国之路该怎么选择?我们党制定的"一个中心、两个基本点"的基本路线对不对,还要不要坚持?在这一关键时刻,心系天下的邓小平又一次挺身而出。1992年,他以洞察历史、把握未来的气魄和胆识,迈出了南方视察的步伐。当时,我国的改革开放和社会主义现代化建设事业正处于重要的历史时刻。

1992年1月17日,一列火车从北京开出,向着南方奔驰而去。

乘坐这趟专列的是中华人民共和国的一位普通公民,一位并不普通的普通公民邓小平。恐怕谁也不会料到,这趟专列的南方之行将会载入史册,并带动新一轮中国改革开放和经济建设的加速发展。

熟悉邓小平的人都知道,他向来重视天伦之乐,喜欢和家人在一起。这次南下,正值寒假,他把全家都带上了。

第一站是武昌。

车轮滚滚。专列穿过华北平原,越过中原大地,过黄河,跨长江,于18日到达武昌。

邓小平这次南行,出发前没有向沿途各省打招呼,也不想惊动地方负责人出来迎送。这一天经停武昌,是因为邓小平有话要讲。

专列在武昌车站停了短短20分钟。邓小平一边在站台上散步,一边同湖北省委书记关广富、省长郭树言交谈。

邓小平说：现在有一个问题，就是形式主义太多。电视一打开，尽是会议。会议多，文章太长，讲话也太长，而且内容重复，新的语言并不很多。重复的话要讲，但要精简。形式主义也是官僚主义，要腾出时间来多办实事，多做少说。毛主席不开长会，文章短而精，讲话也很精炼。周总理四届人大的报告，毛主席指定我起草，要求不超过五千字，我完成了任务。五千字，不是也很管用吗？我建议抓一下这个问题。

他还一针见血地批评了"左"的言论和表现，他说：右可以葬送社会主义，"左"也可以葬送社会主义。中国要警惕右，但主要是防止"左"。

他还谆谆告诫省委、省政府负责人关广富、钱运录等：发展才是硬道理，能快就不要慢，不坚持社会主义，不改革开放，不发展经济，不改善人民生活，只能是死路一条，办事情正确与否主要看是否有利于发展社会主义社会的生产力，是否有利于增强社会主义国家的综合国力，是否有利于提高人民的生活水平，低速度就等于停步，甚至等于后退。同时，他也继续强调必须坚持四项基本原则，反对资产阶级自由化。要坚持两手抓，两手都要硬。他强调，中国的事情关键在人，关键在党。他还对培养年轻干部提出了要求。他说，我们这些老人关键是要不管事，让新上来的人放手干。邓小平语重心长地对湖北的负责人说，一些国家出现严重曲折，不要惊慌失措，不要认为马克思主义就消失了。我坚信，世界上赞成马克思主义的人会多起来的，因为马克思主义是科学。

第二站，长沙。

18日下午4时，邓小平专列徐徐驶进了长沙火车站，按计划，专列要在这里停留10分钟。湖南省委书记熊清泉和湖南省的负责人一同上车迎接和问候小平同志。邓小平与熊清泉等人一一握手。熊清泉请邓小平下车散步，看看长沙火车站。邓小平高兴地应允，随即健步下车。

长沙火车站始建于1911年，到20世纪70年代已经陈旧不堪了。1975年7月开工兴建新火车站，1977年6月30日正式投入使用。这个京广线上的一等客运站，就是1975年全面整顿期间搞起来的。熊清泉介绍后，邓小平说："这事，我知道。那年，万里当铁道部长。"说完，又举目望了望站台、轨道，神态是那样怡然。

熊清泉陪邓小平在站台上漫步，同时简要地汇报了湖南的工作。他说：1991年，湖南的气候反常，多灾并发，损失相当大。在党中央和国务院的领导下，全省党政军民千万余人参加抢险救灾，危急关头都有共产党员站在前头，因而大灾之年夺取了大丰收，粮棉油创新中国成立以来湖南最高纪录，农业产值首次突破200亿元。

邓小平听后满意地说：不错嘛！这样的灾害，不说第三世界国家受不了，就是发达国家也受不了。只有我们中国，依靠共产党的坚强领导，依靠社会主义的优越性，才能战胜这么大的灾害。

接着，熊清泉又把湖南改革开放的战略、思路、目标等作了简要汇报。

邓小平听了高兴地说：构想很好。实事求是，从湖南的实际出发，就好嘛！他还特别强调："要抓住机遇，现在就是好机遇。改革开放的胆子要大一点，经济发展要快一些，总要力争几年上一个台阶。"

开车的时间快到了，熊清泉依依不舍地恳请邓小平返回时能在长沙住些日子，邓小平微笑着说："不麻烦了。"站台上欢送的人们都祝愿他健康长寿。邓小平高兴地说："大家都长寿。"接着又高兴地向大家一边招手一边说："来，一起照个相。"摄影师举起照相机，留下了珍贵的纪念。

1月19日上午9时，专列抵达深圳火车站。车停稳后，身穿深灰色夹克、黑色西裤的邓小平健步走出车门，在车站静候多时的广东省委书记谢非、深圳市委书记李灏、深圳市市长郑良玉等立即迎上前去。邓小平亲切地和大家一一握手。

谢非握着邓小平的手说："我们非常想念您！"

李灏说："我们全市人民欢迎您的光临。"

郑良玉说："深圳人民盼望您来，已经盼了8年了！"

出站后，邓小平同省市负责人一起登上一辆中巴，前往深圳迎宾馆。住进了他8年前住过的深圳迎宾馆桂园。

车到迎宾馆桂园，早已在这里等候的市委副书记厉有为、市委常委李海东迎上前来，同邓小平握手并向他问好。寒暄之后，大家都劝邓小平好好休息，邓小平却毫无倦意，兴奋地说："到了深圳，我坐不住啊！"

于是，在谢非等人陪同下，邓小平乘车游览了市容。

车子缓缓地在市区穿行。车窗外，景色一一掠过，街宽路阔，高楼耸入云端,到处充满了现代化的气息。而8年前,这里有些地方还是一汪水田、鱼塘、羊肠小路和低矮的房舍,对此,他记忆犹新。目睹眼前繁荣兴旺、生机勃勃的景象,邓小平十分高兴,他一边观光市容,一边同省市负责人亲切交谈。

当谈到办经济特区的问题时,邓小平说:"对办特区,从一开始就有不同意见,担心是不是搞资本主义。深圳的建设成就,明确回答了那些有这样那样担心的人。特区姓'社'不姓'资'。从深圳的情况看,公有制是主体,外商投资只占四分之一,就是外资部分,我们还可以从税收、劳务等方面得到益处嘛!多搞点'三资'企业,不要怕。只要我们头脑清醒,就不怕。我们有优势,有国营大中型企业,有乡镇企业,更重要的是政权在我们手里。有的人认为,多一分外资,就多一分资本主义,'三资'企业多了,就是资本主义的东西多了,就是发展了资本主义。这些人连基本常识都没有。"

邓小平问谢非,广东省多少人口,谢非回答说:有6300万人,面积十七八万平方公里。邓小平说:亚洲"四小龙"发展很快,你们发展也很快。广东要力争用20年的时间赶上亚洲"四小龙"。停了一会,他补充说:"不仅经济要上去,社会秩序、社会风气也要搞好,两个文明建设都要超过他们,这才是有中国特色的社会主义。新加坡的社会秩序算是好的,他们管得严,我们应该借鉴他们的经验,而且比他们管得更好。"

不知不觉中,车子到了皇岗口岸,邓小平站在深圳河大桥的桥头,深情地眺望对岸的香港,然后察看皇岗口岸的情况。皇岗边检站站长熊长根向邓小平介绍说,皇岗口岸是1987年初筹建,1989年12月29日开通的。占地1平方公里,有180条通道,最高流量可达5万人次,是亚洲最大的陆路口岸。最近每天约通过7000辆车次和2000人次。邓小平听了很高兴,不断点头,露出满意的笑容。

1月20日上午9时35分,他在省、市负责人的陪同下,来到深圳国贸大厦。

国贸大厦高高耸立,直插云端,这是深圳人民的骄傲。深圳的建设者们曾在这里创下了"三天一层楼"的纪录,成了"深圳速度"的象征。到深圳的中外人士,总要登上楼顶的旋转餐厅,远眺深圳的景色。

邓小平每到一地,总喜欢登高望远,纵览全貌。这天,邓小平登上53层楼,来到了旋转餐厅。临窗而坐,先听市委书记李灏介绍眼前的市容。望远处,高楼林立,马路纵横,全是新建筑,到处是一片欣欣向荣的景象;看近处,老宝安城已变得巴掌般大,矮房窄巷湮没在高楼大厦之中。上次来深圳曾经登临的国商大厦,如今成了"小弟弟"。邓小平看了后很是高兴。

坐下来后,他先看了一张深圳经济特区总体规划图。接着,听取了李灏关于深圳的改革开放和经济建设的情况汇报。

李灏说:深圳的经济建设发展很快,人民生活水平有了很大提高,1984年,人均收入为600元,现在是2000元。改革开放也有了很大的发展。他说,这些年来,我们的精神文明建设和物质文明建设是同步发展的。深圳人对建设有中国特色的社会主义坚定不移,并且充满信心。

听了汇报后,邓小平充分肯定了深圳在改革开放和建设中所取得的成绩,并和省市负责人作了长达30分钟的谈话。他语气坚定地说:"要坚持党的十一届三中全会以来的路线、方针、政策,关键是坚持'一个中心、两个基本点'。不坚持社会主义,不改革开放,不发展经济,不改善人民生活,只能是死路一条。基本路线要管一百年,动摇不得。"

他说,要坚持两手抓,一手抓改革开放,一手抓打击各种犯罪活动。这两只手都要硬。打击各种犯罪活动,扫除各种丑恶现象,手软不得。

他还谈到中国要保持稳定,干部和党员要把廉政建设作为大事来抓,要注意培养下一代接班人等重大问题。

在谈话中,他强调要多干实事,少说空话。他说,会太多,文章太长,不行。谈到这里,他指着窗外的一片高楼大厦说,深圳发展这么快,是靠实干干出来的,不是靠讲话讲出来的,不是靠写文章写出来的。

1月21日,邓小平游览了华侨城中国民俗文化村和锦绣中华微缩景区,驱车回宾馆途中,对陪同的负责同志说:走社会主义道路,就要逐步实现共同富裕。共同富裕的构想是这样提出来的:一部分地区有条件先发展起来,一部分地区发展慢点,先发展起来的地区带动后发展的地区,最终达到共同富裕。如果富的愈来愈富,穷的愈来愈穷,两极分化就会产生,而社会主义制度就应该而且能够避免两极分化。解决的办法之一,就是先富起来的地区多交点利税,支持贫困地区的发展。当然,太早这样办也不行,现在不能削弱发达地区的活力,也不能鼓励吃"大锅饭"。

他说:不发达地区又大都是拥有丰富资源的地区,发展潜力是很大的。

总之，就全国范围来说，我们一定能够逐步顺利解决沿海同内地贫富差距的问题。

当深圳市市长郑良玉汇报到在发展经济的同时，把社会主义精神文明建设搞好时，邓小平说：只要我们的生产力发展保持一定的增长速度，人民的精神文明建设也可以搞上去。我们完全有能力把社会主义精神文明建设搞好。

邓小平还谈到要尽快把经济建设搞上去。他说：有条件的地方要尽可能搞快点，只要是讲效益，讲质量，搞外向型经济，就没有什么可以担心的。

22日下午3点10分，邓小平在迎宾馆接见了深圳市委、市政府、市人大、市政协、市纪委的负责人，并同深圳市五套班子的负责人合影。合影后，邓小平作了重要谈话。

他说：改革开放胆子要大一些，敢于试验，不能像小脚女人一样。看准了的，就大胆地试，大胆地闯。深圳的重要经验就是敢闯。没有一点闯的精神，没有一点"冒"的精神，没有一股气呀、劲呀，就走不出一条好路，走不出一条新路，就干不出新的事业。不冒风险，办什么事情都有百分之百的把握，万无一失，谁敢说这样的话？一开始就自以为是，认为百分之百正确，没那回事，我就从来没有那么认为。

李灏说：深圳特区是在您的倡导、关心、支持下才能够建设和发展起来的。我们是按您的指示去闯、去探索的。

邓小平说：工作主要是你们做的。我是帮助你们、支持你们的，在确定方向上出了一点力。

邓小平还说：社会主义的本质，是解放生产力，发展生产力，消灭剥削，消除两极分化，最终达到共同富裕。证券、股市，这些东西究竟好不好，有没有危险，是不是资本主义独有的东西，社会主义能不能用？允许看，但要坚决地试。看对了，搞一两年对了，放开；错了，纠正，关了就是了。关，也可以快关，也可以慢关，也可以留一点尾巴。怕什么，坚持这种态度就不要紧，就不会犯大错误。

邓小平说：现在建设中国式的社会主义，经验一天比一天丰富；在农村改革和城市改革中，不搞争论，大胆地试，大胆地闯；我们的政策就是允许看，允许看，比强制好得多。

1月23日,邓小平在谢非的陪同下去了珠海特区。

上午8点30分,深圳市委负责人以及警卫、服务人员,在迎宾馆依依不舍地同邓小平握手告别。

车子在宽阔的马路上向蛇口驶去。在车上,邓小平和省市负责人亲切交谈。

李灏向邓小平简要地汇报深圳改革开放的几个措施:调整产业结构;放开一线,管好二线,把深圳特区建成第二关税区;加强法制,依法治市,加强立法执法工作;把宝安县改为深圳市的三个郊区;等等。

邓小平听了后说,我都赞成,大胆地干。每年领导层要总结经验,对的就坚持,不对的赶快改,新问题出来抓紧解决。不断总结经验,至少不会犯大错误。

李灏说:"您讲的非常重要。我们要争取少犯错误,不犯大错误。"

邓小平说:"我刚才说,第一条是不要怕犯错误,第二条是发现问题赶快纠正。"

车到蛇口港码头,邓小平下车后,同前来迎接的珠海市委书记、市长梁广大亲切握手。然后同深圳市负责人李灏、郑良玉、厉有为一一握手告别。

邓小平向码头走了几步,突然又转回来,对李灏说:"你们要搞快一点!"把握时机,快一点将经济建设搞上去,这是邓小平对深圳的期望,也是时刻萦绕在他心头的一件大事。

李灏说:"您的话很重要,我们一定搞快一点。"

23日上午9点40分,邓小平结束了在深圳的考察,登上了海关快艇,启程到珠海特区考察。

在快艇上,邓小平听完谢非和梁广大关于改革开放和试办经济特区给广东和珠海带来的可喜变化的情况汇报后,谈起农村家庭联产承包的改革和经济特区的创办,再次强调要争取时间,抓住机遇,大胆地试,大胆地闯。他提醒大家要警惕右,但主要是防止"左"。保持清醒的头脑,这样就不会犯大错误,出现问题也容易纠正和改正。他还就如何坚持党的基本路线和三中全会以来的方针政策,进行了深刻的阐述。

快艇已接近珠海市九洲港,邓小平站起来,望着窗外烟波浩渺的外伶仃洋说:我们改革开放的成功,不是靠本本,而是靠实践,靠实事求是。农村搞家庭联产承包,这个发明权是农民的。农村改革中的好多东西,都是基层创造出来,我们把它拿来加工提高作为全国的指导。实践是检验真理的唯一标准。我就是相信毛主席讲的实事求是。过去我们打仗靠这个,现在搞建设、搞改革也靠这个。我们讲了一辈子马克思主义,其实,马克思主义并不玄奥。马克思主义是很朴实的东西,很朴实的道理。

快艇行驶了一个多小时,邓小平也不停地与省市领导交谈了一个多小时。快艇靠岸了,他和艇上的工作人员一一握手,并合影留念。然后在谢非和梁广大等人陪同下,踏上了阔别8年的珠海大地。

1月24日上午9点40分,邓小平来到珠海经济特区生化制药厂,兴致勃勃地参观了该厂的生产车间。在一个车间门口,他透过玻璃门,向里面起立鼓掌的科技人员亲切招手,并对陪同的省市领导和厂负责人说:在高新科技方面,中国应有一席之地,你们这个厂的发展就是一席之地的一部分。中国应该每一年都有新东西,每一天都有新东西,这样才能占领阵地。尽管我岁数大了,但我感到有希望,很有希望。这十年进步很快,但今后会比这十年更快。全国各行各业都要通力合作,集中力量打歼灭战。每一行业,都要树立明确的战略目标,我们过去打仗就是用这个办法。走到一座楼梯的转弯处,邓小平看到墙上挂着一块写有"不求虚名,只求实干"的标语牌时,停下脚步,轻声地念了一遍,赞许地说:"对,就是要实干。"

1月25日上午9点35分,邓小平来到珠海市高新技术企业——亚洲仿真控制系统工程有限公司参观,公司总经理游景玉向他详细介绍了公司的科研、生产和科技队伍等情况。当游景玉汇报到亚仿公司走的是一条科技、生产、效益相结合的道路时,邓小平问道:"科学技术是第一生产力的论断,你认为站得住脚吗?"

游景玉回答说:"我认为站得住脚,因为我们是用实践来回答这个问题的。我们过去的实践、现在的实践和未来的实践都会说明这个问题。我相信它是正确的。"

随后,邓小平又亲切地问游景玉:"你是留美学生吗?"

游景玉说,我曾去美国接受培训,负责引进仿真技术。我们这里有一批人在美国学习过,他们每天工作10个小时,决心把祖国的高科技事业发展起来。

邓小平沉思片刻，深情地说："你们带头，希望所有出国学习的人回来。不管他们过去的政治态度怎样，都可以回来；回来我们妥善安排，起码国内相信他们。告诉他们，要做贡献，还是回国好。"

参观中，游景玉汇报说："我们公司投产第一年，人均产值达 20 多万元。"邓小平马上接着道：更重要的是水平。近一二十年来，世界科学技术发展多快啊！高科技领域的一个突破，带动了一批产业的发展。要提倡科学，靠科学才有希望。近十几年来我国科技进步不小，希望在 90 年代，进步得更快。

游景玉向邓小平介绍说，他们公司 105 人中 80% 以上是博士、硕士和高中级科技人员。邓小平听后看着机房内先进的技术设备和良好的工作条件，颇有感慨地对科技人员说：你们现在的条件要比 50 年代好多了。大家要记住那个年代，钱学森、李四光、钱三强那一批老科学家，在那么困难的条件下，把"两弹一星"和好多高科技项目搞起来。应该说，现在的科学家更幸福，因此，要求也更多、更高了。

在计算机房内，邓小平走着看着，脸上露出喜悦的神情。当他走到一台计算机旁时，停了下来，与一位正在操作的复旦大学毕业的年轻人交谈起来。他握着这位年轻人的手，高兴地说：要握一握年轻人的手，科技的希望在年轻人。当然老科学家也是很重要的。搞科技，越高越好。越高越新，我们也就越高兴。不只我们高兴，人民高兴，国家高兴。

与公司科技人员一起合影留念后，他再次绕到后排，与站在那里的几位年轻人握手，并语重心长地对大家说：对国家要爱哟！中国要发达起来，中国穷了几千年了，现在是改变这种状况的时候了。全国各行业要共同努力，来证明我们可以干很多事情。走出计算机房时，邓小平高兴地连声说道："好东西，好东西啊！"接着又说："我们社会主义的好处是可以调动人力，统一规划，集中人才，打歼灭战。"

参观完亚洲仿真公司，邓小平一行来到拱北地区的芳园大厦，乘电梯上到 29 层的旋转餐厅，他一边观赏窗外的拱北新貌和澳门风光，一边听取谢非、梁广大的汇报，并与他们亲切交谈。

他说：这十年真干了不少事。我国发展这么快，使人民高兴，世界瞩目。这就足以证明三中全会以来路线、方针、政策的正确性，谁想变也变不了。谁反对改革开放谁就垮台。说来说去，就是一句话：坚持这个路线方针不变。反对的人让他去睡觉好了。改革开放以来,我们立的章程并不少,而且是全方位的,经济、政治、科技、文化、军事、外交等各个方面都有明确的方针和政策,而且有准确的表述语言。这次十三届八中全会开得很好,肯定农村家庭联产承包责任制不变。一变就人心不安,人们就会说中央政策变了。城乡改革的基本政策,一定要长期保持稳定。当然,随着实践发展,该完善的完善,该修补的修补,但总的要坚定不移。即使没有新的主意也可以,就是不要变,不要使人们感到政策变了。有了这一条,中国就大有希望。

离开芳园大厦后,邓小平乘车前往珠海度假村。当汽车经过景山路时,一座座厂房从车窗外闪过,邓小平高兴地说:现在总的基础不同了,我们十年前哪有这么多工厂?几个工厂都是中等的水平。现在大中型厂子里头的设备多好呀!过去我们搞"两弹"的设备和这些相比,差得远呢,简单得很哪,不一样啦!由此,他再次谈到经济发展的速度问题。

他说:经济发展比较快的是1984年至1988年。这五年,首先是农村改革带来了许多新的变化,农作物大幅度增产,农民收入大幅度增加,乡镇企业异军突起,不仅盖了大批新房子,而且自行车、缝纫机、收音机、手表"四大件"和一些高档消费品进入普通农民家庭。那几年,是一个非常生动、非常有说服力的发展过程。可以说,这个期间我国财富有了巨额增加,整个国民经济上了一个新的台阶。

他接着说道:1989年开始治理整顿。治理整顿,我是赞成的,而且确实需要。经济"过热"确实带来一些问题。比如,票子发得多了一点,物价波动大了一点,重复建设比较严重,造成了一些浪费。但是怎样全面地来看那五年的加速发展?那五年的加速发展,也可以称作一种飞跃,但与"大跃进"不同,没有伤害整个发展的机体机制。那五年的加速发展功劳不小,这是我的评价。治理整顿有成绩,但评价功劳,只算稳的功劳……如果不是那几年跳跃一下,整个经济上了一个台阶,后来三年治理整顿不可能顺利进行。看起来我们的发展,总是要在某一阶段抓住时机,加速搞几年,发现问题及时加以治理,尔后继续前进。

1月29日下午,邓小平结束了在珠海的视察,乘汽车前往广州。中途在顺德县容奇开发区停留,视察了以"容声冰箱"名闻遐迩的广东珠江冰箱厂。

邓小平原定视察15分钟。一落座,坐在他右侧的珠江冰箱厂厂长潘宁,就用简洁的语言,向邓小平介绍珠江冰箱厂的历史、现状和未来:这家集体性质的乡镇企业,1983年筹办,次年投产,7年间产量增加了16倍,一跃成为全国冰箱行业的"大哥大"。

邓小平一边注意地听,一边点头。坐在他对面的佛山市委书记欧广源补充道:"这家厂还是国家一级企业,荣获国家金质奖。邓伯伯,1984年您来顺德我接待过您。"

邓小平打量着欧广源说:"我们是老朋友了。你今年多大?"

"48岁。"

"我大你40岁,我老了,以后中国要靠你们了。"

接着,邓小平又转过头来问潘宁:"去年你们厂的出口产值多少?"

"接近700万美元。"

"出口有什么困难吗?"

"没有。"

邓小平不住地点头,高兴地插话:我们国家一定要发展,不发展就会受人欺负,发展才是硬道理。

在座的广东省负责人谢非、朱森林让潘宁说说他们厂的特点。潘宁说,这几年企业年年跨大步,秘诀就是以质取胜。邓小平听了,满意地点点头。

随后,何敏和汇报了顺德近年来发展乡镇企业、经济迅速发展的情况。邓小平说:顺德经济发展体现了改革开放的成果,所以,改革开放一定要坚持,而且还要胆大一点……

邓小平心情很好,很兴奋,谈兴愈来愈浓。他越讲越兴奋,滔滔不绝地讲,忘记了时间。随行人员催促他,暗示他时间到了,但是他仍然继续讲下去,时间延长了20分钟。在场的一位同志事后估计:潘宁讲了3分钟,何敏和讲了2分钟,其余时间都是邓小平在讲。

29日下午5时40分,汽车到达广州东站。邓小平在站台上会见了广东省和广州市的负责人。省委负责人向邓小平表示,一定要加快改革开放的步伐,加快经济发展的速度,争取20年赶上亚洲"四小龙"。

1月30日,邓小平乘坐的专列沿浙赣线从湖南进入江西境内。下午3时40分,火车徐徐驶进鹰潭车站。江西省委书记毛致用、省长吴官正在这里迎候。

邓小平走下火车，满面笑容地同毛致用、吴官正等一一握手。

他一边沿着月台缓步而行，一边和毛致用、吴官正谈话。

江西是农业大省，邓小平十分关注江西的农业发展。他问："江西去年的年景怎么样？"

毛致用说："年景还好。1991年农业全面丰收，农业总产值比上年增长5.5％，工业总产值增长14％，财政收入增长10.3％，实现收支平衡。农民人均纯收入达702元。改革的步子是这些年来迈得最大的一年。"

邓小平听了很满意，连声赞许说："那好。"他对农民增收感到欣慰，说："农民收入702元，那不简单。"

接着，邓小平又关切地问："去年遭灾了没有？"

毛致用回答说："遭受到比较严重的旱灾，但农民积极性高，所以仍是一个丰收年。"

吴官正说："现在的问题是粮食压库严重，库存有180亿斤。"

邓小平说：在粮食问题上，江西是作了贡献的。你们有困难可以向中央反映，你们有这个权利。对江西，中央要照顾一点。

虽经长途乘车劳顿，邓小平却毫无倦意。他兴致勃勃地听取了毛致用关于江西在治理整顿期间坚持深化改革、扩大开放的情况汇报，高兴地说：治理整顿这几年，改革开放做了不少事。他说，没有改革开放，治理整顿就不会有这么顺利。

邓小平思路清晰，谈兴甚浓。他说，改革从农村起步，刚开始时有些同志想不通，存有疑虑，有的人还害怕是资本主义。但我们，既不给他们戴帽子，也不搞批判，做出成绩让他们看。后来认识逐步统一了，几年就都执行了。那时安徽有一个搞"傻子瓜子"的，收入上百万元，许多人反应强烈，主张动他。我说动不得。这不是一个人的问题，涉及一个面，牵一发而动全身。所以，改革开放政策要稳定，不能变。1984年以来的几年，经济上得快，是一个跳跃。农民收入多了，电器也进了农户，农村盖了许多新房。要看到这个作用，没有这个跳跃，治理整顿不会这么顺利。

邓小平语重心长地强调，稳定发展我赞成。但是，只要能快一点还是要争取快一点。胆子要更大一点，放得更开一点。不能胆子没有了，雄心壮志也没有了。有机遇能跳还是要跳。

这时,站在一旁的邓楠插话说:"这个观点,老人家鼓吹了一路。"

邓小平接过邓楠的话,问毛致用、吴官正:"我讲得对不对?"

毛致用说:"您讲的非常重要,我们一定要搞快一点。"

就这样,在鹰潭火车站边踱步边交谈,一晃半个多小时就过去了。

就要上火车了,毛致用、吴官正依依不舍地对邓小平说:"我们大家都希望您老人家在江西住段时间。"

邓小平挥手向他们打着招呼,满面笑容地说:等你们更发展了,再来麻烦你们。

1月31日,邓小平到达上海。

上海之行,是邓小平南方视察的最后一站。

2月3日晚,农历除夕之夜,邓小平满面春风地出现在上海各界人士齐聚的迎猴年新春晚会上,向大家致意,向上海人民问好。

2月8日,邓小平在上海市委负责人吴邦国、黄菊的陪同下,夜游黄浦江,在饱览黄浦江两岸璀璨景色的同时,他专门就选拔、培养、使用年轻干部的问题发表了重要意见。他说,干部培养体制上要后继有人,各个梯次上都要有。要解放思想,这是解放思想最重要的一个方面,胆子要大一点,人无完人。他语重心长地对在座的几位市委老同志说:"年轻一点的同志有这样那样的缺点,老的就没有吗?老的也是那样走过来的。要从基层搞起,就后继有人。"

2月10日,晴空万里,阳光和煦。邓小平、杨尚昆一行来到位于漕河泾开发区的中外合资上海贝岭微电子制造有限公司视察。

邓小平对高科技很感兴趣,听得特别仔细,对为提高上海贝尔的程控交换机国产化率而配上大规模集成电路和相关部件生产技术给予了充分肯定。

按原计划,视察后与公司、仪表局负责人合个影就该上车走了。但临上车时,邓小平看到大楼前聚集了很多年轻技术人员,就主动走过去向他们鼓掌示意,并和前排的人一一握手。

测试部女大学生周剑锋见到邓小平就热情问候:"邓爷爷好!"

质量部女研究生华剑萍怀着崇敬的心情说:"您在我们年轻人心目中是最德高望重的。"

邓小平微笑道:"这不好说吧!有一点贡献,做了一点事,很多事情没有做,来不及做,也做不完。"

邓小平还语重心长地对这些朝气蓬勃的大学生们说:"21世纪靠你们年轻人。"

荆亦仁、华剑萍等同声回答:"请放心,我们年轻人会把中国建设好的。"

12日上午,又是一个风和日丽的艳阳天。邓小平一行驱车来到闵行开发区,听取了闵联公司总经理鲁又鸣介绍开发区的发展情况,视察了闵行开发区的建设情况。

随后,邓小平来到马桥镇旗忠村。旗忠村从1989年起开始实施社会主义新农村的规划,到1992年时,其经济实力、农民新村的建设等方面已居全市郊区的前列。

车队驶进旗忠村时,首先映入邓小平眼帘的是绿树掩映下的一排排别墅式民居。他问马桥镇党委书记王顺龙:"你们发展这么快,靠什么?"王顺龙回答:"靠你老人家改革开放的好政策。"邓小平又问了一句:"是这样吗?"听到肯定的回答,邓小平舒心地笑了。

2月20日下午3时,邓小平从上海返回北京途中,在南京火车站停留。听说邓小平要来,江苏省委、省政府的负责人都来到火车站迎候。

江苏的负责人请邓小平到休息室坐坐,他说:不坐了,我们一边散步,一边交谈吧。

江苏的负责人说:听到您在上海、深圳等地作的重要指示,我们很高兴。

邓小平问:你们听到哪些感到高兴?

他们回答说:抓住机遇,加快发展,加大改革力度,扩大对外开放,集中精力搞经济建设,重视科技……

邓小平说:要抓住时机,搞得快一点,把经济搞上去,步子可以快一点。

当江苏的同志汇报到江苏经济1991年在遭受特大洪涝灾害的情况下增幅高于全国平均数时,邓小平说:江苏条件比较好,应该发展得比全国平均速度快一些。说到这里,他加重语气:我现在就怕丧失时机。要抓住时机,发展得快一点。

在交谈中,邓小平问:现在还有没有人怕政策变?

回答说:有一段时间,部分干部群众怕政策变,经过宣传解释,现在都消除了顾虑,感到不会变。

邓小平听后强调说:不能变,政策变不得。

1992年2月21日,邓小平乘火车回到北京。

邓小平的南方谈话,精辟地分析了当时的国际国内形势,科学地总结了十一届三中全会以来党的基本实践和基本经验,明确地回答了当时困扰和束缚人们思想的许多重大认识问题。2月28日,中共中央以1992年2号文件向全党作了传达。

邓小平南方谈话的发表,在我国改革开放和现代化建设的实践中产生了巨大的影响,给我国的改革和建设事业以巨大的推动,也为不久后召开的党的十四大做了思想上、理论上的准备。

# 伟绩长存

1993年11月2日，《邓小平文选》第三卷由人民出版社出版发行。江泽民指出："《邓小平文选》第三卷的出版，为我们进一步用建设有中国特色社会主义理论武装全党，教育干部和人民，统一思想，坚定信念，积极、全面、正确地执行党的基本路线，提供了最好的教材和最有力的武器。"

1992年10月，党的十四大提出了用邓小平建设有中国特色社会主义的理论武装和统一全党思想的战略任务。战略任务提出来了，拿什么作教材呢？最好的教材当然是邓小平本人的著作。这样，尽快编辑和出版新一卷《邓小平文选》，成为全党强烈的呼声。于是，中共中央决定，编辑和出版《邓小平文选》第三卷。

从中共中央作出出版《邓小平文选》第三卷的决定开始，中共中央文献编辑委员会就开始了紧张的编辑工作。

在此之前，《邓小平文选》已经出过两卷，即1989年出版的《邓小平文选（1938—1965年）》，是邓小平在我们党的第一代领导集体时期的著作。1983年出版的《邓小平文选（1975—1982年）》，主要是邓小平在十一届三中全会前后到十二大以前的著作，是在党的指导思想上完成拨乱反正和改革开放起步阶段的著作。

《邓小平文选》第三卷是邓小平1982年9月至1992年2月这段时间内的重要著作，共119篇。很大一部分是第一次公开发表。曾经在《建设有中国特色的社会主义》（增订本）、《邓小平同志重要谈话（1987年2月—7月）》等小册子和报纸上发表过的著作，这次编入文选时，又作了文字整理，许多篇根据记录稿增补了重要内容。至于十二大以后的著作，已经出了《建设有中国特色的社会主义》（增订本）和《邓小平同志重要谈话（1987年2月—7月）》这两本小册子，还有报纸上的有关报道和党内通报。这些小册子、报道和通报,起了很好的作用。但是,它们同编定一部完整的文选,在整体规模上,在完备和准确程度上,在精益求精的整理加工上,还是有很大不同的。

在《邓小平文选》第三卷的编辑过程中,邓小平以89岁的高龄,亲自指导每一篇文稿的整理加工,并逐篇审定了全部的文稿。

《邓小平文选》第三卷以《中国共产党第十二次全国代表大会开幕词》为开卷篇,1992年1月18日至2月21日《在武昌、深圳、珠海、上海等地的谈话要点》(简称"南方谈话")是全书的结束篇。这本文选的时间跨度为10年。在开卷篇十二大开幕词中,邓小平提出了认识"我国社会主义建设规律"的问题,提出了"走自己的道路,建设有中国特色的社会主义",形成这十年中邓小平全部理论和实践的主题。终卷篇"南方谈话",则是这十几年中邓小平全部理论思考的总结、展开、发挥、深化,并且形成一定的科学思想体系。"南方谈话"的基本观点,不仅与1989年以来小平同志同中央负责同志的六次谈话(《组成一个实行改革的有希望的领导集体》《第三代领导集体的当务之急》《改革开放政策稳定,中国大有希望》《国际形势和经济问题》《善于利用时机解决发展问题》《总结经验,使用人才》)相连贯,而且在第三卷全书中都一以贯之。

邓小平很注意他的著作的连贯性。这种连贯性,正是理论思考形成一定的科学思想体系的一种表现。从开卷到终卷,主题反复出现,内容不断展开,思想不断深化,对规律的认识越来越丰富和深刻了。全书思路连贯,一气呵成,有很强的现实针对性,读来有如一部新的著作。

继《邓小平文选》第三卷之后,1994年11月2日,1989年出版的《邓小平文选(1938—1965年)》和1983年出版的《邓小平文选(1975—1982年)》,经邓小平同意,中共中央文献编辑委员会增订和修补,改称《邓小平文选》第一卷、《邓小平文选》第二卷,由人民出版社出版了第二版。

三卷是一个整体,汇集了邓小平在形成和发展建设有中国特色社会主义理论过程中的最重要、最富有独创性的著作。它立足的基础是党和人民的崭新实践,展现了建设有中国特色社会主义理论体系逐步形成的历史全貌,是对马列主义、毛泽东思想的继承和发展,是中国共产党和中华民族宝贵的精神财富,是当代中国的马克思主义的奠基之作。

1982年以来这十年,是我们党领导全国各族人民全面开创改革开放和社会主义现代化建设新局面的十年,是在建设有中国特色社会主义道路上不断探索前进、不断积累经验、不断前进的十年,也是经历了国内风波和国际局势巨大变动的十年。《邓小平文选》第三卷,就是邓小平建设有中国特色社会主义理论日益丰富、完善和继续发展的十年。《邓小平文选》第三卷是这十年历史的生动记录,是这十年形成的新的理论成果。

伟大的革命实践需要伟大的革命理论,伟大的革命理论指导伟大的革命实践。在中国这样一个经济文化比较落后的国家,建设社会主义,巩固和发展社会主义,是一项前无古人的全新的事业,它呼唤着新的理论创造。

邓小平是我国社会主义改革开放和现代化建设的总设计师,是建设有中国特色社会主义理论这一当代中国马克思主义的创立者。在改革开放和社会主义现代化建设的历史新时期,作为我们党的第二代领导集体的核心,他的最突出的贡献就在于,不仅领导我们的党和国家从"文化大革命"造成的深重灾难中走了出来,而且还以对当代中国和世界的深刻了解,为党和国家重新走在时代潮流前面,为中华民族以更强大的力量自立于世界民族之林,规划了崭新的和切合实际的宏伟蓝图。他立足中国大地而又面向世界,正视国情现实而又放眼未来,在研究新情况、解决新问题的过程中,高瞻远瞩地构思和设计了有中国特色社会主义的一整套发展战略,第一次比较系统地初步回答了中国这样的经济文化比较落后的国家如何建设社会主义、如何巩固和发展社会主义的一系列基本问题。他在领导我国人民进行改革开放和社会主义现代化建设的伟大实践中,进行艰辛的锲而不舍的理论探索,使马克思主义理论在当代中国进入了新境界,达到了新高度,实现了马克思主义和中国实际相结合的又一次历史性飞跃。

作为党的第二代领导集体的核心,邓小平在党的十三大以前就提出了退休的愿望,十三大以后他一直期待着尽早完成新老交替,从党的十三届四中全会到十三届五中全会,他准备并且实行向党的第三代中央领导集体交班。这个交班,是职务的交班,更是路线的交班。在致中共中央政治局请求辞去职务的信中,小平同志说:"作为一个为共产主义事业和国家的独立、统一、建设、改革事业奋斗了几十年的老党员和老公民,我的生命是属于党、属于国家的。退下来以后,我将继续忠于党和国家的事业。"在离开军委领导岗位时的讲话中说:"我虽然离开了军队,并且退休了,但是我还是关注我们党的事业,关注国家的事业,关注军队的前景。"作为这种崇高精神的集中体现,小平同志的南方谈话和他编定的以这个谈话为终卷篇的《邓小平文选》第三卷,对"第二代中央领导集体在开创全新事业中积累的基本经验、创造的基本理论、形成的基本路线"作了系统的总结。可以说,邓小平是把这一部极为重要的著作,郑重地献给新的中央领导集体和各级领导骨干,献给全党和全国人民,希望这部著作能够帮助党和人民更好地掌握和坚持党的基本路线,不论发生什么风波,预计到的和没有预计到的、国际的和国内的、政治的和经济的风波,都不动摇,一百年不动摇,直到21世纪中叶基本实现社会主义现代化的战略目标。

在《邓小平文选》第三卷的最后,邓小平谆谆告诫全党:"从现在起到下世纪中叶,将是很要紧的时期,我们要埋头苦干。我们肩膀上的担子重,责任大啊!"

所以,《邓小平文选》第三卷的编定和出版,正如江泽民同志所说的,表达了"老一辈无产阶级革命家对后辈的殷切期望和谆谆嘱托"。这是历史性的嘱托,是面向现实、面向21世纪的历史嘱托。

理论思维的成熟是党成熟的一个重要标志。毛泽东同志曾经指出:"主义譬如一面旗子。"中国共产党成立之初,就郑重地把马克思列宁主义写在自己的旗帜上。经过延安整风和党的七大,又郑重地把马克思列宁主义与中国革命的实践之统一的思想——毛泽东思想写到自己的旗帜上。

1982年9月1日,邓小平在中国共产党第十二次全国代表大会上提出了建设有中国特色社会主义这一理论命题。他说:"把马克思主义的普遍真理同我国的具体实际结合起来,走自己的路,建设有中国特色的社会主义,这就是总结长期历史经验得出的基本结论。"

十二大以后,邓小平在我国改革开放和现代化建设的实践中,不断丰富和发展这一思想。

1987年10月召开的中国共产党第十三次代表大会的政治报告,系统阐明了社会主义初级阶段的理论和党在初级阶段的基本路线。报告指出:我国社会已经是社会主义社会,但还处在社会主义的初级阶段。正确认识这一国情,是建设有中国特色社会主义的首要问题,也是我们制定和执行正确的基本路线及其政策的基本依据。

基于我国正处于社会主义初级阶段这个理论,大会明确概括和全面阐发了党在初级阶段的基本路线,即领导和团结全国各族人民,以经济建设为中心,坚持四项基本原则,坚持改革开放,自力更生,艰苦创业,为把我国建设成为富强、民主、文明的社会主义现代化国家而奋斗。这条基本路线被称为"一个中心,两个基本点",即以经济建设为中心,坚持四项基本原则,坚持改革开放。

　　十三大宣布,中国共产党在实现马克思主义与中国实际相结合的第二次历史性的飞跃中,开始找到了一条建设有中国特色的社会主义道路,即在改革开放中实现中国社会主义现代化的道路。

　　到1992年邓小平南方谈话和十四大召开前,建设有中国特色社会主义的理论进一步系统化,以江泽民为核心的党的第三代领导集体,作出了用这一理论武装全党的决定。

　　1992年2月,江泽民和中央政治局常委会在谈到十四大报告起草的指导思想时明确指出:报告要通篇体现小平同志今年年初视察南方重要谈话的精神,以小平同志建设有中国特色社会主义的理论为指导,很好地总结十一届三中全会以来14年的基本实践和基本经验,坚持党的基本路线不动摇;要认真规划今后一个时期的战略部署,强调进一步解放思想,把握有利时机,加快改革开放和现代化建设的步伐,努力建设有中国特色的社会主义。

　　这年7月,邓小平在看到党的十四大报告送审稿后说:"改革开放中许许多多的东西,都是由群众在实践中提出来的。报告中讲我的功绩,一定要放在集体领导范围内,绝不是一个人的脑筋就可以钻出什么新东西来,是群众的智慧,集体的智慧。我的功劳是把这些新事物概括起来,加以提倡。要写得合乎实际。"

　　10月12日,中国共产党第十四次全国代表大会向全党提出了用邓小平建设有中国特色社会主义理论武装全党的任务。十四大的报告指出:"建设有中国特色的社会主义理论是马克思主义同中国实际相结合的最新成果,是当代中国的马克思主义,是指引我们实现新的历史任务的强大思想武器。学习马列主义毛泽东思想,中心内容是学习建设有中国特色社会主义的理论,党员领导干部,首先是高级干部要带头学好用好。不仅要学习邓小平同志的战略思想和理论观点,更要学习他运用马克思主义的立场、观点和方法研究新情况、解决新问题的科学态度和创造精神,坚持用邓小平同志建设有中国特色社会主义理论武装全党。"

1997年2月19日,为中国人民的解放和幸福,为中华民族的独立和强盛,为世界的和平与进步倾注了毕生心血和精力,建立了永不磨灭的历史功勋的世纪伟人邓小平,走完了他伟大而光辉的一生,与世长辞。

《告全党全军全国各族人民书》和江泽民在邓小平追悼大会上所致的悼词中,明确地指出:"邓小平同志是全党全军全国各族人民公认的享有崇高威望的卓越领导人,伟大的马克思主义者,伟大的无产阶级革命家、政治家、军事家、外交家,久经考验的共产主义战士,中国社会主义改革开放和现代化建设的总设计师,建设有中国特色社会主义理论的创立者。"

1997年9月召开的中国共产党第十五次全国代表大会明确提出邓小平理论是我们党的指导思想,并将其在党章中确立下来,明确规定:中国共产党以马克思列宁主义、毛泽东思想、邓小平理论作为自己的行动指南。这是我们党经过近20年改革开放和社会主义现代化建设的成功实践作出的历史性决策。

2004年8月22日,胡锦涛《在邓小平同志诞辰一百周年纪念大会上的讲话》中指出:"邓小平同志七十多年波澜壮阔的革命生涯,是同中国共产党、中国人民解放军、中华人民共和国的创建和发展紧密联系在一起的,是同我们祖国和中华民族的面貌发生翻天覆地变化的历史进程紧密联系在一起的。他把毕生心血和精力都贡献给了党和人民的事业,贡献给中国人民,赢得了全党全国人民的衷心爱戴,也赢得了各国人民的普遍尊敬。"

2012年12月,习近平在广东考察工作时指出:"改革开放是我们党的历史上一次伟大觉醒,正是这个伟大觉醒孕育了新时期从理论到实践的伟大创造。中国发展的实践证明,当年邓小平同志指导我们党作出改革开放的决策是英明的、正确的,邓小平同志不愧为中国改革开放的总设计师,不愧为中国特色社会主义道路的开创者。"